AN OUTLINE OF
UNIVERSAL HISTORY

1912–1937

# 话说民国

上册

Tales of The Republic of China

韩文宁 编著

凤凰出版传媒集团
凤凰出版社

# 前言

南京大学中华民国史研究中心主任　　张宪文

中华民国史是离我们“既近又远”的历史：从时间上它离我们很近，但由于种种原因，大家对这段历史真正全面的了解是很不够的，多少有雾里看花的感觉。近20年来，中华民国史的研究和出版始终保持着旺盛的势头，不仅历史真相被越来越清晰地还原，而且对历史人物和历史事件的评价也越来越客观公允。可是，有些民国史书写得不好看，严谨有余而生动不足，不能告诉读者生动的细节，不能表现民国史的丰富多彩和错综复杂，自然也就吸引不了读者的眼球。总体上说，普通读者并没有充分享受到民国史研究者的成果，一般人印象中的民国史，还是一段朦胧或脸谱化的故事。

大家知道，一部《三国演义》，让千千万万人对三国的历史津津乐道，可也让千千万万的人误解了三国的历史。这就给我们史学工作者提出了这样一个问题：怎样使大众以浓厚的兴趣关注真实的历史？

现在摆在我面前的《话说民国》，则是一本图文并茂，用故事形式编写的民国历史书，它描述民国历史人物的命运和历史事件的演变过程，在写作中充满了细节和多元的视角，正是这些元素让民国的历史生动起来，让那个时代的人物鲜活起来，将民国史的骨架填补得有血有肉、栩栩如生。需要强调的是，它的生动，它的吸引眼球，是建立在严肃的史学研究基础上的。《话说民国》，确有“话说”的生动曲折，却没有一丁点戏说的成分。

正是这种生动形象、别开生面的编写方式，使得现代社会的普通读者都可以轻松地从这本书里进入民国的天地，从而感悟历史、感悟人生。

《话说民国》共有近200个篇目，勾勒了自1912年孙中山南京就职至1949年蒋介石黯然离别大陆为止的中华民国史，按年代铺排，撷取历史事件的精彩片断，选取民国人物的传神花絮，以人物引出历史事件，在历史事件中展现人物的风骨。以一种责任和诚意，为历史留存记忆，为记忆补上血肉和肌理。编排中处处可见编者、作者的匠心。每篇的标题首先大都耐人寻味，标题之下再设置导语，不仅是对该篇内容的概括，更是设置了一个悬念。例如，当读者读到这样的标题“虎贲万岁”和这样的导语“以写爱情小说见长的作家张恨水，却有一部以抗战中真人真事为题材的战争小说《虎贲万岁》”的时候，必然会对这部小说的内容产生兴趣，从而被作者带入到抗战中常德会战那惨烈悲壮的历史场景中。

学术性也是《话说民国》非常注重的一个方面，该书注意引用学术界的最新研究成果和最新披露的史料。例如最近美国斯坦福大学胡佛研究所档案室开放了从未公开的《蒋介石日记》及“宋子文档案”，对九一八事变发生时蒋介石的状况有了最新的解读，对抗战中宋子文的贡献有全新的呈现，本书敏锐地关注了这些最新研究成果，在书中介绍了相关信息。

历史研究中对历史人物的记录是否客观、真实和全面也是反映研究者学术功底的一个重要方面。人云亦云、简单片面地描述历史人物是谈不上有学术见地的。本书强调真实立体地记录人物的各个方面，体现了历史人物研究的成果，又让读者看到历史人物以前很多不为人知的一面，引发读者的思考，提升了对历史人物的认知水平。例如：大家都知道吴佩孚是北洋军阀的首领之一，可是本书还展示了他坚守民族立场的一面：1919 年巴黎和会时吴多次通电反对签订有损于中国利益的和约，支持学生运动，并表示愿为祖国“敢效前驱”；后来，他又抵制日本人的利诱和威逼，在民族大义问题上毫不动摇。

《话说民国》的另一个特色是大量的历史图片。本书的图片，也非常好地体现了雅俗共赏的特点。当然，我们所说的图片的雅俗共赏，雅指的是制作水平的专业化，俗指的是对普通读者的吸引力。本书的图片多为一般读者所未见，而且清晰度和观赏性都比较高。

有人说曲高必然和寡，学术性和大众性难以并存。但我认为，这本书，在兼顾学术品位和大众口味上做了不少努力，相信会成为受大众欢迎的阳春白雪。

---

张宪文教授是我国著名的中华民国史研究专家，在国际上颇著声望，现担任南京大学中华民国史研究中心主任、博士生导师。

# 目录

# 开国总统孙中山

孙中山(前中)率文武官员祭明孝陵

**那一刻,两千年的帝制完全终结了。**

1912 年 2 月 15 日,作为"民国统一大典"内容之一,由孙中山亲率"国务卿士、文武将吏"拜谒明孝陵。这次拜谒活动,以孙中山名义发表了两个文告:一是《祭明太祖文》,一是《谒明太祖陵文》。前一篇是"祝告文",后一篇是"宣读文"。主要是以清室退位,民国统一的功业,昭告明太祖在天之灵。

中华统一史,从秦开始写起。公元前 230 年,秦国不失时机地发起了统一之战。

"秦王扫六合,虎视何雄哉",仅仅用了短短十年时间,秦王嬴政就圆了统一之梦,曾经赫赫有名的"战国七雄",永远地留在了人们的记忆里。

中华帝国,曾经无比辉煌,令世界仰慕。不幸,它渐渐陶醉于自我,闭关锁国,未能跟进于时代,终在坚船利炮下碰得头破血流。非变革,不足以改变其落伍地位。1911 年武昌起义的枪炮声,终于向这封建帝国发起最后一击。

枪响之后,清政府的统治分崩离析,组建革命政权迫在眉睫。当时,孙中山远在美国,黄兴客居香港,革命党人一时群龙无首,只好暂推湖北新军统领黎元洪任湖北军政府都督。10 月 11 日晚,宣布中国为"共和的中华民国",废除清王朝年号。

1912 年 2 月 12 日,清帝退位。孙中山于 13 日召开国务会议,会后咨文南京临时参议院辞去临时大总统职

武昌湖北军政府原址

10月11日，革命党人宣布成立中华民国军政府。武昌湖北军政府门前是两面十八星大旗

随着各省各地区军政府的相继建立，客观形势的发展，迫切要求组建全国统一的共和临时政府，武昌与上海二地，首当其冲。

11月7日，湖北都督黎元洪以"义军四应，大局略定，惟未建设政府"为由，向各地军政府发出征求意见。9日，又领衔通电各省，请派全权委员赴鄂组织临时政府，迅即得到响应。

11日，由江苏都督程德全、浙江都督汤寿潜联合致电沪督陈其美，以苏、浙两省名义，电请全国各省派代表来沪会商组织临时政府。一时间，武昌和上海鼎足而立。

上海方面承认以鄂军都督执行中央军政府政务，但主张筹建临时政府的会议地点应在上海。

武昌方面对此表示异议："既以湖北为中央军政府，则代表会亦自应在政府所在地。府、院地隔数千里，办事实多迟滞，非常时期，恐失机宜。"随即派居正等赶赴上海，力争各省代表会在湖北举行。黎元洪亦致书程、汤二人，"以归一致"。之后，沪方做出让步，不再坚持原意。

30日，共有11省代表23人在汉口英租界举行第一次会议，湖南人谭人凤被公推为议长，决议在临时政府成立之前，由湖北军政府代行中央军政府职权。12月2日，议决先制定临时政府组织大纲；又议决，如清内阁总理大臣袁世凯反正，当公举为临时大总统。

3日，《中华民国临时政府组织大纲》正式通过。会议期间，江浙联军光复南京，消息传来，联合会即议以南京为临时政府所在地，各省代表于7日内齐集南京，俟有10省以上代表报到，即召开临时大总统选举会。

江浙地区的革命党人，对于移会湖北以及新政权迟迟不得出台深为不满，于是在南京光

沪军都督陈其美

江苏都督程德全

浙江都督汤寿潜

黎元洪

**原江苏省议会**——前身为江苏咨议局。咨议局是引进西方君主立宪制的政治机构，故在形式上采用了西洋建筑风格，它既表现了西方文化在中国的传播和影响，又体现出中西文化的碰撞与融合。

广州非常大总统府——四根爱奥尼柱的装饰，让你的第一视线就循着这柱体从下至上，使本不高的建筑，一下子变得威武起来。中国人喜欢用红色，用黄色，表示尊贵，表示威严；而白色，则是外国人的最爱，给人以恬静和亲近之感。艳丽与素雅，在这里表现得泾渭分明，也许，这就是文化背景的不同和差异。

复3日后由陈其美、程德全、汤寿潜领衔，邀集各省留沪代表举行会议，决定临时政府设于南京，公推黄兴为大元帅，组织临时政府。同时举黎元洪为副元帅兼任鄂军政府都督，仍驻武昌。

汉方代表自然不乐意了，要求黎元洪以都督名义电请取消。不过，汉阳失守和南京光复，为在筹建政权竞争中的上海方面，增加了有力的砝码。

14日，各省代表由武汉、上海会于南京举行会议。这时传来消息说，袁世凯所派议和代表唐绍仪已抵汉口。据称，袁内阁主张共和，但须由国民会议议决后以告清廷，即可实行逊位。在此情势之下，代表会临时做出决定，暂缓选举临时大总统，承认上海所举大元帅、副元帅。

会议在沉闷的气氛中开了几天，尽管选举大总统已是刻不容缓，但还是未就人选做出最后定论。黄兴以种种理由拒绝就大元帅职，无奈，代表会只好推黎元洪任大元帅，黄兴副之。但黄兴还是不从。21日，黎元洪致电接受大元帅名义，并委黄兴代行大元帅职权，程德全还亲自赴沪劝驾。黄兴推托不过，正要

临时大总统孙中山在总统府门前接受卫兵的致敬

上海南京路上五色旗迎风招展，欢庆民国成立

1912 年 3 月 29 日，孙中山出席临时政府各部总次长、卫戍总督、各军师旅司令官举行的饯别会。图为宴会后留影

动身，得知孙中山即将回国，当即表示这等大事，应等孙中山归来决定，遂中止南京之行。

25 日，孙中山到达上海，立即和同盟会的主要负责人讨论组建临时政府事宜。随后，同盟会的要员决定分别向各省代表示意，选举孙中山为临时大总统，并由马君武著文在《民主报》上披露。

孙中山的回归，使难产的大总统选举，一下子出现转机。29 日上午 9 时，17 省代表共 45 人再次齐集江苏咨议局，开始就选举临时大总统进行表决。规定每省只有一票，候选者为孙中山、黎元洪和黄兴三人，结果孙中山以 16 票当选。各省代表随后致电孙中山当选，请他来宁组织临时政府。

1912 年 1 月 1 日上午 11 时，列车载着孙中山一行，也带着千万民众的期待，向南京疾驶，下午 5 时左右到达下关车站。孙中山换乘市内小火车，再转乘一辆马车，直抵两江总督署大门。

冬日的南京，寒风刺骨，夜幕降临，在阵阵细雨下，更显凄冷。然而，在此已等候多时的各省代表和将领们，心中却充满暖意。随着人群中爆发出一阵欢呼声，孙中山走下马车，他一手握帽，一面微笑着与大家握手寒暄。

欢迎仪式结束后，孙中山在黄兴、徐绍桢的陪同下，信步走进了两江总督署的大门，那

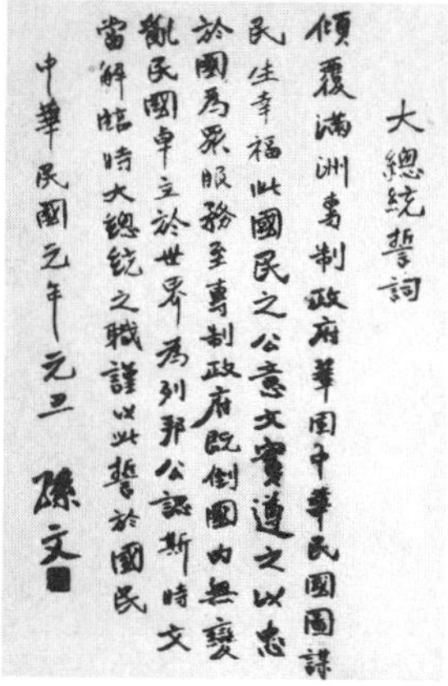

大總統誓詞

傾覆滿洲專制政府鞏固中華民國圖謀民生幸福此國民之公意文實遵之以忠於國為眾服務至專制政府既倒國內無變亂民國卓立於世界為列邦公認斯時文當解臨時大總統之職謹以此誓於國民

中華民國元年元旦 孫文

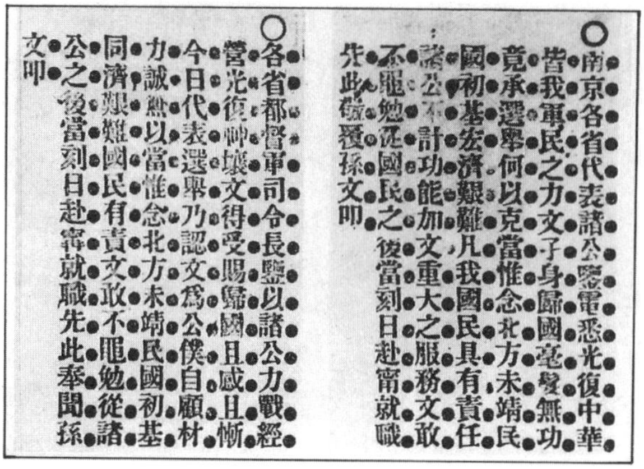

南京各省代表諸公鑒電悉光復中華皆我軍民之力文孑身歸國毫髮無功竟承選舉何以克當惟念北方未靖民國初基宏濟艱難凡我國民具有責任諸公不計功能加文重大之服務文敢不黽勉從國民之後當刻日赴甯就職先此敬覆孫文叩

各省都督軍司令長鑒以諸公力戰經營光復神州文得受賜歸國且感且慚今日代表選舉乃認文為公僕自顧材力誠然以當惟念北方未靖民國初基同濟艱難國民有責文敢不黽勉從諸公之後當刻日赴甯就職先此奉聞孫文叩

这是孙中山就任临时大总统时宣读的誓词（左）

孙中山当选为临时大总统后，致各省代表及各省都督电（右）

1912年2月15日，中华民国临时大总统孙中山率参议员晋谒明孝陵

一刻，古老的中国也步入了一个全新的世界。

晚11时整，中华民国临时大总统就职典礼正式开始。当司仪宣布“中华民国临时大总统莅位典礼开始”后，军乐队奏起雄壮的军乐。山西代表景耀月向与会者报告了大总统的选举经过，然后高呼：请大总统宣誓就职。

在充满信任的目光注视下，孙中山朗读了大总统誓词。景耀月代表各省致颂词，议长汤尔和代表各省致欢迎词，并向孙中山致授大总统印。

当孙中山致答词，表示“当竭尽心力，勉副国民公意”之时，全场爆发出欢呼声。孙中山异常激动，他举起双手向大家表示感谢。那一刻，他百感交集，“予三十年如一日之恢复中华，创立民国之志”，终于得以实现。中国历史上第一个共和制的国家政权，将与这天一起载入史册。

中华民国临时大总统印

中华民国开国纪念币

中华民国改元纪念章（左）
中华民国共和纪念章（右）

孙中山纪念章

孙中山与总统府僚属合影，前排戴帽者为胡汉民

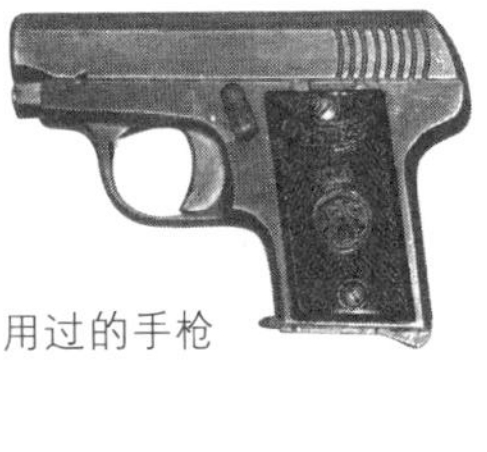

孙中山用过的手枪

# 定都之争

北京正阳门

在黄兴的坚持下，参议院终于通过了定都南京的决议。





## 革命党内起纷争

清帝退位、孙中山辞职后，定都之事便是当务之急。

1912 年 2 月 14 日，临时参议院召集会议，专门审议定都一事。会议用投票表决的方式，以决定首都设在何处。表决结果，竟有 20 票主张定都北京，其余为，5 票主张设南京，2 票主张设武昌，1 票主张设天津。会上，同盟会议员李肇甫说，当时临时政府主张首都设在南京，是由于大江以北尚在清军的统治下，现在南北已经统一，首都的地点自应设在北京为宜。还有不少议员对袁世凯不愿南下表示同情。

到会的临时大总统孙中山(当时虽辞职，但尚未解任)立即站了起来，对决议中“首都设北京”这一条提出了强烈的反对意见。林森发言说，由于孙大总统的异议，本院决定将在次日进行复议。

孙中山本以为，在参议院中，革命党人占了绝对多数，通过定都南京的决议不会有问题，没想到结果竟会是这样。孙中山极为恼火。当晚，即与黄兴一道把李肇甫叫来予以痛斥，并限定必须在第二天复议时更改过来。孙中山并决定以党的名义连夜通知党人议员，必须按照党的最高领导总理的意愿进行投票。黄兴怒道：“明日再不按先生意愿行事，我立即派宪兵将议员绑出来。”

更令孙中山痛心的是，革命党阵营内部也时常发出不协调的声音，甚至与孙中山的主张截然相反。2 月 13 日，章太炎专门发表了文章《致南京参议院论建都书》，公开提出建都北京的主张。21 日，江苏代理都督庄蕴宽就应同盟会机关报《民立报》的要求，通电全国，反对定都南京。安徽都督孙毓筠、顺直咨议局等地方政要、机构也纷纷通电响应。令孙中山大伤脑筋。

## 定都南京黄兴功不可没

孙中山一面派人做议员的疏通工作，同时亲自出马，向各界宣传定都之说。但更令孙

武汉鄂军都督府

南京两江总督署

中山难以接受的是，一批长期跟随自己的革命党人，这时也纷纷“倒戈”，如柏文蔚、朱瑞、姚雨平、洪承典等著名将领，也联名通电要求定都北京。但黄兴始终是站在孙中山的一边。他在《民立报》上发表公开信，严厉驳斥了定都北京的论调。由于南京联军参谋团主张定都北京，黄兴下令陆军部立即解散了参谋团。

15日清晨，总统府秘书处官员吴玉章将孙大总统亲自拟就的复议咨文，准备加盖总统大印送往参议院。而此时孙中山已到明孝陵去了。黄兴还没动身，正在穿军服。他对吴玉章说：“我马上去东郊孝陵，过了正午12时，参议院再不改过来，我立即调兵冲入参议院强行通过。”吴玉章连说：“务请总长再延缓一下，我尽速办理。”

总统府秘书长胡汉民也知道事情紧迫，故托病未去孝陵。他想，一旦上午不能表决或再次通不过，陆军势必冲进参议院，岂不酿成大祸！当他与吴玉章见面后，立即拿来孙中山办公室抽屉的钥匙，取出大印盖在咨文上。而此时，参议院的同盟会议员们都在焦急地等待复议咨文的到来，以付诸表决。幸好咨文及时送到，立即进行了表决。表决的结果起了根本性的变化，在出席的27名参议员中，有19人投票定都南京，6票主张定都北京，2票主张定都武昌。最后，参议院通过决议，仍以南京为民国首都所在地。胡汉民这才如释重负。

中午时分，孙中山、黄兴诸人谒陵后返回总统府时，参议院已来人报告，首都设南京的复议案已获通过。

15日清晨，总统府秘书处官员吴玉章将孙大总统亲自拟就的复议咨文，准备加盖总统大印送往参议院。而此时孙中山已到明孝陵去了。黄兴还没动身，正在穿军服。他对吴玉章说：“我马上去东郊孝陵，过了正午12时，参议院再不改过来，我立即调兵冲入参议院强行通过。”吴玉章连说：“务请总长再延缓一下，我尽速办理。”

北京故宫太和殿

总长会议室

# 同舟共济

南京临时政府各部的次长，大多数是坚定的革命派。



## 孙中山力排众议

早在孙中山赴南京就职前，革命党和立宪派人士就分别在上海宝昌路孙中山寓所和南洋路的赵凤昌住宅，密议部长人选。立宪派推出了自己的人选，只将陆军和司法两个部长给了同盟会。革命党人宋教仁坚决反对，他力主部长全部由革命党人担任。双方互不相让。这样下去，双方必然闹翻，对革命大局不利。孙中山和黄兴等人既拒绝了立宪派人士的主张，也没有同意宋教仁的意见，而是提出了自己的一套设想。

1月3日，孙大总统亲自前往各省代表会议，交议了亲拟的“中央行政各部组织及其权限案”，并修改了临时政府组织大纲若干条。其中心内容，即设置九个部，安置各派势力。孙中山提出的部长人选，又引起了激烈的争论，就连同盟会内部也不统一，认为革命党浴血奋战，只得区区几席，而一些人不费吹灰之力，几无寸功，就得到了如此高官。同盟会机关报《民立报》甚至发表了言辞激烈的言论。立宪派人士也不退让。结果，经过反复商议，孙中山说服了本党同志，做出了很大的“让步”。

## 内阁人选终于确定

最后，各省代表会正式通过了副总统及临时政府各部总长的人选。他们是：副总统黎元洪(未到任)、陆军总长兼参谋总长黄兴、海军总长黄钟瑛、外交总长王宠惠、内务总长程德全(未到任)、财政总长陈锦涛、司法总长伍廷芳 (未到任)、交通总长汤寿潜(未到任)、教育总长蔡元培和实业总长张謇(未到任)。

总长确定后，次长也由各省代表会议通过，并由孙大总统任命颁布。陆军次长蒋作宾、海军次长汤芗铭、外交次长魏宸组、内务次长居正、财政次长王鸿猷、司法次长吕志伊、交通次长于右任、教育次长景耀月、实业次长马君武和参谋次长钮永建。

总统府秘书处秘书长为胡汉民。秘书处下设7个组，分别是总务、军事、外交、民事、电务、官报、收发。

总统府还直属有法制院（局），以及印铸、公报、稽勋、铨叙四个局，宋教仁兼法制院（局）长，黄复生任印铸局长，冯自由任公报局长等，但焘任铨叙局长。南京卫戍总督徐绍桢，参军长黄士龙。

孙中山还特聘美国人荷马李担任临时政府的军事顾问，日本人犬养毅为临时政府政治顾问，寺尾亨、副岛义一为法制顾问。

## 次长握有实权

在9名总长中，同盟会员只有3人，即黄兴、王宠惠、蔡元培，但黄钟瑛等人一直是倾向革命的。其他几名总长，有的是清朝旧官僚和立宪派人士，但他们在国内有很高的声望，如内务总长、原江苏都督程德全，实业总长张謇，交通总长汤寿潜，司法总长伍廷芳，或为江浙名流，或为著名实业家。他们既和革命党人有联系，也在清廷担任过要职。孙中山把他们拉入内阁，是想借助他们的声望来反对清政府。临时政府成立后，不少部长还在观望，并不是真心拥护共和，像张謇、程德全、汤寿潜等人根本就没来南京就职。革命党人虽然只

在9名总长中，同盟会员只有3人，即黄兴、王宠惠、蔡元培，但黄钟瑛等人一直是倾向革命的。其他几名总长，有的是清朝旧官僚和立宪派人士，但他们在国内有很高的声望，如内务总长、原江苏都督程德全，实业总长张謇，交通总长汤寿潜，司法总长伍廷芳，或为江浙名流，或为著名实业家。他们既和革命党人有联系，也在清廷担任过要职。孙中山把他们拉入内阁，是想借助他们的声望来反对清政府。

孙中山与总长、次长合影，左二于右任，左四王宠惠，右四蔡元培

程德全

伍廷芳

蔡元培

居　正

陈锦涛

张　謇

魏宸组

景耀月

于右任

胡汉民

蒋作宾

占了三个部长席位，但部长不在，大权自然由次长掌握。而次长中，除海军次长汤芗铭外，均为清一色的留日、留欧美青年知识分子，蒋作宾、魏宸组、吕志伊、景耀月、马君武、王鸿猷、居正、于右任都是同盟会骨干。内阁会议、处理国务、出席国务会议，均由次长们一手操办。而陆军总长兼参谋总长黄兴显为各部之首，位高权重。胡汉民任秘书长，处理日常政务，大权在握。此二人一文一武，被孙中山倚为左右手。这就是孙中山的“部长取名，次长取实”策略。人们戏称临时政府的内阁是“次长内阁”。

1 月 21 日下午 1 时，孙中山在总统办公室西会议室主持召开了中华民国临时政府第一次内阁会议。出席者几乎为清一色的革命党人。这次会议议决了三件重大事项，一、议行政方针，主张中央集权；二、筹措军饷，拟将招商局抵押 1000 万。以招商局盛宣怀股居多，理当没收……三、和议大定，优待清室条件，已由伍廷芳开出，俟清帝退位后，请袁世凯来南京就任……

临时政府内阁正式启动后，1 月 28 日，中华民国的立法机关临时参议院在原江苏咨议局成立。孙中山及各部长次长亲自莅会。孙中山向每位参议员颁发了委任状。参议院以互选的方式选举议长。结果，同盟会员、在辛亥革命中著有勋绩的林森当选为参议院议长。在当选的 43 名参议员中，同盟会员有 33 名，占了绝对多数。

曾经为光复南京立下首功的江浙联军总司令徐绍桢自动撤销该部，交陆军总长黄兴直接管辖。孙中山为酬劳徐绍桢的革命功绩，赠给他八厘公债 100 万元。徐提出以 1.4 万元作为《民立报》的补助费，1 万元作为女子北伐队的结束费，其余一概奉还政府，颇有清誉。

# 资产阶级宪政的最初尝试

任法制局局长时的宋教仁

**民国初立,《中华民国临时约法》不能不提。**

宪法,乃一国之根本大法,是国体的象征。中国资产阶级制宪的最初尝试,肇始于《中华民国鄂州约法》。它是辛亥革命后由宋教仁起草,以资产阶级自由、平等、博爱和"天赋人权论"为思想基础、以三权分立为理论基础的一部大法。它给人们勾勒出一个以分权制为蓝本的共和国方案。

在几千年的封建君主专制国家中,人民只有"服从"二字,民主和自由,与人民无缘。《鄂州约法》突出了人民在国家中的政治地位,破天荒地将民主和自由权利写入法律文本中。

约法就像一面镜子,它使人民认识到自我的存在与价值。

南京临时政府成立后,立即着手立法机构——临时参议院的组建。1912年1月28日,临时参议院正式成立。

2月12日,末代皇帝溥仪宣布退位。由于各省都督府代表曾有言在先,如果袁世凯迫使清帝退位,并赞成共和,即举其为大总统。同样,孙中山在就职时也做出类似许诺,为了顾全大局,孙中山于次日践行诺言,向参议院提出辞呈。

尽管袁世凯对推翻帝制有功,但他毕竟与革命党不是一路人。如何把他的权力限制在一定范围之内,以保证刚建立起来的民主共和国制度不致遭到破坏,成为革命党人迫切需要解决的首要问题。

唯一的办法,就是制定"约法"来进行有效的约束,这也是对付袁世凯的最后一招。这是一份期待,更是一份牵挂,革

当革命党人沉醉于约法,心怀憧憬,幻想着未来一片美好之时,心怀异志的袁世凯,却对法律不屑一顾。尽管他曾信誓旦旦地表示将"以《约法》为根据,毋得歧异,致失民国尊重法律之本意",但同时,又为修改《约法》做好了铺垫。

1912年1月28日，南京临时政府参议院举行开幕典礼，3月初通过了标志民主共和的《中华民国临时约法》




命党人耗尽心血，才换来今天的成功，绝不能轻易为他人所践踏。

时不我待，在孙中山的主持下，编辑委员会于2月成立，专门负责起草《临时约法》。历时月余的讨论和修改，3月8日，南京临时参议院经三读通过了《中华民国临时约法》，并于11日正式颁行。

《临时约法》分总纲、人民、参议院、临时大总统副总统、国务员、法院、附则七章五十六条。其基本内容是"以国民革命"的手段推翻作为"恶劣政府之根本"的清朝封建君主专制制度，代之以"自由、平等、博爱"的资产阶级民主共和制度。

主权在君还是在民，是君主专制和民主共和政体的本质区别。《临时约法》首先规定了中华民国的国家性质，是资产阶级民主共和国，"中华民国主权属于国民全体"，就把这一重要原则充分肯定下来。

关于人民享有的自由民主权利，《临时约法》也像西方资本主义国家的宪法一样，做了明确的规定。诸如人民享有"人身、居住、财产、言论、出版、集会、结社、通信、信教等"自由；有"请愿、陈诉、考试、选举与被选举等"权利；有"纳税、服兵役等"义务。资产阶级革命派所标榜的民主精神，在约法中都一一得到体现，在中国，这无疑是前所未有的。

与《临时政府组织大纲》相比，《临时约法》一个重要的特点，是将总统制改为责任内阁制。起草之初，仍以总统制行事。但在2月上旬和议即将告成，孙中山退位与袁世凯继任的局势已定，革命党人立即决定改总统制为责任内阁制，其用意十分明显，诚如一位参议员所言，"现在满清的君主专制，虽然已经推翻，但是我们把建设的事业，委托他们官僚，他们能够厉行我们党的主义，替人民谋福利吗……尤其是就袁世凯的历史来说，他的政治人格，有好多令人难以信任的地方……一旦大权在手，其野心可想而知。"革命党人对袁世凯放心不下，为了防止总统独裁，必须赶紧将约法完成，规定责任内阁制，要袁于就职之时，立誓遵守约法。总统制与责任制，虽仅是两字之差，却有着实质性的差异。

参议院是国会的前身，行使国会职权。《临时约法》明确规定：“中华民国之立法权，以参议院行之。”参议员由地方按分配的名额选派，选举方法由地方自定。

责任内阁制，由议会产生并由议会中占多数席位的一个政党组阁，或几个政党联合组成，对议会负责，受议会监督。当时中国内阁称国务院，由总理和总长组成，他们对参议院而不是对临时大总统负责。

为确保三权分立的体制，《临时约法》专设“法院”一章，并予以之独立的权力。

凡此种种，均清楚地表明在责任内阁制度下，临时大总统的权力被大大削弱了。不仅如此，参议院对临时大总统的制约扩大了，并增加了弹劾权；国务院亦对总统行使权力有重要的制约作用，国家主要行政权在国务院而不在大总统。

这种制度确立以后，如果同盟会能够在未来的国会中取得多数席位，进而组阁，就可以掌握政府实权，使袁世凯成为不负实际行政责任的国家元首。

当然，这一切要成为可能而不是纸上谈兵，得有一个重要的前提，这就是所有人都必须遵守约法。如果袁世凯动用军事武力颠覆内阁，缺乏社会力量保证的内阁只能望洋兴

临时参议院，原为 1909 年 9 月成立的江苏省咨议局旧址，为法国文艺复兴时期的建筑风格。1911 年辛亥革命爆发后，宣布起义的 17 省代表 45 人于 12 月 10 日聚集于此，商讨组织临时中央政府。临时政府成立后，第一个体现资产阶级民主的《中华民国临时约法》就在这里通过。1929 年奉安大典时，孙中山灵柩自北平迁来南京时曾停放于大院礼堂举行公祭

2 月 13 日，孙中山向参议院提出辞职咨文，文中提出临时政府设于南京，新总统必须遵守临时政府约法等条件

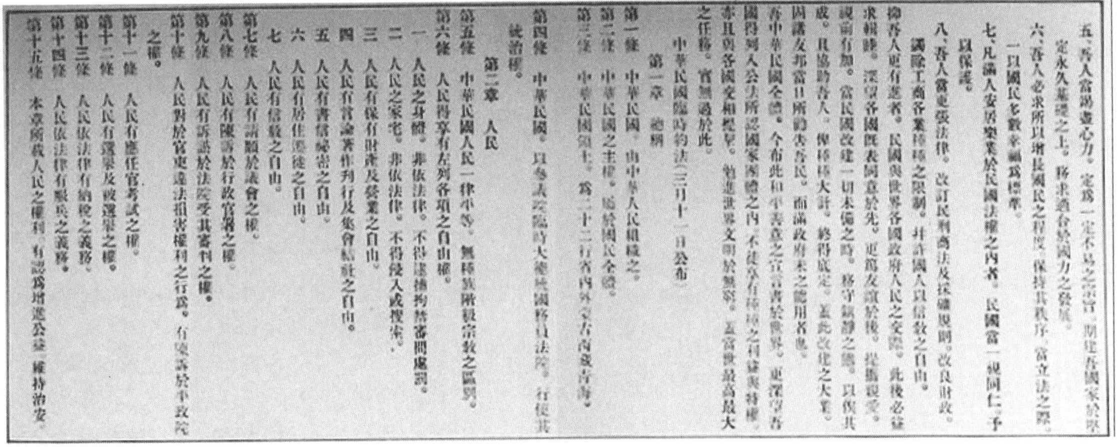

五、吾人當竭盡心力。定爲一定不易之宗旨。期建吾國家於堅定永久基礎之上。務求適合於國力之發展。

六、吾人必求所以增長國民之程度。保持其秩序。當立法之際。一以國民之多數幸福爲標準。

七、凡滿人安居樂業於民國法權之內者。民國當一視同仁。予以保護。

八、吾人當更張法律。改訂民刑商法及採礦規則。改良財政。蠲除工商各業種種之限制。並許國人以信教之自由。

抑吾人更有進者。民國與世界各國政府人民之交際。此後必益求輯睦。深望各國既表同意於先。更篤友誼於後。提攜親愛。視前有加。當民國改建一切未備之時。務守鎮靜之態。以俟其成。且協助吾人。俾種種大計。終得底定。蓋此改建之大業。固諸友邦當日所矚望於吾民。而滿政府未之能用者也。吾中華民國全體。今布此和平善意之宣言書於世界。更深望吾國得列入公法所認國家團體之內。不徒享有種種之利益與特權。亦且與各國交相提挈。勉進世界文明於無窮。蓋當世最高最大之任務。實無過於此。

中華民國臨時約法（三月十一日公布）

第一章 總綱

第一條 中華民國。由中華人民組織之。

第二條 中華民國之主權。屬於國民全體。

第三條 中華民國領土。爲二十二行省內外蒙古西藏青海。

第四條 中華民國。以參議院臨時大總統國務員法院。行使其統治權。

第二章 人民

第五條 中華民國人民一律平等。無種族階級宗教之區別。

第六條 人民得享有左列各項之自由權。

一 人民之身體。非依法律。不得逮捕拘禁審問處罰。

二 人民之家宅。非依法律。不得侵入或搜索。

三 人民有保有財產及營業之自由。

四 人民有言論著作刊行及集會結社之自由。

五 人民有書信秘密之自由。

六 人民有居住遷徙之自由。

七 人民有信教之自由。

第七條 人民有請願於議會之權。

第八條 人民有陳訴於行政官署之權。

第九條 人民有訴訟於法院受其審判之權。

第十條 人民對於官吏違法損害權利之行爲。有陳訴於平政院之權。

第十一條 人民有應任官考試之權。

第十二條 人民有選舉及被選舉之權。

第十三條 人民依法律有納稅之義務。

第十四條 人民依法律有服兵之義務。

第十五條 本章所載人民之權利。有認爲增進公益。維持治安。

临时参议院旧址

叹，一筹莫展。

《中华民国临时约法》是中国有史以来颁布的第一部比较完备的临时宪法，对于民主共和政体有奠基之功。它固然存在很大的局限，但主导方面代表了前进的民主潮流，集中体现了资产阶级的意志，反映了资产阶级的利益和愿望，开创了中国资产阶级民主政治的新局面。《中华民国临时约法》确实反映了一代人的希冀与渴望。

当革命党人沉醉于约法，心怀憧憬，幻想着未来一片美好之时，袁世凯却对法律不屑一顾。尽管他曾信誓旦旦地表示将“以《约法》为根据，毋得歧异，致失民国尊重法律之本意”。但同时，又为修改《约法》做好了铺垫。“放下屠刀，立地成佛”，这不是袁世凯的为人。

一纸约法，最终未能约束袁世凯的野心和权欲，他用铁与血，写下了惨烈的历史。资产阶级革命派用心血铸就的《中华民国临时约法》，被袁世凯践踏得体无完肤。

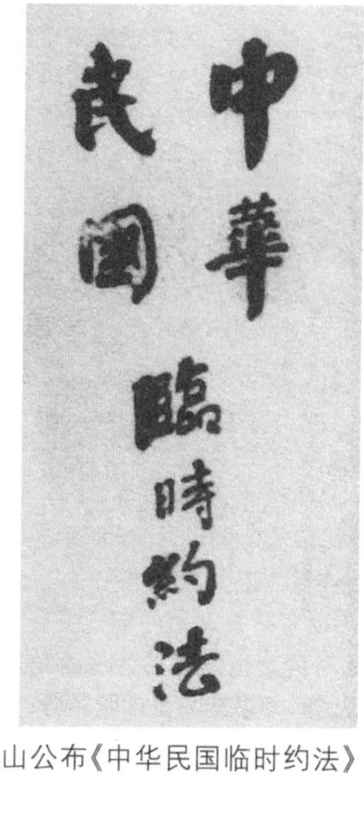


1912 年 3 月 11 日，孙中山公布《中华民国临时约法》

# 旧桃换新符

孙中山晋谒明孝陵

**清帝退位了，袁世凯在北京开府。**

孙中山在大总统就职典礼的誓词中，曾向全国人民承诺，“专制政府既倒……文当解总统之职”。孙中山就任临时大总统后，立即与黄兴等人商讨北伐大计，力图把革命推向全国，彻底推翻清朝政府。

## 北伐之役夭折

1912 年 1 月 11 日，南京临时政府决定组建北伐军海陆军。孙中山宣布，自任北伐军总指挥，黄兴为北伐军陆军参谋长。在总统府成立了北伐大本营，名义上由国家元首兼海陆军大元帅统率，实际则由黄兴主持大局。大本营编制有总兵站、兵站总监、兵站次监、作战局。黄兴任大本营兵站总监和参谋总长，钮永建任参谋次长兼大本营次监。

北伐之役，虽然取得了一些进展，但军费匮乏，粮草、饷械奇缺。临时政府向外国订购的一批马克沁机枪，也因外商故意拖延而拿不到货。时值严冬，官兵御寒服装跟不上，暴毙者甚多，军队的士气受到极大的影响。毕竟六路人马，由各省统属，各行其事，没有统一的指挥，形不成一个整体，很快，战斗力大大削弱，进军的势头严重受阻。

这时，临时政府的后院起火。部长级人物张謇、汤寿潜、程德全都不主张再战。革命阵营里的人也认为，南北方的军事实力，南方弱，北方强，长期拖下去，对南方明显不利。因

下午 2 时，总统府举行了隆重的南北统一共和成立大典。孙中山出席并发表了演说称：“清帝退位，南北统一，袁公慰亭为民国之友，盖于民国成立事业功绩极大，今日参议院选举总统，若袁公当选，余深信必能巩固民国。至临时政府地点，仍设南京。余于解任后，亦仍愿尽力于新政府也。”孙中山始终不忘将首都设在南京。

清朝官帽落地

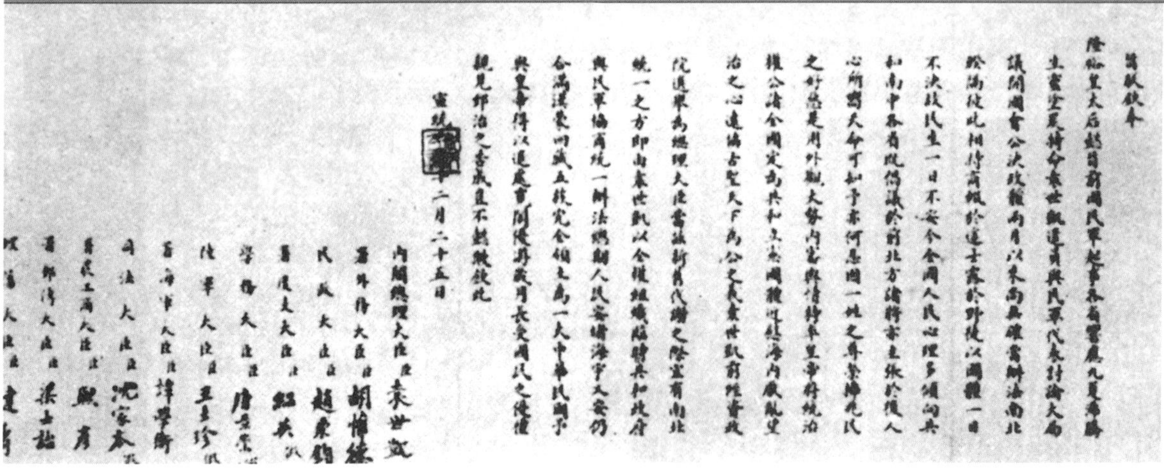
朕欽奉
隆裕皇太后懿旨前因民軍起事各省響應九夏沸騰
生靈塗炭特命袁世凱遣員與民軍代表討論大局
議開國會公決政體兩月以來尚無確當辦法南北
暌隔彼此相持商輟於途士露於野徒以國體一日
不決故民生一日不安今全國人民心理多傾向共
和南中各省既倡議於前北方諸將亦主張於後人
心所嚮天命可知予亦何忍因一姓之尊榮拂兆民
之好惡是用外觀大勢內審輿情特率皇帝將統治
權公諸全國定為共和立憲國體近慰海內厭亂望
治之心遠協古聖天下為公之義袁世凱前經資政
院選舉為總理大臣當茲新舊代謝之際宜有南北
統一之方即由袁世凱以全權組織臨時共和政府
與民軍協商統一辦法總期人民安堵海宇乂安仍
合滿漢蒙回藏五族完全領土為一大中華民國予
與皇帝得以退處寬閒優游歲月長受國民之優禮
親見郅治之告成豈不懿歟欽此
宣統　　十二月二十五日
內閣總理大臣臣袁世凱
署外務大臣臣胡惟德
民政大臣臣趙秉鈞
署度支大臣臣紹英
學務大臣臣唐景崇
陸軍大臣臣王士珍
署海軍大臣臣譚學衡
司法大臣臣沈家本
署農工商大臣臣熙彥
署郵傳大臣臣梁士詒
理藩大臣臣達壽

清帝退位诏书

此，还不如把大总统位子让给袁世凯，以换取清帝的退位。袁世凯上台后，可以用《临时约法》来约束他，谅他不敢胡作非为。临时政府的财政又发生严重危机，外国势力在北方纷纷介入……导致北伐六路大军的进攻很快丧失了锐气。拿不到饷的北伐军兵无斗志，将领也星散四方。北伐之役终告夭折。

## 清帝终于退位

北伐失利后，临时政府内部的妥协势力又占据了上风。就连孙中山最亲密的僚属也不主张再战。胡汉民对孙中山说：“袁氏有靠山，政府无法与之匹敌。袁氏出来，可维持国家秩序，平息动荡局面。”汪精卫则露骨地对孙中山说：“你不赞成和议，不就是舍不得一个总统位子吗？”

北方的袁世凯利用革命派急于妥协的心理，加紧操纵南北议和，不失时机地提出了一个咄咄逼人的主张，要求清政府和南京临时政府同时解散。接着，袁世凯又向临时政府提出了“优待清帝”的建议。

孙中山等人认为，这是“奇耻大辱”。伍廷芳、汪精卫等人则认为，如此，共和目的已达到，不必这么计较。2 月 6 日，临时参议院迫于压力，正式通过决议，同意给予清室以优待条件。

其时，袁世凯在北京已经操纵了全国的局势，清王室成了他手中的玩物。清帝优待条件通过不几天，2 月 12 日，清宣统皇帝溥仪在北京正式下诏宣布退位。诏书中有这么一句话：“即由袁世凯以全权组织临时共和政府与民军协商统一办法。”

既然清帝已退，孙中山为履行诺言，于 13 日前往临时参议院，提交了临时大总统辞职咨文，向国人正式宣布，清帝“宣布退位，赞成共和，承认中华民国，从此帝制永不留存于中国之内，民国目的，亦已达到……本总统当践誓言，辞职引退，为此咨告贵院，应代表国民之公意，速举贤能，来南京接事，以便解职”。

袁世凯大总统就职誓词

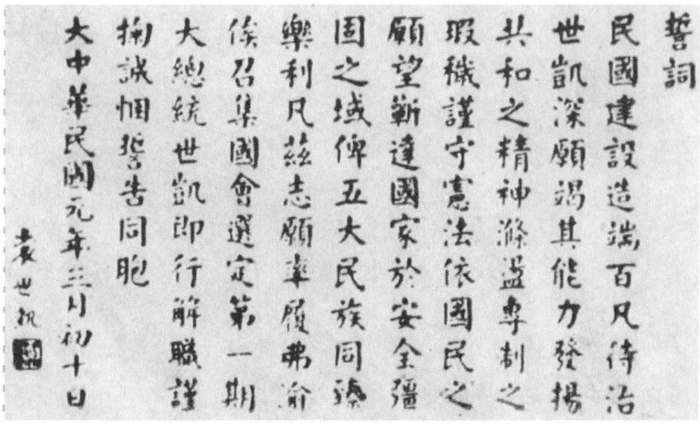
誓詞
民國建設造端百凡待治
世凱深願竭其能力發揚
共和之精神滌蕩專制之
瑕穢謹守憲法依國民之
願望蘄達國家於安全彊
固之域俾五大民族同臻
樂利凡茲志願率履弗渝
俟召集國會選定第一期
大總統世凱即行解職謹
掬誠悃誓告同胞
大中華民國元年三月初十日
袁世凱

# 南北终告“统一”

为了防范袁世凯，孙中山在辞职咨文中又提出了三项附加条件，即一、临时政府地点设于南京，为各省代表所议定，不能更改；二、辞职后，俟参议院举定新总统到南京就职之时，大总统及国务院乃行解职；三、临时政府约法为参议院所新定，新总统必须遵守颁布之一切章程。但在同时，孙中山又推荐袁世凯为临时大总统。

同一天，袁世凯煞有介事地致电南京临时政府，十分诚恳地表示了自己对于共和制的态度，电报称：“共和为最良的国体，世界之所公认。”并信誓旦旦地发誓“永不使君主政体再行于中国”。

2 月 15 日，孙中山在总统府办公室正式签署命令，决定于是日举行中华民国统一大典仪式，并祭告明太祖朱元璋。上午 11 时，孙中山率临时政府官员 200 余人赴明孝陵举行谒陵仪式。随行前往明孝陵的官佐军士民众浩浩荡荡，达数万人。各国领事亦前往观礼。孙中山宣读了谒陵文：“……中华民国始建，越四十有二日，清帝退位，共和巩立，民国统一，永无僭乱……”

下午 2 时，总统府举行了隆重的南北统一共和成立大典。孙中山出席并发表演说称：“清帝退位，南北统一，袁公慰亭为民国之友，盖于民国成立事业功绩极大，今日参议院选举总统，若袁公当选，余深信必能巩固民国。至临时政府地点，仍设南京。余于解任后，亦仍愿尽力于新政府也。”孙中山始终不忘将首都设在南京。

当天，临时参议院再次开会，选举袁世凯为中华民国临时大总统。孙中山立即致电袁世凯，对他的当选表示祝贺，并告知其临时政府地点确定在南京，将派迎袁专使北上。

16 日，袁世凯宣布“政府机关不容有一时之中断”，要立即“成立中华民国临时政府首领”，行使中央政权职务。对此，孙中山只能以“共和政府不能由清帝委任组织”，致电袁世凯提出抗议而已。

清帝溥仪(右)退位

1908 年 12 月 2 日，年仅 3 岁的溥仪登基，在接受文武百官朝贺时哭闹不止。其父摄政王载沣哄他说：“别哭，别哭，快完了，快完了！”典礼结束后，百官都窃窃私语：“不吉利啊，怎么可以说快完了呢！”没想到一语成谶，溥仪登基不满三年，就使封建帝制成为绝响。

选举袁世凯大总统之证书

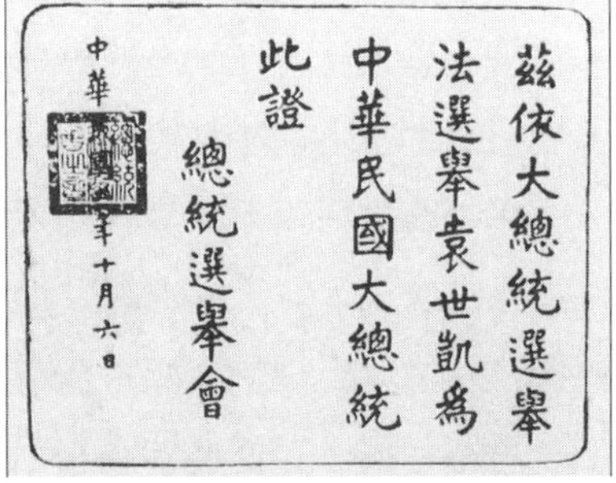

茲依大總統選舉法選舉袁世凱爲中華民國大總統此證

總統選舉會

中華　　年十月六日

宋教仁

# 渔父遇刺

宋教仁几乎是第一个为民国喋血的人。



## 挺身而出

1912 年 3 月，袁世凯获取了临时大总统的职位，资产阶级革命派在敌手弹冠相庆中败下阵来。但是，斗争并未就此结束，辛亥革命所带来的民主潮流的惯性，已势不可挡。

在与袁世凯的争斗中，宋教仁挺身而出。这位号渔父的湖南桃源人氏，早年献身革命，后东渡日本专研政法。他饱读了西方资产阶级的政治学说，倾慕欧美近代政治，特别是英国式的议会政治和政党内阁，并以实现这样的政治抱负为自己的终极目标。

由于袁世凯根基尚未牢固，还不敢公开撕毁《临时约法》，不得不伪装成效忠民主共和国的姿态；由于资产阶级革命派无论在政治上或军事上都还有可以一搏的力量，这就为在中国实现政党政治洞开了希望之门。为实现由政党组织实权内阁、“使总统处于无责任之地位”这一目的，必须在即将来临的第一次正式国会选举中得到半数以上的议席，作为组阁的前期准备。宋教仁首先把注意力放在改组同盟会、建立政党上。8 月 25 日的北京，由同盟会改组的国民党，以全新的面孔正式登台亮相，并发布了一系列文件。

实行责任内阁制，这对袁世凯实行专制独裁统治威胁最大。国民党利用合法阵地与袁世凯作针锋相对的斗争，引起了北洋势力的极端仇视；宋教仁的锋芒毕露，更让袁世凯胆寒心怯。他曾私下表示：孙中山与黄兴比较好对付，宋教仁才是他的劲敌呢。

是时，全国各省正式的参众两院议员已选出，纷纷北上。宋以国民党代理党魁身份，选举后变成了国会中多数党领袖，形势是一片大好，实现责任内阁的梦想，已近在咫尺。

然而，宋教仁所面对的，是老奸巨猾、在官场混迹多年的袁世凯。他对待政敌有两件法宝：一是收买，一为暗杀。当宋教仁周游全国、四处讲演抨击时政时，袁欲以金钱贿买。其后，袁又通过第三者向宋表示，只要他不坚持责任内阁制，便提名他为内阁总理。宋教仁

**煦园拱门**——拱门是中国传统园林中的造型样式，它将煦园与总统府连为一体。从汉王府到两江总督署，从中华民国临时政府到总统府，世事沧桑，时空变化，都在这圆形拱门中穿越。

光化亭——1934年由海外华侨捐赠建造，在中山陵园内音乐台东。出自建筑大师刘敦桢之手，亭八角，重檐，屋顶、梁、枋、椽、雀替、勾栏全部用福建花岗岩精雕细刻，花纹至细，刻工至精，为陵园亭中最精美之工程。通体灰白，高雅庄重。中山先生坚韧的奋斗精神，在这里得到很好的体现。

不为所动，这让袁世凯无计可施，只好使出他的杀手锏。

民權報臨時增刊

逆證號

宋教仁被刺后，《民权报》出版临时增刊《逆证号》，报道事件真相

## 暗杀在深夜

1913年3月20日，宋教仁自上海动身赴北京。晚10时40分，当宋教仁一行走至车站入口的检票处，突然一声枪响，宋大叫说：“我中弹了，有刺客。”说时迟，那时快，只见一个穿黑呢军装的矮汉子，从人群中不顾一切地逃窜。

黄兴、于右任等人迅速把宋教仁送至铁路医院，12时30分进入手术室，取出有毒的子弹。午夜2时，院方再行二次手术。宋教仁几度昏厥，不过神智还算清醒，反复说：“我为了调和南北，费尽苦心，可是造谣者和一般人民不知原委，每多误解，我真死不瞑目。”

宋在病榻上托黄兴代拟一电，向袁世凯报告遇刺经过，诚恳地希望大总统“开诚心，布公道，竭力保障民权，俾国会得定不拔之宪法”。

22日清晨，宋伤情恶化，可嘴里还不停地说：“我们要集中全国力量一致对外。”延至早上4时，已不能言语，只以黯淡的眼睛环顾四周，作依依不舍状。黄在宋耳旁大声地说：“遁初，我们会照料你的一切，你放心去吧！”宋用力睁开眼睛，眼中泛起泪珠，慢慢地断了气。黄兴、于右任等伏尸恸哭。陈其美捶胸顿足说：“不甘心，此事真不甘心！”

高才英年、如日中天的宋教仁，就这样与世长辞，年仅33岁。他没有想到自己竟会遭到这样不明不白地暗算，至死，都不知谁是凶手，但自知没有仇人，只有政敌。他万万没有想到政治斗争，竟要施以暗杀之卑鄙手段，更不会想到背后的主使者是袁世凯！

宋教仁的高尚，就在于他临终前，还没有抛弃要感化袁世凯的幻想，他希望袁能为他的临死赠言所感动，能够化伪为诚，化私为公，化蹂躏民权为保障民权，化践踏法律为尊重法律。如果真能这样，以身许国，他又何所惜？

此时的孙中山，正在日本长崎考察铁路政策，听到宋教

宋教仁的高尚，就在于他临终前，还没有抛弃要感化袁世凯的幻想，他希望袁能为他的临死赠言所感动，能够化伪为诚，化私为公，化蹂躏民权为保障民权，化践踏法律为尊重法律。如果真能这样，以身许国，他又何所惜？

宋教仁灵榇抵北京湖南会馆

孙中山与黄兴等在上海横滨正金银行商讨集资讨袁时合影

仁被刺身死，极为悲悼，随即致电北京国民党本部和上海国民党交通部，令党人合力查出宋氏被刺的真实原委，以谋昭雪。

北京方面听到宋氏被刺，也极感震动，尤以国民党总部丧失了实际的领导人，既哀悼又激愤，纷纷去电上海询问真相。黄兴乃于22日致电北京《民主报》主持人仇蕴存，说明宋氏被刺遇难经过，请刊诸报端，宣示中外。

袁世凯在北京故作毫不知情状，得知宋被刺后表示非常意外，即发一电，除表示哀悼外，还电饬各级限期缉获凶犯，以告慰先灵。

## 真相毕露

22日午后，袁世凯午睡方醒，秘书等告宋去世的消息，袁还愕然说："有这等事吗？快拿电报来。"袁装出极为惋惜的样子说："这怎么好呢？国民党失去了宋遁初，少了一个明白事理的首脑，以后越难讲话了。"他假惺惺地命秘书草拟电报，草拟优恤命令，处理宋身后事。

袁世凯以为刺宋一案谋划的是天衣无缝，永不为人所知，他暗自发笑，又轻易地除掉一个政敌。然而，要想人不知，除非己莫为。

对于宋为何被刺？何人所刺？各有说法，人言言殊。大多数人尤其是国民党方面，均认为是袁世凯所为。北洋方面则散布说是国民党内讧，自相残杀，这当然是袁系之流混淆视听之说。

"刺宋"案发以后，全国为之震动，纷纷要求严惩凶手。侦破工作迅速展开，很快就抓获罪犯应桂馨，在查抄他家时，意外地又抓到了凶手武士英，并发现他行刺用的手枪，以及与当时国务秘书洪述祖、国务总理赵秉钧的往来密电。

在确凿证据面前,应桂馨交代了刺杀经过。袁世凯因惧怕宋教仁北上出席国会,深恐对他不利,所以由国务总理赵秉钧授命洪述祖指使应氏,贿买凶手行刺。至此,真相大白,国务总理赵秉钧是阴谋策划人,洪述祖是中间联络者,应桂馨是执行者,武士英是受雇佣的凶手,而真正的幕后主使者,乃是当时的大总统袁世凯。

## 一段小插曲

1912 年 4 月 8 日，中华民国女子参政同盟会正式成立，唐群英被推举为会长，通过了由她主持起草的十一条政纲，理直气壮地以“实行男女平等、实行参政”为宗旨。随后,通电全国,声明“南京参议院所颁布之《临时约法》,我女界绝不承认”。同盟会改组为国民党后,于 8 月 25 日在北京召开成立大会,囿于当时特定的历史条件,其领导人对新兴的女权运动尚不够重视,“男女平权”的条文,与党纲草案擦肩而过。虽经唐群英等女界代表据理力争，但正式党纲中还是未被列入,女子参政同盟会会员群情激愤,集体表示抗议。质询之时,宋教仁、林森理屈词穷,只能默不作答。个性刚强的唐群英怒不可遏,拍案而起,竟然当众给了他俩各一记耳光。

1912 年 8 月 11 日，同盟会、统一共和党、国民公党、国民共进会和共和实进会五个政团集会于北京安庆会馆，就合并为国民党一事达成协议。25 日下午 1 时，国民党成立大会在湖广会馆举行,由孙中山主持。大会通过《国民党政见宣言》及政纲,推举孙中山、黄兴、宋教仁等 9 人为理事。

赵秉钧是宋案的最大嫌疑人

北京政府内阁总理赵秉钧为刺杀宋教仁交给应桂馨联络通讯密码的手令

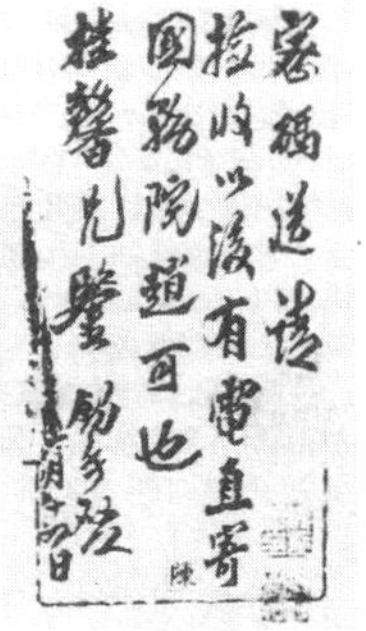

1913 年 3 月 20 日,宋教仁由上海乘车北上时遇刺身亡。图为宋氏死后遗影

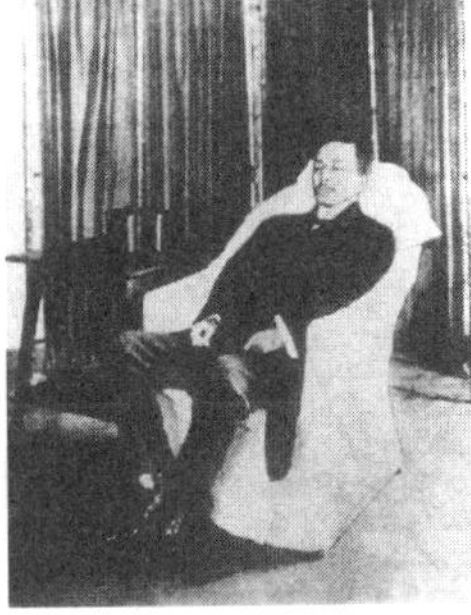

中国国民党党证

与袁世凯政府签订"善后大借款"的五国银行代表

# 饮鸩止渴

天下没有免费的晚餐,"善后大借款"就是一例。



## 居心叵测

晚清政府财政匮乏，手中没钱，一事无成。欧美列强财大气粗,纷纷对华输出资本,以英、法、德、美组成的国际银行团应运而生。最初,他们强调的是经济利益,其后,政治借款成为主要内容，这就使得原本混乱的政局更加污浊。

辛亥革命后，国际银行团在各自政府的指示下，一直在商讨向北京政府提供大笔贷款。它们的公开用途主要是两个：一是帮助中国筹措资金，以偿付中国遗留债务中拖欠和即将到期的款项，包括外国在辛亥革命中的损失折款,二是负担直接的政府费用。

诸列强心怀叵测,有备而来,以英国为首的银行团所属政府提出，允许更多的外国人参与中国政府事务,这是借款的先决条件。北京民国政府面临着一种在半殖民地条件下最令人不快的局面：主要资本主义国家是同声相应,组成了一道坚固的阵线,试图用巨额贷款为诱饵，以换取它在中国政体中更高的地位，这无疑是提供给列强支配甚至干涉中国政治的一个良机。

民国中央权威衰弱,地方割据方兴未艾,袁世凯从地方根本搞不到钱，而中央政府的财政捉襟见肘,袁世凯于是饮鸩止渴,接受诸列强苛刻的借款条件。

## 一纸合同丧主权

1913 年 4 月 26 日夜至 27 日凌晨，北京政府特派国务总理赵秉钧、外交总长陆徵祥、财政总长周学熙为全权代表，未经国会讨论通过,以办理善后为名,擅自在北京汇丰银行大楼与英、法、德、俄、日五国银行团作最后谈判,签署了《中国政府善后借款合同》。

合同共 21 款，另有 7 个附件和 2 个附表。借款总额为 2500 万英镑,年息 5 厘,期限 47 年;债券九折出售,八四实收,扣除 6%的佣金,净收入 2100 万英镑。借款扣除偿还到期的庚子赔款和各种外债、遣散各省军队、抵充政府行政费外，实际到手的仅余 760 万英镑，而到期归还本息竟高达 4289 万英镑。

借款以中国盐税、海关税及直隶、山东、河南、江苏四省所指定的中央政府税项为担保，并附特别条件：今后未经银行团允许，不得向他国借债；由外国人参加盐税征收，在审计处设华、洋稽核员，凡关于借款款项之领款单须有华、洋稽核员会同审核，签押后方可提款；中国政府在北京设立盐务署，由中国总办 1 员、洋人会办 1 员主管；各产盐区设稽核分所，设中国经理、洋人协理各一员，共同担负征收存储盐务收入之责任；人员的任免，由华洋总办、会办会同定夺；盐区之盐纳税后，须经华洋经理、协理会同签字后方可放行；盐务进款存于指定银行，非有总办、会办会同签字的凭证不得提用。这一系列霸王条款，就像一根根绳索，紧紧勒住了北京政府的脖子。

善后大借款对中国政治、经济的危害相当严重。列强通过借款操纵中国政局，加强了对中国的统治，使中国进一步殖民化。此前，列强已控制了象征国门的海关，如今又控制了由政府专营的盐税。希望通过对借款用途的稽核，对审计院的干预，在监督财政的同时，达到左右政局的目的，使北京政府成为其攫取在华利益的工具。

善后借款商议之初，因其条件苛刻，遭到国民党及各界人士的极力反对。合同签署后，全国一片斥责之声。黄兴及皖、赣、湘、粤 4 省都督通电责问，参议院也提出质问书。但袁世凯借口借款事宜曾于 1912 年底由临时参议院秘密通过，拒绝将此案交国会表决。

4 月 27 日，张继、王正廷即以参议院正副议长的名义通电全国，谴责袁世凯违法借款的行径。众议院亦于 5 月 5 日以 229 票对 147 票通过决议："政府违法签约，咨送本院查照备案，本院决不承认，应将合同咨还政府。"

5 月 8 日，袁世凯向参众两院发出咨文，以列强逼债相威胁，称对于各省历欠之外债，列强"屡次催逼，百无一应，国信不立，安能奠定邦基"，表示"值兹财政艰窘，国际债权催逼更

广东都督胡汉民

江西都督李烈钧

安徽都督柏文蔚

4月下旬，孙中山致电各国政府和人民，揭露袁世凯制造“宋案”和非法大借款，并劝告日本不可援助袁世凯。图为孙中山于上海设宴招待日本贵族院议员德川公爵时合影



甚，借款一日不成，国本一日不定，此次合同签字，在势无可取消”。

是时，革命党人军事讨袁的声浪陡然高涨，为了及时镇压革命党人的反抗，袁世凯迫切希望尽快拿到借款，因而是势在必得。当时《中华民国临时约法》规定此类协议须经国会同意，由于宋教仁被杀引起了广泛的愤怒以及担心不得人心，早在签约之前，袁世凯已经决定不将此事提交国会。袁向英国公使保证国会的活动将没有希望，“如果他们继续胡闹”，“有办法对付他们”。

1913年5月，广东都督胡汉民与江西都督李烈钧、安徽都督柏文蔚联名抗议袁世凯非法大借款。袁世凯先下手为强，下令将其一一免职。7月12日，李烈钧在江西湖口成立讨袁司令部，正式宣布江西独立，“二次革命”爆发。可惜，自7月12日湖口之役始，至重庆失陷，只有短短的7个星期，革命党人就遭败绩。孙中山、黄兴等受到通缉，被迫亡命日本。“二次革命”的失败，标志着资产阶级共和国方案的核心内容——政党内阁和议会政治道路的彻底破产。

“善后大借款”无疑是一剂强心针，给袁世凯虚弱的肌体，一下子提供了充足的营养。为袁世凯打败国民党人，提供了经济保证。

“善后大借款”，绝不是一个简单的经济行为，其政治目的昭彰，扶持袁世凯成为政治强人，以维护他们的既得利益，这是列强外交政策的产物。当善后借款合同生效后，袁世凯用所得收入在与其对手的政治斗争中占据上风。用这些钱，他不仅可以收买议员，击败国会中的国民党势力，而且可以收买拥兵自重的军阀。这对以后中国政治格局的发展，产生了非常重要的影响。

# 竭九死之身

黄兴

**袁世凯一上台，其实就开了杀戒，革命党人当然不能束手就擒。**

## 南京留守府成立

1912 年 3 月 30 日，袁世凯任命段祺瑞为陆军总长，并以临时大总统名义，任命原陆军总长黄兴为南京留守府留守，由此，黄兴被削去了兵权。

黄兴表面上按照袁世凯的意图行事，下达了一系列遣散军队的命令，实际上暗中仍在积蓄力量，在裁军的同时，加强了革命党人掌握的第 2、3 军的兵力，为今后的起事做准备。

南京留守府人员大部由原陆军部抽调过来，黄兴的夫人徐宗汉也来到黄兴身边协助处理军务。留守府成立后，黄兴常在外奔波，府中诸事均由徐宗汉一手操办。因南方军队良莠不齐，军纪废弛，民怨较多。宣统退位后，一些皇亲贵族心犹不死，企图破坏共和，复辟帝制。满族贵族载涛、良弼等利用宗社组织，创建了“九龙会”潜入军队中，一遇时机即举行暴动，阴谋造成帝制再起的声势。加上袁世凯克扣军饷，“九龙会”则趁机捣乱，导致军队严重不稳。留守府成立刚十天，赣军第 7 师俞应麓部一个旅 2000 多人趁黄兴离府赴沪筹饷之际，发动了兵变。军官纵兵抢劫商店，滥杀无辜。徐宗汉立即调留守府官兵前往镇压，不过几个小时，叛乱即被平息。叛兵七八百人被处死。

因黄兴的留守府对袁世凯的命令“阳奉阴违”，袁世凯遂

黄兴宣布独立，触犯了袁世凯的“龙颜”。袁即命冯国璋到北京参加紧急军事会议，并任命冯国璋为江淮宣抚使兼第 2 军军长。冯即率禁卫军、拱卫军、直隶混成旅诸路大军星夜兼程南下。讨袁军节节败退，黄兴眼见大好局面败在程德全手中，不禁悲愤万分，一度想在西花园的司令部自杀。

江浙联军官兵在总统府留影

想方设法除掉黄兴。4 月 13 日，袁世凯任命程德全为江苏都督(驻苏州)。6 月 14 日，程德全奉袁世凯之命率军前往南京，接管留守府。袁世凯也以“有碍行政统一”为借口，下令撤销留守府，免去黄兴陆军上将衔。黄兴无奈，加上实力不如人，只得交出权柄。

程德全一上任，在袁世凯的全力支持下，再次向革命党人举刀。先剿灭了北伐先锋团；又解除了安徽都督柏文蔚的第 1、第 9 师武装。程德全在任江苏都督期间，共裁去江南一带革命党人武装 18 万多人。革命党人完全失去了对南方的控制。

## 宣布江苏独立

1913 年 7 月 12 日，李烈钧在江西湖口起义，“二次革命”爆发。14 日，黄兴由上海抵达南京。与程德全、章梓等人“会商”讨袁之举。

章梓早年加入同盟会，时任江苏都督府军务司长兼苏军第 1 师师长，与黄兴志同道合，他表示坚决拥护讨袁。但因程德全固执己见，不肯答应举旗。黄兴眼见说服程德全无望，只好先斩后奏。

黄兴、章梓采取果断措施，将混入督府的袁世凯派来的奸细一一拿获。首先被捕杀的，是袁系奸人蒲剑。之后，蒲系党羽又冲入督府大闹，章梓派副官王柏龄将其正法。被处死的还有第 3 师师长陈懋修。对此，程德全极为不满，但亦敢怒不敢言。

7 月 15 日凌晨，黄兴命令章梓秘密切断江苏都督府与外界联系的所有电话。同时，又派军队迅速进入督府，宣布江苏已正式独立讨袁。程德全只好说：“诸君作为，亦是可嘉。克强先生有此大志，不愧英雄，但兄弟自惭老朽，眼前且有小恙，不能督师，这次起事，还是先生您在此主持，我情愿退位让贤。”之后还煞有介事地附和说：“袁世凯不法，天下之公愤，江苏何敢独异？公等骤然起事，幸甚，幸甚。”

黄兴正式宣布江苏独立，成立讨袁军总司令部，自任司令。接着，由章士钊起草以江苏都督程德全、民政长应德闳和黄兴三人联名的讨袁通电。同时，黄兴下令苏皖赣徐淮各军北上出击袁世凯。

江苏独立后，安徽、上海、广东、福建、湖南、重庆等地，也相继宣布独立，在全国造成了很大的声势。

江苏讨袁军总司令部成立后，在长江流域形成与袁世凯对峙的局面。袁世凯立即部署三路大军南下。一路为段芝贵，由京汉线南下；一路为冯国璋，由津浦路直攻南京；一路为倪嗣冲，南下攻打安庆。

7 月 16 日深夜，程德全趁卫兵疏忽之际，悄悄潜离都督府，赶赴下关火车站搭车直奔上海。程德全一到上海，立即就换了一副面孔，称“江苏都督府发出的一切文电，均系假借我的名义所为……我仅是被人逼迫而不

民国元年纪念铜章

得已耳”。并集结江苏各军准备讨伐黄兴。并电令都督府卫队长张朋翥立即捉拿黄兴、章梓、柏文蔚、洪承典等人。

黄兴宣布独立，触犯了袁世凯的“龙颜”。袁即命冯国璋到北京参加紧急军事会议，并任命冯国璋为江淮宣抚使兼第2军军长。冯即率禁卫军、拱卫军、直隶混成旅诸路大军星夜兼程南下。讨袁军节节败退，黄兴眼见大好局面败在程德全手中，不禁悲愤万分，一度想在西花园的司令部自杀。

7月28日，讨袁军内无粮草，外无援兵，已是山穷水尽。深夜，黄兴匆匆离开了司令部，搭乘日轮“静冈丸”号潜赴上海。江苏代理都督章梓、第1师师长洪承典、第3师师长冷遹等讨袁军高级将领，也纷纷逃离都督府各奔前程。南京独立宣告失败。9月初，北洋军张勋的辫子军占领南京。

设于总统府西花园的讨袁军司令部

1915 年 12 月 20 日，袁世凯在北京居仁堂自称皇帝，改元“洪宪”。图为画家笔下正在为登基大典做准备的袁世凯及群臣

# 八十三天皇帝梦

**1916 年 1 月 1 日，袁世凯黄袍加身，正式“登基”。**





## 重出江湖收拾残局

袁世凯的门第不浅，他出生在河南项城一个世代官宦的大家族，父祖辈多为清朝显贵，权重一方。

早年，袁世凯科举不中，这本是一件令人不悦的事，却是“无心插柳柳成荫”，反倒成全了他。袁世凯弃文从军后依附于淮军将领吴长庆门下，路居然越走越宽，他的政治才能，得到极大的发挥。1892 年，大清藩属朝鲜内乱，求助于清廷，袁世凯随军入朝平乱有功，为朝野瞩目，两年后被李鸿章保举为驻朝总理大臣。1895 年受命赴天津督练“新式陆军”，这个机会让袁世凯好好利用了一番，成为他发迹的重要基础。他仿照欧洲军制训练军队，在此基础上扶植自己的势力，形成了日后北洋军阀的班底。1901 年升任直隶总督兼北洋大臣，在任 7 个年头后，于 1907 年入主军机处任大臣兼外务部尚书，走进了清廷的权力中枢。

1908 年，袁世凯在北京举行了一个盛大的寿辰庆典，这时的他如日中天。可惜好景不长，一个多月以后，光绪皇帝和慈禧太后先后死去，就在帝、后百日大孝期间，当国的摄政王载沣对袁世凯下手了，借口他脚上有病，把他贬回原籍“养疴”。袁世凯被迫下野，隐居河南安阳洹上村别墅——“养寿园”，这对他来说，确实是一个很大的打击。

辛亥革命枪响之后，清政府迫于手中无人可用，重新请袁世凯出山，当了湖广总督，到前线去镇压革命党。是时，从皇室到革命党，好像一致认为只有袁世凯出来才能收拾残局，于是他又顺理成章地当上清政府最后一任内阁总理，主持军政。

革命当前，老谋深算的袁世凯深知清廷气数已尽，无可挽回，便联络全国革命势力及其旧部，倒戈一击，逼迫清帝退位，实行共和。

由于袁世凯促成共和有功，1912 年 3 月当上了中华民国的临时大总统，随后又被“推举”为大总统。

# 皇帝之梦

袁世凯最初是不敢擅自僭越，渐渐地就忘乎所以。他首先解散国会，继而炮制人称“袁氏约法”的《中华民国约法》，随后又修正《大总统选举法》，一步步地接近他的目标。他手下的一帮党羽，亦是推波助澜，从成立筹安会，到组织各色请愿团，再到提出《国民代表大会组织法》，一场滑稽可笑、荒谬绝伦的帝制复辟闹剧，一幕幕地上演。

终于轮到精彩的压轴大戏了，时间指向 1915 年的 12 月 11 日。这一天参政院好不热闹，正在举行国体总投票。上午 9 时，投票开始。各省国民代表共 1993 人，赞成君主立宪票正好是 1993 张，没有一票反对，也没有一张废票，表现出了空前的“一致”。各省的推戴书上“众口一词”：“恭戴今大总统袁世凯为中华帝国皇帝，并以国家最上完全主权奉之于皇帝，承天建极，传之万世。”筹安会的吹鼓手杨度当场提议：“本院前由各省委托为总代表，尤应以总代表名义恭上推戴书。”秘书长随即拿出准备好的推戴书当众朗读，要求袁世凯“俯顺

被清廷“开缺回籍养病”、隐居河南安阳洹上村的袁世凯，状似“闲云野鹤”

1916 年 1 月 1 日，袁世凯黄袍加身，正式登基，接受百官朝贺，改元洪宪的中华帝国仓皇出世。袁世凯欲屈天下奉一人，必至尽天下人敌一人。一时间激浊扬清的狂飙从天而降，一场反对帝制的风暴席卷全国。1916 年 3 月 22 日，袁世凯在内外交困下被迫宣布取消帝制，仅仅做了 83 天皇帝梦，就灰飞烟灭。

袁世凯复辟称帝时刻制的“中华帝国之玺”和“皇帝之宝”

袁世凯复辟称帝时发行的“袁大头”

袁世凯在北京就任中华民国临时大总统的宣誓仪式上

袁世凯身着新设计的洪宪皇帝戎装



舆情，登大宝而司牧群生，履至尊而经纶六合”。参政员全体起立，一致通过。

当天中午，袁世凯接到推戴书后装腔作势，申令立即发回，“另行推戴”，并信誓旦旦地表示：“民国初建，本大总统曾向参议院宣誓，愿竭力发扬共和，今若帝制自为，则是背弃誓言，此于信誓无可自解者也。……望国民代表大会总代表等熟筹审虑，另行推戴，以固国基。”

下午5点，参政院再次开会，孙毓筠等提议说，此事既属全国一致，元首亦未便过拂舆情，理应由本院以总代表名义呈递第二次推戴书。秘书厅速度之快，仅用15分钟就拟成2600余字长文，众人均无异议，于当晚再次进呈袁世凯。

推戴书中，称颂袁有经武、匡国、开化、靖难、定乱、交邻等六大“功烈”，并一再强调：“今日者，国民厌弃共和，趋向君宪，则是民意已改，国体已变，民国元首之地位已不复保存，民国元首之誓词当然消灭。凡此皆国民之所自为，固于皇帝渺不相涉者也。”固请千万不要推辞称帝。

一帮吹鼓手摇旗呐喊，大造声势。有了这番为称帝开脱之谬言，袁世凯终于按捺不住。次日一早，他就大言不惭地说：“天下兴亡，匹夫有责，予之爱国，讵在人后？但亿兆推戴，责任重大，应如何厚利民生，应如何振兴国势，应如何刷新政治，跻进文明，种种措施，岂于薄德鲜能所克负荷！前次掬诚陈述，本非故为谦让，实因惴惕文萦，有不能自已者也。乃国民责备愈严，期望愈切，竟使予无以自解，并无可诿避。”为了“救国救民”，他也只有“牺牲”自己，甘当皇帝了。

1916年1月1日，袁世凯黄袍加身，正式登基，接受百官朝贺，改元洪宪的中华帝国仓皇出世。袁世凯欲屈天下奉一人，必至尽天下人敌一人。一时间激浊扬清的狂飙从天而降，一场反对帝制的风暴席卷全国。

袁世凯改编的北洋常备军

中华民国首任大总统袁世凯的标准照

# 天下敌一人

1915 年 1 月 18 日，日本驻华公使晋见袁世凯，递交日文“二十一条”，要求袁政府“尽速答复”。袁世凯惟恐得罪日本，当不成皇帝，决定屈服，他于 5 月 8 日下午召集会议。发言者大都认为惟有接受日本要求一途，惟独段祺瑞主张对日本示强，无奈，他独木难支。袁世凯决定接受日本通牒。

屈辱的城下之盟：5 月 9 日，陆徵祥等奉命前往日本使馆递交复文，25 日，“中日条约”和“换文”在北京签订。日本是“空手套白狼”，轻易让中国就范。

蔡锷等在云南发起讨袁的护国战争，贵州、广西、广东、浙江等省纷纷响应。1916 年 3 月 22 日，袁世凯在内外交困下被迫宣布取消帝制，仅仅做了 83 天皇帝梦，就灰飞烟灭。6 月 6 日，袁世凯因尿毒症不治，在举国上下一片责骂声中，忧郁而死。

帝制祸首梁士诒

1915 年，袁世凯为复辟帝制，于清故宫之天安门设立大典筹备处，并挂起“大典筹备处”的招牌

帝制祸首段芝贵

大典筹备处处长朱启钤

袁克定

# 欺世盗名

**为了那个“太子梦”，袁克定造假拥戴帝制，但他后来还是力拒与日本人合作。**

## 想做太子想得发疯

袁世凯洪宪称帝，遭到举国声讨，一世枭雄，落得窃国之贼的下场，不及三月，羞愤而亡！临终之时，袁世凯握住徐世昌的手说：“他害了我。”这个“他”指的就是袁家大公子袁克定。

1915 年 6 月，江苏将军冯国璋进京觐见大总统袁世凯，当时“袁公欲行帝制”一事闹得沸沸扬扬，不知内情的他前来当面问询。袁大总统此时正陶醉于“帝制强于共和”的幻觉中，外有世界宪政大师古德诺著书立说，言帝制合乎中华国情，非袁公不可；内有杨度等诸君推波助澜，鼓噪民意。一时间风生水起，真假难辨。

袁世凯虽有意登基，奈何民国初创，各方情状不明，似不可草率更张。故对冯国璋言道：“我袁家亲故无人活过六十，如今我五十有八，纵然当上皇帝，又有几年好坐？何况大儿子是个残废、二儿子假名士、三儿子土匪，哪一个能继承大业？你尽管放心。”冯国璋信以为真，于是四处替大总统辟谣开脱。

袁世凯所言这“残废的大儿子”，指的正是大公子袁克定。他幼年留学德国，精通德、英文，并非不才，只是因骑马摔成跛子，故有“残废”一说。其实他身残志大，心气很高，尤对政治感兴趣。

袁大公子想做太子想得发疯，他挖空心思把袁世凯推向复辟之路。窃国之心所至，是

曹汝霖

递交“二十一条”的日本驻华公使日置益

无所不用其极，造“祥瑞”、作“显圣”，其中形迹最劣、影响最大的，莫过于作伪，一份假报纸，把袁大总统忽悠得煞是迷糊，真以为这洪宪帝制乃天命所归，该当如此。

袁世凯一向被西方列强看好，他本人也与英美关系不错，却与日本人始终不睦。此次帝制将行，按老袁的想法，西方应不会横加阻拦，倒是日本的态度值得重视。1915 年 1 月 18 日，日本提出“二十一条”，并“祝愿贵大总统高升一步”，中日双方就“二十一条”进行了多次交涉。“二十一条”的消息一经传开，反日舆论顿时沸腾，要求袁政府拒绝日本的无理要求，各地掀起抵制日货的斗争，这让袁世凯寝食难安。

袁对日本政府的态度极为注意。《顺天时报》是日本外务省在北京出版的汉文报纸，代表日本政府的声音，发行量很大。袁世凯对其中言论十分关注，每日必读。袁克定利令智昏，竟然想出了个馊主意，每天编辑印制一份假的《顺天时报》进呈。文章多是他精心组织的，主要内容是全国各界赞成他爹做皇帝，当然也包括“日本支持改行帝制”之类的话，让袁大总统深信不疑。

袁克定很想让他爹称帝，因为总统不能世袭，如果爹做了皇帝，他就是太子。按照世袭制，等到老爹百年之后，他将君临天下。加之袁世凯身旁有一批阿谀奉承、摇旗呐喊之人，而他本人好像也有这个意思，只是一时还举棋不定。这份《顺天时报》只印一张，专供袁世凯一人看。于是，大总统每天都

1913 年 10 月 10 日，袁世凯就任中华民国第一任正式大总统。这是出席典礼的“庆祝券”

至抗战时期，袁克定已把分得的财产耗尽，生活日渐艰困，在颐和园租房子住。他的表弟张伯驹与他多有来往，见他吃饭时，虽无鱼肉菜肴，只是以窝窝头切片，加上咸菜而已，但他依然正襟危坐，胸带餐巾，俨然还是当年“皇储”之做派。张伯驹有诗：“池水昆明映碧虚，望洋空叹食无鱼。粗菜淡饭仪如旧，只少宫詹注起居。”

参加讨论中日问题的英、法代表在交谈

沉浸在一片国民坚决拥护他称帝的美好梦幻中。

可惜，不知谁人带了一份真的《顺天时报》,让袁世凯看出破绽,大惊失色,假报纸给他带来的快感瞬间消失。他对袁克定这卑劣之举气愤至极,可毕竟是他儿子,老袁也没把小袁怎么样。当然了，袁世凯本身也有私心,否则他当真就看不出有假?

袁世凯没有悬崖勒马,一意孤行地向前,在登上皇帝宝座的同时,也自掘坟墓。假冒的《顺天时报》随着袁世凯的短命王朝终结,成了历史笑料,顺带也让袁克定扬名一下四海。

据说袁克定在他爹死前，急不可耐地要接班,多次逼迫他爹把自己的名字写进遗嘱。工于心计的老袁当面这样做,可小袁一出门,他就另立一份。等到老袁咽气，金匮密室打开,袁克定一下就傻了眼,指定的继任人是副总统黎元洪。

老袁倒是至死也没失去知人之明，他深知袁克定根本不够格，单说北洋那批身手不凡的悍将就够他的呛,莫说一统全国了。

## 可圈点的晚节

后世史家评论:袁克定的假报纸,对袁世凯下定称帝的最后决心，起到了关键性的作用。换言之,在袁克定的误导下,最终葬送了袁世凯的前程。1916 年 6 月 6 日，袁世凯一命呜呼，在其背后极力鼓吹复辟帝制的袁克定,也被打上“欺父误国”的标签。

袁世凯之死，给庞大的袁氏家族带来的不仅仅是政治上的衰落，虽然每个子女都分得一大笔财产,但袁克定很快就将钱花光。这位年轻时过惯钟鸣鼎食日子的袁大公子,最后竟至经济窘迫之地步。晚年与其表弟张伯驹生活在一起,靠张接济,勉强度日。



1915 年 5 月 25 日,“二十一条”签字时中日代表合影。左起:(中方)外交次长曹汝霖,外交总长陆徵祥,秘书施履本;(日方)参赞小幡西吉、驻华公使日置益、书记官参赞高尾

**中山堂**——随着西风东渐，西方建筑开始影响中国。清代两江总督端方就在督署为自己建造了一幢西式平房，是为私人花厅。孙中山就任临时大总统后，曾在这里办公。

孝经宝鼎——中山陵园附属建筑中，由原国立中山大学师生捐赠的为多，宝鼎就是其中之一。宝鼎细而高，由两部组成，下为鼎，上为塔。外壁铸孙中山手书『智仁勇』和『忠孝仁爱信义和平』，内藏铜碑，上刻《孝经》。弘扬传统的道德文化，与纪念现代伟人精神，在这里得到有机的结合。

1913年10月10日,袁世凯就任正式大总统后,各国驻华使节觐见袁世凯。前排中为袁世凯,三排右为总统府秘书长梁士诒,右二为司法总长梁启超。后排右一为朱启钤,右四起为章宗祥、顾维钧、曹汝霖、陆徵祥

30年代中,华北危机,汉奸王揖唐联络一些人,在《庸报》上刊登声明,鼓吹"华北自治",认贼作父,领衔的就是袁克定。两天后,袁克定在报上登一启事,郑重声明否认与此事有任何牵连。启事一登,舆论哗然。袁克定敢于登报声明自己的政治立场,表明观点,是要有相当的勇气和骨气的。华北沦陷后,日本特务头子土肥原贤二想笼络袁克定,要他加入华北伪政权,希望借助他的身份对北洋旧部施加些影响。那时,袁克定经济已相当困顿,但他不为所动,没有落水附逆。据说袁克定还登报声明,表示自己因病对任何事不闻不问,并拒见宾客。在关乎民族大义面前,袁克定保住了晚节。

"二十一条"是日本强加于中国的单方面条约,显然不能为算。迫于全国反日爱国热潮,袁政府事后声明,条约完全是在日本最后通牒下才被迫接受。此后历届北京政府始终未予承认有效,而在后来的巴黎和会和华盛顿会议上,中国方面都要求改订,甚至全面予以废除。

江朝宗

蔡锷

第一次世界大战中,日军击败驻守中国青岛的德军,占领青岛。图为日军在高射炮下留影

1916 年 7 月 17 日，孙中山在上海张园演讲《地方自治》，左为黄兴

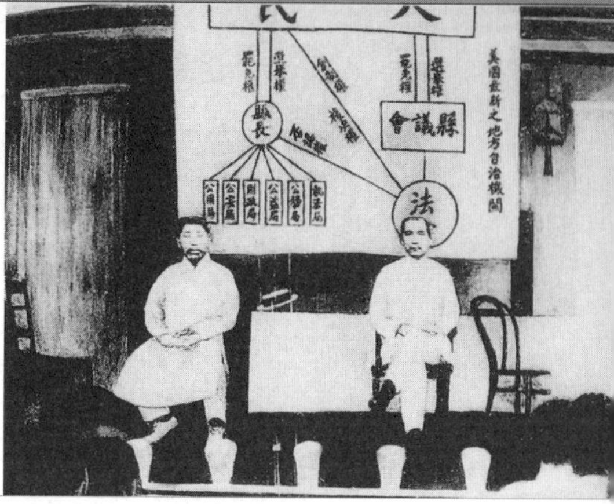


# 最易交之友莫如黄克强

黄兴最为人称道的是他那公而无我、摒弃权利的谦让美德。



## 无公则无民国

蔡锷护国讨袁军事胜利后，黄兴于 1916 年 7 月绕道日本回到上海，此时，黄兴因长年劳累过度，身体已很虚弱。10 月 10 日为中华民国国庆纪念日，黄兴黎明即起，准备赴味莼园参加庆祝活动，忽然口鼻喷血，一病不起，至 10 月 31 日凌晨 3 时，由于胃中血管破裂，吐血不止而谢世，年仅 43 岁。

孙中山亲自主持丧事，发布讣文，向海内外革命同志报丧。孙中山、唐绍仪、章炳麟、李烈钧、柏文蔚、谭人凤、胡汉民等的挽联祭文，情文并茂。章炳麟挽黄兴联：“无公则无民国，有史必有斯人。”1938 年 3 月 1 日，国民党第五届中央委员会议决，黄兴及胡汉民、陈英士、廖仲恺、朱执信等人的逝世及殉国纪念日，合并在 3 月 29 日即黄花冈起义之日，一次举行，定名为“革命先烈纪念日”，以弘扬其革命精神。

## “八指”将军

近代湖南，人才辈出，黄兴，就被称为“三湘才子”。科举之路，他没有博得功名，却走出了人生另一番光明。

1898 年，湖广总督张之洞于武昌设立两湖书院，招收湘、鄂两省优秀弟子，黄兴以优异成绩考入。是时，正值百日维新，举国颇见光明。然而为时不久，遭到慈禧打压，国运再次濒危。有识之士痛感非推翻清廷不足以救亡图存，黄兴也悲愤于时势之艰辛，深感耍耍笔杆子，无助于国事，只有弃文从武，血洒疆场，才是真正的男子汉。他曾做笔铭、墨铭，以示其大志。

黄兴的思想骤然变化，他买来了一些西学名著研究，由此奠定为中国民主事业奋斗的思想基础。有了明确目标，黄兴专心苦读，常常误了吃饭，但他毫无怨言，不改初衷。这种坚忍的性格，铸就了日后他成为一位驰骋疆场的勇将，顽强奋战、决不屈服。

黄兴原名轸，1902年，因躲避清廷的追捕，始改名兴，号克强。观其名，审其字，便知他的抱负。黄兴曾对人说过："我的名号，就是我革命终极的目的，这个终极的目的，是兴我中华，兴我民族，克服强暴。"

为了实现这个目标，黄兴为之奋斗一生。他先后率马福益、刘道一等举义于湘；他亲自任敢死队首领，于东京训练同志；他跟随孙中山先后发难于潮州、防城等地；他和赵声一起指挥了轰动全国的黄花冈起义，并断其两指，友人戏称为"八指将军"；辛亥武昌起义后，他就任民军总司令，亲赴前线督战；各省相继独立后，又任大元帅主持长江下游的军事。中华民国成立后，任陆军总长，计划北伐，后又任留守，坐镇南京。宋教仁被刺后，起兵反袁，袁世凯称帝后，又抱病由美返国讨袁。

作为革命党人的黄兴，一身浩然之气，将自己的真诚与无私，智慧和汗水贡献给了"建设共和新事业，铲除世界最强权"的伟业中。

在同盟会成立之前，黄兴与宋教仁等人在长沙组织了"华兴会"，宣传反清革命。1905年，长沙起义失败后，黄兴来到日本。那时，孙中山也在日本，他从朋友宫崎寅藏那里得知黄兴乃稀见之俊杰，在留学生中深孚众望，大喜，很想一见。随后，由宫崎陪同，孙中山面见黄兴。孙中山口若悬河，阐述革命理论和主张，与黄兴不谋而合，黄兴当即提出将他领导的"华兴会"并入"兴中会"，以成立中国同盟会，并推举孙中山为总理。同盟会的成立，是孙黄携手革命的开始，也是资产阶级革命派大联合的象征。

黄兴秉性诚笃，胸怀坦荡，他尊敬并维护孙中山的领袖声望，致力于"孙氏理想"之实行；孙中山对黄兴的才华与魄力亦十分欣赏和器重，把他视为"革命成功之关键"、"创建民国之元帅"。尽管两人后来在一些问题上出现分歧与不快，最终还是冰释前嫌，携手共进。

黄兴

朱执信(1885—1920)，原名大符，字执信。广东番禺人。1905年加入同盟会，任评议部议员兼书记。1920年被广西军阀杀害

1911 年 12 月 25 日，孙中山与章太炎、黄兴等在上海哈同花园合影





## 容忍谦让

黄兴为人称道的是他那公而无我、摒弃权利的谦让美德，他多次声明：“我辈起义目的，但期改造政治，并非攘权夺利，此心可白天下。”并书写对联“满目云山俱是乐，一毫荣辱不须惊”以自勉。

他不仅这样说，也身体力行。1906 年冬，同盟会本部编订革命方略时，黄兴与孙中山发生分歧，孙中山坚持要用兴中会青天白日旗，以纪念为革命而献身的先烈，黄兴主张用井字旗，以示井田制度之社会主义意义。其他党员亦提出各种形式，各持己见，一时难决。黄兴顾全大局，“名不必自我成，功不必自我立”，做出让步。

同盟会成立后不久，章太炎、宋教仁、陶成章等一度反对孙中山，欲推举黄兴代替孙中山为同盟会总理。黄兴始终不允，极力维护孙中山的领袖地位，力陈革命团结之重要，规劝大家，“革命为党众生死问题，而非个人名利问题，孙总理德高望重，诸君如求革命得有成功，乞勿误会，而倾力推拥，且免陷兴于不义”。

1911 年底，南京光复后，独立各省代表议决，民国临时政府由武昌移至南京，初推黄兴为大元帅，黎元洪副之。但黄兴不以功居，甘任副职，因黎留驻武昌，同意暂代。就在这里，他得知孙中山回国的消息，便自动取消了赴宁就职的原议。

黄兴大度谦逊，令人感怀。孙中山称他“禀赋素厚”，胡汉民赞他“性素敦厚”，而章士钊则有“天下最易交之友，莫如黄克强”之美誉。

1912 年，黄兴致梅屋庄吉函

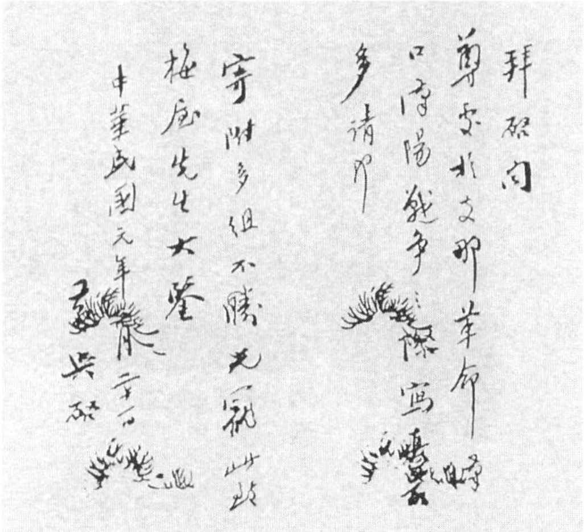

拜启

梅屋先生大鉴

中华民国元年

黄兴

陈独秀

# 独秀于林

**陈独秀成功地扮演了一位拯救者的角色，为民众打开了一扇心灵之门。**

## 智者的先觉

民国肇建，国人似乎对新的社会抱有很大希望。然而，孙中山很快就让贤，袁世凯当上总统后，不顾民意，又闹起复辟丑剧，搞得乌烟瘴气。好在，他只做了83天皇帝梦，就在一片讨伐声中一命呜呼！北洋军阀当政，今日段内阁，明日赵总理，后日徐总统，跑马灯似的换个不停，整个社会处在动荡不安之中。

中国的出路在何方？许多忧国忧民的热血青年感到困惑、迷茫和不知所措。在这人生的十字路口，没有人指点，要做出正确的抉择，很难。一不小心，就走错路，断送了自己的青春年华。

在这非常时刻，一本杂志，点燃了青年们的心灯。他们看清了自己脚下的路，便义无反顾。它，就这样影响了一群人，与一个时代共命运。

世上并无先知，可你能说他不是先觉？当划破黑夜的“青年”显现之时，人们不由地想起一个智者的名字——陈独秀。他高举民主与科学的大旗，首唱中国马列之歌。从此，在这片古老的土地上，民主和科学的启蒙思潮开始了。

1915年《新青年》的诞生，一向被认为是“新文化运动”的

《青年杂志》第一卷第一号封面

北京大学国文系教师合影，左一为刘



标志。《新青年》整合了当时中国最优秀的一代知识分子，以其鲜明独特的对中国问题的思考和表达方式，对青年的思想和行为产生了巨大影响。

当我们追溯这段往事，陈独秀的身影，就出现在了我们面前。他成功地扮演了一位拯救者的角色，让身陷彷徨和苦闷之中的人顿悟，仿佛一夜间就长大；他又像是一位技术精湛的开锁高手，用一把特制的钥匙，为民众打开了一扇尘封已久的心灵之门，天地间在那一刹那变得豁然开朗，曾经稚嫩的脸庞，变得成熟。

陈独秀是封建科举制度下的秀才，却崇尚民主科学的新文化。丰富的生活阅历，积极的思想认识，使他在人生的大舞台上崭露头角。

## 点燃一盏心灯

1915 年 9 月 15 日，陈独秀在上海创办了《青年杂志》，其后，又以更响亮、更醒目的《新青年》冠名。1917 年初，他受聘北京大学文科学长。这期间，陈独秀积极提倡民主与科学，提倡文学革命，反对封建的旧思想、旧文化、旧礼教，成为新文化运动的一面大旗。在他身后，紧跟着一群意气风发的青年学子，他们是那个时代给我们留下的最深刻的历史影像：一袭青灰长衫，白色围巾，手上拿着书籍，充满朝气。

《新青年》诞生之时，正值袁世凯复辟帝制。他所控制的国会利用各种立法对言论、出版、结社自由打压得相当厉害，章士钊 1914 年创办的以政论为主的《甲寅》杂志就在该年被查禁。作为前《甲寅》的编辑，陈独秀竟然

《青年杂志》改名《新青年》

"冒天下之大不韪"，一心创办《新青年》，难道他有何高招？

剥茧抽丝，《新青年》慢慢理出了一条新路，认为解决当时中国的政治不能只靠政治，要靠文艺、伦理、思想方面的变革。政治是"果"而不是"因"，如果不彻底改造思想文化，旧政治会不断循环再生，袁世凯之类的人还会时而冒出。

《新青年》在理念上刻意不谈政治，但结果还是有着针砭时弊的"异曲同工"之妙，起到了"旁敲侧击"、"敲山震虎"的功效。它同样需要相当的勇气，因为没有人知道底线在哪，又如何把握。

陈独秀初创《新青年》时，原以为可以引起轰动，但第一年并不如想像中那样好，销量有限，每期仅 1000 份，一度曾想中止，后更名《新青年》。从 1917 年起，《新青年》出现转机，读者渐增，日后最多时达到 1.6 万份，成为大专院校及中学生的抢手读物。

过去的《青年杂志》，更多的是陈独秀个人的烙印，1917 年后则大不相同，它依托北京大学文科的一拨教授们，因而获得丰厚的学术资源。正是这一"校"一"刊"的完美结合，成为《新青年》获得巨大成功的保证。

我们看到了面貌为之一新的《新青年》，除了正面的积极宣传外，又加演了一幕诙谐的双簧。由北大教授钱玄同化名"王敬轩"，"制造"出一个反派人物，他历数新文学的坏处，诋毁文学革命，尔后，现实中的另一位北大教授刘半农则针锋相对，加以反驳。经过短兵相接后，真的刘半农，把假的"王敬轩"驳得体无完肤。这颇有行为艺术意味的"二人转"，效果出奇的好，让读者大为快意。

## 思想炸弹

《新青年》获得了年轻知识分子的热烈拥戴，许多大胆新颖的观念，让人"饥不择食"，尤其是对"嗷嗷待哺"的文学青年，简直就像服用了一付"兴奋剂"，热情高涨；更为突出的一点，它的文学语言渗透到了政治语言中，优雅、清新而不失锋

《新青年》刊载的文章，可谓中国思想界的经典。胡适的《文学改良刍议》拉开了文学革命的序幕，《尝试集》是中国第一本白话诗集。陈独秀提出"文学革命"的主张，鲁迅卓越的"随感录"杂文、论文和白话小说《狂人日记》，陈独秀、易白沙、吴虞等批判孔子、"打倒孔家店"的文章，对解放思想、唤起对民族命运的关心和赢取新文化的彻底胜利，起着至关重要的作用。

《新青年》编辑、主要撰稿人钱玄同（左）

五四时期的钱玄同与刘半农（中）

刘半农（右）

芒，轻易地深入、甚至征服了各个阶层的国民。我们还看到，月刊里的《通信》一栏，就像一个互动的大舞台，可以畅所欲言，自由表达民意，很多重要的问题和观念在思辨中逐渐明晰。《新青年》可以说是名副其实的“思想炸弹”，它让人的灵魂出窍，茅塞顿开。与胡适相比，陈独秀、李大钊、高一涵等更关心现实政治，但他们是要在“思想文艺上替中国政治建筑一个革新的基础”。

在“五四”之前，《新青年》的发展大约可以分为四个阶段。初起，它强调“青年文化”，这与刊物的名称相符。第二个阶段则刻意批评孔教与军阀因缘为用，并抨击孔子之道与现代生活的不合。第三个阶段提出伦理革命及文学革命。第四个阶段则强调思想革命。《新青年》变化的第五个阶段则在“五四”前后，这期间，它的社会主义成分愈来愈浓，1919 年 5 月的“马克思主义研究专号”即是一个例证。1921 年以后，《新青年》逐渐成为中国共产党的阵地。

《新青年》影响着一代思潮，如果我们翻看当时全中国各地风起云涌的各种白话刊物，或各种新兴社团之间讨论的话题，便可看出《新青年》所激起的涟漪之大。各地的青年往往捡拾《新青年》中的几个观念或几个名词，便可冲泡成一大桶饮料，让众人都能分享一杯美羹。《新青年》的文章每每一出版，就会掀起轩然大波，好似膨化食品的原料，经过二次加工，迅速成倍的膨胀。《新青年》就像一支神奇的画笔，在一定意义上塑造了现代中国。

尽管在当时，西方的民主与科学思想在中国切实落实未必有多少。但是《新青年》所倡导的“德先生”和“赛先生”，构建了一个很高的“价值层面”。它就像一把标尺，此后许多人心中不敢质疑它，或认为理想上就应该朝这方面去努力，这就是《新青年》的历史意义。

作为新文化运动的“领跑人”，《新青年》的生命只有短短的 11 年，自它咿呀学语，就引领青年一代前行。从 1915 年 9 月的上海迈出第一步，1917 年 1 月编辑部迁到北京后感召力剧增，催生了伟大的五四运动。它的休止符，画在了 1926 年 7 月的广州，完成了来到这个世界上所肩负的光荣使命。

# 总统与总理冰火难容

继任大总统黎元洪(前排右三)与副总统冯国璋(前排右二)、国务总理段祺瑞(前排右四)等军政要员合影

**一言九鼎不可取,可群雄并起,总统和国务总理都想说了算,恐怕也不行。**

## 互不买账

段祺瑞是北洋"三杰"之一,谓之为"虎"。他自命不凡,我行我素,动不动要发虎威,令人生畏。

袁世凯死后,国务总理段祺瑞实际上控制着北洋政权。骄横跋扈的他表面上拥护黎元洪继任大总统,实际"挟北洋以令总统",曾不止一次地叫嚣:"我是叫他(黎元洪)来签字盖章的,不是叫他压在我头上的。"

黎元洪当然不甘心成为北洋军阀掌上的玩物,被人吆三喝四,决心依靠国民党人及国会,阻止段的恣意妄为。总统府和国务院就这样无端滋生出许多是非,一场"府院之争"的火并在所难免。

1916 年 8 月 1 日,国会重新开会,于 9 月开始审议宪法草案。由于国民党人议员为多数,规定了许多限定内阁总理权限的条文。

在国会中,支持段祺瑞的研究系不占具优势,段氏转而谋求北洋军阀的支持。6 月,北洋各省督军代表云集徐州,开会议决十条纲领。9 月正式组织"各省区联合会",拥戴张勋为首领,人称督军团。督军团虽然与段祺瑞也有矛盾,但他们反对国民党人,做了段祺瑞想做而不方便做的事,是段借以打击国民党、国会,向黎元洪施压的重要武器。

中国有些事,真的说不清楚。一人当政,独裁专制,为人所嫉恨。可一旦要是群龙无首,又心怀各异,谁也不买谁的账,相互攻伐,局面难以控制。固然,一言九鼎不可取,可群雄并起、多头鼎立的局面,何尝又是一种可取的选择?面对段祺瑞的咄咄逼人,黎元洪在属下的鼓动下,打算乘机推倒段内阁,让徐世昌出面组阁,但他无意出山,只愿充任和事佬。他向段提议徐树铮改任陆军总长,孙洪伊改任农商总长,以平息争端,但段坚持要将孙逐出内阁。最终,孙、徐同时走人,这才了结一时纠纷。

国务总理段祺瑞(右四)与其内阁成员合影

黎元洪以国会为靠山，段祺瑞以督军团为后盾，政客、军阀的介入，使府院双方的矛盾，更趋复杂而激烈。

段祺瑞出任国务总理后，提出以徐树铮为国务院秘书长。徐为段的小军师，虽有才干，但喜弄权术，动辄平地生风波。黎元洪早已领教过徐的专横跋扈，拒绝与其共事。后经徐世昌等人劝说，才勉强答应。

段祺瑞的左右，对黎元洪也毫不尊重，只知有总理，不知有总统。徐树铮更是如此，一次山西省同时变动三个厅长，黎只是稍加询问，徐便不屑一顾地说："只在这里盖印好了，管他什么事。"黎元洪竟然空有其名，成了被人讥讽的"盖印总统"，这引起了总统府方面人员和许多阁员的不满。

## 是非滋生

1916 年 8 月初，丁世峄担任总统府秘书长，入府前即闻府院之争，以为是无成规可循，便针对院方提出的《府院权限节略》、《国务院兼办总统府收发》的通告，草就了《府院办事手续》，旨在提高总统地位，增强总统实力。此案一出，引起院派一片哗然，纷纷指责丁世峄破坏责任内阁制而行总统制。段祺瑞乘机称病不出，并以辞职要挟。后经讨价还价，双方才达成一个折中方案。但私下里谁都不满意，暗地里继续较劲。

一波未平，一波又起，倾向于黎元洪的内务总长孙洪伊与徐树铮又发生了冲突，使府院矛盾更趋激烈。

孙洪伊为立宪派激进分子，"二次革命"后转向国民党人，亦是一位不甘人下之人。国务会议上，孙、徐二人常常短兵相接，时时一争高下。

孙、徐交恶，始于龙李之争。护国战争结束后，李烈钧仍将滇军驻扎广东；龙济光虽调两广矿务督办，仍署理广东督军，双方军队时有冲突。因龙系北洋亲信，李系国民党人，徐便力主进剿李烈钧。他未经国务会议议定，擅自下令粤、闽、湘、赣四省军队围剿李部。孙洪伊指责徐树铮越俎代庖，当场与徐吵得人仰马翻。

继而，又因福建省长胡瑞霖查办一案再起波澜。湖南议员郭人漳、周震鳞提出查办胡案，揭发其任湖南财政厅长时的不法行为。胡

黎元洪

段祺瑞

冯国璋

徐树铮

准备“出山”就任陆海军大元帅的徐世昌

依附于段祺瑞的皖系，故徐树铮未经国务会议讨论，假借国务院名义咨复国会，为胡的劣迹辩护，驳回提案。孙洪伊认为各省民政长官处分属于他的职权范围，指责徐擅自越权，一气之下，提出辞职。黎元洪得知后大为不满，段祺瑞也感到徐这事做的有点过了，亦做出慰留的表示。

接下来，孙洪伊整顿内务部，裁撤冗员。院方以为有机可乘，在徐树铮的唆使下，被裁部员控告孙洪伊违法。平政院一纸令下，被解人员重又上岗。孙拒不接受，徐又批就执行裁决书的命令，送到总统府盖印，为黎元洪否决，批复“交院再议”。

徐树铮在一番争斗中，接二连三地遭到打击，这让段祺瑞无法忍受，他于 10 月 19 日呈请罢免孙洪伊，黎元洪拒绝盖印。部分国会议员坚决支持黎、孙二人，随后，又有 60 余人群起而攻之，联署提出查办徐树铮案。府方一波强似一波的攻击，院方自然不甘落败，研究系在报纸上攻击孙洪伊违法，汤化龙还亲往总统府，劝黎元洪尊重“舆论”。面对巨大压力，黎元洪只好劝孙洪伊自动辞职。孙表示宁可被免，也决不自辞。段恼羞成怒，进一步以辞职相威胁。

中华民国第一届国会开幕典礼

黎元洪晚年致力于实业，曾任中兴煤矿董事长、黄陂商业银行总董事和南洋兄弟烟草公司等企业的董事。1920 年，黎元洪眷念故乡，捐资拆迁老家遗留的房屋，修建黎氏宗祠，内设孝义小学堂，聘请塾师授课，学生费用由他负担。1928 年 6 月 3 日，黎元洪因脑溢血病逝于天津，1935 年 11 月 24 日国民政府于武昌为黎元洪举行国葬。

1916年8月1日，国会复会时全体议员合影

面对段祺瑞的咄咄逼人，黎元洪在属下的鼓动下，打算乘机推倒段内阁，让徐世昌出面组阁，但他无意出山，只愿充任和事佬。他向段提议徐树铮改任陆军总长，孙洪伊改任农商总长，以平息争端，但段坚持要将孙逐出内阁。最终，孙、徐同时走人，这才了结一时纠纷。

## 进入白热化

接踵而来的在对德外交问题上，黎元洪、段祺瑞二人之争，达到了白热化程度。1917年美国参加对德作战，要求中国"亦步亦趋"，黎元洪表示同意。日本闻风而动，亦策动段祺瑞参战。最初，段内阁持观望态度，随后，为了抢在府方之前，以便占得先机，宣布对德绝交参战。因日本支持段祺瑞，中国若参战，必对日本有利。黎元洪见院方先下手为强，便在美国的指使下故意与之作对，反对参战。一场外交问题，演变为府院政争。

段祺瑞召开督军会议，决定参战，并要挟黎元洪和国会同意参战案，未能得逞，于是要求黎元洪下令解散国会。黎元洪奋起反击，在国会的支持和美国公使"允为后盾"的保证下，干脆一脚将段祺瑞踢开，于5月23日免了他的国务总理职。

受此羞辱，段祺瑞怎能善罢甘休？他立即组织脱离北京政府的各省督军，在天津成立了"军务总参谋处"，扬言另组临时政府，公然向黎元洪叫板。黎进退失措，一时无计可施，只好同意张勋入京"调停国事"。谁知引狼入室，张勋在北京上演了一幕复辟丑剧。

出于无奈，黎元洪一道命令，段祺瑞官复原职，授命讨逆。东山再起的机会来了，段祺瑞立即组织讨逆军，于1917年7月12日凌晨发起对北京城的攻击，辫子军举旗投降。溥仪于当日再次宣布退位，复辟闹剧草草收场。

14日，段祺瑞以"再造共和"的功臣姿态回到北京。黎元洪当即发表通电，宣布去天津养病，从此隐居家园，不再过问政治。府院之争的句号，画在了以段祺瑞为首的皖系重新执掌军政大权之后。

"辫帅"张勋

# 民国“海归派”的科学之梦

1929年，中国科学社为马相伯90寿辰纪念合影，左起：蔡元培、于右任、马相伯、吴稚晖

**学成归国的赤子，欲在古老的中华贯彻他们“科学救国”的理想。**

## “科学救国”之梦

第一次世界大战爆发的前夜，美国康奈尔大学内聚集了一批中国学子。胡明复、赵元任等人是通过清政府“庚款”留美，主攻数学、机械等专业，以期报国；任鸿隽、杨杏佛等人，则是在辛亥革命成功后前往深造。康奈尔大学的校舍廊檐，见证了当年这些青年思想的碰撞和聚合的点点滴滴。“科学救国”，是他们共同的理想。

1914年的初夏，几位中国留学生聚在校园一角，商量着要为祖国办一件有用的事。为了适应时代的发展，没有科学，难以立国。而中国所缺乏的莫过于科学，因此，他们想办一份杂志，要把“科学”介绍到中国来，富国强民。胡明复、赵元任、周仁、秉志、章元善、过探先、金邦正、杨杏佛、任鸿隽9人商议决定出版《科学》月刊，向国人宣传科学和科学救国的道理。闻讯而至的其他留学生也纷纷加入。1915年1月，《科学》创刊号在上海刊行问世，它是中国近代出版最早的科学刊物之一。

不久，科学社同仁即感到要谋求中国的发展，单靠发行一种杂志远远不够，因此便有意成立学会式的中国科学社。这很快获得多数社员的赞同，并决定由胡明复、邹秉文、任鸿

科学社同仁即感到要谋求中国的发展，单靠发行一种杂志远远不够，因此便有意成立学会式的中国科学社。这很快获得多数社员的赞同，并决定由胡明复、邹秉文、任鸿隽三人撰写社章。1915年10月25日，中国科学社正式成立，宗旨为“联络同志，研究学术，以共图中国科学之发达”。

赵元任

隽三人撰写社章。1915 年 10 月 25 日，中国科学社正式成立，宗旨为“联络同志，研究学术，以共图中国科学之发达”。

科学社由任鸿隽、赵元任、胡明复、周仁和秉志 5 人组成董事会，任鸿隽任社长，赵元任为书记，胡明复兼会计，杨杏佛任编辑部部长，负责杂志编辑。并定 10 月 25 日为中国科学社成立纪念日。自此，为办刊结成的科学社，成为中国第一个综合性民间科学团体。

入社时须交股金 5 元，作为刊行《科学》的资本。自发起之后，报名入社的人很踊跃，不到几个月，社员已达 70 余人，股金 500 余元，同时杂志稿件充盈。

1917 年 3 月，中国科学社呈准教育部备案，成为法人团体。北京大学拨辅助金 200 元，用于印刷刊物之用。

## 传播科学为己任

1918 年前后，随着“科学社”创始人和编辑部主要成员大多学成陆续回国，中国科学社的活动也从海外迁回国内，先借寓上海大同学院，旋即迁入南京高等师范学校。社址设在南高师校园东侧成贤街文德里的一处官房内，由该社呈准财政部拨给，以六年为期。

1922 年 7 月，中国科学社进行第二次改组，原董事会改为理事会，负责日常社务。新成立董事会，负责募集和管理资金。后获得中华教育文化基金董事会和南京国民政府的资助，扩充事业。1928 年定址上海。抗战期间，内迁重庆，战后复归上海，1960 年在上海宣告解散。

中国科学社几乎囊括了其所处时代社会科学、自然科学和技术的精英。除学术活动外，有几件工作值得一提。

1920 年，科学社发起者之一的秉志学成回国，应农科主任邹秉文邀请来到南高师。经秉志和胡先骕等人倡议，科学社董事会通过，于 1922 年创办了生物研究所。它是科学社成立的第一个科研所，也是当时国内唯一的科研机构，长期考察扬子江中下游及沿海各地的动植物，研究领域涉及生理学、组织学、解剖学、分类学等，对中国生物学的发展贡献极大。该所发表了很多有价值的论文，出版了动植物专刊和《森林植物志》及《药用植物志》等，采集了大量动植物标本，引起国内外科教界人士的极大关注，并获得了中华教育文化基金会的长期赞助。

1930 年，在上海筹建科学社图书馆(今卢湾图书馆)。筹备期间，科学社的骨干胡明复不幸溺水身亡，终年 36 岁。胡明复是我国第一位数学博士，科学社在社员回国后能坚持并壮大，很大程度上归功于他的辛劳。当时胡明复既是社董，又是会计和编辑，社务活动和杂志方面所有的收支，他都锱铢必计，精心管理，同时还到处奔走筹款与募捐。图书馆落成时，蔡元培提议以胡明复的名字命名。

开幕典礼上，蔡元培深情地说：“此馆纪念胡明复先生……他为本社牺牲极大直至于逝世日……本社第一伟大纪念物即以纪念明复先生。”图书馆得到了当时国内外科学家多方赞助或捐款、赠书，成为我国东南首屈一指的科学图书馆。

此外，中国科学社还办有中国科学图书馆、中国科学图书仪器公司。出版了《科学》、《科学画报》、《科学季刊》等杂志及《论文专刊》、《科学丛书》、《科学译丛》、《科学史丛书》，对科学知识、科学理念在中国传播与产生发生重大作用。开创的年会制度，在中国科学体制化过程中也十分重要。

后期的中国科学社，发展到3700多人，遍布全国各地，为了便于社员之间的联络和学术活动的开展，上海、北京、杭州、广州、重庆等地相继设立社友会。

说到中国科学社，任鸿隽的名字，值得我们铭记，他是20世纪初叶中国知识分子的代表人物，把自己的一生，都献给了中国科学事业。他的科学思想、他对科学理念的推广、他对科学教育的重视和对科技政策的进言，称得上是一位现代科学在中国经历“从无到有”的时代拓荒者，是中国的“科学事业家”。“传播新知、建立学界，改善中国社会的知识结构、完善中国社会的组织结构”——任鸿隽为这写在上世纪之初的誓言，无怨无悔，奉献了一生。

岁月磨砺，风雨洗涤，记忆，依然那样清晰。中国科学社已成一页历史，任鸿隽等一批学者也与我们永离。但他们对科学事业的那份热爱，那份执着，值得我们尊敬和珍藏心底。

中国科学社第二十次年会

任鸿隽伉俪

“传播新知、建立学界，改善中国社会的知识结构、完善中国社会的组织结构”——任鸿隽为这写在上世纪之初的誓言，无怨无悔，奉献了一生。而他为建立中国学界和发展中国学术之梦，却一直延续到今天。展望未来，思考现实，重读历史，仍感动于先哲的思想魅力。

周仁夫妇

国会“非常会议”决定组织中华民国军政府，并选举孙中山为海陆军大元帅。图为 1917 年 9 月 10 日，孙中山就职时与同仁合影

# 以清正源

**孙中山终于大彻大悟，明白必须要有一支自己的革命武装。**




## 军阀无法

中国社会的改朝换代，几乎就是一部“马上得天下”的历史。武将，主宰了这个社会。而在治天下中，握有兵权的人，同样占据重要的地位，常常让一帮文人奈何不得。

1917 年 5 月，国务总理段祺瑞利用督军团压迫国会接受对德宣战案，孙中山即与章太炎、岑春煊、唐绍仪联名致电，要求他们遵守《中华民国临时约法》，尊重国会。

其后，段祺瑞被继任总统黎元洪罢职，他借机唆使各省北洋督军叛变独立，以武力胁迫黎元洪解散国会，孙中山又连续通电西南各省，呼吁拥护约法和国会，起兵讨伐。7 月 1 日，张勋拥清室复辟，3 日，孙中山在上海讨论拥护共和、出师讨逆大计，决定在南方另行召集国会，组织临时政府。随后，孙中山致电参众两院议员，号召南下护法。当时以两广巡阅使陆荣廷为首的桂系军阀欲借助护法声浪，确保两广地盘，反对段祺瑞的武力统一政策，表示欢迎孙中山来粤护法。7 月 6 日，孙中山一行离沪南下，于 17 日到达广州。当时控制滇、黔两省的滇军将领唐继尧为对抗段祺瑞，确保地盘，并向四川扩充势力，也通电加入护法行列。

段祺瑞打败张勋重新执掌北京政府后，拒绝恢复约法和国会，准备另行召集“临时参议院”，重新制定国会组织法和选举法，选举新国会，以达到他取消国民党议员占优势的旧国会和废除临时约法的目的。这引起旧国会议员的不满，他们纷纷南下赴粤。至 8 月中旬，到达广州的国会议员已达 150 余人。

考虑到来粤议员不足法定人数，决定召开国会“非常会议”。31 日通过《军政府组织大纲》，规定中华民国为戡定叛乱，恢复《临时约法》，特组织中华民国军政府。

9 月 1 日，国会“非常会议”选举孙中山为中华民国海陆军大元帅，其后又选举陆荣廷和唐继尧为元帅。10 日，孙中山率员正式就职。军政府的成立，标志着护法运动高潮的到来，也形成了南北对峙的局面。

段祺瑞继承袁世凯武力统一中国的衣钵，决心以北洋武力镇压西南护法力量，挑起第二次南北战争。他一面对湖南用兵以制两

**中山堂内景**——西边三间贯通为一个会议室，墙上悬挂着的五色旗，寓意着五族共和。1912 年南京临时政府的第一次内阁会议，就在这里举行。随后颁布的一系列政策法令，也都在这里形成。

国民革命军阵亡烈士纪念塔塔基须弥座与入口券脸雕饰——塔高66米，九级八面，钢筋混凝土构筑。白墙绿琉璃瓦围以勾栏，气象庄严。须弥座凹凸有别，层次分明，纹饰雕刻精细；拱门上方的波浪纹，寓意革命艰难曲折，前仆后继；几片花瓣，是永不凋谢的纪念，是向志士表达的一片敬意。

广，一面对四川用兵以制滇黔。10月3日，当孙中山正式下令讨伐段祺瑞等民国叛逆之时，段祺瑞也向北洋军下达了讨伐令。随后，两军在湖南湘潭展开交战，护法战争正式爆发。

## 为护法而战

11月14日，北洋军直系将领王汝贤和范国璋不愿为皖系卖命，通电停战议和，撤离衡山前线，20日护法军轻取长沙，段祺瑞对湘用兵以制两广的计划宣告失败。与此同时，唐继尧为首的滇系也组成滇、黔联军，会同前往四川的国民军与北洋军交战，于12月3日攻占重庆。在其他各省，由中华革命党和国民党人领导组建的护法武装也相继而起，护法战争的烽烟席卷了全国大部分省区。孙中山非常兴奋，他多次召集军事会议，制定了护法北伐的进兵战略。

北洋军在湖南的失败，进一步激化了直皖矛盾。直系首领、代总统冯国璋企图借助西南军阀对抗皖系，因而暗中主和。段祺瑞见用武力统一的目的落空，恼羞成怒，遂向冯国璋提出辞职。冯索性暗示湖北督军王占元、江西督军陈光远、江苏督军李纯于18日联名通电，主张双方罢兵休战，和平解决南北问题。11月22日，冯国璋任命王士珍为国务总理，段祺瑞内阁再次倒台，直皖两系公开分裂。

25日，冯国璋发表弭战布告，这在护法阵营内引起不同响应。由于最初护法宗旨的不一，西南各派护法力量逐渐分化。孙中山坚持护法，反对南北调和；以程潜为首的湘军则要求乘胜攻取岳阳，巩固护法军在湖南的胜利；以扩张实力和地盘为目的的桂、滇两系，在分别控制了湘、川两省后便虚与委蛇，很快和直系军阀妥协，发起南北停战。

直系的主和政策，引起皖系与北洋主战派的强烈不满。在段祺瑞及其心腹徐树铮的策动下，由13省督军代表参加的天津会议，强烈要求冯国璋明令讨伐西南。冯被迫让步，于12月15日任命直隶督军曹锟、山东督军张怀芝分别为第1、2路军总司令，南下伐湘。又任命段祺瑞为参战督办，皖系干

7月17日，孙中山自上海到达广州，举起护法旗帜。图为孙中山到广州后与宋庆龄留影

1917年9月18日，湖南宣告独立，组成护法军湘南总司令部，程潜就任总司令，拉开护法战争的战幕

由于西南军阀和官僚政客的排挤，孙中山被迫辞去大元帅职务，于1918年6月回到上海

护法运动30年后，曾经参加过护法运动的国民党人，在一起合影留念。前排左三为居正。右二为张知本，后排左四为茅祖权



将段芝贵为陆军总长，皖系重掌军事指挥大权。

1918年1月14日，吴光新率北洋军攻占荆、襄。桂系与湘军看到直系屈从主战派，也向岳阳发动进攻，于27日攻克。这时联军如乘势直捣武汉，将会使护法战争出现重大转机。但桂系以保守湘境为满足，按兵不动，提出“北不攻岳，南不攻鄂”为议和条件，从而丧失攻取武汉、会师北伐的大好时机。

## 心怀各异

南军夺取岳阳后，北洋主战派气势更凶，胁迫冯国璋于30日下达对整个西南的讨伐令。2月中旬，约10万北洋军分别向湘鄂、湘赣边界进军。3月18日，北洋第3师师长吴佩孚率部攻占岳阳。23日，冯国璋被迫重任段祺瑞为国务总理，段立即组织北洋军大举南攻，护法军在湖南战场接连失利。长沙、衡阳相继被占，湖南大部地区沦于北洋军之手。

进攻湖南的第1路军总司令曹锟及吴佩孚均为直系军人，挥师南下后连克岳阳、长沙、衡阳，战功最大，而段祺瑞政府竟然把湘督兼省长一职授予皖派嫡系张敬尧，使曹、吴大为不满，直、皖矛盾再度尖锐。吴佩孚秉承曹锟旨意，遂止步不前。5月底，曹锟擅自回师天津。6月15日直系与桂系代表签订停战协定，息战言和。8月，吴佩孚通电主和，公开攻击段祺瑞的武力统一政策“实亡国之政策”，直系将领纷纷响应。段祺瑞被迫于8月下旬命令前线各军暂取守势。

关键时刻，西南地方实力派的面目暴露无遗，滇系军阀唐继尧率先通电西南各省支持这一主张，表示拥戴黎元洪、冯国璋为国家元首，推岑春煊为国务总理，让孙中山“游历各国，办理外交”。

在政学系的操纵下，“非常国会”强行通过了《修正军政府组织法案》，解除了孙中山的领导权。孙中山随即发表辞职通电，他愤然指出：“顾吾国之大患，莫大于武人之争雄，南与北如一丘之貉。虽号称护法之省，亦莫肯俯首于法律及民意之下。”改组后的军政府完全由桂、滇军阀及其政学会所控制，护法徒有虚名。

# 阎锡山这个不倒翁

扣押冯玉祥、投靠蒋介石时的阎锡山

**他在民国政坛一贯左右逢源，或坐山观虎斗，或隔岸观火，以图渔翁得利。**

## 中庸之道

阎锡山(1883—1960)，山西五台县人，毕业于日本陆军士官学校。在资产阶级民主革命思潮的影响下，他加入同盟会，面见孙中山并参与制订“南响北应”的战略决策，从此登上政治舞台。

作为一名地方军阀，奉行“中庸之道”的阎锡山，从辛亥革命开始一直在山西掌权达38年之久，这在风云变幻、政坛人物走马换将的民国，实不多见。不过，老奸巨滑的阎锡山又并非一成不变，常常随形势和利害关系改变立场。

辛亥武昌起义后，在太原的阎锡山等同盟会员追随响应。10月29日晨，起义军攻入城内，杀死山西巡抚陆钟琦，成立军政府，公推阎锡山为都督。

清政府立即命令第六镇统制吴禄贞率部镇压。吴早已倾向革命，遂与阎锡山商定共组燕晋联军，吴任大都督兼总司令，阎副之。阎随即派兵开赴石家庄，与第六镇官兵共同截断京汉铁路，扣留清政府运往武汉前线的军用物资，阻袁就任内阁总理大臣，并拟挥师北上推翻清廷。袁恨之入骨，收买吴禄贞的卫队长将吴刺死，燕晋联军的雄图大略夭折。随后，清政府改派张锡銮为山西巡抚，命曹锟第三镇进攻山西，阎锡

1915年袁世凯改元称帝时，阎锡山首先向筹安会提供银币2万元，接着又连电劝进，要求“废共和而行帝制，以帝制而行宪政”，并恳求袁“以大有为之才，乘大有为之势，毅然以救国救民自任，无所用其谦让”而登基称帝，极尽献媚之能事。袁阅后喜不自禁，称帝后封阎为一等侯爵。

1949年4月阎锡山摄于南京

1928 年，国民革命军三巨头——冯玉祥、蒋介石、阎锡山(从左至右)

山采取分兵南北合击。南北议和结束，清帝退位后，阎锡山于 1912 年返回太原，仍以都督名义掌控山西。

阎锡山因缘时会，参加辛亥革命是他一生中最光彩的一页。孙中山于 1912 年 9 月视察太原时曾说:“去岁武昌起义，不半载竟告成功，此实山西之力，阎君百川之功。……倘非山西起义，断绝南北交通，天下事未可知也。”

其实不然，在袁世凯大军压境之下，阎锡山既慑于袁的威力，又对袁抱有幻想，遂致函袁，如能“协同军民，颠覆帝制，然后敷政共和，与民更始”，则拥他为中华民国“第一任大总统”。南北议和后，阎由归绥地区南返途中，收到袁不许他继续前进的电令。阎锡山深感袁不仅手握重兵，而且将接任中华民国临时大总统，整个政治天平已向他倾斜，于是一面请求孙中山给予支持，一面逢迎讨好袁，并赞同袁世凯建都北京的主张。袁世凯看到阎锡山可资利用，遂任命他为山西都督。

同盟会于 1912 年 8 月改组为国民党，由于袁世凯对革命党人恨之入骨，见风使舵的阎锡山随即宣布脱离国民党，又据袁的命令，饬令山西“各县知事将国民党分设机关一律解散”，并对袁系人物在山西肆意打击、加害同盟会员听之任之，取得袁的欢心和信任。1914 年，袁改各省都督为将军，各省都督大多被撤换，仅有山西阎锡山和云南唐继尧两个“不倒翁”，阎被授予“同武将军”。

1915 年袁世凯改元称帝时，阎锡山首先向筹安会提供银币 2 万元，接着又连电劝进，要求“废共和而行帝制，以帝制而行宪政”，并恳求袁“以大有为之才，乘大有为之势，毅然以救国救民自任，无所用其谦让”而登基称帝，极尽献媚之能事。袁阅后喜不自禁，称帝后封阎为一等侯爵。

## 脚踏几条船

袁世凯倒行逆施，遭到全国人民的反对。蔡锷等在云南成立护国军，发布讨袁檄文，向北京进军之时，阎锡山这时仍站在袁一边，致电北京政府国务院，声称“滇、黔等省竟以少数地方二三首领擅立政府，私举总统，实属破坏大局，不顾国家”。当袁就护国军反对帝制征询各地大员意见时，阎指斥唐继尧等为“不忠不义不仁不智”之徒，恳请袁褫革其职。袁世凯被迫取消帝制后，已树倒猢狲散，而阎锡山犹通电要求滇黔诸君“痛加悛悔”，否则他将把护国军将领“视为公敌，与众共弃，愿效前驱，以伸挞伐”，可谓不遗余力。后来他为自己辩解称，此乃据孙中山的指示，为了保存北方革命力量而为。对于阎锡山媚袁的这段经历，国民党内始终有人耿耿于怀，斥之为“叛变革命”。

袁世凯死后，段祺瑞出任国务总理。阎又改换门庭，依附于段，在重大问题上，惟段马首是瞻。

1916 年 7 月，阎改任山西督军，一面排挤打击异己，使省长孙发绪和沈铭昌相继离职；一面贿赂内务总长汤化龙为其说项，遂得以兼任省长，集山西军政大权于一身。张勋复辟闹剧被推翻后，段黄雀在后，重新执政，拒绝恢复被袁废弃的《中华民国临时约法》。孙中山在广州成立护法军政府，下令讨伐段祺瑞。阎锡山站在段的一边，电促冯国璋等抗击护法军，并派晋军赴湘参战，结果惨败而归。

1912 年孙中山视察太原时与阎锡山合影

## 三不二要主义

拥袁称帝与反对护法的相继失败，迫使阎锡山接受教训，奉行“三不二要主义”，即“不入党、不问外省事、不为个人权利用兵，要服从中央命令、要保卫地方治安”。他提出“保境安民”的口号，对外界的争斗采取“中立”。数年的苦心经营，使山西成为他独霸一方的小天地。

阎锡山表面上韬光养晦，暗地里不断扩军备战。几年的休养生息，自觉羽毛丰满，他不再满足割据一隅。他的野心随着实力日增，他要伺机而动。

这以后，我们便看到了一个完全不同的阎锡山。如果说前期，他的言行，忽左忽右走极端，有着 180 度的巨大反差；后期，他是左右逢源，或坐山观虎斗，或隔岸观火，以图渔翁得利。不倒翁的做派，使阎锡山在民国政坛几乎立于不败之地。

阎锡山手迹

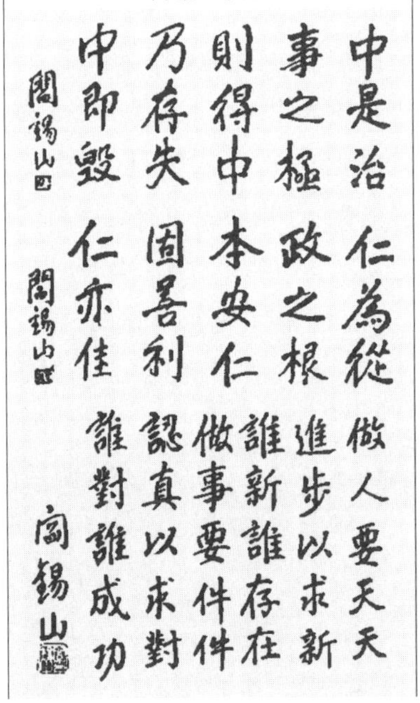

1925年7月1日，国民政府在广州成立时合影，前排左起：谭延闿、许崇智、汪精卫、胡汉民、孙科、廖仲恺、林森

# 老蒋
# 终成党政军一号人物

不要以为国民政府只有一个，剪不断，理还乱，民国时期的复杂，可见一斑。



## 厘不清的头绪

国民党执政时期，内忧外患，多灾多难。在这动荡不安的岁月中，政府名称几多变换，而政府并立的局面，亦不为怪。

国民政府存世的时间不长，从1925年7月1日成立，到1948年5月19日改称"中华民国政府"，仅仅23年。令人难以置信，在这短短的岁月中，国民党先后成立过四个在国民党党史上获得不同程度承认的"国民政府"：广州国民政府、武汉国民政府、南京—重庆国民政府、第二次广州国民政府；另外还有两个没有获得承认的"国民政府"，即北平国民政府和汪精卫伪南京国民政府。在这23年中，有过国民党党史承认的三次"迁都"和两次"还都"，即从广州迁都武汉、从南京迁都洛阳以及还都南京，从南京迁都重庆及还都南京；另外还有一次不了了之的"迁都"，即从武汉"迁都"南京；一次从来不被承认的"还都"，即汪精卫伪国民政府"还都"南京。

## 南北对峙

广州国民政府的前身，是孙中山在广州建立的军政府。孙中山曾经三次在广州建立过政府，与北洋军阀控制下代表"中华民国"的北京政府相对峙。

孙中山建立第一次广州政府，是在1917年。当时，由于"再造共和"的段祺瑞拒绝恢复在张勋复辟时被解散的国会，废弃《临时约法》，孙中山高举"护法"大旗，于8月25日在广州召集南下国会议员筹措"非常会议"，议决组织军政府，通过《中华民国军政府组织大纲》。9月1日和2日，非常会议相继推选孙中山为大元帅，陆荣廷、唐继尧为元帅。10日，孙中山就职，中华民国军政府即护法军政府正式成立，首开民国南北两个政府并列对峙之先例。1918年5月，孙中山受西南军阀排挤，愤而离开广州，护法运动失败。

1920年8月，陈炯明率部从福建回师广东，驱逐桂系军阀。11月孙中山再次到达广

1931年5月，汪精卫等在广州召开非常会议，成立广州国民政府，由汪精卫任主席。左起：伍朝枢、汪精卫、李文范、孙科、陈友仁、邹鲁

州，组织在广州的国会议员召开非常国会，建议取消军政府，选举总统，成立中华民国正式政府。非常国会接受了这一建议，于1921年4月7日通过《中华民国政府组织大纲》，改大元帅制为总统制，选孙中山为大总统。5月5日孙中山就任"非常大总统"，正式组织第二次广州政府。1922年6月16日，陈炯明炮轰总统府，发动军事叛乱，孙中山被迫离开广州前往上海。

幸而1923年1月，滇军杨希闵和桂军刘震寰等部在国民党人策划下联合驱逐了陈炯明，使孙中山在2月21日复回广州，并在3月2日第三次建立广州政府，称为"中华民国陆海军大元帅府（大本营）"，自任大元帅。

正是在这一政府下，孙中山改组中国国民党，通过"联俄、联共、扶助农工"的三大政策，迅速使国民革命达到了前所未有的高潮。

1925年3月12日，孙中山逝世。此后，国民党内一时没有众望所归的继任大元帅的合适人选，而云南的唐继尧却立即电示就任他一直拒绝的广东政府的副元帅职，意在继任孙中山的大元帅。广东一方面力拒唐继尧，另一方面也需要把军政府改为一个机制健全、富于效能的文职政府。孙中山在世时，大元帅府曾于1924年1月4日决定要成立中华建国政府。1月20日，国民党召开一大，当即通过"组织国民政府"的提案。按孙中山拟定的《国民政府建国大纲》规定，国民政府的

西山会议派为国民党内一个反对孙中山"联俄、联共、扶助农工"三大政策的派别，代表人物有谢持、邹鲁、林森、张继、居正等。1925年11月23日，谢持、邹鲁等在北京西山碧云寺非法召开"国民党一届四中全会"，因而得名。"西山会议派"的分裂活动遭到国民党中央执委的强烈反对。1927年蒋介石发动四一二政变后，通令取消"打倒西山会议派"等口号，恢复谢持、邹鲁等人的党籍，"西山会议派"从而与蒋介石集团合流。

1917年9月10日，孙中山就任中华民国军政府海陆军大元帅时合影

1921 年 5 月 5 日，孙中山在广州就任中华民国非常大总统，建立正式政府。图为他在国会宣誓就职后合影

使命是“本革命之三民主义、五权宪法，以建设中华民国”。

有鉴于此，1925 年 6 月 15 日，国民党中央政治委员会召开会议，根据国民革命运动发展的需要，决定改组大元帅府为国民政府，“掌理全国之政务”，国民政府实行民主集中的委员会制以取代大元帅府的一长制，国民政府委员由国民党中央执行委员会任免。

## 国民党向右转

1925 年 7 月 1 日，改组后的中华民国国民政府在广州正式成立，汪精卫、胡汉民、廖仲恺、张静江等 16 人为委员。汪精卫、胡汉民、谭延闿、许崇智、林森为常务委员。汪精卫任主席。下设财政、外交等部。聘鲍罗廷为高等顾问。国民政府下设军事委员会，“掌理全国之军务”，由汪精卫兼任主席，谭延闿、蒋介石等 8 人为委员。8 月 26 日，军事委员会决定把原来以省为别的军队，统编为国民革命军，蒋介石出任总司令。国民政府的成立，是孙中山“以党治政、以党治国”夙愿的体现。

广州国民政府是国共两党合作的政府，中共没有直接参加该政府，而是以个人身份加入国民党。这种特殊的合作方式，决定了共产党在国民政府中也发挥着重要作用。然而，事态的发展，不容乐观，在“容共”问题上，国民党内的纠纷迅速凸显。1925 年 8 月发生了刺杀廖仲恺案，反对“容共”的胡汉民因涉嫌被迫出国，林森、邹鲁、谢持、张继等一批右派也纷纷离粤北上，于 11 月在北平西山碧云寺召开所谓的“国民党一届四中全会”，组织“西山会议派”，随即在上海另立国民党中央执行委员会，召集“中国国民党第二次全国代表大会”，与广州的中央对抗。

作为对“西山会议派”的应对，广州的国民党中央于 1926 年 1 月召开了第二次全国代表大会，处分了“西山会议派”，蒋介石地位大大得到提升。蒋介石羽翼丰满后，开始向右转，他于这一年的 3 月和 5 月相继制造了“中山舰事件”和“整理党务案”，打击对手，汪精卫愤而出走，共产党在国民党内的发展也受到了明确限制，蒋介石一跃成为广州政府中掌握党政军大权的第一号人物。

7 月，国民革命军誓师北伐，10 月，占领武汉。11 月 26 日，应蒋介石的一再请求，国民党中央政治会议决定将中央党部和国民政府迁往武汉。广州国民政府就此结束，取而代之的是武汉国民政府。

北京大学校门

# 兼容并蓄

曾经的京师大学堂，已完全跳出了中国传统旧学的窠臼，北京大学，成为中国大学的一面旗帜。

## 新旧文化的碰撞

美国哲学家、教育家杜威曾有这样的一席话："拿世界各国的大学校长来比较，牛津、剑桥、巴黎、柏林、哈佛、哥伦比亚等等，这些校长中，在某些学科上，有卓越贡献的，不乏其人；但是，以一个校长身份，而能领导那所大学对一个民族、一个时代，起到转折作用的，除了蔡元培，恐怕找不到第二个。"

蔡元培，就是一个时代的强劲音符。这位清朝进士出身的翰林院编修，毕生与教育事业相始终。他的教育思想、科学精神和长者风范，给中国的科学与教育事业留下了丰厚遗产，他是名副其实的"学界泰斗，人世楷模"。

1917年春，北京大学迎来了一位新校长——蔡元培。他的到来，使北大如沐春风。蔡元培"循思想自由原则、取兼容并包之义"，为教育界确立了自由学风。他的教育理念不仅在当时产生了深刻影响，即便在今日仍有重要意义。

当晚清中国还盲目地沉浸在"天朝上国"的民族自豪感中，资本主义制度已在西方确立，生产力以惊人的速度增长。两次鸦片战争，唤醒了中国的有识之士，一时兴起"师夷长技"、旨在"求强"、"求富"的洋务运动，强烈地冲击着封建传

蔡元培任北大校长两周后，在《北京大学日刊》上发表了《北京大学之进德会》一文。宣布甲种会员要不嫖、不赌、不娶妾。乙种会员于前三戒之外，加不做官、不做议员二戒。丙种会员于前五戒外，加不吸烟、不饮酒、不食肉三戒。蔡元培自认持"五戒"，李大钊、辜鸿铭等人为甲种会员。丙种持"八戒"的会员寥寥无几，只有在法国卖豆腐的李石曾等六七位。学生中如张申府、张国焘、康白情、罗家伦、傅斯年等人也纷纷加入。

北京大学校门

北京大学校舍

统观念。

“唤起中国四千年之大梦，实自甲午一役也。”1894年中日之战，中国惨败，这给新生的知识分子带来更多的反思：洋务运动能否让积贫积弱的中国“求强”、“求富”？有识之士力主中国应该全面地而不是片面地，全方位地而不是枝节地学习西方，要“尽革旧俗，一意维新”，戊戌维新运动由此发轫。

戊戌变法，给国人提供了一个全新的世界观，由严复引入，经康有为等引申、发挥的进化论，成为支配几代人的思维方式。正是在这种思维方式的影响下，才有了后来“五四”时期各种思潮的风起云涌。

1911年辛亥革命成功，中国几千年的封建统治宣告完结。一种政治体制虽然结束，但数千年的封建文化并没有在一夜间消失，旧军阀和旧官僚时刻梦想恢复帝制，他们利用人们心中根深蒂固的封建思想，借孔子儒家学说，为复辟封建王朝寻找法理上的依据。

自由之火一旦在国人心中燃起，就很难熄灭。专制思想和自由科学观念的激烈冲突，骤然在全国引发，1919年巴黎和会丧权辱国条约的签订，更是把这场新文化运动推向高潮。五四运动不仅是一次文学革命，而且是一次思想革命。也就在这次运动中，自由的治学作风，在中国知识分子中确立。



蔡元培(前排左三)与北大同仁合影

1920年北京大学政治系同学和教员合影(前排中坐者为蔡元培)

# 肩负重任

北京大学的前身为京师大学堂，是维新运动催生的产物。1898 年 6 月 11 日，光绪皇帝下《明定国是诏》，其中强调："京师大学堂为各行省之倡，尤应首先举办。"7 月 4 日，正式下令批准设立京师大学堂。

然而，京师大学堂命运多舛，诞生于外侮日深、民族危机日甚的清朝末年，几经波折，几度停办。

走过了十多年的风风雨雨，京师大学堂总算初具规模，但距离新型大学的要求还相去甚远。当时学生多出身官吏富豪之家，入学堂是为了谋求升官发财之道。

辛亥革命后的 1912 年 5 月，京师大学堂正式改称北京大学。开学之日，蔡元培发表演说，强调"大学者，研究高深学问者也"，这是他对北京大学办学宗旨的第一次阐述。

遗憾的是，执掌大权的袁世凯倒行逆施，尊孔复古，极大地冲击着文化思想领域，使北大原本还很微弱的新思潮受到严重压抑。正是在这种情势下，蔡元培出任北大校长一职，北大历史性的转折，自此肇始。

京师大学堂匾

在德国留学时的蔡元培（1908 年）

蔡元培校长亲自构思的北京大学校旗。旗中红蓝黄三色分别代表科学、哲学和玄学

蔡元培手迹：思想自由，兼容并包

胡适（右）与北京大学教授胡先骕合影

## 革新春风

蔡元培的到来，给暮气深重的北大，带来了清新的气息。谦恭的行事作风，让师生和校工们感到亲近。他的学问和道德修养，更为教职员工们所推崇。针对时弊，他指出：“大学学生，当以研究学术为天职，不当以大学为升官发财之阶梯。”正是在这种宗旨下，他开始对学校的管理体制、科系设置、课程建设、教师队伍以及学生课外活动等方面，进行了全面改革。其中两点，值得一表。

在体制上，蔡元培反对校长权力过分集中，成为国内提倡教授治校第一人。这种分工协力的民主治校，使人尽其才，充分施展自己的抱负，学校为之一新。

广延人才，是蔡元培在北大革故鼎新，造成良好学术空气的又一重要举措。他认为，“大学者，‘囊括大典，网罗众家’之学府也”。“囊括大典”是指对待古今中外不同学派、思想、典籍的态度，“网罗众家”，指的是广罗人才并发挥所长。

蔡元培遵循思想自由原则，反对宗派习气，门户之见。他认为，学术思想问题，应当“任吾人自由讨论”，而“此思想自由之通则，而大学之所以为大也”。这种珍惜人才、知人善任的民主作风，显示了他宽厚的胸襟和包容。他一方面不拘一格降人才，提倡学术自由；一方面坚持高标准遴选，不为名气，重在实学，宁缺毋滥。

蔡元培任北大校长两周后，在《北京大学日刊》上发表了《北京大学之进德会》一文。蔡先生素以人格高尚著称，鉴于当时北京民风、政风堕落到极点，故从知识分子高度密集的北大入手，以图改变士风以影响整个社会风气。

“绳己”、“律人”、“止谤”是蔡元培构想的进德会的效用。“风雨如晦，鸡鸣不已”，是蔡元培构想的会员最终达到的理想人格。进德会起到了以矫末俗的作用。这一切当然离不开蔡元培春风化雨的人格力量。冯友兰在《三松堂回忆录》中说，蔡先生的人格感召力甚至比“兼容并包”的教育思想还伟大。

走入北大的大红门，感受到的，是开放清新而活泼的学术空气。所有的禁锢和陈规，都被弃之，只要学有专长，得到认可，就可以成为北大这所高等学府的教授。小小三尺讲台，可容天地之大，任由学术自由发挥，一时间人才荟萃，一举奠定了北大的学术地位。

遥想当年，蔡元培 40 岁赴欧洲学习，回国后见国人教育种种凋敝的局面，曾言“我不入地狱，谁入地狱？”1917 年至 1923 年，成为北京大学永远值得骄傲的记忆。

蔡元培被任命为北京大学校长的任命书

任命狀
任命蔡元培為北京大學校長此狀
中華民國
黎元洪
范源廉

# 鲁迅的呐喊

1912 年的鲁迅

**在鲁迅的呐喊声中，我们看到了灵魂的苏醒，人性的复萌，民族的希望。**

## 走向新生

鲁迅（1881—1936）被誉为“民族魂”，那“横眉冷对千夫指，俯首甘为孺子牛”的形象，已深深烙在了国人的心中。鲁迅原姓周，幼名樟寿，后改名树人，1881 年出生在浙江绍兴一个破落的士大夫家中。幼时避难寄居在舅舅家，遭人白眼；后父亲重病，来往于当铺与药店之间。人情冷暖、世态炎凉的辛酸滋味，使少年鲁迅的心灵早熟，他看清了世人的真面目。另一方面，朴实的农村环境、诚挚的农家小伙伴、田园生活、民间社戏，又给他以难以忘怀的慰藉和温暖。憎恶与亲情的交织，成为鲁迅日后关注于“国民性”问题的重要原因。

1898 年，年满 16 岁的鲁迅离开了绍兴，他在告别故乡的同时，亦放弃了科举之路。这一转变，意味着他对中国传统的背离和对新生的一种“自我”探索。

南京，是鲁迅走向外部世界的第一站。他开始学习自然科学和外语，接触了不少西方现代文艺与哲学，尤其是达尔文的进化论，使他深陷于当时那种改良运动的情势之中。在学习过程中，鲁迅了解到日本的“明治维新”与西方医学颇有因果关联，遂产生了到日本学医的思想。

这个愿望，终于在 1902 年得以实现，他考取了官费留

1940 年，毛泽东发表了《新民主主义论》一文，其中有一段包括标点符号在内的短短 158 字的文段中，用了 3 个“伟大”、7 个“最”，再加一个“空前”来形容鲁迅。显然，这样的赞语，已不是对一个人、一个战士，甚至不是对一个通常意义上的“民族英雄”的阐释了。

鲁迅正是借助狂人发病时的幻觉，影射和谴责了存在于中国几千年的“传统”。正如狂人在日记中所写：“翻开历史一查，这历史没有年代，歪歪斜斜的每叶上都写着‘仁义道德’几个字。”再“仔细看了半夜，才从字缝里看出字来，满本都写着两个字是‘吃人’”！

鲁迅在上海景云里寓所中撰写他的辛辣文章

学，带着玄奘赴西天取经的心境，到东瀛求学。

这时的鲁迅，中国文人感时忧世的传统，在他身上已经具体化为对强国之路的渴求。鲁迅在东京弘文学院学习期间，接触了尼采的著作，这为鲁迅“立人”思想的确立提供了理论依据。他试图通过提高国民觉悟和自立的“立人”，来达到国家昌盛的“立国”。

两年后，鲁迅入仙台医专学医，他要借助这一自己日后所从事的职业，作为革命和救国的途径。

## 弃医从文

1905 年的一桩偶然事件，让鲁迅如梦初醒，“从那一回以后，我便觉得医学并非一件紧要事，凡是愚弱的国民，即使体格如何健全，如何茁壮，也只能做毫无意义的示众的材料和看客，病死多少是不必以为不幸的。所以我们的第一要著，是在改变他们的精神，而善于改变精神的是，我那时以为当然要推文艺，于是想提倡文艺运动了。”

次年，鲁迅回国在家乡作短暂逗留后回到东京，“医学”救国的信念也随之改变。他决心弃医从文，希望发起一场文学运动。“真正人性”的缺乏，是当时“中华民族灵魂”丧失的根源，当务之急，是应提醒国人思考一下中国旧有的伦理道德思想。

1909 年，鲁迅回到中国，其后十年间，他一直郁郁寡欢，面对着的是：辛亥革命失败、军阀混战、袁世凯政府对人民的压制和欺骗……在《呐喊·自序》中他曾说：“我感到未尝经验的无聊……凡有一人的主张，得了赞和，是促其前进的，得了反对！是促其奋斗的，独有叫喊于生人中！而生人并无反应！既非赞同，也无反对，如置身毫无边际的荒原，无可措手的了，这是怎样的悲哀呵，我于是以我所感到者为寂寞。”

也就在这时，鲁迅的文字笔锋下，浪漫主义的激情已经消失，取而代之的是以一种清醒和讽刺的笔调反映人的生活，用批判现实主义的风格揭露残忍的中国社会。

## 现实主义的力作

1918 年 5 月，发表在《新青年》第 4 卷第 5 号上的一篇小说，是如此惊世骇俗，这就是鲁迅创作的第一部现实主义作品《狂人日记》。

《狂人日记》是鲁迅所写的第一篇白话小

说，主体是十三则日记。

“狂人”，就是社会上俗称的“神经病”人。然而，鲁迅却使“他”承载了十分丰富的思想内涵，“狂人”并非真正的病人，当他觉醒之时，往往被社会的“智力正常的人”称之为“狂人”或“疯子”。鲁迅通过狂人“暴露家族制度和礼教的弊害”，同时也指出在两种不同的传统中，那些和社会疏远的持不同政见者注定要接受失败的命运。狂人最终回到正常人的世界之中，回到中国传统的“精神家园”之中。病愈后的狂人知道了自己病中言行的荒诞，并自题“狂人日记”以表白，而他“救救孩子……”的呐喊，也成为只有发病时才能说出的真话。狂人病态的话语及其反思历史的命题，都随着他的清醒而被世俗的常态生活所消解。

故事从“很好的月光”写起，“狂人”之所以被迫害而致“狂”，是因为他“廿年以前，把古久先生的陈年流水簿子，踹了一脚”，而这“古久先生的陈年流水簿子”是记录中国几千年来吃人的历史。在以家族制为基础的封建社会里，像狼子村的“农民们”打死了一个“恶人”，将他的心肝挖出用油煎炒了吃，以及那女人打儿子时说出“老子呀！我要咬你几口才出气！”这番不分皂白、不可理喻之言行，是常有的事。

当 1918 年鲁迅创作这篇小说时，徐锡麟烈士被安徽巡抚恩铭的亲兵剖腹挖出心肝吃；秋瑾烈士被出卖告发牺牲后，像《药》一文中所写被生痨病的人用馒头蘸着其血舐，都还是刚刚发生不久的事。

鲁迅正是借助狂人发病时的幻觉，影射和谴责了存在于中国几千年的“传统”。正如狂人在日记中所写：“翻开历史一查，这历史没有年代，歪歪斜斜的每叶上都写着‘仁义道德’几个字。”再“仔细看了半夜，才从字缝里看出字来，满本都写着两个字是‘吃人’”！

鲁迅揭露了中国家族制度和封建礼教“吃人”的本质，但他笔下的“真的人”，却具有人道主义倾向。为了拯救社会，狂人是情不自禁，最后由衷地发出“没有吃过人的孩子，或者还有？救救孩子……”的呼救。

周树人（后左一）与留日同学合影

鲁迅的《狂人日记》发表在《新青年》第4卷第5号上

1936 年鲁迅葬礼情景

新文化运动领军人物的合影，自左至右：蒋梦麟、蔡元培、胡适、李大钊

# 与“德先生”和“赛先生”相拥

**这是先行者在对社会现实深沉的理性思考后做出的决断，而非感情的冲动，更不是一味的盲从。**



## 迎头痛击

18 世纪的启蒙运动，让欧洲混沌顿开，一个理性的时代到来。而身处此时的中国，依然在封建制度的束缚下昏睡。

很长一段时间，中国人民在黑暗中摸索，他们苦苦寻求，但一直未入门径。这样的痛苦，伴随着一代又一代有识之士，他们努力过，尝试过，好像还是没有找到“芝麻开门”的神奇钥匙。

历史的车轮轰鸣着进入 20 世纪，国人从内心中迫切需要改变中国的现状，祛除蒙昧，开启心智，奋而觉醒。

既然，时代赋予我们生命，总会有人站出来拯救这个世界，拯救人们的灵魂。当《新青年》像一面旗帜挥舞时，从它那民主与科学的呼唤声中，人们看到了希望。

“西洋人因为拥护德、赛两先生，闹了多少事，流了多少血，德、赛两先生才渐渐从黑暗中把他们救出，引到光明世界。我们现在认定只有这两位先生，可以救治中国政治上道德上学术上思想上一切的黑暗。若因为拥护这两位先生，一切政府的压迫，社会的攻击笑骂，就是断头流血，都不推辞。”这是陈独秀为《新青年》罪案之答辩书的案前语。

辛亥革命后，袁世凯下山摘桃子，把总统的宝座揽入怀中。但他不满足于此，还想龙袍加身，复辟帝制。与这种政治倒退相伴随的，则是在思想文化领域出现了尊孔复古的逆流。

袁世凯文庙祀孔、天坛祭天，不过是恢复帝制的前奏，随后，我们就看到由“武圣”张勋与“文圣”康有为联袂导演的一出复辟闹剧。

既然反动的政治总有腐朽的文化为之张目，那么捍卫共和、反对倒退，就势必要迎头痛击。新文化运动的倡导者，高扬科学和民主两面真理大旗，这对复古和尊孔，具有巨大的杀伤力。

尽管《新青年》标榜“批评时政，非其旨也”，事实上陈独秀、李大钊等人并没有脱离

**孙中山起居室**——“平民总统”之称，中山先生当之无愧。西花园内一座三开间中式木结构的二层小楼，就是他的起居室，可谓朴实无华。

中山陵博爱坊雀替和坊上雕饰——中山陵墓道的起始处，传统三间四柱式，冲天柱夹蓝色琉璃瓦顶，上、下枋混凝土仿浮雕箍头、枋心纹样，中门匾额镌刻孙中山手书『博爱』金字。毗卢帽、枋、匾、雀替雕饰工致。中山陵，是民国时期最大的建筑工程，宏伟程度不言而喻，技术十分精良。

五四运动期间北京大学和清华大学的学生在街头演讲

政治，诚如陈独秀所说：“这腐旧思想布满国中，所以我们要诚心巩固共和国体，非将这班反对共和的伦理文学等等旧思想，完全洗刷得干干净净不可。否则不但共和政治不能进行，就是这块共和招牌，也是挂不住的。”

在新文化运动中，陈独秀、李大钊有着鲜明的针对性，他们反对将孔教定为国教并列入宪法，指出孔教是维护专制制度的，与民权、平等思想背道而驰。集中批判了封建的三纲五常。

对于孔子及其学说，新文化运动的倡导者并未全盘否定和一概排斥，陈独秀就肯定了孔子的历史地位和孔学的历史价值，李大钊也明确表示：“余之抨击孔子，非抨击孔子之本身，乃抨击孔子为历代君主所雕塑之偶像的权威也；非抨击孔子，乃抨击专制政治之灵魂也。”

封建专制当局极力否定新文化运动，视为异端邪说、洪水猛兽，把割裂传统文化的罪名强加于它，反诬是社会动荡不安的思想根源，不断予以打压。实际上，新文化运动没有也不可能使传统文化中断，即便是儒学，如果说有“中断”，那也只是儒学独尊的正统地位。

勃兴的新文化运动，让尊孔复古逆流遭到了致命打击。而在“学生军”的“班长”陈独秀的摇旗呐喊下，那一代新青年，几乎都是“德先生”与“赛先生”的学生，臣服于民主与科学的光辉中。

五四运动时的纪念章

五四运动时期北京大学生在天安门广场举行示威游行

陈独秀和李大钊是新文化运动的主将，也是五四运动时期中国先进知识分子的代表，为马克思主义在中国的传播做出了巨大贡献。五四时期有一首流行诗，充分赞誉了陈独秀和李大钊的历史功绩。“北大红楼二巨人，纷传北李和南陈。孤松独秀如椽笔，日月双悬照古今。”

游行的队伍在北京街头

## “再造中华”

五四运动前后，陈独秀、李大钊等新文化运动倡导者对封建文化的批判，对新文化的提倡，是在经过对社会现实、思想文化状况的严肃思考后做出的抉择，它建立在理性分析的基础之上，是对现实的有力回应。我们更应该看到，先进的知识分子表现出宽阔的眼界和宏伟的气魄，他们所要解决的问题，已不仅仅局限在文化层面，而是要救国，要“再造中华”。

1917 年俄国发生十月革命，建立了世界上第一个社会主义国家。中国人民终于在绝望和彷徨中找到了改变世界的有力武器。1918 年，李大钊就撰文欢呼和论述俄国十月革命的胜利。次年，他主编的《新青年》出了一个“马克思研究”专号，发表了著名的《我的马克思主义观》，第一次比较系统、准确地介绍了马克思主义的三个组成部分——唯物史观、政治经济学、科学社会主义。此后，许多报刊相继发表了大量介绍马克思主义的文章，马克思、恩格斯、列宁的著作也被翻译出版，马克思主义在中国得以广泛传播。于是我们看到，新文化运动发生了根本变化，由一个资产阶级文化运动发展为一个广泛宣传马克思主义的无产阶级革命的新文化运动。

马克思主义的传播，逐渐成为新文化运动的主流，绝非是几个知识分子一时的感情冲动。

# 我把青春献给你

王光祈

**少年中国学会的许多成员曾是20世纪中国历史中闪耀的“明星”。**

## 指点江山

这是几个来自四川成都高等学堂的同班好友，王光祈、李劼人、周太玄、曾琦、李璜。他们是一群活跃分子，常常聚在一起，谈理想，谈人生，一心要鼎新革故，大有“天下兴亡，匹夫有责”的凌云壮志。辛亥革命成功后，他们纷纷离开故土，北上寻求发展，试图改造中国。

1918年的北京初夏，一个月朗风清之夜，王光祈、曾琦、周太玄几位在陈愚生家里做彻夜长谈。座中除了这几位四川老乡外，还有一位一袭长衫、留有两撇短髭的青年教授，他就是当时在北京大学任教并主编《晨钟报》副刊的李大钊。

王光祈不喜空谈，每有所论，必是深思熟虑。他认为日本固然可恶，而中国人就没有问题？他有意将全国的青年有为之士聚合组织起来，经常交流，互相切磋，努力增进学识，经过磨炼，成为各项专门人才，能够真正解决各种救国的实际问题。

他的这一想法，很快就达成共识。6月30日，王光祈和陈愚生、李大钊、曾琦、张梦九、周太玄、雷眉生7人在北京宣武门外的岳云别墅开会。此时，他们一心要“联合同辈，杀出一条道路，把这个古老腐朽、呻吟垂绝的被压迫被剥削的国家，改变成为一个青春年少、独立富强的国家”，决定共同署名发

少年智则国智，少年富则国富，少年强则国强，少年独立则国独立，少年自由则国自由，少年进步则国进步，少年胜于欧洲，则国胜于欧洲，少年雄于地球，则国雄于地球。红日初升，其道大光；河出伏流，一泻汪洋；潜龙腾渊，鳞爪飞扬；乳虎啸谷，百兽震惶；鹰隼试翼，风尘吸张；奇花初胎，矞矞皇皇；干将发硎，有作其芒；天戴其苍，地履其黄；纵有千古，横有八荒；前途似海，来日方长。美哉我少年中国，与天不老！壮哉我中国少年，与国无疆！

梁启超《少年中国说》

"少年中国学会"会员合影。右三为李大钊



起"少年中国学会"。他们的宗旨是:"振作少年精神,研究真实学术;发展社会事业,转移末世风俗。"最终目的,则为创造"适于二十世纪之少年中国是也"。公推王光祈为主任。

7月下旬,7个发起人又在绿荫下的中央公园聚会,商定:凡加入少年中国学会会友,一律不得参加彼时污浊的政治,不请谒当道,不依附官僚,不利用已成势力,不寄望过去人物;学有所长时,大家相期努力于社会事业,一步一步来创造"少年中国"。

少年中国学会,就这样成立了。总会设在北京,南京、成都、巴黎设有分会,成员分布于国内不少大城市和德国、美国、英国、日本、南洋等处,前后加入的会员有120多人,毛泽东、邓中夏、恽代英、赵世炎、刘仁静、张闻天、杨贤江、周佛海、许德珩、高君宇、黄日葵、康白情、田汉、朱自清、宗白华、卢作孚、陈登恪、方东美、沈泽民等,都是会员和积极的活动者。

## 任重而道远

少年中国学会的会员,往往不安于现状,敢于丢弃旧习,反抗现实,乃至同家庭、婚姻、守旧的亲友做坚决的斗争。该会接纳成员的先决条件,看上去非常纯洁,即:不做官、不嫖、不赌、不纳妾、不信教、不在"洋行"工作或为自己的生活去经营商业。这意味着他们要与老大帝国的末世风气决裂,而过清新、创造的新生活。因为他们以建设"少年中国"为己任,任重而道远,必将苦其心志,劳其筋骨。

学会确定的宗旨是:"本科学的精神,为社会的活动,以创造少年中国。"所谓"少年中国学会"名称的来历,原本取自19世纪的"少年意大利党"、"少年德意志党",分别追求"少年意大利"和"少年德意志"的理念;它在中国,则源于梁启超的"少年中国说"。即改造中国,应先从中国少年入手,形成少年中国的运动。学会致力于译书、教育,以从根本上改造中国人;又曾设计工读生活的模范社区,而后谋求普及于全国。

少年中国学会成员的成分复杂,信念亦

不相同，在当时的发起人中，“有的以英美式民主主义之组织为适合于二十世纪者，亦有以俄国式社会主义之组织为适合于二十世纪者，更有以安那其（无政府主义）之组织为适合于二十世纪者。”后来分化为三派：一派成为马克思主义者，代表人物是李大钊、毛泽东、邓中夏、恽代英、张闻天等，发起成立了中国共产党；一派信仰国家主义，后来成立了中国青年党，代表人物是曾琦、李璜、左舜生、陈启天、余家菊等；还有一些人超然党派之外，从事社会活动，代表人物有王光祈、宗白华、许德珩、田汉、方东美、朱自清、康白情等。

《少年中国》是少年中国学会出版的刊物，1919 年 7 月 15 日创办，该刊的编辑方针是：鼓吹青年，研究学理，评论社会。

在五四时期众多的社团中，少年中国学会是最重要的一个，也是会员最多、历时最长、分布最广的一个。

它集中了中国许多优秀青年，其中不少在 20 世纪中国历史中曾是闪耀的“明星”，他们对中国社会的发展产生了重要影响。

怎样造就“少年中国”，即应该持什么“主义”改造中国，会员经过长期的争论，仍然不能得到很好的解决，学会终于在 1925 年画上一个句号。那些走上了阶级斗争、武装革命道路的会员，在 1949 年领导创建了新中国。毛泽东就是其中的一个。

1921 年 5 月 31 日，“少年中国学会”部分成员合影

少年中国学会的会刊《少年中国》

少年中国学会的主要发起人王光祈，宛如一颗耀眼的流星，掠过沉沉夜空，最后又在音乐的星座里找到了自己的归宿，《中国音乐史》是他留给后人的一部经典。1920 年 3 月，少年中国学会向左中右三方急剧分化，王光祈深感打击，决定赴欧留学。4 月 3 日，船过香港，即将阔别祖国，他心绪难平，作《去国辞》五章。曾被谱曲，传唱一时。

曾琦

# 谈判幕后的凄楚

巴黎之行，中国使团虽未达到目的，不过，他们为捍卫民族尊严的外交努力，可歌可泣。





## 期待

1919年1月18日至6月28日，巴黎和会召开，中国政府派出五人使团参加会议，团长是外交总长陆徵祥，团员有驻美公使顾维钧、驻英公使施肇基、驻比公使魏宸组和南方军政府代表王正廷。中国使团提交了直接收回山东权利的书面照会，是这次外交活动的主要目的。

1月27日，日本代表提出了继承德国在山东各项权益的要求。事出突然，中国代表要求推迟第二日发言。次日，中国代表顾维钧据理力争，从山东的历史、文化、地理、国防等角度，全面阐明了中国对于山东问题所不容争辩的主权。要求和会尊重中国政治独立、领土完整的根本权利，归还山东给中国。日本代表牧野则要求各国代表承认青岛作为日本"领属"的所谓既定事实。2月11日，和会公布了中日密约。

15日，中国代表冲破日本方面的阻挠，将有关山东问题的说帖及中日密约、外交文书19件提交会议，提出直接归还山东的要求。

鉴于中方的力争，日方首席代表西园寺公望于3月10日发表有关山东问题的声明，称关于胶州湾问题，对于中国并不为何等之要求。

中国代表为山东问题奔走于各国首脑之间，顾维钧走访了美国总统威尔逊、陆徵祥拜访了意大利首相奥尤特。

4月16日，再次讨论山东问题，中国代表被拒之门外。美国国务卿蓝辛提出暂由巴黎和会接管德国在中国的权益，待山东辟为商埠后归还中国。这一方案为日本代表拒绝后，又提议山东问题由五国处置，再次遭到日本代表的激烈反对。是时，意大利因所提领土要求被和会拒绝而宣布退出巴黎和会。日本乘机施压，以退出和会相要挟。

22日，五国会议再次开会，陆徵祥、顾维钧应邀出席。由于会议将中国划为第三类国家，只能有两个代表名额，以致五位中国代表只能轮流出席。会上英国首相提出两项方案：一是按中日成约办，一是由德国移交日本。中方代表拒绝。

两天后，中方代表于无奈中提出四项妥协办法：由五国暂时接收胶州湾，日本于一年后归还，由四国额定中国补偿日本在山东对德作战的军费，开放胶州湾做商埠，开辟外国人居留经商区域等。

日本方面咄咄逼人，声称对中国山东毫无政治野心，不过是代为享受德国在山东的经济权益，要求和会将转让德国在山东的特权的条款，加入对德和约中。

29日，美、英、法三国会议，美要求鉴于日本多次口头表示要将山东归还中国，提出日本应以文字声明作为承诺。日本以事关国家体面为由加以拒绝。

日本的要挟和蛮横，最终起到了作用。三国会议最后裁决，由日本继承德国在山东的一切权益，即后来的对德和约中第156、157、158条款。5月1日，英国外交大臣贝尔福向中国代表通告了这一决议。

1918年6月28日，《凡尔赛和约》最终签订。图为法国总统克列孟梭、美国总统威尔逊和英国首相劳合·乔治（从左至右）

1912年，陆徵祥出任袁世凯政府国务总理和外交总长，他吸取西方外交事务管理经验，创建了中国外交人才培养体系，对中国外交工作的现代化功不可没。他请人写了“不忘马关”几个字挂在办公室，提醒自己不忘国耻。可1915年，袁世凯竟要陆徵祥代表中国与日本就“二十一条”进行谈判，并命他签字。陆当然知道“二十一条”的分量，签字前，他对袁世凯说：“从此我陆徵祥千秋万代被人唾骂。”“二十一条”披露后，举国上下群情激愤，人们游行示威，声讨卖国贼。陆徵祥终身为此痛悔不已。一战结束后，陆徵祥率团参加巴黎和会，他和其他成员顶住北京政府的压力，表示：宁辞职也不签字，不卖国。回国后，陆徵祥虽继续担任外交总长，但巴黎和会使他的外交报国理想彻底破灭，1920年辞职，并最终选择放弃尘世，出家清修。

驻法公使胡惟德

顾维钧

施肇基

## 失望

此项决议明显“偏苛”,令中国代表团始料不及,在几近绝望的情势下,中国代表团仍在做最后努力,希望“将条文内添加交还中国”一条,但未能如愿。日本甚至向英法两国致以措辞极其严厉的最后通牒,要求遵守1917年密约,维持关于山东各项条款。事已无可挽回,中国代表在巴黎和会上的努力宣告失败。中国代表于5月4日对三国会议提出抗议,表示:“对于巴黎和会解决方式,中国人民闻之,必大失望,大愤怒。”

5月6日,和会宣读对德和约草案。中国代表团首席代表陆徵祥就山东问题发表宣言,提出保留意见,意在为以后交涉预留空间。其时,国内爆发五四运动,“全国舆情非常愤激,政府万分困难”。在巴黎和会上的中国代表团进退维谷。

法国外长毕勋明确反对保留,认为“万难办到”。美国总统威尔逊则表示:“至于约上保留办法,予亦不主张。”英方称:“此事关系极大,和约为协商及共事各国对于敌国之约,不但无不签字之理,抑亦无保留办法。”操纵巴黎和会的英、法、美三国,都拒绝了中国的正当要求。23日,北京政府电令陆徵祥:“如保留实难办到,只能签字。”

## 虽败犹荣

形势日渐明朗,对中国而言,从中读出的只有两个字:失望。28日,中国代表团召开秘密会议,讨论和约签字问题。

王正廷主张签字“有关人格,即有关中国国家人格,总之不能保留,则万不能签字”。“中国从前外交皆主逊让,遂损失种种权利。今则让无可让,不得不改变方针,各国屡欺中国,不可再受其欺。”

顾维钧也态度分明:“日本志在侵略,不可不留意。山东形势关乎全国,较东三省利害尤巨。不签字则全国注意日本,民气一振;签字则国内将自相纷扰。”

驻法公使胡惟德表示:“签字一层,苟利于国家,毅然为之,不必为个人毁誉计。”

施肇基最后发言说:“此次和约,各小国均不满意,恐不能永久践行,中国亦可以不签字。”陆徵祥和魏宸组虽没有明确表态,但无疑不愿充当签字的角色。

当时的中国,积贫积弱,难有一席说话之地。中国代表做出了种种努力,但毫无效果。拒绝签字,这是中国代表唯一能做到的抗争。6月28日,出席巴黎和会的中国代表缺席了对德和约签字仪式,留给中国全权代表的两把座椅上,一直空荡无人。

这是一个历史性的举动，它打破了中国妥协外交的惯例，一时影响颇巨。拒签当天，陆徵祥、王正廷、顾维钧、魏宸组电告政府，引咎辞职。

巴黎之行，没能给代表们留下美好的记忆，中国使团虽未达到目的，但他们为捍卫民族尊严的外交努力，为最终解决山东问题，还是创造了一定的条件。拒绝签字，中国依然保持《凡尔赛和约》中规定的对德权利；拒绝签字，使山东问题悬而未决，终在3年后的华盛顿会议上有所斩获，收回了山东权利。

废约斗争的悲壮序曲，在巴黎和会上唱响。中国代表与列强面对面地展开交锋，那一页虽败犹荣，可歌可泣。

魏宸组

王正廷

日本全权代表松冈洋右（左）

日本全权代表芳泽谦吉（前）狡辩后退出会场（中）

国联理事会主席、法国外交部长白里安（右）

5月7日，被捕学生获释，受到热烈欢迎

# 火烧赵家楼

五四运动，可以比作是一场颠覆旧制度的大地震。





## 走来一群新青年

巴黎和会的外交失败，让国人痛心不已。古城北京，很快发出了正义的怒吼，原定在5月7日——即日本以最后通牒形式强迫袁世凯接受“二十一条”的惨痛日子那一天，在中央公园召开国民大会，提醒国人勿忘国耻。

然而，热血沸腾的青年学生已经等不及了。北京学潮，首先发端于一向以思想敏锐、行动果敢著称的北京大学。“五·三”是一个不眠之夜，当晚，千余名北大学生和其他13个学校的学生代表齐聚北大法科大礼堂，讨论目前应采取的步骤。

会场上，群情激奋，有多位同学代表慷慨而言。法科学生谢绍敏悲愤填膺，当场将中指咬破，扯断衣襟，血书“还我青岛”四字，揭之于众，这就更加激励同学们的心绪，全场显现出一种凄凉悲壮之景。大会在热烈的掌声中，一致做出如下决定：一是联合各界一致力争；二是通电巴黎专使，坚持和约上不签字；三是通电各省市于五月七日国耻纪念日举行群众游行示威；四是定于五月四日（星期日）齐集天安门举行学界大示威。会议结束后，学生们分头忙碌起来。有的负责联络其他学校，有的准备宣言、电报、传单，更多的人则准备大旗、小旗和标语等。

5月4日下午，天安门广场人如潮涌，学生们从四面八方汇聚于金水桥前，他们手持小旗和标语，不断呼喊着口号，矛头直指北京政府。

北大学生傅斯年当时为学生运动总指挥

一位北大代表快步登上摆在天安门华表前的一张方桌，放声宣读了由许德珩起草的《北京学界全体宣言》，警醒国人，“山东亡，是中国亡矣。”

短暂的集会后，浩浩荡荡的学生队伍直奔东交民巷使馆区。此时，北京政府派来大批军警准备镇压。学生们群情激愤，那一刻，即便是懦弱之人，也会变得无比勇敢，爱国的力量，无所畏惧。

学生集合游行时，徐世昌正在总统府为归国的驻日公使章宗祥设宴洗尘，在座的有内阁总理钱能训及陆宗舆和曹汝霖。席间，警察总监吴炳湘打电话告知他们学生游行，劝告曹等“暂留公府”。面对的是一群赤手空拳的学生，有何畏惧？曹、章二人完全没有预料到形势会如此严重，于下午3时左右一同回到曹宅。

游行队伍继续前进，沿长安街、米市大街、石大人胡同，来到赵家楼胡同西口，不远处就是时任交通总长、被爱国学生斥为卖国贼之首的曹汝霖的住宅。

“他让国人不安，我们怎能让他能安？”面对全副武装的警察，手无寸铁的学生奋不顾身往里冲。有学生爬上墙头，跳入曹宅院内，从里面把门打开，学生们蜂拥而入。

仓促中，曹汝霖躲入了一间小屋，章宗祥则逃逸到地下室的锅炉房中。学生搜查各屋，未见曹的身影，一时愤激，一位叫匡互生的同学一怒之下，不知从哪找来一桶汽油并点燃，顿时烈火熊熊。

6时许，吴炳湘率领大批军警赶到现场，部分体弱未及离开的学生共32人被捕。

为进一步组织各校学生的行动，当晚，北大学生干事会宣告成立，决定从5日起，北京各专科以上学校实行总罢课。

## 一场颠覆旧制度的大地震

五四运动爆发的当晚，北京政府紧急召开会议，密谋镇压学潮。皖系军阀声称“宁可十年不要学校，不可一日容此学

曹汝霖（1877—1966）、陆宗舆（1876—1941）和章宗祥（1879—1962）皆留学日本，归国参加科举考试，被清廷授主事职衔。后供职于北京政府，参与了一系列对外重要活动，是典型的亲日派。五四运动爆发后，迫于压力，北京政府于6月10日将三人免职。

北京大学法科礼堂。5月3日夜，千余学生在此聚会，决定翌日示威

北京外国使馆区东交民巷街。左为日本正金银行，右为六国饭店

上海学生声援北京学生，罢课示威

风”；更有人建议解散北京大学，给学生运动来个“釜底抽薪”。5日下午，总统徐世昌召国务总理钱能训密筹计策，责成校长约束学生，责成警察厅维持地方秩序。次日，徐世昌一纸总统令，恫吓“倘再有借名纠众，扰乱秩序，不服弹压者，著即依法逮捕惩办，勿稍疏弛”。

5日上午，北京各大专学校学生代表召开会议，决议自即日起一律罢课，并通电各方。学生们的爱国行动，赢得了社会各界人士的同情与支持。当日，北京各校校长在北大召集会议，决议向当局要求释放被捕学生，如果政府不接纳此意见，全体教职员亦与学生同舟共济。外地教育界人士也纷纷致电北京政府，要求释放学生，“以安学界而顺人心”。

慑于强大的社会舆论压力，当局不得不于7日释放了被捕学生。

如果把五四运动比作是一场颠覆旧制度的大地震，高潮出现在5月4日这一天，那大大小小的余震，则一直持续到6月份；如果把北京比作是这场地震的中心，那波及的广度，就达至全国，可谓星星之火，在中国大地成燎原之势。

曹汝霖

陆宗舆

章宗祥

1919 年，美国哲学家杜威来华讲学。图为杜威与北京大学同仁合影，前排右一为杜威、右三为陶行知，后排左起：胡适、蒋梦麟

# 渴望与开放

**自从中国和西洋文化接触以来，没有一个外国学者在中国思想界的影响有杜威这样大。**

## 盛情邀请

1919 年 4 月 27 日，美国哲学家杜威夫妇坐船驶离日本熊本，前往中国。

约翰·杜威(1859—1952)是美国实验主义哲学家、教育家，20 世纪西方教育史上的代表人物。有人曾这样说过："离开了杜威，教育史是一片空白。"

杜威是 4 月 30 日下午抵达上海码头的，昔日师从他的蒋梦麟、陶行知和胡适三位弟子前来恭迎。他们把杜威夫妇接到沧州别墅，胡适介绍了中国正在发生的一切，以及请杜威到华演讲的用意。这勾起了杜威的好奇心。

杜威到上海之时，新文化运动正走向高潮，胡适等邀请杜威前来，正是想借老师的声望助他们一臂之力。到沪的第三天，他便在上海江苏省教育会会场发表有关"平民主义的教育"的演说。

之后，杜威夫妇在蒋梦麟的陪同下到杭州讲演。这期间，蒋梦麟接到五四运动爆发的消息，他匆忙赶回北京。

北京学生运动的消息不断传入杜威的耳中，杜威夫妇于 5 月 30 日到达北京，有幸目睹了运动所产生的余震。

杜威先前也觉得中国是积重难返，但通过数月观察，发现事实并非如此，12 月杜威发表在《亚洲》杂志上的《中国人

在这些讲演中，杜威从不同的角度不厌其烦地告诉中国人，现代西方文明的精髓在于精神文化，中国人若想从西方得到启示，就得从此处着眼，改造自己的民族精神。杜威还毫不客气地指出了中国传统文化的痼疾所在。

1920 年 10 月，北京大学授予杜威名誉博士学位的典礼

杜威(前排左五)在南京讲学时与少年中国学会会员合影

的国家情感》一文，就表达了他的这种情感。他告诉西方人，五四运动是“中国国家情感存在与力量的突出证明，如果还有什么地方的人对中国人爱国主义的力量和普及程度抱怀疑态度，那么这种证明就是深切而且令人信服的教训”。

杜威原定在中国讲学一年，但五四运动使他兴奋不已，中国人的热情令他感动备至，加之胡适和蒋梦麟的盛情挽留，他决定多待上一段时日。

从 1919 年 6 月 8 日开始，杜威先后在教育部礼堂、清华大学、北京高等师范学校等地做了“社会与政治哲学”16 讲，“教育哲学”16 讲，“伦理学”15 讲，“思维类型”8 讲和 “詹姆士、柏格森和罗素”3 讲等讲演。这些讲演发表在《晨报》、《新潮》等报刊杂志上，后来汇编成书出版，在当时产生了轰动效应。

在这些讲演中，杜威从不同的角度不厌其烦地告诉中国人，现代西方文明的精髓在于精神文化，中国人若想从西方得到启示，就得从此处着眼，改造自己的民族精神。杜威还毫不客气地指出了中国传统文化的痼疾所在。

杜威的足迹遍布十余省市，讲演之余，还考察了各地的风土人情。从上海到北京再到南京，他做了多场学术报告。

## 全新的教育理念

蔡元培是最早把杜威的教育思想介绍给中国的人。杜威的“平民教育”主张进入中国后，很快就得到了理论界的认同，而宣扬杜威教育哲学思想最有力的当数胡适、陶行知、陈

1917 年胡适(左二)在美国哥伦比亚大学与陶行知(右一)等人合影

前排右起：罗素、勃拉克女士、蒋百里。
后排右起：孙伏园、王赓、赵元任、瞿世英

独秀、蒋梦麟等人。尤其值得一提的是陶行知，他不仅是杜威教育理论的有力传播者，而且还是其理论的实践者。他将杜威“教育即生活”的原则，结合中国多年的教育实践，提出了“生活即教育”的主张，他在南京创办的晓庄师范，就是他努力实践的硕果。1946年陶行知去世，杜威得到消息后特意发来唁电，称赞陶行知为中国的教育改造做出了无与伦比的贡献。

蒋梦麟

1920年10月17日，北京大学授予杜威名誉哲学博士学位，以示中国学术界对杜威的高度评价和尊敬。

1921年6月30日，北京大学、男女高师等五团体为杜威一家饯行。胡适、梁启超对杜威在中国的讲学做了高度评价。杜威在掌声中致答词，一往情深地说：“这两年，是我生活中最有兴味的时期，学得也比什么时候都多……我向来主张东西文化的汇合，中国就是东西文化的交点。”

这是一次心灵的撞击，一次心智的启蒙，如此近距离地聆听大师的学术思想，机会十分难得。这对中国的知识分子，对中国文化教育和学术界，都产生了重要影响。胡适曾说，自从中国和西洋文化接触以来，没有一个外国学者在中国思想界的影响有杜威这样大。

| 时间 | 题目 | 地点 | 翻译 |
|---|---|---|---|
| 1919年 | | | |
| 5.3－4 | 平民主义的教育(2讲) | 江苏教育会 | 蒋梦麟 |
| 5.7 | 平民教育之真谛 | 浙江教育会 | 郑宗海 |
| 5月 | 真正之爱国 | 南京 | |
| | 共和国之精神 | 南京 | |
| 6.8,10,12 | 美国之民治的发展(3讲) | 北京教育部会场 | 胡适 |
| 6.17,19,21 | 现代教育的趋势(3讲) | 北京美术学校 | 胡适 |
| 7.19 | 与贵州教育实业参观团谈话 | 北京大学哲学教研室 | 胡适 |
| 8.10 | 学问的新问题 | 北京尚志学校 | 胡适 |
| 9.20－3.6 | 社会哲学与政治哲学(16讲) | 北京大学法科礼堂 | 胡适 |
| 9.21－2.22 | 教育哲学(16讲) | 北京教育部 | 胡适 |
| 10.9 | 世界大战与教育 | 山西督军署军政大礼堂 | 胡适 |
| 10.10 | 品格之养成为教育之无上目的 | 大学校礼堂 | 胡适 |
| 10.11 | 教育上的自动 | 体育会大讲堂 | 胡适 |
| 10.12 | 学校与乡里 | 步十团自省堂 | 胡适 |
| | 教育上试验的精神 | 全国教育联合会 | 胡适 |
| 10.13 | 高等教育的职务 | 山西太原大学校礼堂 | 胡适 |
| 10.15－ | 伦理讲演(15讲) | 北京 | 胡适 |
| 10.19 | 在祝贺六十岁寿宴上的答词 | 中山公园来今雨轩 | 胡适 |
| 11.14－2 | 思想之派别(8讲) | 北京大学法科礼堂 | 胡适 |
| 11.22 | 自治演讲 | 北京 | 胡适 |
| 12.17 | 大学与民治国舆论的重要 | 北京大学 | 胡适 |
| 12.25 | 教育原理 | 省议会 | 胡适 |
| 12.29 | 新人生观 | 济南 | 胡适 |
| 1920年 | | | |
| 1.2 | 真的与假的个人主义 | 天津 | 胡适 |
| 1.20 | 西方思想中之权利观念 | 中国大学 | 胡适 |
| 1月 | 思维术 | 北京高等师范学校教研科 | |

杜威在华讲演目录(部分)

1922年建成的上海公共租界工部局大楼

# 主权的回归

**租界侵夺了中国的主权，让国人饱受欺凌；租界带来了西方近代文明，让国人眼前一亮。**



## 国中之国

最早在中国取得租界的是英国。1845年11月29日，英国领事与上海道台签订一项《上海租地章程》，“划定洋泾浜以北、李家庄以南之地，准租与英国商人，为建筑房舍及居住之用”。租界，一个在中国大地上的怪胎，就此出现。其后，诸国列强纷纷效仿，在上海和中国其他城市划定租界。曾在中国设立租界的，有英、法、日、俄、美、德、奥、意、比等国。

帝国主义国家以租界为据点，逐渐实行完全独立于中国行政系统和法律制度以外的一套殖民地统治制度。中国的租界制度以最早建立的上海租界为蓝本，并影响到其他租界。

租界国将租界视为自己的领地，主权国不能轻易干涉租界内部事务，更别提军队、警察进驻。

在租界内，外国人投资办厂或从事贸易活动，此外也建立教堂进行传教、开办具有本国特点的学校、医院、墓地等附属设施。相比

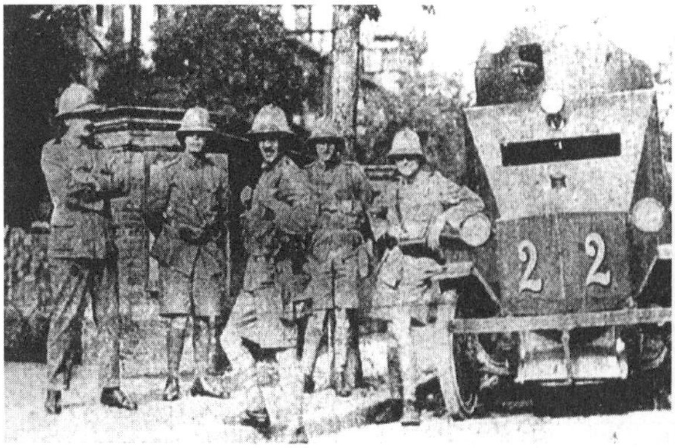

戒备中的巡捕房巡捕

上海公共租界巡捕，自左至右为西籍骑巡、印捕、华捕、华探长、西捕及印度骑巡

**孙中山起居室内景**——无论是办公室，还是卧室，没有豪华的陈设，一切都再简单不过了。标准的"公仆"形象，映照在点滴的细微之处，也定格在人民的心中。

中山陵碑亭屋脊和檐坊雕饰——碑亭是整个陵墓重要的组成部分，方形，高约17米，全部用花岗岩建，重檐歇山顶，覆蓝色琉璃瓦。蓝天下，蓝色琉璃瓦与天际浑然一色。看那屋脊，大有『刺破青天锷未残』之气势。

从浦东看外滩全景（1924 年）

较而言，租界的经济文化繁荣程度往往高于其周围的地区，逐渐成为该城市具有浓厚外国特色的商业中心。

租界分为两种，一种是单一国租界，称为“某某国租界”，这样的租界居多。也有数个国家共享一个租界的行政权，如香港九龙、广州沙面、厦门鼓浪屿等地，则被称为“公共租界”。

随着公共租界的出现，具有警察意味的“巡捕”应运而生。巡捕的组成不仅包括租界使用国公民、印度人、安南人，中国人也有担任巡捕的记录，旧上海三大“流氓大亨”之首的黄金荣，就曾做过巡捕。

20 世纪初的上海公共租界外滩，其繁荣程度首屈一指。租界的繁荣，吸引了相当数量的中国上流阶层在那里定居、消费。上海正因其繁荣的租界，被时人称为“十里洋场”，并很快成为中国各地租界的代名词。

租界的存在，本身就是对一个主权国家赤裸裸的剥夺，它

1911 年的上海外滩，规模已接近当时西方同类城市的水平

租界分为两种，一种是单一国租界，称为“某某国租界”，这样的租界居多。也有数个国家共享一个租界的行政权，如香港九龙、广州沙面、厦门鼓浪屿等地，则被称为“公共租界”。

公共租界地界上的界石

烟台外国人居留区内，以首任领事英国人马礼逊命名的马路界石

上海总巡捕房门景

1900 年的天津租界

汉口的各国租界远眺

时刻刺激着富有爱国心的人们。收回租界的愿望，日夜萦绕心头。与此同时，近代资本主义在体现近代文明的诸多方面，毕竟迈出了一大步。租界客观上推动了租界城市经济的发展，通过这一窗口，这些城市逐渐走上了近代化的道路。

## “物归原主”

到清末，列强攫取的租界共计 43 处。一战后，中国人民掀起了废约运动，收回租界是其主要目标之一。

1919 年，天津德、奥租界和汉口德租界成为首批“战利品”；1924 年收回苏联政府放弃的前沙俄租界；1927 年收回汉口和九江英租界；1929 年收回天津比租界和镇江英租界；1930 年收回厦门英租界。二战中，美英两国迫于形势，于 1943 年 1 月分别与国民政府签订“新约”，声明“取消在华治外法权及其有关特权”，租界在形式上被废除。这一年，天津和广州英租界及英、美、比三国在上海及厦门公共租界的权利被终结；1945 年抗战胜利，日租界成为历史。1946 年收回上海、天津、汉口和广州法租界及法国在上海和厦门公共租

1931 年 1 月 15 日，比利时正式将天津租界交还中国。图为举行租界交接仪式

1930年10月1日，中英双方举行将威海卫归还中国的交接仪式

界的权利。根据1947年《对意和约》，收回了天津意租界和意大利在上海及厦门公共租界的权利。至此，经过100多年持续不断的斗争，帝国主义在中国的租界，除香港、澳门外，全部“物归原主”。

远眺租界

上海公共租界工部局提篮桥监狱

上海江海关大楼，它意味着开启国门的钥匙落入洋人之手

挂满万国旗的上海公共租界

各国租界分布(1911年)

英国6处：天津、汉口、广州、九江、厦门、镇江；日本5处：天津、汉口、苏州、杭州、重庆；法国4处：上海、天津、汉口、广州；德国2处：天津、汉口；俄国2处：天津、汉口；意大利1处：天津；奥匈帝国1处：天津；比利时1处：天津；公共租界2处：上海(由英美租界合并)、彭浪屿(英、美、德、法、西、日、丹麦、荷兰、瑞典、挪威)。

巴黎的中国留学生，左起：张申府、陶尚钊、周恩来、张家俊、刘清扬（女）、赵光寰、李锡智（女）

# 豆腐公司引发了留法勤工俭学运动

李石曾"无心插柳柳成荫"，成了这场运动的倡导者。



## 一次不经意的尝试

历史的魅力，就在于它丰富多彩，在于它常常不可预知。原本，这只是一件不经意的小事，它的初衷，也再简单不过。令人意想不到，星星之火点燃后，却是那样的轰轰烈烈，影响深远，20 世纪初的留法勤工俭学运动，就是经典一例。

河北保定市高阳县布里村，一个非常不起眼的地方，却是留法勤工俭学的起点，一场声势浩大的运动，便从这里开始。

在法国蒙达尼橡胶厂做工的四川江津勤工俭学学生

1902 年，清末大学士李鸿藻之子李石曾在法国留学期间，萌生了在巴黎创办豆腐加工厂，把中国豆制品引入法国的想法，回国后遂在家乡高阳县布里村开办了豆腐训练班。在教授制作豆制品技术的同时，兼对工人施以教育。

1908 年，李石曾在巴黎的中国豆腐公司开张了，先后从高阳招了 40 余名工人，为了提高他们的文化和工艺水平，李石曾在公司内办了一所夜校，工人白天上班，晚间上课。这些"以工兼学"的工人，就成为中国最早的勤工俭学一代。

一时间，"以工兼学"在华工中蔚然成风。有人提出"勤以工作，俭以求学，以增进劳动者之智识"的主张，在李石曾、蔡元培等人的推动下，1915 年 6 月发起成立了"勤工俭学会"。

一战爆发后，大量被招募的华工赴法。为了使华工到法之前做好对华工施以教育的准备，李石曾、蔡元培、吴玉章等人与法方多次

这是留法勤工俭学的中国女学生在蒙达尼与法国女教师合影。第二排右一为蔡畅，前排左二为蔡母葛健豪

磋商，于 1916 年 3 月 29 日在巴黎创立华法教育会，作为旅法华人文教事业的总机关。华工学校于这一年的 4 月 3 日开学,华工们在学习不到半年后,便开始接待新华工。留法勤工俭学运动的序幕,由此拉开。

袁世凯死后,李石曾、蔡元培等人先后回国,继续倡导旅欧教育。1917 年 4 月,中断四年的北京留法俭学会恢复活动。华法教育会和留法勤工俭学会在北京成立,挂牌于南湾子石鼣子庙欧美同学会会所,从此,这里成为推动留法勤工俭学运动的总机关。

## 引发了声势浩大的运动

1917 年夏,布里村留法勤工俭学会初级预备学校应运而生,它是全国建立最早、唯一专门培养留法勤工俭学生的学校,第一期录取 60 多人。1918 年春毕业,学生获中法文对照的毕业证书。一些省市于是纷纷效仿北京的做法,相继成立华法教育会,全国各省建立留法预备学校 20 余所,留法勤工俭学运动蓬勃兴起。

为适应赴法后勤工作的需要,李石曾等于这年秋置地建成一所新校舍,还设立了实习工厂。建成后面向全国招收了第 2 期约 60 名学生，分南北方两个班，蔡和森即在此班学

1908 年,李石曾在巴黎的中国豆腐公司开张了，先后从高阳招了 40 余名工人,为了提高他们的文化和工艺水平，李石曾在公司内办了一所夜校，工人白天上班,晚间上课。这些“以工兼学”的工人,就成为中国最早的勤工俭学一代。

毛泽东在上海半淞园为赴法勤工俭学的新民学会会员送行

习。1919 年春，因师资和赴法经费等原因，南方班的学生集体转入保定育德中学附设的留法高等工艺预备班学习。是年秋招收的第 3 期学生于 1920 年夏毕业。后因法国经济凋敝，布里村留法预备学校停止招生。

1917 年夏，李石曾、蔡元培到保定育德中学参观。留法勤工俭学的宗旨，与育德中学的“教育实用主义”正相吻合，遂决定筹建“留法高等工艺预备班”（简称“留法班”），校办工厂兼作实习工厂，设有锻、锉、钳、木、机械加工等工种，这样学生赴法后，无论求学还是做工均较容易。

留法班于 8 月向全国招生，至 1920 年秋共招收 4 期，计 213 人。1921 年留法勤工俭学运动受挫，育德中学留法班停办，故第 4 期学生未能赴法。

自五四运动后，“劳工神圣”的口号响彻行云，工读主义一倡百应，赴法勤工俭学，成为席卷全国青年学生的运动。

一战前，赴法可以走陆路，最慢 15 天就可到达巴黎。十月革命后，陆路中断，只能走水路，至少也要 40 多天。最早的几批学生从上海乘坐日本轮船绕道美国赴法。8 月以后，赴法的学生多改乘法国轮船。

1919 年 3 月 17 日，海轮起航，带着游子们不平静的心情，与波涛翻滚的大海一同前行，第一批 89 名学生乘日本“因幡丸”号赴法。至这一年的 12 月 15 日，前后共二十批学生到达法国。

到 1920 年，留法勤工俭学达到高潮，赴法学生已达千人以上。1921 年初，已有约 1 700 多名各行各业的人先后赴法。年龄最大的是 54 岁的葛健豪，最小的是 12 岁的王书堂。

位于巴黎西北郊拉卡莱纳·戈隆勃的巴黎华侨协社，是处理留法勤工俭学事务的中

3 月 15 日，寰球中国学生会为赴法勤工俭学学生举行欢送会后合影

1920 年 6 月，赵世炎、周恩来、李维汉等在旅欧勤工俭学的学生中组织成立了旅欧中国少年共产党。图为少共临时大会代表在巴黎合影

徐特立(前排右四)在法国与勤工俭学留学生合影

心。勤工俭学生初到法国时，多集于此候工候学。门前的两棵梧桐树，目睹了留法勤工俭学运动的始末，见证了那一代人远渡重洋觅工谋生、求学奋争的历程。

一战期间，法国急需劳力，遂与北京政府达成“以工代兵”的招工协议，此后陆续有达十四五万之众的华工赴法，需要成立一个为华人服务的机构。几经磋商，由李石曾牵头集资捐款，以 5 万法郎买下了这座房产。1919 年 8 月 31 日，华侨协社成立，随后勤工俭学会、华法教育会等都在此地办公。华侨协社每周邀请中法名士举办演讲，内容丰富，逐渐成为旅法华人的家。一战后，经济危机席卷整个欧洲，大批勤工俭学生进厂、入校已无可能。至 1920 年底，失工、失学的学生越来越多，挤满了协社的院落，这里又成为勤工俭学生的避难所。

起初，中法政府曾成立监护委员会，负责发放维持费，以维持勤工俭学生的生活。后因勤工俭学生领导和参加了向中国驻法使馆请愿的“二·八运动”以及反对中法秘密借款的斗争，中法当局停发了维持费。

在严酷的社会现实面前，以蔡和森、李维汉、李富春为代表的“蒙达尼派”和以赵世炎、李立三、王若飞为代表的“勤工派”联合起来，发起进驻里昂中法大学的斗争。

李石曾

蔡元培在法国任华法教育会会长时(1916 年)

中国共产党第一次代表大会召开地

# 于无声处听惊雷

中共"一大"开会的历史瞬间,如今已定格在陈列馆里。



## "南陈北李"相约建党

上海兴业路 76 号，绿荫掩映下的中共"一大"会址。1921 年 7 月,正是在这个僻静的地方，中国共产党第一次全国代表大会秘密召开。

马克思主义在中国广泛传播的过程,也是中国共产党从酝酿、准备到正式建立的过程。最早的酝酿者,是被称作"南陈北李"的李大钊和陈独秀。他们在传播马克思主义、并与中国工人运动相结合的过程中，逐步认识到要用马克思主义改造中国，走十月革命的道路,就必须像俄国一样,建立一个无产阶级政党,担负起组织和领导中国革命的重任。

1920 年初,陈独秀从北京移居上海后,他与李大钊分别在南、北方进行筹建中共的准备工作。这年 3 月,李大钊等在北京大学秘密建立了马克思学说研究会;5 月,陈独秀在上海遥相呼应,建立了马克思主义研究会。这是"南陈北李,相约建党"的开篇一页。

中国建立共产党的准备工作，得到了共产国际的支持和帮助。经过数月的酝酿准备，是年 6 月的上海，中国第一个共产主义小组横空出世,革命的星星之火终于点燃。10 月，李大钊同声相应，北京的共产主义小组亦宣告成立。到 1921 年春,国内、国外这样的小组,如雨后春笋般产生。这是"南陈北李,相约建党"的又一重大步骤。

6 月 3 日，共产国际代表马林与尼科尔斯基在上海与陈独秀离沪期间主持上海马克思主义研究会工作的李达、李汉俊取得联系，并交换了情况，建议尽早召开共产党的代表大会,宣告中国共产党的正式成立。

## 历史性的聚会

7 月中下旬,上海法租界的博文女校,陆续住进了一批教师、学生模样的青年人,"一大"代表是以"北京大学师生暑期考察团"的名义前来参加这次历史性的聚会的。到齐后,

李大钊

便在住处开了预备会。

7月23日晚，中国共产党第一次全国代表大会在法租界望志路106号李书城、李汉俊兄弟的寓所正式开幕。出席者有上海的李汉俊、李达；北京的张国焘、刘仁静；长沙的毛泽东、何叔衡；武汉的董必武、陈潭秋；济南的王尽美、邓恩铭；广州的陈公博；留日学生周佛海以及陈独秀委派的包惠僧。中共的主要创始人陈独秀和李大钊因故未能出席。

出席会议的马林首先指出：中国共产党的成立具有重大意义，第三国际增加了一个东方支部，苏俄布尔什维克又多了一个亲密战友，并对中共提出了建议和希望。尼科尔斯基介绍了共产国际远东局的情况。接着，代表们商讨了会议的任务和议题，先由各地代表报告本地工作，再讨论并通过党的纲领和今后工作计划，最后选举中央领导机构。

7月24日举行第二次会议，各地代表报告本地区党团组织的状况和工作进程，并交流经验体会。25日、26日休会，用于起草共产党的纲领和今后工作计划。接下来三天，集中讨论此前起草的纲领和决议。大家各抒己见，既有统一的认识，又因某些问题引起争论，会议未做出决定。

7月30日晚，举行第六次会议，原定议题是通过党的纲领和决议，选举中央机构。会议刚开始几分钟，法租界巡捕房密探突然闯入。马林十分警觉，建议立即停会，除了李汉俊、陈公博之外，大家分头离去，会议被迫中断。十几分钟后两辆警车急驶而来，法籍警官进入室内询问搜查，没有找到什么可疑证据，威胁警告一番后撤走。转移出来的一大代表当晚

"一大"开会的历史瞬间，如今已定格在陈列馆里。13位会议代表和2位共产国际代表的仿真蜡像群，惟妙惟肖，他们围坐在一张西式长餐桌旁，仿佛仍在筹划中国历史上开天辟地的这件大事。当年，他们代表着50多名党员。

游船客舱

中共"一大"会议室

共产国际代表
威经斯基

代表们转移至嘉兴南湖，在此画舫上继续举行会议

集中于李达寓所商讨，大家一致认为会议已不能在上海举行，当时在场的李达夫人王会悟提出：不如到她的家乡嘉兴南湖开会，离上海很近，又易于隐蔽。大家都表示赞成。

第二天清晨，代表们分两批乘火车前往嘉兴。两位国际代表因为目标太大，已受监视，李汉俊是房主，一时不宜离开，新婚燕尔的陈公博，一场虚惊之后心有余悸，他们都未去嘉兴。10时左右，代表们先后到达嘉兴车站，当即由王会悟带领登上事先租好的南湖画舫。代表们以游湖为名，让船主把游船停泊在僻静的水域。

这是一个细雨濛濛的夏日，游人不多，11时许，缓缓而行的画舫上，"一大"南湖会议继续着上海30日未尽的议题。

先行通过的是《中国共产党的第一个纲领》，确定了共产党的名称、奋斗目标、基本政策、提出了发展党员、建立地方和中央机构等组织制度，兼有党纲和党章的内容，是中共的第一个正式文献。接着讨论并通过《中国共产党的第一个决议》，对今后中共的工作做出安排部署。

最后，选举中央领导机构，代表们认为目前党员人数少、地方组织尚不健全，先建立三人组成的中央局。经过无记名投票，陈独秀任总书记，张国焘分管组织，李达负责宣传。下午6时许会议程序完毕，宣告中国共产党成立。会议在全体代表轻声齐呼"共产党万岁！第三国际万岁！共产主义万岁！"中闭幕。

中共准备召开第一次全国代表大会，1921年7月中下旬，代表齐集上海，住在白尔路389号

"洋票"获释归来

# 民国第一案

临城劫车案是土匪孙美瑶绑架"洋票"的大案。

## 深夜劫车

一个小土匪孙美瑶和一座名为抱犊崮的无名小山几乎是一夜成名，1923 年 5 月至 7 月的全国各大报纸上，这是两个使用频度最高的词。他们何以成名？是一场轰动一时的劫车案。它不仅让北京政府极为震惊，更引起一些国家的强烈不满。

打劫，中国古已有之。有路见不平的劫富济贫，有实属无奈的偶尔为之，但更多的，还是以劫取大户财物为营生。镖局随之应运而生，一帮武艺高强之人，拿着武器跟随护卫。遇有不测，履行保护之责。

"临城劫车案"是中国近现代史上土匪绑架"洋票"的大案，有"民国第一案"之称。

山东南部的抱犊崮，位于枣庄、临沂、费县、滕县四县之间，为周围 70 多座山峰中最高的一座，海拔 800 余米，周围 22.5 公里，山势险峻。盘踞在抱犊崮上的是土匪首领孙美瑶，自称山东建国自治军第 5 路军总司令。

1923 年春，北京政府山东当局派兵围剿抱犊崮。孙美瑶部抵抗数月，难以解围，山上几乎弹尽粮绝，在军师郭其才建议下，决定以劫火车来摆脱困境。

5 月 6 日凌晨，一列由浦口开往天津的特别快车，直驰临

6 月 12 日正午，官方代表陈调元、交涉员温世珍和土匪代表孙美瑶等在士绅、商会和外国代表见证下正式签约。最后一批 8 名外籍人全部释放，被俘的中国人也一并释放。27 日，孙美瑶部正式改编为山东新编旅，孙出任旅长，开赴指定驻防地郭里集。

城车站，刚开过沙沟数分钟，就被土匪预先拆毁的一段铁轨所颠覆，千余土匪一拥而上。列车上有一批外国旅客，他们大多数人听不懂中国话，也未有过这样的遭遇。英国旅客罗斯曼奋力反抗，用茶壶向土匪掷去，被当场打死。上海《密勒氏评论报》记者、美国人鲍惠尔和法国人柏如比主动将随身携带的手枪交出，得到优待。其余外籍旅客，在惊慌和朦胧中被赶下火车，有几十名中外旅客和乘警在夜色掩护下，潜入庄稼地幸运逃脱。其余200多名中外旅客，包括26名外国人，都成了“肉票”，被挟持到山上。

## 官匪之间的较量

临城劫车案发生后，英、美、法、意、比五国公使于5月7日、8日向北京政府提出抗议。9日，驻北京外国使团发表声明，限令三日之内救出被劫外国人，逾期要求赔偿。北京政府下令山东督军田中玉、省长熊炳琦火速救回被劫人质。

此时，孙美瑶释放麦克法登、香德阁等外籍妇女和部分中国人质，要她们转告当局：一、迅速撤退包围抱犊崮的军队，不得派兵进攻，否则杀害外国人质；二、要求改编为一旅，以孙美瑶为旅长，补充军火并发给军饷。随后，田中玉、熊炳琦、交通总长吴毓麟等相继抵达枣庄。另有几个熟悉黑社会的人物如北方帮会首领、天津警察厅长杨以德作为大总统曹锟的代表也赶来。外国领事和驻华武官也开来专车停在车站办公。

当局早已派军队严密包围了抱犊崮，但不敢贸然进攻。首先请青帮“大”字辈的党金元和李炳章进山与土匪接洽交涉。

5月15日，田中玉、熊炳琦与匪方代表周天松在枣庄举行第一次谈判。匪方提出：一、政府军解围撤回原防；二、收编孙军为一旅，以孙美瑶为旅长；三、补充军火。除第三条外，官方表示可以接受。

次日，匪方顿生变故，有人担心官方缺乏诚意，怕交出洋人后遭到报复。也有人认为趁“洋票”在手，不妨乘机出高价捞他一笔。于是推翻昨天签订的和约，重新谈判。匪方提出了苛刻的条件，使谈判难以继续。

无奈之下，田中玉建议改抚为剿，以硬制硬。随后，北京政府下令直鲁豫皖各省抽调兵力前往临城增援，航空署亦派飞机在抱犊崮上空散发传单，加以威慑。

匪首们发现局势不妙，又软了下来，于25日派鲍惠尔带着三个条件下山：一、发给6个月军饷；二、收编1万人；三、以张敬尧为山东督军。官方不予理睬。

匪方惶惶不安，再次派鲍惠尔下山，表示愿意做出让步，谈判于31日重开并达成协议。

6月12日正午，官方代表陈调元、交涉员温世珍和土匪代表孙美瑶等在士绅、商会和外国代表见证下正式签约。最后一批8名外籍人全部释放，被俘的中国人也一并释放。27日，孙美瑶部正式改编为山东新编旅，孙出任旅长，开赴指定驻防地郭里集。

临城劫车案的后果，对政府而言，相当严重。孙美瑶部被招安后，山东、河南一带土匪跃跃欲试，纷纷要效法孙美瑶绑架“洋票”，成为“临城第二”。如此社会影响，引起公众舆论对北京政府的谴责。如此情势，非“杀一儆百”，不足以奏效。

1923 年底，孙美瑶部与驻扎枣庄的第 18 团吴可璋的部下发生冲突，虽经地方士绅出面调解，暂告平息，但孙、吴二部结怨已深。

兖州镇守使张培荣得知后，匆匆赶来枣庄召见孙美瑶。不久，张培荣以调解为名，借枣庄中兴煤矿公司俱乐部设宴。孙美瑶不知是计，当他跨入正厅时，突然有人窜向前从孙的腰间迅速抢过手枪，说时迟那时快，另一人猛将一把石灰撒在孙的眼睛上，孙大喊一声“干什么？”话音未落，撒石灰的人顺势将孙的头往下一按，另一人手起刀落。

稚嫩的孙美瑶，远不是江湖高人张培荣的对手。他带着几分得意前来赴宴，谁知遭到暗算，懵懂中就成了刀下鬼。孙美瑶被杀后悬首示众，孙部被缴械遣散。惊天动地的临城劫车案，最终在抱犊崮的漫天飞雪中随风而逝。

山头飘扬孙匪旗

土匪精神世界的支柱——护身符

生活在中国土匪中的李·所罗门

手持日制步枪的山东土匪

曹锟

# 花钱买来的总统

**曹锟垂涎于君临天下，演出了一场花钱买总统的闹剧。**



## 有钱能使鬼推磨

1918年段祺瑞当总理时为了拉拢曹锟，许愿让他当副总统。由北京政府拨了150万元军费给曹锟当竞选费用，并规定每张选票2000元。这是银元，价格不低，很多议员都已动心。谁知在投票之前，让一件意外的桃色新闻搅了局，有一张小报刊登消息说，曹锟花了10万银元娶了一个艺人做小老婆。这一下，议员们吃醋了，发觉那戏子的身价竟是他们的50倍，简直有辱颜面，一致决定不投曹锟的票。尽管段祺瑞出动了大批警察和多辆汽车到处去拉议员来投票，结果还是有很多议员不买账。不足法定人数，曹锟的副总统就这样泡了汤，一怒之下，曹锟与段祺瑞反目成仇，后来便发展为一场直皖战争。

直系打败了皖系之后，曹锟的胃口一下子被吊起来，反而想当总统了。他决定施以糖衣炮弹，花钱买总统。曹锟的心腹、直隶省长王承斌想出了“捉财神”一计，派出密探逮捕了100多个制毒贩毒的奸商，勒令他们交重金赎身。先将几个无力交款的小犯人枪毙，“杀鸡吓猴”，大犯人赶紧掏钱，一下子就得了几百万元。随后又在本省下属县以“借饷”为名，瞬间进账几百万。

有了这些钱，足以收买投票的议员了。人心，在金钱面前，终于失衡，共有480名议员堂而皇之地接受了5000元的大红包。当然，这钱不是白送，交换的代价是尊严，240万元，让一张张庄严的选票染上耻辱。加之给各政党的补助费、特别票价、宪法会议出席费、秘密费等贿赂款，一共是1356万余元巨资。有钱能使鬼推磨，一张张银票的作用，收到了立竿见影的效果，曹锟如愿以偿，当上了总统。

# 拍案而起大丈夫

曹锟贿选总统，是民国史上一幕臭名昭著的丑剧。众多议员在威逼之下见利忘义，竟为五斗米折腰，但亦有不平则鸣者横空出世，拍案而起，仗义执言。

当年，是何人不畏北洋武夫枪刺，不屑满沾肮脏的银元，率先挺身而出，向国民揭露这无耻勾当？邵瑞彭的名字，显然不应被后人忘却。

邵瑞彭是浙江淳安人，毕业于浙江省优级师范学堂。民国后北上，自 1913 年起出任国会众议院议员。

1923 年 6 月，曹锟在驱逐前总统黎元洪后，急于自己上台过一把总统瘾，便唆使心腹、直隶省省长王承斌、山东省省长熊炳琦以及摄政内阁的内务总长高凌霨、交通总长吴毓麟、烟酒署督办王毓芝，还有国会议长吴景濂、直隶省议会议长边守靖等，不惜威逼利诱，拉拢收买议员，以尽快拼凑所谓的“国会大选”，使自己能够遮人耳目，“名正言顺”地当上新一任民国大总统。曹锟从保定行辕不断传出话来，限令党羽们使出浑身解数，确保其“双十节”一定坐上总统交椅。

北京甘石桥，新设立的议员俱乐部，是这一次贿选的中枢。如果说曹锟是总导演，那高凌霨、王毓芝、边守靖、吴景濂等群臣就是场记，他们不分昼夜，加紧行动。从 8 月初开始，

曹锟手谕

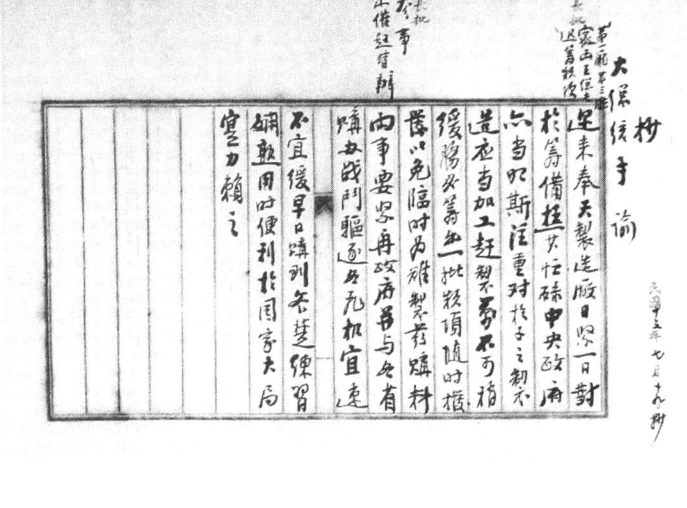

直系为北洋军阀派系之一，曾长期控制北京政府。1916 年袁世凯死后，北洋军阀分裂出以直隶(今河北)人冯国璋为首领的一派。冯死后，曹锟、吴佩孚继起为首领。主要人物有李纯、王占元、萧耀南、陈光远、孙传芳等。主要地盘有江苏、江西、湖北三省。冯国璋原是袁世凯的亲信将领，1912 年 9 月任直隶都督，次年被派南下镇压国民党人发动的“二次革命”，攻占南京，其部属驻守长江下游一带。1917 年 7 月张勋复辟被推翻后，冯国璋到北京继任总统，其部下曹锟、李纯、陈光远、王占元分别任直隶、江苏、江西、湖北等省督军，构成了直系的基本势力。

又是安排宴会招待，又是软硬游说，又是增加付给参与会议的"伕马钱"，又是许诺"出席费"，极尽笼络裹胁之能事。10月1日，公然亮出凡是投曹锟一票，每张"奖赏"5000—10000银元的巨额贿价。当天，甘石桥俱乐部共填发支票573份，每份面额5000元，分别由京津两地的几家银行承付。

是时，曹锟贿选的企图业已外泄，但缺乏实证。邵瑞彭直到甘石桥遍送支票之前，犹不详贿选实情，对于此等事"不敢置信"。10月1日，他托同乡议员王烈前去众议院打听。未几，王返，递上一张5000银元的支票给邵瑞彭："王毓芝、边守靖要我将此带交你。你退还与否，我不负责任。"邵不胜震惊，未露声色，留下支票。他明知如果给黑幕曝光，自己将处境艰危，仍毅然于是晚密赴天津，把曹锟贿选的铁证，径寄京沪各报公之于世。

## 一败涂地终有时

翌日，该件陆续在报纸显著版面刊出。这下，曹锟"贿选"可谓人赃俱获，一时间全国舆论哗然。

事已至此，邵瑞彭干脆一不做二不休，又在10月4日向北京地方检察厅递交控告状，举发高凌霨、王毓芝、边守靖、吴景濂等为人帮凶，贿赂议员。邵氏在诉状中旗帜鲜明，锋芒直指曹锟"收买议员，破坏制宪"、"多方搜括，筹集选费"等诸项大罪，强烈要求检察厅立刻"对该辈依法惩办，以维国本、伸法纪"。

此时的曹锟，一意孤行，执迷不悟。既然这场赌博已下了大力气，花了大本钱，他要一搏到底，不撞南墙不回头。

10月5日上午，北京街头戒备森严。北自西单牌楼，南至宣外大街，兵车逡巡，军警夹道，装模作样的"国会大选"粉墨开演。在一番剑拔弩张、杀气腾腾的架势下，曹锟靠贿买议员的竭力捧场，舞弊告成，终于如愿"当选"为总统。

曹锟贿选的丑剧，举国皆嗤，世人共愤。8日，孙中山首先发难，在广州大元帅府通电讨伐曹锟，通缉附逆议员，誓师北伐；上海、杭州、芜湖等地民众，愤而举行声势浩大的反曹示威游行；杭州与安庆，还发生了市民怒砸"猪仔议员"住宅的事件；其他各省的议会、政团，也纷纷调查本省参与贿选者的名单，逐一张榜，公开揭污。

曹"大总统"面临着一派危局，正如梁启超在曹锟图谋贿选前曾经警告过的："我公足履白宫日，君家一败涂地时。"

梁任公的话言中了，曹锟上台仅一年，便被冯玉祥赶下了用金钱堆砌的总统宝座。

**浦口火车站**——1911 年开始兴建，1914 年建成，是津浦铁路的终点和起点。想当年，因长江阻隔，这里成了交通枢纽，南来北往的人流，昼夜不息。1929 年 5 月 10 日下午，迎榇专列从浦口火车站出发赴北平。26 日，灵车由北平启程，28 日上午 10 时，灵车抵达浦口车站，开始了奉安大典的前奏。

壁灯——六面造型，上下是中国传统的纹饰。已锈迹斑斑，一看便知年头不短。它是西风东渐的产物，主要用于政府机构、官邸公馆，而非平民百姓之家所有。世事变幻，如今早已物是人非，只有它依旧悬挂在墙壁上。

国民党“一大”会址

# 国民党焕然一新

**中国国民党第一次代表大会上，有李大钊、陈独秀等人的身影。**

## 改组国民党

辛亥革命后，孙中山坚持民主主义的立场，在反对封建军阀的道路上苦斗着。但无论是反对袁世凯的二次革命，还是反对段祺瑞的护法运动，均遭到败绩，这使孙中山处于极度苦闷之中。他对“革命主义未行，革命目的未达，仅有民国之名，而无民国之实”的状况痛心疾首。要想打倒军阀，建立民主政治，究竟应该走什么样的道路，依靠什么样的人，孙中山在继续艰难地探索着。

俄国十月革命的影响，五四运动的爆发，马克思主义在中国的传播，中国工人阶级登上政治舞台和中国共产党的诞生，使孙中山受到了新思想的深刻影响和启迪，看到了新的力量和希望，决心联合共产党，对国民党进行改组，走新的革命道路。

特别是1922年6月，陈炯明在帝国主义和北洋军阀的支持下发动武装叛变，迫使孙中山离开广东到上海。过去对帝国主义的幻想和企图依靠军阀势力打天下，无异是与虎谋皮。处在困境和危难中的孙中山，这种感觉尤为强烈与深刻，更坚定了他改组国民党的心路历程。

与帝国主义的态度相反，在陈炯明叛变的危急时刻，苏俄政府的全权代表达林伸出了有力之手，孙中山下定决心采取联俄政策。从他的一席话中，我们能感受到这种心绪。他

国共第一次合作，本是一个很好的契机，如果顺势发展，将会有一个美好的未来。可惜，这样的局面没能持续多久。纷争，让中国大地再次陷入血腥之中，机会，就这样轻易葬送。

陈炯明

说："在这些日子里，我对中国革命的命运想了很多，我对从前所信仰的一切几乎都失望了。而现在我深信，中国革命的唯一实际的真诚的朋友是苏联。"同时，孙中山非常感谢在他处境艰难之时，中国共产党在政治上给予他的有力支持。

在孙中山、廖仲恺等国民党人和李大钊、陈独秀等共产党人的共同努力下，在共产国际的帮助下，中国国民党第一次代表大会于1924年1月20日在广州召开。出席会议的代表165人，其中有共产党员陈独秀、李大钊等24人。此次大会的主要议程一是接纳共产党员、社会主义青年团员以个人名义加入国民党；二是通过中国国民党改组的章程和宣言；三是通过组织国民政府案；四是重新解释三民主义；五是确定"联俄、联共、扶助农工"三大政策；六是选举国民党的中央执行委员会。

《中国国民党第一次全国代表大会宣言》对于"三民主义"做出新的解释：1. 关于民族主义。指出"国民党之民族主义，有两方面之意义：一则是中华民族自求解放；二则是中国境内各民族一律平等"。明确地提出了反帝的内容。2. 关于民权主义。指出"国民党之民权主义，则为一般平民所共有，非少数人所得而私也"。这里明确地提出了广大人民的民主权利。3. 关于民生主义。指出"国民党之民生主义，其最重之原则不外二者：一曰平均地权；二曰节制资本"。"使私有资本制度不能操纵国民之生计"。这在实质上触及了反对封建土地所有制和垄断资本主义的内容。大会在重新解释"三民主义"的同时，又确定了"联俄、联共、扶助农工"三大政策，并将这两个方面联系起来。

孙中山在上海寓所的办公室。他在这里曾接见过李大钊、林伯渠、共产国际代表马林、苏俄代表越飞等人

大会的另一项重要内容是从组织路线上处理国民党同共产党的关系。在"一大"会议期间，围绕着党章草案展开激烈的争论。以方瑞麟等人为代表的国民党右翼势力，提出反对"跨党"的主张。一方面极力反对共产党员和青年团员加入国民党，另一方面要求增加"本党党员不得加入他党"的条款。对于这个问题，大小会进行了激烈辩论。李大钊印发了《北京代表李大钊意见书》，批驳了方瑞麟等人的主张。大会否决了方瑞麟等人的提案，通过了《中国国民党章程草案》，确认了共产党员和青年团员以个人身份加入国民党的原则。

## 焕然一新

根据这条组织路线，不但全体共产党员和社会主义青年团员在组织上加入了国民党，而且，国民党组织系统在人员配备和干部使用方面也贯彻了这条路线。大会当选的24名中央执行委员中，有李大钊、谭平山、于树德3人。17名候补中央委员中，有毛泽东、张

中国国民党第一次全国代表大会会场

国焘、瞿秋白、林伯渠、韩麟符、沈定一、于方舟等7人，约占委员的四分之一。随后，孙中山主持召开了国民党中央执委会及中央监委会第一次会议，在确定的3名常委中，有谭平山1人。在国民党中央机关所设的8个部中，谭平山任组织部长，林伯渠任农民部长，杨匏安、冯菊坡、彭湃、张善铭等分别担任组织、工人、农民、青年等部的秘书。此后，在国民党各省市党部中，亦安排共产党人担任负责人。毛泽东、恽代英、邓中夏、向警予、罗章龙等担任国民党上海执行部负责人；林伯渠、李立三、林育南、项英等担任国民党武汉执行部负责人；李大钊、于树德等任国民党北京执行部负责人。以“一大”为起点，国民党开始贯彻体现共产党和国民党实行“党内合作”的新的组织路线，改组后的国民党焕然一新。

国共第一次合作，本是一个很好的契机，如果顺势发展，将会有一个美好的未来。可惜，这样的局面没能持续多久。纷争，让中国大地再次陷入血腥之中，机会，就这样轻易葬送。

中国国民党第一次全国代表大会特别出入证

1923年10月19日，孙中山在广州致函国民党上海事务所电邀李大钊到沪与他商谈国民党改组事宜的信件手迹

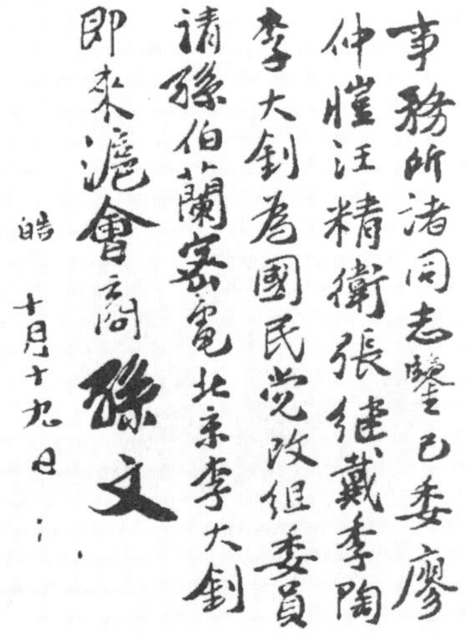

事務所諸同志鑒：已委廖仲愷、汪精衛、張繼、戴季陶、李大釗為國民党改組委員，請孫伯蘭密電北京李大釗即來滬會商。

孫文 皓

十月十九日

李大钊代表中国共产党在国民党一大发表意见书

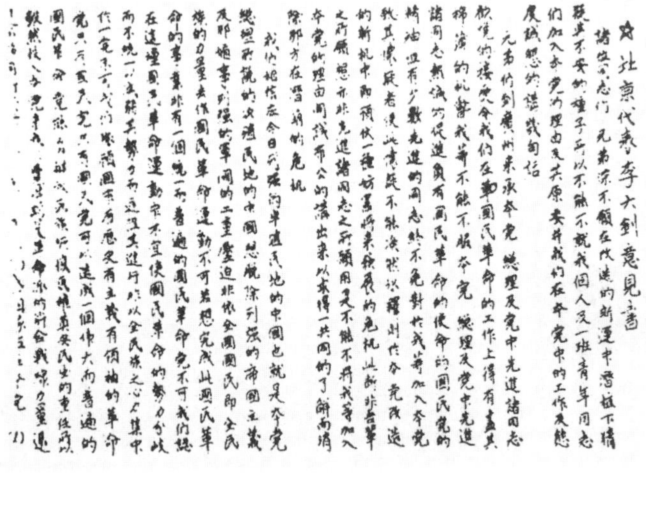

北京代表李大釗意見書

黄埔军校校址

# 将领的摇篮

黄埔军校,成就了多少有志青年的梦想。孙中山任命蒋介石为校长。



## 大彻大悟

黄埔长洲岛,位于广州市区东南20多公里处,自古以来,它就是一个著名的军事要塞,是由虎门进入广州的门户。1924年6月,小岛的历史,书写上浓墨重彩的一笔。一所军校在这里诞生,从此,黄埔之名,深深地留在人们的记忆中。

孙中山长期依靠旧军阀武装从事革命活动,屡遭败绩,给他留下了诸多教训。尤其是1922年,被他视作亲信的陈炯明叛变,炮轰总统府,欲置他于死地,这让他痛心不已。

他意识到,革命若要成功,必须创建一支革命军队,办一所军官学校。他在改组国民党的同时,决定建立一支"和革命党的奋斗相同的"革命军队。这是孙中山革命事业中的重大决策,亦是他历经数次挫折和失败后做出的抉择。

在黄埔军校开学典礼的主席台上。右起:宋庆龄、孙中山、蒋介石、廖仲恺

6月16日,孙中山主持黄埔军校开学典礼

黄埔长洲岛，位于广州市区东南20多公里处，自古以来，它就是一个著名的军事要塞，是由虎门进入广州的门户。1924年6月，小岛的历史，书写上浓墨重彩的一笔。一所军校在这里诞生，从此，黄埔之名，深深地留在了人们的记忆中。

1923年8月，孙中山委派国民党代表蒋介石和共产党代表张太雷等4人组成“孙逸仙博士代表团”，赴苏俄考察党务和军务。11月15日，中国国民党临时中央执行委员会第6次会议通过了建立革命义勇军的决议。27日，在第11次会议上，又议决了建立军官学校的有关事项。

1924年1月，在国民党第一次全国代表大会期间，孙中山正式下令筹办陆军军官学校，确定以原黄埔旧水师学堂和陆军小学旧址为校址，故称黄埔军校。它的全称是“陆军军官学校”，后改名为“中央军事政治学校”。成立以蒋介石为委员长，邓演达、王柏龄等7人为委员的陆军军官学校筹备委员会。先后聘请鲍罗廷为政治顾问，加伦为军事顾问，要求参照苏联红军的制度创建军校。2月6日，“陆军军官学校筹备处”在广州南堤正式成立。

为何军校会选中离市区既远又偏的长洲岛？原来，当时滇桂军阀盘踞在广州市，选取远离市区的孤岛办军校，就是要避开军阀的控制和干扰。岛上环境幽静，四面环水，筑有炮台多处，与隔江相对的鱼珠炮台、侧面沙路炮台形成三足鼎立之势，把守控制江面，易守难攻，便于学习与练武。孙中山很熟悉长洲岛，他曾多次来岛视察，知道岛上陆军小学堂的校舍仍在，略加修葺，即可使用，可节省许多人力和资金。

孙中山与李大钊（前右二）步出黄埔军校

孙中山与蒋介石（中）、何应钦（左）、王柏龄（右）在黄埔军校合影

蒋介石与夫人陈洁如在黄埔军校

国民党要员参加开学典礼。前排左四起：邹鲁、胡汉民、孙中山、蒋介石、欧阳格、许崇智、王柏龄



## 贪生畏死勿入斯门

1924 年 5 月 3 日，孙中山正式任命蒋介石为校长，9 日，委任廖仲恺为军校的国民党代表。随后，任命李济深为教练部主任；邓演达为副主任兼总队长；王柏龄、叶剑英为教授部正、副主任；戴季陶、周恩来为政治部正、副主任（周恩来后接任政治部主任）；林振雄为管理部主任；周骏彦、俞飞鹏为军需部正、副主任；宋荣昌、李其芳为军医部正、副主任；何应钦为总教官。11 月 29 日，又增设教育长，由胡谦担任。

5 月上旬，第一期来自全国各地的学员 470 人全部入校。生源参差不齐，有大学生，亦有小学没毕业的；成分亦是鱼龙混杂；目的也不尽相同，有真心从军，为革命而献身者，亦有投机革命，想升官发财者。

6 月 16 日，黄埔军校举行开学典礼。两年前的这一天，陈炯明叛变革命，两年后，孙中山选择这天作为开学典礼日，就是要大家牢记这个沉痛的教训，为建立一支革命的军队而无私奉献、努力奋斗。孙中山指出创办军官学校“独一无二的希望，就是创造革命军，来挽救中国的危亡！”他号召全体师生“要从今天起，立一个志愿，一生一世，都不存升官发财的心理，只知道救国救民的事业”，要“学先烈的行为，像他们一样舍身成仁，牺牲一切，专心去救国”。他还亲自将“升官发财请往他处，贪生畏死勿入斯门”的对联贴在军校大门上。

军校学生经过学习和训练，具备了良好的政治、军事素质。1924 年 10 月，军校师生参加了平定广东商团叛乱，1925 年参加两次东征和南征，先后击溃了陈炯明等反动军阀，统一了广东，巩固了革命根据地。1926 年又参加北伐战争，连战皆捷，战果辉煌。

孙中山非常关心军校的建设和发展，每隔一段时间都要到军校“海关楼”小住，检查工作，听取汇报。要求师生严格掌握“政治与军事并重，理论与实际结合”的教学方针，特地制定“亲爱精诚”的校训，倡导“团结”、“牺牲”、“奋斗”三大精神。

早期的黄埔军校是一所国共合作的学校，是培养革命人才和军事将领的摇篮，来自各地的青年，为着理想荟萃于斯，为着国民革命的目标济济一堂。黄埔军校为革命军队培养了大批“为主义而奋斗，为主义而牺牲”的军事、政治干部，对于建立国民革命军、统一广东革命根据地和北伐战争的胜利发展，起了重大作用。学员们一同成长，又因坚持不同的主义而最终分道扬镳，肩负起各自的使命。

人民解放军十位元帅中就有两位出自黄埔军校，他们是徐向前和林彪。首批授衔的十位大将中，陈赓、许光达和罗瑞卿是黄埔军校毕业生。周恩来、恽代英、肖楚女、熊雄、叶剑英、聂荣臻、陶铸、刘志丹和左权等也都在黄埔军校工作或学习过。

黄埔军校的建立和发展并不是一帆风顺的，军校内部存在着各派政治势力和政治集团的矛盾与斗争，并且随着革命形势的发展，国民党左、中、右的政治分野日益明显。特别是随着北伐战争的胜利进行，蒋介石的权力日益膨胀，军校的形势日趋复杂。

黄埔军校旧址

陆军军官学校校牌，为时任陆海军大元帅大本营秘书处代秘书长谭延闿所书。黄埔军校校训为“亲爱精诚”，由首任校长蒋介石拟选，呈交孙中山核定后使用。

陆军军官学校校歌为陈祖康作词，林庆梧作曲。歌词为：“怒潮澎湃，党旗飞舞，这是革命的黄埔。主义须贯彻，纪律莫放松，预备作奋斗的先锋。打条血路，引导被压迫民众，携着手，向前行。路不远，莫要惊，亲爱精诚继续永守。发扬吾校精神，发扬吾校精神。”

孙中山为黄埔军校题写的校训

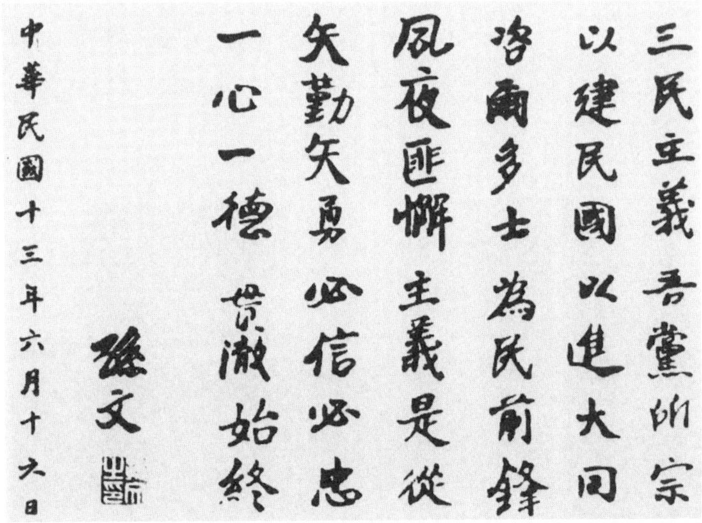

1924年"北京政变"时的冯玉祥

# 紫禁城黯然失色

冯玉祥阵前倒戈，发动"北京政变"，把溥仪赶出了紫禁城。

## 反戈一击

辛亥革命之后，以皇权为象征的君主政体已不复存在，但以其观念支撑的"道统"并未彻底动摇。对一元化权力根深蒂固的崇拜，对分权与自治后中央权力受到制约的恐惧，未减反增。持大一统论的人坚持认为，当时中国军阀割据，帝国主义企图瓜分，惟有用武力统一铲除那些主张联邦与自治的社会力量，建立强权中央政府，国家才有希望。

代之而起的争论，是中央与地方的关系问题：是承袭传统的中央集权大一统，还是另辟蹊径走崭新的联邦建国之路？到20年代，用武力统一，似乎已不是唯一救国的途径，联省自治，亦是另一可行的选择。

1916年袁世凯死后，北洋军阀分裂为直、皖两系。1920年直皖战争后，直系和奉系军阀控制了北京政府。1922年，第一次直奉战争爆发，冯玉祥率部讨奉援直。战后，曹锟与吴佩孚控制了北京政府，推戴黎元洪继为总统。1923年，黎元洪下台后，曹锟急于当总统，通过贿选，得到了这一职位，引起全国各

讨逆军实施攻击

段祺瑞部讨逆军在紫禁城东门与辫子军交战

界的强烈反对。1924 年 9 月 5 日，孙中山挥师北伐，密约冯玉祥、胡景翼、孙岳早日发起倒直行动。

冯玉祥是北洋系中具有民主意识且比较进步的军人，自辛亥革命以来，参加过滦州起义，反对“二十一条”，参加讨伐袁世凯称帝和张勋复辟，反对对南方护法军政府的战争等等。1921 年，冯所部扩编为第 11 师，冯任师长，兼陕西督军，后又任河南督军。

冯玉祥是直系重要将领，虽依附曹锟却非嫡系，始终受到直系吴佩孚等排挤，故对曹、吴不满，同时受孙中山的代表徐谦影响，有心一旦时机成熟，便反戈一击。

9 月 15 日，奉军趁江浙战争相持之机，集结主力，分别向热河和山海关方面出动。18 日，第二次直奉战争正式爆发。

10 月，冯玉祥率部进驻古北口，担任讨逆军第 3 军总司令。冯与直系援军第 2 路军总司令胡景翼、京畿警备副司令孙岳秘密策划倒戈驱除曹、吴。战争初起，直军失利，吴佩孚急调驻守在长辛店、丰台之间的劲旅第 3 师驰援。10 月 18 日，吴佩孚下令对奉军发动总攻击。

10 月 19 日，冯玉祥举行紧急秘密军事会议，他试探了将领们的意向，然后郑重宣布了政变计划，将领们一致拥护。因为北京政变是迎孙中山北上，而孙中山所领导的党叫国民

1924 年 9 月 8 日美国《时代》周刊封面人物吴佩孚

“清宫”搬出紫禁城，引得老百姓纷纷驻足观看

孙岳

鹿钟麟

1924年10月，在"北京政变"期间，冯玉祥部在滦平召开军事会议时合影

党，故此，冯玉祥也把自己的部队改名为国民军。

冯玉祥乘吴佩孚在长城山海关一线与奉军激战，后方空虚之际，不失时机地从古北口、密云前线秘密回师北京。

21日，冯玉祥命鹿钟麟率部以昼夜行军200里的速度驰赴北京。22日下午，抵北苑与留守司令蒋鸿遇会合。晚8时，鹿钟麟率部由北苑出发，轻装简骑，静悄悄地来到安定门。

守军孙岳部早已得到命令，大开城门，迎接鹿钟麟。事先混入城内的部队，已按原定部署，于11时包围了总统府，切断了电话线，并占领了电话局、电报局及火车站等要害部门。各处守卫警察因事变突如其来，不知所措，乖乖缴械。

23日凌晨5时，鹿钟麟把北京全城控制在手中。6时许，他请孙岳派人将总统府卫队缴械，并囚禁了曹锟。

清晨，市民惊异地发现，满城皆是佩戴"不扰民、真爱民、誓死救国"袖章的国民军士兵，才知道北京在一夜之间天翻地覆。

同日，冯玉祥、胡景翼、孙岳联名通电主和，同时，颁布文告，指责吴佩孚不顾人民的痛苦，兴无名之师为孤注一掷。随即向曹锟提出下令停战和免去吴佩孚本兼各职。

25日，冯玉祥召集胡景翼、孙岳、黄郛、王承斌等召开军事会议，认为国民党进行的国民革命运动是当前中国唯一出路，一致决议立即电请孙中山北上主持国家大计。但孙中山北上尚需一定时间，为了应付当前混乱

张勋的辫子军源源不断地涌入北京城

看似平静的京奉路，正在酝酿着一场急风暴雨

张作霖与其10岁的长子张学良和5岁的次子张学铭(左)

局势，商定先请段祺瑞入京出面维持。

冯等当时计划由孙中山主政，段祺瑞主军，故在次日电请段出任国民军大元帅。同时成立摄政内阁，黄郛摄行总统之职。

11月2日，曹锟宣告退位，至此，直系军阀控制的北京政府结束，一场北京政变，让曹锟、吴佩孚迅速倒台。

摄政内阁根据冯玉祥的建议，修改了《清帝逊位后之优待条件》。11月5日，新任北京警备司令鹿钟麟到故宫宣布修正清室优待五条件，限令溥仪即日迁出故宫。当天下午，溥仪及其妻妾与少数太监宫女移居什刹海"醇王府"。中国封建王朝的末代皇帝，终于被赶出了金碧辉煌的紫禁城，成为一个平头百姓。

## 初衷成为泡影

冯玉祥采取一系列具有进步意义的措施，遭到北洋军阀各实力派的反对，特别是摄政内阁的成立，更为他们所忌恨。各省直系军阀在南京组织了十省大同盟，明示不予承认。而冯玉祥驱逐溥仪出宫，亦遭到非议，指责他"不近人情"。

不仅如此，冯玉祥最初的想法，是试图把各派政治力量纠合在一起，以实现自己"救国救民"的政治抱负。然而，张作

执政府成立，前排中戴礼帽者为段祺瑞

黄郛暂时摄行总统之职

国民军聚集在执政府门前

直奉两系积极备战，北京城内百姓纷纷出城避难

霖挥师入关，在追歼直系残余的同时，得陇望蜀，欲图借机染指京畿，冯、张的矛盾由此尖锐。此时，直系在北方的势力已消失，段祺瑞心有不甘，他看到奉军的兵力大大强于国民军，亦落井下石，采取“以张制冯”之策，妄图从中渔利，这使冯玉祥陷入孤立。

冯玉祥为了加强自己的地位，极力敦促孙中山北上。孙中山接受邀请，于11月8日正式电告“准于元旦由粤起行，经沪北上，共图良举”。

段祺瑞得悉孙中山决定北上，极不乐意，便捷足先登，电催冯玉祥、张作霖到天津共商收拾时局之策。段一方面利用冯主和的主张，拒绝张对南方用兵，另一方面又与张联合对

直皖战争以1920年皖系失败而告终。图为1919年直皖战争前，段祺瑞（前右一）、荫昌（前右三）、朱启钤（前右二）等人合影

冯。面对来自双重的压力，冯玉祥妥协退让，一改自己拥戴孙、段合作、建立民主政府的初衷，最终与段祺瑞达成筹组一个执政府的政治交易。

在凛冽的秋风中，段祺瑞却是满面春风，于1924年11月22日入京就任临时执政，摄政内阁就此结束。北京政变打开的有利局面，突然间又变得复杂起来。冯玉祥电邀孙中山北上召开“国事会议”以“更新时局”的初衷，终成泡影。

# 大爱无疆

1916年4月24日，宋庆龄与孙中山回国之前在东京合影

**孙中山与宋庆龄缔结婚姻历经颇多曲折，宋家父母曾坚决反对。**

## 斯人已去

1924年12月31日，北上的孙中山抱病乘专车抵京，下榻铁狮子胡同，受到各界人士的热烈欢迎。1925年1月26日，孙中山入协和医院进行手术治疗，被诊断为肝癌，并且已到了晚期。于是以镭放射治疗，但不见起色。2月18日，孙中山回到铁狮子胡同5号，采用中医治疗，但效果仍然甚微。孙中山患病期间，广州、上海等地的中国国民党中央执行委员和监察委员纷纷来京探视。当时中国国民党北京执行部时常举行扩大会议，实际等于中央执行委员会移京举行，决定重大问题。参加会议的人，除原来北京执行部的中央委员李大钊、丁惟汾、王法勤、于右任、顾孟余、徐谦、于树德外，还有汪精卫、林森、张继、邹鲁、谢持、吴稚晖、李石曾等人，开会时，一般总是推汪精卫担任主席。鉴于孙中山病重，大家提出请孙中山准备遗嘱。

2月24日下午，孙中山口述国事、家事两份遗嘱，由汪精卫记录。孙中山又用英语口授了致苏联的遗书，由鲍罗廷、孙科和宋子文笔记。关于家事的内容为："余因尽瘁国事，不治家产，其所遗之书籍、衣物、住宅等，一切均付吾妻宋庆龄，以为纪念。余之儿女，已长成，能自立，望各自爱，以继吾志。此嘱！"两份遗嘱本来准备当天签字，因为担心宋庆龄会因之悲

美国记者斯诺曾在30年代问宋庆龄是如何爱上孙中山的。她答道："我当时并不是爱上他，而是出于敬仰。我偷跑出去协助他工作，是发自少女浪漫的念头——但这是一个好念头。"

孙中山的原配夫人卢慕贞(1867—1952)

1917 年 7 月宋庆龄陪同孙中山南下护法，图为他们在广州大元帅府内合影

1922 年，孙中山、宋庆龄游桂林叠彩山

1924 年 12 月 31 日，宋庆龄陪同病重的孙中山由天津抵达北京，这是他们夫妇最后的合影



伤过度，所以留等他日。

3 月 11 日上午 8 时，何香凝到孙中山的卧室，只见孙的瞳孔放大，呼吸浅促。眼看情况不妙，何赶紧出来与众人商量。汪精卫拿出遗嘱，恳请孙中山签字。孙此时非常清醒，他带着微笑，巡视着一张张悲伤、慌乱的脸，伤感地说：“现在要分别你们了！”在场的人恸哭失声，宋庆龄更是泪如雨下，她托着孙中山颤抖的手，用孙科递来的钢笔，在两份遗嘱上逐一签上“孙文”字样。签字后孙中山又用极安静的态度，向家属一一嘱咐后事。3 月 12 日上午 9 时 30 分，孙中山与世长辞。

## 往事如烟

1915 年 10 月 25 日，孙中山与宋庆龄在日本东京成婚，他们年龄相差 27 岁，他们是生活伴侣，更是革命战友。

孙中山和宋家的关系，颇有渊源，他与宋庆龄的父亲宋耀如是好友。宋耀如在美国深受西方民主思想的影响，对腐败的清廷很反感，对孙中山的革命活动很支持，很快就成为一位革命的追随者。

当时，孙中山多流亡于国外，但每次到上海，必到宋耀如家，宋庆龄很喜欢听孙中山讲革命道理，并尊称他为“先生”。

1907 年，宋庆龄去美国威斯里安学院学习，接受了许多西方民主思想。四年后，辛亥革命取得成功，1912 年元旦，孙中山在南京就任中华民国临时大总统。宋耀如带着大女儿宋蔼龄前来参加就职典礼，并把她留在孙中山身边作英文秘书。

二次革命失败后，孙中山及许多革命党人流亡日本，宋耀如一家也在这里。遭到通缉来日的孔祥熙，与宋蔼龄相爱为伴。百忙中的孙中山缺少了助手，一时感到困顿。这时，宋庆龄从美国来到东京，毅然接替了姐姐的工作。

是时，孙中山领导的革命，正处在极度困难之中。宋庆龄每天从早到晚不知疲倦地为孙中山处理英文信件，整理文稿、电文，及时提供他所需要的各种资料，孙中山十分满意。在与孙中山的接触中，宋庆龄不仅加深了对

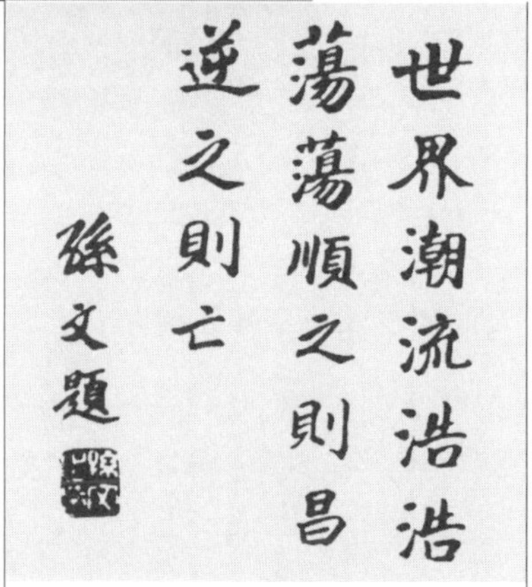


孙中山题字

中国革命的认识，大大增强了对革命胜利的信心和献身精神，对孙先生的为人，也有了更深入的了解。她在写给妹妹宋美龄的信中说：“我能帮助中国，我也能帮助孙先生，他需要我。”同样，孙中山对宋庆龄的到来，不仅是对他寂寞中的一种慰藉，更多的是对他革命精神的鼓舞与支持。他们彼此心心相印，开始相爱了。

1914 年 11 月，宋庆龄回上海探望父母，临行前和孙中山谈到“结合”一事，孙中山希望她“慎重考虑”。但宋庆龄十分坚定地说：“经过长期、慎重的考虑，深知除了你，为革命服务，再没有任何比这更使我愉快的事……我愿意这样献身革命。”

宋庆龄回到上海后，向父母表示了要和孙中山结合的愿望。没想到，父母坚决反对，不允许她再去日本，并把她锁在房内。

宋庆龄离开后的时日，孙中山突然感觉失去了什么，他常常陷入一种思念之中，他决定和结发妻子卢慕贞分手。这一想法，得到了他最好的日本友人、房东梅屋庄吉的同情和支持。

1915 年，孙中山把卢慕贞从澳门接到东京，向她谈及此事。卢慕贞虽然没有什么文化，但她明白自己不能给丈夫太多的帮助，他身边确实需要一位志同道合者，便答应了孙中山的离异要求，在办理完相关手续后即回澳门独居。

内部的事，已得到妥善解决，外部的事，却遇到了相当的

宋耀如

宋庆龄出国留美前与母亲倪桂珍

宋庆龄（右）、宋蔼龄（左）和母亲倪桂珍

1914 年 11 月，孙中山在东京与房东梅屋夫妇

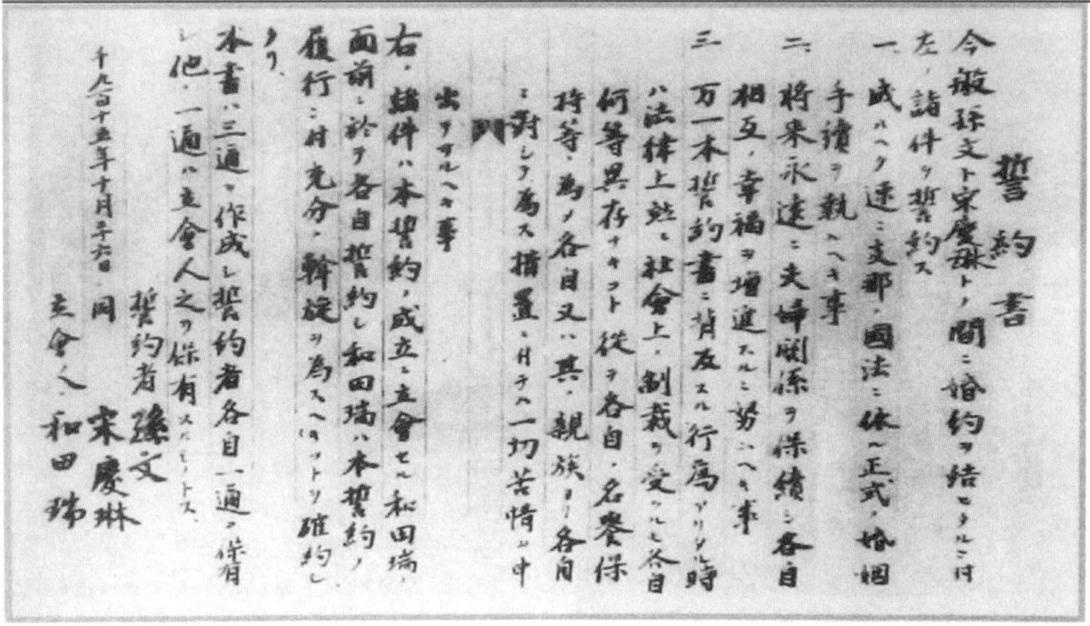

誓約書

今般孫文ト宋慶琳トノ間ニ婚約ヲ結ビタルニ付左ノ諸件ヲ誓約ス

一　成ルヘク速ニ支那国法ニ依リ正式ノ婚姻手続ヲ執ルヘキ事

二　将来永遠ニ夫婦関係ヲ保続シ各自相互ノ幸福ヲ増進スルニ努ムヘキ事

三　万一本誓約書ニ背反スル行為アリタル時ハ法律上並ニ社会上ノ制裁ヲ受ケ各自何等異存ナキコト従テ各自ノ名誉保持ノ為メ各自又ハ其ノ親族ヨリ各自ニ対シテ為ス措置ニ付テハ一切苦情ヲ申出サザルヘキ事

右ノ諸件ハ本誓約ノ成立ニ立会セル和田瑞ノ面前ニ於テ各自誓約シ和田瑞ハ本誓約ノ履行ニ付充分ノ斡旋ヲ為スヘキコトヲ誓約シタリ

本書ハ三通ヲ作成シ誓約者各自一通ヲ保有シ他ノ一通ハ立会人之ヲ保有スルモノトス

千九百十五年十月二十六日　同

誓約者　孫文
宋慶琳

立会人　和田瑞

孙中山和宋庆龄结婚誓约书

麻烦，当孙中山得知宋庆龄在上海被父母“囚禁”的消息后，马上请广东香山同乡朱卓文和他的女儿慕菲雅去上海疏通。慕是宋庆龄的同学，两人关系很好，朱家父女到了上海后找到宋家，转交了一封孙中山给宋庆龄的“急信”，并向她说明了孙中山和卢慕贞离异的详情，还出示了协议书。

宋庆龄为孙中山的深切之情所感动，她顾不上家人的反对，在女佣的帮助下毅然出逃。10 月 24 日，她乘船到日本横滨，随即乘火车去东京，孙中山赶到车站迎接。

翌日，他们一起到和田瑞律师家办理了结婚手续，又委托律师去东京市政厅办理了结婚登记。他们在和田瑞律师的主持下，签订了《誓约书》。

25 日晚，孙中山和宋庆龄的婚礼在梅屋庄吉家的二楼大房间里举行，房间以中国风格装饰一新，正面是八折金凤屏风，左右两边是红木家具，架子上的青花瓷瓶里，插着盛开的菊花。前来祝贺的有廖仲恺夫妇、陈其美等人，还有日本朋友犬养毅等。孙中山身着西服，宋庆龄是一件粉红色上衣，下为淡绿色图案的裙子，头戴大花边帽，手持鲜花，光艳照人。他们手拉手步入中庭，由梅屋庄吉夫妇主婚，喝完交杯酒，由犬养毅唱《祝福歌》，随即大家举杯祝贺。整个婚礼庄重朴素，气氛欢愉。

孙中山和宋庆龄的婚姻，遭到一些人的反对，孙中山则坚定不移地回答道：“我不是神，我是人。”“我爱我国，我爱我妻。”表明了一个革命者对待爱情和婚姻光明磊落的态度。当然，反对最激烈的还是宋庆龄的父母，宋耀如专程赶到日本以图阻止，但面对现实，最终还是做出了让步，他痛惜爱女，更深深理解她的执著选择。后来，孙中山和宋庆龄回到上海，宋耀如特地补上一套古朴的硬木家具和象征婚姻美满的百子花被面，以示祝福！

婚后，孙中山得到宋庆龄的鼎立支持，如虎添翼；宋庆龄亦成为一个坚强的革命战士，孙中山逝世后，她秉承遗志，不辱使命，成为一位伟大的女性。

**中山陵祭堂**——人们已不再把中山陵仅仅看做是一座陵墓。瞻仰伟人，固然是其目的，但中山陵依山而建之恢宏，环境之幽雅，设计之奇巧，已成为一处融自然与人文景观为一体的胜地。

中山陵铜鼎——造型古朴，制作精致。表面凹坑，是 1937 年 12 月日军进攻南京时炮轰所致。一代伟人离去，令多少人追思。人们纷纷捐款，建造纪念物，将感情化入其间，以表达他们的哀思。日军侵华，铜鼎未能幸免，弹痕就是罪证。中华民族到了最危险的时刻，国人的感情化作一腔热血，奋起抗击，直至胜利。

# “六不总理”段祺瑞

段祺瑞

他一无钱二无地，馒头素菜清心寡欲。但他曾逼走几任总统，奉行的是武人政治。

1918 年 10 月，安福国会选徐世昌为大总统

## 不落流俗

段祺瑞(1865—1936)，安徽合肥人，是北洋军阀鼻祖袁世凯麾下的三员悍将之一，其中，又数他风头最劲。民初十多年，除了袁世凯，他是左右时局的重量级人物，虽无总统名分，但“临时执政”也就是换了名的国家元首。身为国务总理的他，其权势比做过总统的黎元洪、冯国璋、徐世昌、曹锟，还有大元帅张作霖，有过之而无不及。

与大多数军阀敛财不同，段祺瑞不爱钱，为官多年，身居要职，可一点积蓄也没有。段祺瑞从未做过生意。当时的银行家谁不想巴结这位国务总理？可他没有在任何一家银行投过一文钱。显赫一时的段家，居然也有经济周转不灵的时候。实在挺不下去了，段祺瑞就会写张白条，到金城或大陆银行去借上个几百上千的。这一笔笔账，段祺瑞都记着，等他有了钱去还时，哪家银行都别想“赖账”。

1890 年段祺瑞（右二）赴德国学习军事时留影

当时的高官权贵，都喜欢在北戴河修建别墅避暑，段祺瑞却连一间小屋都没盖，就连他在老家合肥也是一无房产二无地。一大家子人，从不置产业，下野后住的房子都是别人送的。

他的家教甚严，家中门房从来不收红包。如果有人勒索来客，立马拉出去枪毙。有人给他送礼，他总是把礼物悉数看

1926年3月18日，示威游行队伍与段祺瑞执政府卫队对峙

一遍，然后选一两样不值钱的留下，其余一概奉还，毫不贪恋。

段祺瑞从年轻到老，穿衣从不讲究。他在家里总是布衣长衫，头顶瓜皮帽。出门时，当然也会穿军装、礼服，但绝不显摆，显得很随便。段祺瑞的个人生活，在当时的军阀中算是相当简朴的。

段祺瑞在台上当政时还有地方借钱，等到他下野隐居天津后，家中的经济状况每况愈下，他已经住不起"公馆"，而只能住"私宅"了。段祺瑞开始亲自过问日常开支，审查每日账目，节约，成为段家人之首要。家里的仆人也减到最低数。他的一日三餐，多以米粥、馒头、素菜为主，清心寡欲，与平民无异。

不抽不喝不嫖不赌不贪不占，这就是"六不总理"段祺瑞的为人。面对灯红酒绿，金黄银白，世间俗人谁不动心？或许段祺瑞天性寡欲，但更多的是后天修炼的自制力。

## 醉心权术

不过，段祺瑞绝非"完人"，他醉心于权术，玩弄政治，是他的一大嗜好。此公最大的作为，是曾"完美"地逼走几任总统。袁世凯死后，由副总统黎元洪继之。那一日，段祺瑞非常不情愿地以"顾命大臣"身份去通知黎元洪。两人端坐在楠木桌旁，谁也不开口，如两尊木雕泥塑。好一会儿，段祺瑞突然起身向黎元洪三鞠躬，黎赶快欠身还礼，礼毕后二人复位，又不语。这幕哑剧足足演了40多分钟，段祺瑞终于起身告退，黎元洪也只好茫茫然起身送客。这时段祺瑞对总统府秘书长说："黎总统这里没有人，你就留下帮忙吧。"

段祺瑞用这种方式宣布黎为总统，分明是把他当成一个玩物。其后，他处处与黎元洪作对，黎被逼无奈，请"辫帅"张勋进京调停，结果引出了一场复辟闹剧。等到段祺瑞以"再造共和"的功臣打跑张勋后，黎元洪只能挂印黯然而去。

继任总统冯国璋与段祺瑞同为袁家得力干将，上任之初，一席"再也没有府院之争"的话语，令人欣慰。可结果呢？面对权力，两人已不再顾及兄弟情分。冯国璋被逼无奈，三十六计走为上计，他以巡视为名沿津浦线南下，直

奔南京老巢。段步步紧逼，派心腹段芝贵带兵在蚌埠截住了冯大总统，眼望近在咫尺的南京，冯国璋恨在心头不敢言声，乖乖地返回京城，从此彻底放权给段祺瑞。

位于北京铁狮子胡同的段祺瑞“执政府”

## 痴迷下棋

段祺瑞是个武人，玩弄的是军人政治，他不懂经济，只热衷内战，打遍天下。他把所有的精力与心智、所有的坚忍与自制，统统用于勾心斗角，阴谋统摄之上。当他手持枪杆子叱咤北洋政坛之时，争得了权力却落得声名狼藉。当总理时与总统府交恶，无端制造出“府院之争”；当执政时先有了“五卅惨案”，又弄出个“三一八惨案”，血溅铁狮子胡同，被称之为“民国以来最黑暗的一天”。段祺瑞集众矢于一身，千夫所指，彻底失去了民心，终于被冯玉祥的国民军赶下了台。

下棋，是段祺瑞的另一大嗜好。那个时代的高官，能下几手棋的人不少，但痴迷到他这般地步的却很少。只要有点闲空，段一定是坐在棋桌前。上门的客人，只要会下，必然要陪他摆几盘。平时公馆里养几个清客，专门陪他下棋，每月从陆军部里支薪。曾经打遍日本棋坛无敌手的吴清源，据说当年就是段公馆里年纪最小的清客，后来他东渡日本学棋，得到段祺瑞的支持。

段祺瑞的棋艺不甚高明，稍有功力的人，就可以打败他。只是碍于他的地位，输棋，也就顺理成章。但如果对方是故意相让被他看出破绽，那绝对不行。所以，既要让他赢棋，又要不露痕迹，结果每盘棋都是在看似下得惊心动魄、难解难分之中，让段祺瑞赢上那么一目半目而结束。

政坛失意之后，段祺瑞隐居上海。时值日本侵华，曾是亲日派的段祺瑞在国家、民族危亡之际，严拒日本人的威逼利诱，做到了大节不亏。

冯国璋

段芝贵

北平沦陷后，吴佩孚在北平居所留影

# 正说吴佩孚

曾经大开过杀戒的吴佩孚，五四时有过良好表现，北平沦陷后的表现更是令人感叹。





## 曾经八方风雨

吴佩孚（1874—1939），山东蓬莱人，有“儒将”之誉。本是一介书生，22岁中秀才，后因得罪家乡官吏被革除功名而遭通缉。不得已于1898年弃文从军，从此身披戎装。

没几年，吴佩孚就被北洋直系首领曹锟看中并直上青云，由团及旅，再到师长。不几年就拥兵数十万，被封为“孚威上将军”，立足洛阳，控制河北、河南、山东、湖北、湖南等省。

护国讨袁运动兴起后，吴随营入川镇压蔡锷领导的云南护国军。1917年7月，任讨逆军西路先锋，参加讨伐张勋复辟。同年孙中山组成护法军政府，段祺瑞派曹锟带兵南下讨伐，吴任第3师代理师长兼前敌总指挥，一路挺进。后因湖南督军席位被皖系军阀张敬尧所得，吴气愤不过，遂发出罢战主和通电。

1919年11月，吴与西南地方当局结成反对段祺瑞的军事同盟。12月冯国璋病死，曹锟、吴佩孚成为直系一、二号人物。1920年5月，吴率军自衡阳北撤，布置对皖军事。14日直皖战争起，在奉军配合下大败皖军。此后，直奉两系共同把持了北京政府。

1922年4月，第一次直奉战争爆发。直军胜，奉军败退关外，直系开始独揽中枢。此消彼长，让曹锟的欲望开始膨胀，非要过把大总统的瘾。远在洛阳的吴佩孚极力反对，但老曹我行我素，以贿选登上总统宝座。

谁人都知，继冯国璋之后任直系领袖的布贩子曹锟并无治国之才，蓬莱秀才吴佩孚才是出面收拾江山的真正人物。

然而，吴佩孚恪守封建传统观念，无论主公如何无能，他都忠心不贰，决不取而代之。曹锟登上总统宝座后只知道整日寻欢作乐，吴佩孚宁肯躲得远远的，也不愿“犯上作乱”。

北平沦陷后，吴佩孚一直是日方拉拢的重点对象。吴不为所动，保持了民族气节。日方利用这幅吴氏家庭合影，大造舆论

吴佩孚(中)与李大钊(左)等合影

## 身染血腥

吴佩孚这位“儒将”重义，但缺乏“仁”道。为了实现个人野心，他大开杀戒，“龙泉剑斩血汪洋”，对各路军阀毫不手软，对芸芸众生更是不屑一顾。1921 年与湘军作战时竟下令掘开长江堤口，淹死湘民数十万，哀鸿遍野；1923 年 2 月，京汉铁路工人为争取自由、人权举行大罢工，他残酷镇压，酿成“二七惨案”，为自己写下最黑的一页。

吴佩孚 50 寿庆之时，正是他的“黄金时代”，一时洛阳冠盖云集，宾客盈门。曾经风云一时的维新派首领、著名学者康有为远道而来，呈献贺寿对联：“牧野鹰扬，百岁功名方半渡；洛阳虎踞，八方风雨会中州。”虽然气势非凡，不免溢言虚美。

但是这只“鹰”、“虎”的前景并不美妙，结局颇为悲悯。第二次直奉战争开打，吴佩孚亲赴前线指挥作战。谁知，他的部下冯玉祥于阵前反戈一击，令他猝不及防，元气大伤。接着在 1926 年夏的北伐战争中，在鄂南汀泗桥、贺胜桥连遭败绩。两个月后北伐军攻克武昌，吴军一败涂地。

一夜之间，统兵数十万的大将军成了飘零的亡命客，他何去何从？走投无路的吴佩孚骨气未失，不像其他下台的军阀政客那样，腰缠万贯出洋“考察”或跑到租界去寻求外国人的保护，而是投靠颇有旧情的川军将领杨森。

尽管已失意，风光不再，但吴佩孚气度未改，他去成都参观昭觉寺时曾赋诗二首。其中一首这样写道：“英雄不避杀身

吴佩孚虽然身有血腥，但尚知坚持民族立场。1919 年巴黎和会时曾多次通电反对签订有损于中国利益的巴黎和约，支持学生运动，颇得舆论好评。现在，人们一提起那场全民族的思想解放运动，把赞誉多给了学生，捎带也夸一夸蔡元培等觉醒人士，若再多说几句，也就提及商界、工人的罢市罢工，惟独对军界的良好表现不置一辞。其实，运动一爆发，吴佩孚就旗帜鲜明地站在风口浪尖，他郑重宣言：愿为祖国“敢效前驱”，这多少让人感怀不已。

北京东城什锦花园吴佩孚故居

吴佩孚失势流亡四川时，在白帝城住过的小洋楼

凶，何况空门老梵宫。偏有情丝难遽断，双行血泪洒秋风。”

## 晚节可嘉

一年后吴佩孚离开成都，定居北京东城的什锦花园，靠“世侄”张学良救济一点“补助费”维持生计。在他的客厅中，悬挂着他亲撰的一副对联：“得意时清白乃心，不纳妾，不积金钱，饮酒赋诗，犹是书生本色；失败后倔强到底，不出洋，不走租界，灌园抱瓮，真个解甲归田。”字里行间，流露出吴氏一生的心境与情操。

吴佩孚虽然身有血腥，但尚知坚持民族立场。1919 年五四运动时曾多次通电反对签订有损于中国利益的巴黎和约，支持学生运动，颇得舆论好评。现在，人们一提起那场全民族的思想解放运动，把赞誉多给了学生，捎带也夸一夸蔡元培等觉醒人士，至多也就提及商界、工人的罢市罢工，惟独对军界的良好表现不置一辞。其实，运动一爆发，吴佩孚就旗帜鲜明地站在风口浪尖，他郑重宣言：愿为祖国“敢效前驱”，这多少让人感怀不已。

若没有日本人的入侵，吴佩孚原本是要在北京城里颐养天年的。可是，卢沟桥事变的枪声打断了他的残梦。日本人急于在占领区建立傀儡政权，汪精卫落水附逆，吴佩孚则任凭说客盈门，也不为所动。

吴佩孚拒日，保持了民族大义。于是，他的死就变得扑朔迷离，其中就有被日本人害死一说。但不论死于何因，他的晚节可嘉。

吴佩孚“在失败时，也不出洋，不居租界自失。……他在失势时还能自践前言，这是许多人都称道他的事实。”“吴氏做官数十年，统治过几省的地盘，带领过几十万大兵，他没有私蓄，也没置田产，有清廉名，比起当时的那些军阀腰缠千百万，总算难能可贵。”董必武对吴佩孚的评价，十分中肯。

吴佩孚出殡

这是正在修复中的中山舰

# 浊浪

**中山舰事件的发生,在于国民党右派不能容忍汪精卫的"左"倾和共产党力量的发展。**

## 无事生非

"中山"舰原名"永丰"舰,是清政府在1910年以68万银元向日本三菱造船厂订制的钢木结构炮舰。1922年,陈炯明在广州发动叛乱,炮击总统府。孙中山在深夜突围后即登上"永丰"舰指挥平叛,历时55天,这里成了他的流动总部。1924年11月,孙中山最后一次搭乘"永丰"舰,转赴北京共商国是,次年3月在京病逝。为纪念孙中山先生,3月30日广州政府将"永丰"舰更名"中山"舰。

1925年7月1日,国民政府在广州成立,其军事委员会下设海军局,局长为苏联顾问斯美洛夫、参谋厅长欧阳琳、政治部主任为李之龙。

处于要害职位的汪精卫和蒋介石,既有政争,也有权争。汪精卫以"左"的面貌出现,蒋介石似乎也"左"了一下,但很快又露出右的本质。接下来的一年,注定历史还要为蒋介石继续向右,写上一笔。

1926年3月18日晚,时任黄埔军校校长的蒋介石指使亲信,到代理海军局局长、中山舰舰长李之龙家中传达命令,声称奉校长命令,要海军局速派得力兵舰两艘开赴黄埔。其实,这是蒋介石精心设计的第一步,即假造命令将中山舰调离广州,以便为其罗织罪名埋下伏笔。

李之龙是湖北沔阳人,曾在烟台海军学校、黄埔军校一期学习,1921年加入中共。1926年2月,海军局长斯美洛夫

抗战爆发后,1938年10月,中山舰奉命从岳阳开赴长江武汉金口水域布防巡逻。10月24日下午,日军轰炸机6架编队而来。中山舰官兵奋起迎敌,然而孤船独舰,众寡悬殊,遭到重创后沉没。

中山舰舰长李之龙

返苏，由欧阳琳代局长。蒋介石亲信、海军学校副校长欧阳格欲逐欧阳琳以自代，欧阳琳弃职而去，但欧阳格也未当上局长。3月，李之龙被任命为代理海军局长并兼中山舰舰长。李上任后，处理的几件事，令蒋介石甚为不满。3月14日，李因工作太忙，辞去中山舰舰长一职，由副舰长章臣桐代理舰长。

李之龙接令后，随即通知“中山”、“宝璧”两舰于3月19日晨开往黄埔，向军校教育长邓演达请示任务。邓感到十分疑惑，说他并不知情。邓演达向以反对蒋介石独裁著称，而李之龙接到的命令，是以邓的名义转达的，很显然，这是蒋介石等人玩弄的一箭双雕之计。

中山舰等当天下午返回广州，随之谣言四起，称“共产党要暴动”、“李之龙要造反”等。

蒋介石终于找到了一个由头，他开始行动，大肆逮捕共产党人。当夜，密令逮捕李之龙、解除中山舰武装，派兵包围省港罢工委员会、苏联顾问和共产党人的住宅以及全市共产党机关，还扣押了军内国民党左派党代表和政工人员40多人，严密监视邓演达。当广州市内一切布置妥当后，蒋介石电令驻扎潮汕的第1军，将全军党代表撤销并驱逐。所有这一切，让蒋介石的真面目暴露无遗。

## 爆发只是在迟早之间

近年来，随着研究的不断深入，中国社会科学院近代史研究所的杨天石研究员发现，中山舰事件并非由蒋介石一手策划，它的出现，在当时的大背景下，既是偶然，又是必然。换言之，以蒋介石的为人和行事风格，即使没有右派的造谣和挑拨而无事生非出一个所谓的中山舰事件，那他迟早也会制造出另一个事件来。杨天石认为：

第一，中山舰驶往黄埔并非李之龙“矫令”，它与当时的国民政府主席、国民革命军总党代表汪精卫、苏联顾问季山嘉无关，也与共产党无关。多年来，蒋介石和国民党部分人士一直大肆宣传的所谓“阴谋”说，显然不能成立。

第二，蒋介石没有直接给海军局或李之龙下达调动舰只的命令。因此，所谓蒋介石下令而又反诬李之龙“矫令”说，也不能成立。

第三，中途加码，“矫”蒋介石之令的是黄埔军校驻广州办事处主任欧阳钟。他明明去了李之龙家里，事后却隐匿有关情节；他在海军局和李之龙夫人面前声称“奉蒋校长命令”调舰，而在给作为校长办公厅秘书的季方电话里，只能如实陈述；在给海军局的公函里，他清楚地写着要求“迅速派兵舰两艘”，而在事后所写的报告和供词中，又谎称只是“请其速派巡舰一二艘”，有意含糊其辞。因此，欧阳钟与中山舰事件有重要干系，在他背后，有着不可告人的隐秘。

蒋介石误信伍朝枢、欧阳格等人的谣言，加大了中山舰事件的偶然性；但是，就当时国民党内左右派的激烈斗争和蒋介石的思想来说，又有其必然性。

相比较而言，当时左派势力更大一些，共产党人在国民党和国民革命军中亦不断发展壮大，苏联顾问团也加强了自己的地位和影响。时任国民政府主席的汪精卫也表现出前所未有的“左”倾。

国民党右派当然不能容忍共产党力量的发展和苏联顾问影响的增强，也不能容忍汪精卫的“左”倾。蒋介石虽然因依靠苏联供应军械而仍然主张联俄，对共产党也时而表现出愿意合作的姿态，但在内心，早已滋生出强烈的不满。

桂系重要人物李宗仁(右)、白崇禧

# 和为贵

新桂系一统广西,完成了新生的蜕变,又乘势统一了广东。

## 新桂系异军突起

袁世凯称帝失败,大一统政治瓦解,把持中央政权的北洋军阀逐渐分化,形成以段祺瑞为首的皖系、冯国璋为首的直系。张作霖占据东北三省,自成一统,即奉系。与北方军阀相峙的是西南军阀,包括两广、湖南以及云、贵、川六省的大小军阀。国民政府成立后,决心挥师北伐,铲除旧军阀。

1921 年旧桂系被孙中山击败瓦解后,在旧桂系林虎部任统领的李宗仁率部开入粤桂边境的大山暂避风险。翌年 4 月,粤军东撤后,李宗仁进驻玉林,自称“广西自治军第 2 路总司令”,割据玉林 5 县。

7 月,原旧桂系模范营军官黄绍竑、白崇禧率数百官兵投奔李宗仁,奠定了新桂系的初基。1923 年夏,黄绍竑投靠孙中山,出兵梧州,与粤军夹击退回广西的沈鸿英部队,取得了梧州地盘,独树一帜,号称“讨贼军”。李宗仁部则改为“定桂军”,势力也不断壮大。这时李、黄表面上分道扬镳,实际上密切合作。李、黄两部先后夹击消灭了盘踞桂平、平南一带的自治军旅长陆云高部,联合打败由粤回桂争夺梧州的陈天泰部。此时,李、黄两部已拥军万余,成为一个不容小视的军事集团。

两广统一局面的形成,并非一日之功。旧军阀们为了争夺地盘,相互间的搏杀不断,几无宁日。国民革命军的兴起,首先将广东统一;而以李宗仁为代表的新桂系,在统一广西后顺应潮流,加入到国民革命阵营中来。两广连成一片,清除了后顾之忧,广州国民政府开始向更高的目标进发。

中华民国国民政府印

桂系重要将领，右起：李品仙、廖磊、王泽民、韦云淞

1923年底至1924年初，广西形成三大政治、军事势力鼎立的局面：一是陆荣廷部，占据南宁、龙州、百色、庆远、柳州广大地区；二是沈鸿英部，盘踞在桂林、平乐、贺县一带；三是李宗仁的“定桂军”和黄绍竑、白崇禧的“讨贼军”，坐拥玉林、浔州(今桂平)、梧州3府15县。

1924年1月陆荣廷为重新统治广西，率兵进驻桂林，向沈鸿英开刀。沈为图自存，再次投诚孙中山，4月由湘粤边境率师回桂讨陆。正当陆、沈在桂林大战之时，李、黄、白采取联沈倒陆策略，乘虚占领省会南宁。两部重新合并，称“定桂讨贼联军”，继续攻占了陆的所有地盘。陆荣廷在沈军和李、黄、白部队的联合进攻下，势穷力尽，于10月9日通电宣布下野。李、黄、白联沈讨陆，打倒了广西最大的实力派，为以后消灭沈鸿英势力、驱逐滇军、统一广西创造了条件。

## 旧桂系残余遭覆灭

陆荣廷退出政治舞台后，广西由三足鼎立变成两军对峙。李、黄、白与沈鸿英都试图消灭对方统一广西，矛盾迅速激化。沈为了消灭李、黄、白势力，先后与驻粤桂军首领刘震寰及假道广西东下推翻广东革命政府的滇军首领唐继尧勾结，以图里应外合。李、黄、白面对滇军入境及沈进攻在即的严峻形势，决定先消灭沈军，然后回头对付滇军。翌年1月30日，新桂系与沈部在武宣一线开战。至2月中旬，沈军被击败，残部逃入湘粤边境。其后，李、黄、白主力西调对付入桂滇军时，沈军残部回窜广西，一度占领平乐、桂林。白崇禧抽兵反攻，在桂林、临桂一带消灭沈军残部。沈化装出逃香港，旧桂系残余彻底覆灭。

是时，滇军唐继尧企图吞并两广，称霸西南。刚刚消灭旧桂系、争得广西地盘的新桂系为捍卫既得果实而顽强抵抗。1925年2月，唐继尧派龙云率滇军大举进入广西，占领百色、南宁。3—4月，新桂系与龙云滇军在南宁大战，未分胜负。5月中旬，唐继尧率一路滇军从贵州、榕江及湖南洪江进入广西，占领融县、柳州。李、黄、白抽调围攻南宁的桂军主力北上，6月初在柳州及柳城之沙浦将唐部滇军击败，唐继尧率残部逃回云南。龙云闻讯，也撤离南宁。李、黄、白驱逐滇军的胜利，保住了广西地盘，确立了新桂系的统治地位。

## 顺应潮流

在完成了对广西的统一后，李宗仁、黄绍竑、白崇禧即着手组织统治机构。1925年7

月中旬，李、黄、白回到省会南宁，成立“广西省民政公署”，为全省最高行政机关，由黄绍竑出任民政公署民政长。新桂系通过这套机构对广西进行统治，标志着它作为一个执政派别的形成。

新桂系统一广西得到孙中山和广东革命政府的支持，因而他们反过来又出兵支援革命政府统一广东。一是派兵助击入粤的熊克武川军。1925年秋，在四川内争失败流落湘西的熊克武川军二三万人经桂东北进入粤北。当时广州国民政府因廖仲恺被刺暗潮汹涌、斗争激烈，而陈炯明叛军败而复起，和南路军阀邓本殷、申葆藩勾结，趁机夹击广州。10月初，国民政府以勾结陈炯明、“形迹可疑”为由将熊克武扣留，下令攻打熊部。新桂系应国民政府之请，派兵万人分3路进击川军。熊部腹背受敌，被迫撤离粤北。二是出兵广东南路，协助国民政府肃清邓本殷、申葆藩势力。1925年10月，国民政府第二次东征陈炯明时，下令南征邓本殷、申葆藩。新桂系主力部队万余人参加了单水口、高州、安铺等重要战斗，并攻占钦州、防城、消灭了邓、申势力，对统一广东起了重大作用。

新桂系统一广西后，虽然接受国民政府的任命，军事上互相支援，建立一种合作的关系，但基本上还是处于一种独立状态。1926年1月，国民政府主席汪精卫亲到梧州访问，与李、黄、白商讨两广统一问题，李、黄、白表示同意。2月20日，国民政府成立“两广统一特别委员会”，专责处理此事。谈判中，双方在军政、财政统一问题上分歧较大，后彼此做出让步，达成协议。3月19日，国民政府公布“两广统一案”，主要内容包括：广西省政府处于中国国民党指导监督之下，受国民政府之命令处理全省政务；广西现有军队全部改编为国民革命军；凡两广之财政机关及财政计划均受国民政府之指导监督。

5月的广西，旧桃换新符。李宗仁出任改编后的国民革命军第7军军长，黄绍竑被任命为改组后的省主席，完成了一个新生的蜕变。

唐继尧

陆荣廷

莫荣新

1927 年 4 月 18 日，南京国民政府宣告成立，前排自左至右依次为：蒋介石、萧佛成、邓泽如、吴稚晖、伍朝枢、胡汉民、蔡元培、王宠惠等

# 金陵王气的延续

**自古“金陵帝王州”，国民政府经过北伐，最终选择南京作为建都地。**





## 成为临时政治中心

国民政府和蒋介石选择南京作为建都地，主要取决于当时的国际、国内形势。辛亥革命以后，确定新的政治中心，为革命党人的首要，一时就有武昌与上海之争。武昌是首义之地，鄂军都督府于 11 月 7 日就建立新政府问题通电各地，请各省派代表至武昌组织临时政府。而江浙方面主张将新的政治中心放在上海，江苏都督程德全、浙江都督汤寿潜联名致电沪军都督陈其美，提出在上海“设立临时会议总机关”。

汤山温泉为南京郊区著名休养地，国民政府定都南京后，重要人物常在此开会或休憩。图为 1927 年 4 月国民革命军总司令蒋介石（左一）、司法部长王宠惠（左二）、国民政府常务委员胡汉民（左三）、外交部长伍朝枢（左四）合影

围绕着中国新的政治中心设在何处，随着南京的光复，在革命党人内部达成初步共识。12 月 12 日，各省代表由武汉、上海会聚南京，29 日，召开各省代表会议，开始筹组中华民国临时政府。1912 年 1 月 1 日，孙中山在南京就任中华民国临时大总统，革命派经过短暂的争执，达成一致，南京成为临时政治中心。当时中国的政治格局，形成南北对峙的两个中心，清王朝身处北京，革命党人立于南京。

孙中山曾有允诺，只要袁世凯拥护共和，使清帝退位，自己愿让出总统一职。至于都城，他认为南京和北京都可以，但更倾向于前者。2 月 12 日，袁世凯逼清帝退位，孙中山在提出辞职的同时，约法三章，其中有两个与定

都南京有关：一是临时政府地点设于南京，二是新总统在南京就职。孙中山想把袁世凯置于南方革命派的监督和控制之下。此外，日本方面的影响，也不容回避。辛亥革命之际，对中国南、北政权均有特别影响的日本朝野，则多主张中国的政治中心放在南京。

在参议院有关定都的表决中，竟有20票投给了北京，南京只获得区区5票。只是在孙中山和黄兴等人一再坚持下，复议时才最终确定南京为首都。

1927年南京国民政府成立时，胡汉民发表演说

## 遭到严峻挑战

袁世凯是从北方起家的，一旦离开经营多年的老巢，如虎落平阳，威风不在。至于北方的军人集团，也不愿将中国的政治中心南移，他们不仅在生理上，更有一种心理上的水土不服。

随着袁世凯于3月10日在北京就任中华民国第二任临时大总统，形势急转直下，南京政治中心的地位，遭到严峻挑战。袁世凯及北洋系的势力雄厚，革命党人有所不及。实力决定一切，参议院屈从于强权，于4月2日开会决定将临时政府迁往北京。孙中山在南京建立政治中心的努力，一时夭折。

袁世凯力主维持北京政治中心的地位，有其不可告人的预谋，但据现实情况，尚不足以“改弦更张”。选择北京，代表了当时地方的意愿；而在日本帝国主义处心积虑地想吞并东北的危局下，维持北京政治中心的地位，对制约日本，抑制复辟势力，还是有一定的作用。

北京政治中心的地位，从1912年一直持续到1927年。袁世凯统治时期，是“一枝独秀”，袁死后，树倒猢狲散，形成皖、直、奉三大派系和其他地方军阀的割据局面，作为政治中心的北京，已徒有虚名。

## 政治地位重新确立

1926年，广州国民政府发动了旨在推翻北洋军阀势力的

南京地处南北要冲，吴楚之交，兼具“苏苑之美，钱塘之秀，淮土之淳”。钟灵毓秀的自然形胜，古时就被称为“储王气，藏英灵”的“江南佳丽地，金陵帝王州”。传说，秦始皇统一中国后，东巡路过金陵，手下有方士说这里暗藏“王气”。秦始皇为保子孙永世为帝，下令凿断金陵山的龙脉，以泄“王气”，并改金陵为秣陵。秦始皇枉费心机，未能保住秦朝江山，而更改金陵之名，也未能阻断王气，“六朝古都”，就是最好的诠释。

南京国民政府成立



北伐战争。未雨绸缪，确立新的政治中心，再次提到日程上来。

身为国民革命军总司令的蒋介石，最初也赞成将首都设在武汉，随后便一改初衷。原因有二：一是唐生智在归顺国民政府后，基本控制了两湖地区，在他人地盘上，显然影响到蒋氏个人权威的发挥。二是北伐前，广州地区严重"赤化"，两湖地区民众运动基础较弱，迁都武汉，可以限制国民党内的左派势力。然而世事难料，计划不如变化，当北伐打到武汉后，那里的"赤化"程度暴涨，已失去作为政治中心的氛围。蒋介石为了显示自己的"正统"，决定"另起炉灶"，在南京成立国民政府，以南京为首都。

1927 年 4 月 18 日，南京国民政府宣告成立。当日，即发表国民党中央建都南京的宣言："政府谨遵总理遗志，接受多数同志之主张，依据中央政治会议，于 4 月 18 日在南京办公。南京地位在党务上、政治上、军事上、地理上均较武汉重要，定都以后，本政府所负领导国民革命与建设民国之责任越益重大。"

蒋介石虽然在南京建立了政治中心，但当时还有汪精卫的武汉国民政府，以及西山会议派在上海另立的一个国民党中央，此外，以北京为中心的安国军政府尚存，出现了多个政治中心并存的奇特现象。

不过这种局面未能维持多久，到了 9 月，国民党内各方势力达成初步妥协。1928 年 2 月 2 日，国民党召开二届四中全会，结束了宁、汉、沪三个中央对峙的局面。同年 6 月，蒋介石再次领导发动了北伐，直捣北京。接着，东北的张学良果断易帜，全国终于"青天白日满地红"。

在当时条件下，国民党非但没有认真考虑过将中国的政治中心从南京迁往北京，相反，为了淡化北京的传统政治中心概念，国民政府将北京改称北平。从此，只有一个地方被冠以具有特殊意味的"京"字称谓，这就是六朝古都南京。

南京作为中国的政治中心，打破了传统

的政治格局，历来中国的国防重地长城以北地区的防御，受到了极大削弱。政治中心的南移，也决定了国民党在处理与列强间的关系中，越来越重视与英、美的关系，而疏于对日本的防范。

时任国民革命军总司令的蒋介石也是雄姿英发

南京城鸟瞰

蒋、宋婚后，蒋介石与宋家人合影，前排左起：宋美龄、宋母倪桂珍、宋蔼龄；后排左起：宋子良、蒋介石、孔祥熙、宋子安

# 获得的不只是女人的芳心

**蒋介石要江山更要美人，蒋宋联姻后，双方的真情实感日益浓烈。**



## 非同寻常的婚礼

教堂的钟声，在空中回荡，又一对新人喜结良缘。今天的婚礼非同寻常，牵手的新郎新娘，可谓“珠联璧合”，日后数十年，主宰着中国的命运，这就是 1927 年 12 月 1 日的蒋宋联姻。

下午 3 时，先行西式婚礼。由中华基督教青年会总干事余日章博士主持。蒋介石由刘纪文陪同步入礼堂，随后宋美龄挽着宋子文的手臂进入。

蒋介石先为宋美龄戴上戒指，并宣读誓词：“我蒋中正情愿遵从上帝的意旨，娶你宋美龄为妻。从今以后，无论安乐患难康健疾病，一切与你相共，我必尽心竭力地爱敬你、保护你，终身不渝。”接着，宋美龄也宣读同样的誓词。仪式过后，两人赴戈登路大华饭店出席中式婚礼。

宋美龄（后排右六）做伴娘的一张照片

礼堂设在布置豪华的大华饭店跳舞厅，参加婚礼者多达 1300 多人。下午 4 时许，蒋介石、宋美龄乘花车来到大华饭店。4 时 15 分，乐队奏起门德尔松的结婚进行曲。在欢快的音乐声中，两位主角先后出场。蒋介石身穿大礼服，胸挂彩花，由男傧相刘纪文、孔祥熙陪同首先走出。5 分钟后，在郭、王、孔、倪 4 位女傧相引导下，手捧着一大束白色和粉红色玫瑰花的宋美龄挽着宋子文的手臂款款而来。饰以银线的白色软缎长裙从她的肩上垂下，配以一件长而飘逸的轻纱。她那美丽的面纱上，还戴着一个由橙黄色花蕾编成的小花冠。10 岁的孔二小姐珍妮和少爷孔路易在身后司纱。婚礼由邵力子任司仪，蔡元培宣读证婚书。接着由证婚人、主婚人、结婚人依次用

**中山陵远眺**——392 级台阶、158 米的高度，需要一步步拾级而上，才能到达中山先生的祭堂。它壮观雄伟，凝重坚实，与蓝天白云相衔，恰是中山先生精神的最好体现。

中山陵西式拱门——拱门，在中国古典建筑中运用很多，比如城门、花园、走廊。只是一变成西式，好像韵味就多了几分，内涵也丰富起来。它将拱形有机地分为了两部分，上部分为半圆，由木条长短分割，有点太阳初升、光芒四射的味道；下部分的花格门，则凹凸分明，立体感十分强烈，既不失庄重，也大方得体。

蒋介石、宋美龄结婚照

章，新郎新娘相对一鞠躬，向证婚人、主婚人及来宾各一鞠躬。仪式结束后，新郎新娘到花园拍照，然后返回宋宅。

当日的中文报纸登载两则启事，一是昭告蒋宋联婚；二是蒋介石的离婚声明："毛氏发妻，早经仳离，姚、陈二妾，本无契约。"

同一天，蒋介石还款款深情地发表《我们的今日》一文："实为余有生以来最光荣之一日，自亦为余有生以来最愉快之一日。……余确信余自今日与宋女士结婚以后，余之革命工作必有进步，余能安心尽革命之责任，即自今日始也。"

新婚第二天，蒋宋二人随即前往浙江莫干山欢度蜜月。然而仅一天，蒋介石就匆匆赶赴上海，与汪精卫"晤谈党务"。

蒋宋婚后仅10个月，蒋介石就成为国民政府主席，宋美龄荣升为"中国第一夫人"。

## 邂逅

1922年，一年前刚与第二位夫人陈洁如举行过婚礼的蒋介石在孙中山家里，与漂亮、聪颖的宋美龄邂逅。他一下子就迷上了宋美龄。

蒋介石决意已下，宋家的三妹，他是娶定了，于是迅速行动起来。宋美龄当时已和刘纪文订婚，但她同意与蒋通信。在

在这场婚姻中，是一个双赢的结果，一个强强联手的局面。每每在蒋介石遇到重大危难之时，都可以看到宋美龄的身影。无论是西安事变，还是赴美求援，她都挺身而出，为夫君分忧解愁。至于一些细微之处，也可见一斑。

1927年9月蒋介石前往日本与宋母商谈婚事后与日本友人合影。右起：宋美龄、蒋介石

以后动荡的5年中，蒋一直坚持向她求婚，书信不断。

最初，宋美龄并不属意眼前的这位郎君。受过西洋教育的她，渴望的是一种浪漫的爱情，追求的是风度翩翩的高雅绅士，蒋似乎并不符合她心中的这一标准。

大姐宋蔼龄看在眼里，急在心中。精明的她看准了蒋介石的潜力。在大姐的热心撮合下，小妹的思想开始动摇。

蒋介石于1927年8月13日第一次“下野”，回到家乡溪口。政治上的暂时失意，并未影响到他的心绪。他给宋美龄写了一封情真意切的“情书”，似乎是他最后的真情告白。失之东隅，收之桑榆，蒋介石终于获得了宋美龄的芳心。

同年9月29日，蒋东渡日本，向宋母请求允准他和宋美龄的婚事。蒋随身带去的礼品有杭州绣品、景德镇瓷器、宜兴茶具、杭州龙井、长白山野山参、大珍珠项链、翡翠手镯等。当然，还有一枚不可缺少的订婚钻戒。

宋母倪桂珍向蒋提出两个先决条件：一是实行一夫一妻制，原配夫人必须离婚；二是宋氏全家信奉基督教，女婿也必须皈依上帝。蒋介石呈上他与元配毛福梅的《协议离婚书》，并表示“对基督之道，近日亦有信仰”。倪这才允蒋所请，同意嫁女。于是，就有了这场蒋宋的世纪婚姻。

蒋宋结婚后，双方的真情实感日益浓烈。1930年中原大战，蒋介石需要很多战争经费，而财政部长宋子文不批，急坏了宋美龄。她对宋子文说：战事到了最紧急时，你不给他钱，他一定要失败；我知道介石的脾气，如果

1943年2月，宋美龄访美，在国会发表演说的盛况

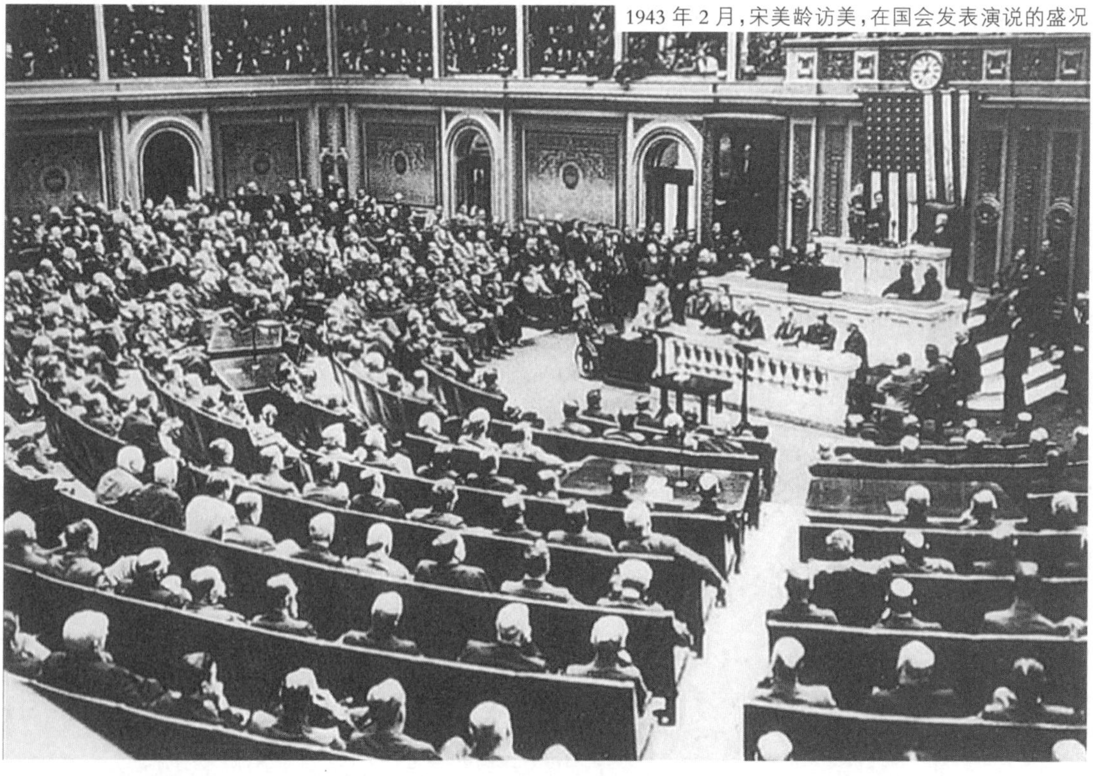

蒋介石"猛追"宋美龄期间(1926年),两人合影于上海孔祥熙寓所庭院

宋氏三姐妹在美国学习时合影,前:宋蔼龄;左:宋庆龄;右:宋美龄

失败他一定要自杀,如果他自杀我也跟着死。她把自己的房产和珠宝抵给宋子文,宋子文很感动,很快筹到了钱。九一八事变后,蒋介石内外交困,处境艰难。他曾准备北上,跟日本人拼一场。但蒋又很清楚,打不过日本人,所以临行前他立了遗嘱。宋美龄也表示愿意一起与他北上。蒋介石说:牺牲是我男儿的责任,跟你有什么关系?反对她北上。宋美龄觉得蒋介石看不起她,一怒之下回了上海。第二天,宋美龄又回来了,说:我丈夫正处在非常困难的时候,我不应该离开他,而应该与他共生死。这两个小故事说明,蒋宋之间是有真情实感的。

每每在蒋介石遇到重大危难之时,都可以看到宋美龄的身影。无论是西安事变,还是赴美求援,她都挺身而出,为夫君分忧解愁。至于一些细微之处,也可见一斑。她常陪蒋介石巡视各地,蒋介石每次同外国公使相会,她都充任翻译。她还为蒋介石保管机密文件,处理要务,并且每天阅读英文报刊,摘录重要信息,供蒋介石决策时参考。

让蒋介石一见难忘的宋美龄

1942年,宋氏三姐妹在重庆发起"献机爱国运动",此时为宋美龄政治生涯的高峰

刘纪文

# 南京特别市市长一声叹息

**一表人才的刘纪文，没娶成宋美龄，但在南京特别市市长的位置上，却有可圈可点之处。**



## 擦出爱情火花

1927 年 12 月 1 日，蒋介石与宋美龄在上海成婚。婚礼上，蒋的男傧相姓刘名纪文，长的是一表人才。可惜，那天他注定只是一个配角，没有人会关注他。刘纪文与蒋介石是什么关系？就广义而言，他们应算是“情敌”。

生于 1890 年广东东莞县的刘纪文，家境贫寒，好在他天资聪慧，又勤奋好学，应验了那句“寒门出贵子，高山出俊鸟！”刘纪文的青少年时代，政局动荡不安。为救亡图存，志士仁人奔走呼号，乃至舍命一搏。他也毅然行进在革命的洪流中，成为同盟会的一员。

辛亥革命成功，民国初创，压抑了许久的青年人，充满着一种解放的感觉。一批青年才俊怀着学习西方新知的渴望，纷纷出洋留学。刘纪文的梦，也随之飞翔，他于 1912 年夏来到日本。1915 年，他考入早稻田大学，旋即转入政法大学攻读政治经济学。

1917 年 9 月，孙中山南下广州组织护法军政府，胡汉民任交通总长，古应芬任粤省财政总长，古胡配合默契，古应芬、林森、萧佛成、邓泽如等被胡汉民倚为左右手。刘纪文于早稻田大学毕业后迅速回国，追随中山先生，在古应芬手下任职，自此步入仕途。

刘纪文办事勤力，又聪颖英俊，颇堪造就，深得古的赏识，遂有意将爱女婉仪许配刘为妻。刘纪文虽然对贵小姐的容貌不敢恭维，但身为一介小职员，能有如此艳遇，还是受宠若惊，欣然从命。可惜，古婉仪红颜薄命，两人订婚不久，就一病卧床不起，数年后香消玉殒。刘纪文乃是性情中人，悲戚戚而肝肠欲断。古应芬看在眼里，深为其“多情”、“多义”所动，爱屋及乌，对爱婿全力栽培。刘纪文失之东隅，收之桑榆，由此官运亨通，步步高升。1923 年，在古应芬的帮助下，他再次出国深造。归国后，由古应芬保举，出任广东省政府委员兼农工厅厅长，前途看好。

刘纪文英年丧妻，凄凉无诉处，他感叹自己生活的不幸，这时，他的思绪在飞，他又会想起另外一个女人，想到曾经让他刻骨铭心却是悲情结局的初恋，不禁潸然。1916年，刘纪文去美国看望在哈佛大学留学的好友宋子文时，与宋家的小妹宋美龄不期而遇，爱情的火花在瞬间迸发，留下了一串串缠绵的情思。

当时，宋美龄一个人在威斯里安女子学院就读，她的大姐和二姐学成后已先期返国。孤单之中，她常去兄长宋子文那里。那一日，与刘纪文不期而遇。面对亭亭玉立的美少女，刘纪文不禁怦然心动，“陶醉在日后美满生活的遐想之中”。情窦初开的宋美龄，也为眼前这位身材修长、一表人才的青年所吸引。宋子文热情地为好友刘纪文和小妹做了介绍，三人共度了一个欢愉的夜晚。与宋美龄的初次相识，给刘纪文留下了迷人的思恋。

同年夏，宋美龄完成学业，并获得学院授予学生最高荣誉的“杜兰特学生”称号。宋美龄以其美丽、热情与优雅，征服了不少憧憬爱情的痴迷者，但宋美龄不为所动，而是对刘纪文情有独钟。最后一个暑假，她邀请刘纪文结伴旅行。半个月的环美一游，旧金山、纽约、洛杉矶，留下了彼此亲密无间的影子。爱潮，在他们心中涌动。

不久，宋美龄得到二姐宋庆龄违抗父命，冲破封建礼俗，私自和孙中山在日本结婚的消息。爱的浓浓暖意，让宋美龄亦冲动一时，做出惊人之举，她决定效仿二姐，与刘纪文订婚，来个先下手为强，让家里拿她没辙。她的决定，哥哥当然极力支持。这对情侣，当着宋子文的面，一番山盟海誓。那一刻，刘纪文激动无比，他期待早日能走入婚姻殿堂，充分享受圣洁的爱。

1917年，刘纪文带着满心欢喜归国回粤。同年，宋美龄也告别母校，回到父母身边。曾经的诺言，不知怎么，很快就在宋美龄频繁的社交活动中化为烟云。刘纪文的等待，成了南柯一梦。

后来，宋美龄在广州二姐夫孙中山的寓所，碰到了蒋介石。再后来，她就成了这位国民革命军总司令的新一任夫人。

新婚典礼上，新娘宋美龄是由哥哥宋子文交给新郎蒋介石的。看着蒋介石身旁的刘纪文，宋子文深深地为好友酸

刘纪文颇具新潮意识和反封建思想，他在市长任内，为南京城门改名，可见一斑。1928年夏，应南京市政府呈请，国民政府决定更改南京部分城门名称，其中朝阳门改为中山门，仪凤门改为兴中门，聚宝门改为中华门，神策门改为和平门，丰润门改为玄武门，洪武门改为光华门，海陵门改为挹江门。为此，刘纪文致函蒋介石、于右任、蔡元培、谭延闿、胡汉民和戴季陶请他们分别为城门题写了新的匾额。

古应芬

上海大华饭店:蒋介石与宋美龄在这里举行了结婚典礼,刘纪文与许淑珍在这里举行了订婚仪式

蒋介石(右)与刘纪文在日本合影

楚,而刘纪文更是一种莫名的无奈。面对熟悉而又陌生的美人,他的心是那样的凄然。

## 政海沉浮

也许,是宋美龄念及旧情,或许,她在蒋介石耳边几许美言,刘纪文虽然情场失意,但官场走红,1928 年 7 月 20 日,他出任南京特别市市长要职。下午 4 时,刘纪文出席了在市政府大礼堂举行的就职典礼,到会各机关、党部、团体代表、各报馆记者、各界来宾及市政府各局处人员计千余人。就职宣誓后,刘纪文发表了题为《总理与南京》的演说,发誓要将南京建设成“世界大都市中难觅见之佳境”。主政期间,他不辱使命,有过不少值得称道的业绩,南京市政建设也大有起色。不久,他又走桃花运,迎娶了比他小 17 岁的许淑珍小姐,并由蒋介石和谭延闿为其共同证婚。

1930 年 5 月,刘纪文调任上海江海关监督,这是个很有油水的肥缺。无奈,好景不长。中原大战后,国民党内的派系斗争发生新的变化。1931 年 2 月底,蒋介石将立法院长胡汉民扣押。胡的左右臂、中央监察委员、国民政府文官长古应芬愤然回粤,通电辞职,与反蒋回粤的国民党中央执行委员、监察委员等酝酿另立“国民政府”,与蒋分庭抗礼。古应芬一连数电,催促刘纪文回粤,刘拖延再三,不得不于 6 月底辞职回粤。不久,古应芬一病作古,广州国民政府与南京国民政府在上海和谈,议定取消广州国民政府,成立西南政务委员会。刘纪文担任广州市市长。1936 年夏,西南政务委员会瓦解,蒋介石因刘纪文参与过反蒋,只安排他一个广东省政府委员的空衔,刘最终成为蒋粤两大派系斗争的牺牲品。

# 跛足巨人张静江

张静江在黄山，其时已信佛，故手持佛珠

**他是毁家纾难的“革命圣人”，孙中山的挚友，蒋介石的恩公。**

## 资助孙中山

张静江（1877—1950），出生在浙江湖州南浔一个巨商家庭，祖父做丝绸生意发家。张静江的血液里继承了祖父的创业精神，同时流淌着自己的豪侠之气。一次因家中失火被烧伤，大难不死后落下终生残疾，跛足一生。

1902 年，在岳父的举荐下，张静江以一等参赞的身份，随驻法公使孙宝琦赴欧，他的命运就此改变。浙江人善于经商的头脑，使张静江如鱼得水，他以侨商身份留居巴黎，筹办通运公司，一时财源滚滚。又开了一家茶店，后来成立了一个文化沙龙，结识了不少进步人士，开启了他投身革命的心智。

1905 年，由于对清政府腐败无能的不满，张静江成为一名激进的反清志士。这一年，他在外出乘轮船时偶遇孙中山，明确表示“近数年在法国经商，获资数万，甚欲为君之助，君如有需，请随时电知，余当悉力以应”。

孙中山非常欣赏张静江的豪爽，直言相告自己此行的目的，谈到革命成功后的宏伟建设计划。张静江为之动容，决意加入同盟会，从此投入革命洪流，亦商亦政。临别时，当他得知孙中山不久要赴美宣传革命时，立即写信，让他去纽约通运公司提取 3 万美元作为活动经费。

1907 年，东京同盟会本部经费枯竭，筹款无着，窘迫中孙中山想起张静江。于是给他拍出一电，数天后 3 万法郎汇到，

1924 年中国国民党第一次全国代表大会在广州召开，孙中山亲自提名张静江为中央执行委员候选人。1925 年 3 月初，孙中山应冯玉祥之邀赴北京会谈南北统一，积劳成疾。病危之际，他仍然思念着张静江这个患难挚友，很希望临终前能见上一面。张静江闻讯后急赴北京，见面时挥泪如雨。

国民革命军北伐时，张静江(中坐者)为蒋介石等送行



让孙中山与同志们又惊又喜。次年孙中山为筹集广东及云南起义所需款项求助张静江，张静江又两次如约汇出1万和5万法郎。

张静江如此仗义疏财，孙中山一直铭记于心，并对他冒着杀头之危，将在巴黎等驻外分公司发展为同盟会的“隐蔽据点”感激不尽。由“奇人”到“民国奇人”，再到“革命圣人”，这是孙中山对他的褒奖。

上海光复后，在张静江等浙籍大商人的鼎力支持下，孙中山的得力助手陈其美出任沪军都督，巩固了上海这块重要的革命根据地。然而辛亥革命的胜利果实，不久落入袁世凯之手，张静江追随孙中山反袁。“二次革命”失败后，袁世凯在上海大肆搜捕革命党人，张静江利用各种社会关系，掩护革命党人，并出资帮助不少人流亡日本。

1914年孙中山在日本改组同盟会为中华革命党，委任张静江为财务部长。此时人在法国的张静江，正渴望实现自己“生当为人杰”的人生抱负，他愈发感到干革命没本钱不行，毅然于1920年回国，创办上海证券物品交易所，以此为阵地，为革命活动筹措经费。

1924年中国国民党第一次全国代表大会在广州召开，孙中山亲自提名张静江为中央执行委员候选人。1925年3月初，孙中山应冯玉祥之邀赴北京会谈南北统一，积劳成疾。

西湖博览会桥

西湖全景

西湖博览会纪念塔

病危之际，他仍然思念着张静江这个患难挚友，很希望临终前能见上一面。张静江闻讯后急赴北京，见面时挥泪如雨。

## 提携蒋介石

说到蒋介石发迹，就不能不提张静江。1912 年，张静江在陈其美那里邂逅蒋介石，蒋谈吐不俗，给张留有很深的印象。后来几次相遇，张静江似“伯乐相马”给予蒋更多的关注，蒋不负重望，于是两人交谊日深。

四年后，陈其美因鼓动“倒袁”被袁世凯暗杀于寓所。陈遭遇不测后，张静江邀蒋介石到他在上海开设的恒泰交易所任职。蒋一心想在证券市场赚上一笔，然而屡战屡败，身无分文，只好向张静江举债。张二话不说，有求必应，并在孙中山面前多次美言。在他极力举荐下，蒋介石当上了黄埔军校校长，并得到孙中山的信任，这是蒋发迹的重要一步。提携之恩，让蒋感激涕零：“自遇恩公，中正如枯木逢春……栽培之情，犹如草木仰之泰山。”

1916 年，张静江与蒋介石义结金兰，对他更是关照有加。蒋介石大权在握后，报之以李，让张静江担任国民党中央政治会议主席，代理国民政府主席等职。

张静江和他的元配夫人姚蕙

张静江、朱逸民夫妇

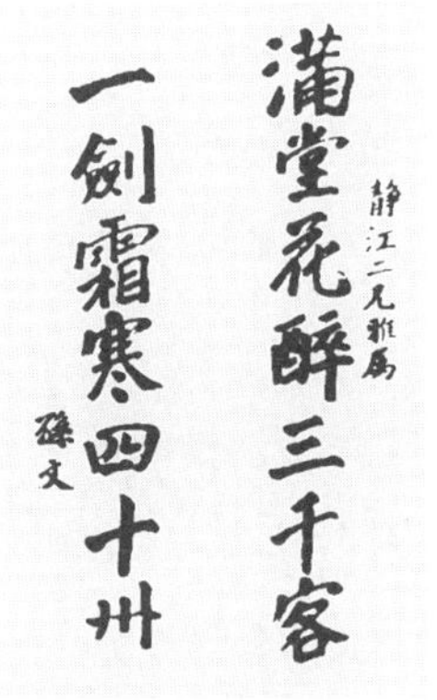


孙中山书赠张静江

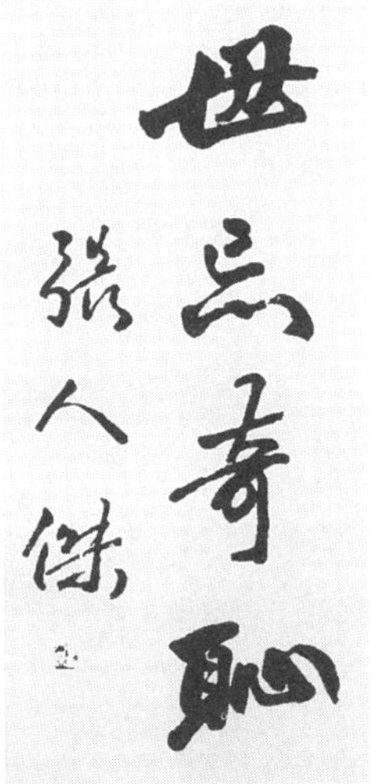


济南惨案时张静江悲愤所书“毋忘奇耻”

张静江与夫人朱逸民及子女们合影

张家三代：祖父张颂贤（中坐者）、父张定甫（左一）、兄张弁群（右二）、张静江（右一）、弟张澹如（左二）

时间一晃到了1927年，张静江与蒋介石在一些政治问题上意见相左。此时蒋介石腰板已直，不再需要仰仗张静江的扶持。他一怒之下，把昔日恩师轰出了国民党中央，贬为浙江省主席。

## 不要做官

疏离政治漩涡的中心，张静江醉心于“经济救国”，在电力、水利、矿业、铁路等方面做了不少实事。其中最值得称道的，莫过于1929年6月举办的西湖博览会，历时128天，参观者达2000万人。它对发展我国民族工业，提高中国产品的知名度和信誉，具有促进作用。张静江举一省之力，举办这样一个综合性博览会，令人钦佩。

因为人品操守的大相径庭，政治理念的截然不同，张静江与蒋介石的矛盾不可调和，关系愈加淡薄。这时的蒋介石有了宋、孔两大家族撑腰，血缘姻亲的关系，远比异姓兄弟情谊更重。1931年10月，以宋子文为首的全国经济委员会成立，让仍是全国建设委员会主席的张静江名存实亡，这对他精神上的打击不小。蒋介石的疏远、权力的丧失以及痼疾的加重，让张静江忍不住发出“不要做官”的慨叹！曾经亲密无间的把兄弟，如今缘分终于走到尽头。

1935年8月，印光法师到上海，张静江登门拜访后似乎找到了人生归宿。日本发动全面侵华战争后，张静江定居美国。一个曾经星光灿烂的风云人物，就这样淡出商界和政坛，渐渐被人们遗忘。

西湖博览会

# 海上闻人杜月笙

杜月笙

**他从卖水果的小贩一跃成为上海滩帮会第一人，而且是蒋介石面前的红人。**

## 神通广大

杜月笙(1888—1951),原名月生,发迹后附庸风雅,改名“镛”,号“月笙”。生于江苏川沙(今属上海浦东新区)高桥南杜家宅,是近代上海青帮中最著名的人物。

他14岁到十六铺元盛水果行学徒,“水果阿生”的绰号,由此而来。拜青帮“通”字辈陈世昌为老头子,后经他引荐,投奔到上海滩黑社会大佬黄金荣的门下，开启了一段传奇人生。他机灵诡诈,善于揣摩人意,一副混迹江湖的心智,很快获得黄金荣的赏识,成为亲信,负责经营法租界三大赌场之一的“公兴俱乐部”。因为善于纠合同伙,勾结军阀,他成为法租界鸦片提运中最有势力的一个。

杜月笙不仅“生财有道”,更不惜散财以笼络人心。在他的多方羁縻之下,不仅在一般马路流氓中一呼百喏,就是各帮派的首领,也多甘拜下风。虽然没有形成一个统一的流氓组织,但杜月笙俨然成为各帮派中的霸主。

上海乃所谓五方杂处之地,俗话说“林子大了,什么鸟都有”。但经过杜月笙的一番感情投资和银弹运作,效果就大不相同。一些外来的军阀官僚和富商巨贾,在许多见不得天日

上海沦陷后，杜月笙拒绝日本人的拉拢，于11月迁居香港。他利用帮会的关系，从事情报搜集、策划暗杀汉奸等活动,其中最著名的，是他在上海的门徒协助军统特务刀劈伪上海市市长傅筱庵,除了一个大汉奸。

京剧名伶孟小冬,抗战后嫁给了杜月笙

1931年杜月笙家祠落成举行典礼活动时，蒋介石亲自为杜祠题字“孝思不匮”

的勾当中，常常与他一拍即合，在狂嫖滥赌、酒酣耳热之后，怎能不“荣辱与共”、投桃报李？杜也因此不断扩大势力范围。

杜月笙除了有“圈钱”的本事，绑架肉票一类的勾当，也要他出面来摆平。富商大户，一遇家人被绑，总是千方百计找到杜老板的关系，拿钱请他打点疏通，赎回人质。杜月笙虽然只是一个流氓大亨，本事还不能通天，但在上海滩还是能说了算、兜着转的人。他的声望见涨，已不可同日而语。

1925年7月，杜月笙在租界与军阀当局庇护下，成立“三鑫公司”，垄断法租界鸦片提运。这时的杜月笙已自立门户，不再为他人打拼。随着势力的不断增大，他与黄金荣、张啸林已鼎足而立，并称为“上海三大亨”。同年，担任法租界商会总联合会主席，兼纳税华人会监察。

## 帮会第一人

在上海三大亨中，有“黄金荣贪财，张啸林善打，杜月笙会做人”之说。黄金荣固执保守，悭吝有名；张啸林心粗气浮，刚愎自用。比起他们二人，杜月笙确实高明许多。他善于协调黑社会各派势力之间的关系，善于处理与各派军阀之间的关系。由于他在上海善待下台总统黎元洪，黎的秘书长特撰一副对联：“春申门下三千客，小杜城南尺五天。”他因此被门徒吹捧为“当代春申君”。

杜月笙为人精明，他深知要想在上海真正立足，进入上流社会，必须改头换面，否则难以入流。他一改流氓身着短衫、手戴戒指、卷袖开怀的打扮，换上长袍马褂，衣冠楚楚，彬彬有礼，俨然以“绅士”自命。他让手下人称他“杜先生”，而不像黄金荣叫“黄老板”，张啸林叫“张大帅”。他广结名流，大学者章太炎、名士杨度、名律师秦联奎都是他的座上客。杜月笙的社会地位，就在这潜移默化的

杜月笙与黄金荣、张啸林合开的上海最大赌场——位于福煦路181号的富生公司

杜月笙做过挂名的少将参议，此图为杜氏唯一的穿军装的照片

"漂白"中不断得到提升。

1927年4月，杜月笙与黄金荣、张啸林打出"中华共进会"的招牌，为蒋介石打压工人运动充当打手。4月11日晚，他设计杀害了上海总工会委员长汪寿华，随后又指使流氓镇压工人纠察队，鲜血四溅。为此，他得到了蒋介石的褒奖，被封为少将参议；黄金荣看到自己的门生老辣，就此退隐，杜月笙后来居上，一跃成为帮会第一人。

## 蒋介石的红人

他认准了蒋介石这棵"大树"，一脚踏上这条大船。国民政府成立后，他担任陆海空总司令部顾问、军事委员会少将参议和行政院参议。1929年出任公董局华董，这是华人在法租界的最高职位。同年，杜月笙插足金融界，创办中汇银行，通过结交徐新六、陈光甫等金融界名人，业务颇为兴旺。一个曾经卖水果的小瘪三，凭借着一套流氓权术在江湖混事，居然也掌握了银行，一步步地成为上海滩有头有脸的人物。

1930年，已成海上闻人的杜月笙在浦东老家建了一座家祠。落成典礼和"奉主入祠"时，包括蒋介石、淞沪警备司令熊式辉、上海市长张群等在内的军政要人都送来匾额。排场之大，靡费之巨，盛极一时。

1932年，杜月笙组织"恒社"，自任名誉理事长。社名取"如月之恒"典故，名义上是民间社团，实际上是帮会组织。他借机广收门徒，把触角伸向社会各个方面。

杜月笙，所有到上海的人都听说过他，所有写上海的人都会写到他，他是一部历史。他的一生风风雨雨，折射出所处时代的光怪陆离。《剑桥中华民国史》的注释中说，杜月笙是上海最难以认识清楚但最有势力的华人。

杜月笙

张啸林

黄金荣

20世纪30年代的上海南京路

1937年八一三淞沪抗战爆发后，杜月笙参加了“上海各界抗敌后援会”，任主席团成员兼筹募委员会主任。他参与劳军活动，筹集大量毛巾、香烟、罐头食品，送到抗敌后援会。还设法弄到一些军中急需的通讯器材、装甲保险车送给抗日将领。

上海沦陷后，杜月笙拒绝日本人的拉拢，于11月迁居香港。他利用帮会的关系，从事情报搜集、策划暗杀汉奸等活动，其中最著名的，是他在上海的门徒协助军统特务刀劈伪上海市市长傅筱庵，除了一个大汉奸。

抗战胜利后，杜月笙重返上海。这时，帮会的作用已今非昔比。1946年12月，上海参议会选举议长，杜月笙经多方活动，虽以高票当选，但因得不到国民党的有力支持，当选后他旋即辞职。

上海解放前夕，有人劝杜月笙留在上海，他自知劣迹斑斑，还是去了香港。1951年，他一病不起，不久便撒手人寰。

杜月笙，所有到上海的人都听说过他，所有写上海的人都会写到他，他是一部历史。他的一生风风雨雨，折射出所处时代的光怪陆离。《剑桥中华民国史》的注释中说，杜月笙是上海最难以认识清楚但最有势力的华人。

抗战中，杜月笙接受其出资所捐飞机命名证书

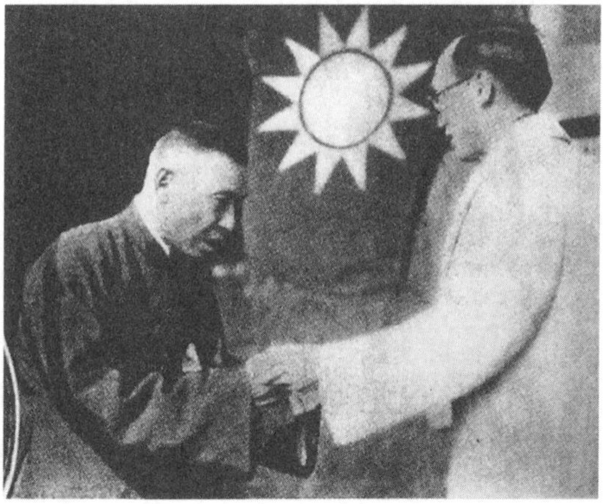

陶行知 1936 年秋到母校哥伦比亚大学师范学院演讲

# 知而行之的尝试

**上世纪二三十年代，陶行知、晏阳初、梁漱溟引领的那场“教育救国”的实践，亦是一场改革。**

## 由行而知

1920 年，从美国学成归国的陶行知创立中华教育改进社，自任总干事。不久，又发起组织中华平民教育促进会，主张“教育救国”。1927 年 3 月，他在南京创办了试验乡村师范学校（后更名晓庄师范），大力推行“生活教育”，引导师生从事社会、生产活动。

陶行知原名知行，信奉“知行”学说。后来他深深感到，许多知识是书本上学不到的，只有在实践中才能有所收获，于是他将自己的名字又改为行知，意思是“行而知之”。他把自己的这一观点始终贯穿于整个教育实践之中，主张社会即学校，生活即教育，教、学、做合一。只有这样，才能学以致用，不脱离实际，否则枉为空谈。

陶行知原名知行，信奉“知行”学说。后来他深深感到，许多知识是书本上学不到的，只有在实践中才能有所收获，于是他将自己的名字又改为行知，意思是“行而知之”。他把自己的这一观点始终贯穿于整个教育之中，主张社会即学校，生活即教育，教、学、做合一。

晏阳初是另一位平民教育家，他与陶行知经历相仿，学成后毅然回国。回国之前，他曾在法国为华工服务，在相处的过程中，他得到两项珍贵的启发，一是中国诚朴农民智商高，能力强，只是缺乏读书求知的机会；二是中国的知识分子高高在上，完全不认同自己同胞的“苦”与“力”。于是他矢志“终生为苦难同胞服务，教他们识字读书”。

1920 年冬到 1922 年春，晏阳初用了一年多的时间，游历了 19 个省，调查各省平民教育现状。他得出两个结论：一是

1930年晏阳初(后立者右五)及夫人许雅丽(中坐者右三)与中华平民教育促进会同仁及家属在定县合影



在国内推行平民教育需考虑他们的实情，有的放矢。二是各省的平民教育很缺乏。于是，基础化、简单化和经济化，成了他平民教育的准则。

根据“三化”原则，晏阳初主持编写了《平民千字课》。他相继选择了长沙、烟台和嘉兴做平民教育的实验工作，取得很大成功。

1923年8月26日，中华平民教育促进会总会成立后，晏阳初在继续城市平民教育工作的同时，开始了他对乡村的平民教育工作。他感到，中国农村范围大，各地情形不同，要想在全国实现普及乡村教育的目标，必须有一个具体的提倡和推行计划，分别进行。晏阳初与平教社同仁经过两年的选择与考虑，于1926年秋决定以河北定县为“华北实验区”，以翟城村为中心，从事各项工作。

定县的平教实验，主要开展社会调查、集中推行识字教育、试办平民学校、研究推广农业科技等工作。

1930年7月，晏阳初等制定了定县平民教育十年规划，有计划有步骤地实施。5年时间，定县平民实验在各方面取得了很大成绩。

可以想像，当年这样的推广工作，是有相当难度的。但晏阳初不畏艰难，一步一个脚印向目标进发。

## 不亚于一场革命

梁漱溟是北京大学哲学教授，“文化三路向”理论是他的哲学观。在解决了哲学问题后，他把目光转向社会，探讨理论付诸实践的道路，以实现救国救民的抱负。他毅然辞去大学教职，开始他人生新的旅途，实践其对教育的认识和设想。

梁漱溟提出了他著名的乡村建设理论，救国理念和基于对中国国情的认识这两点是乡村建设理论的发起缘由。而在内容上，他认为有两点最重要，一是农民自觉，二是乡村组

**国民革命军阵亡烈士公墓**——要奋斗就会有牺牲，但先烈的血不能白流。这里共入葬1029名阵亡官兵，多数为北伐及淞沪抗战中殉国的将士。牌坊上"大仁大义"四字，就是一种褒奖。

原国民革命军阵亡烈士公墓拱门内景——这里安葬有1029名国民革命军阵亡官兵。灵魂，在这里得到安息。参照中国传统陵墓的建筑布局，布置宫殿式筒形拱门，层层推进，直向纵深，寓意不断革命，前仆后继；坚硬的大理石，象征着革命志士的不屈精神。为时代捐躯，为大众捐躯，死得其所。

织，其中又以前者为主。农民自觉，乡村自救，乡村才有出路。中国有两大缺失，一是团体组织，散漫无序，二是科学技术。至于运作模式，强调首先建立行政教育合一的基层组织——乡学、村学，以负责对农民进行广泛的教育。他期望乡村建设达到的目标是“散漫的农民，经知识分子领导，逐渐联合起来为经济上的自卫与自立；同时从农业引发工业，完成大社会的自给自足，建立社会化的新经济构造”。“辟造正常形态的人类文明，要使经济上的富，政治上的权，综操于社会，分操于人人”。

1931 年 3 月，梁漱溟选择了山东邹平作为实验基地，几年的乡村建设运动，使人们看到了一个全新的乡村面貌。多方面的实践和推广，卓有成效。

上世纪二三十年代这场教育救国的模式，不亚于一场革命。它虽然不如革命急风暴雨般强烈，却有着和风细雨般的润物细无声；它不是在短时间内起着翻天覆地的变化，却一定有着对民众潜移默化的持久影响力。

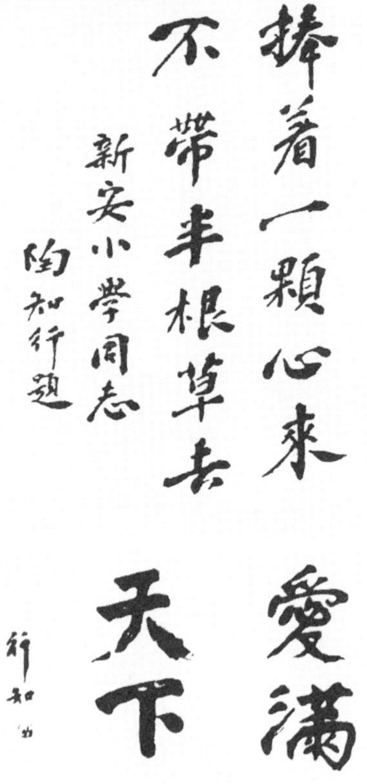


陶行知手迹

1920 年前后梁漱溟任教于北大时留影

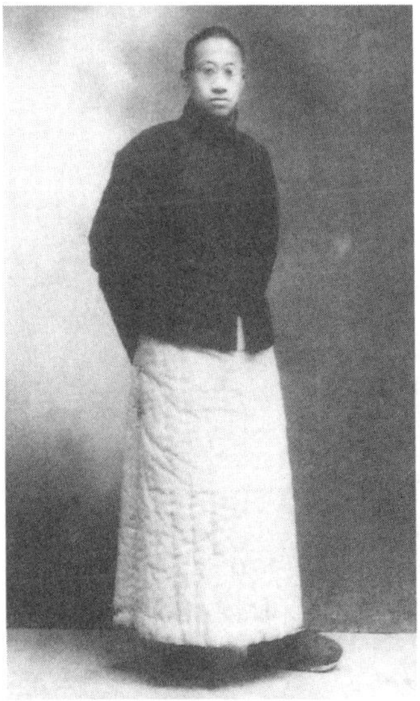

1934 年接任山东乡村建设研究院（邹平）院长，留影于办公室前

三位大学者，不约而同地低下头，用他们真诚的目光，俯视着一个庞大的群体。那一瞬间，他们可以称得上高瞻远瞩。他们知道旧中国的现状是什么，旧中国的特点是什么，旧中国的传统是什么。他们懂得自己应该怎样去做，以一个知识分子的良知，去开启民心、民智。当一个庞大的群体苏醒时，它的创造力就真正体现在这个被称之为东方雄狮的躯体上。

"四大名旦"合影(前排为程砚秋;后排左起为尚小云、梅兰芳、荀慧生

# 梅程荀尚 光耀舞台

**"四大名旦"成就了京剧,他们各有独门剧目,在艺术上各树一帜。**



## 名旦出炉

京剧四大名旦的产生,似乎是一个"无心插柳柳成荫"的艺坛花絮。始于1927年《顺天时报》的投票选举和1931年《戏剧月报》举办的评比活动。

这一年,北京《顺天时报》公开发起选举"名旦"。由读者把印在报纸一角的选票剪下来,填上所要选的人名。这次选举没有规定名额,但被选人必须是挂头牌的当家旦角,并且要有个人的小本戏为限。

结果出来后,梅兰芳、尚小云、程砚秋、荀慧生、徐碧云、朱琴心共6人入选,当时被称为六大名旦。不久,朱琴心辍演,其后徐碧云也告别舞台,结果只剩下四大名旦。

当时的《戏剧月报》又发起了《现代四大名旦之比较》的征文,揭晓时发表了三位剧评人的文章,对四大名旦的嗓音、身段、台容、唱念做打,逐一打分评说。虽然文章开头都承认四人"各有所长",称"梅兰芳如春兰,有王者之香;程砚秋如菊花,霜天挺秀;荀慧生如牡丹,占尽春光;尚小云如芙蓉,映日鲜红",但最后还是"异口同声"地把"梅程荀尚"的结论,塞给了读者。

1932年,长城唱片公司在北京约请四大名旦合录《五花洞》一剧里"西皮慢板"唱段。关于演唱顺序,发生了一点小的风波。

所录制的慢板共四句,由四大名旦各唱一句。如此一来,演唱顺序,无形中就有了给四大名旦排座次的意味。所以,谁唱最后一句,那样就等于自认是"四大名旦"之末。

梅兰芳的首席地位,无可动摇,有人提出,请梅先生不要唱第一句,则演唱顺序就

故宫内漱芳斋院内戏台

与排名无关了。但他坚持不变。录音的当天，荀慧生来了就说，我唱第三句，理由是这一句低腔，适合他的嗓音。尚小云一到录音室就坚持要唱第二句。这样一来，如果程砚秋不肯唱末句，此片势必录不成。这让唱片公司老板犯难。最终，还是程砚秋发扬风格，他因在四人中年纪最小而演唱了最后一句，唱片总算顺利录成。

四大名旦在艺术上不断进取求精，各有独门剧目问世，蔚成流派，各树一帜，雄踞舞台。“四大名旦”的雅号，成了一个永久的荣耀。

随着四大名旦的出台，京剧舞台上一批又一批的优秀青年演员脱颖而出。1940 年北京《立言报》根据观众的要求邀请李世芳、张君秋、毛世来、宋德珠四人，在北京新新大戏院演出了两场《白蛇传》。

四人各自演出了一折自己的拿手好戏。李世芳演《产子·合钵》、张君秋演《祭塔》、毛世来演《断桥》、宋德珠演《金山寺》。他们各自施展特长，精彩的演出引起社会上的强烈反响，一时“四小名旦”声名鹊起。

## “寰球第一青衣”

位居四大名旦之首的梅兰芳出身京剧世家，11 岁开始登台。1913 年至上海演出，即以嗓音甜润、扮相华美被誉为“寰球第一青衣”。

1935 年，梅兰芳赴欧洲演出获得成功，返国时，上海各界人士至码头迎接

抗战期间，梅兰芳困居上海时蓄须明志

清乾隆五十五年(1790)，徽班进京，是京剧的形成和发展具有里程碑的事件。这一年，正值乾隆皇帝 80 寿诞，这位天子酷爱戏剧，六下江南，都要请江南各地戏班到扬州演出。趁祝寿之大喜吉日，特召当时的“二黄耆宿”高朗亭率三庆班和其他各种戏班来京演戏，这是徽班进京之始。三庆班一炮走红，引得“四喜”、“和春”、“春台”等徽班相继进京演出，它们与早先的“三庆班”合称“四大徽班”。徽班在京演出，为京剧的形成奠定了基础。

谭鑫培在电影《定军山》中的剧照

梅兰芳（饰红娘）与尚小云（饰张生）合演《西厢记》

荀慧生在《香罗带》中饰林氏

在京剧《摩登伽女》中，尚小云饰钵吉帝

程砚秋（右）在《游园惊梦》中饰杜丽娘

京剧《霸王别姬》，杨小楼饰项羽，梅兰芳饰虞姬

梅兰芳在50余年的舞台生涯中，精心创造，善于革新，塑造了众多优美的艺术形象，积累了大量优秀剧目，发展了京剧旦角的表演艺术，创造了独具风采的梅派艺术。

1919年，梅兰芳率团赴日本演出，京剧艺术首次向海外传播；1929年，他又率剧组访问美国，取得很大成功；1935年，他应邀出访苏联，受到欧洲戏剧界的重视。此后，世界各地把京剧看成中国的演剧学派。

1931年九一八事变，引起梅兰芳的强烈义愤。为了鼓舞国人抵抗日本侵略者，他与叶恭绰等一起编演《抗金兵》；又把《易鞋记》改编为《生死恨》演出。抗战爆发后，梅兰芳身居沦陷区，不为敌伪威胁利诱，毅然蓄须明志，拒绝登台。

因为不演戏，没有收入，梅兰芳一家的生活陷入困境。但即便卖掉老宅，向银行借贷，靠卖画为生，他也始终保持着民族气节。

征服观众，不只是艺术才华，更要有人格魅力，这就是一代京剧大师梅兰芳。

京剧班学员合影，前排左三为梅兰芳

# 从南腔北调到“异口同声”

“国语统一”的标语，刷在了天安门城楼西侧的一段城墙上

**一场自上而下推动国语的运动，在1927年达到了高潮。**

## 倡导“国语”

80多年前，有一位非广东籍人士来到大革命时期的中心——广州学习，机会难逢，他非常高兴。可是，学习班上课时，老师用广州话教学，他一句也听不懂，仿佛对牛弹琴。若要请老师讲国语，广东学员又不知所云，老师只好照顾多数。这位人士还说，他很羡慕广东人的思想敏锐和办事能力，想多结交一些朋友，但语言不通，想和邻座交谈也是面面相觑，无言以对。

第一个提出统一全国语音的人是中国语文现代化的先驱、福建人卢戆章，他是创制汉语的字母式拼音方案的第一人，于1892年创制用来拼写厦门话的“切音新字”，在当时产生了很大影响。卢戆章主张普及汉语拼音辅助教育，主张文字横排，主张拼音字和汉字并用。尽管卢戆章最初主张以南京话为统一的语音标准，但他毕竟是“语同音”的首倡者，为日后他人主张推广国语(普通话)提供了重要的启迪。

此后，康有为在《新学伪经考》一书中又提出“书同文，语同音”的主张，福建人蔡锡勇则创制了拼写北方白话的“传音快字”，力捷三先后创制了拼写福州话的“闽腔快字”和拼写官话的“无师自通切音字”，江苏人沈学创制了“盛世元音”拼音字，王炳耀创制了最终要统一于“北音”的“拼音字谱”，等等。

发轫于1915年的新文化运动，在提出“民主”、“科学”的同时，又打出“提倡白话，反对文言”的旗帜，开始了文体革新。1917年胡适在《新青年》上发表《文学改良刍议》，指出中国文体发展的趋势：“白话文学为中国文学之正宗，又为将来文学必用之利器。”没几年，白话文的普及，正如胡适所预言的那样。

这里特别要提到天津人王照，他创制了以官话为标准音专门拼写“北人俗语”的“官话合声字母”，主张以北京语音为标准音，用“京话”为共同语，强调官话“宜取京话，因北至黑龙江，西逾太行宛洛，南距扬子江，东传于海，纵横数千里之土语，与京语略通。是以京话推广最便，故曰官话。余谓官者，公也，官话者公用之话，自宜择其占幅员人数多者”。

有识之士已认识到拼音文字比方块汉字易学，但中国的方言隔阂太大，如果要搞拼音文字，前提必须是普及普通话。

## 推广普通话

1902 年，京师大学堂总教习吴汝纶赴日本考察，发现日本已普及了以东京话为标准的“普通语”。受此启发，他上书管学事务大臣张百熙，主张以北京音统一全国语言，并提出用王照的官话字母作为统一国语的工具。随后，张百熙和张之洞等人联名奏定《学部章程》强调：“各国言语，全国皆归一致，故同国之人，其情易洽，实由小学堂教字母拼音开始。中国民间各操土音，致一省之人彼此不能通语，办事多格。兹以官音统一天下之语言，故自师范以及高等小学堂，均于国文一科内，附入‘官话’一门。”

1909 年，资政院议员江谦正式提出把官话定名为“国语”，临危的清政府不得不采纳了这个建议。1911 年 8 月 10 日，清廷学部通过了《统一国语办法法案》，决定在北京成立国语调查总会，各省成立分会，准备审定“国音标准”，编辑国语课本和国语字典等事项。然而未及实施，仅仅两个月后，武昌起义的枪声就将清王朝推翻。

中华民国成立的当年，民国政府临时教育会议肯定了“国语”这个名称，决定在全国范围内推行国语。次年又召开了“读音统一会”，会上各省代表争论激烈，最后决定以北京语音为“基础”，同时吸收其他方言的语音特点。会议最后以每省一票的投票方式决定了 6500 个汉字的逐个读音，后人称之为“老国音”。这种老国音是人造的南北方言混合物，难以真正推广。这次会议还制定了拼写老国音的“注音字母”，它一直用到 1958 年《汉语拼音方案》正式公布为止。

发轫于 1915 年的新文化运动，在提出“民主”、“科学”的同时，又打出“提倡白话，

管学大臣张百熙

吴汝纶像

王照

江谦

反对文言”的旗帜，开始了文体革新。1917年胡适在《新青年》上发表《文学改良刍议》，指出中国文体发展的趋势：“白话文学为中国文学之正宗，又为将来文学必用之利器。”没几年，白话文的普及，正如胡适所预言的那样。

## 终成不可逆转之势

白话文运动，逐步深入到教育领域。早在1916年秋，蔡元培等人组织了“国语研究会”，提倡“国语统一”和“言文一致”；次年，第3次全国教育联合会议决“请教育部速定国语标准”，尽快推行注音字母。情势所迫，北京政府终于在1918年公布《注音字母表》，并在高等师范附设“国语讲习科”。一场国语运动在全国如火如荼地展开。

1919年4月，北京政府在教育部下设“国语统一筹备会”，负责推行国语。把国办学校“国文科”改为“国语科”的举措，意义非凡，它使语文教育转向口头语教育与书面语教育并重，体现了普及国语的重要意义。

1924年，“国语统一筹备会”对难以推行的老国音和注音字母重新修订。会议放弃了人造的老国音，确立北京语音为标准音，剔除了入声，为国语运动和后来普通话的推广，做出了重要贡献。

一场自上而下推动国语的运动，在1927年达到高潮，它对方言形成了巨大的冲击。

南京国民政府设立了“国语统一筹备委员会”，聘请知名学者和语言学家负责国语规范标准的制定和国语推行工作，国语运动正式成为政府行为。一时间，铺天盖地，又是出版国音字典、国语词典，又是发行国语唱片，又是发表宣传国语的文章。随后，无论是电影还是广播，国语都大行其道，加之学校亦是一片朗朗国语之声，耳濡目染之下，国语在全国的影响日益扩大。国民讲国语，已成不可逆转之势。

中国地域辽阔，且不说56个民族各有自己的语言，即便是一个汉族，也因地域关系、方言众多，形成“南腔北调”，“十里不同音”，造成沟通上的不便。

浓浓的乡音，让本地人倍感亲切，却让外乡人感到困惑。语言是最便捷的交流工具，彼此间“默默不得语”，就失去了交谈的基础，极大地影响社会的发展与融合。

70多年过去了，如今普通话已成为不折不扣的正式场合用语，有识之士的理想与努力，基本得以实现。不过，乡音的市场价值，依然如故，无处不在。看来全民“异口同声”，还需待时日。

谭延闿

# 伴食宰相谭延闿

**谭延闿是南京国民政府的首任主席，写得一手好字。**





## 国民政府首设主席

1927年4月18日，南京国民政府的成立典礼在丁家桥原江苏省议会举行。但国民政府并没有主席之类职务的产生，而是设了四个常委，他们是胡汉民、张静江、伍朝枢、古应芬。签署这个任命的，是胡汉民。有人就习惯将胡汉民称为“主席”，这是因为在1927年4月16日，国民党中央政治会议第73次会议曾推举胡汉民为国民政府主席兼政治会议主席。但这一决定始终没有对外正式宣布。

南京国民政府成立后不久，宁汉“合流”。9月中旬，宁、沪（即西山会议派）、汉三方组成的国民党中央特别委员会在南京成立。在蒋介石不在的情况下，三方经过讨价还价，确定了47名国民政府委员，其中汪精卫、胡汉民、李烈钧、蔡元培、谭延闿5人为常务委员，谭延闿为国民政府主席。另推定于右任等67人为国民政府军事委员会委员，以蒋介石、李宗仁、汪精卫、唐生智、冯玉祥、阎锡山等14人为主席团委员。会议还通过了国民政府各部部长和大学院院长的人选。

## 药中甘草

1928年1月，国民党召开二届四中全会，正式选定谭延闿为国民政府主席。但同时还做出一项重要决定：军委会为国民政府最高军政机关，掌管全国陆海空三军；国民革命军总司令兼任军委会主席，以国民革命军总司令蒋介石兼军委会主席。1月，蒋介石复职上台，继续任军委会主席。而号称国民党领袖的汪精卫和胡汉民都被蒋介石“请”出国考察。而谭延闿并不避讳这个空头主席。2月，谭延闿正式就任国民政府主席一职。在蒋介石外出征战桂系和冯玉祥、阎锡山时，谭在南京国民政府中“恪尽职守”，令蒋介石很放心。蒋介石还封给谭延闿一个军职：第4集团军总

谭延闿与儿子

司令。但谭的手下并无一兵一卒。

谭延闿，字组庵，湖南茶陵人。父谭钟麟曾任清朝工部尚书、陕甘总督、两江总督等高官。武昌起义前，谭延闿曾当选湖南省咨议局议长，起义后被立宪派人士推为湖南都督。1922年担任了孙中山大元帅府大本营内政部长。最高职务为武汉国民政府代理主席和国民党中央党部代理主席。

谭延闿素以八面玲珑著称。1927年国民政府迁武汉后，谭步步高升，又被推为代理主席。在汉期间，谭以“左”的面目出现，甚至改号为“左庵”。一面与工农广泛接触。但另一方面，却暗中与南京国民政府和蒋介石频送秋波，同时派人前去南京接洽。因而，南京和武汉两方面都认为谭是可用之人。人们送他一个雅号叫“药中甘草”。

谭延闿在国民政府主席任上，严格信守“三不主义”。即一不负责，即重大事情，总是推给蒋介石或其他人去处理，去决断。二不建言，就是不轻易发表意见，你们不同意我不吭声，你们点头我就赞成。三不得罪人，遇事绕着走，做好好先生。开国府委员会议时，他只是主持一下会议，宣布一下议程。别人激烈争论，他却闭目养神，直到散会才伸个懒腰。谭延闿做人有个秘密。他曾对人说过一句真心话，说做人要“允执厥中”，即信守中庸之道。这就是他做官的第一要诀。谭延

谭延闿(左)与民国政要，左二：古应芬；右一孙科；右二胡汉民

谭延闿祖上世代为官，自幼写得一手好字，即使在任国府主席和行政院长期间，仍练字不辍，书法功底日见深厚。自他当上主席后，其字更是随着地位变动而“行情”猛涨。国民政府、行政院及所属许多院部的招牌字，都出自谭延闿的手笔。而许多达官贵人、名店名厂，都以能得到谭延闿所赐的墨宝而荣耀，就连蒋介石对谭的字也极为赏识。

谭延闿(右六)在国民党第四次中执会上留影,前排自左至右:何应钦、缪斌、朱培德、柏文蔚、王法勤、于右任、谭延闿、蒋介石、张静江、蔡元培、李石曾、褚民谊

闿在任行政院长后,又得了一个雅号:伴食宰相。

谭延闿是个和事佬,一方面自谦,另一方面平衡他人,有“文甘草”之称。就人品而言,谭延闿颇有美德,但他是政府高官,如此处事,难为社会之福,他是会做官而不应做官的那类人。

## 极尽哀荣

谭延闿的国家元首只当了不到10个月。1928年,云南的龙云、山西的阎锡山相继宣布效忠南京国民政府。张学良的东北军也即将“易帜”,全国“统一”在望,蒋介石踌躇满志。谭延闿倒也识相,立即泰然处之地将主席位子拱手让出。蒋介石以国民革命军总司令正式就任国民政府主席,并总揽行政、立法、司法、监察、考试五院大权,外加海陆空军统帅于一身。谭延闿则转任行政院长。10月,蒋、谭二人正式到任视事。

谭延闿祖上世代为官,自幼写得一手好字,即使在任国府主席和行政院长期间,仍练字不辍,书法功底日见深厚。自他当上主席后,其字更是随着地位变动而“行情”猛涨。国民政府、行政院及所属许多院部的招牌字,都出自谭延闿的手笔。而许多达官贵人、名店名厂,都以能得到谭延闿所赐的墨宝而荣耀,就连蒋介石对谭的字也极为赏识。

1930年9月22日,行政院长谭延闿患脑溢血在南京病逝,结束了他“为官长乐”的一生，年仅 55 岁。蒋介石亲自下令全国下半旗致哀三天，停止娱乐活动三天，给予治丧费 1 万元，并在国民政府礼堂致祭三天。但直到 1931 年 9 月 4 日，也就是大约一年后才举行了盛大的“国葬”。蒋介石时在武汉指挥战事，为此亲自从武汉前线赶回为谭延闿执绋主祭。国民政府为之选择了一块宝地修建了陵墓，此地位于中山陵东侧的灵谷寺，其风水之好，气势之宏伟，仅次于中山陵。国民政府亲自礼聘了著名建筑师杨廷宝为谭延闿设计了与山林融为一体的陵墓。

蒋介石为之撰写的挽联曰：“持颠扶危，一片赤心在党国；忧时痛世，百万同志哭先生。”

胡汉民挽曰：“景星明月归天上，和气春风在眼中。”对谭延闿的性格刻画可谓入木三分。

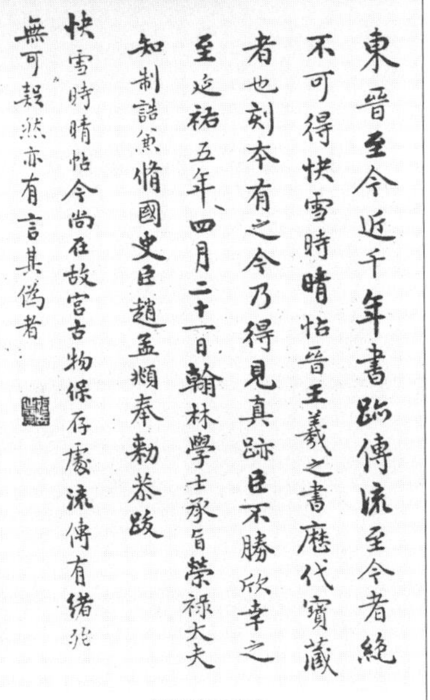
東晉至今近千年書跡傳流至今者絕
不可得快雪時晴帖晉王羲之書歷代寶藏
者也刻本有之今乃得見真跡臣不勝欣幸之
至延祐五年、四月二十一日翰林學士承旨榮祿大夫
知制誥兼脩國史臣趙孟頫奉勅恭跋
快雪時晴帖今尚在故宮古物保存處流傳有緒
無可疑然亦有言其偽者

谭延闿手迹

谭延闿葬礼

谭墓祭堂

40年代的国立中央研究院

# 精英汇聚

**蔡元培提议设立中央研究院，推动了中国科学事业的长足进步。**

## 提议设立中央研究院

1907年，德国柏林迎来了一位41岁的中国留学生，他就是蔡元培。

甲午战败，刺激了蔡元培那一代中国知识分子；戊戌变法的失败，又让蔡元培认识到，靠几个人围绕一个皇帝救不了中国。这位大清的翰林院编修毅然走出国门，去寻找救国之道。他就学于著名的莱比锡大学，师从冯特等世界一流学者。37门课程的学习，使他积聚了多领域、多学科的知识储备。

蔡元培的人生辉煌，留给了北京大学。他兼容并蓄的“自由学风”，使北大一举成为中国第一。

晚年，蔡元培最钟爱的事业，是为中国建立一个最高学术研究机关——国立中央研究院。

辛亥革命之后，中国向西方社会学习已小有收获，相继出现了地质研究所、中国科学社、中华工程师学会等一批专业组织和机构。但直到20年代，这些机构各树一帜，没有统一和协调的机制。于是，成立统一的领导全国学术研究力量之组织机构，就历史性地浮出水面。

1924年冬，孙中山北上和谈，曾提议筹设中央学术院为全国学术研究机关作为革命建设之基础，并委托汪精卫等人起草计划。孙中山逝世后，计划夭折。

1927年5月9日，在南京举行的国民党中央政治会议上，蔡元培与李石曾、吴稚晖、张静江等人共同提议设立中央研究院（以下简称“中研院”）。会议通过了这个提案，蔡元培等人被推为筹备委员，着手进行中研院的筹组工作。

11月12日，大学院院长蔡元培聘请学术

中央研究院总办事处

界人士30人召开中研院筹备会，通过了《中华民国大学院中央研究院组织条例》，决定先行设立理化实业、社会科学、地质三个研究所及南京紫金山观象台。会后，中研院总办事处成立，各研究机构的筹建工作在南京、上海陆续展开。

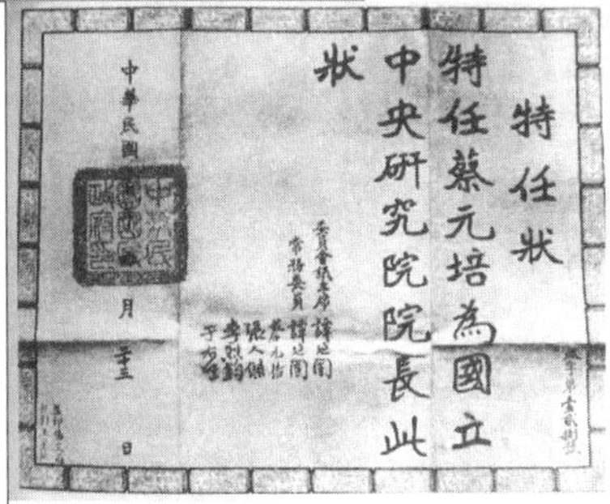


1928年4月，蔡元培被任命为中国第一个国家科研机构——中央研究院院长

## 学术界精英大汇聚

中央研究院社会科学研究所奠基碑，为蔡元培手迹

1928年4月10日，国民政府修改《中央研究院组织条例》，将中研院列为独立机构，“直隶于国民政府，为中华民国最高研究机关”。23日特任蔡元培为院长。6月9日，蔡元培与各机构负责人丁西林、陶孟和、竺可桢、李四光等在上海东亚酒楼举行第一次院务会议，宣告中央研究院正式成立。此后，该日为院庆日。

中研院的任务主要有二：一是实行科学研究；二是指导、联络、奖励学术研究。设有特任级院长一人，其下设行政、研究、评议三机构。

院长综理全院行政事宜，总干事承院长之命，处理全院行政事宜。研究所设所长，并指导研究事宜。中研院的首任院长是蔡元培，继任院长为朱家骅。总干事先后为杨杏佛、丁文

中研院的运行体制颇具民主风范，蔡元培在风雨绸缪的30年代集思广益，使中研院的工作在十分艰难的境况下有所成就，殊为不易。

蔡元培、李石曾（左一）、吴稚晖（左三）、张静江（右三）等人合影，他们共同提议设立中央研究院

中央研究院第一届评议会成立合影，右起第十人为蔡元培

江、朱家骅、任鸿隽、傅斯年、叶企孙、李书华、萨本栋和钱临照。中研院于 1935 年 6 月 19 日成立了第一届学术评议会，为民国最高学术评议机构。

中研院从 1927 年 11 月开始正式筹组，陆续按学科分设研究所，到 1930 年共设立 9 个研究所和一个自然博物院，包括物理、化学、工程、地质、天文、气象、历史语言、心理、社会科学及动植物等，其中物理、化学、工程研究所设在上海，其余均设于南京，并在成贤街旧法制局内设立总办事处，北极阁新址落成后迁往新址办公。研究院计有专任、兼任、名誉、特约研究员 91 人，助理员 64 人，编辑员 8 人，网罗了国内一大批著名学者。

在短短三年中，蔡元培即使中研院初具规模，开创之功，当载史册。正如北京大学时期所取得的成就一样，中研院的顺利创立及以后巨大成绩的取得，与蔡元培的人格魅力及民主作风直接关联。其中，最为重要的仍是两条：一是制度建设，二是知人善任。

在制度建设上，中研院实行了院务会议制，每月一次，一切有关中研院的大事均由会议经过充分讨论做出决定，然后交由院长核准执行。

中研院的运行体制颇具民主风范，蔡元培在风雨绸缪的 30 年代能集思广益，使中研

中央研究院评议会第二届第二次年会

国府要员与中央研究院部分研究员在重庆合影

蔡元培与研究院总干事杨杏佛合影

任中央研究院院长时的蔡元培(1931年)

院的工作在十分艰难的境况下有所成就,殊为不易。

知人善任方面,对杨杏佛的任用,可见一斑。杨杏佛是中研院总干事,既具民主思想和科学素养,又具干练务实的办事能力。蔡元培在回忆这位志同道合者对他的全力支持时,意味深长地说:“我素来宽容而迂缓,杨君精悍而机警,正可以他之长,补我之短。”他们之间的合作,可谓珠联璧合,相得益彰。

抗战期间,中研院各研究所分设于重庆、北碚、李庄、昆明四区。抗战胜利后,数学研究所筹备处、物理研究所、化学研究所、动物研究所、植物研究所、医学研究所筹备处、工学研究所、心理学研究所等8单位暂设上海,总办事处及天文、地质、气象、历史语言、社会科学等5个研究所设于南京。

## 学术之花怒放

1948年4月1日,中研院第2届评议会第5届年会选举产生了第一届院士81人,其中数理组28人,生物组25人,人文组28人。他们是中国科学界和学术领域的精英,代表了当时中国自然科学和社会科学的最高水平。

同年12月,中研院开始向台湾搬迁。除总办事处、数学

1948年9月,中央研究院成立二十周年合影

白崇禧（前右四）、于右任（前右五）、朱家骅（前右六）与中央研究院部分院士（前右三为胡适）



以及历史语言研究所较完整地迁台外，其余各研究所大都留在南京和上海。在所有院士中，迁至台湾的有凌鸿勋、林可胜、傅斯年、董作宾、李济、王世杰、吴稚晖 7 人，在国外的有陈省身、李书华、赵元任、汪敬熙、胡适、吴大猷等 12 人，其余 50 余人(除萨本栋等人去世外)留在了大陆。1949 年 10 月，中研院留在大陆的各机构都被中国科学院接收。

中研院的设立，形成中国现代人文学科和自然科学研究、组织和评议的完整体系，推动了中国科学事业的长足进步。当时中国最优秀的学者，在十分艰难的条件下，把探索研究推向了各个学科的前沿。董作宾和李济主持的考古所，在河南安阳小屯村殷墟的发掘工作，震动学界；李四光在庐山对第四纪冰川的考察，在当时国际上产生很大影响。一批学人用他们的学术成果，向世人证明了中国科学研究的实力。

中研院成立以后，蔡元培辞去其他各种职务，专心担任院长达 13 年之久，诚如其所言"愿以余生，专研学术"。

第一次院士会议合影

中央研究院第一届评议会会议第五次年会合影

**原国民政府行政院**——行政院是国民政府五院之一，它源于孙中山的"五权学说"。1927 年国民政府成立后，蒋介石宣布训政开始，并决定实施"五院制"，五院各自独立，相互制衡。

木转椅——多少政要名流在上面坐过，在转动着自己身躯的同时，亦转动着自己的思维。是考虑国中要事，还是一己私利；是升官之道，还是发财之梦。然而，世事难料，三十年河东，三十年河西，昨天还坐在这宝座上，转眼就消失得无影无踪。这一切，就像是过眼烟云。

# 历史给了张学良一个契机

1930年10月，张学良（右二）在沈阳就任国民政府陆海空军副总司令。地位仅次于蒋介石之下，成为国民政府军中名义上的"第二把手"，其右为张群，左为吴铁城

**张学良果断易帜，使蒋介石青天白日满地红的梦想成真。**

## 不满日本人的专横

1928年4月5日，蒋介石在徐州誓师，开始二期北伐，主要目的是讨伐奉系军阀张作霖。5月下旬，国民革命军已逼近京津地区。

张作霖是草莽出身，以投靠日本起家，后来成为奉系军阀首领，所以他一直把日本当作靠山。随着自身势力的不断壮大，张作霖对日本人的专横跋扈开始不满，逐渐想摆脱其控制，对此日本人很是嫉恨。在张作霖打算从北京撤兵回东北之前，日本人就紧锣密鼓地开始实施抛弃张作霖、进而直接控制东北的阴谋。他们首先劝张"隐退"，但遭到拒绝，继而威胁要解除他的武装。与此同时，日本人开始四处调兵遣将，抓紧控制东北各战略要地，等待下手时机。

5月的一个晚上，日本驻华公使芳泽谦吉会见张作霖，提出签订中日合资修筑吉（吉林）会（朝鲜会宁）铁路的无理要求，张作霖以日本设法阻止北伐军过黄河为条件，严词拒绝。芳泽见张作霖不上圈套，进一步威胁说："张宗昌的兵在济南杀死几十名日本侨民。他是你的部下，你对此事应负一切责任。"听罢此言，张勃然大怒，没给芳泽好脸看。之后，张作霖与日方关系更为紧张。

张学良

柳条湖被炸现场

张作霖乘坐的一节车厢被炸后的惨状

面对国民革命军所向披靡，任北京“中华民国陆海军大元帅”的张作霖见大势已去，于6月2日通电求和，被迫离京回东北老家。

临走前，日本向张作霖发出最后通牒。仗着自己手里还有几十万军队，张始终不肯松口。日方认为，既然帮助你张作霖消灭了对手，就应该俯首帖耳，满足日本在东北的任何权益，不料事与愿违。日本人越来越觉得张作霖是其侵占东北、实现“满蒙独立”的最大障碍，于是决定在他回东北的路上除掉这个眼中钉。

## 爆炸声中的阴谋

6月3日晚8时，张作霖乘坐的专车从北京开出。深夜，列车风驰电掣地开到山海关车站，黑龙江督军吴俊陞专程在这里迎候。

黎明前的寂静，掩饰不住黑暗下的罪恶。4日清晨5时30分，当张作霖乘坐的专车钻进京奉铁路和南满铁路交叉处的三洞桥时，随着一声巨响，专车瞬间解体。吴俊陞当场被炸死，张作霖身受重伤。

奉天省长刘尚清闻讯赶到现场组织救护，张作霖被送到沈阳“大帅府”时已奄奄一息，经抢救无效，于上午9时30分左右死去。临死，张作霖对寿夫人说：“告诉小六子(张学良的乳名)，以国家为重，好好地干吧！我这个臭皮囊不算什么。叫小六子快回沈阳。”

为防止日军乘机行动，奉天当局决定对张作霖的死密不发丧，通电称张大帅“身受微伤，精神尚好”。大帅府邸一切照旧，不露半点讯息。同时，当局下令全城戒严以稳定局势。由于张作霖生死不明，日军未敢贸然行动。直至张学良潜回沈阳，才于21日公布了张作霖死讯。张死后，张学良继任东三省保安总司令，开始主持东北大政。

日本制造了皇姑屯事件，但企图建立“满蒙新国”的阴谋未能得逞，转而迫使张学良就范。6月25日至7月19日，日本首相田中义一三次训令驻奉天总领事林久治郎警告张学良，不得与南京国民政府妥协。

## 青天白日满地红

蒋介石常常驻足在一张大的地图前，畅想着统一中国的大业。眼下，也只有东三省这一块，还未被青天白日旗所覆盖，这正是一个机会。

张作霖与外国顾问在一起

1924 年夏，张学良在北戴河

国民政府在出兵占领京、津后，决定和平解决东北问题。7 月 3 日，蒋介石抵北平，接见奉方代表王树翰、邢士廉，要求东北易帜，服从三民主义。同时，派代表到东北同张学良谈判易帜之事。

张学良与南京国民政府的频繁往来，为虎视眈眈的日本政府密切关注。7 月 10 日，日本内阁召开会议，讨论中国东北局势。19 日，林久治郎再访张学良，并转交日本首相田中的信件，希望东北勿与南京国民政府联系，日本在军事、政治、经济诸方面愿意给奉方大力援助。

鉴于日本政府的压力，张学良与东三省临时保安会及东三省议会联合会在大帅府中经过反复商讨，决定将易帜推迟 3 个月宣布。

日本人对东北易帜的粗暴干涉，引起南京国民政府的极端愤慨，他们一方面运用外交手段抑制日本，一方面对张学良加强政治攻势。7 月 21 日，驻日公使汪荣宝赴日本外务省抗议奉天日本领事阻止易帜言行，干涉我国内政。23 日，蒋介石电告张学良，敦促东三省应从速易帜。25 日，蒋介石在北京饭店召见奉方代表，指出易帜为东北主权，不应受日本干预。同日，派方本仁为驻军代表赴奉。26 日，张学良二次通电全国，表示“对国民政府服从到底”。28 日，张学良派代表吕荣寰到南京，进一步与国民政府磋商易帜有关问题。

伴随着东北易帜进程的日愈加快，日本政府犹如急红了眼的赌徒，对东北易帜反对得越加激烈。8 月 5 日，日本首相特使、前驻华公使林权助借参加张作霖葬礼之机，携带日本首相田中训令以要挟。8 日，林权助偕林久治郎同访张学良，再次转达田中首相意见，声称如果东北不听日本劝告，“而与暴乱的南方达成妥协之类事情，为了维护我国既得权利，则将不得不采取必要的行动。”并叫嚣：日本政府对于东北易帜一事，一路要干涉到底。同一天，日军在沈阳举行大规模演习，向张学良再三示威。

考虑到张学良的一时困境，南京政府许诺东北外交由中央应付。蒋还应允每月拨 1000 万元给奉军做军饷，并同意东

张作霖死后，张学良继承父业出任东北边防司令长官，臂缠黑纱骑马阅兵

北“内政仍由现职各员维持，概不更动。重大人事，先由张请委，然后再由中央任命”。

南京政府的“提携”，日方的不断“鞭策”，使张学良进一步坚定了易帜的决心，他“投之以桃”，从各个方面加快了易帜的步伐。南京政府亦“报之以李”，10 月 8 日，任命张学良为国民政府委员。12 月 26 日，任命张学良为东北边防军司令长官，待易帜后发表。

由于东北方面和南京国民政府紧密配合，使日本人无隙可乘。11 月，日本首相田中不得不承认东北易帜是“中国内政问题”。

12 月 29 日的大帅府，张学良领衔发出通电，宣布东三省自是日起，“遵守三民主义，服从国民政府，改易旗帜。”翌日，国民政府发表任命，张学良为东北边防军司令长官。

张学良不辱使命，果敢地迈出了这历史性的一步。东北易帜，成就了蒋介石的统一之梦，也暂时阻止了日本帝国主义的侵略步伐。

1930 年 9 月，张学良发表拥蒋通电，东北军大举入关，使蒋介石赢得了中原大战。10 月，南京政府政要前往沈阳参加张学良的陆海空军副总司令就职典礼后，张学良即成为全国性的人物。11 月，他首度南下南京列席国民党三届四中全会，受到隆重欢迎，其分量等于原来阎锡山加冯玉祥的总和。是年底，南京政府在北平设副总司令行营，所有东北、华北各省军事均由张学良节制。

日本关东军高级参谋河本大作，他是皇姑屯事件的策划者和指挥者

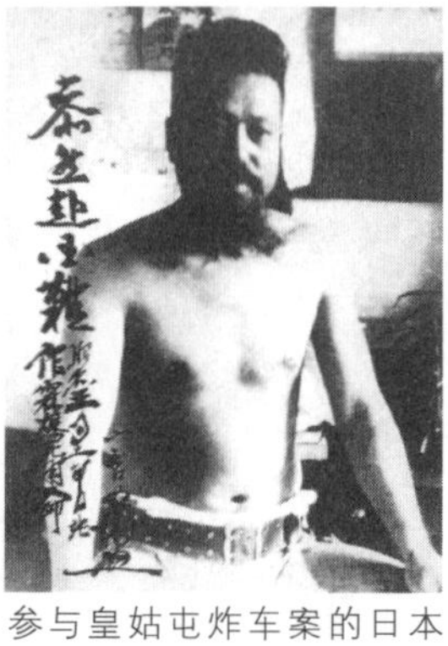

参与皇姑屯炸车案的日本军人山三口

被日军残杀的外交官蔡公时

# 弱国无外交

**日本人向驻济南的北伐军发起猛攻，蒋总司令却向北伐军发出退出济南、绕道北伐的命令。**

## 横插一杠

中国历史的厚重，不仅在于它的悠久，还在于自近代以来多次受到外国列强欺辱的惨痛经历。一个个不平等条约，一次次肆虐的惨案，血色斑斑。

1928年5月3日，又是一个黑色的忌日。济南惨案，让记录有中国人民蒙受耻辱的血债簿上，又多了一笔。

1928年4月9日，南京国民政府分编4个集团军进行北伐，攻打奉系军阀张作霖，以图一统北方。

蒋介石万万没有想到，日本人从中横插一杠，趁势搅和，让百姓无辜蒙受了一次灭顶之灾。

蒋介石与卫队在北伐途中于黄河故道旁（1928年3月）

"狗肉将军"张宗昌

盘踞在济南的，是奉系军阀中素有“狗肉将军”之称的张宗昌。眼见蒋介石率师攻打山东，张宗昌知道自己的“狗肉部队”不堪一击，但他一直视山东为赖以生存的根据地。出于一己私利，张宗昌一方面与孙传芳联络携手抵抗，一方面赴青岛与日军联系。

支持张作霖的日本帝国主义害怕英、美势力向北方发展，侵犯它的利益。如今张宗昌的约请，正中他们下怀。4 月 19 日，田中内阁以“就地保护侨民”为借口，决定第二次出兵山东，派遣第 6 师团 5000 人在青岛、烟台、龙口登陆，沿胶济线直赴济南。

21 日，南京国民政府提出了严正抗议。然而，日本政府置若罔闻。28 日，日军先头部队 1500 人抵达济南附近。

北伐军于 5 月 1 日攻入济南，同日，日军也在济南设防。次日，蒋总司令由泰安抵达济南视察，布置相关事宜。任命第 4 军团总指挥方振武为济南卫戍司令，任命战地政务委员会外交处主任蔡公时兼任山东特派交涉员，负责与日本驻济南领署联系交涉。

## 血洒泉城

国民革命军接管济南后，多次声明保护外侨，要求日本政府从济南撤军。日军不予理睬，在许多路口修起防御工事，荷枪实弹，摆出一副临战架势，待机而动。很显然，是有备而来。

5 月 3 日，日军蓄谋已久的突袭便开始了，向北伐军驻地发起了大规模的军事进攻，又以种种借口在济南奸淫掳掠，无所不为。

一时间，济南城内，尸体满街，血洒马路，仅这一天，被日军野蛮屠杀的中国军民就达 1000 人以上。

侵略者向来不讲道义，《国际法》在他们的眼里犹如一堆废纸，可以肆意践踏。与他们理论，无疑“对牛弹琴”。

5 月 3 日夜，日军突然包围并强行搜查了山东交涉署，特派交涉员蔡公时用日语表示抗议：“我们是外交官，这里是非战斗单位，不许搜查。”丧心病狂的日军毫不理睬，将蔡捆绑起来，把他的耳朵和鼻子割去。蔡公时

日军据守济南北关附近的一段城墙，向城内中国军民射击

5 月 3 日，1 600 多名中国士兵遭突然袭击，被日军俘虏后捆住双手拘押在邮政局院内

济南“五三”惨案纪念碑

济南“五三”惨案纪念碑

怒斥日军暴行：“日本人对我如同古代奴隶社会对待俘虏一样”，“日军决意杀害我们，惟此国耻，何时可雪？野兽们，中国人可杀不可辱！”日军大怒，又将他的舌头、眼睛挖去，并对其他人百般摧残。最后，除一人侥幸逃脱外，蔡公时及16名外交人员全部被日军杀害。

一面是日军咄咄逼人的行径，一面却是畏缩退让的低调，蒋介石下令北伐军“忍辱负重”，撤出济南，绕道北伐。

## 一纸屈辱文书

7日，中日军队就停火举行会谈。日军得寸进尺，第6师团师团长福田彦助向蒋介石提出3项条件，内容十分苛刻，战地委员会主席蒋作宾无法接受。蒋介石又急派熊式辉、罗家伦、王正廷连夜赶赴济南与日军交涉，还是不得要领。

8日，日军限驻守济南的中国军队在1小时内离城，遭到拒绝，随后，福田下令重炮攻城。

同日，日本内阁会议做出决定，第三次出兵山东，拟派第3师团1.5万人增兵济南。

同日，南京国民政府昭告全国，在得到命令后一个星期内，凡有集会，应为济南惨案中死难的蔡公时等同胞默哀3分钟。

5月11日，占领济南的日军第6师团45联队在北关附近的城墙豁口下举行庆祝仪式

攻占济南城后的日军

蒋介石于北伐途中在小轮船上

济南南天门(摄于20年代)

济南二马路



9日，设在泰安的北伐军总司令部遭到日机轰炸，让蒋介石慌了手脚，日本人的目的，就是想给蒋介石下马威，不让蒋北伐。5月10日，南京国民政府的两个重要人物到山东与蒋开会，研究对日态度，到底是打还是不打，结果："决定不抵抗主义。"蒋派何成濬赴济南与日军谈判，原则上同意福田的五项条件。后来北伐军就绕道继续北上，避开日军。

日军于11日占领济南后，肆意杀人，抢掠奸淫，无恶不作。据济南惨案被难家属联合会调查，在"济案"中，中国军民死亡6123人，伤1770多人，财产损失3000余万元。

令人愤懑的是，惨案发生后，日方倒打一耙，不仅否认屠戮罪行，反而要南京国民政府道歉、赔偿、惩凶、保障日人安全等等。

中日外交间的交涉一直在继续，但中方的话语，好像没有太多分量。日方肆无忌惮，不仅极力阻止北伐军行动，而且态度蛮横。

弱国无外交，再一次得到验证。经历了许久的谈判后，生成的又是一纸屈辱文书，1929年4月4日在南京正式签署的《济南惨案协定》，完全成了强权政治的注脚。那白纸黑字，分明写着的只有"大大让步"四个字。它遭到国人的愤怒谴责，但民意终归是民意，它无力掌控当权者的所为。

不过，蒋介石终归是一个民族主义者，他的民族主义情绪从他早年就学保定军官学堂时就很突出。济南惨案后，蒋在日记中每日写上"雪耻"二字，同时，提出一条"雪耻"措施，即"今日只有忍辱负重，卧薪尝胆，十年生聚，十年教训，效法往哲先贤的志节，深信失土必能收回，国耻必可洗雪！"

言辞虽然义正，但是，掷地无声，日本人依旧横行。以当时中国的国力与所处困境，忍耐，或许是最现实、最简单、"最有效"的办法。无奈，国力孱弱，又能奈何？

蒋介石是最早提出对日军"不抵抗主义"的人。济南惨案标志着蒋介石外交政策的基本确立，开启了他处理对外关系的策略。大事化小，小事化了，从而使日本摸清了蒋介石处理两国关系的底线。实际上济南惨案也是九一八事变的预演。另一方面，它也奠定了蒋介石所依赖的对象，其外交中心也由对日本转向了对英美。

立法院旧影

# 徒有其表的分权

孙中山独辟蹊径创五权学说，1928年，“五院制”正式实行。

## 孙中山创建蓝本

1928年8月国民党召开了二届五中全会，会上通过了胡汉民等人关于训政时期“实行五权之治”的主张，会后，国民党中央修订《国民政府组织法》，国民党中常会决定以蒋介石为国民政府主席，谭延闿、胡汉民、王宠惠、戴季陶、蔡元培分任行政、立法、司法、考试和监察五院院长。国民党五院制正式实行。

五院制的框架，正源于孙中山提出的“五权宪法”思想。“分权”的原则成为中央政府的基础，力图改变政治体制中权力过于集中的弊端。

欧美民主政治，对孙中山影响至深，是他倡导民权主义的思想基础，也是他创建中华民国的制度蓝本。但孙中山不盲从，主张在借鉴的基础上进一步超越。五权宪法，在很大程度上反映了他的这一心结。

建立“除立法、司法、行政三权之外还有考选权和纠察权的五权分立的共和政治”的设想，是孙中山于1906年提出的。这一年的12月2日，在东京《民报》创刊周年庆祝大会上，他对五权宪法做了进一步阐释。为了避免西方民主政治的弊端，他主张立法权、行政权、司法权、考试权和监察权五权分立。

曾任立法院长的孙科

曾任监察院长的于右任

首任立法院长的胡汉民

曾代理行政院长的陈铭枢

曾任行政院长的孔祥熙

曾任考试院首任院长的戴季陶

曾任行政院长的汪精卫

曾任立法院长的林森

辛亥革命胜利后，五权分立的共和政治还未及建立，就被接踵而来的袁世凯“洪宪帝制”和张勋复辟给破坏。为了使五权宪法更加具体、明晰，孙中山又对五权宪法做了更深入的论述。强调中国应该把国家政治大权的“权与能”分开，人民应享有选举、罢官、创制和复决四权，而政府则应拥有政权、立法权、司法权、考试权和监察权五个“治权”。

孙中山的五权宪法体现了这样一种理念，国家权力属于人民，人民可以管理和监督政府，而政府则通过五权分立更好地体现民意。五权宪法的独到之处，在于它“中西合璧”，立法、司法、行政三权，为世界国家共有；监察、考试两权，则为中国独创。

建立一个五权分立的政府，是孙中山孜孜以求的建政目标，但在他的有生之年，这一理想未能变为现实。

监察院旧址

行政院旧影

## “五院”徒有其名

南京国民政府虽然按照孙中山的遗愿实行了五院制，但仅取其皮毛，弃其五权分工合作、高效运转的精神，与孙中山的设想相去甚远。究其原因，是蒋介石大行专制之道，以党治国，使政体不畅。

在蒋介石和国民党的官方用语中，“党国”是使用频率最高的词语之一。在他们的意识里，国家是国民党一党天下，国民党即是国家和政府的代名词，以党治国，一党专制，天经地义。

以党治国发轫于“训政”之初。蒋介石的所谓“训政”，就是要由国民党来训练人民行使政权。他强调，各社会团体，“一定要养成党化、军队化”，完全听命于国民党。

1928 年 10 月，国民党中常会通过了《训政纲领》。党治在制度上，表现为中央执行委员会和中央政治会议被授予极权。后者只是联结党和政府机构的桥梁，却是指导国民政府的权力机关，兼有立法和行政职能，因为中政会主席就是蒋介石。虽然在中央政治会议之下建立有五院制，但这并不意味着三权分立制度在国民政府中得以实现。

1931 年召开的“国民会议”通过了《中华民国训政时期约法》，它以根本大法的形式，确立了国民党一党专政的国家制度，确立了以党治国的法理。1943 年，改制后的国民政府在形式上虽有微调，但以党治国的原则未改。尽管其后通过的第一部正式宪法，规定了国体、政体、人民与政府的关系和基本国策，在形式上也确定了一些资产阶级民主制的条文，但以党治国、一党专制的基本格局没变。

以党治国，以党代政，弊端不少，加之蒋介石在实际操作中玩弄权术，使政制很不顺畅。训政时期，国民党独揽大权；而所谓“宪政时期”，虽有两个御用小党，也只是装点门面。

不惟如此，蒋介石的权力与日俱增，他担任的国民政府主席对外代表国家，对内兼陆海空军大元帅，行政、立法、司法、考试、监察五院正副院长对其负责；主席任期 3 年，但他可无限期地连选连任，只对国民党中央执委会负责，而他又身为国民党总裁，集大权于一身。

政制机构的设置，还是孙中山提出的“五院”制，但背离了“五权”分立、权力制衡的重要原则。在五院制的框架下，国民政府总揽“治权”，五院分执“治权”。以后虽有变化，政制始终没有理顺。五院与国民政府本身，五院院长与政府主席（后为总统）之间的职权划分，变来变去，但万变不离其宗，必须服从于蒋介石的一己之志。以党治国，是与民主政治完全背离的治国方略。

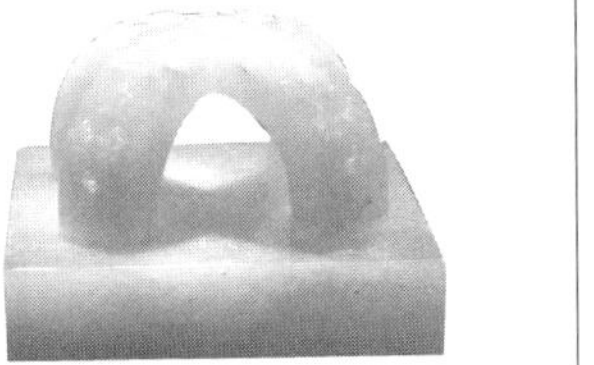
国民政府玉玺

国民政府立法院印

国民政府司法院印

国民政府监察院印



五权宪法蓝本

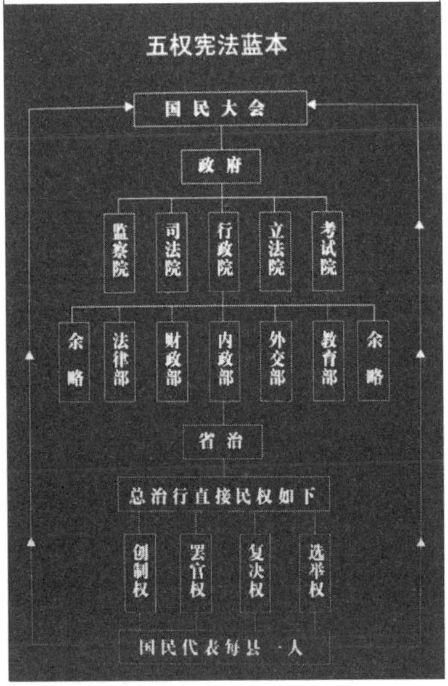

司母戊大方鼎

# 无价之宝的“龙骨”

**1928 年殷墟的发掘，让甲骨文走进了人们的视野。**



## 特效神药

“殷墟”在河南安阳小屯附近，是商朝自公元前 13 世纪末至公元前 11 世纪初最后的都城废墟。

“盘庚迁殷”，那是发生在 3000 多年前的一段故事，是商代政治史上最重要的事件之一。盘庚定都于“殷”之后，商代早期四处游移的都城有了定所。

司马迁在《史记》中，曾提到殷商，可知在西汉时期，人们大约还知道商代晚期都城“殷”所统辖的区域范围，位于今日河南省北部黄河故道与淇水之间及洹河两岸的地区。

安阳小屯作为古文化遗址受到重视，源于一片片甲骨的出现。19 世纪末，常有人把所谓的“龙骨”当作药材拿到中药铺去出售。有人无意中发现上面刻有奇怪的符号，但不解其中奥秘。

有个叫王懿荣的有心人，是个金石学家，对古代器物和文字颇有研究。听说这事后，产生了浓厚的兴趣。1899 年，他首先注意到了刻在龟甲和兽骨上的是一种古代文字，显然是我们的先人留下的记录，至于何意，一时不得而知。他开始集中精力搜集并且研究这类

殷墟王陵遗址大门

殷墟宫殿宗庙遗址展示鸟瞰

罗振玉(左)与王国维

“龙骨”。最终,他从“龙骨”上辨识出这是3000多年前商代的文字——甲骨文。

这个发现,一时引起轰动,随后,吸引了大批的学者投入到甲骨的收藏与研究之中。

第一个研究甲骨文的是古文字学家孙诒让。继王、孙二人之后,对于甲骨文进行搜集、整理和研究,用力最勤、贡献最大的,当属“甲骨四堂”——罗振玉(号雪堂)、王国维(晚号观堂)、董作宾(字彦堂)和郭沫若(号鼎堂)。他们的号中都含有一个“堂”字,故称。

## 重现淹没的辉煌

1928年,对小屯村来说,是命运的转变,它曾经被淹没的辉煌,就要在世人面前重新展现。中央研究院历史语言研究所(简称史语所)成立后,立刻派考古学家董作宾至小屯村调查。在院长蔡元培的催生下,史语所专门设立了考古组,由李济负责,目的就是为了对“殷墟”进行发掘。

10月13日,这一天对于安阳、对于中国考古界、对于中国考古学史来说,都是一个值得大书特书的日子。由中国人自己主持的近代考古,挖开了第一锨。

从1928年至1937年,前后10年时间,共进行15次发掘。如果再细分一下,殷墟发掘还可分成三个阶段:1928年至1934年为第一阶段,进行了9次发掘;1934年至1935年为第二阶段,进行了3次发掘;1936年至1937年为第三阶

王懿荣像

王陵遗址鸟瞰

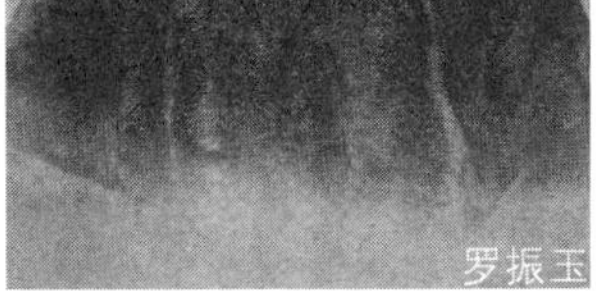
罗振玉

段，进行了3次发掘。15次发掘，总面积达46000平方米。发掘了宫殿区、王陵区以及后岗等11个地点。

发掘地点，除了洹水南岸的小屯村以外，更扩大到后冈和洹水北岸的侯家庄西北冈、高井台子、大司空村等地。发掘的对象，除了甲骨以外，还有铜器、陶器等各种工艺品，这些工艺品制作的原料和器皿等也都有发现。特别重要的是发现了当时人们居住储藏的穴窖，宫室遗址和规模大小不一的众多墓葬，以及与之有关的各种殉葬奠祭制度。

殷墟的发掘，收获非常丰富。这些考古材料经过充分研究，我们得到了许多关于古代社会历史、文化、美术多方面的重要信息。

“甲骨四堂”之一的郭沫若，研究了甲骨文中记载的殷商社会状况，利用铜器铭文对于周代历史进行了科学研究，获得了重要成果。

## 与殷墟一起走进人们的视野

在整个殷墟发掘中，我们有缘认识了几位考古学家：受命担任第一次殷墟发掘的组织者、“甲骨四堂”之一的董作宾；史语所考古组组长、有“中国现代考古学之父”之称的李济和考古学家、梁启超之子梁思永。

董作宾，参加了前7次和第9次发掘，奠定了我国田野考古学的基础。他1933年发表的《甲骨文断代研究例》，被公认是一部中国甲骨文史上划时代的名著。他对甲骨学最大的贡献，是创立了甲骨断代学。李济，曾经主持了殷墟第2、3、4、6、7次发掘。梁思永，曾经主持过殷墟第10、11、12、14次发掘。

经研究表明，中国的汉字是从甲骨文演变而来。约4500个甲骨文字，至今已被释读的只有约1500个。

甲骨文，是中国一段不可或缺的历史，当我们全部解读它的同时，也就读懂了悠久的殷商文明。

殷墟出土的石鸭

烛龙灯

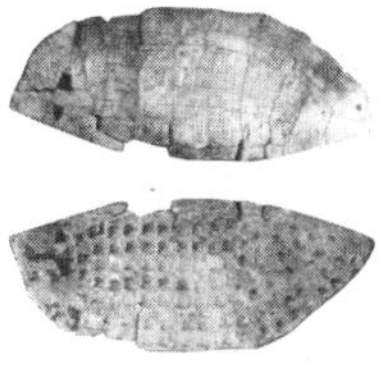
用于占卜的龟北甲

殷墟出土的牛肩胛骨

小屯出土的铜盘

祭祀狩猎涂朱刻辞牛骨

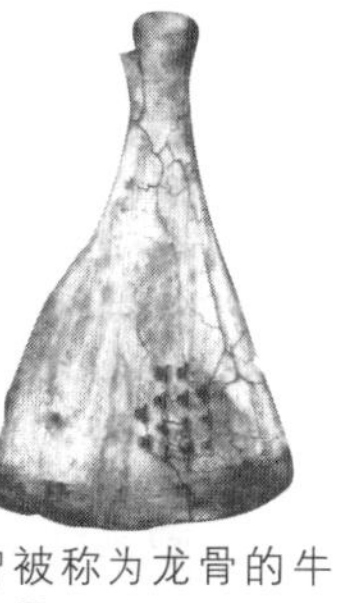
曾被称为龙骨的牛卜骨

殷墟出土的圆尊

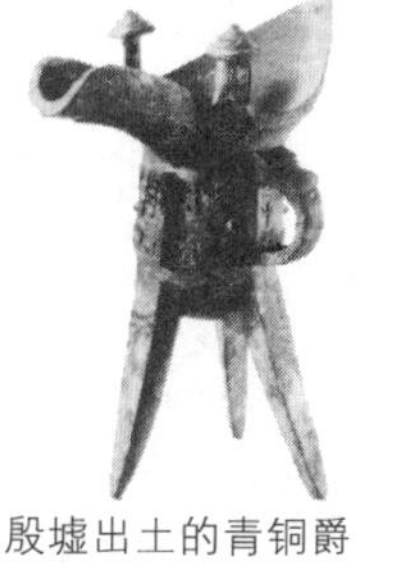
殷墟出土的青铜爵

殷墟出土的铜人面具

# 与世界接轨

1928年后，国民政府采取了一种激进的手段，进行了一场废除旧历运动。

老月历牌

## 从“改正朔”到“废旧历”

1912年1月1日，孙中山在南京就任临时大总统后，正式通电各省：“中华民国改用阳历，以黄帝纪元四千六百零九年十一月十三日为中华民国元年元旦。”

1月13日，孙中山发布《临时大总统关于颁布历书令》，令内务部编印新历书。这部《中华民国元年新历书》特点有三：一是新旧二历并存；二是新历下附星期，旧历下附节气；三是旧历书上吉凶神宿一律删除。6月，教育部观象台负责编撰《中华民国元年历书》，新历书颁行全国。

改用阳历，乃是民国万象更新之举，是社会进步的标志和体现。但将传统的夏历(阴历)改为阳历，对民众的日常生活影响甚大。在推行过程中，民众除民国纪年外，对阳历并未完全接受，从而形成了历法上的“二元”格局。历法改革，似乎走入了一个怪圈，阴历占据了社会主流，阳历仅为点缀，这让政府有些始料不及。

到1919年，阳历已在社会上推行8年，“官家之年”与“民间之年”，已是泾渭分明，“二元”格局构成了民国社会的一道特殊风景。有好事者曾撰写一副春联讥讽曰：“男女平权，公说公有理，婆说婆有理；阴阳合历，你过你的年，我过我的年。”

内政部长薛笃弼

历法问题，关乎社会民生，每个新政府建立之初，都要通过改正朔、定历法等，以示革故鼎新，政治一统。南京国民政府建立后，将阳历定为“国历”，将旧历视为“废历”，并“特制国民历颁行各省，凡属国民，均应遵守”。随后，江浙地区除旧历的呼声，逐渐演变成一种实际行动。12 月底，江苏省民政厅通令全省各县遵用阳历、废止阴历。

1928 年 5 月 7 日，内政部长薛笃弼草拟《普用国历办法八条》，呈请国民政府允准。11 月 8 日，行政院召开第二次会议，确立了废除旧历运动“以由政府提倡领导为原则”的方针。12 月 8 日，国民党中央执行委员会提出《中央对普用新历废除旧历协助办法》，通令国民党各级党部及民众团体，协助国民政府废除旧历。行政院所属各部乃至国民党中央党部，纷纷加入到这场声势浩大的废除旧历的运动之中。

旧历既废，一是要禁止出版和使用旧历，一是要加紧编制、推售新历。1929 年 7 月 2 日，国民政府发布第 543 号令，通令各省市政府一律遵行，规定“以后历书，自不应再附旧历，致碍国历之推行”，“不得再于十九年历书及日历内附印旧历，以利国历之推行。”国民政府委托教育部与中央研究院负责编制《民国十九年新历书》。是年 12 月，中央研究院天文所编制的《民国十九年国民历》经教育、内政部审核通过，向全国出版发行，用以取代民间流行的各种旧历书。

## 二元格局的特殊风景

中国旧历，之所以能沿用数千年，自有它的“特长”。特别是旧历不悖科学，且与社会经济有密切的关系，有着不容漠视的价值。以农事而言，二十四节气为农民所奉之圭臬；就水利而论，朔望两弦，为航行所恃之指南。不仅如此，旧历岁时节令，还与一般民众日常的祭祀、婚娶、赛会等重大活动密切相关。这些旧历岁时节令上的风俗文化，实际上是中国传统文化生命力的体现。国民政府骤然要废除旧历，面对的不仅仅是数千年中国民众的日常习惯，而且是几千年来中国民众赖以生活的深厚的风俗文化。因此，看似简单的变更日期，实际上包含着巨大的社会变革，同时也意味着这场社会变革的难度，远远超出了当时推行者的预料。

既然旧历有其合理性，国历又不得不推行，唯一的出路，就是如何将国历与旧历进行调适。政府，在寻求一种变通之道，剔除了旧历中封建迷信的成分，保留了与农时、民俗有关的节令；民众，受潜移默化的影响，也不断自我调适，与时俱进。国历及与之相应的节日，逐渐为社会各界认同，民初阴历为主、阳历为辅的格局，就此改变。到 30 年代以后，国历，已“一统天下”。

春节年画

**原国民政府立法院**——国民政府实行[illegible]是聋子的耳朵，蒋介石大搞专制独裁，使其徒有虚名。立法院最[illegible]到国民政府还都后才迁于这中西合璧的建筑群中。

地面图案——在南京的民国建筑中，水门汀图案的地面，极为少见。水门汀一词，应该属于舶来品，用它铺地，精细、光滑而耐用，如果再拼成漂亮的图案，更是锦上添花。当然，灰色的水泥地比较单调，有一种冰冷的感觉，用图案美化一下，感觉就丰富许多，与屋顶相映成趣。

# 我们需要尊严

建于1893年的江海关，西洋教堂式的建筑

**经过不懈的努力，国民政府总算收回了关税自主权。**

## 毫无遮拦的门户

海关，是一个国家的门户，亦是国家主权的象征。清康熙二十四年(1685)开放海禁，在沿海设立江、浙、闽、粤四大海关。

鸦片战争后，清政府与外国列强签订了一系列不平等条约。如果把赔款、割地比喻是一时阵痛，那一直处在洋人掌控下的海关、关税自主权和关税收支权，则是长久隐痛。这一刻，中国真正叫做门户洞开，毫无遮拦。遗患，一直制约中国的发展；命运，一直拿捏在列强手中。

关税平等，则可互利互惠，如关税主权操之外人之手，反为其害。“我国自开五口通商，舍其闭关政策，立足商场，以与群雄相角逐。然屡战屡败……”，关键就在于“关税不均，以权授人，遂使利权莫挽耳”。

于是，我们看到了这样一种非常尴尬和无奈的局面：海关这样一个要害部门，实权却不在中国人之手。李泰国、赫德、梅乐和等外籍人士相继担任总税务司，海关的收入存在英国汇丰银行等外国银行中，直接偿付外债。关税税率还须与列强协商确定，基本上也就是外国人说了算。

民国肇始，外国税务司作为每一任中国财政部长太上皇的地位，却不曾动摇。封建帝制虽被推翻，但封建帝国所酿成

蒋介石手书“关税自主”

1943 年 5 月 20 日《中美新约》在重庆举行换文仪式。其主要内容是取消美国在华治外法权。

被外国人控制达 88 年之久的厦门海关



的后果，我们还需承受。19 世纪中叶落下的病根，一直延续至 20 世纪 30 年代，不曾改变。

以 1930 年为例，总税务司月薪 4000 两白银，各关税务司月薪 700—1500 两白银，副税务司 500—650 两白银，住房、休假、花红等等尚在其外，海关洋员每年耗费总计达 2000 万两白银之巨！

从关税自主权丧失开始，国人为收回关税自主权一直在努力。早在 1890 年陈炽在《庸书》中就主张关税自主。1919 年的巴黎和会，中国代表提出这一问题，遭到拒绝。接下来 1921 年 7 月的华盛顿会议，中国代表又提出"关税自主"等八项提案。帝国主义列强名义上通过《九国间关于中国关税税则之条约》，但其后，他们以种种借口拖延会议召开，最终还是不了了之。

1927 年 4 月，南京国民政府成立后，为解财政之缺口，遂思以"改订新约"为名，行"关税自主"之实。一来可换得西方之变相承认，收回部分主权，二来趁势将当时中国最大的合法财源收入国库。

此前的 1925 年 10 月 26 日，北京政府曾召集列强在北京召开关税会议，王正廷代表中国政府提出关税自主提案，要求立即解除与各国条约中关于关税的束缚；中国自 1929 年 1 月 1 日裁撤厘金作为回报。

各方争执不下，但最终还是达成了一个差不多相当于"关税自主"的宣言："各缔约国（中国在外）兹承认中国享受关税自主之权利。允许解除各该国与中国现行各项条约中所包含之关税束缚。并允许中国国定关税定率条例于一千九百二十九年一月一日发生效力。"

首任总税务司李泰国

第二任总税务司赫德

第三任总税务司安格联

第四任总税务司梅乐和

第五任总税务司李度

这一承诺，为南京国民政府所受用。1928 年 7 月 25 日，美国率先与国民政府签订《中美关税条约》，欧洲各国随后跟进，日本则表示异议。同年 5 月，蒋介石二度北伐，节节胜利之际，日军制造“济南惨案”，意图阻碍中国统一。从长计议，南京国民政府只能委曲求全。1930 年 5 月，《中日关税协定》签订，日本设定条件，同意中国 3 年后关税自主。

宋子文

## 总算大抵解决

1929 年 2 月 1 日，南京国民政府实施首次自主之关税税率，其中，7.5%的出口税未有变化；进口税则将之前一律为 5%改为 7 级等差税率，最高税率达 27.5%。此次税率的调整，使关税收入从 1928 年度的 1.79 亿元一下子提高到 1930 年度的 3.13 亿元，几近翻了一番。

1931 年 1 月 1 日，南京国民政府将厘金取消。此项税收当时总额达 1.3 亿元之巨，造成收支失衡，财政部长宋子文乃于当天将进口税率改为 16 类 647 目，最高税率达 50%。6 月 1 日，出口税亦随之变动。税则的出台，经受了九一八事变和“一·二八”事变的严峻考验。或许是政治问题一时成为主导，税率问题随之淡化，总算没滋生出什么是非来。

1933 年 5 月，《中日关税协定》期满，宋子文立即修改进口税则，最高税率提到 80%，创历史新高。目的是为了加强国内自身的造血功能，使国库更加充盈。这一税则，被认为是抗战前最具民族工业保护意义的税则，它限制了日货的倾销。

相对于北洋时期，国民政府的“关税自主”取得了相当的成绩。以收入而言，1934 年度到 1936 年度，分别为 3.53 亿元、3.72 亿元、3.79 亿元，占国民政府总收入的 1/3 以上。这些钱，对中国早期现代化发展的积累，起到了积极作用。不仅如此，海关主权也在不断收回中，到 1937 年，全国 39 个口岸，有 1/3 的税务司是中国人；总税务司仍是外国人，但国民政府明确他只是中国政府的一个外籍雇员；中央银行逐步取代外国银行保管关税税款，金融大权，得以回归。

宋子文曾三次出任国民政府行政院代院长。第一次是在 1930 年 9 月 25 日，前院长谭延闿病逝，2 个月后由蒋介石兼任。第二次是在 1932 年 8 月，时任院长的汪精卫因故辞职，7 个月后，汪精卫从欧洲回来后复任。第三次是在 1944 年 12 月 18 日，蒋介石在面临内政外交诸多问题之时让出兼任的行政院长一职。宋子文每一次出面“代理”，颇有“临危受命”的意味。

幽静的中山陵园林荫道

# 遮风避雨的林荫大道

南京是民国时期现代都市的典范。



## 大兴土木建首都

南京有一条令人羡慕的由快慢车道、游憩岛(又称安全岛、分隔带、绿岛)和人行道构成的主要干道，沿途还有遮天蔽日的一排排行道树——悬铃木(俗称法国梧桐)，亭亭如盖，夹道成荫，成为南京一道迷人和独具魅力的风景线。

走在这样的路上，让人感同身受的，不只是春意盎然，盛夏的清凉，秋风的爽朗，还有一份心中的惬意！那感觉，真好！

有人说："汉唐看西安，明清看北京，民国看南京。"南京，称得上是民国时期现代都市的典范。

南京近代城市规划始于1919年，其中以1929年的《首都计划》最为完备。1927年，国民政府定都南京后，于1928年2月1日成立首都建设委员会，负责拟订首都建设计划。

《首都计划》由美国著名建筑师墨菲主持，另一位美国工程师古力治和中山陵的设计者吕彦直共同参与。经过一年多的努力，于1929年12月完成。它是近代南京历史上第一个城市规划文件。

《首都计划》将南京的城市建设纳入规划之中，其布局以新街口环形交通广场为市区中心，以中山大道为城市的中轴线。

中山大道，又名迎榇大道，它是专为迎接孙中山先生灵柩奉安中山陵而建，包括中山北路、中山路、中山东路三段。它北起下关，东出中山门与陵园大道衔接，全长12001.94米。

1925年3月12日，孙中山在北京逝世。治丧活动一结束，即筹备安葬事宜，包括中山陵设计方案、迎榇及安葬等一系列大事。作为永久性的纪念，迎榇大道及配套工程，均以"中山"冠名，它是民国时期首都道路建设的标志性工程。

1928年8月12日，在和会街三十三标，中山大道破土动工。南京市长刘纪文主持，内政部部长薛笃弼等到会讲话。会后，施工全面

《首都计划》的设计者美国人墨菲

展开。

整个道路建设工程，赶在1929年6月1日孙中山奉安大典前初步完工。奉安大典之后，国民政府对中山大道又进行了多次改造修建，一条路宽40米的大道最终成型。

如今，70余年过去了，这条大道仍是南京市内交通的主动脉，发挥着积极和有效的作用。

## 洋人带来了《首都计划》

初识南京，从中山大道开始；走“进”南京，则由民国《首都计划》步步深入。

《首都计划》的设计思想，是以“欧美科学之原则”、“吾国美术之优点”作为指导方针，宏观上采纳欧美规划模式，微观上采用中国传统形式。对现行欧美模式予以分别对待，第一，经过实践检验、具有普遍使用价值的，直接运用；第二，不符中国国情，不能直接用于南京的，调整后再用；第三，实践后出现问题的弃之，代之以新的规划理念和模式。

《首都计划》的内容甚广：共编制有南京史地概略、人口预测、都市界线、中央政治区、市行政区、建筑形式的选择、道

下关火车站

《首都计划》书影

新街口广场




路系统规划、路面、市郊公路计划、水道的改良、公园及林荫道、交通的管理、铁路与车站、港口计划、飞机场站的位置、自来水计划、电力厂的地址、渠道计划、市内交通的设备、电线及路灯规划、公营住宅的研究、学校规划、工业、浦口计划、城市设计及分区授权法草案、分区条例草案、实施之程序、款项的筹集等 28 项规划内容。

规划的国都界线，南起牛首山，北至常家营，西至和尚路，东至青龙山，界线全长 117.2 公里，面积达 855 平方公里。

《首都计划》按照现代都市的标准，采取了不同功能的划区：中山门外紫金山南麓为中央政治区；傅厚岗一带为市级行政区；长江两岸及下关港口为工业区；主干道两侧和明故宫、新街口一带为商业区；鼓楼、五台山一带为文教区；山西路一带为新住宅区。

国民政府铁道部

随后，大规模的首都建设就此展开。南京出现了以中山大道为代表的林荫大道、不同功能定位的分区和许多形形色色的近代建筑。南京现代都市的风貌，一举奠定。今日南京旧城的总体格局，乃当时旧影。

## 民国建筑——凝固的音符

民国建筑是中国建筑史上的重要篇章，具有独特的地位。它亦是《首都计划》的体现和实践。

随着时间的流逝，南京民国建筑已经成为凝固的历史音符，民国历史的象征，也是南京历史文化名城的重要组成部分。

南京民国建筑，具有这样一些特点：一是等级高。国民政府的“五院八部”，另外，如

1936 年，首都电厂下关发电所 1 000 千瓦发电组新厂全景

中山大道

中央研究院、中央体育场、中央医院、中央博物院的等级和规模，均属当时全国、甚至东亚之最；二是类型全。举凡行政、纪念、文教科研、宗教、使馆、公共、官邸、工业、交通、民居等各式建筑，应有尽有，行人在不经意中，就与它不期而遇；三是历史及艺术价值高。二三十年代的南京，汇聚了吕彦直、杨廷宝、赵深、范文照、卢树森等众多当时中国最优秀的建筑师，他们运用现代建筑理念，设计的一批中国传统宫殿式建筑以及新民族形式建筑，具有重要的历史和艺术价值。许多建筑，现已被列入国家重点文物保护名录中；四是内涵丰富。每幢民国优秀建筑都与当时发生的历史事件、历史名人相关。一幢幢建筑，就是一个个精彩的故事，仿佛是一组历史画卷。

由于《首都计划》注重城市现代性和前瞻性，使南京在其后几十年的发展中没有落伍，为世人称道。

1927—1937 年，这是南京国民政府的一个“黄金时段”。它把城市发展的辉煌，留给了古都南京，使它再次拥有一分荣耀。

南京民国建筑大致分四种建筑风格：一为折衷主义和西方古典式建筑，如 1930 年的中央大学礼堂；二是中国传统宫殿式建筑，如金陵大学北大楼；三是新民族形式建筑，其中有 1928 年的铁道部大楼，1929 年的灵谷塔，1931 年的中央研究院地质研究所，1932 年的中山陵音乐台，1933 年的中央医院、交通部大楼、外交部大楼，1934 年的紫金山天文台，1947 年的中央博物院、中央研究院总办事处；四是西方现代派建筑，如 1932 年的福昌饭店，1936 年的大华电影院，1937 年的地质矿产陈列馆等。

中央体育场

回到德国后的法肯豪森

# 秘密之剑

对领袖崇拜、个人独裁有着浓厚兴趣的蒋介石，身边有一批德国军事顾问。





## 交往由来已久

1933 年 5 月，蒋介石发动了对中共苏区的第五次"围剿"，在他身边，有一位来自德国的军事顾问——冯·塞克特。颇耐人寻味的是，红军的顾问李德，也是德国人。

两个德国顾问各为其主，不遗余力地对抗，为使命而战，为信仰而战。

中国与德国多方面的接触，可以追溯到近代。明清三大外国传教士之一的汤若望，就是德国人，他死后就葬在中国。甲午中日一战，同"高升"号运兵船一道沉入水中的，就有德国退役军官汉纳根上尉。现代社会，"浮士德"、"少年维特"，几乎为每一个当时的新潮青年耳熟能详，"马丁炉"、"阴丹士林"这些高技术含量的设备与产品，也频频出现在中国的广告中。当然，要说对中国最有影响的，莫过于马克思与恩格斯，两位德国学者的思想"墙内开花墙外香"，熏陶着这片大地。

中德之间具有真正意义的交往，始于洋务运动之后。对中国而言，富国强兵，乃是首要；对德国来说，加强世界市场的贸易份额与影响，不容小视，于是双方一拍即合。悬挂着龙旗的北洋水师主力战舰"定远"、"靖远"、"来远"号，都出自德国；旅顺、大连、威海卫等海防要塞的设计、大炮的生产和安装，无不是德国承包，至于教官更以德国军官占绝对优势。

1936 年，国民政府军事委员会德籍总顾问塞克特病逝柏林，国民政府特别举行追悼会。图为塞克特的灵堂

## 两国的蜜月期

一次大战后，战败的德国卧薪尝胆，而中国也取得了形式上的统一。中国需要革新军备，德国需要战略资源和产品输出，历史又把两国拉近，成就了二三十年代中德两国的“蜜月”。蒋介石既醉心于德国的军事化、工业化，又对领袖崇拜、个人独裁有着浓厚的兴趣。他希望从德国输入军队的管理方法、先进的战略战术和战斗技能的同时，也将钢铁般的“德意志精神”灌输到他麾下的心中，从而建立一支内外兼修的强大军队。

德国军事顾问，就这样应运登上了中国政治舞台。从1929年至1939年间，共有135位德国顾问在华任职。他们积极参与了中国的“安内”与“攘外”。帮助国民政府训练军队、采购军火、出谋划策。“蒋桂大战”、“中原大战”、五次“围剿”红军都有他们的身影。蒋介石创办的庐山陆军军官训练团，教官几乎是清一色的德国人。他们给国民党军队，确实带来了许多新的理念，起到了相当重要的作用，这对后来的抗战，有着巨大的影响。

马克斯·鲍尔、赫尔曼·克里拜尔、乔治·魏采尔、汉斯·冯·塞克特、亚历山大·冯·法肯豪森……这些璀璨的将星、德军的精华，从本国销声匿迹后来到中国。他们以日耳曼人特有的方式，在国民政府的军事领域中留下了重彩的一笔。

## 拔刀相助

马克斯·鲍尔是蒋介石聘请的第一位德国顾问，1927年，他来到中国，主张将军政大权集中于强有力的中央政府，以大刀阔斧铲除一切离心力量。此外他对军队的裁减、重建、整训及经济的发展等诸多方面都提出了有价值的看法，深得蒋的赞许。1928年5月，他突然病逝在上海。鲍尔来华时间不长，但他组建了顾问团，他为蒋介石创立的工作模式和规划的工作方向，为未来十年的中德合作奠定了基础。

魏采尔

法肯豪森

塞克特

德式装备的中国精锐部队




鲍尔推荐的继任者是赫尔曼·克里拜尔。但他与蒋介石在战略思想上分歧颇多，蒋认为内战中军事和政治并重,实力和阴谋并重。克里拜尔则对蒋"炮弹"、"银弹"甚至"肉弹"齐上的卑劣手法嗤之以鼻,认为胜之不武。虽然他在军事指挥上兢兢业业，在中原大战中亲赴前线筹划布防,协助蒋拟订作战计划,但在 1930 年 5 月还是去职走人。

乔治·魏采尔接任第三任总顾问。这位一战名将在作战方面对蒋帮助最大,中原大战、"围剿"红军,他都出力颇多;特别是"一·二八"抗战,他亲手训练的第 87、88 师打得威风八面，让日本人直呼，这简直是在与德军作战。魏采尔在整军建军方面也有所建树,先后协助创立了步兵、炮兵、工兵、辎重兵和通信兵学校,培养了大批人才,为特种兵的建设和陆军合成化奠定了基础。尽管魏采尔为蒋帮了不少忙,但他对国民党军批评太多,最终与蒋交恶而离职。

接替魏采尔的是蒋最喜欢、最钦佩、在华待遇最高的、来华地位最高的德国顾问——前德国国防军总司令汉斯·冯·塞克特。

塞克特"货真价实"而并非浪得虚名,他把德国军国主义的建军方针和思想带到了中国，明确提出所谓中国建军的"三项中心思想"：一、军队为统治权之基础。二、军队之威力，在于素质之优良。三、军队之作战潜能,基于军官团教育之培养。他让蒋认识到军事强权在国家政治中的巨大作用，这使崇尚铁腕和独裁的蒋茅塞顿开,如获至宝。

无奈繁重的事务使他精力不支，卧病在榻。1935 年,蒋只能依依不舍地送别他回德休养。

亚历山大·冯·法肯豪森是塞克特的得力助手,对抗日的贡献尤多,他协助蒋介石拟订了抗日的战略总蓝图。这位职业军人对中国的军事训练、改革及部队装备、海空军、防空设施等方面是尽心尽责。1935 年 7 月,他拟就的"关于应付时局对策之建议书",对两年后爆发的抗战的大致走向，有相当准确的判断,并起了相当大的指导作用。

抗战爆发后,德国顾问的身影,始终出现在华北、淞沪、徐州等最前线。德式样板师、德式装备在抗战初期,对支撑大局功不可没。德制钢盔,在抵御了日军枪炮子弹的同时,也增强了国民党军的自信。

二战全面爆发后,德国自顾不暇,加之日德之间的特殊关系,希特勒于 1938 年 6 月 17 日抗战近一周年之时，召回了在华的德国军事顾问。

迎榇宣传列车

# 奉安大典

**孙中山早有心愿，愿向国民乞此一抔土，死后葬于紫金山麓。**

## 借一块风水宝地

孙中山的名字，是与辛亥革命、推翻帝制和建立共和紧紧联系在一起的。

1866年11月12日，孙中山生于广东香山，为了拯救中国，献出了毕生精力，被誉为“中国民主革命的先行者”。1925年3月12日，孙中山在北京病逝，灵榇暂厝北京香山碧云寺。

早在1912年4月1日，孙中山辞去临时大总统职务后，一次与胡汉民、徐绍桢等人在紫金山上打猎。当时，孙中山笑对左右说：“待我他日辞世后，愿向国民乞此一抔土，以安置躯壳尔。”1925年孙中山在病中叮嘱：“吾死之后，可葬于南京紫金山麓，因南京为临时政府成立之地，所以不可忘辛亥革命也。”

1925年9月20日，在上海召开了孙中山葬事筹备委员会议，对中山陵应征图案进行评判。出席者有：宋庆龄、孙科及夫人、林焕廷、叶楚怆、孔祥熙、陈去病、杨杏佛等。通过了获奖名单，大奖吕彦直、二奖范文照。9月27日，正式决定采用吕彦直的设计方案，并聘他为陵墓总设计师。



迎榇专车外之宣传标语

迎榇专车之火车头

载着孙中山灵榇过江的“威胜”舰

宋庆龄(右)和孙科(左)在孙中山灵堂前

孙中山逝世后,宋庆龄守灵

1925 年 4 月 18 日,“孙中山先生葬事筹备处”成立,选定钟山第二峰的南坡为陵墓地址。整个工程于 1926 年 1 月 15 日破土动工,历时 7 年,于 1932 年 1 月全部竣工。

根据孙中山先生葬事筹备委员会的安排,灵柩奉安大典,将于 1929 年 6 月 1 日在南京举行。

从这一年的 1 月,国民政府就正式组成奉安委员会,蒋介石任主席。至 5 月,孙中山先生移灵奉安的一切准备工作全部就绪。

孙科抵北平迎灵

## 入土为安终有时

5 月 10 日下午,迎榇专列从浦口出发,21 日抵达北京。根据国民政府公布的奉安礼节,5 月 26 日至 6 月 1 日为迎榇奉安期。

移灵前一天即 25 日夜 12 时,先由家属、亲属行祭奠礼。次日凌晨 1 时起灵,乐队奏哀乐,鸣礼炮 101 响,灵榇由 24 名杠夫抬起,前有骑兵开道,后有护灵士兵殿后,缓缓而行。

下午 4 时 35 分,灵车从北平启程。沿途相继在天津、济南、蚌埠停靠,接受致祭。蒋介石先期由南京赶往蚌埠恭迎,随后,由他的专车先导,灵车随后。28 日上午 10 时整,灵车抵达浦口站。11 时 30 分,灵榇移至“威胜”号军舰渡江,12 时抵达中山码头。

迎榇仪式结束后,灵榇奉移上特备汽车,向城内前行。3 时 15 分,灵车至中央党部(今南京湖南路江苏省军区所在地),从门外直达灵堂。

从 28 日起,由中央委员、各特任官轮流

孙中山灵榇抵浦口后由宋庆龄、孙科（前左二）及妻陈淑英（左三）等亲属护送前往江边

5月28日，灵车抵浦口，宋庆龄和国民政府主席蒋介石在浦口车站迎接

守灵，直至6月1日奉安为止。29日至31日为公祭日，礼毕后，由主祭人率领，瞻仰孙中山遗容。

5月31日下午6时，举行封棺典礼，由蒋介石主持，家属、亲属及国民政府政要依次至灵前鞠躬、默哀后，瞻仰孙中山遗容，然后封棺。

6月1日，为孙中山先生奉安之日。4时15分，灵榇移出灵堂上车。25分，灵车启行，上午8时，到达紫金山麓。随后，灵榇由杠夫恭抬，众人随护，缓步登上石阶，于10时8分抵达灵堂中央。肃静片刻后，由宣赞员宣赞，举行奉安典礼。奏哀乐后，全体行三鞠躬，然后献花圈，读诔文。蒋介石主祭，谭延闿、胡汉民、王宠惠、戴季陶、蔡元培陪祭。

礼毕，灵榇移入墓室，奉安于圹内。随后，依次瞻仰，集合

有关孙中山葬事，有《总理奉安实录》一书，记载了自病逝至奉安告成的详细历程。内容分照片、纪述、专载、附录四大类。由胡汉民敬题书名。据载，整个奉安筹备到大典安葬结束，4年多时间共支付大洋20多万元。130幅照片，按时间顺序实地拍摄了一系列活动内容。

国民政府主席蒋介石至蚌埠迎接灵车，并护送至南京。图为蒋介石（右四）与妻宋美龄（右五）、宋子文（蒋身后者）由浦口车站护灵至江边

灵榇奉移纪念碑

灵柩移入祭堂

行三鞠躬礼，奏哀乐。最后，由宋庆龄率领孙科夫妇等将墓门敬谨关闭。备极隆重的奉安大典告成。

## 念天地之悠悠

出南京中山门，循着林荫大道前行就到了中山陵。博爱坊是墓道入口，四楹三门，中门横楣上刻有孙中山手书“博爱”两字。接下来就是一条长 442 米、宽 39.6 米的三路墓道，中路两侧分列四行雪松，八行桧柏，高洁挺拔，气势不凡；左右两侧种植银杏和红枫，彰显英姿。

陵门为花岗石砌成的三拱门，中门之上镌刻有孙中山手书“天下为公”四字，这是孙中山毕生奋斗的理想。陵门前的大平台，能容纳万余人。

祭堂为中山陵的主体，正面三通拱门门额上，分别刻有孙中山“三民主义”学说之“民族”、“民生”和“民权”六字。

灵车全景

抬灵杠夫。参加奉移灵榇的杠夫共三班，每班六十四名

灵车抵达浦口火车站时，国民党及国民政府要员在车站恭迎，
右二起：胡汉民、吴稚晖、孙科、谭延闿、于右任

奉安纪念章

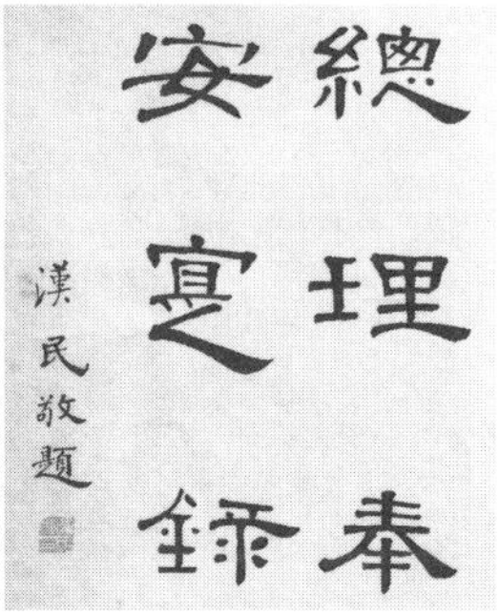

總理奉安實錄

漢民敬題

记录孙中山奉安全过程的《总理奉安实录》一书书影

孙中山坐像立于祭堂中央，长袍马褂，膝上摊着展开的文卷，双目凝视前方，显示了一位伟大思想家深沉和睿智的风貌。墓室与祭堂有甬道相连，内外两道门，外门门楣刻有孙中山手书“浩气长存”，内门上刻有国民党元老张静江篆书“孙中山先生之墓”。墓室形如覆釜，中央为圆塘，孙中山的遗体安放在石圹下用钢筋水泥密封的紫铜棺内。石圹之上，安放着一尊汉白玉孙中山先生卧像，供人瞻仰。卧像的脚边雕刻着一束素洁的繁花，象征着千百万谒陵者奉献的一束永不凋谢的鲜花。

由广场至海拔 158 米高处的墓室，落差 70 多米，有大小平

中国国民党中央执行委员会上海执行部为孙中山逝世发布的讣告

訃告

中國國民黨總理孫中山先生於三月十二日上午九時三十分在北京行館逝世除另定追悼及開弔日期外哀此訃告

中國國民黨中央執行委員會上海執行部哀啓

预备迎榇之杠夫

建造中的中山陵祭堂

陵墓建筑完成后

台10个，台阶392级，坡度逐段加大，拾级而上，步步增添庄重、崇敬之感。走完石阶到达大平台，回首俯视，只见一个个平台连成一片。站在大平台上举目南眺，景色秀美，历历在目。整个陵墓造型恰似一尊自由钟。

中山陵沿袭了中国古代陵寝的规制，又以现代理念加以诠释和演绎，给人一种全新的感受。

现在，人们已不再把中山陵仅仅看作是一座陵墓。它已成为一处融自然与人文景观为一体的胜地。

奉安典礼

**原国民政府外交部**——这幢建筑给人以坚实有力之感。它中西合璧，是中国近代建筑史上新民族形式的典型实例，有着广泛的影响。

收音机——无线电发明者是意大利人马可尼，这位天才不仅改变了人类的传播方式，而且也绝对影响了一个时代的潮流。收音机一经问世，充满着神秘和神奇，欢快的乐曲，高亢的歌声，激昂的演说，都从这小小的木匣子中传出，其特殊原理，让多数人难以理解。在民国时期，能有这样一台玩意，是多么时髦和新潮。

1929 年 1 月，全国军队编遣会议在南京召开。图为参加全国军队编遣会议的人员在参加阅兵典礼，庆祝全国实现“统一”

# 力排杂牌保“中央”

**蒋介石为了削弱各个地方军阀兵权，最终一统全国军队，精心策划了“编遣会议”。**

## 弦外之音

1928 年 7 月 6 日，北平西山碧云寺孙中山灵柩前，蒋介石、冯玉祥、阎锡山、李宗仁齐集，向先总理举行“北伐完成报告祭”，以中华民国政府取得的一种近乎统一全国的大好局面，告慰他的在天之灵。

8 月 9 日，蒋介石又派特使到奉天，劝张学良把五色旗换成青天白日旗。至此，蒋宣布中国“统一告成”。

蒋介石统一中国，只是各军阀间表面的暂时“联合”。实际上，当时南京国民政府掌控的地区，只有东南五省。全国版图的其他部分，则由数十个拥兵自重的国民党新军阀各霸一方。

军阀有大小，能够与蒋介石中央军相抗衡的只有四大派系：占据鲁、豫、陕、甘一线广大地区的冯玉祥；控制着山西省和平津地区的阎锡山；拥有广西、湖南、湖北三省和华北一些地区的李宗仁；统治着东北四省的张学良。

蒋介石为了扩充势力，削弱各个地方军阀兵权，最终一统全国军队，精心策划了“编遣会议”。

1929 年元旦，蒋介石迫不及待地召开了这次会议。他大唱“裁军”、“统一”、“集中”、“归命中央”。弦外之音，不外乎用一种和平的手段削弱各个军阀的军权，进而一举收拾中央军以外的地方实力派。

蒋介石将全国设为 8 个编遣区：中央直属编遣区，海军

1928 年 7 月 6 日，蒋介石率北伐军各集团军总司令抵北平西山碧云寺祭告孙中山灵

1929年1月国军编遣委员会会议合影

编遣区，第一编遣区（蒋系，蒋介石），第二编遣区（冯系，冯玉祥），第三编遣区（晋系，阎锡山），第四编遣区（桂系，李宗仁），第五编遣区（东北军），第六编遣区（川、康、滇、黔各军）。

以分区编遣的名义，蒋介石一下子就控制了4个，即中央、海军、第一、第六编遣区，实现了“人裁己不裁”的目的。



## “人裁己不裁”

蒋介石并不满足于此，《国民党编遣委员会进行程序大纲》的通过，就是明证。条条限制，直指各地方派系。一言以蔽之，他就是要独揽军权，绝不允许他人染指。

会议还通过了《国军编遣各部队裁留标准》、《国军编遣委员会点验实施规章》、《陆军编制原则》、《点验组织条例》等一系列章程。总的原则，用缩减二字即可囊括；目的也只有一个，就是“对人不对己”。蒋介石就是要通过增加编遣区的办法，压缩他人军队而扩充自己的势力。

8月6日，编遣委员会发布了《编遣实施会议闭幕宣言》，列举了两次编遣会议之后的种种疑虑和批评，以“此地无银三百两”的心态，做了一番诠释，以示“编遣会议”的公正与合理。

不过，从最后的表态中，我们还是听出了玄机。“中央政府的决定，是通盘和从长远利益来考虑的。目的，是将所有军队统一在国民政府之下。”这应是蒋介石的真情告白及目的所在。

历史上曾有过赵匡胤“杯酒释兵权”，可那是宋朝的事。如今，蒋介石也想效仿，来一个“裁减释兵权”。

蒋介石不仅无意改善地方军的现状，还欲借整编之名独揽军权。参加会议的冯玉祥、阎锡山、李宗仁遂一致行动，消极对抗。

“编遣会议”似乎没有达到预期的效果，在各地方派系的联合抵制下，最终只能草草收场。

## 还是武力说了算

蒋介石看到用和平的手段难以收服各路“诸侯”，便决心利用各军阀之间的矛盾，用武力各个击破，实现“统一”。

他首先把矛头对准李宗仁。

1929年2月下旬，蒋军开始压迫占据武汉的桂军，李宗仁慌忙化装逃出南京潜往上海。3月21日，蒋介石宣布开除李宗仁党籍，下令讨伐桂系，由此引发蒋桂战争。由于交通断绝，李宗仁不能及时赶到武汉，面对蒋系刘峙10万大军，桂系军心动摇。

蒋介石不失时机地派人前往武汉策反，不久，武汉桂系黄陂前线指挥官李明瑞宣布“服从中央”，回师讨伐武汉。武汉守将夏威

冯军部将石友三叛冯投蒋

十分惊慌，遂放弃武汉，向西退却。蒋介石亲赴武汉坐镇，命令军队乘势推进，派大军进剿广西。5月中旬桂系兵败，李宗仁、白崇禧双双逃往香港，蒋介石大获全胜。

当蒋介石把枪口对准李宗仁时，为了稳住冯玉祥和阎锡山，便拉拢他们对武汉起兵。冯、阎只是以通电“服从中央”为之响应而不出兵，意在坐山观虎斗，笑看两败俱伤。李宗仁惨败后，蒋介石随即掉转枪口，直指冯玉祥。

蒋介石还是先拉拢阎锡山，使其保持“中立”，尔后用离间之计，策反冯玉祥的部将。5月22日，冯军部将韩复榘、石友三通电“服从中央”。

蒋介石立即下令讨伐冯军，冯玉祥勉强支撑，终因四面受敌，军心涣散，无法继续抵抗，只好通电“下野”，去投靠阎锡山。

阎锡山一时颇为得意，他的脑海中突然闪出一个念头：用冯军打头阵去对付蒋介石，然后不失时机，夺取国民政府第一把交椅。9月17日，阎锡山夜会冯玉祥，约定西北军先进攻蒋军，晋军随后接应。冯欣然应诺，遂命令西北军孙良诚、宋哲元立即率军出潼关讨蒋。

蒋介石继续“打拉结合”，突然任命阎锡山为陆海空军副司令。这一招，使阎锡山只能乖乖地作壁上观，成了一名看客。结果，冲锋在前的西北军孤立无援，全线溃败。

蒋介石连胜李、冯二军之后，收揽全国军队的决心愈加坚定。他枪口一转，又对准了晋军。

阎锡山没有退路，他只能“恭候”蒋介石大驾光临。

1929年1月25日，在南京出席国军编遣委员会大会闭幕时合影。前排右起：宋子文、朱培德、何应钦、孙科、李济深、阎锡山、蒋介石、胡汉民、蔡元培、冯玉祥、戴季陶、李宗仁等

居正、叶楚伧、陈策合影(从左至右)

# 政绩平庸的江苏省主席

民国元老叶楚伧当了近两年江苏省主席,可惜没有什么建树,不过,他是一位真名士。



## 心有余而力不足

1930年3月17日,江苏省政府改组,原主席钮永健离职,叶楚伧兼任,成为京畿要地的父母官。这时的叶楚伧风光无限,达到了他事业人生的巅峰。

其实叶楚伧耍耍笔杆子还行,缺乏实干魄力,对做省主席并不怎么热心。他对江苏省政的许多方面表示不满,但又拿不出改革的良方,只能因循守旧,聊以敷衍。他在省长任上曾说:“最关重要的、而黑暗成分最多、最不令人满意的,大概是公安局。”因为江苏每一个乡镇就有一个公安分局,有几个警察守着,警费却是没有着落的。然而越是警费没有着落的地方,办警察的人越喜欢去,因为这样便于敲诈勒索。叶认为:“这种公安分局实在无存在之必要。”他虽有这样的主张,但毫无实现的办法,政绩平庸。好在他还有自知之明,在国民党中央党部第80次总理纪念周上,叶楚伧对自己主持的省政府的评价是:“懦弱无能,心有余而力不逮的江苏省政府。”1931年12月15日,他把省政府主席一职移交给了顾祝同。

## 曾经是革命前驱,民国元老

人文荟萃的苏州吴县,向来出才子,1887年,叶楚伧出生在这里。1911年10月,辛亥革命爆发,叶楚伧立即投笔从戎,加入广东革命党人姚雨平领导的“广东北伐军”,在总司令部任秘书兼参谋。是年底,随姚部粤军光复南京。

民国成立后,叶楚伧随姚退出军界,重操旧业,赴上海创办编辑《太平洋报》、《生活日报》。次年又与于右任、邵力子合编《民立报》,主持副刊的编辑工作,并亲自撰写时事评论,笔名“小凤”,从此声名鹊起。

1916年1月,由中华革命党总务部长陈

其美发起创办了《民国日报》，叶楚伧任总编辑，积极进行反袁宣传。一时该报成为革命党人的旗帜，影响很大。

1922年底，孙中山开始着手改组国民党，叶楚伧被委以重任，指定为国民党修改党章起草委员会委员。在这次大会上，他当选为第一届中央执委。

孙中山逝世后，他向右转，参加了邹鲁、谢持等在北京西山召开的所谓"国民党一届四中全会"，公开反对共产党和广州国民政府，反对孙中山的三大政策，并被推举为执委常委，成为右派的得力干将。他主持的上海《民国日报》，亦为西山会议派大造舆论。西山会议派的活动，遭到了广州国民党中央的指责，在国民党第二次全国代表大会上，叶楚伧受到警告处分，被免去《民国日报》主编一职。

好在，叶楚伧猛然警醒，悬崖勒马，在报上发表了"紧要启示"，宣称他不再参与西山派活动。5月，他前往广州，得到蒋介石的重用，出任国民政府中央执行委员会秘书长，成为蒋系的重要人物。

张静江（前坐者）与陈果夫（左一）、陈立夫（左三）、叶楚伧（右四）、褚民谊（右二）等在张宅合影

叶楚伧身材魁梧，一张桔皮脸，浑身透出豪爽之气。不过，他的文章与此却形成鲜明对照。早年他爱写作，笔名"小凤"、"叶叶"、"湘君"等，则充满阴柔之气。他的小说风格接近"鸳鸯蝴蝶派"，文笔秀丽轻逸，仿佛出自女子之手。当时文坛就有"以貌求之不愧楚伧，以文求之不愧小凤"的美称。

叶楚伧的前任钮永建

1927年4月，叶楚伧随蒋介石到达上海，这之后步步高升，在两年后举行的国民党“三大”上，当选为中央执委与常委。三届一中会议上，他被任命为国民党中央宣传部部长，掌握理论喉舌，位高权重。

从江苏省主席一职卸任后，他专事党务工作，国民党“四大”、“五大”、“六大”上，他都当选中央执委常委，前两届还兼中常会秘书长。这期间，他又在国民政府中谋得一职，1935年担任立法院副院长。

## 谦冲超脱，嗜酒成癖

叶楚伧外形魁梧，性格优柔，待人谦和。生活方面俭朴、清廉，多有士人之品而无衙门做派。一次，某官员遣差役送一要函给他。差役叩门后，叶亲自开门，差役云：“须投交叶主席亲收。”叶答：“本人即是。”差役大惊。还有一次，叶负责监造中山陵时，建造陵园的工程队从太湖西山采石返回南京途中，路经叶的故乡周庄，领队特意留下一对石蜡烛、一只石台、两只石凳，想给叶用在父母的新坟上。叶得知后厉声拒绝，当即付款购下。

1945年抗战胜利后，叶楚伧被国民政府任命为苏浙沪宣慰使，赴南京、杭州、上海进行宣慰安抚工作。当时，苏州与周庄一些好事者为讨好逢迎他，竟将周庄镇改名为“楚伧镇”，在苏州设立“楚伧公园”。这让他大为不满，责令恢复原名。

还有两件小事，值得一提。一是在1929年那场沸沸扬扬的“废止中医案”中，叶楚伧旗帜鲜明，他和李石曾、薛笃弼等亲自接见请愿代表并表示慰问，迫使卫生部不得不公开表示对中医并无歧视。二是1937年日本发动全面侵华后，高校纷纷准备内迁。危难之中，叶楚伧受中央大学校长罗家伦之托，先赴重庆，为中央大学筹建新校舍和内迁入川做了大量卓有成效的工作，保证了学校于11月底正常开课。

叶楚伧颇有魏晋名士之风，尤好饮酒。他喜欢喝绍兴黄酒，平日常带一把瓷酒壶，开会时也喝上两口。他自我解嘲说：“古人有‘寒夜客来茶当酒’，我这是‘白天开会酒当茶’。”遇上知己，他更要多喝上几杯，一醉方休。若是阴雨天，干脆闭门不出，吟诗独酌，乐在其中。他曾有诗云：“酒中人是性中人，豪放恬祥各有真。”

邹鲁与叶楚伧一样，曾为西山会议派的干将　西山会议派另一员干将谢持

# 浪迹洋场

虞洽卿（前排右一）和眷属

虞洽卿曾三次施恩于蒋介石，后来的回报，自然颇为丰厚。

## 上海商会的头面人物

近代以来，随着徽商的没落，晋商的回归，浙商异军突起，显示出他们与生俱来的经营能力：头脑活络，精明能干，善于捕捉商机，相互提携，成为商界一支重要的力量，代表人物，当属浪迹十里洋场的虞洽卿。

旧上海有三大闻人，虞洽卿为其中之一。虞洽卿名和德，人称“阿德哥”，字洽卿，浙江镇海人，1867年生。15岁赤手空拳到上海打拼，从身无分文的小学徒，到数十年后摇身一变，成为腰缠万贯的大富翁，在商界、实业界、金融界头衔无数，声名显赫于上海滩。

1936年虞洽卿70周岁时，工部局将横贯市中心的南北通衢大道、宁波旅沪同乡会所在的西藏路，正式改名为虞洽卿路，并举行了隆重的庆典仪式。在当年外国人统治的租界

1937年12月，日本军方在浦东组织成立“大道市政府”，诱惑虞洽卿当“市长”，为他所拒后，转而拉拢傅筱庵当了伪市长。1939年4月改组为“上海特别市政府”。傅筱庵被暗杀后，汪伪又想拉虞洽卿继任，他再次拒绝。相反一直对中共持敌视态度的虞洽卿却在这种形势下，于这一年的7月14日，带领难民救济协会参加了中共江苏省委“职委”领导发起的“物品慈善义卖会”，虞洽卿等上海知名人士为赞助人。

虞洽卿创办的上海证券物品交易所

虞洽卿路命名仪式

虞洽卿路上各种汽车都靠左行驶

内,能以中国人的名字命名路名,不失为一件大事。由此可见虞洽卿当时的地位。

虞洽卿的人生轨迹多有起伏转折,身为一个典型的商人,亦深深卷入社会政治活动中。

1898年四明公所事件中,他鼓动洗衣业工人拒绝为法国人服务,事后,虞洽卿获得了宁波同乡的信任,被选为四明公所会董。1905年上海发生大闹会审公堂案,虞洽卿作为知名人士积极参加了调停活动。不断出现在公众视野中的虞洽卿,渐渐地成为沪上妇幼皆知的大闻人。

1913年春天,宋教仁在上海被暗杀,孙中山等发起反袁的"二次革命"。当陈其美攻打上海制造局时,以虞洽卿为代表的上海商会发出公函,表示"无论何方先启衅端,是与人民为敌,人民即视为乱党"。一言以蔽之,不管是非如何,就是反对动兵。当时全国各地的商会除了安徽芜湖商务总会外,几乎都倒向了袁,连国民党能控制的省份也不例外。而在辛亥革命时期,上海商会出钱、出力,曾经热情地支持革命,共同推倒清廷。其前后表现,大相径庭,判若两人。

当年7月21日,作为上海商会的头面人物,虞洽卿发电报给浙江都督朱瑞,要求他不要倒向反袁阵营。9月,上海反袁军已失败,做过绍兴都督的王金发等人策动浙江军队反袁,虞洽卿担心"浙东一动,浙西难保",计划集资15000元,前去犒劳军队,"消其异志"。国民党人对他恨之入骨,曾在他家放炸弹,他则声明自己不过是商人,"只自经商,并无党见"。犒军一事"虽有其说,但无其事"。

1915年,日本向袁世凯提出"二十一条",虞洽卿在《申报》公开宣告:"国民之爱国,谁人不宜,谁时不宜,惟此时非急起救国不可。"他联合同乡商人宋汉章等发起爱国储金活动,计划在6个月内储足5000万元,用来建造兵工厂,添募陆军,整顿海军,或者提倡实业。

从"二次革命"到袁氏称帝,不过两年多时间,虞洽卿的态度发生了如此大的转变,这是袁氏未曾料到的。

抗战爆发后,民族危机日甚,各阶层人民都纷起抗日,汇入到时代的潮流中。身为上海市商会会长、宁波同乡会会长等职的虞洽卿当仁不让,积极参与援助海外华侨组织、宣布对日经济绝交、组织抵制日货、救济难民等活动,为抗日救亡事业做出了很大贡献。上海沦陷时期,在恶劣的环境中,在日伪的威胁下,他拒绝拉拢出任伪职,发电拥护国民政府,支

工部局五华董（左起）徐新六、贝祖诒、虞洽卿、袁履登、刘鸿生

持政府抗战，保持了民族气节。1940 年秋，他离开上海去重庆，1945 年 4 月 26 日患病去世。

## 投桃报李

虞洽卿与蒋介石的关系非同一般，他们初次相见于沪军都督陈其美处，二次相见却是在陈其美惨遭杀害后祭奠的灵堂里，第三次则是蒋随孙中山到上海和虞洽卿商谈创办交易所为革命筹集经费之时。虞洽卿虽然与蒋三次相见匆匆，但给蒋留下了深刻印象。虞洽卿是商人，但他亦有政治头脑，他在投资经商的同时，亦注重对人的感情投资。虞洽卿曾三次施恩于蒋介石，后来的回报，自然颇为丰厚。

首先是难中相助，收留老蒋。1920 年秋，蒋介石持孙中山的亲笔信到上海找到虞洽卿。虞二话没说，把他安排在交易所，在经纪人陈果夫的旗下做助理经纪人。蒋是将才，不善经纪，加之陈果夫乃陈其美之侄，而蒋与陈乃拜把子兄弟，屈就于小辈之下，依蒋个性，决难相处。不久，两人就闹翻，蒋甩手不干了。

其二助蒋入青红帮。蒋介石一时无事可做，但他又耐不住寂寞，希望虞洽卿能帮他一把，投到青红帮大佬黄金荣的门下。虞洽卿看中蒋的政治潜力，满口答应。虞洽卿亲自充当说客，凭借他的面子，黄金荣在不知蒋为何人的情况下，破例应允收徒，连入帮的费用也未笑纳。

第三是助蒋脱厄。入帮后，与想像中有很大差距，蒋介石郁郁不得志，开始胡来。黄金荣知道后大怒，要按帮规处罚。虞洽卿赶忙替蒋介石求情，说了许多好话，言下之意，蒋绝非等闲之辈，假以时日，必成大器。冲着虞洽卿的面子和这番话，黄金荣也就不再追究。由于这层关系，日后在四一二政变中，虞洽卿替蒋介石出钱出力，充当先锋。而蒋介石亦投桃报李，一直礼遇于他。

工部局，意为市政委员会，是设置于租界的相当于一种行使行政权的机构。工部局由董事会领导，一般有 9 名董事，他们不发薪水，通过互选，产生总董。1928 年后，有华董进入董事会。

上海证券交易所开幕日交易场景

1932年10月杨钟健(左)和裴文中(右)在周口店办事处

# 寻找“北京人”的足迹

“北京人”现身,头盖骨却不知所踪。




## “北京人”现身

1926年,科学家在京城近郊周口店首先发现了属于早期人类的两颗牙齿。同年10月,这一重要发现被披露,立即轰动了国内外。这样,所谓“龙骨”的谜底被揭开。

1927年,周口店“北京人”遗址大规模发掘开始,由中国地质调查所和协和医学院承担。次年青年古生物学家杨钟健和裴文中双双加盟,使发掘工作如虎添翼。到了1929年12月2日,距今50万年前的一具人类头盖骨化石出土,震撼世界学术界的奇迹终于发生了。

1930年,发掘工人在周口店山顶洞前的发掘现场

以此为序幕,科学家又在周口店陆续发现了许多猿人化石、猿人制作的石器、骨器以及他们用火的证据。这些猿人最初被定名为“中国猿人北京种”,或称“北京中国猿人”,俗称“北京人”。后来,随着人类学的发展,“北京人”的学名被调整为“北京直立人”。不过,“北京人”这一亲切的俗称早已家喻户晓,广为流传。

以后几年,一直到抗日战争爆发前夕,科学家在周口店又陆续发现了“北京人”的4个头盖骨。其中有3个是1936年在我国青年考古学家贾兰坡的主持下发掘出来的。经过研究判断,“北京人”是生活在距今50万年以前的一种原始人类,是我们的祖先。

“北京人”遗址及化石的发现,是世界古人类学研究史上的大事。迄今为止,还没有哪一个古人类遗址像周口店北京人遗址这样拥有如此众多的古人类、古文化、古动物化石和其他资料。“北京人”化石成为世界科学界瞩目的稀世瑰宝。

# 老祖宗何日才能归来

抗日战争爆发后，裴文中等发掘出来的5个“北京人”头盖骨和一批化石，竟然离奇地“失踪”了。这一事件，成为震惊世界的失窃案。

“北京人”化石，一直保存在由美国人开办的北京协和医学院。1937年卢沟桥事变后，日本军队侵占了北京，可一时未敢踏入协和医学院。在这个“保险箱”里，“北京人”化石还安然无恙。

随着时间的推移，日美关系日愈紧张，为了使“北京人”化石不被日军抢走，协和医学院与远在重庆的国民政府协商后，决定把化石送到美国暂时保管。

然而，世事难料，1941年12月珍珠港事件爆发后，日军已无所顾忌，他们迅速占领了北京、天津等地的机构。极具科研价值的5个“北京人”头盖骨，连同其他一些化石以及全部资料，在这次转移到美国的途中神秘消失，留下了一桩难解的历史悬案。

几十年来，人们一直努力地去寻找“北京人”头盖骨化石，可至今仍无结果。

1928年，中外科学家云集周口店，左一为裴文中，左四为杨钟健

复原的北京猿人

大约在北宋时期，北京周口店一带就有出产“龙骨”的传说。人们把“龙骨”当作天赐良药，据说把它研磨成粉，敷在伤口上，可以止痛和利于愈合。因为盛产龙骨，这里的一座山被称为龙骨山。到了近世，经过古生物学家的研究，所谓“龙骨”，不过是古生物的骨骼化石。

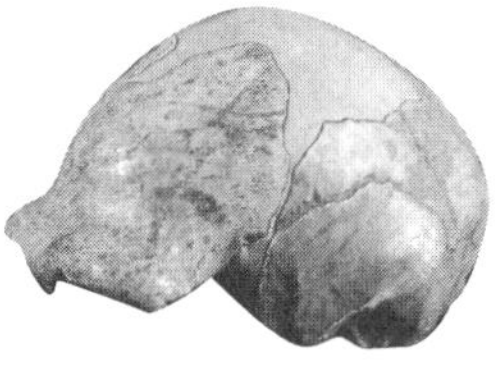

北京猿人头盖骨（复原）

左联成立地点——上海中华艺术大学

# 狂飙为谁而起

他们以笔作枪，挺身而出，他们的身后，有“左联”。



## 以笔代枪

1931年2月7日，上海龙华监狱，传来了几声沉闷的枪声。胡也频、柔石、殷夫、冯铿、李伟森五位“左联”作家，被国民党淞沪警备司令部秘密枪杀。

“左联”五烈士的噩耗传来，鲁迅为他们的牺牲感到无比悲愤，写下悼念文字，指出他们以鲜血为中国无产阶级革命文学“写了第一篇文章”。

这是一群文弱的知识分子，但他们的勇敢，丝毫不亚于战场上的勇士。他们以笔作枪，挺身而出，为良知而战，一副“我以我血荐轩辕”的豪迈气概。

进入30年代，蒋介石双拳出击，一面对中共苏区进行军事“围剿”，一面对国统区实行文化“围剿”。面对困厄的形势，一大批从各地聚集在上海的左翼作家决心团结起来，共赴国难。1930年3月2日，“中国左翼作家联盟”在上海成立。

在中华艺术大学举行的成立大会，很是隆重。到会的有冯乃超、华汉（阳翰笙）、龚冰庐、孟超、莞尔、邱韵铎、沈端先（夏衍）、潘汉年、周全平、洪灵菲、戴平万、钱杏邨（阿英）、鲁迅、画室（冯雪峰）、黄素、郑伯奇、田汉、蒋光慈、郁达夫、陶晶孙、李初梨、彭康、徐殷夫、朱镜我、柔石、林伯修（杜国庠）、王一榴、沈叶沉、冯宪章、许幸之等40余人。大会通过了“左联”的理论纲领和行动纲领，选举沈端先、冯乃超、钱杏邨、鲁迅、田汉、郑伯奇、洪灵菲7人为常务委员。

文艺，要“为工农大众服务”这句名言，就是鲁迅在这次会议上作的题为《对于左翼作

上海龙华警备司令部监狱。“左联”五烈士即牺牲于此

家联盟的意见》的讲话中第一次提出的。它就像一杆标尺，指导文艺工作者，朝着这个方向努力。

## 霜叶红于二月花

鲁迅，是旗手，在他的引领下，革命文艺运动，轰轰烈烈，十分壮观。文学生命，也因此而精彩。办杂志，翻译、介绍马列主义关于文艺的论著，培养文学新人，发展"左联"组织，一时如火如荼。

从来没有过的兴盛，文艺界好似春风拂面。"左联"组织不断在扩大，从北平和日本东京设立分盟，到广州、天津、武汉、南京等地成立小组，吸引了大批左翼文艺青年。

左翼作家联盟成立后，左翼社会科学家、戏剧家、新闻记者、美术家、教育家、语言学家和音乐家"八大联盟"也相继成立。国统区的文艺阵地，大部分被进步文艺所占领。

"左联"的领导机构，起初是常务委员会，后改称执行委员会，下设组织部、宣传部、编辑部、出版部、创作批评委员会、大众文艺委员会、国际联络委员会等。

在"左联"内，我们看到了共产党员的身影。为了民族存亡，他们冲锋陷阵，无处不在。先后担任党团书记的，有潘汉年、冯乃超、冯雪峰、阳翰笙、丁玲、周扬等。

有了组织，就必须拥有自己的宣传阵地，"左联"先后创办了《萌芽月刊》、《拓荒者》(二刊系接办)、《巴尔底山》、《世界文化》、《前哨》(第2期起改名为《文学导报》)、《北斗》、《十字街头》、《文学》、《文艺群众》、《文学月报》、《文学新地》等刊物，还秘密发行了《秘书处消息》和《文学生活》，并在《时事新报》副刊《青光》主办《每周文学》。另有外围刊物《文艺新闻》。

"左联"领导的左翼文艺运动，在创作方面取得巨大成就。大量作品相继问世，其中有鲁迅和瞿秋白的杂文，茅盾的长篇小说《子夜》、《林家铺子》和《春蚕》，丁玲、张天翼等人的小说，田汉、洪深、夏衍等人的剧作，中国诗歌会诸位诗人的诗歌。无论是思想性还是艺术性，都有新的拓展，显示出左翼

担任"左联"行政书记的茅盾

1931年2月7日，上海龙华监狱，传来了几声沉闷的枪声。胡也频、柔石、殷夫、冯铿、李伟森五位"左联"作家，被国民党淞沪警备司令部秘密枪杀。

"左联"机关刊物《文学月报》

1930年8月6日，“左联”会员于上海功德林菜馆召开“漫谈会”后合影。前排左三为鲁迅

文艺的实绩，产生了广泛的影响。

作品中，清晰地跳动着时代的脉搏，其生活实感和革命热情至今仍感染着读者。

“左联”就像一座摇篮，孕育了许多文学新人，张天翼、沙汀、艾芜、叶紫、周文、蒋牧良、艾青、蒲风、聂绀弩、徐懋庸、萧军、萧红、周立波等一批文学青年都是从这里走上文坛，成为30年代文坛上活跃的力量。

自成立之初，“左联”就遭到政府的破坏和镇压，如取缔“左联”组织，通缉“左联”盟员，颁布各种法令条例，封闭书店和出版社，查禁书刊，检查稿件，逮捕作家，秘密杀戮革命文艺工作者等。“左联”战士不畏强暴，用更换刊名、更换化名、更换书店的办法，与强权者周旋。

除“左联”五烈士被杀害外，被杀害的还有作家洪灵菲、诗人潘谟华和应修人等，鲁迅也曾遭到通缉。

“左联”的生命，戛然停止在1936年的那个春天，鲜花怒放，为它送行。随着抗日救国运动的高涨，需要建立整个文艺界的抗日民族统一战线，服从大局，亦是为了向更新更高的目标进发。只有“中止”，没有“终止”，“左联”自动解散，但左联的成员，继续着他们的战斗。

短短6年，这就是“左联”的历史，但它对后世的影响，则悠远而长久。它似一座不朽的丰碑，深深镌刻在人们的心中。

从左至右：柔石、殷夫、胡也频、冯铿、李伟森

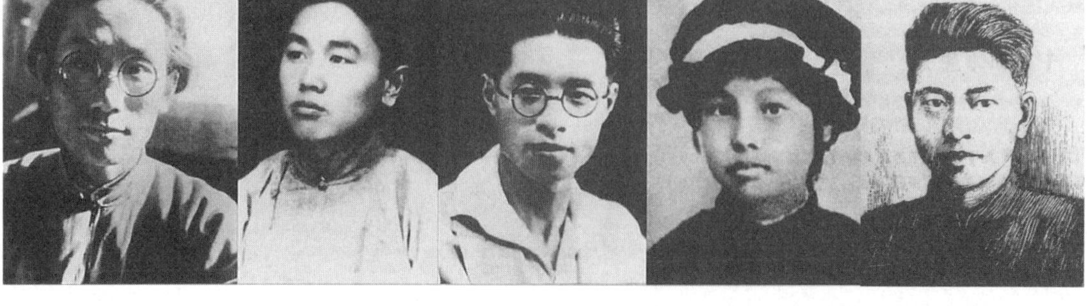

阎锡山、冯玉祥等在河南辉县前线

# 谁主沉浮

1930年，爆发了一场空前的蒋冯阎中原大战。

## 联合起来拒蒋

1928年，蒋介石基本统一全国，然而地方势力依然强大。为了削弱冯玉祥、阎锡山、李宗仁等军事集团，蒋介石于1929年精心策划了全国编遣会议，大幅裁军，引起阎、冯、李等人的强烈不满。

继全国编遣会议之后，蒋介石又利用国民党第三次全国代表大会，进一步排斥异己，扩充嫡系，强化独裁统治，一时引起众怒。

任何一支地方派系若单独行动，都不是蒋介石的对手。此前失败的教训和客观形势，迫使他们相互妥协，联合起来抗拒蒋介石。

1930年2月，经过多方协商，酝酿出军事领导机构，反蒋军队称为"中华民国军"，阎锡山被推戴为"中华民国陆海空军总司令"，冯玉祥、李宗仁和张学良为副总司令。3月15日，原第2、3、4集团军50余名将领联名发表反蒋通电，宣布蒋介石的罪状，表示誓除此贼。

4月1日，阎锡山在太原、冯玉祥在潼关、李宗仁在广西桂平分别通电就职，张学良则保持沉默。

阎、冯、李把反蒋军队编成8个方面军共50万兵力，分

冯玉祥（1882—1948），1922年直奉战争后，调任河南督军，不久为陆军检阅使。1924年直奉战争中倒戈，囚禁曹锟，将所部改称国民军，自任总司令兼第1军军长。后与奉系作战失利，退往西北，所部统称西北军

张学良的东北军入关助蒋作战

云集在柳河车站的蒋军

别集结于许昌、郑州、新乡、顺德(今河北邢台)、衡水、归德(今河南商丘)、全县(今广西全州)等地,试图一举消灭蒋军,推翻南京政府。

面对声势浩大的反蒋浪潮,蒋介石对大战也做了充分准备。他开动强大的宣传机器,对阎、冯口诛笔伐,宣称他们不灭,国无宁日。在蒋介石的授意下,所属部队纷纷发表讨伐阎冯的通电,给对方施压。

蒋介石先后调集约 70 万人组成 4 个军团和 4 路军,企图以一部分兵力于津浦铁路沿线先取守势,集中主力于陇海、平汉铁路沿线,先发制人,夺取联系各战场的交通战略要地归德、许昌,与阎、冯军主力决战。

5 月 1 日,一切准备就绪,志在必得的蒋介石按预定计划发起了全面进攻。

整个战事东起山东,西到襄樊,南迄长沙,北至河北。双方动员了 100 多万军队互相厮杀,绵延数千里的战线上,炮声隆隆,刀光剑影,生灵涂炭,不可胜计。

战争之初,阎冯联军一度占据明显优势,蒋军处于退守挨打状态。晋军、西北军连克济南、商丘,逼近徐州、蚌埠;桂军也攻克长沙、岳州。

面对联军的咄咄逼人之势,蒋介石一时难以招架,迭发急电,催促张学良入关助战。同时改变打法,以中央名义封官许愿,策反阎、冯、李的部属,同时施以银弹收买。

金钱的作用,很快就收到成效。阎冯军不再抱成一团,有临阵倒戈的,有消极避战的,有战而不力的。

蒋介石对冯玉祥的西北军采用金钱收买的银弹攻势,而集中炮弹全力攻打阎军。阎锡山向来老谋深算,关键时刻,可以丧失朋友,但绝不能牺牲自己的利益,他命令晋军快速后撤。冯军很快就孤立无援地暴露在蒋军面前,阵脚顿时大乱。

围阎孤冯策略终于奏效,反蒋联军再也无法组织起有效的攻势。战争进入僵持状态,双方都在寻找击败对方的突破口。

## 胜负有时在场外

关键时刻,东北军张学良的态度就举足轻重。此前,他一直拥兵不动,隔岸观火。在蒋与阎、冯、李联军对峙处于僵持的状态下,他的向背就决定了交战双方的胜败。

一时,张学良成了香饽饽,双方使出浑身解数,极力拉拢他。反蒋阵营委张学良为陆海

**原国民政府交通部**——旧中国的交通状况很落后，但交通部这幢大楼，还是相当气派。它高四层，东西长约 100 米，南北宽 50 米，给人一种雄浑肃穆的庄严感。

窗钩——像是一只手，拉住了这扇钢窗。中国传统的木质窗，好像都没有这样的装置。一遇风吹雨打，总是发出哐哐的响声。显然，西方人想的就更周到一些，加上个窗钩，可以使窗户开启自如，且拧紧螺帽后，窗户就被固定死，任凭狂风暴雨，都不受影响。

中原大战时的蒋介石

1931 年的李宗仁

中原大战时的阎锡山

空军副司令，力劝他不要率东北军入关加入战争；蒋介石开列的条件更为优厚，他以中央政府的名义，不仅给予他陆海空军副总司令的头衔，还答应如果东北军入关助战，许以他河北、山西、山东部分地盘，拨给 3000 万元巨款作军饷。

经过权衡，张学良于 1930 年 9 月 18 日发出拥蒋通电，进兵关内，直取平津。

张学良“背后捅刀”，严重动摇了反蒋派的军心。冯部将领石友三通电拥蒋，杨虎城哗变宣布占领西安。前线的冯军全线溃败，大多投靠蒋军，部分被东北军收编。冯玉祥全军输光，地盘尽失。阎锡山见势不妙，慌忙退缩山西。无奈之下，阎、冯只好通电下野。入湘作战的李宗仁桂系见大势已去，马上退回广西。

曾经声势赫赫的反蒋阵营很快瓦解。一心想与蒋介石在战场上一争高下的冯玉祥、阎锡山，一副灰头土脸。

当时，有一幅刻画中原大战的漫画：阎锡山一手拿算盘，一手拿账本，讽刺土财主出身的阎锡山斤斤计较，是否有利可图；冯玉祥一手拿大刀，一手拿窝窝头，说明西北军缺乏粮饷，武器装备差，经不起利诱；蒋介石则一手拿炮弹，一手拿金钱，他就是靠交替使用银弹、炮弹才瓦解反蒋联军的。可以说是入木三分，非常经典。

10 月中旬，历经半年战火袭扰的中原大地，总算迎来了久违的平静。当蒋介石班师回京时，脸上露出的，显然是一副胜利者的得意之色。

蒋军涉水向登封一带进军

蒋介石亲临江西前线，指挥围剿行动

# 黑云压城城欲摧

从1930年11月起，蒋介石集中兵力，对中共领导的中央革命根据地连续发动了五次大规模的军事进攻。

## 攘外必先安内

“万木霜天红烂漫，天兵怒气冲霄汉。雾满龙冈千嶂暗，齐声唤，前头捉了张辉瓒。”

这是毛泽东在取得第一次反“围剿”胜利后的心情。不过，如果觉得他的内心很轻松，并且还有几分得意，那就错了。事实上，当时的局势，对中共、对红军而言，很不乐观，甚至可以说相当严重。

蒋介石一心要剿灭共产党，他不能容忍另一个党派的存在，更不能容忍它还拥有自己的武装，这对于他来说，是一种巨大的、潜在的威胁。所以，蒋介石要贯彻“攘外必先安内”的政策，不惜一切代价，欲尽快将共产党置于死地。

很显然，国共双方的军事力量不成比例，说的严重一点，红军只有招架之功而无还手之力。只是因为根据地多在山野，不利于国民党军队作战，加之红军战术运用得当，使蒋军犹如“虎落平阳”，无法发威。

从1930年11月开始，蒋介石集中优势兵力，对中国共产党领导的中央革命根据地连续发动五次大规模的军事进攻。“围剿”与反“围剿”，成了国共双方之首要任务。

这一年的11月，蒋介石调集11个师又3个旅约10万兵力，以江西省主席鲁涤平为总司令，第18师师长张辉瓒为前线总指挥，采取“长驱直入”、“分进合击”战术，对中共苏区和红一方面军发起第一次“围剿”。

面对强敌来犯，红一方面军“诱敌深入”，致使其疲劳沮丧，补给困难。12月30日，红军集中优势兵力，全歼冒进龙冈的蒋军主力第18师，活捉前线总指挥兼第18师师长张辉瓒。接着，又于1931年1月在东韶全歼蒋军第50师1个旅。其他各路蒋军纷纷溃退，国民党军的第一次“围剿”，湮没在北风劲吹的三九寒夜中。

1931年4月，第二次“围剿”，以何应钦为总司令，集中18个师共20万兵力，采取“步国民党军对红军进行第五次“围剿”时采用了“堡垒政策”。这种战术依据碉堡步步推进，压缩根据地，试图一举消灭红军。

步为营，稳扎稳打”和“分进合击，互相策应”战术。

红军在毛泽东、朱德指挥下，继续“诱敌深入”。随后，集中兵力，以运动战的形式各个歼敌。5月16日至31日的15天内，红一方面军3万余人由西向东横扫，在富田、白沙、中村、广昌、建宁连打5大胜仗，转战700余里，歼敌3万。国民党军的第二次“围剿”，无功而返。

## 亲自披挂

1931年7月，蒋介石决定亲自出马，自任总司令，调集30万兵力，聘请英、日、德军事顾问随军指导，再次“长驱直入”，向中共苏区发起第三次“围剿”，意在一举消灭红军。

这时，红一方面军主力在远离苏区的闽西、闽赣边界一带，当得知蒋军进攻后，主力立即迅速回师苏区，集中兵力，寻机歼敌。

长驱直入的蒋军发现红军主力后，以12师的兵力形成合围。红军临危不乱，派少量兵力西向赣江佯动诱敌，主力却于8月5日夜从东面蒋军驻防间的空隙地带秘密穿越，将蒋军抛在身后。尔后乘蒋军不备，从6日至11日，在莲塘、良村、黄陂连取3捷，从被动中夺得主动。

随后，红军利用国民党军协防不力，从8个主力师的包围圈中大胆穿越，轻松跳出，主力2万余人隐蔽于兴国境内休整。

1934年，国民党军在“围剿”红军中采取堡垒政策。图为在临川至南丰的要道上修筑的碉堡

国民党军队在中央苏区边沿修筑碉堡

而伪装主力向东北方面佯动吸引敌人的红 12 军，搞得国民党军晕头转向，精疲力竭，士气大减，正如他们所说，“肥的拖瘦，瘦的拖死”。蒋军追击红军月余，始终无法找到红军主力。而休整多日的红军则严阵以待，趁两广事变之机再次反攻，又一次击溃蒋军的“围剿”。

1932 年 7 月，蒋介石调集 63 万大军，亲任总司令，对红军发动了第四次“围剿”。这一次，国民党军吸取前几次失败的教训，实行所谓“三分军事，七分政治”的“总体战”方针，全面“围剿”。

为摧毁苏区消灭红军，蒋介石还制定了“稳扎稳打、分进合击”的战略和“纵深配备，并列推进，步步为营，边进边剿”的战术；并强调实行“连坐法”，编组保甲，组织团练，全面进行动员。

国民党军首先向鄂豫皖苏区和红军发起攻势。该苏区主要负责人张国焘被红四方面军刚刚取得的一点小胜利冲昏头脑，认为“围剿”已被彻底打破，国民党军不堪一击，因而多次拒绝转入反“围剿”的建议，命令部队进攻麻城，企图实现“会师武汉”的冒险战略。结果，不仅红军对武汉的包围态势化为乌有，鄂豫皖苏区也丧失了。

10 月，蒋介石开始组织对江西苏区的“围剿”。为毕其功于一役，蒋任命顾祝同为总司令、陈诚为前敌总指挥，投入兵力达 50 万之众。

江西红军在朱德、周恩来的指挥下，采取声东击西和集中优势兵力围歼的战术，屡获胜利。历时半年的“围剿”，国民党军非但没有消灭红军，反而被歼 3 个师，失去对红军的包围态势，无奈之下的蒋介石，只好偃旗息鼓，下令收兵。

## 无法打破重围

1933 年 9 月底，蒋介石集中 100 万兵力，进行第五次大规模“围剿”，其中用于进攻中央革命根据地的兵力有 50 万人。

此时，毛泽东已经离开红军的领导岗位，中共临时中央负责人博古把军事指挥权完全交给了一个不懂中国国情的外行——共产国际驻中国的军事顾问李德。他反对“诱敌深入”，命令红军全线出击，结果使红军深陷于被动挨打之中。

接下来，以王明为代表的“左”倾冒险主义，使得红军在反“围剿”中一错再错，欲益反损，形势已是岌岌可危。

1934 年 4 月中旬，国民党军集中优势兵力进攻中央苏区的北大门广昌。“左”倾领导继续“以卵击石”，18 天血战，红军部队伤亡惨重，广昌失守。7 月，在蒋军新的进攻面前，红军只能全线防御。10 月初，兴国、宁都、石城一线相继失陷，中央根据地日益缩小，已到了生死抉择之时。

无奈之下，只能实行战略转移，被迫踏上一条漫漫长路，开始了举世闻名的长征。

# 九一八，从那个悲惨的时候

九一八事变发生后，国民政府立即向国际联盟提出申述，要求依据盟约阻止日本的侵略行动

**在九一八当夜，蒋介石究竟有没有多次给张学良下达不抵抗的电令？**

## 歌声中的悲愤

我的家在东北松花江上，那里有森林煤矿，还有那满山遍野的大豆高粱。我的家在东北松花江上，那里有我的同胞，还有那衰老的爹娘。九一八，九一八！从那个悲惨的时候，脱离了我的家乡，抛弃那无尽的宝藏，流浪！流浪！整日价在关内流浪！哪年哪月才能够回到我那可爱的故乡？哪年哪月，才能够收回我那无尽的宝藏？爹娘啊，爹娘啊！什么时候，才能够欢聚在一堂？

1936 年 11 月，这首充满着忧愤和悲情的歌曲，强烈地触动了中国人的亡国之痛，成为中华民族刻骨铭心、广为流传的抗战歌曲之一。这就是著名歌曲《松花江上》。

这一年，在蒋介石“攘外必先安内”的政策下，被驱赶到“剿共”前线的东北军官兵携老带小，流落西安街头。他们被迫流亡关内，有家归不得，有仇不能报，却要为内战去卖命。

当时，张寒晖正在西安二中教书，天天目睹东北父老流浪徘徊的惨景，耳边充满嗟叹痛苦的呼声。国人不幸的遭遇，一时激起了他创作歌曲的欲望。他把北方“娘们”在坟头哭丈夫、哭儿子的那种凄惨之声，艺术加工后成为《松花江上》的曲调，以含着热泪哭泣似的音调，唱出了悲愤交加的声音，一首感人肺腑的歌曲就这样诞生了。

我们现在无法知晓当时决策者心中的想法，是否有难言之隐，是否他们有更长远、更切合实际的想法？是否他们想尽量避免战争，抑或推迟战争的爆发，为国力的增强赢得有限的时间？所以，才一而再、再而三的让国人失望。

九一八事变，激起全国的反日浪潮。这是杭州市举行抗日救国大会的现场情景。当天下雨，参加大会的10万人在雨中站立数小时，悲壮激昂

《松花江上》的哭，那是东北大地的眼泪。当年所发生的惨痛一幕，深深镌刻在人们的脑海中。亡国奴般的经历，是从1931年9月18日那个不幸的日子开始的。

## 战争在炸药中引爆

1931年9月18日22时20分，一声爆炸，沈阳北郊南满铁路柳条湖段被日军炸毁。这是一次精心策划的阴谋，“柳条湖事件”引爆了一场战争。以爆炸声为信号，早已磨刀霍霍的日军迅速向东北军精锐第7旅驻地北大营发起攻击。此时，北大营中驻守的中国部队正在酣睡。

19日零时20分，日本关东军司令官本庄繁下令所属部队向东北各地实施进攻。

当日6时30分，日军占领沈阳城。同日，长春沦陷。22日，吉林市失守。11月19日，黑龙江省城齐齐哈尔被攻陷。1932年1月3日，辽西重镇锦州被占领，至2月5日北满最大城市哈尔滨沦陷，东北全境陷入敌手。此后，日本太阳旗，用它那狰狞的灼热，燃烧着整个东北大地，煎熬着3000万东北同胞。

## 蒋是否曾下令张不抵抗

1931年的7月和8月，相继发生“万宝山事件”和“中村事件”，日本关东军不断滋生是非，挑起争端。与关东军调兵遣将相反，东北军全然不做防御准备。当时，东北军有25万人，陆海空兵种齐全，装备精良。

坐镇东北的荣臻、臧式毅和王以哲等文臣武将，面对日本的战争阴谋，既无具体的防范措施，亦无思想准备。当日军向北大营进攻时，睡梦中的东北军第7旅官兵在枪炮和呐喊声中惊醒。他们得不到旅长王以哲的指示，

打响嫩江桥抗战第一枪的马占山

当夜他没有宿在营中。参谋长赵镇藩直接打电话给沈阳城中的荣臻请示处置措施。荣臻见事态严重，向坐镇北平的张学良请示。很快，他被告知张学良正在同英国公使一起看京剧，联系不上。紧急关头，他向北大营官兵下达了“不准抵抗，不准动，把枪放到库房里，挺着死，大家成仁，为国牺牲”的命令。就这样，到 19 日凌晨 5 时半左右，日军轻易地占领了北大营，没有遭到任何抵抗。20 多万东北军精锐之师陆续撤回关内。

那么，在“九一八”当夜，蒋介石究竟有没有多次给张学良下达不抵抗的电令。早些年日本广播协会和美籍华人学者唐德刚，先后采访了晚年的张学良。张学良明确回答：“九一八事变时，我认为日本利用军事行动向我们挑衅，所以我下了不抵抗命令，我希望这件事情能和平解决。”“我对九一八事变判断错了。”“是我自己不想扩大事件，采取了不抵抗的政策。”“中央不负责任，我不能把九一八事变中不抵抗的责任推给中央政府。”

最近，藏于美国斯坦福大学胡佛研究所档案室的《蒋介石日记》对外开放，有关学者查阅了九一八事变后几天的蒋介石日记，从日记中可以看出这样几点事实：一、从 9 月 18 日起蒋介石就离开了南京到达南昌，20 日才离开南昌，于 22 日下午返回南京。二、9 月 19 日蒋介石是从上海和南京方面获悉九一八事变发生。事实上，上海、南京的报纸，也只是在

日军炮轰东北军驻地

日军攻入锦州，在城头上欢呼

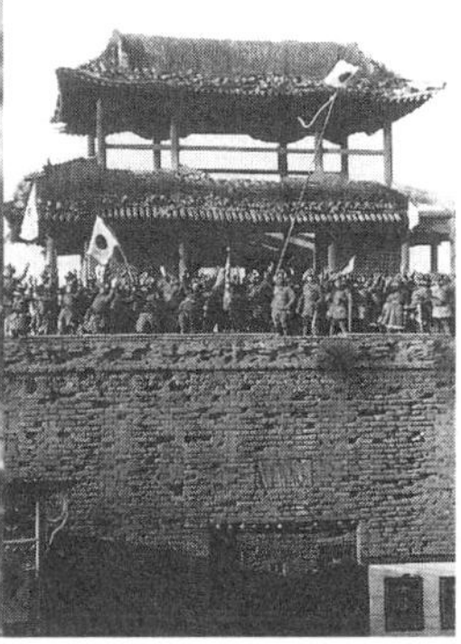

遭到破坏的南满铁路柳条湖段

九一八事变后，上海三新公司前悬挂着“国难”两个大字



19 日才报道了日本攻袭沈阳的消息。三、蒋介石得知这一事变后，他在日记中记下的心情是：“雪耻”，“余所恃者惟一片爱国心，此时明知危亡在即，亦惟有鞠躬尽瘁，死而后已耳。”等等。尽管当时蒋介石也有软弱的一面，如幻想国际联盟主持正义，帮助中国；日记表白的也大于实际的行动，但应该无虚伪造作之词，显然与所谓十几次电令张学良不准抵抗，任由日本为所欲为的说法大相径庭。

由对张学良的晚年访谈和最新披露的《蒋介石日记》，可以得出结论，九一八事变发生时，蒋介石曾十几次电令张学良不抵抗是不大可能的。

九一八事变后，日本亡我之心，已大白于天下，民族危机日甚。1931 年 11 月发生了嫩江桥抗战，马占山率部打响了抗击日军的第一枪；1932 年 1 月，蔡廷锴、蒋光鼐领导 19 路军坚决抵抗了日军。

受到日军攻击的东北军北大营营房

攻入沈阳城头的日军

“一·二八”淞沪抗战中，蔡廷锴（右二）与第19路军将领在前线视察战况

# “蔡廷锴将军”牌香烟

**为支援19路军抗战，上海的商家推出了“蔡廷锴将军”牌香烟。**

## 抵抗

历史的烙印，常常镌刻在我们记忆之中。因为感动，所以要铭记；因为要铭记，所以要传扬，于是就有了“蔡廷锴将军”牌香烟，它是为纪念19路军奋起抵抗日军的英勇事迹而命名的。

九一八事变后，日本关东军为掩护炮制伪满洲国的阴谋，由关东军高级参谋板垣征四郎串通日本上海公使馆武官田中隆吉，蓄谋在上海制造事端。

1932年1月18日，田中隆吉与女间谍川岛芳子策划，指派外罩僧衣的5名日本海军陆战队队员，到中国三友实业社总厂门前向工人义勇军投石挑衅并发生互殴，造成“和尚”一

1932年1月28日，日军进攻上海，中国军队奋起应战

“一·二八”淞沪抗战完全属于战略上无准备之仗。战争的爆发，完全出乎南京政府的意料，也根本违背其本旨。可以说，它是被19路军拖上战争指导者地位的。在这种情况下，南京政府难免举止失措，给抗战带来许多消极影响。南京方面始终坚持“一面抵抗、一面交涉”的所谓“适可而止”方针，最后甚至拒绝给19路军和第5军进一步的实际支持，导致战场上出现敌众我寡的态势。

马占山将军香烟海报

蔡廷锴将军香烟海报

“死”二伤。以此为借口，又指使一伙日侨暴徒焚烧了三友实业社。随后，煽动千余日侨集会游行，强烈要求日本总领事和海军陆战队出面干涉。21日，日本总领事村井苍松向上海市长提出“抗议”，要求中方必须道歉、惩凶、赔偿和解散抗日团体。日本驻上海第一外遣舰队司令盐泽幸一亦明目张胆地威胁上海市政府。27日，村井向上海市府发出最后通牒，限28日18时以前给予满意答复，否则采取必要行动。军政部长何应钦急电第19路军忍辱求全，令上海市长吴铁城于28日14时前完全接受日方提出的无理要求。

日方接到吴铁城的答复，表示“满意”，却又以保护侨民为由，要求中国军队必须撤出闸北，又不待答复便于当晚实施突袭。

28日午夜，日军分三路发动攻击，占领了天通庵车站和上海火车北站。担负沪宁地区卫戍任务的第19路军3个师共3万余人，其中第60、61师分驻南京、苏州一带，只有78师两个旅在总指挥蒋光鼐、军长蔡廷锴的指挥下奋起反击，在防守市区的第156旅与前来接防的宪兵第6团的配合下，打退由横浜路、虬江路、宝山路进攻的日军，夺回天通庵车站和上海北站。日军败退租界，通过英、美等国领事出面“调停”，达成停火协议，缓兵待援。

同日，日本发表声明威胁中国政府，诬指上海事件是中国排日运动所致。2月2日，日军从国内增调航空母舰2艘、各型军舰12艘、陆战队7000人援沪，蒋光鼐急调第60、61师参战。3日，日军再向闸北进攻，被中国守军击退。日本遂增派第3舰队和陆军久留米混成旅援沪。7日，日军改变攻击点，以久留米旅进攻吴淞，陆战队进攻江湾，企图从守军右翼突破。第19路军依托吴淞要塞及水网地带与日军激战，第61师将进攻纪家桥、曹家桥的日军各个消灭，其余日军龟缩租界，由英、美等国领事再次出面“调停”，以待援兵。

上海战况于日军不利，日本内阁于2月13日又增派援军第9师团2万余人来沪参战。同日，请缨抗日的张治中出任第5军军长，率所部第87、88师等增援上海。18日，日军总指挥官、第9师团长植田谦吉发出最后通牒，要求中国守军于20日上午7时前撤退20公里。蔡廷锴气愤不过，他在接受《大美晚报》记者采访时说：“我是个军人，宁可死在战场上，也不愿接纳此无理要求。”当即下令前线部队集中所有炮火，向日军阵地猛烈轰击，用大炮做出回应。20日清晨7时，日军向中国军队发动全线总攻，经过6昼夜争夺战，日军遭受重创。

淞沪抗战激动全国，后方官兵纷纷请缨，蒋介石却拒绝再向上海增兵。而日方于2月24日成立上海派遣军，任命白川义则大将为总司令官，再次向上海增兵，总人数达7万余人。当时中国守军不足4万，装备又差，且经

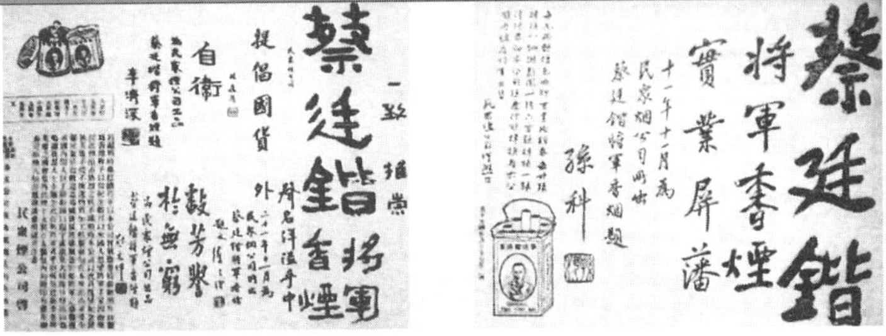


国民政府主席林森、行政院长孙科为蔡廷锴将军香烟题字

蒋光鼐

一月苦战，颇有捉襟见肘、难以为继之势。3 月 1 日，日军两翼夹攻，我军腹背受敌，被迫后撤退守。2 日，日军攻占上海。在英、美、法、意等国调停下，中日双方经过谈判，于 5 月 5 日签订《淞沪停战协定》。

## 推出“蔡廷锴将军”牌香烟

19 路军的壮举，使自九一八事变以来弥漫全国的悲观情绪为之一振，因而得到举国上下的积极声援和支持。为支持 19 路军抗战，上海商家不失时机地将前方抗战事业与商业运作结合起来，推出了“蔡廷锴将军”牌香烟。

1932 年 2 月，民众烟公司总经理梁培基隆重推出这种卷烟，50 支一装，烟盒正面为蔡廷锴半身像，旁边有他的签字：“民众烟公司惠存，蔡廷锴赠，二一、二·十五”；反面是第 19 路军战士凭借残垣断壁英勇抗击日军的场面。该品牌香烟刚推向市场，立即被广大市民踊跃争购。不是因为它的质量口味高出一筹，而是民众对蔡廷锴十分景仰，吸“蔡廷锴将军”牌香烟，更能激发人民抗日的决心与士气。国难当头的危急时刻，将抵御日本侵略的爱国名将的名字作为一种商标，这种商品自然受到欢迎。

淞沪抗战虽然最终失利，但上海市民为了表示对 19 路军将士御敌的纪念，还是将“蔡廷锴将军”牌香烟衔在唇齿之间，细细品味，不容淡忘。

“一·二八”淞沪抗战是蔡廷锴、蒋光鼐领导的第 19 路军以民族自卫战针锋相对地反对日本侵略的战争。“一·二八”抗战结束后，榆关抗战、热河抗战、长城抗战、察哈尔抗战和绥远抗战接踵而来，绘织了中国局部抗战的璀璨画卷。



“一·二八”淞沪抗战纪念章

第 19 路军在追击日军

1931年10月，蒋介石下野后，孙科（左一）、胡汉民（左二）、汪精卫（左三）在上海合影

# 鸿门宴

蒋介石的强权政治终于战胜了胡汉民的民主政治，胡汉民成了蒋的"阶下囚"。



## 一山难容二虎

蒋介石和胡汉民，一个是中山先生的武将，一个是中山先生的文臣，当国父壮志未酬，带着遗憾离世之后，他们的关系变得异常复杂和微妙。谁都想举起"国父"的大旗，成为中国政坛的领军人物。

蒋胡二人，时而联袂登台，同舟共济；时而翻脸相向，攻讦讨伐。他们的理欲与权欲，他们的分与合，演绎出高层争权夺利的莫测风云。

1930年10月，中原大战接近尾声。在即将取得胜利的形势之下，蒋介石迫不及待地于3日从作战前线给南京国民党中央党部发来一封电报，建议提前召开第四次全国代表大会，制定训政时期约法。

蒋介石的意图很明显，就是要迅速将军事上取得的巨大胜利，转化为政治上的成果，以加强自己的权力，巩固统治地位。

对于蒋介石的来电，胡汉民态度消极。他与孙科等人经过几次讨论，认为蒋的这一步跨得太大，应按法定程序慢慢走。

11月12日，国民党三届四中全会先行召开，胡汉民致开幕词，根本不提国民会议和约法问题。

胡汉民并非不重视法治，他反对蒋介石制定约法，既有他与蒋的个人恩怨，亦有他以国民党党治反对蒋介石独裁的因素。他深知自己娴熟党务、政务，而蒋介石长于军事，手握兵权。他高唱"以党治国"的真正目的，就是要制约蒋介石的"以军干政"、"以军制党"。

蒋介石决心已下，立法之心不改；胡汉民积极迎战，毫不动摇。二人火并之势，一触即发。

无奈，枪杆子吃定笔杆子，这是民国时期的游戏规则。蒋介石依仗大权在握，在三届四中全会上还是成功地修改了国民政府组织法，从而提高了国民政府主席、行政院长的职权。原行政院院长谭延闿于1930年9月22日病逝后，即由宋子文代理行政院长。此次会上，正式推举蒋介石兼任行政院院长一职。

四中全会后，蒋介石积极筹备国民会议，于1月20日成立选举总事务所，以戴季陶为主任，孙科为副主任，负责会议的筹备工作。

1931年1月5日，胡汉民针对蒋介石以国民会议制定约法及选举总统的企图，公开发表谈话，对蒋介石进行理论上的批判。

对民主理论，胡汉民烂熟于胸，从理论上击败蒋介石，他轻而易举就能做到。在这方面，蒋介石绝对不是胡汉民的对手。

国民会议召开前夕，陈果夫、陈立夫根据各省党部上报的选情所得出的结论，对蒋介石并不利。

如果一定要举行总统选举，除蒋介石一派控制下的浙江、江苏、安徽、上海外，其他绝大多数选票都是支持胡汉民的。蒋介石十分焦急，他必须把胡汉民排除在外，单独完成立法程序。

孙中山与胡汉民(第二排左二)等人合影

国民政府主席蒋介石倡言“约法”，却囚禁立法院院长，此乃天大之笑话。消息一经披露，即刻引起很大反响。蒋介石欺人太甚，必须反击，这是反蒋派的一致看法。一场骤然催生的反蒋风暴，就这样酝酿而成。

1928年2月，国民党二届四次中执会在南京举行，蒋介石复职。在稍后召开的国民党中常委第172次会议上，通过了《中国国民党训政纲领》

1930 年 11 月，中原大战结束，蒋介石取得胜利。11 月 12 日，中国国民党第三届中央执行委员会第四次全体会议在南京举行

蒋介石先是采用吴稚晖的建议，由他去劝说胡，不要与蒋相争。胡汉民不仅严词拒绝，还痛斥吴是无耻之徒。

## “鸿门宴”的现代版

一计不成，又生一计，蒋介石又采纳戴季陶的计谋，决定关押胡汉民以震慑胡派分子。

2 月 28 日，一纸请柬，胡汉民被蒋介石邀到他的总司令部参加晚宴。胡汉民准时赴约，8 时许，他乘车来到总司令部，戴季陶、吴稚晖等蒋的亲信已在座。

国府秘书高凌百、南京市警察厅长吴思豫将胡汉民领到另一间房间，胡颇感疑惑，但他万万没有想到，等待他的，将是一场“鸿门宴”。不过，刘邦有樊哙护驾，而胡汉民就没那么幸运了。

待胡汉民坐定后，蒋介石走了进来，他与胡汉民谈了许久。两人之间的分歧如同鸿沟，胡汉民坚决不肯做出让步。

一件令胡汉民意想不到的事发生了，蒋介石突然拿出他事先准备好的致胡汉民的信，信中历数他“近来反对政府，反对介石，无论在党务政治方面，处处与他为难”。并具体开列出他勾结许崇智、运动军队、包庇陈群和温建刚、反对约法、破坏行政等种种“罪状”，多达 19 页纸。

胡汉民心高气傲，哪能受此侮辱，他怒斥蒋介石是无端指控。

愤愤不平的胡汉民一直斥责不止，一旁的蒋介石则一言不发。随后蒋扔下他请来的“贵客”，拂袖而去。

这一夜，胡汉民自由尽失，气得他始终未眠。第二天一大早，胡汉民就被押送到南京东郊汤山软禁起来，成了蒋介石的政治俘虏。在胡蒋斗争的第二个回合中，蒋的强权政治战胜了胡的“民主政治”。

## 聪明反被聪明误

障碍扫除后，国民党中央随即于 4 天之后通过蒋介石提出的召开国民会议案，批准

胡汉民追随孙中山，却一直未能正式坐上国民政府的第一把交椅。对此，李宗仁如是说：“胡汉民确为一守正不阿、有为有守的君子。然胡氏的器量亦极狭隘。恃才傲物，言语尖刻，绝无政治家风度。当时党内元老以至普通党员，没有人对展堂先生不表示尊敬，然也没有人觉得展堂先生足以为全党一致归心的领袖。”

胡汉民辞去立法院长，由林森继任。

国民政府主席蒋介石倡言“约法”，却因禁立法院院长，此乃天大之笑话。消息一经披露，即刻引起很大反响。蒋介石欺人太甚，必须反击，这是反蒋派的一致看法。一场骤然催生的反蒋风暴，就这样酝酿而成。这是蒋介石万万没有想到的，他很快就为自己的越轨行为吞下苦果，被迫下野，而胡重获自由。

蒋介石本已小胜，如果稍加收敛，再讲求一点谋略，或许局面就不会如此。然而，他一时脑袋发热，忘乎所以，引来众怒。过犹不及，反倒自毁家门，把权杖拱手让出。

也许，胡汉民和蒋介石命中注定相克，他重获自由后，避居香港、广州等地，继续从事抗日倒蒋的宣传，并曾一度策划组织“新国民党”，处处与蒋作对。

只是胡汉民寿短了一些，1936 年 5 月 12 日因脑溢血病逝于广州。不然的话，蒋胡之争，冤冤相报，真的不知还要斗到何时。

胡汉民

胡汉民手迹

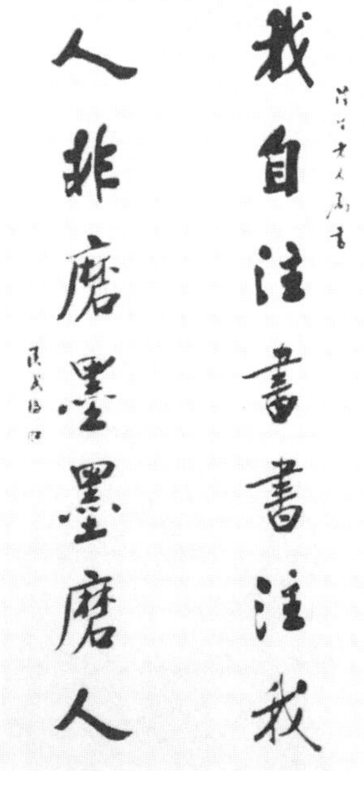

1927年12月，邓演达（右二）、宋庆龄（左二）和鲍罗廷（左一）等在前苏联高加索合影

# 出师未捷身先死

**邓演达是一个觉醒者，他试图以武力对抗南京国民政府。**




## 坚定的左派

国民党曾经是清朝的掘墓人、共和的缔造者，但自孙中山先生去世后，它的革命色彩逐渐褪去。一场血腥的四一二政变，不仅使千万共产党员人头落地，也使国民党走到了革命的对立面。然而，并非所有国民党人都如出一辙，同流合污。他们中的觉醒者奋起反击，对蒋介石背叛孙中山“三大政策”的行径，予以坚决反击，邓演达就是坚定的反蒋派。

邓演达，广东惠阳人，1895年生。1917年，入保定陆军军官学校学习。1923年，受孙中山之命东征西讨，为捍卫广东革命根据地发挥了重要作用。1924年受命参与黄埔军校的筹建工作。这是邓演达步入革命的政治之路，他逐渐成为一名杰出的政治家。

邓演达先后任黄埔军校教练部副主任兼学生总队队长、改组后的军校教育长。这期间，他忠实贯彻孙中山的三民主义，在深得学生敬佩和爱戴的同时，也遭到蒋介石的排挤。其后又因对蒋介石在处理中山舰事件上提出自己的看法而为蒋所不满，遭到软禁。

1926年北伐在即，邓演达步入政坛，在国民党中的地位越来越重要。1927年3月，国民党二届三中全会在武汉召开，邓演达被选为国民党中央执委、中央政治委员会委员、中央军事委员会主席团委员、中央农民部部长，并继续担任国民革命军总司令部政治部主任，成为国民政府的核心人物，国民党左派的重要领袖。

1927年8月，他赴苏联以及欧洲考察，寻求中国革命之路。1930年5月回国后，他在上海成立了中国国民党临时行动委员会，并暗中联络各方力量，试图以武力对抗南京国民政府，进而把蒋介石赶下台。

## 他一直为之努力

1931年8月9日，中国国民党临时行动委员会在上海法租界黎锦辉的住宅，秘密召

**原国民政府考试院**——玄武湖南岸，鸡笼山下，原来的考试院路1号，就是五院之一的考试院，掌管国家机关人员的考试考核等事项。宁远楼原为考试院院长戴季陶办公室，后为汪精卫办公处。

电梯指示牌——美国名牌『奥的斯』。有了电梯，爬楼由曲折迂回变成了直上直下，不仅便捷，而且省力省时。按下它，或上或下，一切尽在手中掌握。不过在当时，这绝非一般人所能享用。如今电梯已很普及，却又有许多人弃之不用，开始爬楼梯，据说是为了锻炼身体，真是此一时彼一时。

邓演达

开了有10个省区代表参加的第一次全国干部会议，出席会议的有邓演达、黄琪翔、章伯钧、季方、朱蕴山等30多人。大会先后通过了中国国民党临时行动委员会的政治原则《我们的信条》和纲领性文件《我们的政治主张》。在9月1日正式发表时更名为《中国国民党临时行动委员会的政治主张》。大会选举邓演达等25人组成中央干部会，邓演达出任总干事。

《我们的政治主张》全面详细地阐述了中国国民党临时行动委员会的政治纲领及内外政策，从经济、政治、社会三个方面分析了中国社会的结构，纲领还制定了具体的革命方案。

中国国民党临时行动委员会成立后，在邓演达强有力的领导和推动下，很短时期内，各方面的工作都有了很大进展。特别是开展了军事活动，包括组织黄埔革命同学会、利用同国民党各派军队上层人物的各种历史关系以及蒋介石的嫡系部队和非嫡系部队之间的矛盾进行广泛的联络。在一年多的时间里，争取到了好几支部队。

军事准备工作有了一定基础之后，1931年6、7月份，邓演达与19路军的陈铭枢等人商定了武装起义的计划。决定利用蒋介石调19路军攻粤之机，占领东江和闽南一带，然后推蔡元培领衔，邓演达与陈铭枢署名，发表对时局宣言，呼吁和平，以停止内战，一致对外相号召，对宁粤之争采取武装调停的办法，建立第三势力，以图控制整个局势。与此同时，邓

1927年11月1日，宋庆龄、邓演达等国民党左派在莫斯科

黄埔军校招生的消息传出后，各地青年报考踊跃。因各地军阀并不支持甚至反对这样一个新生的学校，除在广州可以公开招生外，其余各省则委托出席国民党"一大"的代表回原籍后代为秘密物色选拔考生来校应考。1924年3月27日，军校以广东大学、广东高等师范学校为试场，举行第1期新生入学考试，参加者共1200余人。4月28日发榜，第1期共录取正取生350人，备取生120人。在第1期录取生中，以后成为著名将领的胡宗南当时是哭进军校的。

1926年7月任国民革命军总司令部政治部主任时的邓演达（左）

1930年5月，邓演达回国组党时摄于上海（中）

1931年秋，被囚于狱中的邓演达（右）

演达亲自到江西一带，指挥起义。首先攻打南昌，同时联络武汉驻军以及西安和华北方面的原西北军响应，迫使蒋介石下台。

## 他的精神不死

蒋介石当然不能容忍别人公开反对他的独裁，他一直寻找机会抓捕邓演达。1931年8月17日，因叛徒陈敬斋告密，邓演达在上海愚园路愚园坊20号为起义干部训练班作最后一次讲演时不幸被捕，旋即被押往南京。

蒋介石软硬兼施，曾3次亲自规劝邓演达放弃其政治主张，解散中国国民党临时行动委员会，与其合作，均遭到邓的严词拒绝。其后，蒋再次提出，只要邓演达不再写反蒋文章，即可获释，结果还是为邓所拒绝。是时，不仅中国国民党临时行动委员会和黄埔革命同学会准备武装营救邓演达，黄埔军校毕业生也联名要求蒋介石释放邓，这让蒋介石震惊。

为了解除邓演达对他的巨大威胁，也为了清除再上台的障碍，同年11月29日晚，蒋介石在下野之前派他的卫队长王世和带人将邓演达秘密杀害于南京城东麒麟门外砂子岗，邓年仅36岁。直到12月初，邓演达的生前友好才得知这一消息，迅速前往邓演达遇害处，找到遗体并购棺入殓安葬。

邓演达喋血之际，中华民族正处在危亡之境，日军的铁蹄正在践踏东北大地。蒋介石不把枪口对外，却把子弹射入“自己人”的胸膛，令人愤懑。

邓演达的不幸遇害，在国民党内以及社会各界引起很大震动，国民党临时行动委员会在上海、北平、广东等地组织党员开展了各种形式的反蒋斗争。

邓演达觉悟得早，离去得也早。历史上不少先行者都只能用鲜血去昭示后人，而没有机会充分施展自己的才华与能力，令人扼腕！但是，道德高尚、志气高远者的悲壮，决不会枉费。他们虽然败绩了、被加害了，但在通向理想的征途上，已显示出自身的意义和价值。邓演达不曾失败，他的精神不死！

1931年8月17日，邓演达在上海被捕。图为邓演达（右一）在国民党侦缉队特务的押送下戴着手铐走向囚车

# 期待的尴尬

1932年顾维钧(前右一)随国联李顿调查团到大连

**国联调查团来了,但寄希望他人主持公道,复我领土,恐怕只能让国人失望。**

## 希望的寄托

1931年九一八事变后,国民政府采取了不抵抗的基调。面对日本挑起的是非,总是忍让、退缩,以此获得暂时的平静。

不惟如此,国民政府自己解决不了问题,就寄希望于国际联盟主持公道,对日本的侵略行径加以遏制。

同年12月10日,在中国代表的一再要求下,终于有了回应。"国联"决定组织调查团,赴中国东北实地调查。

1932年1月21日,国联调查团正式成立,由英、美、法、德、意5个大国的代表组成。团长是曾任印度总督的英国人李顿爵士,亦称李顿调查团。成员有美国陆军少将麦考易、法国欧战前驻华部队参谋长克劳德、德国殖民政策专家希尼、意大利伯爵、曾任驻德国公使的马克提。根据理事会决议,中国派出前外长顾维钧,日本派驻土耳其大使吉田伊三郎参加调查团的活动。

李顿调查团的工作刚一上手,就让人有点大惑不解。2月3日,他们从欧洲出发,绕道美国来远东,于29日首先到达日本东京。先后拜见了日本天皇裕仁、首相犬养毅、外务大臣芳泽谦吉等军政要人。为了领会日本的外交意图,调查团居然在东京停留10天,与芳泽谦吉6次详谈。

不出所料,李顿《报告书》虽然总的倾向是同情中国,对日本的侵略行径也做了一定的揭露,但具有明显的双重性。欧美列强的偏见,书中多有反映。在中日争端问题上,为日本辩解,提出在中国东北建立"自治制度"与"国际共管"中国东北的主张等等。错误的结论,有损于中国主权,伤害了国人的感情。

顾维钧(右四)随国联调查团与张学良(右三)在一起

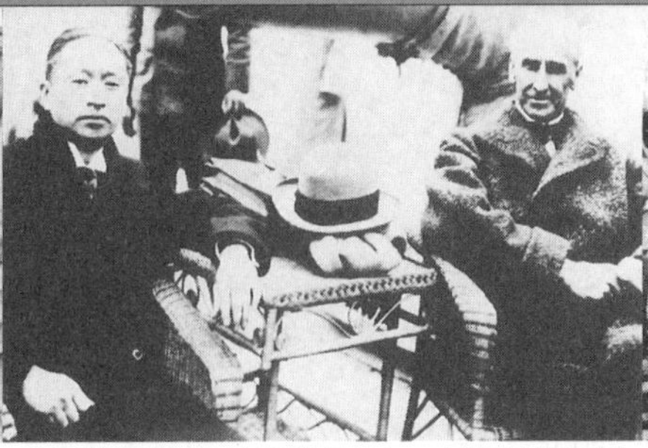

中国陪同团团长顾维钧(左一)和调查团团长李顿在赴东北的航途中

李顿调查团在中国东北视察铁路被炸现场

## 调查团一上手就令人费解

调查团于3月14日到达"一·二八"后的上海。中国政府自然十分重视,以为是伸张正义、复我领土的一个机会。新闻界主席史量才在迎接调查团时表示,相信调查团"必能给予全世界热望和平的人们以正直的答复"。

3月27日,调查团到达南京,会见了国民政府行政院、外交部等政界要人。蒋介石接见了调查团一行。随后,调查团从南京至汉口,再由汉口驶往济南、天津,转赴北平。一路上,中国各界人士向调查团揭露了日军的侵略行径。

4月9日,调查团到达北平。张学良与各行政主官分别会见调查团,向调查团详细介绍了情况。听说国联调查团到达北平,东北各界的申诉信如雪片纷至。

4月21日,调查团终于到达沈阳。就在他们到来之前,日本人为了掩盖罪行,迅速做了大量的粉饰与伪装,极尽欺骗之能事。出现在国联调查团面前的沈阳,就像戴了一副假面具,不再真实可信。

调查团到达沈阳时,日本军队已完全占领和控制了中国东北,并蓄谋提前制造出一个伪满洲国,迫使调查团不得不承认这一既成事实,多从日方去了解九一八事变前后的情况以及日军撤退情形。在沈阳的11天中,调查团共安排了6次对日本关东军司令官本庄繁的访问,重视程度,可见一斑。调查团还与伪满洲国傀儡溥仪和汉奸张景惠等进行了详谈。

当时,国民政府以及许多善良的中国人对国联调查团抱有很大幻想。其间,东北各地民众虽苦于日伪势力的阻挠与恐吓,不能直接面见调查团,但纷纷将请愿书寄往各领事馆转达调查团,数日之内就多达1550余件。东三省的爱国将领、社会贤达、24个民众团体和学术团体、战斗在东北的抗日义勇军以及上海、南京、北平、天津等地的学生、市民等,也纷纷投书、致电调查团,要求其主持正义。

李顿调查团在东北活动了一个半月,视察了沈阳、吉林、南满铁路等众多地方,于6月5日回到北平。

## 我们还得靠自己

令人奇怪的是,调查团在对所收集的资料进行整理分析后,又于7月4日由北平前往东京,与日本政府商讨书写报告书事宜。9月4日,调查团提交了11万余字的书面报告,并交各委员签字,随后返回欧洲。

种种迹象表明,对调查团不可抱有太高

张学良(右)与李顿在泰山

的期望值,中国所面临的,极有可能是一次尴尬的期待。

不出所料,李顿《报告书》虽然总的倾向是同情中国,对日本的侵略行径也做了一定的揭露,但具有明显的双重性。欧美列强的偏见,书中多有反映。在中日争端问题上,为日本辩解,提出在中国东北建立“自治制度”与“国际共管”中国东北的主张等等。错误的结论,有损于中国主权,伤害了国人的感情。

报告书出台后,国民政府深感失望,明确表示凡妨害我领土主权之完整者,断然不能接受。中国社会舆论对报告书的反应也十分强烈。

鉴于舆论的压力,1933 年 2 月 18 日国联召开大会,确认了李顿调查团的报告,再次认定了日本的侵略责任。

24 日,国联特别大会通过最后决议,要求国联各盟国无论在法律与事实上,均不承认日本拼凑的伪满组织,不允许伪满洲国参加国际组织及各项国际联盟的公约,并在会议上驱逐了伪满洲国的所谓“观察员”。

日本恼羞成怒,于 3 月 27 日发表政府通告和天皇诏书,宣布正式退出国联。一方面以此作为要挟,压迫中国接受日本条件;另一方面也表明日本对国联已不再负有权利义务。换言之,日本不会听命于国联做出的任何决定。

调解宣告失败,中日两国纷争依然未能得到解决,国联大会通过的决议,成为一纸空文。

1932 年 3 月 3 日,李顿调查团会晤日本天皇

1932 年 2 月,李顿调查团到达东京

参加国联大会的中国代表团主要成员:罗忠诒、顾维钧、颜惠庆、郭泰祺、颜德庆(从左至右)

1936 年，中国代表团选手出发前往柏林参加奥运会之前，先赴中山陵谒陵

# 行色匆匆的奥运首航

国人一直在期待，我们能在奥运赛场上扬国威。



## 扬眉吐气的时日

洛杉矶，一个似曾相识的地方。对于所有中国人来说，它意味着荣辱交织的历史。在这历史背后，是一个民族的变迁和崛起。

1984 年，洛杉矶再次成为第 23 届夏季奥运会的主办地。刚刚恢复在国际奥委会中合法席位的中国，显然要在这个舞台上一展身手。

平稳的飞机，载着不平静的心情，中国体育代表团飞向了大洋彼岸。52 年前的第 10 届奥运会，当时中国运动员仅刘长春孑然一身，这一次，中国共派出 255 名运动员的强大阵容。

奥运会比赛的第一天即 7 月 29 日，射击比赛的金牌，为本届奥运会的第一枚金牌，它属于中国。

还在这个地点，几乎还是这个时间，许海峰以"后羿射日"的勇气、"百步穿杨"的技艺，弹无虚发。子弹在穿透靶心的同时，打破了零的纪录，圆了国人心中的一个"梦"，也将中国人头上戴了许久的"东亚病夫"的帽子射落。无论是历史中的中国，还是中国的"历史"，都被改写。

## 奥运之路

现代奥林匹克运动传入中国，并取得发展，经历了一个漫长的过程。

1896 年筹备第 1 届现代奥运会时，国际奥委会便向中国发出了邀请。当时的清王朝因对奥运会不了解，没有答复。1904 年 7 月至 11 月，第 3 届奥运会在美国圣路易城举行，许多中国报刊曾报道过第 3 届奥运会的消息。1906 年，中国的一家杂志介绍了奥林匹克运动的历史。1907 年 10 月 24 日，著名教育家张伯苓在天津学界运动会发奖仪式上，以"奥林匹克"为题发表了演说，他建议中国组队参加奥运会。1908 年伦敦奥运会后，天津一家报纸再次介绍了奥林匹克运动的历史，还提出要争取这一盛会在中国举行。

1910 年 10 月 18 日至 22 日，在"争取早

日参加奥运会”和“争取早日在中国举办奥运会”口号的鼓舞下，在南京举办了中国历史上第一次全国运动会——“全国学校区分队第一次体育同盟会”。

1913年开始举办的远东运动会（最初名为“远东奥林匹克运动会”），是奥林匹克运动在亚洲的先驱，中国是发起者之一，并取得了较好的成绩。1915年国际奥委会致电承认了远东体协，并邀请中国参加下届奥运会和奥委会会议。1922年，时任北京政府外交总长的王正廷当选为国际奥委会委员。

1924年中华全国体育协进会成立后，中国陆续加入了田径、游泳、体操、网球、举重、拳击、足球、篮球等8个国际单项体育联合会。第8届奥运会，我国3名选手参加了表演赛。

1928年6月至8月，在荷兰阿姆斯特丹举行了第9届奥运会，我国派出了观察员宋如海。1931年，当时的中华体协被国际奥委会承认为“中国奥林匹克委员会”。中国正式参加奥运会的历史，由此开始。

## 形单影只

1932年7月，第10届奥运会在美国洛杉矶举行。

原本，中国不准备派运动员参加，仅由全国体协总干事沈嗣良前往观礼。而日本帝国主义扶持的伪满洲国，为了骗

刘长春

开幕式的场面，令中国有些尴尬。泱泱大国，几亿人口，仅几人成行。要不是临时拉来几位留学生充数，真的是惨不忍睹。中国代表团由刘长春执旗前导，后面是总代表沈嗣良、宋君复以及中国留学生和美籍华人刘雪松、申国权、托平，共6人。

1933年，第5届全国运动会，东北田径选手刘长春创造了男子100米和200米短跑两项全国记录

1936年8月，中国派出一个由93人组成的代表团参加在柏林举行的第11届奥运会。图为赛前运动员在训练

取世界各国的承认，竟然电告国际奥委会，拟派刘长春、于希渭作为"满洲国"选手参加奥运会。消息一经传出，举国哗然。

刘长春是东北大学学生，全国短跑记录的保持者，当时正在北平，他断然拒绝代表伪满洲国参加奥运会。

在强大的舆论压力下，国民政府决定，刘长春、于希渭作为运动员，宋君复为教练员，沈嗣良为领队，代表中国参加奥运会。

7月8日，刘长春一行由上海出发，由郝更生、宋君复率领至码头，受到上海市人民数千人热情欢送。

中华体协董事王正廷到场主持授旗典礼并致欢送词："我国此次派君参加世界运动大会，为开国以来第一次，实含有无穷之意义，余今以至诚之心，代表中华全国体育协进会授旗与君，愿君用其奋斗精神，发扬于洛杉矶市奥林匹克运动场中，使中华民国之国旗，飘舞于世界各国之前，是乃无上光荣也。"随后，刘长春致答词表示了为国争光的决心。于希渭因被日本人派专人看守，无法离开东北而未能成行。

经过21天海上行程，刘长春于29日抵达洛杉机，受到筹备会人员及侨胞的热烈欢迎。

开幕式的场面，令中国有些尴尬。泱泱大国，几亿人口，仅几人成行。要不是临时拉来几位留学生充数，真的是惨不忍睹。中国代表团由刘长春执旗前导，后面是总代表沈嗣良、宋君复以及中国留学生和美籍华人刘雪松、申国权、托平，共6人。

刘长春原拟参加3个竞赛项目，因旅途劳顿，遂放弃了400米跑。可惜，海上颠簸多日，造成刘长春体力严重不支，他在100米、200米预赛中，仅分列小组第五、六名，遭淘汰。中国人的首次奥运之行，就这样匆匆画上了句号。

1932年，张学良为粉碎伪满洲国的阴谋，资助刘长春（左）与宋君复教练（右）代表中国首次参加在美国洛杉矶举行的第10届奥运会

# 不过是一具政治玩偶

被逐出宫后流落天津的废帝溥仪与溥杰(右一)、婉容(右三)等在一起

**废帝溥仪被日本人推到台前,出任伪满洲国执政。**

## 复辟的闹剧

对皇上“三叩九拜”已成历史;金銮殿的“龙座”也已成文物,末代皇帝溥仪,成了中国两千年封建帝制的“终结者”。这一切,他心有不甘。

张勋正是利用了他这一点,搞了一次复辟。

日本侵略者又利用溥仪,搞了另一场复辟。

日本帝国主义一直将东北视为“希望的土地”。九一八事变后,前任日本陆军大臣南次郎到中国东北“视察”后递交了《满洲近况》,提议在东北建立傀儡政权,实行殖民统治。此后,日本侵略者假造民意,召开所谓“建国会议”,“促进建国运动”。接着又由伪东北行政委员会发表声明,妄称“东北省区完全独立”,公开谋划筹建傀儡政权。

按照日本人炮制的所谓《满蒙问题解决方案》,意图建立一个完全在日本人控制下的傀儡政权。

选择什么样的人出任傀儡首脑,这让日本人费尽心机。

这个人要有影响力,“一国”之主,绝非“等闲之人”。没有号召力,“国”还将“国”?

思来想去,觉得还是把“一代末帝”溥仪请出山。论影响,毕竟曾是一国之君,尽管已经逊位,但其周围还有不少追随者。特别是东三省,那里是满族人的发源地,对这位昔日的皇帝,也许还有一定的情缘。

幼年溥仪

1934年3月1日，溥仪第三次登基，就任伪满“康德皇帝”，这是他身着大元帅服的“标准照”(左)

溥仪和婉容摄于天津张园(右)

锁定目标后，日本人开始着手实施罪恶的阴谋。具体的执行者，就是那个臭名昭著的大特务、日本关东军特务机关长土肥原贤二，他一手导演了这出闹剧。

1925年2月，被逐出宫的溥仪化装从北京逃到了天津，随后入住“张园”。1929年7月，溥仪又迁至“乾园”住了两年多。他将“乾园”改为“静园”，取静观其变，静待时机之意。伺机东山再起的“复辟”之念，溥仪时刻没忘。

为了利用溥仪分裂东北，日本对他进行了长期的感情投资，在无人理睬他的中国把他当一个皇帝对待，在他访日期间给予极为隆重的礼遇。不断向溥仪灌输，中国的局势，惟有溥仪“才能收拾”，并声称东北3 000万“子民”盼他回去。

日本人有心，溥仪有意，于是双方一拍即合。1931年11月，土肥原亲赴天津，制造了便衣队暴乱事件，趁乱开始了挟持的罪恶之旅，将溥仪偷偷地带回东北。1932年3月1日，伪满洲国政府发表所谓《建国宣言》，宣布伪满洲国成立，由溥仪出任伪执政。

9日下午，举行了溥仪“执政就任式”。关东军司令官本庄繁等日本军政要人全数到场，伪东北行政委员会委员、各省区文武官员和代表出席，溥仪在文武侍从以及礼官的伴随和引导下入场。在场的伪满官员向溥仪三鞠躬后，由张景惠和熙洽分别进呈“国玺”和“执政印”，郑孝胥代读《执政宣言》，日方代表内田康哉致祝词，罗振玉代溥仪宣读答词。

## 卖身的结局

次日，伪满洲国与日本签订了一个卖身密约。据此，日本人控制了伪满洲国的一切重要权力。随后，伪满洲国外交部长谢介石向英、法、美、日、意等17个国家发出所谓《建国宣言》，意在寻求各国的认可。

做贼心虚的日本，并没有立即表态。一直拖到6个月之后的9月15日，才在外交上正式承认伪满洲国。同日，日本关东军司令兼驻伪满洲国特命全权大使武藤信义与伪满洲国“总理”郑孝胥在新京(长春)签订了《日满协定书》，彻底将伪满洲国变成日本的殖民地。

1934年3月，经日本同意，伪满实行帝制，伪满洲国更名为“满洲帝国”，溥仪也由“执政”变成了“皇帝”，年号由“大同”更为“康德”。

溥仪的“复辟”之梦，不仅仅只满足于一

个形式，还需要享有特权和自由。当他付出了卖国求荣的代价，这一切全都落空。他的一举一动，都受到关东军的控制。日本人还在他身边安插了作为“线人”的日本婆娘，溥仪的一言一行，尽在日本人的掌控之下。

日本关东军历任司令官是伪满洲国的太上皇，对于溥仪，是通过所谓的“内部指导”进行控制和操纵。正如溥仪所言：“我出巡，接见宾客，行礼巡视臣民，举杯祝酒，以致点头微笑，都要在他们的指挥下行事。”

寥寥数语勾勒出，溥仪，只是一个十足的“儿皇帝”，而“垂帘”于身后的日本人，才是真正的统治者。

日本人对伪满洲国寄予厚望，想通过它把东北变成不折不扣的殖民地。原以为这样做，可以打击中国人、涣散民心。结果，恰恰相反，愤怒与反抗，则是回报。

溥仪的傀儡皇帝，终于走到了尽头。1945年8月15日，日本宣布无条件投降。3日后，溥仪在通化宣布退位，伪满洲国成为历史垃圾。

溥仪是载沣的长子。光绪三十四年(1908)七月，慈禧太后和光绪帝同时生了重病，在光绪帝临终前一天，慈禧也行将不起，立储之事迫在眉睫。由于光绪帝无后，最后议定，立3岁的溥仪为帝，并让溥仪的亲生父亲载沣监国。就这样，溥仪登上了大清王朝末代皇帝的宝座。

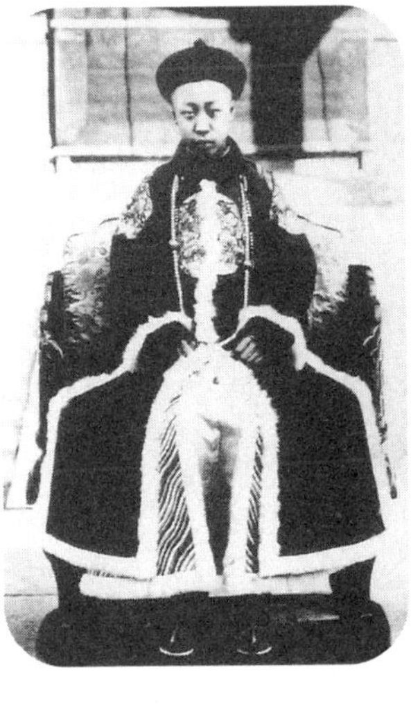

1917年7月1日复辟时的溥仪

日本在山海关附近立的伪满洲国界碑

《小说月报》书影

# 《小说月报》终刊之谜

《小说月报》风行一时，成了一代辉煌篇章的代名词。

## “改革号”强势出击

历史，让我们记住了一个文学刊物，这就是由商务印书馆主办发行的《小说月报》，创刊于1910年8月29日的上海。

五四运动前，它一直为“鸳鸯蝴蝶派”的阵地。这是一个盛行于辛亥革命后至五四运动前后的文学流派，其创作内容多以才子佳人为主，故被比喻为“鸳鸯蝴蝶”。该刊创办之初，主要刊登文言章回小说、旧体诗词、改良新剧，以及用文言翻译的西洋小说和剧本，趣味低俗，格调不高。

“五四”以后，新文化运动的浪潮冲击到商务印书馆。内容陈旧与保守的出版物，愈来愈不能适应新的形势，一场改革势在必然。时代的需要，把年方25岁的编辑沈雁冰(茅盾)推到了改革的前列，他挑起了全面革新《小说月报》的大梁。

“改革号”于1921年1月强势出击，由沈雁冰主编的该刊第12卷第1号，未曾有过的文学新风扑面而来，让读者耳目一新。

《小说月报》为沈雁冰提供了一个广阔的舞台。他大刀阔斧摒弃了“鸳鸯蝴蝶派”作品，全部选用了文学研究会成员郑振铎、叶圣陶、冰心等人的作品。作为这个社团的中坚，他自己更是首当其冲，写了许多提倡新文学的文章，翻译了不少优秀的外国文学作品，把原本气息奄奄的刊物办得有声有色，印数很快便由最低时的2000册上升到了10000册。

1927年，沈雁冰完成了第一部小说《幻灭》，当时他虽然已离开商务印书馆，但还是把它交给了《小说月报》发表，署名“矛盾”。当时代主编的叶圣陶为避免引起当局之嫌，便在“矛”上加了草字头，于是就成了“茅盾”。

## 多方面的影响

革新后的《小说月报》，对“五四”以后中

茅盾在书房

国新文学的建设有着多方面的贡献，许多在现代文学史上很有影响的作品，首先在这里与读者见面。如鲁迅的《社戏》、冰心的《超人》、许地山的《缀网劳蛛》、庐隐的《海滨故人》、叶圣陶的《潘先生在难中》等，同时还发表了朱自清、闻一多等人的新诗。在发掘新人方面，它也做出不小的贡献，如丁玲、胡也频、沈从文、彭家煌、施蛰存、靳以等人的作品，都是经由该刊发表后声名鹊起的。

该刊还特别重视文学评论和研究，发表了大量关于文艺思潮和作家作品的评论，其中尤以沈雁冰、郑振铎的文章影响最大。

着眼中国，放眼世界，《小说月报》始终以介绍外国文学思潮和世界名著为己任。它是一个窗口，打开它，读者看到了世界文学的绚烂多姿。

1923 年，郑振铎接替茅盾主编《小说月报》。1927 年，他赴欧"游学"期间，由叶圣陶代为主编《小说月报》。他们不仅使刊物在新文化运动中发挥了重要作用，成为现代文学期刊的一面旗帜，而且培养了不少文学新人，其中有的人成为一代文学大师。这里有两个小小的例子，让人感怀不已。如果没有他们慧眼识珠、伯乐相马，或许就不会有后来鼎鼎大名的老舍和巴金，那将是文坛的一大遗憾。

1926 年初，郑振铎收到一篇寄自伦敦的小说《老张的哲学》，作者署名"舒庆春"。当时，作者的字迹很潦草地写在了学生作文本上，并且未经挂号就寄来，显然他对自己的作品缺乏信心，不知该刊是否会用。使作者感到意外的事发生了，《小说月报》不久便连载这篇小说，主编郑振铎还专门写了推荐文章。这让作者很受鼓舞，要求主编在下一期连载时，改用"老舍"的笔名。新作被顺利刊用，老舍一发不可收拾，他接着又寄来了《赵子曰》。光辉的创作历程，就从这里迈出了坚实的脚步。

巴金的创作道路和老舍极为相似，他也是以《小说月报》为起点，他的处女作《灭亡》，最初也是发表在《小说月报》上。在一篇文章中，他在回忆自己的创作道路时，写到当时《小说

1923 年，郑振铎接替茅盾主编《小说月报》。1927 年，他赴欧"游学"期间，由叶圣陶代为主编《小说月报》。他们不仅使刊物在新文化运动中发挥了重要作用，成为现代文学期刊的一面旗帜，而且培养了不少文学新人，其中有的人成为一代文学大师。

青年巴金

茅盾在商务印书馆的图书馆——涵芬楼前



月报》的主编叶圣陶,深情地说:"倘使叶圣陶不曾发现我的作品,我可能不会走文学的道路,做不了作家;也很有可能我早已在贫困中死亡。"

## 戛然而止的生命

《小说月报》出到第22卷12月号,也就是1931年的最后一期,一切迹象好像都很正常,封面装帧都是原来一个样式,并且在封页预告了1932年"新年特大号"(第23卷第1号)的"要目",甚至还预告了第23卷第3号是"歌德百年纪念号"。"要目预告"中,有俞平伯《诗的神秘》、茅盾《逃墨馆主》的长篇《夕阳》、老舍的长篇《大明湖》、巴金的长篇《新生》、施蛰存的《残秋的下弦月》、张天翼的《蜜蜂》、穆时英的《夜》等等。

然而,1932年的一·二八事变,改变了许多刊物的命运,已经印刷完毕只待上市的《小说月报》"新年特大号"也随着商务印书馆一起毁灭于日军的炮火之中。有着20年光荣历史、总出258期又号外3册的《小说月报》,遭遇"突然死亡",生命戛然而止。

这样,第22卷12月号,便成为《小说月报》的生命休止符。突发事件,使它成为了一本具有特殊意义的杂志。这是它的幸运,还是不幸?

按照《小说月报》第22卷12月号版权页上注明"中华民国二十年十二月十日初版"的时间来推断,最晚至1月20日左右,该刊一定会面市。可不知什么原因,"新年特大号"一直推迟到1月28日,仍然未在市面出现。究竟是哪一道程序上的延误,还是发生了什么特殊情况,造成了在"一·二八"之前仍见不到1月号的《小说月报》。

有关《小说月报》的终刊,永成了一个谜。或许随着新史料、新物证的出现,真相会逐渐明晰。

洛阳吴佩孚司令部旧址

# 国都迁洛

日军进攻上海的炮声，迫使国民政府迁都洛阳。

## 炮声下的惊恐

1932 年 1 月 28 日夜，日军突然出动海军陆战队，进攻长江门户上海，企图占据上海进而威逼南京，迫使南京国民政府就范。当夜，国民党中央在南京召开紧急会议，决定立即迁都洛阳，积极备战；同时改组国民政府，由汪精卫接替孙科出任行政院院长，并指定蒋介石为刚刚恢复的军事委员会常委。

1 月 29 日，上任的蒋介石通电全国将士，慷慨激昂地说："中正与诸同志久共患难，今日身虽在野，犹愿与诸将士誓同生死……以与破坏和平蔑弃信义之暴日相周旋。"至于如何"周旋"？他并没有明确。

行政院长汪精卫

何应钦留守南京维持治安

日军突然发动攻击，对上海而言，影响是直接的；对南京来说，威胁是潜在的。南京位处长江下游，虽有虎踞龙蟠之险，但日本海军舰艇可以自由出入。"望月"等 7 艘舰艇就停泊在下关江面上，虎视眈眈；国民政府虽有长江第 2 舰队泊于栖霞山之北江面与之对峙，但舰艇陈旧，强弱悬殊。加之敌机具有空中优势，谣传日军不日将轰炸首都，一时间南京震动，人心惶惶。作为一国之都，若是南京不保，整个局势就会大乱。失去中枢，将意味着什么？每个人心里都清楚。事关重大，当不可回避。如何解决？实是一件头疼的事。开战，显然高层一时还没有做好这样的心理准备。无奈之下，只能退而求其次。暂避其外，静观时局变化，再图谋划。

选择迁都何处？当时是有考虑的。洛阳深处中原，离海岸有千里之远，东有虎牢之固，北有黄河围护，南有嵩山为屏，西可退守陕洛。即便日本由海州登陆沿陇海西进，徐州一带亦有重兵布防。

## 不是久留之地

1月30日，汪精卫代表国民政府宣布迁都洛阳。当日，增发南京至洛阳的多列快车，中央各部、委向洛阳火速搬迁。除了何应钦留守南京维持治安、罗文干主持外交外，其余1000多名党国军政要员一同前往，并于次日抵达洛阳。

洛阳，一时高官云集，人满为患，连基本的办公居所都难以安顿。国民政府进驻原河南府衙署，主席林森驻西工公馆街原吴佩孚“天”字1号院，中央党部设在西工兵营司令部旧址，军委会及蒋介石驻省立第四师范，汪精卫和行政院驻河洛图书馆和洛阳农校，考试院驻周公庙，监察院驻南关贴廓巷庄家大院，司法院驻地方法院，教育部、外交部、航空署、军政部、交通部进驻西大街的省立第八中学，其余各机关驻西工兵营。与南京的工作生活条件对照，相去甚远。

洛阳，可以让党国要员栖身，因为远离战争，不再有生命危险；洛阳，却难以让他们安心，因为现实的条件，包括精神和物质，都无法满足他们的奢靡。于是，在陇海、津浦路上，常能见到这班大员的身影。当时的名记者陶菊隐有这样一段记述：“那里只有少数闲散机关派了几名不重要的职员，挂了一块招牌，摆摆样子，至于事务较繁的各部会，则均留在南京未动。那位不负实际责任的国府主席林森，却已光临此地，因此洛阳旧货摊上，经常看见这位白须飘忽的老人，前来选购古董，路人指而相告：‘这位就是林主席’，‘这位就是林主席’。当时的中枢要人蒋介石、汪精卫、宋子文之流，则一点影子也看不到。汪蒋二人也确实离开了南京，他们各住在一节火车上，沿着陇海线各要站开来开去。今天停在开封，明天停在郑州，有时也停在洛阳，都是来无踪去无影，对外绝对保密，这就是南京政府摆下来的‘迁都洛阳’的龙门阵。”

## 一场游戏一场梦

迁都洛阳后，国民政府做的两件事，似不应忘记。这第一件事，就是让蒋介石重又披挂上阵，执掌军权。

3月5日，国民党中央四届二中全会在洛阳西工兵营中央礼堂召开。决定以洛阳为战时首都——行都，以西安为陪都；通过成立中央军事委员会的决议，推举蒋介石为军事委员会委员长。3月18日，蒋介石上任，形成“汪主政，蒋主军”的格局。

这第二件事，就是召开“国难会议”。早在1931年12月，在全国抗日反蒋怒潮中，由60多位著名人士组成中华民国国难救济会，发

**原国民政府海军部**——洋务运动曾经在中国大地轰轰烈烈，这里就是清政府开办的江南水师学堂。1898 年 4 月，18 岁的鲁迅就考入了该学堂轮机班学习。辛亥革命后，成为国民政府海军部、海军司令部所在地。

国民政府铁道部孙科办公楼内办公室——吊灯八面，底部透空，略加点缀的修饰，就多了几许韵味。硕大的落地窗光线极好，估计白天不用开灯。它的作息时间，恰恰与人相反，晚上，才是它工作的时段。不过，政府办公，多在白天，所以用着它的时候不会太多，常常就成了一种摆设和装饰。

表宣言，要求国民党“立时解除党禁，进行制宪”，保障人民的集会结社等自由。此后，各地又陆续成立了一批要求民主宪政的团体。对于上述抗日和民主的要求，国民党当局不得不答应召开国难会议，讨论御侮、救灾、绥靖各事宜。

1932 年 4 月 7 日，由汪精卫主持，国难会议在行都洛阳中央礼堂召开。胡适与蒋廷黻就支持还是反对“实行宪政”，做了不同观点的争辩。国民党元老张继做了最后陈述，会议以他的发言作为讨论的终结。这样，全国人民的民主要求，被完全否定了。关于“御侮”问题，最后的动议，实际上还是以“先安内、后攘外”为首要。

5 月 5 日，由于国民政府继续着有所不为的“努力”，《淞沪停战协定》终告签订。时局已无大碍，南京得以暂时苟安，国民政府总算长舒了一口气。返迁南京，势在必然。5 月 30 日，国民政府各机关自洛阳全部返回南京。

下野的蒋介石与宋美龄在溪口

1932 年 1 月 28 日夜，日军突然出动海军陆战队，进攻长江门户上海，企图占据上海进而威逼南京，迫使南京国民政府就范。骤然响起的猛烈枪炮声，让国民政府一时手足无措。当夜，国民党中央在南京召开紧急会议，决定立即迁都洛阳，积极备战。国民政府迁都洛阳时间虽然不长，但迁都毕竟是件大事。堂堂的南京国民政府，为何仓皇迁都？日军突然发动攻击，对上海而言，影响是直接的；对南京来说，威胁是潜在的。日军飞机具有空中优势，谣传日军不日将轰炸首都，一时间南京震动，人心惶惶。作为一国之都，若是南京不保，整个局势就会出现大乱。

1933年7月12日，察哈尔民众抗日同盟军收复多伦

# 还我河山

面对日军的步步进逼，冯玉祥率领抗日同盟军，决心收复残破的山河。



## 不忍国土沦丧

1933年5月，热河沦陷，长城失守，平津已处在日军包围之中。特别是《塘沽协定》的签订，国人失望的心情，像逐渐趋热的天气一般，与日俱增。国难当前，一些社会团体及民主人士，纷纷公开致电冯玉祥，强烈呼吁他出山领导抗日。

3月底，吉鸿昌从天津来到张家口，再次投奔冯玉祥。随后，方振武率领的抗日救国军，也冲破了重重围堵，于5月底抵达张家口。一大批原西北军的高级将领，重又聚集在冯玉祥的麾下。

日军占据冀东之后，又令西线部队向察哈尔省的北大门多伦进攻。5月11日，多伦被占。随后，日伪军继续南侵，康保、宝昌、沽源相继失守，察哈尔省府张家口全面告急，北平亦处在唇亡齿寒之境。

面对日军的步步进逼，冯玉祥这位布衣将领，决意要率领十数万英雄健儿，收复残破的山河。

5月26日上午，察哈尔民众抗日同盟军成立。冯玉祥痛陈“日本帝国主义对华侵略，得寸进尺，执意灭我国家。掌握政府大权者，以不抵抗而弃三省；以假抵抗而失热河；以不彻底的局部抵抗，而受挫于淞沪平津。”宣布将率领众将士结成抗日统一战线，武装保卫察哈尔省。

当日，冯玉祥通电全国，一时凡响甚巨，全国的民间组织、社会团体、民主人士以及国民党主战派将领纷纷发来贺电。与此相反，蒋介石和汪精卫却无法容忍此举，痛骂冯玉祥是背叛党国。国民党南京党部还通过决议，要求国民党中央“开除冯玉祥党籍，明令讨伐”。北平军分会主任何应钦致电冯玉祥，要求他取消抗日同盟军，以免激怒日本，招致战事再起。同时向蒋、汪密报，说冯玉祥在张家口和共产党密切合作，实行武装割据。蒋介石立即复电：“冯有今日固早预料，今其赤色旗帜已益鲜明，则中央处置更易，速筹军事之彻底解

决办法。”

蒋介石一直嫉恨和防备异己力量的增长，冯玉祥东山再起，令他不安，从一开始他就决心要剿灭抗日同盟军。

## 奋而反击

1933年6月15日，抗日同盟军军事委员会组成，冯玉祥任主席兼总司令，方振武为北路军前敌总司令，吉鸿昌为北路军前敌总指挥。会议决定，由吉鸿昌率领抗日同盟军开赴张北抗日前线，收复被日伪军占领的康保、宝昌、沽源和多伦。方振武作为第二梯队随后跟进。

抗日同盟军连克康保、宝昌、沽源三县，全军将士为之欢欣鼓舞。尽管连续作战，但官兵们士气高昂，乘胜追击，决心拿下被日军占领的察东大本营多伦。

就在吉鸿昌率领抗日同盟军与日伪军作战之时，蒋介石于7月3日从南昌给汪精卫发去密电，部署围剿抗日同盟军事宜。同时，电令何应钦，让他一方面调兵围攻张家口；一方面派说客劝冯玉祥放弃抗日举动。还要求阎锡山一致协助，尽快解决同盟军问题。

何应钦下令中央军第39师、25师和42师进驻沙城、新保安和下花园，对张家口形成压迫之势。此时，抗日同盟军既要在北面强攻日伪军占领的多伦，又要在南面防御中央军的围剿，形势艰危。但冯玉祥相信，只要打下多伦，就会改变蒋介石、汪精卫的态度，至少会影响全国舆论，有利于同盟军的发展。

7日凌晨，抗日同盟军向多伦发起攻击。日伪军利用坚固工事顽强抵抗，战斗异常激烈。9日晚，吉鸿昌亲临前线指挥，曾率领敢死队三次攻城都未果。

11日深夜，冯玉祥给吉鸿昌发来急电：“今日之事，进则俱生，退则俱死。死固有轻于鸿毛，有重于泰山者。为国而死，其死也荣，忍辱偷生，虽生实死。以此，与众将士共勉之。”从字里行间，吉鸿昌深深感受到总司令的忧虑，发誓一定要攻

冯玉祥

挥师收复多伦的吉鸿昌

方振武

克多伦，不辱使命。

12日凌晨，总攻多伦的战斗打响了。吉鸿昌身先士卒，第一个跃出战壕，赤裸着臂膀，一手挥舞着大刀，一手举着手枪，冲上前去。战士们深受鼓舞，无不振奋，怒吼着向日军猛攻，事先潜入城内的40名同盟军战士里应外合。上午近11时，沦陷两个多月的多伦，经抗日同盟军5昼夜的血战，终于光复。

收复察东4县，是自九一八事变以来，中国军队打的第一个胜仗，也是唯一的一次收复国土，令人振奋。一时间，张家口成了全国人民奋起抗战的焦点和希望。一些国民党中央委员、主战派将领联名致电蒋介石、汪精卫，恳请国民政府赋予冯玉祥抗日重任，补充军费和武装，让抗日同盟军继续收复国土。

## 无助

蒋介石、汪精卫不顾民众的呼吁和舆论的谴责，加紧军事部署，完成了对张家口的包围。面对日军和中央军的南北夹攻，抗日同盟军内人心浮动。如果就此罢休，不仅辜负了全国人民的厚望，也对不起那些追随他的抗日将士；如果坚持下去，必然引起内战，将使日军坐收渔利，违背抗日初衷。在这艰难时刻，冯玉祥分析了抗日同盟军面临的处境，表示自己辞去总司令职务，以换取和平，避免抗日同盟军将士做出无谓的牺牲。

8月5日，冯玉祥发出通电，“自即日起，完全收缩军事，政权归之政府，复土交诸国人，并请政府指示原任察哈尔省主席宋哲元，回张家口接收一切，办理善后。”

当天下午3时，冯玉祥完成了他在张家口的最后一个心愿，主持抗日同盟军烈士纪念塔和烈士纪念祠落成典礼。冯玉祥在致祭文中，用诗一般的语言和悲愤的心情，表达了他对抗日同盟军烈士们的沉痛哀悼，以及对国民政府的强烈不满。字字悲怆，感动山河。

冯玉祥离开察哈尔以后，抗日同盟军一时群龙无首。属于原西北军与宋哲元有一定历史渊源的，接受其改编。其他杂牌部队有的投靠了何应钦，有的在热河和察哈尔边境打游击。只有方振武、吉鸿昌等将所属部队开到张北、康保和尚义一带，坚持继续抗日。抗日同盟军失败以后，察哈尔全境沦陷。

近60年后的1991年春天，当地百姓在开垦荒地时，意外地发掘出在日军攻占独石口镇之前，埋在地下的方振武题写的“驱寇安边”碑，一段光荣和惨淡的历史，重又浮现在人们眼前。

冯玉祥对抗日同盟军讲话

# “洗脑”在风景如画中演绎

蒋介石在庐山军官训练团亲授《国民运动》课程

**1933年7月，蒋介石在庐山举办了军官训练团。**

随着日本吞并整个中国的意图及行动日渐明显，军训团的主要目的转向针对抵御日军。重点讲述飞机、坦克、远程火炮、骑兵的布防和攻守，还讲述了游击战术。1937年7月7日卢沟桥事变的枪声，打破了庐山的宁静，喧闹一时的军官训练团，止步于那个盛夏。

## 军队是立足之本

1933年5月17日，蒋介石从南京来到风景如画的庐山，但他无心寄情于美丽的山水，而是要在这个幽静的“夏都”，好好思考一下党国大事。

1928年至1930年10月，国内连续爆发了宁汉战争、蒋桂战争、蒋冯战争和蒋冯阎大战，好在，他都是完胜，没有出现危局。蒋介石志得意满，觉得自己统一中国的雄心，正一点点地变成现实。谁知，日本发动了九一八事变。面对外敌入侵，蒋介石还是坚持“攘外必先安内”之策，于1930年11月起，集中兵力，对中共领导的中央革命根据地连续发动了五次大规模的军事进攻。

蒋介石因连续击败各路诸侯，有些飘飘然，没把红军放在眼里，然而事与愿违，四次“围剿”均遭败绩，他开始认识到问题的严重性。

一方面，他承认以前低估了红军，更重要的，他意识到国民党军已是一支“丧失了革命精神”、“缺乏信仰”、“贪生怕死”、“腐败、骄惰、散漫、自私自利、不团结、不统一”的军队，依靠这样的军队想消灭红军是不可能的。当然，蒋介石未雨

蒋介石检阅庐山军官训练团学员

绸缪，还有更深一层的忧虑。“九一八”之后，日本人决不会只满足于占领东北，中日间必将爆发更大的战争。中国的国力本来就弱，军队装备又差，如此纪律涣散，贪生怕死，没有一点战斗力，一旦中日战争爆发，这样的军队何以抗敌？

5 月 27 日，蒋介石召见贺衷寒和杨永泰，商讨对策。他说：“当今中国，内忧外患……可是我们的军队却这样无能，几十万大军都对付不了共军……国家养这样的军队有什么用？不好好整顿是不行了！”

“校长所言极是。数次围剿都未成功，其原因还在我军自身。”贺衷寒接着又往下说：“军队缺乏战斗力，主要是各级官长骄惰，腐败，争权夺利。更有甚者，为所欲为，不听从指挥，有负校长的栽培，任其下去，后果不堪设想。”

蒋介石神色严峻地听着，他沉吟了一下说：“你说得对！若不及早整顿，恐怕积重难返。你们有何良策？”

贺衷寒答道：“校长，我们不妨仿效黄埔军校的做法，举办大型军官训练团，从政治和军事上训练军官，增强服从领袖、为国尽忠的信念，加强纪律性，打掉骄惰、懒散、蛮横的习

蒋介石与受训的师长们合影

蒋介石与副团长陈诚检阅受训军官

气，把已经丧失的革命精神再重新恢复起来。”

杨永泰又补充说：“举办军训团是一个好办法，一个军队最重要的是士气、精神，我们现在无论是军队数量、装备、给养远胜于共军，缺少的只是斗志和团结。剿共要三分军事，七分政治，只要全军官兵统一了思想，一心为党国效劳，一定能够肃清匪患。”

贺衷寒、杨永泰的高见，引起蒋介石的高度重视，经与国民党其他政要及高级将领反复磋商，决定就在庐山举办大型军官训练团，分三期轮训粤闽湘鄂赣五省参加“围剿”红军的主力部队的低、中、高级军官。

## 开办训练团

军令如山，筹备工作紧锣密鼓，4 个团的人马和几千民工不分昼夜，苦战 20 天，抢修了简易公路、简易操场和各训练场地，搭设帐篷和供高级教官及外国军事顾问居住的简易住房。

蒋介石还邀约中央陆军军官学校杨杰校长、张治中教育长及骑、炮、工兵各校校长，并遴选最优秀的教官速至庐山牯岭，召集了当时中国最优秀的军事专家，共拟训练团教学计划，开设各类军事与政治训练课程。训练团还聘请了 12 名德国军事顾问。

蒋介石(右)在开学典礼上

庐山军官训练团的基础训练，按照蒋介石的要求，就是把国军军官“当作初入伍的新兵或是一个初进学校的学生”而进行的“特殊的训练”。蒋介石希望，在短短的两周内把大批嫡系子弟训练为既敢于向最危险道路急进，有不成功便成仁的决心，又掌握了熟练优良军事技术的军事人才。

蒋介石在高级官佐陪同下视察

蒋介石检阅庐山军官训练班并点名

蒋介石视察时与军官训练团教官们合影



1933年7月18日，庐山五老峰下的海会寺，庐山军官训练团第1期开学典礼正在举行。操场上，齐刷刷地站着1840名受训军官，聆听着一身戎装的蒋介石训诫：

“我们军官团这一次在庐山训练，和民国十三年总理在广州创办黄埔军校的意义，完全是一样的。不过黄埔的使命，是完成第一期革命的责任，而今日庐山的使命，是要完成第二期的革命责任而已，也就是先要消灭赤匪，再来收复失地，完成安内攘外之大业，尽到我们第二期革命的责任！”

“我们以后能不能剿清赤区，与整个革命的成败、党国的存亡，统统都要看这次训练能不能发生效力。所以希望各位教官和学员，认清这次训练的重大意义。”

令蒋介石大为震怒的是，在他发表演讲时，竟有4名军官抵挡不住烈日的暴晒相继晕倒，“在太阳下站几个小时都支持不住，还怎么带兵！怎么打仗！”几近咆哮地训斥，让在场的全体军官们面面相觑。

创办庐山军官训练团的目的就是“剿共”，针对红军熟悉地形，时常采用引诱、突袭、运动战、游击战等特点，蒋介石提出“搜索、联络、侦探、警戒、掩护、观测”六原则，在训练和演习中反复运用，要求军官们熟练掌握。

曾经参加过“围剿”红军的金汉鼎、戴岳向蒋介石献出锦囊妙计，针对红军弱点，采取“稳扎稳打，步步为营”的攻防兼备之策。每到一处，修筑碉堡，利用层层壁垒，逐步缩小包围圈，迫使红军主力与国民党军正面作战，发挥国民党军的优势，最后剿灭红军。

“碉堡策略”，引起了蒋介石的高度重视，当即命令金、戴二人速将这方面的经验写成小册子，赶印出来，发给受训的军官。

庐山军官训练团在短短两个月内，分三期轮训了粤闽湘鄂五省国民党军队的初级、中级和少数高级军官共7598名，完成了预定任务。毕业时由蒋介石亲自颁发结业证书，受训后回到原部队，并负有再行对其部下训练之责。

1933 年庐山军官训练团第一期开学典礼

训练团一结束，蒋介石即于 9 月底调集 100 万兵力、200 架飞机，对中国共产党领导下的中央革命根据地进行第五次“围剿”。这一次，红军遭到败绩，不得已进行长征。庐山军官训练团，收到了“立竿见影”的效果。

蒋介石颇为得意，决定庐山军官训练团每年都要举办。不过，随着日本吞并整个中国的意图及行动日渐明显，军训团的主要目的转向针对抵御日军。重点讲述飞机、坦克、远程火炮、骑兵的布防和攻守，还讲述了游击战术。1937 年 7 月 7 日卢沟桥事变的枪声，打破了庐山的宁静，喧闹一时的军官训练团，止步于那个盛夏。



庐山军官训练团的确收到了极大的效果，许多地方集团的中级将领(师旅长)到庐山受了几个月的训，心就变了，跟原来的主子离心离德了，倾向于中央和领袖了。于是，就有些人为老蒋大肆吹嘘，说是“由于委员长的人格伟大，他们受到委座的精神感召，所以心悦诚服地归向中央”。其实不然，据熟悉庐山军训团内幕的人说，老蒋的“精神感召法”主要是出手阔绰、收买人心。

蒋介石检阅军官训练团学员与党政人员

蒋介石与受训军官

参加在福州召开的中国人民临时代表大会的代表合影

# 又一次反蒋尝试

**曾在"一·二八"战事中英勇抗击日军的19路军，在福建发动了惊天动地的事变。**



## 短暂的反蒋政权

1932年上海"一·二八"战事结束后，蒋介石以"一石双鸟"之计，调19路军去福建"剿共"，以达到19路军与红军两败俱伤的险恶用心。

1933年6月1日，《塘沽协定》签订后第二天，蒋光鼐、蔡廷锴在福州发表通电，反对蒋介石对日妥协、出卖华北。

受中共关于合作抗日主张的影响和"剿赤"军事失败的刺激，19路军将领逐渐认识到与红军作战没有出路，放弃了抗日与"剿赤"并行的方针，于10月26日派代表至江西瑞金与中国工农红军签订《反日反蒋的初步协定》。又由于广大官兵厌恶内战、主张抗日，一个人心向背的计划迅速酝酿生成——发动反蒋抗日运动，组织新政府。

1933年11月20日，中华共和国人民革命政府在一片反蒋声中，呼之欲出。这一天，19路军将领陈铭枢、蒋光鼐、蔡廷锴等联合国民党内反蒋派李济深等，在福州召开大会，发表《中国人民临时代表大会人民权利宣言》。推举李济深为人民革命政府主席。

22日，该政权宣告正式成立，李济深兼军事委员会主席，陈铭枢为文化委员会主席，余心清代经济委员会主席，蒋光鼐为财政部长，陈友仁为外交部长，徐谦为最高法院院长，李章达为政治保卫局局长。决定以福州为首都，更定年号为中华共和国元年，以上红下蓝两横条中嵌黄色五星为国旗。把福建划为闽海、延建、兴泉、龙汀四省。

福建人民政府先后颁布了《人民革命政府成立宣言》、《对外宣言》、《中华共和国人民革命政府最低纲领十八条》等政纲，制定了福建人民政府的内外政策。

政治方面，对外提出排除帝国主义在中国势力，打倒日本帝国主义，否定一切帝国主义所订立之不平等条约；对内主张打倒军阀，铲除封建残余制度，取消党治，还政于民，打倒蒋介石的南京政府。经济方面，提倡发展民

1933年10月，蒋介石检阅即将出发讨伐“闽变”的部队

族资本，奖励工业建国，立行耕者有其田，实行计口授田。军事方面，将19路军所辖5个师10个旅扩充为5个军10个师的番号，成立人民革命军第一方面军总司令部，蔡廷锴任司令，辖兵力六七万人。

11月26日，福建人民政府即和中国共产党领导的中央工农民主政府、工农红军签订了抗日作战协定。此后，双方就政治、经济、军事、贸易诸方面进行了广泛接触。

福建人民政府的成立以及一系列举措，受到各地民众和海外华侨的拥护，也遭到蒋介石政府的舆论攻击和讨伐。

福建事变发生的当日，国民党即召开第384次中央政治会议，议决“函国府严厉处置”，并通电各省市军政机关，要求对“闽变”从速处置。

## 无力面对绞杀

福建人民政府的“离经叛道”，公开与南京国民政府作对，令蒋介石无法容忍，他再次挥舞权杖，立即采取军事镇压与政治瓦解并重的手段，予以扑灭。

蒋介石自任“讨逆军”总司令，于12月下旬抽调进攻江西苏区的嫡系部队10余万人，协同以蒋鼎文、张治中、卫立煌为总指挥的第2、第4、第5路军共12个师和海、空军等约15万人，从浙、赣、粤三省分路进攻福建。

日、英等帝国主义国家，也派出军舰11艘、陆战队400人侵入闽省海域、港口，策应作战。

李济深等决定放弃闽北，坚守福州，以11个团分守延平

福建事变试图建立抗日反蒋政权，虽遭败绩，但对蒋介石“攘外必先安内”的政策，是一次不小的冲击，对后来停止内战、一致抗日，亦有积极意义。毕竟，民心所向，民意难违，谁还敢继续冒天下之大不韪？

陈友仁

李济深

蒋光鼐

陈铭枢

“讨逆军”第5路军总指挥卫立煌

“讨逆军”第2路军总指挥蒋鼎文

淞沪抗战持续3个月，1932年夏，第19路军被调往福建剿共，图为蔡廷锴（前中）与邹鲁（前右二）等人合影

（今南平）、水口、古田诸要点与厦门、马尾等港口；集中主力22个团于福州附近组织防御。

12月21日，蒋军第2、第4、第5路军分向建阳、浦城、邵武推进。22日起，航空队连续轰炸延平、古田、福州、漳州等城镇。23日海军进入马江，占领马尾、长门要塞，封锁闽江口。25日，蒋军分别占领屏南、建瓯、顺昌。

1934年1月5日，第5路军第36师进攻延平，革命军据守城外九峰山及东北高地，顽强抵抗，激战竟日，因寡不敌众，延平失守。蒋军乘胜前进，7日陷水口，并包围古田。10日，厦门因守军倒戈，沦入蒋军手中。12日，古田守军3个团困守无援，被第2路军第88师缴械。水口、古田既失，福州无险可守。15日，革命军向闽江以南撤退。18日，蒋军不战而入福州。革命军撤至仙游时，遭第5路军截击，遂以一部掩护，主力退据泉州。21日，蒋军向晋江追击，进抵漳州。

关键时刻，福建人民政府第1军军长沈光汉、第2军军长毛维寿、第3军军长区寿年、第4军军长张炎，为戴笠拉拢收买，通电宣布“脱离人民政府，一致拥护中央”。这等于置革命军于死地。

众寡悬殊，孤立无援，面对蒋介石的分化瓦解和优势兵力，19路军已无招架之功，福建事变终告失败。

李济深、陈铭枢、蒋光鼐、蔡廷锴逃往香港，第19路军的番号被取消，军队被蒋介石改编。

福建事变试图建立抗日反蒋政权，虽遭败绩，但对蒋介石“攘外必先安内”的政策，是一次不小的冲击，对后来停止内战、一致抗日，亦有积极意义。毕竟，民心所向，民意难违，谁还敢继续冒天下之大不韪？

# 划破长空的《雷雨》和不再沉寂的《子夜》

曹禺在话剧《雷雨》中扮演周朴园

1922年的茅盾

**《雷雨》那抖颤的余音，至今仍在读者的心弦上缓缓滑过。**

## 现代话剧的标志

这是一个封建大家庭的矛盾。周朴园是这个大家庭的统治者，其妻繁漪不堪他的专横，与周朴园的大儿子周萍关系暧昧。怯懦、自私的周萍，又勾引婢女鲁四凤。

出于嫉妒，繁漪令四凤的母亲鲁侍萍把她领走。鲁侍萍正是30年前被周朴园引诱，后又被遗弃的侍女，她是周萍的生母，而被她带走的儿子鲁大海又在周朴园的矿上做工，作为罢工工人的代表，他和周朴园面对面地展开斗争……

交织的矛盾，酝酿、激化，终于在一个“天气更阴沉、更郁热，低沉潮湿的空气，使人异常烦躁”的下午趋于高潮，又经过一番复杂的矛盾冲突后最终爆发，罪恶的大家庭也随之崩溃。

《雷雨》剧本完全运用了三一律，短短一天之内，两个家庭，八个人物，牵扯出过去的恩恩怨怨，剪不断，理还乱。

狭小的舞台，不仅凸现了伦常的矛盾，阶级的矛盾，还有个体对于环境，时代强烈不谐调的矛盾。在种种剧烈的冲突中，完成了人物的塑造。悲剧，早已潜伏在每一句台词、每一个伏笔中，只是到最后时分才爆发，化作一场倾盆雷雨，强烈地震撼着每个人的灵魂。

30年代，是中国新文化运动的辉煌时期，名家涌现，作品迭出，《雷雨》和《子夜》，只是其中的代表。当《雷雨》划破长空、《子夜》不再沉寂时，《日出》也红似火，《家》《春》《秋》正演绎人生壮丽情怀，《骆驼祥子》可以挺起胸膛，《包身工》不再流泪。还有许许多多作品，说不完，道不尽……

扣人心弦的情节，简练含蓄的语言，各具特色的人物和极为丰富的潜台词，如刀刃般在读者的心弦上滑过，那抖颤的余音，至今未息。

《雷雨》成就了现代话剧，曹禺成就了《雷雨》。曹禺原名万家宝，1910年生于湖北潜江。他从小爱好戏剧，1929年考进南开大学，后又转清华大学外语系，毕业后进清华研究院，专攻欧美戏剧文学，从外国文学中汲取营养。

1933年，他完成处女作《雷雨》的剧本，经巴金等人推荐，于次年出版的《文学季刊》上发表。《雷雨》是曹禺的第一个艺术生命，也是现代话剧成熟的标志。《雷雨》一经发表，就震动文坛，而当时的曹禺只有22岁。之后，他又写出了《日出》《原野》《北京人》，它们与《雷雨》是为曹禺的四大经典名作，让戏剧界瞩目。

## 现实主义的力作

长篇小说《子夜》，是一部现实主义的杰作。它的创作，有着充分的生活和思想准备。

30年代初的中国，社会矛盾尖锐而复杂，为了深入了解这一状况，茅盾走访了各色人物，参观了证券交易所，考察了民族资产阶级的特性和处境，深入调查研究，掌握大量素材，成就了《子夜》这部名著。

《子夜》成功地塑造了一批活生生的艺术形象，吴荪甫最为典型。作为民族资产阶级的代表，他有着很强的事业心，雄心勃勃，要把"半死不活的所谓企业家"全部打倒；他有魅力，深谙"量小非君子，无毒不丈夫"的名言，知道怎样将别人的命运掌握在自己手中；他还有一般企业家所没有的教养、阅历和丰富经验。

不幸的是，他的事业寸步难行。他面临两大矛盾，一是与帝国主义掮客，金融买办资本家赵伯韬的生死角逐；二是与工人阶级的尖锐对立。

置身于矛盾之中，他的性格从各个侧面得到充分展示：时而果决专断，时而犹疑惶惑，时而信心坚定，时而颓废恐怖，遇事好像成竹在胸，实则往往举措乖张。吴荪甫性格中的丰富性与复杂性，表现出的正是中国民族资产阶级的两面性。

构思《子夜》的谋篇结构，茅盾煞费苦心。序幕就别开生面，通过吴老太爷猝然亡故，各色人等去吴府吊丧，自然而巧妙地让许多角色登场亮相。在展示人物活动的典型环境中，牵出了各种矛盾冲突的情节线索。

一条主线和若干支线交叉发展的网状结构，构成了小说的主体。主线，吴、赵争斗，贯穿全书；各条支线，既有自身发展的脉络，又共同服务于主线。

全书的高潮和结局，作者将笔力收回到主线。如同小说中吴荪甫试图挽回危局做出的种种努力一样，现实中的作者同样是以浓墨重彩，着力去描绘。

茅盾原名沈雁冰，浙江桐乡人。1913年考入北京大学预科学习，广泛涉猎各种知识。1916年，进入上海商务印书馆编译所工作，开始了早期的文学活动。

"五四"时期，受马克思主义的影响，他积

极参加和倡导新文学运动。1921 年，与郑振铎、叶圣陶等发起组织“文学研究会”，发表了许多文艺评论文章，译介了大量进步的外国文学作品。在主编《小说月报》期间，对刊物进行了全面改革。

1927 年左右，矛盾开始了他的小说创作，先后完成了《幻灭》、《动摇》、《追求》“三部曲”，后总名《蚀》。1930 年，在上海参加“左联”并担任领导工作。这一时期是他创作的丰收期，发表了著名的长篇小说《子夜》和短篇小说《林家铺子》。

文学作品，如果仅仅是无病呻吟，绝对没有生命力。只有深刻反映社会现实，与时代脉搏一起跳动，那么，“洛阳纸贵”和“畅销不衰”，将伴随着她延续。

30 年代，是中国新文化运动的一个辉煌时期，名家涌现，作品迭出，《雷雨》和《子夜》，只是其中的代表。当《雷雨》划破长空、《子夜》不再沉寂时，《日出》也红似火，《家》《春》《秋》正演绎人生壮丽情怀，《骆驼祥子》可以挺起胸膛，《包身工》不再流泪。还有许许多多作品，说不完，道不尽……

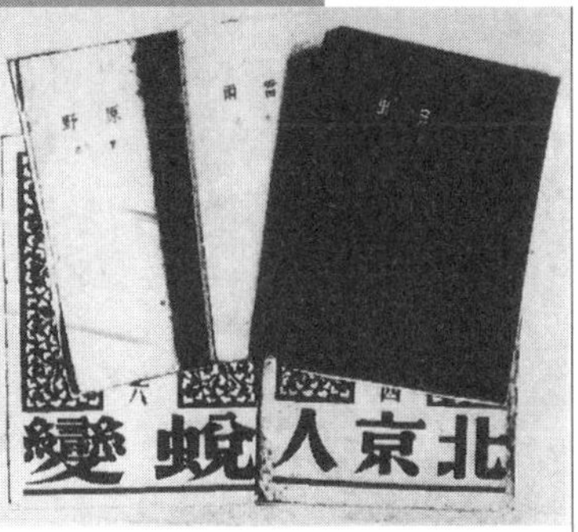

曹禺部分作品书影

构思《子夜》的谋篇结构，茅盾煞费苦心。序幕就别开生面，通过吴老太爷猝然亡故，各色人等去吴府吊丧，自然而巧妙地让许多角色登场亮相。在展示人物活动的典型环境中，牵出了各种矛盾冲突的情节线索。一条主线和若干支线交叉发展的网状结构，构成了小说的主体。主线，吴、赵争斗，贯穿全书；各条支线，既有自身发展的脉络，又共同服务于主线。全书的高潮和结局，作者将笔力收回到主线。



茅盾手迹

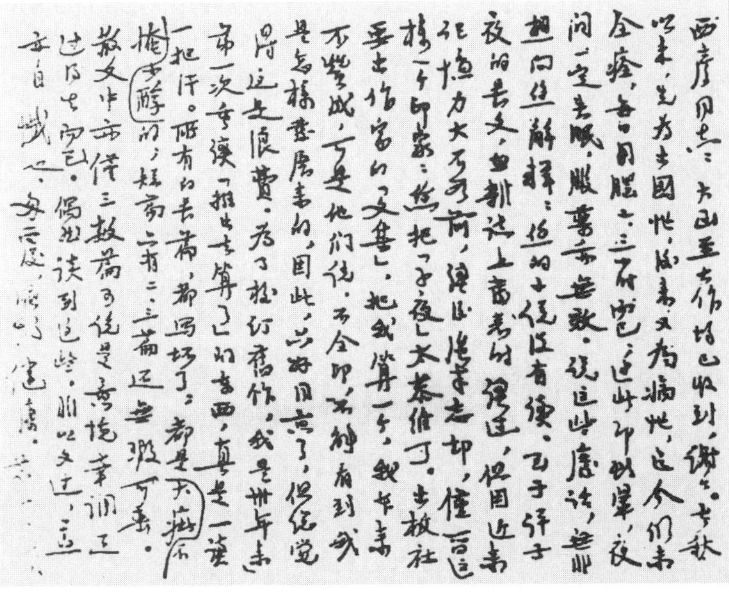

第 29 军将领，从左至右：张自忠、宋哲元、副军长秦德纯、冯治安

# 大刀向鬼子们的头上砍去

长城抗战爆发，《大刀进行曲》应运而生。




## 为大刀队而作

大刀向鬼子们的头上砍去，全国武装的弟兄们，抗战的一天来到了，抗战的一天来到了。前面有东北的义勇军，后面有全国的老百姓，咱们中国军队勇敢前进！看准那敌人，把他消灭！把他消灭！(喊)冲啊！(唱)大刀向鬼子们的头上砍去！(喊)杀！

历史不容忘记，热血的歌声依然在回响。是否有人还记得，这浑厚而又悠远的嘶吼；是否有人能了解，那些饱含热泪高唱此歌的热血男儿。这首充满豪情的《大刀进行曲》自抗战爆发以来广为流传，这首威武雄壮、慷慨激昂的《大刀进行曲》，是抗日歌曲中唱着最过瘾、最解恨的一首歌曲。尤其是最后一声“杀！”集中表现了中国军民对日本侵略者的无比愤怒和刻骨仇恨。

要了解《大刀进行曲》的创作始末，必须先从第 29 军大刀队讲起。

29 军原属冯玉祥创建的西北军。1930 年冯、阎反蒋战争失败，西北军解体。后经张学良允准，将其中的 2.2 万兵员改编成 29 军。下辖两个师。宋哲元任军长，冯治安、张自忠分任 37、38 师师长。29 军不是蒋介石的嫡系，备受歧视。粮饷不足，武器装备尤为低劣。

日军侵占东三省后，29 军官兵的爱国热情被激发起来了。军长宋哲元提出“枪口不对内”的口号，坚决不当汉奸、卖国贼。

武器装备低劣，并不影响部队的斗志。西北军素有刻苦训练的传统，结合西北军官兵均有武术基础的特点，宋哲元又提出建立大刀队的设想。就地取材，自造大刀，全军习武。负责训练的副军长佟麟阁，亲临北平聘请具有爱国思想的武术名家李尧臣为教练。李结合自己拿手的六合刀、追魂剑等技艺，为 29 军编了一套“无极刀法”。此种刀法可作刀劈，又可当剑刺。套路简单易学，实战性强。不到两年时间，这支残缺的部队成为一支训练有素的队伍。

**国民政府铁道部主楼庑殿顶**——中国传统建筑设计中，特别强调对屋顶的修饰，以增加质感，烘托气氛。庑殿顶又称"五脊顶"，是中国传统大屋顶中最高级别的一种，美观大方。

顶灯——两个方形叠合，构成了奇妙的图案。为了驱走黑暗，祛除寒冷，人类点燃了生命的火种。到了近代，又发现了电能，于是，光明真正走进了我们心田。再之后，灯不仅仅用于照明，还起到了很好的装饰效果。不同的造型，与不同用途的房间组合在一起，相得益彰，使空间更加丰富多彩，呈现美妙的景象。

第 29 军大刀队战士

# 大刀御钢炮的神话

1933 年春，东北军在热河战败，为顶住长城各关口防线，29 军奉命防守喜峰口，拉开了长城抗战的序幕。一向以日军为假想敌训练，士气旺盛的大刀队，终于有了用武之地。

3 月 9 日，热河省政府主席兼第 36 师师长汤玉麟放弃喜峰口落荒而逃，29 军立足未稳，只好提前仓促迎战，趁黑夜夺回两侧阵地。次日晨日军大举反扑，29 军只好又以两个旅的兵力再加强两翼。为了减少伤亡，只有短兵相接，大刀队上去与日军近距离交战，展开白刃格斗，用手榴弹和大刀冲杀，日军飞机、大炮完全失去作用。日军打得也很顽强，阵地得而复失，失而复得，来回拉锯，杀声震天，激战全日。11 日拂晓，日军又来进攻，企图夺回被占山头。我军按兵不动，沉着应战。待日军进入百米以内，突然出击，用手榴弹、大刀砍杀，敌终不得逞，改用飞机、大炮轰炸，我方伤亡惨重。两天的战斗，让日军第一次尝到了大刀的厉害。

鉴于日军武器精良，不宜死拼硬打，必须发挥我军善于近战、夜战的特点，出其不意，攻其不备。经军长宋哲元批准，

在长城前线作战杀敌的第 29 军大刀队

3 月，在长城抗战前夕，4 名华北妇女界代表来到喜峰口劳军，拿着战士的大刀留影

驻防在喜峰口附近的第 29 军

采用了迂回夜袭战术。

是夜，由赵登禹、佟泽光两旅长各率两个团，夜出潘家口，从两侧插入敌后，拂晓前摸到敌特种兵营地。正在做着美梦的日军，哪里想到我军竟敢偷袭"皇军"! 赵旅长手持大刀，身先士卒指挥砍杀。多数日军死于刀下，被砍头、剁腹者甚众，炮兵大佐脑袋也未幸存。其余日军除被手榴弹炸死外，均被俘获。大炮、坦克战利品就地炸毁；辎重粮秣悉数焚烧。我军大获全胜，喜峰口阵地稳操我军手中。

喜峰口一战，是中国军队自抗日以来的首次胜利，让日军尝到了苦头。日军不可战胜的神话，并非不可打破，29 军一举成名。

面对日军的飞机、装甲车、大炮的猛烈轰击，第 29 军将士在"行则堕指裂肤，息则卧雪嚼冰"的冰天雪地里，与敌展开近战、夜战，以手榴弹、大刀沉着应战，短兵接敌，拼死肉搏，喜峰口阵地多次失而复得。3 月 17 日，日军铃木旅团三四千人在 20 余架飞机支援下向喜峰口西侧的罗文峪进攻，企图从侧背迂回喜峰口。坚守罗文峪的第 29 军，"咸抱只进无退死而后已之决心"，"虽在炮火弥漫血肉横飞之际，仍能表现不屈不挠之精神"。奋起反击，反复争夺阵地十余次，并于夜间从两翼夹击日军，"营长王合春率部抄到敌后，重创日军，王营长阵亡，全营生还者仅七十余人"。连续与日军血战月余，致敌溃不成军。刘汝明师长亲率手枪队参战，近敌挥刀砍杀。战至 4 月上旬，喜峰口一线我军阵地仍岿然不动。

## 危亡中的怒吼

29 军的胜利捷报和大刀队可歌可泣、奋勇杀敌的英雄事迹迅速传遍全国，让一位年轻人激动不已。

年仅 23 岁的麦新，眼前浮现出一幕幕大

身先士卒的赵登禹旅长

血战喜峰口的佟泽光旅长

刀队挥舞大刀与鬼子拼杀的壮烈场面。他热血沸腾，灵感突发，创作的欲望，在瞬间爆发。

歌词，在奋笔疾书、一气呵成中写就，句句铿锵；激昂的旋律，在曲谱上跳跃生成，声声高亢。大刀队的英雄事迹，化作艺术形象，一首《大刀进行曲》诞生了。出于对 29 军大刀队的爱慕、感激和崇敬之情，他又写下了“献给二十九军大刀队”的副标题。

歌曲于 1933 年 7 月完成。8 月盛夏的炎热，比不上麦新心中抗日烈焰的炽热，麦新在上海浦东大厦亲自指挥了首次演出。

愤怒与仇恨，在歌曲中燃烧；气吞山河的气势，在歌曲中传扬；抗日的号角，在歌曲中回荡；日寇灭亡的丧钟，在歌曲中敲响。

在飞机大炮的年代，挥起大刀有些无奈，但这无奈的背后，是一种不屈的精神。

此后，“大刀向鬼子们的头上砍去” 成了 29 军的军歌。4 年后的七七事变中，29 军再次对侵略者挥起大刀。曾经在喜峰口抗战中名震天下的赵登禹、佟麟阁两位将军先后为国捐躯，用鲜血捍卫了民族尊严。

随着抗战的全面展开，《大刀进行曲》中“29 军的弟兄们”改成了“全国武装的弟兄们”。“大刀向鬼子们的头上砍去”，成了一个民族在危亡中发出的呐喊。

第 29 军在长城喜峰口与古北口之间的罗文峪布防

1933 年 2 月，日军进攻长城各口，遭到中国军队坚强抵抗。图为戍守长城要隘的我军将士

胡蝶拍摄《歌女红牡丹》

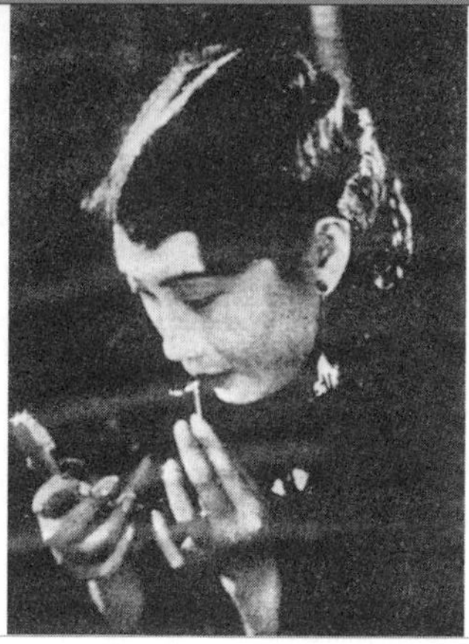

# 最早的娱乐明星

1933年胡蝶当选为“电影皇后”。



## 投票选秀

1933年3月28日下午，地处上海最繁华的南京西路第一流的大沪跳舞场外车水马龙，门口高悬的“航空救国游艺茶舞大会”、“庆祝胡蝶女士当选电影皇后”的醒目横幅，令人驻足流连。场内来宾如潮，这就是《明星日报》为庆祝胡蝶当选电影皇后而举办的航空救国游艺茶舞大会。胡蝶“电影皇后”的称号便由此播扬海内外。

1933年1月1日，供职于《新闻报》的名编辑、歌词作家陈蝶衣以业余时间创办了一份名叫《明星日报》的小报，在创刊号发起了“电影皇后选举大会”的活动。当时的上海是中国电影业的诞生地，电影公司云集，明星荟萃。尤其是涌现了一大批出类拔萃的女明星，其风采令影迷们倾倒。对此，陈蝶衣与当时《大晶报》创办人冯梦云、《铁报》社长毛子佩商量，仿效欧美报刊选举电影皇后的先例，举行“电影皇后选举大会”，以招徕读者，扩大发行量。

起初，选举活动并未引起人们的注意，但半个月后，由于《明星日报》不惜篇幅，每日将选举票数、投票人及被选举人的姓名公诸报端，迅即引起了电影界和广大市民的普遍关注，投票数与日俱增。而且，当时的投票者，绝不限于上海一隅，除沦陷的东北四省外，全国各地都有读者投票，就连日本神户，也有投票者。除了个人外，还有团体、文化机构也踊跃投票。到后来，还屡见伪造的选举票呢。

选举活动原定一个月，即到1月30日截止，并预备在选出电影皇后后，举行盛大的加冕典礼。由于适值隆冬，所以筹委会决定延期

胡蝶，一生共主演电影83部，30年代，许多商家的产品都以她的照片作为商标

着西装的胡蝶

着晚装的胡蝶

着裙装的胡蝶

一个月，至2月28日结束。当时，明星、天一、联华三大影片公司的女明星的竞争异常激烈，票数居多的有胡蝶、陈玉梅、阮玲玉、徐琴芳、朱秋痕、卢翠兰、钱似莺、王人美、陈燕燕等，尤以胡蝶、陈玉梅、阮玲玉的票数遥遥领先，非常接近，或先或后，令人难以预测究竟由谁摘取“电影皇后”这项桂冠。

2月28日，《明星日报》邀请了上海各界名流参加选举揭晓，如新闻界的周瘦鹃、徐耻痕、姚苏凤、施济群、郑子褒、胡憨珠、沈秋雁、张超等，画家张光宇、张振宇、姚吉光、名律师王培源、唐鸣时、邵绳祖、苏福畴，电影界高天楼、汤修梅、顾文宗等，共计40余人，场面异常热烈。当时共收到选票数万张，揭票结果，明星公司的胡蝶以21334票，遥遥领先，当选为“中华民国二十二年(1933)第一届电影皇后”。

## 影后加冕

《明星日报》原拟在选出“电影皇后”后，举行盛大的加冕典礼，但“电影皇后”胡蝶却致函报社，表示婉谢。如果不举行加冕典礼，草草收场，不免有美中不足之感。那时陈蝶衣、冯梦云和毛子佩都参加了中国航空协会征求队的工作，而当时又适值“一·二八”淞沪抗战不久，人们的抗日爱国热情正浓。于是，他们灵机一动，打出“救国”两字来号召，发起“航空救国游艺茶舞大会”，既可庆祝胡蝶当选“电影皇后”，又可将门票收入用来购机抗日。

3月20日，《明星日报》以“电影皇后选举大会筹备委员会”的名义，致函胡蝶，内称“是以敝会同人发起邀请上海各界，庆祝女士获此荣誉，举行游艺茶舞大会，并乘机筹款，为航空救国运动花飞胜集……”。26日，胡蝶复函《明星日报》，说自己也是中国航空协会征求队的一员，理应为航空救国出力，但自己无甚贡献，请求免去此项仪式。陈蝶衣等没有接受胡蝶的请求。

旧上海素有讲排场的风气，举行这样盛大的庆祝活动，如果没有社会名流和政府官员的捧场，是很难搞得有声有色

胡蝶主演的《梦夫人》



的。于是，筹委会分别致函市长吴铁城、商会主席王晓籁、社会局长潘公展，以及"海上闻人"虞洽卿、杜月笙、张啸林、袁履登、林康侯、王延松等9人，邀请他们担任大会赞助人。最后，筹委会决定于3月28日下午2时至7时，在大沪跳舞场举行"航空救国游艺茶舞大会"。

28日这天，大沪跳舞场一派节日的气氛。大会赞助人王晓籁、虞洽卿、潘公展、林康侯等亲自出席。杜月笙备了贺信，派代表与会。市长吴铁城和工商名流王延松也都来函表示庆贺。文化界名流严独鹤、周瘦鹃、郑正秋等，无不到会欢聚。航空协会也派人出席了大会。大会临时推选上海市商会主席为主席，《新闻报》主笔严独鹤为来宾代表，电影界前辈郑正秋为司仪。

1时许，大会开始，身着旗袍的"电影皇后"胡蝶翩然而至，将会场气氛推入高潮。胡蝶面带微笑，彬彬有礼，首先向来宾一鞠躬，表示谢意。接着，由身体肥胖的大会临时主席王晓籁起立致辞。之后，社会局局长潘公展和《新闻报》主笔严独鹤先后发言。当向胡蝶颁发"电影皇后"证书时，大会气氛达到高潮，来宾一起蜂拥向前，一睹"电影皇后"的丰采，并纷纷请胡蝶签名留念。各报记者也争先恐后抢拍这令人难忘的热烈场面。

颁发证书之后，胡蝶手持由"爱国童子"崔锡恩所献的一朵鲜花，演唱安娥作的《最后一曲》："亲爱的先生，感谢你殷勤，恕我心不宁，神不静。这是我最后一声；你对着这绿酒红灯，也想到东北的怨鬼悲吗？莫待明朝国破恨永存，先生，今宵红楼梦未惊！看四海沸腾，准备着冲锋陷敌阵，我不能和你婆娑沉沦，再会吧，我的先生！我们得要战争，战争里解放

胡蝶(左)与梁赛珍

1935年，胡蝶参加中国电影代表团出席莫斯科国际电影展览会，并随团赴德、法、英、意等国电影界考察。这是她在柏林留影

我们，拼得鲜血染遍大地，为着民族争最后光明！”听者无不为之动容。

晚上7时半，“航空救国游艺茶舞大会”宣告结束，“电影皇后选举大会”也正式降下帷幕。筹委会当众宣布将所有门票、舞票收入和临时捐款所得，全部登报公布，捐助航空救国协会，用以购飞机抗日。

《明星日报》通过“选举电影皇后大会”，选出了“电影皇后”胡蝶，使她成为妇孺皆知的明星；也使《明星日报》确立了在上海滩的地位和声望。选举电影皇后及庆贺之举，现在看来有些无聊。然而购机杀敌，寓娱乐于救国，倒是真意。

胡蝶在南京燕子矶

胡蝶（1907—1989），原名胡瑞华，原藉广东鹤山，生于上海。她的气质富丽华贵、雅致脱俗，表演上温良敦厚、娇美风雅，在银幕上塑造了多种角色，把身份不同、性格各异的女性刻画得非常成功，成为20世纪三四十年代中国最优秀的女演员之一。

1931年，南北和平会议代表在上海合影。左起：李文范、伍朝枢、张继、汪精卫、邹鲁、蔡元培、陈铭枢、张静江、陈友仁、孙科

# 法是权力的奴婢

醉心于西方民主的孙科，幻想着实施宪政后的国民党，有一个美好的未来。





## 心中有梦

有这样一个笑话，“看见胡汉民，只有他说，没有你说；看见汪精卫，你说一半，他说一半；看见孙科，你不说，他也不说。”

入木三分的描述，一个非常理性的孙科呈现在我们眼前。不过，他也曾有过“张弓怒发”之时，惜乎功力不够，底蕴不足，最终，留下的只是丝丝遗憾和无奈。《五五宪草》的颁行，就是一个典型事例。孙科试图有所为，但结果却有所不为，使若干民主性内容，成为一纸空文。面对于此，他只能“仰天长叹”。

20世纪30年代，中国社会逐渐形成了一股反对国民党党治，要求结束“训政”，尽早实现宪政的潮流。在这场运动中，孙科成为宪政运动中最为活跃的代表人物。

1928年10月始，国民政府五院相继成立，随后，出台了《训政纲领》，它标志着国民党已完成“一党专政”的政治体制。

1931年，九一八事变爆发，改变了中国政局。同年12月，国民党在南京召开了四届一中全会。与绝大部分反对立即实施宪政的国民党人相反，孙科第一次提出“速开党禁，实行民治之主张”。接着，他又在闭幕式上正式提出，在政改方案的基础上提前结束“训政”，筹备制宪。

由于孙科的特殊身份，其结束“训政”、加速实施宪政的主张一经问世，就引起强烈反响。因为它是来自国民党内高层人士的心声，这表明在国民党内也并非众口一词，多少让人感到有点兴奋和看到一线希望。

但是，反对言论还是居多，汪精卫就直言不讳，声称“无党则无国”，放弃“训政”，必然危及党国。表示国民党的政权是多年革命流血所取得的，绝不轻易送人。

尽管如此，孙科“结束训政，实施宪政”这一提案还是与其他几个性质相似的提案合并，经中央整理归纳后，决定召开“国难会议”，以图商讨。1932年4月在洛阳召开的“国难会议”上，结束“训政”、实施宪政的重

要内容全然不见。

国难会议之后，孙科发表了《抗日救国纲领》，其中特别提出要从速立宪，主张立即由立法院起草宪法。对此，蒋介石公开指责，授意一批御用文人连续发表文章，批驳“宪政救国论”，鼓吹只有“剿共”才是“救国的唯一途径”。汪精卫等人也极力附和。

与蒋汪的看法截然相反，孙科对实行宪政后国民党的前途表示乐观，认为实施宪政对国民党不仅不是威胁，相反提供了一个契机。

天真的孙科，正憧憬着实施宪政后的国民党，有一个美好的未来，那样，作为中山先生的哲嗣，他也算不辱前辈遗志和赋予他的使命。

殊不知，孙科忽略了实施宪政中的两大难点：一是蒋介石绝难让孙科有关革新的主张在宪法中得以充分展开，换言之，宪法的作用，就是进一步强化他的权力和统治地位。二是即便宪法得以通过施行，也难以确保有效的执行。如果有法不依，我行我素，宪法就是一纸空文。

## 宪草诞生

尽管蒋介石从内心里并不赞成结束党治，但鉴于外部的巨大舆论压力，以及孙科的宪政主张具有明显的维护国民党的色彩，还是就抵抗外侮与筹备宪政问题于 1932 年 12 月召开了四届三中全会。

鉴于政治形势出现微妙变化，孙科似乎又看到一丝希望，于是次年 1 月他以三中全会已接受其实施宪政的主张为由，决定出任立法院长。

就职伊始，孙科罗致了法学家 40 人，成立了“宪法起草委员会”，他亲任委员长，开始着手制订宪法。

从 1934 年 9 月开始，孙科先后开会 8 次，至 10 月完成三读程序，是为“立法院第一次宪法草案”，凡 12 章 178 条，呈送国民政府转送国民党中央审核。1936 年 5 月 1 日，第四届

立法院长孙科

“我们的民主宪政，好像是一个 18 世纪的乡下姑娘，硬要穿戴起 20 世纪最新的服饰，远看很摩登，近看四不像，处处学洋化，可举手抬足就会露出破绽来。结果是既没有学到摩登，也失去了朴实的本色。”这个比喻，至为恰当。《五五宪草》的结局，不是孙科个人的错，而只能归咎于那个集权和专制的时代。

1932年1月28日，蒋介石复出任职，任命汪精卫为行政院院长。图为再度合作时的蒋介石(中)和汪精卫(右)、黄郛



第59次院会三读修正通过，凡8章148条，是为“立法院第三次宪法草案”，国民政府于同月5日公布，定名为“中华民国宪法草案”。

1937年4月22日，国民党中央第42次常会决议，于国民大会组织法内规定国民大会制定宪法，并决定其施行日期。立法院遵照通过，呈请国府于同年5月18日公布，是为“宪草公布后重加修正”。

宪法草案初稿公布后，立即引起国民党内保守派的激烈反对，于是在统治集团权势的一再施压下，只好又逐条修改。经过“整容”后的《五五宪草》，使总统的集权，达到了登峰造极的地步。

作为宪政倡导者的孙科，最终敌不过蒋介石，宪草也在权利斗争之下，成为一颗畸形“硕果”。

难怪有人评论国民党统治时就提出，“法治伴随蒋公而运行”，可谓一语中的。

## 面目全非的格局

尽管孙科制宪的初衷，有所谓顺应潮流的民主成分，但不可否认，这是在不动摇国民党统治根基前提下有限的“民主”。

孙科在制订宪草初稿时，主观上是希望确立某些民主的原则，但由于一意为维护国民党利益而强调中国的“国情”，使他的民主思想表现出明显的不彻底性。

还不止此，孙科不是主流派人物，个性软弱温和，这决定了他根本无法对蒋汪施以多大影响。其主张往往多遭限制，甚至被改头换面，成为御用工具。

孙科一次次向现实妥协，一次次改变初衷，表明了他内心的种种矛盾和无奈。而制订出的宪草，也只能徒有其表，虽具法律形式却无民主内容，不过是给“党治”披上了合法的法律外衣。

“我们的民主宪政，好像是一个18世纪的乡下姑娘，硬要穿戴起20世纪最新的服饰，远看很摩登，近看四不像，处处学洋化，可举手抬足就会露出破绽来。结果是既没有学到摩登，也失去了朴实的本色。”

这个比喻，至为恰当。《五五宪草》的结局，不是孙科个人的错，而只能归咎于那个集权和专制的时代。

# 蒋介石的替罪羊

1934年时的张学良

**热河失守，蒋介石不费吹灰之力，夺了张学良的兵权。**

## 没有永久的兄弟

张学良下野，和热河失守有直接关系。但换一种角度看，又是历史的必然。东北人的豪爽，浙江人的精明人所皆知。而张学良和蒋介石则分别是这两种类型的代表，两者相遇，其结果可想而知。

当年，张学良顺应形势，果断实行东北易帜，归于中央政府，帮了蒋介石的一个大忙。为此，蒋介石与张学良"义结金兰"，以示感激。

不过，拜把兄弟终归不牢靠，尤其是与蒋介石结拜，很少有善终者。这样的例子还有，诸如冯玉祥。中国的新旧军阀，加起来人数不少，有本事的也不在少数，但最终一一都被蒋介石以各种手段击败。相比之下，张学良就显得稚嫩得多，他根本不是蒋的对手。

热河失守，完全是蒋介石不抵抗政策的后果。问题在于，张学良是驻守的最高指挥官，如果说蒋介石要负领导责任的话，张学良就有不可推卸的直接责任。在这种关乎个人声望和成败的紧要关头，精明的蒋介石绝不会把责任揽在自己身上，他必须要找一个垫背的，分担他的责任。面对于此，张学良必须做出抉择，是一个人跳海，还是两人一齐待在船上等死？张学良的性格，决定了他只能默默地承受。他选择了跳海，虽然痛苦，但不失为一条汉子，以通电下野而告罪国人。

张学良曾长期吸食鸦片，烟瘾甚深。失势之后，他知耻后勇，决心戒绝陋习。下野赴欧前，他在上海一家外国人办的医院戒毒。医生采取以毒攻毒的方法，痛苦至极，张学良毒瘾又深，更是难熬。部下担心张的生命危险，欲再扎吗啡针，医生不允，张亦咬紧牙关。过了六七天，方得少安。

汤玉麟

张学良、宋子文、汤玉麟、孙殿英等在热河集会

1930年10月，张学良身着休闲装，一脸轻松地出现在东北运动会上。谁曾料到，3年之后，他背负着“不抵抗”的骂名，黯然辞职



热河省的战略地位，人所共知，如热河不保，华北将失去重要屏障。面对日军大举侵入热河的严重态势，中国共产党以中华苏维埃临时政府和工农红军革命军事委员会的名义于1933年1月17日发表宣言，意在与任何抗日的部分合作。受此影响，平津沪等大城市的各界民众团体纷纷通电要求抗日。爱国人士黄炎培、朱庆澜、杜重远等，组织成立“东北热河后援协进会”，南京政府军队中的一些将领也表示“请缨援热”。

时任国民政府军事委员会北平分会代委员长的张学良即刻发表通电，表示决心抗日，并成立第2方面军，以张作相和汤玉麟为正副司令，同时调驻长城以内的东北军进入热河布防。张学良还亲自偕“后援会”赴热河视察和慰问，勉励前方将士誓守热河，准备反攻，以雪“九一八”之耻。国民政府仍幻想着依靠“国联”的制约作用，对日本进行所谓“制裁”，未做任何积极抵抗的准备。

## 张学良成了替罪羊

早有预谋的日本军于2月下旬集中10万日伪军，分三路大举进攻热河。当时中国守军约有20万人，2比1的兵力悬殊，应该可以顶住日军的进攻，至少也不至于那么快就溃败。

不幸的是，南京政府的不抵抗政策，加之张学良用人不当，把一个只想做官而不能做事的汤玉麟推到了风口浪尖上。身为热河省主席的汤玉麟腐败无能，这个土匪出身的官痞，曾通电全国各报馆，信誓旦旦地表示“守土有责，抗日救国，贯彻始终”。可还是他，到了危难时刻，居然带头临阵脱逃。军人，虽不能以喋血沙场为憾，但也绝不能将阵地轻易放弃，这是一种耻辱。

日军向热河的推进，十分顺利，数日之内，省会承德就朝不保夕。汤玉麟闻讯后不思督战力保，3月2日，竟将供前线运输用的载重汽车240辆全部扣留，“装载私产，向津运输”。他本人也在4日凌晨率部逃离承德。前敌总指挥张作相亦仓促撤向古北口，承德顿成一座空城。是日，日军不费一枪一弹就进占承德。

从日军开始进攻，到承德失守，前后不过十余天，热河就沦于日军之手。消息传出，全国舆论一片哗然，同声谴责南京政府的军事和外交。作为北平军分会代理委员长的张学良，更是成了众矢之的。

南京政府一方面为自己开脱罪责，另一方面则把丢失热河的责任完全推到张学良身上。承德失陷的第二天，立法院长孙科在上海对记者说："承德陷落，诚出人意料……在前线指挥之汤玉麟等各军事长官，应予严惩。即负责最重之张学良，亦应立即引咎辞职以谢国人。"接着，监察院要求对张、汤等人严惩。

血气方刚的张学良义愤不过，他表示要亲率东北军收复热河，与日军决一死战。但迫于舆论压力，不得已于3月7日电南京政府"引咎辞职"。

在全国一片声讨声中，蒋介石于3月8日从江西南昌"剿共"前线抵达石家庄，询问前线战况与对张学良的处理意见。其实他心中早有盘算，让张学良辞职下野，由何应钦取而代之。

9日，蒋介石召张学良去保定，会面前，蒋让宋子文先去试探一下张的态度。张学良当即提出两办法：一是由他率部克复承德，由中央负责接济；二是他辞职而由中央负责抗日。宋子文只表示让他辞职，闭口不谈抗日之事。

随后，蒋介石与张会晤时毫不掩饰地说："我接到你的辞职电报，很知道你的诚意。现在全国舆论沸腾，攻击我们两人。我与你同舟共命，若不先下去一人，以息全国愤怒的浪潮，难免同遭灭顶。所以我决定同意你辞职，待机会再起。"

张学良无话可说，于3月11日通电下野。12日，南京政府令准张学良辞职，何应钦走马上任，兼代军事委员会北平分会委员长。

4月11日，张学良携眷属乘船，踏上了赴欧洲的旅途。

热河抗战失败，张学良引咎辞职，出洋考察

1933年至1936年何应钦取代张学良担任北平军分会委员长

1933年1月3日，日军侵占山海关

1933年3月4日，日军侵占热河省会承德

热河作战中的日军装甲车队

新生活运动刊物

# 让国人"脱胎换骨"的美丽神话

**20 世纪 30 年代,蒋介石和宋美龄联手发动了一场声势浩大的"新生活运动"。**

## 蒋宋联袂一台戏

老祖宗留下了孔、孟之学,始终影响和规范着人们的行为举止;佛、道二教的教化作用,同样让人谨慎处事和小心做人。一些圣明贤良之人、品德高尚之士,则以自己的行为,成为人们效仿的榜样。

种种教诲,教人学会明辨是非,如何做人;种种约束,在很大程度上,遏制了人性中不良成分的张扬。

尽管这样,中国人的陋习还是不少,高尚者自有高尚,平庸者自是平庸,低下者还是低下,这无需讳言。如何解决这一问题?好像也没有太好的办法,好像还需要时间的磨砺。全民素质的提高,是一个长期的过程,诚如"冰冻三尺,非一日之寒",同样,"冰雪消融,也非一日之热"。

20 世纪 30 年代,蒋介石和宋美龄联手发动了一场声势浩大的"新生活运动"(简称"新运"),试图改造中国国民之习性。

新生活运动的源起,说法不一,有人认为是蒋介石为贯彻"七分政治、三分军事"的理

新生活运动促进总会江西青年假期服务团整队出发服务

蒋介石在南昌宣讲新生活运动

念，乃推动催生。有的则说蒋氏夫妇决心铲除贪污、受贿、不卫生和无礼貌等种种恶俗，因而发轫。

还有人说宋美龄乃是新生活运动的源头活水。1933 年盛夏，宋美龄在庐山牯岭避暑时，与一批美国传教士讨论中国情势。传教士说，美国罗斯福总统正推行“新政”，蒋介石何妨也实施改造中国社会福利方面的“新政”，以此获得外国政府的支持和贷款。聪明的宋美龄心领神会，立即向蒋报告并获同意。宋随即和传教士研究拟定了中国“新政”的细节，她为这项计划取名为“新生活运动”。

但不论出于何种动机和初衷，新生活运动的发动，有着一定的积极意义。至少对蒋介石而言，这事做的似乎没有错。

## 以儒家伦理诠释新生活

1934 年 2 月 19 日，蒋介石在南昌发表演说，为历时 15 年的新生活运动揭开序幕。他说：“我现在所提倡的新生活运动”，简单地讲，“就是要使全国国民军事化。”提出要以孔孟的“四维”(礼义廉耻)、“八德”(忠孝仁爱信义和平)为道德标准，统一人们的思想。“新运”虽然标榜“新”生活，内容却是“旧”的儒家伦理思想。

“礼义廉耻”是“新生活运动”的中心思想，蒋介石要民众

新生活运动标识

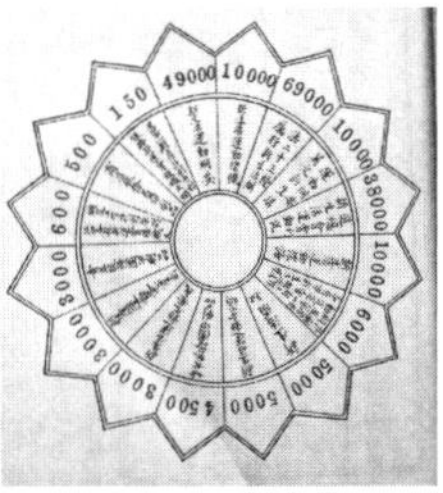

新生活运动促进总会主要印刷品统计表

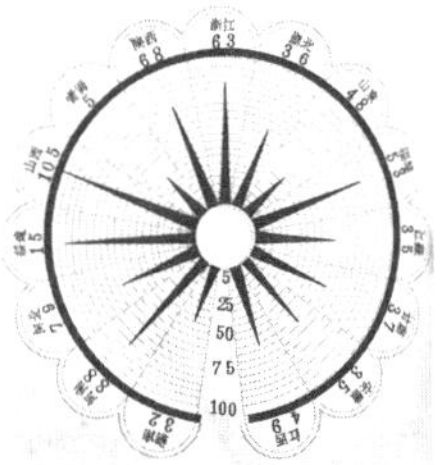

各省已成立之县新运会统计图

新生活运动促进总会会长指导员及干事合影

新生活运动总会全体工作人员

把“四维”紧紧结合到日常生活的“衣食住行”各个方面。“新运”想要做到的，不仅是表面的市容清洁、谨守秩序，而是“要改革社会，要复兴一个国家和民族”。蒋介石理想化地希望“新运”能使人民改头换面，具备“国民道德”和“国民知识”，从根本上革除陋习。这些，是不是应该遵守呢？即便从今日来看，好像还未失效。

如果说“礼义廉耻”是“新运”的理论基础，“生活艺术化、生活生产化、生活军事化”的“三化”，就是实践理论的行动指引。

1935 年 3 月，“新运”总会就如何实行“三化”作了详尽规定。条目分明，内容琐碎，对人民生活方式规定甚严，如生活军事化的“提倡冷水洗浴”；生活生产化的“年未满六十岁者，不得设宴祝寿”；生活艺术化的“有暇时常至野外旅行”。

从内容上看，这些都没有错。更为细致的是，拔上鞋跟，扣齐纽扣，走路靠左，胸部挺起，和洽邻里，同谋公益等，也都一一做了要求。

除了从个人生活做起，战前的“新运”工作，不外乎提倡清洁和守规矩。“规矩”方面有守时运动、节约运动、升降旗礼等；“清洁”则有夏令卫生运动、清除垃圾和污水、灭蝇竞赛等。亦有针对愚民陋习、不良风气的活动，如识字运动、禁烟禁毒运动等。

宋美龄是大家闺秀，留美出身，又是基督徒，这使她具备了良好的个人素质。同样，蒋介石人到中年，早已改邪归正。特别是与宋美龄结为夫妻后，更加谨慎做人。从个人生活品行而言，他不吸烟，不喝酒，不打牌，腰板始终挺直，生活极有规律。

即便是一对生活规范的普通夫妻对一些陋习和不良风气也看不惯，更不用说“第一家庭”的这对伉俪，对国民的生活陋习更是心存痛恨。

因此，出现在世人面前的蒋介石和宋美

**子超楼**——“子超楼”是总统府中枢所在，由于是在国民政府主席林森(字子超)任上所建，故称为“子超楼”。“子超楼”形似“森”字，而楼前两棵雪松则是一个“林”字，合在一起，颇有寓意“林森”之巧合。

路灯——矗立在『子超楼』楼前，宛如西欧城市马路上的街灯。建筑小品的点缀，常常画龙点睛。至于路灯，还具有照明之用。满天繁星，华灯初上，好似天地之间的不谋而合。路灯下，行人的身影，随着步伐的轻移，由短而长，渐渐地消失在黑暗中。而路灯依旧像一名卫士，在夜色中坚守自己的岗位，直至送走黑暗，迎来曙光。

1943 年 3 月，美国《时代》周刊以宋美龄作为封面人物

龄，总是希望以自己的行为去影响他人，让更多的人“见贤思齐”，不断改正不足，完善自我，成为新人。“新生活运动”，体现了蒋宋的良苦用心。一个民族整体素质的提高，将意味着这个国家更具竞争力，而这正是蒋介石夫妇希望看到的。

抗战开始后，“新运”的要旨有所调整。1939 年“新运”五周年大会在重庆举行，蒋介石重新诠释“礼义廉耻”，由战前规范人民的日常生活，到战时强调纪律、节约和牺牲精神，要求人民不忘抗敌。

新生活运动的成效，战前一直不很理想，当然原因有多方面。但“新运”组织的网络和动员能力，却为战时的服务提供了便利。抗战爆发后，“新运”转向为战地服务、伤兵慰问、难民救济、保育童婴、空袭救难、征募钱物等活动，对抗战起了积极的作用。

破除陋习，绝非一日之功，用一种明显带有功利色彩的运动来推行，实施过程中难免不会出现偏差，“新运”也不例外。过度宣传，导致流于形式，其间也产生了许多笑话和虚假之风，形成败笔。

外交家顾维钧的夫人黄蕙兰在其回忆录中所言，颇让人回味。她这样写道：中国驻外人员常因有外遇而导致婚变，故在战前外交界即戏称“新生活运动”为“新妻子运动”。“life”（生活）与“wife”（妻子）仅仅一个字母之差，就完全变了味！

新生活运动中武汉举办防空展览

新生活运动委员会主任熊式辉

宋美龄在南昌推行“新生活运动”

宋美龄指导新生活运动

## “第一夫人”身体力行

作为妇女委员会指导长的宋美龄，在运动的推行和宣传上扮演了“火车头”的重要角色。

“新运”是要改造全民的生活，而妇女是家庭的中心，宋美龄乃大力鼓吹妇女为改造家庭生活的原动力，她向全国女性呼吁：“知识较高的妇女，应当去指导她们的邻舍，如何管教儿女，如何处理家务，并教导四周的妇女读书识字。”但她也承认：“中国的妇女，非但多数没有受教育的机会，而且大半还仍过着数百年前的陈旧生活。”

宋美龄为推行“新运”不遗余力，开会、撰文、宣传、演讲、督导和接受国内外媒体访问。她在忙得不可开交之中，也充分体会了成就感。

宋美龄把推广“新运”当作一项政治事业来看待，试图使国人在生活习惯和精神上“脱胎换骨”，不要让西方人“看不起我们”，并借此让国人知道蒋夫人关心大家。出发点不能说不正确，用意不可谓不好，但是，千百年来的生活习惯根深蒂固，加之推行的方法未必得当，很快走进历史而成为明日黄花。

1949 年 2 月，面对内战节节失利，蒋介石已无心关注“新运”，他指示总会暂停一切活动。新生活运动，历时 15 年，无疾而终。

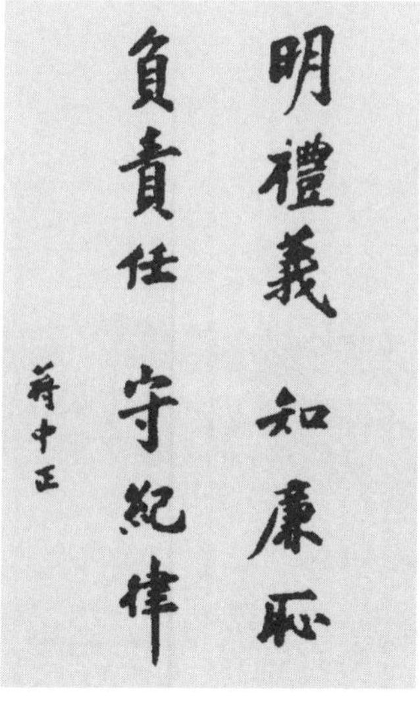


蒋介石为“新生活运动”手书条示

建设中的紫金山天文台外景(1935年摄)

# 紫气东来观苍穹

**紫金山天文台,是中国近代天文事业的开端。**

1927年11月20日,在中央研究院筹备会上,曾任孙中山秘书的高鲁提出在南京紫金山建立一座国内最现代化的天文台,议案获得批准。1928年春,国立中央研究院天文研究所成立,高鲁出任代所长,随即勘定紫金山第一峰为台址,是年底,建筑师李宗侃设计出初步的台图和登山汽车路线。正要施工时,高鲁突然受命出使法国。

嗣后,厦门大学天文系主任余青松应聘出任天文研究所所长,主持建台工作。

不过,最初设想在第一峰建台的计划,被余青松放弃了。他意识到第一峰的盘山公路耗资甚巨,便改建在第三峰上。

1929年12月21日,天文台4里长的盘山公路破土动工了,为节约开支,天文台主体建筑皆由余青松自行设计、绘图,并与各职员共同监工建筑,花了一年半时间建成。

1931年那场罕见的水灾,让中国的百姓吃尽了苦头,也妨碍了建台工作。本已下拨的25万元建台费用,被用作购买赈灾公债。

浑仪

简仪

到天文台一游,可一睹陈列的传世明清天文仪器。其中明代的3件,是目前世界上罕有的大型传世天文文物,为浑仪(亦称浑天仪)、简仪和圭表,均系明正统四年(1439)所造,距今已有近570年的历史,它原在北京古观象台。八国联军侵入北京,观象台遭劫,仪器均被掠去。法军抢走明制简仪和4件清仪,德军则将明制浑仪和另外4件清仪运回国内。一战后,作为战败国,德国把掠走的5件天文仪器归还。

余青松

紫金山天文台全景

水灾结束后，日本人又在东北和淞沪挑起战火，天文台的职员们都分散到南京城内各处司职防空警报，直到1932年7月才重新开始工作。1933年6月10日，天文台主体建筑落成，次年8月25日，紫金山天文台终于竣工。

天文台的兴建，在当时备受重视，从几次建筑的奠基碑文就可看出，它分别由当时政府要员题写，“天文台”的横额，更是国民政府主席林森亲笔，全名为“国立中央研究院天文研究所紫金山天文台”。

1934年9月1日，紫金山天文台正式揭幕。

整个天文台占地3.1公顷，设有6座银灰色的巨型天文观测室，分别负责观测太阳、恒星、行星、月亮等。它的建筑美奂美轮，仪器名贵，图书丰富，在当时国内外颇负盛名，曾有“东亚第一”之美称。

天文台建成不久，研究工作刚刚开展，日军的铁蹄就踏过了卢沟桥。随着日军逼近南京，天文台奉命紧急疏散人员，仪器图书拆卸装箱后开始了长途跋涉，落脚于大西南昆明东郊的凤凰山上。抗战期间，政局不稳，研究工作几近停顿。抗战胜利后，天文台虽然重回老家，但内战又起，研究工作始终未得恢复。

天文台有几件传世的明清天文仪器，原存北京古观象台。

九一八事变后，日军逼近华北，为保护国家珍贵文物不致落入敌手，决定将古观象台所存明清天文仪器转移。限于当时的运输能力，只把明代的浑仪、简仪和圭表，清代的小天体仪、小地平经纬仪和一套漏壶运抵南京。1937年12月南京陷落后，这些国宝落入日军手中，仪器受损严重。

紫金山天文台

# 一个人和一张报纸

史量才

**史量才买下《申报》，从此，他的生命与这张报纸合而为一。**

## 良知的捍卫者

1926 年 4 月 26 日，《京报》社长邵飘萍在北京前门大街南端的天桥刑场遭北洋军阀杀戮，年仅 40 岁；同年 8 月 6 日，《社会日报》社长林白水又被军阀枪杀在天桥刑场，年仅 52 岁。

这就是当时中国社会的生存环境。面对黑暗，各人态度不一。本来，他们都可以躲过被枪杀的噩运，只要笔下留情，随遇而安一些，无论是报社还是个人，都会活的很好。然而，他们偏偏要做捍卫正义与坚守良知的报人，偏偏不畏死。一个倒下去，前赴后继，又有第二个、第三个勇敢地站出来。行尸走肉地苟活，不属于他们。

史量才，20 世纪著名的报业巨子，一位具有民主思想的知识分子。1904 年起在上海《时报》当编辑，后任主编。1912 年，是史量才人生中的一个重大转折点，他不失时机地以 12 万元买下了老牌的《申报》，并找到名重天下的张謇等人入股。从此，他的事业、他的生命与这张报纸合而为一。

在他主持报纸的 21 年间，《申报》发展迅速，不仅成为当时全国实力雄厚的民办报纸，而且在国内舆论界具有举足轻重的影响。

把办报视为记载历史，坚持对历史高度负责的态度，史

11 月 16 日下午 2 时，在史量才的寓所举行大殓，各界前来吊唁者达 2000 多人。蒋介石表面文章还是要做的，也送来挽联，“哲人其萎”四个字分外显眼。暗杀史量才的经过，后来被军统作为成功案例教授给新的特务。

位于上海铜仁路的史量才公馆

林白水

邵飘萍

量才的办报史观，是《申报》长盛不衰的生存之道。他认为报纸不仅是记载事实，而且要加以分析评论，要有鲜明的观点，对和错，好与坏，让读者一目了然。史量才姓史，加之主张"以史自役"，章太炎将他的这种办报方针称为"史家办报"，可谓恰如其分。

本着这种方针，举凡每天发生的国内外重大事件，都白纸黑字地记录在《申报》上，走进读者中。

起初，史量才关注更多的还是报纸本身，但动荡的时局使他最终从幕后走到前台，不仅是《申报》馆的前台，而且是社会的前台。在那个关乎民族生死存亡的非常时期，受到时代的感召，史量才的行事风格大变，《申报》亦如他的主人一样共进退。他强调"无党无偏、言论自由、为民喉舌"，坚持"人有人格，报有报格，国有国格"的方针。时代向前迈进一小步，《申报》向前迈进一大步。

## 百万读者在手何所惧

进入30年代，史量才的左膀右臂、做了多年主笔的陈景韩和经理张竹平双双离去。无奈之下，他于1931年1月在馆内成立总管理处，聘请进步人士黄炎培做设计部主任，又聘请教育家陶行知为顾问。

民主和进步人士的参与，给《申报》带来活力。要求抗日和民主，反对国民政府当局的不抵抗政策，支持民族救亡运动，这就是《申报》的立场。

史量才主持《申报》时期，《申报》不畏艰险，追随时代潮流，全面、详尽、真实地记录国内外大事，而且旗帜鲜明地加以"评论之、剖析之"，为国家的前途，民族的命运大声疾呼、慷慨陈词。正是这种忧国忧民的精神、秉笔直书的行动，招致当局的极度仇视，当局曾多次制裁《申报》。

1932年是史量才买下《申报》20年的日子，亦是《申报》的黄金时代，发行量超过惊人的15万份，为当时报业界的龙头老大。官方办的《中央日报》仅发行3万份左右。史量才的事业达到顶峰。

史量才没有沾沾自喜，国之残破的危局，令他心头十分沉重。强烈的爱国心，驱使史量才为正义怒吼。

《申报》的内容，更加锋芒毕露，最突出的变化，莫过于《自由谈》的改革。

《自由谈》原是"鸳鸯蝴蝶派"的阵地之一，虽时有暴露社会阴暗面，但总体仍较保

《申报》馆旧影

守。革新自史量才开始,《自由谈》的面貌为之一新。

左翼新文化运动走入低潮的 1932 年,即如鲁迅,在这一年仅发表 18 篇文章,而 1933 年则高达 190 篇,其中大部分是由《自由谈》刊载的。

郁达夫、叶圣陶、陈望道等一大批作家,都是《自由谈》的常客。左翼作家的活力得到了释放和发挥,左翼新文化运动再次被激活。

《自由谈》的自由,让当局大为不满;史量才对当局的态度,更让他们恼怒和不容。

秉公直言,是需要很大的勇气的。蒋介石对《申报》不听话大为不满,他把史量才召到南京谈话。蒋沉下脸来说:“不要把我惹火,我手下有 100 万兵。”不为权力恫吓,要为尊严而战,史量才反唇相讥:“对不起,我手下也有 100 万读者。”这被认为是“敬酒不吃吃罚酒”,最终激怒了老蒋,也为他后来遭到枪杀埋下了伏笔。

1934 年 11 月 13 日下午 3 时,当史量才乘坐的轿车由杭返沪,行进在沪杭公路翁家埠段时,遭到军统特务的枪击。

史量才以身殉国后,长眠于吉庆山,与美丽的西湖永世相伴。他的墓碑上,是章太炎题写的墓志铭,赞誉他像春秋史官子鱼和历代正直的史家那样,出于对国家和历史的责任感,忠于事实,秉笔直书。

作为中国新闻史上创办历史最长、影响最大的一份报纸,《申报》在出版 77 年之际,于 1949 年 5 月 27 日终刊。它 25600 号的发行记录,是一段抹不去的历史印记。

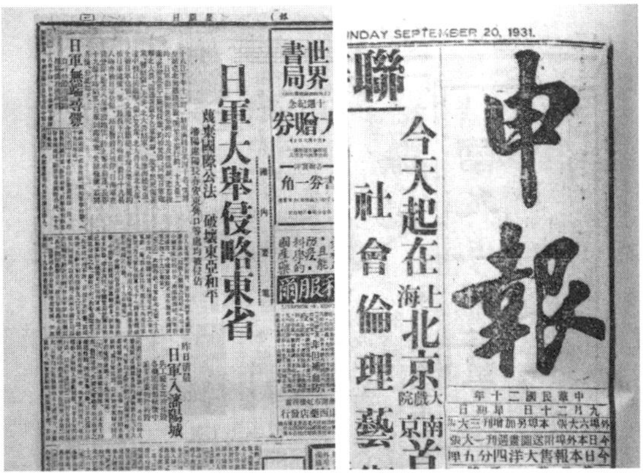
日軍大舉侵略東省

蔑棄國際公法 破壞東亞和平

世界書局

SUNDAY SEPTEMBER 20, 1931

申報

今天起在上海 北京 南京

社會倫理藝

《申报》书影

史量才曾有一段箴言:“人有人格,报有报格,国有国格。三格不存,人将非人,报将非报,国将不国。”

后期的《申报》馆大楼

《风云儿女》电影剧照

# 每个人被迫着发出最后的吼声

《风云儿女》的插曲《义勇军进行曲》,成为中国最著名的抗战歌曲。

## 不愧为中国电影“第一插曲”

有声电影在中国问世后，银幕上出现了一大批脍炙人口的电影插曲。1934 年胡蝶主演的《姊妹花》和王人美主演的《渔光曲》先后上映，两部电影的插曲《催眠歌》和《渔光曲》迅速流行，效果完全出乎人们的意料。特别是《渔光曲》的成功，促使电影制作商把目光投向电影歌曲的创作，影片《大路》的插曲《大路歌》、影片《桃李劫》的插曲《毕业歌》、影片《夜半歌声》的插曲《夜半歌声》等与电影一同流行，令人难忘。电影歌曲不但成为一种艺术形式，也成为电影吸引大众的一种有效手段。

1935 年 5 月 16 日，上海“电通影片公司”推出了一部抗日题材的影片《风云儿女》。它的声名远播，不仅在于电影本身，更因为其中的一首插曲——《义勇军进行曲》。它不但在当时被广为传唱，后来还被确定为中华人民共和国国歌。作为中国电影“第一插曲”，当之无愧。

《风云儿女》最初的故事由田汉创作，夏衍编剧，许幸之导演，王人美和袁牧之主演。影片描写了 30 年代初期，以诗人辛白华为代表的青年知识分子，为拯救祖国，投笔从戎，奔赴抗日前线英勇杀敌的故事。剧本初创于 1934 年，最初的名字为《凤凰再生》。

田汉在写成初稿后，将剧本交由电通公司，后由夏衍改编完成，并改名为《风云儿女》。田汉在交出初稿后，并未放弃对这部电影的创作。一天，他突然文思迸发，打算为电影再创作一首主题歌。因临时找不到纸，匆忙

聂耳(左一)与友人在日本东京隅田公园留影

中只好把主题歌的一段歌词写在了一个香烟盒的衬纸上。田汉原计划的歌词不止一段，但当时只写出了第一段，随后就在 1935 年 2 月 19 日被国民政府逮捕入狱，歌词也就未能续写下去。留在香烟盒衬纸上的这段文字，就成了后来《义勇军进行曲》的歌词。

聂耳（1912—1935）

## 画龙点睛的无尽力度

在得到电通公司田汉编剧的影片《风云儿女》需要谱曲的消息后，聂耳主动请缨，他找到夏衍，表示希望为田汉的歌词谱曲。田汉和聂耳曾多次合作，如歌剧《扬子江暴风雨》、歌曲《毕业歌》等优秀作品。

拿到歌词后，聂耳仅用两夜的时间就谱完了乐谱的初稿。初稿试唱后，大家提了一些意见。同年春天，田汉等人相继被捕，也传出了要抓聂耳的消息。中共地下组织为了保护聂耳，特批他经日本去欧洲学习、考察。聂耳于 4 月东渡日本时，将手稿带到日本进行修改，并于 1935 年 5 月初将《义勇军进行曲》的定稿寄回。

在电影中，《义勇军进行曲》最初被称作《军歌》。聂耳谱曲后，将歌名改为《进行曲》。电通公司的孙师毅等人在收到了聂耳从东京寄回的手稿后，决定将歌名改为《义勇军进行曲》。

田汉最初的歌词，与现在《国歌》的歌词也略有区别。聂耳谱曲的时候，根据需要，将歌词进行了补充修改。修改稿中最画龙点睛、最出彩的地方，就是聂耳添加了 3 个“起来”。这 3 个“起来”，增强了这首歌的激情与感召力，它把旋律引向了高潮。而最后一个‘进’字，更是独妙，具有极强的冲击效果，表现出中华民族永不言败的无尽力度和持久生命力。

《风云儿女》上映后，主题歌《义勇军进行曲》很快就成为中国最著名的抗战歌曲。它唱出了中华民族不屈不挠的战斗精神，激励和鼓舞中国人民争取自由解放的斗志和信心，具有高昂的时代激情和雄壮的民族气魄。

田汉在写成初稿后，将剧本交由电通公司，后由夏衍改编完成，并改名为《风云儿女》。田汉在交出初稿后，并未放弃对这部电影的创作。一天，他突然文思迸发，打算为电影再创作一首主题歌。因临时找不到纸，匆忙中只好把主题歌的一段歌词写在了一个香烟盒的衬纸上。田汉原计划的歌词不止一段，但当时只写出了第一段，随后就在 1935 年 2 月 19 日被国民政府逮捕入狱，歌词也就未能续写下去。留在香烟盒衬纸上的这段文字，就成了后来《义勇军进行曲》的歌词。

上图：1934 年夏，聂耳（左）与田汉在上海合影

左图坐者为聂耳

## 永远的《义勇军进行曲》

说到《义勇军进行曲》被定为《中华人民共和国国歌》，经历了一段有趣的过程。

1949 年 6 月，第一届政协筹备会正忙于新中国成立的筹备事宜，新中国国歌的制定，就迫在眉睫。专门设立“国歌初选委员会”，由田汉、沈雁冰、钱三强、欧阳予倩、郭沫若和徐悲鸿等人组成，马思聪、吕骥、贺绿汀、姚锦新 4 名音乐家担任顾问。

7 月 15 日—26 日，《人民日报》等国内外报纸上连续刊登了“国旗、国徽、国歌征集启事”。截至 8 月 20 日，仅国歌一项就收到应征稿 632 件，歌词歌谱 6926 首，但都不够理想。

最早建议用《义勇军进行曲》作为国歌的是徐悲鸿，张奚若、郭沫若、刘良模、梁思成等都同意徐悲鸿的建议，刘良模说：“国歌代表一个国家，代表一个国家的民族精神。因此，它应当在民族解放斗争中产生，在斗争中得到人民大众的承认，远非大诗人、大音乐家的人工急就之章所能代替，依我看，《义勇军进行曲》经受了斗争的考验，足以与法国国歌《马赛曲》媲美，完全可以选作新中国国歌。”

为了慎重起见，毛泽东和周恩来于 9 月 25 日晚在中南海丰泽园会议室又召开了一次关于国旗、国徽、国歌、纪年、国都问题的协商座谈会，邀请各民主党派和文化界人士参加会议，意见得到了统一。

1949 年 9 月 27 日，中国人民政治协商会议全体代表一次通过，以《义勇军进行曲》为《中华人民共和国代国歌》。几近 30 年之后的 1978 年，第五届全国人民代表大会第一次会议，通过将《义勇军进行曲》定为《中华人民共和国国歌》。

聂耳创作的《义勇军进行曲》手稿

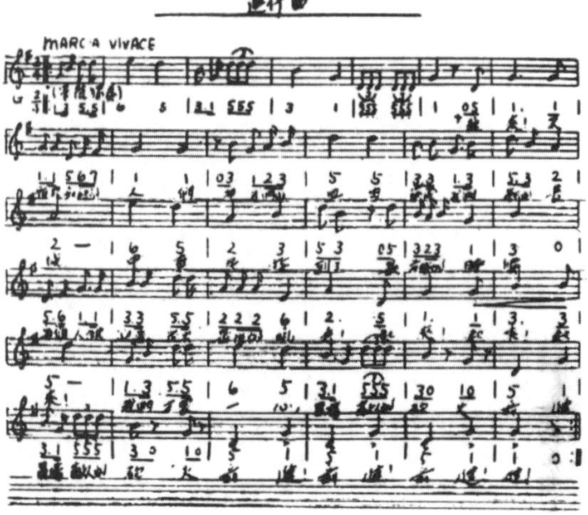

# 蒋介石逃过一劫

汪精卫在中央党部遇刺时现场一片混乱

孙凤鸣刺杀汪精卫，上演了一出现代版的"荆轲刺秦"。

## 一而再地对日妥协

1935 年的"刺汪案"，来得有些突然。当然，刺客是早有准备，被刺人未曾想到。

问题还不仅仅如此，据刺杀计划的组织者华克之说，"我们的目的是刺蒋。结果，汪成了替罪羊。"很显然，刺客是冲着蒋介石而来，义愤于他对日本的不抵抗政策，将其击毙，以谢国人。

如果那天蒋介石在场，那就成了"刺蒋案"而不是"刺汪案"；如果射出的子弹命中要害，那又会出现怎样的变数？

历史确有诸多偶然，我们无法预测它的走向。但应看到一点，在当时国民党中，除了蒋介石，无人能够掌控和应对这非常时局，他的地位和作用，不可取代。

天下之事，竟有如此奇巧，不知是心灵感应，还是因为其他什么原因，偏偏那天蒋介石未参加照相，于是被击中倒地呻吟的，是汪精卫。

汪精卫命大，身中三枪，伤势虽重，但非致命，数月后就基本痊愈。不过，他遭枪击，是否是一种心理暗示，不出几年，他就做了汉奸。而他的死，似乎也是遇刺后留下的后遗症。从这点来说，他是罪有应得。

现在，让我们穿越时空，看看历史的一幕，是如何发生的？

逃过一劫的蒋介石，右为张群

1932年1月的杭州烟霞洞，风景如画。此刻，中国政坛两巨头的汪精卫和蒋介石，经过密谈后再度携手，开始了他们的又一个“蜜月”期。

随后，孙科内阁下台，汪蒋联袂入主南京。汪精卫出任行政院长，主政；蒋介石身为军事委员会委员长，治军，他俩平分秋色共掌南京政府。

## 叫人怎能不杀他

汪、蒋达成一致，同把“制共”放在首位，而将“抗日”作为应付舆论的口头禅。汪、蒋在合谋调整中日关系中，配合得真是默契。蒋介石授意陈布雷以笔名撰写《敌乎?友乎?》一文，宣传：“日本人终究不能作我们的敌人，我们中国亦究竟有须与日本携手之必要。”汪精卫则指使亲信林柏生撰写《对日两条路线》之文，与该文遥相呼应。

蒋、汪一再对日妥协，使民族危机日甚，遭到舆论的一致抨击。蒋、汪二人尊贵的头颅，似乎离穿透靶心的子弹不远了。

终于有人挺身而出。中共地下党人华克之早想为民除害，有着一手好枪法的热血青年孙凤鸣，则想上演一幕现代版的“荆柯刺秦”，他大胆地提出了刺杀蒋介石的设想。两人一拍即合，华为组织者，孙为终结者。经过数月讨论，并多次研究后，遂定于国民党六中全会开幕之日发难。

大幕终于拉开，1934年11月初，“晨光通讯社”在南京陆家巷23号正式挂牌。孙凤鸣成了一名记者，记者职业，使他有机会直面蒋介石。

## 老蒋命大

1935年11月1日，国民党四届六中全会在南京召开。开幕式结束后全体照相时，平地起风波，发生了一起重大刺杀案。

按照会议日程，这天早上7点，出席全会的全体代表由蒋介石和行政院长汪精卫率领，去南京东郊的中山陵谒陵。9时，全体委员回到城内湖南路的中央党部礼堂举行全会开幕式。开幕式结束后，照例先由全体代表集体照相，然后再举行预备会议。大约在9点30分，全体代表步出大礼堂，集中到中央政治会议厅门前，分列五排准备照相。

等候许久，不见蒋介石到来。委员们一再催促，汪精卫只得亲自相请。原来，蒋介石见当时照相现场人多杂乱，警觉顿出，一时萌生不去之意。汪精卫来请他时，他当即表示不参加拍照，并希望汪精卫也不必出场。汪说：“各中委已伫立良久，专候蒋先生。如我再不参加，将不能收场，怎么能行？我一定要去！”汪精卫回到摄影场地，在前排正中就座。

约在9点35分摄影完毕。就在这一刹那间，突然从记者群中闪出一个身着西服、外套夹大衣的年轻人，他迅速从口袋里拔出左轮

张继

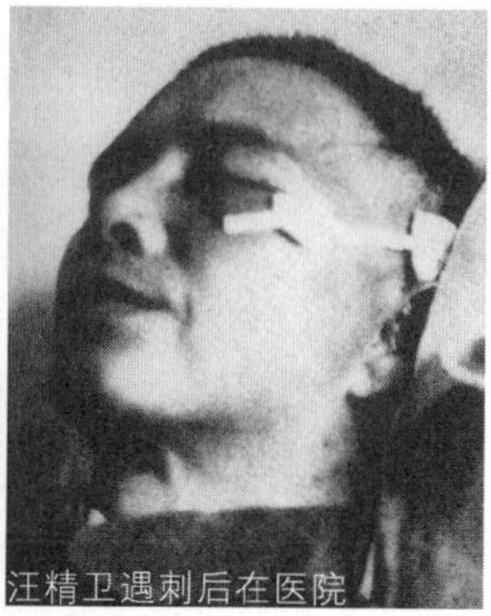
汪精卫遇刺后在医院

华克之与夫人朱蕙风合影

手枪，一边高呼“打倒卖国贼！”一边向站在第一排中间正在转身的汪精卫连击三枪，枪枪命中：一枪射进汪左眼外角下左颧骨，一枪从后洞穿左臂，一枪从后背射进胸脊椎骨部位。汪精卫应声倒地，血流满身，一时秩序大乱。

坐在椅子上的张静江滚倒在地，孔祥熙顾不上马褂被扯破，一头钻进旁边的汽车肚里，其他人，也多半四散而逃。这时，只有两人比较镇定，一跃上前与狙击手搏斗。一为站在汪精卫身旁的张继，他急奔到孙凤鸣身后，将其拦腰抱住。孙凤鸣挣扎着又射出两发子弹，但失去准星。一为张学良，他奔上前去猛踢一脚，并顺势托起孙的手臂，孙凤鸣手腕一松，手枪落地。汪的卫士乘机还击，孙凤鸣胸部连中两枪倒在地上。

枪响之后，赶来的陈璧君单腿跪着抱着汪精卫哭喊道：“四哥，你放心罢，你死后有我照料儿女。革命……正要……死的，这种事，我早已料到。”蒋介石未参加摄影，闻声赶来，陈璧君以为蒋介石不参加摄影，事出有因，愤然对蒋介石说：“蒋先生，用不着这样做的，有话可以慢慢商量，何必如此！”她认定蒋是行刺的幕后指使者。

事实上，刺杀汪精卫确非出自蒋系特工之手。“刺汪案”发生后，当局侦悉此案系“晨光通讯社”所为，行刺者是南京晨光社记者孙凤鸣，安徽人，32 岁，曾任 19 路军排长、福建第 12 师混成团机枪连连长。

本来行刺计划的目标是蒋介石，可偏偏他不在场。既然子弹已上膛，抱定“壮士一去兮不复还”的孙凤鸣，干脆一不作二不休，杀不成蒋，便杀汪。都是对日妥协的决策人物，杀了汪精卫，也足以警世。于是，他拔出了枪……

后经全力追捕，除孙凤鸣当场被枪击抢救无效死亡外，孙妻崔正瑶及晨光社主要成员张玉华等相继被捕、被杀，资助过晨光社的反蒋斗士王亚樵也遭杀害。华克之，因早已远走香港，逃过此劫。

孙凤鸣被击中要害，流血过多，送中央医院濒临死亡。医生奉命每小时给他注射强心针十余次，目的是为了查找刺汪的幕后主使者。孙凤鸣承受着肉体撕裂的痛苦，守口如瓶。

1935 年南京举行军事演习，行政院长汪精卫在听取军方汇报

北平学生领袖黄敬攀在电车上向群众演讲

# 偌大的校园放不下一张宁静的课桌

爆发在那个寒冷冬日的一二九运动，将抗日救亡推向高潮。



## 在沉默中爆发

从 1919 年的“五四”，到 1935 年的“一二九”，再到 1947 年的“五二〇”，充满爱国热忱的青年学生，成为革命运动的主流。知识分子用一次次的行动证明，他们不仅懂得学习，更具有社会责任感和历史使命感。历史，其实已经给了我们很好的答案，诠释了“苏武牧羊”的爱国情操在现代所赋予的深刻内涵。

1931 年底日本占领中国东北，接下来，攫取华北，便是他们新的目标。1935 年 5 月，日本向国民政府提出了对华北统治权的无理要求，并以武力要挟。

国民政府好像很无助的样子，拿日本人一点办法也没有，只能忍气吞声，一纸《何梅协定》，使河北、察哈尔的主权大部沦于日本人之手。10 月，日本人又挑动河北香河等县的一群汉奸、流氓举行暴动，以此为由，策划了更大的“华北五省自治运动”阴谋。

国民政府还是无动于衷，继续执行不抵抗政策，为适应日本“华北政权特殊化”的要求，竟然准备成立相应的“冀察政务委员会”。

民族危机日甚，中国，偌大的校园已放不下宁静的课桌。8 月 1 日，中国共产党发表宣言，号召全国人民团结起来，停止内战，一致抗日。

12 月 9 日，置身危城的北平学生再也无法忍受下去，内心的激愤，需要释放。他们决心“担负起天下的兴亡”，以自己的血和泪来警醒国人。

6000 余名学生冲破重重阻挠，在中共北平市临委和学联的领导下，按照预定计划，分别在 12 个城门和牌楼附近集合，然后朝着中南海进发。

从来没有过的，中国高校的青年学生如此步调一致，跟战士一样，表现出了巨大的勇气。这使参加游行者和旁观的群众，都感到兴奋不已。成百上千身穿蓝色制服的青年学生，一路慷慨高歌，他们丝毫没把那些警察放在眼里。8 年当中，在国民党统治下的中国，从

一二九运动的倡议人张兆麟

未发生过这样的事情。

随后，被临时推选出来的 12 名代表，前去中南海居仁堂请愿，向北平军分会代委员长何应钦提出 6 项要求。何应钦的秘书满口搪塞，企图以“抚慰”了事，激起了学生们的强烈愤慨。

各校代表马上决定，改请愿为示威游行，随即，由中国大学的队伍带头，救亡的洪流向西长安街涌去。行进中，宣传队不停地领呼口号，散发传单。在西单牌楼和西四牌楼，军警组成了两道封锁线。游行队伍相继冲破封锁线，然后改道东行，奔向沙滩、王府井。游行队伍如滚雪球般越滚越大，辅仁大学、北京大学等校的学生们不断加入。

成百上千身穿蓝色制服的青年学生，一路慷慨高歌，他们丝毫没把那些警察放在眼里。8 年当中，在国民党统治下的中国，从未发生过这样的事情。

## 不达目的誓不罢休

警察当局惟恐学生冲击日本使馆，调来大批警察。学生们全然不顾，向他们塞传单，并高呼爱国口号。当局只好调来消防队，用水龙头对准游行者队伍。青年们仍然昂首阔步，奋勇向前。

一旁的店主、家庭主妇、工匠、和尚、教师和商人，在街头为学生喝彩，或者跑出来索取传单、甚至有人力车夫也高呼：“打倒伪独立运动！打倒日本帝国主义！抗日救国！”群情激奋的场面，令人难忘。

接下来的境况，就不容乐观了。上峰的命令，必须执行，军警开始镇压，但见皮鞭挥舞，枪柄、木棍、大刀，左刺右夯，高压水龙四处喷射，军警与学生搅成一团，互相厮打搏斗。游行队伍被冲散，近百名学生受伤，30 余人被捕。当晚，学联领导人做出决定，于 10 日实行全市总罢课，举行大规模的示威游行，以示抗议。

12 月 16 日，是冀察政务委员会准备成立的日子，北平再次发出了怒吼。各校学生从四面八方涌向天桥，举行了有 3 万多人参加的集会，通过了反对冀察政务委员会、反对华北任何傀儡组织、停止内战，一致对外、收复东北失地、争取抗

北平学生高呼：“大众起来！”

在学生运动中受伤的北平女二中学生毛德桢(左一)等同学

经过斗争,清华大学游行队伍突破了西直门

日和爱国自由等8项决议案。会后,再次举行示威游行,又再次遭到军警镇压,30多名学生被捕,4000多人受伤。强权似乎暂时压制了公理,但还是让当局心有余悸,"冀察政务委员会"不得不延期成立。

北平学生的爱国行动,得到了全国学生的响应,杭州、广州、南京、天津、上海、武汉、长沙等地学生相继举行示威游行,以示声援。各地爱国人士也纷纷成立各界救国会,要求国民政府停止内战,出兵抗日。

一二九运动的目的达到了,它成为推动中国人民抗日救亡运动走向高潮的起点。

一二九运动的爆发,让当局大为恼火。如此浩大的声势,让当局如何应对。也许直到这时,当局才开始反思,后面的路该如何走?民族的罪人,万万不可做,那将会被钉在历史的耻辱柱上。

一二九运动以后,政治形势有所好转。"西安事变"和平解决,国民政府只打共产党不打日本的办法行不通了,不得不放弃"剿共"政策而走上准备抗战之路。不久,抗日民族统一战线也就在事实上宣告成立。接下来,我们便看到了一个全民御敌的局面。一二九运动为此做出了重要贡献。



北平街头的警察准备随时出动,镇压学生运动

警察在辅仁大学门前警戒

**宋子文公馆**——宋子文把自己的公馆建在南京城中的鸡笼山顶。这是一座西洋乡村式建筑，屋顶远望仿佛用茅草铺盖，俗称“茅草屋”。相距不远处有一座小楼，西安事变后，张学良曾被囚禁于此，俗称“囚张楼”。

宋子文公馆客厅大梁——乍一看，以为是木头材质，上饰彩绘，煞是艳丽好看。其实不然，它是钢筋混凝土大梁仿木肌理，十分逼真，真假难辨。两盏多头的白色吊灯，与红色的屋顶形成鲜明对比，格外显眼，有一种视觉冲击的效果。色彩搭配，一种是和谐统一，一种是巨大反差，各有其美。

1936 年斯诺在陕北采访途中

# 一本书 让世人知道长征

**美国记者斯诺走进陕北，第一手资料写就人间正剧——《红星照耀中国》。**

## 斯诺与他的《红星照耀中国》

斯诺是美国新闻记者，人们记住他的名字，是因为那本《红星照耀中国》。

1936 年 6 月，在宋庆龄的联系与帮助下，斯诺与在上海行医的马海德医生，冒着生命危险，前往陕北苏区访问。

在贫瘠的黄土高原上，在昏暗阴冷的窑洞里，他和毛泽东进行长谈，采访了其他共产党人，搜集了关于长征的第一手资料，然后又长途跋涉，到边区各地采访。次年，《红星照耀中国》(中译本为《西行漫记》)一书出版，首次向全世界报道了红军长征这出悲壮的人间正剧。

作为西方记者，斯诺是去“红区”采访的第一人，《红星照耀中国》是有关中国共产党最早最详尽的报道，它向世人宣传讲述了中国共产党人的斗争情况，让世界了解了中国和中国革命及抗日战争的前景。

读者从中可以窥知，使中国共产党人不可征服的那种精神，那种力量，那种欲望，那种热情，从何而来！——凡此种种，断不是一个作家所能创造出来的，它是人类历史本身的丰富而显现出的灿烂精华。

1937 年 7 月 7 日，七七事变爆发，斯诺在北平南苑目睹了中日战争的开端。他在参加日军召开的一次记者招待会上，大声质问：“为什么要在中国领土上进行军事演习？为什么借口士兵失踪动用大兵，反叫中国守军撤出宛平？”斯诺一连串的提问，让日军新闻发言人狼狈不堪，无法正面回答，只得仓促宣布会议结束。

红二、红六军团与红四方面军会师地——甘孜

红一、红二、红四方面军会师之地——甘肃会宁

泸定桥



当年那些艰难行进的红军战士们，决然没有料到，他们的举动从一开始就为世界所瞩目。许多外国人最初或许是抱着好奇甚至怀疑的态度看待这个事件，最后经过严肃的考证和思索，他们成为了长征的崇拜者。在他们眼里，如果不了解长征，你就不会理解中国共产党，就不会理解此后中国革命的胜利及新中国的建立。

翻开《红星照耀中国》，从书中，我们读出了沉重。历史的镜头推向纵深，我们的目光，也随之而去。思绪似乎在飞，耳际仿佛也响起隆隆的枪炮声，眼前浮现的，是一幅幅几近褪色的老照片……

## 无奈的选择

1934年的10月10日，这一晚的夜，特别的黑。中共中央、红军总部开始从瑞金出发，被迫开始西征，实行战略大转移。

急促的口令声，压抑的军号声，零乱的马蹄声，沉重的脚步声……构成了向西、再向西的序曲。

没有太多雄壮，却是几许悲凉，还有一些仓皇。夜色的凝重，更增添了一种莫名的凄苦。此行，漂流迁移何方？天涯何处是“家”？一连串的问号，在人们心头萦绕。后来被称之为“长征”的这一重大历史事件，就从这一天开始。

长征之初，由于“左”倾路线，使红军受到重大损失。面对危局，必须继续寻找生存之地，中共中央的决策者常常处在一种深度的焦虑之中。

陷入重围之兵，必须在“奇”字上下工夫，从绝境中杀出一条血路，置之死地而后生。四渡赤水，无疑是战争史上的杰作，是毛泽东留下的“得意之笔”，红军一举摆脱了被动挨打的不利局面。

蒋介石当然不会善罢甘休，他移师贵阳亲自督战，投入重兵。蒋介石十分自信，这一次毛泽东跑不了。然而他错了，胸有成竹的毛泽东，明修栈道，暗渡陈仓，不等蒋介石把网完全结好，一举突破乌江。

甩掉“追剿”的大军，红军得以暂时转危为安。接下来，毛泽东要用一系列战术与蒋介石周旋，直至最后摆脱困境。

黑夜，给了毛泽东思绪以自由驰骋的天地。那星星灯火，点亮了他的心田，催生了他的智慧勃发。这之后，红军便长驱直入进逼昆明，继而勇渡金沙江。这步棋，更是艺高人胆大，7天7夜，6条渡船，2万多中央红军，顺利过江到达四川境内。

朱、毛红军穿过凶险莫测的大凉山，继续

红四方面军在长征途中刻的标语（右）

参加长征的女红军，左起：陈琮英、蔡畅、夏明、刘英（左）

《西行漫记》（又名《红星照耀中国》）

向大渡河进发。历史的悲剧，没有重演，一曲“大渡桥横铁索寒”，没能阻挡住红军的步伐。

然而，后面的路还很长，冰封的崎岖雪山在等待，无际的茫茫沼泽在等待。无言的积雪，将累累白骨不留痕迹地掩盖；无情的泽国，将整个身躯毫不留情地湮没。

这是一个隐伏着死亡的广袤大地，随时都有人倒下，不再起来。活着走出这片天空，是每个人心存的愿望。然而事实如此残酷，生死之门不允随意跨越。许多人走着走着，就告别美好的记忆；许多人还没来得及细想，就与尘世挥手诀别。死，变得极其简单，然而，无论是生者和故去的都异常平静，这是饱经风雨之后的成熟，是气吞山河的无畏。

中央红军踏破夹金山，穿越沼泽地，终于与前来接应的红四方面军胜利回师。然而，张国焘分裂中共中央，红军的命运，再一次受到严峻的考验。只有北上，才有出路，毛泽东坚定不移。

这是一片凶险莫测，方向难辨的草地，外表美丽却潜伏死亡。它是北上的唯一通道，红军必须从这里跨过才能走向新生。红军向死亡走去，是为了摆脱死亡。面对泥泞滞水、渺

1936 年，美国记者斯诺在中国宁夏访问时，与强渡大渡河的英雄们合影

1936年，斯诺到达陕北红区，与前来迎接他的红军战士在大岩石前合影

1936年，斯诺在这里采访了毛泽东，度过了许多漫漫长夜



无人烟的荒漠，毛泽东和红军再一次创造出奇迹。

疲惫不堪的红军终于走出草地，莽原也吞噬了无数将士，他们永远留在了那片神秘的土地上，没有中弹血染的辉煌，有的，只是悄然无息的凄美。

毛泽东，是低吟着诗篇走进陕北吴起镇的。这里，将是中国共产党人的落脚点。革命，应在这里聚集，反击，应从这里开始。

## 不老的传说

中共中央和红军终于从万水千山中突围，从围追堵截中冲出，也走出了自身的错误和迷茫，走向成熟和壮大。一个美好的未来，正等待他们去创造。

长征的内容太多，太丰富，想用有限的篇幅去描绘和表达，是力不从心。这里的叙述，也只能采用跳跃式的笔触。

但是，人们仍然要歌颂长征，因为它已经不仅仅是一场战争的胜负，而是人类向自己的极限挑战，在向不可知的命运挑战。正是这场痛苦和严酷的洗礼，把这支队伍引向最后的光明之境和胜利之境。

1936年10月10日，长征划上了一个句号。中共中央、中华苏维埃中央政府、中革军委致电朱德、张国焘、彭德怀、贺龙、任弼时、徐向前、陈昌浩转全军指战员，热烈祝贺一、二、四方面军在甘肃会宁会合。

长征的胜利，似乎是一种历史的必然。然而，在当时实属不易，其间经历多少曲折，共产党人又为此付出多少惨痛的代价？经过二万五千里征程，1936年三大主力会师以后，红军已由1934年的30万人锐减为3万余人。

长征发生在中国，但她具有世界影响；长征是逝去的一段历史，但她始终鲜活于世，永远都是一段“神话”与不老的“传说”……

# 做明星的女人更难

阮玲玉

一代影星阮玲玉选择在 1935 年 3 月 8 日绝尘而去。

## 绝尘而去

1935 年 3 月 8 日，旧上海一代名伶阮玲玉自杀身亡。噩耗传出，从次日起，前来吊唁的人成群结队，3 日内达 10 余万人，把万国殡仪馆所在的胶州路一带挤得水泄不通。

一个影星之死，竟会引起如此轰动，一个弱女子绝尘而去，竟会激起如此巨大的社会反响！可以说是意味深长。病中的鲁迅以赵令仪为名发表了《论"人言可畏"》一文，深刻地揭示了阮玲玉悲剧的根源：新闻之黑暗，司法之流弊，小市民的无聊心理，以及种种阿 Q 式的优越感，归根到底那是一个"驱人于自杀之途的环境"。做女人难，做明星的女人更难，但其背后，还有比人言可畏，难上加难。诚如鲁迅所说："倘使对于黑暗的主力，不置一辞，不发一矢，而但向'弱者'唠叨不已，则纵使他如何义形于色，我也不能不说——我真也忍不住了——他其实乃是杀人者的帮凶而已。"

阮玲玉的影坛之路，是从 1926 年她考入上海明星影片公司开始。《挂名夫妻》，为其处女作。

1930 年，阮玲玉进入联华影业公司，在该公司拍摄的《故都春梦》中，出演了一个名叫燕燕的妓女，大获成功，一举奠定了她在影坛的地位。这是她的一个转折，事业的，还有人生的，是好事，亦不尽然。

20 年代的阮玲玉

接下来,《野草闲花》、《三个摩登女性》、《小玩意》、《城市之夜》、《人生》、《归来》、《再会吧，上海》、《香雪海》、《神女》、《新女性》、《国风》等几十部影片,都属于她。其中《神女》是阮玲玉最具代表性的作品,出神入化地让一个高尚的母亲与一个卑微的妓女融为一体,令人心灵震撼!

阮玲玉对表演充满激情,一个眼神、一个表情、一个动作,人物的内心世界,全在观众眼里。自然而有力度,显示出她卓越的才华和非凡的功底。

在30年代的中国影坛上,阮玲玉以重拍次数最少而成为导演们乐于与之合作的演员;又以使观众“每片必看”而成为最具票房号召力的演员。才华横溢的表演,使她赢得广大观众由衷的倾慕。




## 她以一死了之

命运,对阮玲玉这位卓越的女演员来说,不知是公平还是不公平？她的感情生活十分不幸。触发阮玲玉悲剧的,是她的前后两任同居男人张达民对她的指控和唐季珊对她的情感欺骗，张与唐是直接导致阮玲玉自杀的两个罪魁祸首。

1925年，富家少爷张达民利用阮玲玉的单纯占有了她,贫弱的阮玲玉只能默认。不幸的是,她对爱情和新生活的朦胧追求,在这位纨绔公子面前完全陷入绝望。在苦闷中,她选择走出家庭,于是就有了银幕上的阮玲玉。但感情的痛苦,一直与她相伴。

1933年，阮玲玉终因不堪忍受张达民的荒唐劣迹与之脱离同居关系，甜言蜜语随之乘虚而入，她又成了茶商唐季珊的尤物。惜乎,她还是未能拥有幸福的温床。唐季珊故态复萌,张达民仍视她作摇钱树,纠缠不休,这让她在精神和情感上饱受贫瘠之苦，令人扼腕!

不幸,还在后头,张达民向她借钱不成,怀恨在心，通过律师要求阮玲玉赔偿与他分手时窃取的财物；唐季珊大怒，以损害名誉罪,把张达民告到法院,阮玲玉一时成为焦点人物,被推到了风口浪尖。

当时阮玲玉主演的《新女性》刚刚公映,在这部片子中，一些黄色小报记者乘机利用她的婚姻讼案大做文章,造谣中伤,把一桶桶

在蔡楚生导演的影片《新女性》中,阮玲玉饰女主角

联华影业公司摄制的影片《神女》剧照

电影《野草闲花》剧照，主演阮玲玉、金焰

阮玲玉生前与母亲（右二）、养女小玉（后站者）在一起

阮玲玉在影片《人生》中任主角

脏水泼向她，一时间流言蜚语几乎将她淹没。随后，张达民亦反诉，向法院控告阮玲玉侵占罪及伪造文书罪，以及与唐季珊通奸一事。这一案件成了当时轰动上海的一大桃色新闻。

为了维护自尊，阮玲玉曾登报澄清事实。然而，流言猛于虎，如瘟疫般迅速四散，让人难以抵挡。而且她还将面临公开的庭讯，势必备受侮辱。绝望之下，阮玲玉只能以一死了之，这样一切都清净了……

1935 年 3 月 8 日这一天，上海各界妇女团体的代表济济一堂，笑语轻歌，庆祝自己的节日，可有一个人再也无法感受这样的欢乐气氛。阮玲玉留下“人言可畏”的遗言，于是日凌晨时分服药自尽，时年 25 岁。

阮玲玉自杀后不到 1 个月，她生前供职的联华公司出版的《联华画报》专门为她出了一个“阮玲玉纪念专号”。

画报制作精细，内容详尽。约 4 万字和 114 幅插图，除封面“一代名演艺家阮玲玉女士遗像”的半身倩影为彩照外，其余均为黑白图片。专辑共有 20 多篇文章，包括阮玲玉追悼会记录、阮玲玉小传、阮玲玉年表、阮事感言、悼玉、忆阮琐记、最后一次宴会、遗书等内容。

画报中，有一则挽联令人唏嘘不已：“殉于妇女节，殉于所谓人言可畏，一死刚强，竟以尸谏。”

阮玲玉难以抵挡宿命论的纠缠，她在荧幕上塑造了众多悲悯人物，最后，这样的结局，却落在自己身上。她给观众留下了戏中的她：一位卓尔不群的演员，却把戏外的她留给了自己：一个生活不幸的女人。

这是一个如花的季节，蓓蕾的绽放，本应该更加绚丽夺目。然而，阮玲玉经不起阴风冷雨的摧残，湮没在无声的唾沫中，香消玉殒。

阮玲玉选择了 3 月 8 日了却自己的生命，她想告诉大家什么？这一天，应代表妇女解放，和她们应得到的尊重。可阮玲玉没有，她依然被无形的枷锁禁闭，人格不在。这是否是她要向众人诉说的哀怨？或许，这正是她的良苦用心，以自己的不幸遭遇，告诫姐妹们。

毛泽东朱德等致蒋介石书

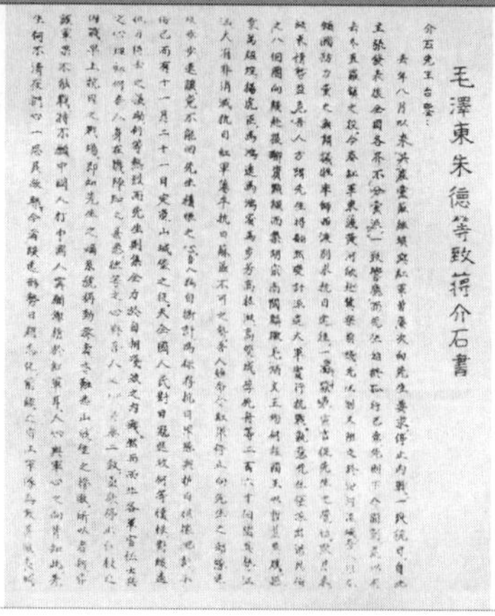


# 兄弟
# 阋于墙外御其侮

**国民党与共产党终于第二次握手。**



## 全民御敌是首要

国共两党第一次合作，始于1924年。1927年“四一二”的枪声，国共合作的美好前景，被打碎了。国共两党反目为仇，针锋相对。

蒋介石一心想消灭共产党，他对日本发动侵华的九一八事变，采取不抵抗政策，但对共产党却不依不饶，打出“攘外必先安内”的大旗，对江西苏区连续发动围剿，必欲置之死地而后快。

尽管国民党一意孤行，共产党始终以民族利益为重，深明大义，为建立以国共合作为基础的抗日民族统一战线，进行着不懈的努力。

1933年1月，中共发表宣言，首次提出只要确保三个条件，一是立即停止进攻苏区；二是立即保证民众的民主权利；三是立即武装民众创立武装的义勇军，红军准备与任何武装部队订立共同对日作战的协定。

中共的高姿态，符合当时两党不对等的地位。国民党根本没把势单力薄的共产党放在眼里，依然是全力以赴，以剿共为首要目标。

中共最初的抗日主张，没有、也不可能得到任何回应。一方面是时机还不成熟，全民抗战的理念还未形成；另一方面时局还未关乎到危亡，国民党还可以保持一个相对从容的心态。

1935年，中国共产党以中共中央和中华苏维埃中央政府的名义，于8月1日发表了《为抗日救国告全体同胞书》，通称“八一宣言”。明确表示只要国民党军队停止进攻苏区，实行对日作战，红军愿立刻与之携手，共同救国。建议一切愿意参加抗日救国事业的党派、团体、名流学者、政治家和地方军政机关进行谈判，共同筹组国防政府和抗日联军，以便集中一切国力去为抗日救国的神圣事业而奋斗。

这一宣言在巴黎出版的中文《救国》和莫

图为中共调处西安事变代表团成员，右起为周恩来、叶剑英、博古

斯科出版的英文版《共产国际通讯》上刊登，后辗转传入国内北平、上海等地。10 月 1 日，登载于《救国日报》，对全国抗日民主运动的高涨产生了影响。

囿于历史成见和认识上的问题，宣言并未把蒋介石包括在统一战线内，但却号召党派抛弃过去的成见，以“兄弟阋于墙外御其侮”的精神，“为抗日救国的神圣事业而奋斗”。

1936 年的 5 月 5 日，一函《停战议和一致抗日》的通电，让中共的救国方针发生了根本转变，由“反蒋抗日”为“逼蒋抗日”。这一字之差，不仅是认识上的变化，所起的作用也不一样。这等于承认了蒋介石政府的领导地位，让国民党可以接受。8 月 25 日，中共中央发表《致中国国民党书》，再次呼吁停止内战，建立抗日民族统一战线。

“西安事变”的爆发，颇有天赐良机之意味，它是促使统一战线形成的一个绝佳时机。迫使蒋介石接受停止内战、联共抗日等 6 项条件。

为确保蒋介石政府能承担起抗日的民族重任，中共再次表示出十分的诚意。

1937 年 2 月 10 日，中共中央又致电国民党五届三中全会，提出了包括“停止内战，一致对外”等五项要求。非常明确地提出，如果国民党将上述五项要求定为国策，共产党愿保证停止武力推翻国民政府的方针；工农政府改名为中华民国特区政府，红军改名为国民革命军；特区实行彻底的民主制度；停止没收地主土地的政策。

共产党提出的口号，由“反蒋抗日”变为“逼蒋抗日”

中共主动抛出了红绣球，这让国民党不得不接。从 2 月中旬至 7 月中旬，中共代表周恩来、秦邦宪、叶剑英、林伯渠等与国民党代表蒋介石、宋子文、顾祝同等，先后在西安、杭州、庐山进行了多次关于合作抗日的谈判。但在一些原则问题上，包括取消共产党组织上的独立性，取消红军，取消革命根据地，国民党方面仍坚持己见，双方没能达成协议。

冯玉祥力主西安事变和平解决

1937 年 7 月 7 日，日军的铁蹄，践踏着古老的卢沟桥。中华民族，真的到了最危险的时刻。次日，中共中央发布通电，号召全中国军民团结起来，抵抗日本的侵略。

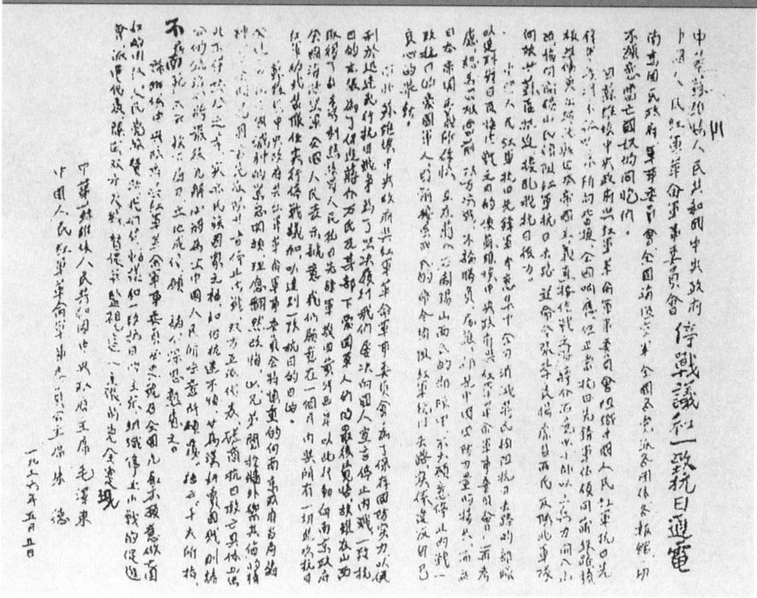
停戰議和一致抗日通電

中华苏维埃政府、中革军委停战议和一致抗日通电（1936 年 5 月 5 日）

7 月 15 日，中共中央将《为公布国共合作宣言》送交蒋介石，提出发动全民族抗战、实行民主政治和改善人民生活等三项基本要求，重申中共为实现国共合作而提出的四项保证。

## 退一步海阔天空

面对危局，国民党也必须尽快做出决断。17 日，周恩来等在庐山与蒋介石继续谈判。同一天，蒋介石发表了准备抗战的谈话。

8 月 13 日，日军大举进攻上海，扬言 3 个月灭亡中国。国民党统治中心南京，直接受到威胁，这让蒋介石惊恐不安。次日，国民政府发表《自卫抗战声明书》，表明了坚决抗战的态度。

中旬，中共与国民党在南京举行的第五次谈判终有成效，蒋介石同意将在陕北的中央红军改编为国民革命军第八路军（简称八路军）。

这一决定，意义不凡。中共既促成了抗日民族统一战线，又保留了自己的武装。抗日，是全民族的大事，不能没有共产党军队的身影。

1937 年 8 月，中共中央在陕北洛川召开政治局扩大会议，通过了《抗日救国十大纲领》，提出了争取抗战胜利的全面抗战路线。

25 日，中共中央军委发布命令，中央红军改编为八路军，任命朱德、彭德怀为正、副总指挥，开赴华北抗日前线。10 月间，又将在南方 13 个地区的红军游击队改编为国民革命军新编第四军（简称新四军），任命叶挺为军长，项英为副军长，开赴华中抗日前线。

在中共的催促下，国民党中央通讯社于 9 月 22 日发表《中共中央为公布国共合作宣言》。次日，蒋介石发表谈话，共产党的合法地位，实际得到承认。

共产党努力了许久，终于有了这样一个不错的开局；同样，国民党亦是不断改变和调适自己，赢得了领导全民抗战的核心地位。抗日民族统一战线正式形成，第二次国共合作开始。

共产党和国民党携手抗日，这是民族的大幸。

# 一张纸币行天下

**在江浙财团的鼎力相助下，国民政府总算将金融市场好好理了一把。**

## 国计民生是大事

在民国百姓的记忆中，有两种货币，一是民国初年发行的袁大头，一是在 1948 年 8 月发行的金圆券，好像尤为深刻。这两种钱币，都因为它的特殊性而让人难忘。袁大头，由于袁世凯复辟帝制，它冒了出来，在市面上流通。金圆券，是行将崩溃的国民政府送给百姓的一个“厚礼”。纸质的钞票本身很轻，但在通货膨胀的日子里，则重的压人。

国民政府建立以后，为加强其政权统治，发展经济，稳定金融，曾出台了一系列币制改革的政策、措施和办法，其中较为重要的有废两改元、发行法币、发行关金券、金圆券和银元券。这些币制改革的政策和措施，有些顺应了历史发展潮流，起到过促进经济繁荣和稳定金融、安定社会的作用；有些则违背和阻碍了历史进程，造成了经济衰退和金融混乱，并最终导致统治政权的灭亡。

1935 年 11 月，国民政府决定实行第二次币制改革，即法币改革。所谓法币改革，就是由政府发行的可以自由兑换的纸币全面取代银元、银两等硬通货。此前的“废两改元”，虽然解决了银两与银元的矛盾，统一了国内的货币和金融流通市场，集中了货币的铸造和发行权，但仍然不能应对中国货币与外国货币的矛盾。

无奈之下，国民政府及时采取法币改革，于 11 月 3 日由

美国版 20 元面值的金圆券

500 万元面值的金圆券

钱永铭

徐新六

陈光甫

张嘉璈

李铭

钱昌照

财政部发布实行新货币法令，自次日起，以中央银行、中国银行、交通银行及1936年加入的中国农民银行四家所发行的钞票作为法币，在全国一切领域流通，其他银行发行的钞券逐渐以中央银行的钞票换回；所有企事业单位、公私机关和个人持有的各种白银均应到指定机构兑换法币；中央、中国、交通三银行无限制买卖外汇，以稳定法币的汇价。

南京国民政府所采用的法币，是一种汇兑本位制货币，先后直接与英镑和美元挂钩，通过规定和保持法币与英镑和美元的汇率以保证法币价值的稳定。

## 江浙财团又一次助蒋

在法币改革推行中，蒋介石所依赖的强大经济后盾——江浙财团，又一次鼎力相助，在币制改革中，扮演了重要角色，大大增加了国民政府币制改革的成功系数。

从1932年7月组织“废两改元”研究会以推动废两改元开始，江浙金融资本家们就积极奔走，投身其中。

中国银行上海分行经理贝祖贻作为废两改元研究会的委员，力主尽快实行改革。上海分行副经理冯仲卿则积极著文，就废两改元进行鼓吹，并提出具体建议。而分行的另一个副经理史久鳌更是亲身参加上海银元银两兑换管理委员会的工作，具体负责核批银两银元的兑换申请书。之后，江浙金融资本家们还加入国防设计委员会，直接参与币制改革的设计。

九一八事变爆发，举国震动。南京国民政府虽一味依赖国联，幻想通过国际调解，以妥协的办法解决东北问题。但面对日本无视国际法准则，亦采取了必要的应对措施。

时任教育部常务次长的钱昌照向蒋介石提出组织国防设计委员会的建议。他认为：日本迟早会侵犯中国，中国要未雨绸缪。为了及时做好御敌准备，他提议组织一个专门机构，聘请一批科技专家和教授，从事有关国防建设方面的调查、研究和有关计划的制定工作。

国防设计委员会于1932年11月1日正式成立。在首批39名委员中，就有徐新六、吴鼎昌等江浙银行家代表，以后陆续又有张嘉璈等人加入该会。他们在设计会期间，积极参与币制改革的设计。

法币改革实施以后，国民政府任命了一个发行准备管理委员会，主席由财政部长孔祥熙兼任，成员包括财政部1人，中央银行、中国银行、交通银行各2人，上海银行业公会2人，上海钱业公会2人，私人银行5人，江浙金融财团的重要人物张嘉璈、胡笔江、陈光甫、秦祖泽、李铭、吴鼎昌、周作民等人均是成员之一，胡、陈、李和钱永铭等还是常委。

其后，银行家陈光甫赴美谈判，成功地与

美国达成协议，让美国继续以平价收购白银。国民政府在这一时期出售的白银所得总计约在1亿美元，巨额钱款有力地支持了法币改革的实施，稳定了币值。

从某种程度上看，法币改革的方案，是中外各方的合作产物。美国顾问杨格和英国顾问李滋·罗斯两位专家都参与了法币改革方案的研究，并发挥了一定的作用。特别是李滋·罗斯，作用甚大。他一方面排除了中国对日英关系的疑虑，另一方面，赞同并支持杨格等人的改革设计方案，促使“中国人像触电一样起而行动”，进而推进币制改革。

## 金融关系总算理顺

币制改革出台后，普遍为人们所接受，认为这是稳定汇价、结束金融市场长期以来处于混乱状态的勇敢步骤。各地报纸，无论中外，都一致给以好评。

法币改革对经济和社会所产生的作用和意义，是多方面的。作为对美国实施购银法案的一种应对，在一定程度上起到了遏制和改变白银无序外流的势头，维护了中国币值的相对稳定。

我们还应该看到，币制改革对中国货币制度进行了一次带有根本性的整顿，使长期混乱不一的货币制度开始统一，可谓一张纸币行天下。由金属货币转变为纸币，体现了货币制度的进步；作为国民政府实施金融统制的一种策略，使之垄断了纸币的发行权；聚敛了华商银行业、钱庄业和地方政府所办银行的白银存底，控制和削弱了它们的金融力量。

当然，只有第三种作用，最为明显。它使国民政府受益匪浅，获取大量白银和货币发行垄断权，在以后的经济统制中，所产生的重大影响，是实实在在的。

当时，国民政府在政治和军事上，已一统全国，惟有金融，尚未独揽。有了这个做铺垫，一切就顺理成章、迎刃而解了！

1935年9月21日，英国政府首席经济顾问李滋·罗斯爵士及其夫人乘坐日本邮船到达上海码头，受到国民政府要员汪精卫、孔祥熙、宋子文等的欢迎。李滋·罗斯是英国颇有声誉的财政金融专家，牛津大学经济学博士。1932年起，就任英国政府顾问团首席经济顾问。此次来华主要是协助中国进行币制改革，尽力使中国的新国币同英镑挂钩，从而将中国纳入英镑集团。

1933年至1936年何应钦取代张学良担任北平军分会委员长时与夫人王文湘在居仁堂

# 签字的沉重代价

令人心酸和心寒的《何梅协定》,依然未能阻挡侵略者的脚步。




## 有意渲染扩大

自日本发动九一八事变以来，南京国民政府是接二连三地签订协定，正如张学良和杨虎城于西安事变发生当日上午向全国发出通电所说:“东北沦亡,时逾五载,国权凌夷,疆土日蹙,《淞沪协定》,屈辱于前,《塘沽协定》、《何梅协定》,继之于后。凡属国人,无不痛心。”悉数盘点当时国情孱弱之状,真是不堪回首。

1935年，为了实现侵吞华北进而独霸中国的既定国策，日本军部与关东军利用国民政府奉行的不抵抗政策，策动华北五省(河北、山西、山东、察哈尔、绥远)“防共自治运动”,妄图将其变为“第二个满洲国”。

1935年5月2日夜和3日凌晨，天津日租界骤然两次响起枪声。一夜之间，两桩命案,天津《国权报》社长胡恩溥、《振报》主笔白逾桓相继被暗杀。

胡、白两人与日本人的关系密切,均受命在日租界主持亲日宣传的报纸。日本政府以这一事件为口实，向国民政府北平军分会施加压力。并煞有介事地威胁说，若不严加制止,事态恐将扩大。

接下来发生的另一件事，让处心积虑的日本人再次暴露其妄图策动华北自治的野心,这就是热河省“孙永勤义勇军”问题。

孙永勤是热河兴隆县人，日本侵入热河后,他聚众揭竿而起,组织“民众军”抵御日军。1934年2月,更名为“抗日义勇军”,一直在热河南部辗转斗争。日军想尽一切办法“围剿”、利诱,都无济于事。

胡、白被暗杀后,日军恼羞成怒,集结重兵,对孙部展开猛烈攻击,孙永勤被迫越过长城南下,于5月15日进入关内中日《塘沽协定》所设定的“非武装区”。

孙永勤要求遵化县长何孝怡提供补给弹药。谁知,何孝怡暗中与日军合谋,当抗日义勇军行至茅山时，日军调集5000多兵力合围。义勇军顽强抵抗,数次突围未果,最后只

驻日大使蒋作宾

长城抗战中的第 32 军军长商震

能分几路冲杀，各寻生路。孙永勤则壮烈殉国。

这就是简单明了的河北事件，该事件成为华北事变的导火索。

## 自己点燃导火索却诬陷别人

日本人故意找麻烦，硬说是遵化县长何孝怡接济孙部，违反了停战协定。20 日，日本驻北平使馆武官高桥坦致函何应钦，追问中方庇护孙部责任，并称将派兵进入停战区内作战，威胁显而易见。

从 21 日起，日本蓄意不断扩大事态，继续着他们一贯的伎俩。南京国民政府起初想敷衍一下，无奈，面对日方步步挑衅和紧逼，最终还是决定做些让步，以平息事端。一次次的忍让和退缩，已让国民政府习以为常，他们似乎拿不出什么别的办法，只能一味的应允。

31 日，南京国民政府电令驻日本大使蒋作宾会见日本外相广田面告三事。当然，绝不是据理力争，而是息事宁人。

委曲求全，换来的是变本加厉。6 月 8 日，日方在天津召开军事扩大会议，决定“以武力为背景，采取强硬态度”。为配合这一行动，日军开始向古北口、山海关等地增兵，摆出向平、津推进的架势。9 日，酒井、高桥第三次会见何应钦，提出最后通牒式的四点要求，咄咄逼人。

身处夹缝中的何应钦，左右为难。在接到蒋介石的电令后，于当日下午 5 时半第四次约见高桥，做出了基本符合日本人意愿的 4 点口头承诺。从中，我们看到了日方策动河北事件所达到的预期目的。

## 只能退缩忍让

1935 年 6 月 10 日，南京国民政府发布《敦睦邦交令》，要求国民隐忍自重。这是多么令人心酸和心寒的“宽厚”姿态。但当局的一再退让和承诺，并未让日方满足。

日军部队开往山海关前线作战途中休息　长城抗战爆发后青年学生在热河境内进行抗日鼓动

就在这一天，日方变本加厉，高桥突然将一份由日本华北驻屯军司令官梅津美治郎签署的“备忘录”送到北平军分会，要求中国方面照抄一份，逼使中方用文书形式答复，以此为凭。

何应钦勃然大怒：日本人实在欺人太甚！如此条款怎敢擅自签字？他让部下将“备忘录”退还，同时急电请示南京国民政府。

口头承诺可以，但拒绝签字，这是南京方面最初的态度。然而，日方却毫不含糊，坚决要求有书面东西。双方僵持了一段时间，最终，日本在西方国家的警告下，只得改变策略，不再坚持要中方在“备忘录”上签字，也未再提“附带条件”，只是提请中国方面“至少请给予一个表示承诺的书面通知”。

中方也只能顺水推舟，代行其职的鲍文樾于7月6日以何应钦的名义按该文稿复函，表示“6月9日酒隆井参谋长所提各事项均承诺之。自主的期其遂行”。

什么是《何梅协定》？原来它就是以国民政府军事委员会北平分会代理委员长何应钦复函日本华北驻屯军司令官梅津美治郎的形式达成的一个协议。它又是如何出台的？过程亦相当可笑，如上所述，就这么简单。日本人轻易迫使中国人就范，据此，他们攫取了包括平津在内的河北省大部分主权。

由东北，至华北，日本侵略者的阴谋就这样步步得逞，这为两年后发动“七七”全面侵华战争，埋下了更大的隐患。

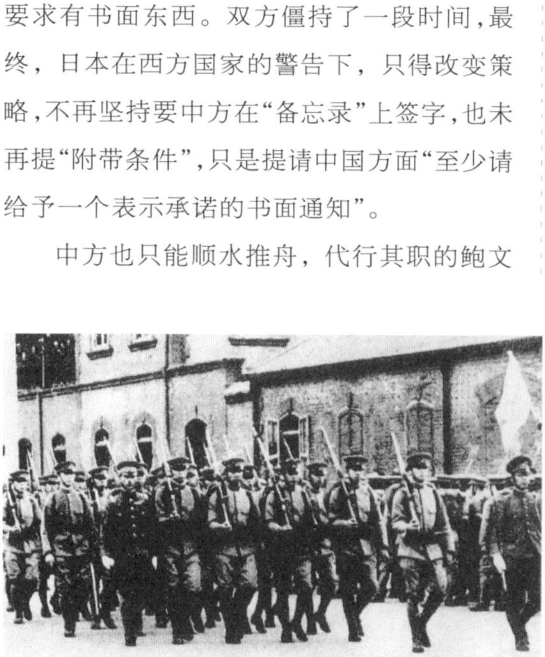

喪權辱國之

何應欽梅津協定全文

無異將河北省及平津兩市完全斷送

國人對於此類秘密協定決誓不承認

日军向平津地区调动军队（左）

西安报载《何梅协定》消息及声讨文章（右）

**中央大学生物馆**——民国时期的政局动荡，并没有影响思想、文化、科学领域的自由与开放。一批学成归国的建筑师将中西建筑文化融会贯通，设计出一大批具有"新民族风格"样式的建筑。

中央大学大礼堂内景——典型的欧洲穹顶式建筑。巨大的穹隆顶形似皇冠，造型宏伟，让人很容易联想起『天苍苍，野茫茫』诗句中的意境。那穹顶宛如湛蓝的苍茫天际，是那样浩瀚与博大。穹隆顶用木头隔断，将天空分成多块，又好似一幅天象图，煞是壮观。

# 一代大师的学术总结

梁启超

梁启超一生勤奋好学，给后人留下著述千万言。

## 犀利文笔震动华夏

初识梁启超，绝大多数人是在中国近代史上著名的“戊戌变法”中。作为事件的领导人之一，他与另一位主角康有为联袂出击，犀利的文笔，如冲锋的号角，一时震动华夏。

梁启超是广东新会人，字卓如，号任公，饮冰室主人是他的别号，他的合集之名就源于此。

1894年，梁启超去北京应试。他的老师康有为为了挽救势如累卵的民族危机，并为风雨飘摇的清王朝寻求新的出路，分别于1895年和1898年策动了两次大规模的公车上书。其间，梁启超曾担任维新组织强学会的书记，并赴上海主编《时务报》。几年中，他奔走于京、沪、湘等地，写有《变法通议》、《西学书目表》、《说群》、《论君政民政相嬗之理》等论著，为维新变法呐喊助威，表现出了惊人的宣传才干。戊戌变法失败后，康有为亡命国外，梁启超逃到日本。

梁启超最初以“饮冰室主人”为笔名，大约是在到日本的1899年。其寓意是“我朝受命而夕饮冰，我其内热欤？以名吾室。”显然，“内热”方需饮冰；梁以此取名，正表示自己内心的惶恐与灼热之情。在戊戌前后，梁启超主编和创办了多种报刊，写了大量以反帝、救亡与振兴中华为主题的文章。其文，诚如黄遵宪所说“惊心动魄，一字千金人人笔下所无，却为人

梁启超最初以“饮冰室主人”为笔名，大约是在到日本的1899年。其寓意是“我朝受命而夕饮冰，我其内热欤？以名吾室”。显然，“内热”方需饮冰；梁以此取名，正表示自己内心的惶恐与灼热之情。

1905年梁启超与梁思顺、梁思成、梁思永合影

人意中所有，虽铁石人亦应感动，从古至今文字之力之大，无过于此矣”。

然而，梁启超饮冰数年的心路，也未能解时世之渴。中华帝国，一如既往着它的恍惚之路。

## 留下著述千万言

梁启超一生好学勤奋，直到逝世前，仍著书不辍。据统计，梁氏给后人留下的文字，含“著”与“述”两项，约在1400万字左右。

在众多中国近代史资料中，梁启超的《饮冰室合集》，以其篇幅之多、涉猎之广，影响之大而声名卓著，备受世人关注。

《饮冰室合集》全书共40册，以编年排列，分为文集、专集两部分。文集16册，包括《变法通议》、《古议院考》、《论中国之将强》、《爱国论》、《商会论》、《立宪法议》、《中国史叙论》、《中国改革财政私案》、《新史学》及祭文、碑帖跋、墓志铭、书跋等700余篇，诗词300余首。专集24册，包括《戊戌政变记》、《自由书》、《中国四十年来大事记》、《新民说》、《欧洲战役史论》、《先秦政治思想史》、《中国历史研究法》、《中国近三百年学术史》、《中国文化史》、《儒家哲学》等104种。

梁启超曾漫游欧洲，学识渊博，著作内容丰富，是文化学术界的大师。此合集附有《残稿存目》若干篇，为未入集之残稿、未定稿篇目。

《饮冰室合集》卷帙浩瀚，内容繁富。举凡从甲午战争到北伐这段时期内的重大政治事件、政治思想、社会经济、学术文化研究、新旧学之争、学制与教育思想、“新史学”、“新文体”、“诗界革命”、“小说界革命”、经济思想等，该书都囊括其中。从某种意义上说，《饮冰室合集》就是近代中国社会巨大历史变迁的生动记录，是无声的影像。

梁启超的著述，具有相当高的思想和学术价值。他虽然自谦学术研究是“务广而荒”，“入焉而不深”，但在许多问题上，却是大刀阔斧，颇具开创性。合集中收录的《论中国学术思想变迁之大势》、《新史学》、《清代学术概论》、《中国近三百年学术史》、《中国历史研究法》等著作，至今是研究学术史、思想史的必读书，给后人以很大的启迪。

梁启超文采独具，行文流畅，深入浅出，条理明晰，笔端或激情汹涌，或恣肆汪洋，或酣畅淋漓，或净如明沙，其“新文体”当年曾风靡全国。

# 名门之后的光彩

在中国历史上，有不少世家大族，从中古的山东临沂王氏，河南陈郡阳夏的谢氏，一直到近代的江苏常熟翁氏、江西修水陈氏。他们或是身居朝廷要职，子孙相衔，或是文采风流，代有才人。

广东新会的梁氏，也就是梁启超一家，亦可称得上满门俊秀，个个不凡。梁启超共有 9 个子女，各有所长，其中有 3 个儿子是中国科学院院士。

长女梁思顺，自幼爱好诗词音乐，曾编有《艺蘅馆词选》，是研究梁启超学术思想的重要参考资料。曾多次再版，颇受读者欢迎。

长子梁思成，是子女中最为出色的一个，建筑学泰斗级的人物，素有“南杨北梁”之称。他早年就学于清华学堂，后赴美留学，毕业于著名的宾夕法尼亚大学建筑系。他一生的成就是多方面的，在建筑理论、建筑教育思想、城市规划理论方面都提出了不少超前的新观点。

次子梁思永是著名考古学家，毕业于美国哈佛大学。回国后参加了中央研究院历史语言研究所考古组于 1931 年春在河南安阳殷墟的发掘。1934 年出版了他主笔的《城子崖遗址发掘报告》，是我国首次出版的大型田野考古报告集。

三子梁思忠毕业于美国弗吉尼亚陆军学院和西点军校。曾任 19 路军炮兵校官，因病早逝。次女梁思庄是著名的图书馆学家，曾留学于加拿大和美国，获双学位，是中国首屈一指的图书馆专家。四子梁思达是南开大学经济系研究生毕业，长期从事经济学研究，有较深造诣。三女梁思懿，社会活动家；四女梁思宁，投奔新四军，参加革命工作数十年，现离休；五子梁思礼，著名的火箭控制系统专家。留美博士，为中国从无到有的导弹控制系统事业贡献了毕生的才智，是我国航天事业的开拓者之一。

梁思成 1947 年在纽约国际建筑协会介绍联合国大厦设计方案

上世纪前 30 年的中国，思想界是百家争鸣的局面。在当时思想学术界，梁启超是最受世人瞩目的人物之一。以 55 卷《中国大百科全书》为例：设专条介绍梁氏生平业绩的，就有《新闻·出版》、《教育》、《中国历史》、《哲学》、《经济学》、《法学》、《政治学》、《中国文学》等 8 卷。另有《宗教》、《社会学》、《地理学》等 10 多卷，在叙述各学科发展时，都讲到他的贡献。

《饮冰室合集》书影

1937年邹韬奋（左一）、李公朴（左二）、章乃器（左三）、王造时（左四）、沈钧儒（左五）、沙千里（左六）在苏州监狱留影

# 民主的挽歌

“七君子”被逮捕后，宋庆龄也带着行李来到苏州，要求入狱。



## 入狱

一二九运动的爆发，将抗日救亡运动推向高潮。1936年5月31日，“全国各界救国联合会”在上海成立，发表宣言，呼吁停止一切内战，释放政治犯，建立一个统一的抗日政权。选举马相伯、宋庆龄、何香凝、沈钧儒、邹韬奋、章乃器、史良、王造时、李公朴、沙千里、陶行知等40余名各界爱国人士任执委。

7月15日，救国会领导人沈钧儒、章乃器、邹韬奋、陶行知联名发表《团结御侮的几个基本条件与最低要求》一文，明确表示赞同和支持中共停止内战，组成抗日民族统一战线的主张，要求南京政府停止“剿共”，一致对外。

救国会竟然毫无顾忌地引领抗日救亡运动，批评当局的误国政策，与政府唱对台戏，这让国民政府十分恼火。

1936年11月23日，国民党当局在上海突然将沈钧儒、章乃器、邹韬奋、李公朴、王造时、沙千里、史良七人逮捕（史良于12月30日自动到案）。这就是“七君子事件”。12月4日，将他们解往苏州，拘押在江苏高等法院看守分所，史良关押在司前街看守所女监。

“七君子”横遭逮捕，又是一桩莫须有的事件。对此，救国会发表紧急宣言和告全国同胞书。在全国，凡正义者、进步人士，或电、或罢课、或请愿，一致要求释放被捕的民主人士。

这将是一场旷日持久的斗争，既然轻易将他们抓捕，就不会轻易将他们放掉。六位“君子”决定形成一个无形的组织，并相约“形

5月31日，“全国各界救国联合会”在上海成立。图为救国会主要领导人沈钧儒、史良、王造时等参加上海各界群众的集会游行

几位“难友”在狱中打球，锻炼身体

同一人”，“有罪大家有罪，无罪大家无罪；羁押大家羁押，释放大家释放。”沈钧儒还特意书写“还我河山”条幅，悬挂室中以激励斗志。七个人虽身陷囹圄，却始终镇定自若，同心协力、机智沉着地与当局进行斗争。

“七君子”入狱后，时局之不稳、当局所强加的“罪名”之重，意味着“七君子”的处境十分险恶。西安事变发生后，“七君子”设法打听到，张学良、杨虎城在所提八项主张中，第三条即为“立即释放上海被捕之爱国领袖”。“七君子”估计到最高当局很可能会对他们下毒手，做好了献身的准备，甚至连就义时要做些什么都做了商议。

就在西安事变发生的当天，在南京的高层召开会议，陈果夫、陈立夫等提议处决“七君子”，以此来威逼张、杨释放被扣押的蒋介石。由于冯玉祥等人的坚决反对与巧妙说服，当局才未对“七君子”下手。

## 唇枪舌剑的法庭交锋

1937 年 4 月 3 日，“七君子” 接到检察官送来的起诉书，10 条“罪状”赫然在列，以触犯《危害民国紧急治罪法》第 6 条被提起公诉。上海，苏州律师界 21 名著名律师，自愿为“七君子”辩护。

“七君子”与马相伯(坐者)合影

七七事变爆发后，举国一致团结抗日成为不可抗拒的历史潮流。加上社会各界政治力量的压力、宋庆龄的积极营救、“七君子”坚强不屈的斗争以及国内外广大群众的有力声援，南京国民政府终于退缩，不得不于 1937 年 7 月 31 日宣布“七君子”交保释放。

宋慶齡先生爲全國各界救國聯合會七領袖被捕聲明

1936年11月24日，宋庆龄为抗议沈钧儒等救国领袖被捕发表的声明

上海各界爱国人士代表到苏州江苏高等法院看守所慰问“七君子”

6月11日下午，江苏高等法院第一次公开审理“七君子”。大门内外，军警宪兵荷枪实弹。“七君子”家属、记者及各界人士近300人，冒雨早早等候在法院门前，法院却以“防止有人扰乱”为由禁止旁听，在场的人顿时被激怒，纷纷上前据理力争，斥责法院。最后法院被迫同意家属和记者旁听。

审判长问道：“抗日救国不是共产党的口号吗？”沈钧儒沉着应对：“共产党吃饭，我们也吃饭，难道共产党抗日，我们就不能抗日吗？”审判长又问：“你知道你们被共产党利用了吗？”他又回答：“假使共产党利用我抗日，我甘愿被他们利用；并且不论谁都可以利用我抗日，我都甘愿被他们为抗日而利用。”

接下来，“七君子”轮流上阵，一个个器宇轩昂。章乃器从容陈词，雄辩有力，大声疾呼“联合全民族一切力量反抗外来侵略”。王造时声音洪亮，侃侃而谈，竭力要求“全国同胞要不分阶级，不分党派，团结一致，放弃一切成见，发动全民族的神圣抗日解放战争。”李公朴义正词严，警告当局，“民族危机已经超过党的利益，应为国家着想，共同抗日。”邹韬奋则对当局诬蔑救国会“妄倡人民阵线”的谰言加以驳斥。沙千里从容不迫，再次重申，“应致电张学良，敦促他收复失地，中央应以整个国力与敌周旋。”史良应对自若，指出：“凡是中国人，除汉奸卖国贼外，都应该联合，一致抗日。”

“七君子”义正辞严、妙语连珠，把审判官、检察官驳得理屈词穷、面红耳赤，只能不停地摇头摆手。

6月25日，法院举行第二次审理，更换了审判官和推事。审判官老调重弹，一味栽赃；“七君子”真理在握，痛加辩驳；众律师义愤填膺，雄辩滔滔。7个多小时唇枪舌剑的战斗，让法庭全无招架之功。审判官理屈词穷，不得不宣布退庭。

## 宋庆龄自请入狱

“七君子事件”引起社会各界的广泛关注。

事态的发展，已不仅仅是七个人在与当局作战，在他们身后，一场支持、营救“七君子”的斗争，一浪高过一浪。南京国民政府陷入了全国舆论谴责的漩涡之中。

6月25日，一个令人意想不到的情况出现了。由宋庆龄领衔与何香凝等16人发起名震一时的“救国入狱运动”，向江苏高等法院呈文具状：“爱国如竟有罪，则具状人等，不忍独听沈钧儒等领罪，而愿与沈钧儒等同负因奔走救国而发生之责任……爱国无罪，则与沈钧儒等同享自由，爱国有罪，则与沈钧儒等同受处罚。”

7 月 5 日上午，一列由上海开出的火车，将宋庆龄同救国会胡愈之、胡子婴等 11 人一同带到苏州。他们自携行李，请求江苏高等法院对他们进行收押。“国母”亲自到苏州要求救国入狱的义举，让南京当局十分狼狈。次日，宋庆龄又致电蒋介石、林森等国民党要员，对法院当局傲慢无理的态度表示极大的愤慨，并严正表示：“宋庆龄等及全国救亡运动中人，断不敢坐视沈钧儒等受困而己身享有自由。”

七七事变爆发后，举国一致团结抗日成为不可抗拒的历史潮流。加上社会各界政治力量的压力、宋庆龄的积极营救、“七君子”坚强不屈的斗争以及国内外广大群众的有力声援，南京国民政府终于退缩，不得不于 1937 年 7 月 31 日宣布“七君子”交保释放。

为抗日救国而入狱的“七君子”，经过半年多尖锐复杂的斗争，于当日下午出狱，重获自由。在走出狱门的那一刻，他们看到了一个令人期待的中国。

沈钧儒 1937 年在苏州狱中

既使身陷囹圄，“七君子” 也努力争取到读书的权利。图为李公朴在狱中阅读

邹韬奋在看守所与夫人沈粹缜留影

被警方拘押时，邹韬奋按下指纹的文书

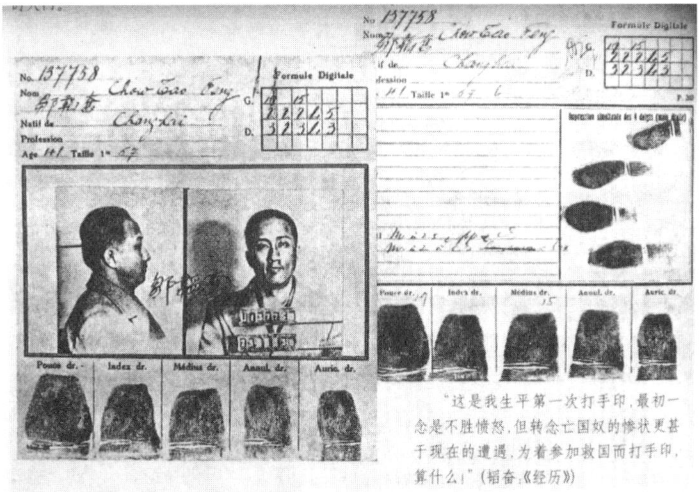

蒋介石在西安巡视时，与张学良共同进餐

# 我以我血荐轩辕

1936年12月12日的枪声，举世震惊。



## 哭谏无效　只好动武

1935年，中国共产党发布《八一宣言》，提出抗日民族统一战线的主张。1936年的5月5日，一函《停战议和一致抗日》的通电，让中共的救国方针发生了根本转变，由“反蒋抗日”为“逼蒋抗日”。一字之差，等于承认了蒋介石政府的领导地位，让国民党可以接受。8月25日，中共中央发表《致中国国民党书》，再次呼吁停止内战，建立抗日民族统一战线。

数年的“剿共”，让呆在西北的东北军与西北军极其厌恶，他们不愿再继续下去。中共的政治态度十分明朗，具有爱国热忱的张学良和杨虎城，很快就和共产党及红军接上了头，三方奠定了团结抗日的合作基础。

西安事变后，蒋介石（左一）、宋美龄返抵南京，国民政府主席林森去机场迎接

或许，蒋介石对东北军和西北军“剿共”不力极为不满；或许，他是放心不下张杨是否会身怀异心。1936年12月4日，他飞抵西安。

照例是一番训话，他训诫张学良、杨虎城，如不加紧“剿共”，即将张、杨两部分别调往安徽、福建，由中央军进驻西北。

这其实又是一次“釜底抽薪”，如果西北军离开了大西北，犹如“虎落平阳”，而东北军要是再次转战千里，那元气也就丧失殆尽。

此刻的张、杨已把一切都置之度外，心中惟有一个信念，劝说蒋委员长联共抗日，不达目的，绝不罢休。蒋介石当然加以拒绝，他一再斥责张杨二人，是受了赤化的影响，必须以党国为重，全力“剿共”。

12月7日，张学良抱着破釜沉舟的决心，再次向蒋哭谏，希望以此来打动蒋氏。长达3个多小时的争辩，蒋介石不仅无动于衷，

甚至勃然大怒，拍案狂叫："你现在就是拿枪把我打死，我的剿共政策也不能变！"

两位将领真的失望了。兵谏，本不是他们最初的选择，可事到如今，也只能这样了。张、杨经过密谋，确定了兵谏计划，东北军和西北军各负其责，同时行动。具体时间，根据形势和准备情况而定。

9日，西安形势突然变得异常紧张起来，中央军步步进逼，大有一触即发之势。张、杨商定，11日夜半发动兵谏。

12月12日凌晨，临潼县骊山的西秀岭与夜色浑然一体，万籁俱寂。6时整，一阵清脆的枪声骤然响起，划破了晨曦的宁静。枪声，惊醒了酣睡的古城西安，又随着电波，震惊中外。20世纪决定中国命运的西安事变，在生死抉择中呼啸而出！张学良的卫队冲入蒋介石驻地华清池，与蒋的卫队交火，一时亭台楼阁间火花闪烁，枪声、喊杀声连成一片。

惊闻枪声，睡意朦胧中的蒋介石仓皇越后墙逃走，爬上山坡隐蔽，被张学良的卫队搜索发现后捕获。同时杨虎城部下将留居城中的高级党、政、军官员陈诚等10余人拘押。

当日，张学良、杨虎城即宣布取消"西北剿匪总部"，成立抗日联军西北临时军事委员会，二人分任正、副委员长。

随后，一纸电文通过电波传遍全国：改组南京国民政府，停止内战，释放救国会领袖及一切政治犯，开放民众爱国

1936年10月下旬，蒋介石赴西安视察部队。蒋右为杨虎城，杨后为张学良

美籍华人历史学家唐德刚善于用口述史的表述方式，他的《李宗仁自传》、《晚清七十年》、《袁氏当国》都是口述史的著述。唐德刚曾采访已90高龄的张学良，唐为了保证口述史不流于主观而趋向信史，故意引导"采访对象"多说身边细故，不谈国家兴亡。

张学良先生告诉我说，他的弱点是他一辈子未尝有过"上司"。"老帅不是你的上司吗？"我说。"他是我的父亲，"他说，"父亲究竟与上司不同。""蒋不是您的上司吗?"我又问。"所以他发我脾气，我就把他抓起来了呀。"他说着哈哈地大笑一阵。据张公告诉我，在"西安事变"爆发前数小时，他在西安召集了一个干部会议，宣布这项惊人的决定。大多数人都默默无言，只有于学忠和另一位高干发言。于说："少帅，抓起来很容易，您考虑过没有，以后怎么样放他呢？"张将军告诉我说："我告诉于学忠，现在不能考虑到那许多！先把蒋抓起来再说！"我告诉张公，"西安事变"是改变世界历史的大事呀！"就是这么干起来的。"他认真地说，"别人都在胡说。"说后他又哈哈大笑。

"兵谏亭"(左)

张学良与周恩来在延安肤施的会谈地点(右)

运动,保障人民集会、结社自由,实行孙中山遗嘱,召集救国会议。8 项主张,赫然醒目。

按照最初达成的协定,张、杨致电中共中央,要求派代表到西安共商团结抗日大计。

西安事变发生后,南京国民政府高层一度发生混乱,两派意见相左,举棋不定。以何应钦为首的亲日派主张进攻西安,借机扩大事态,夺取蒋介石的统治权力,进一步与日本妥协。亲英、美的宋子文、孔祥熙则希望事变和平解决,以维护蒋介石的统治地位。





## 即将开始的全民抗战

情况万分紧急,大有战事一触即发之势。

西安事变如果处理不当,势必会影响全局。此时的中国,已不容再乱,一旦大乱,后果不堪设想。

此刻,最需要的是保持清醒和理智。是"反蒋抗日"还是"逼蒋抗日"?很显然,选择只有一个,那就是后者。没有统一的中央政府的全面动员和组织,何以全民为战?

中共中央分析了当时国内外形势,确定了和平解决事变的方针。

17 日,周恩来率领中共代表团抵达西安,与张学良、杨虎城恳切会谈,并接见各方人士,坚决主张和平解决这次事变。

22 日,宋子文、宋美龄飞抵西安开始与张学良、杨虎城及中共代表会谈。两日后,达成了改组国民党与国民政府、驱逐亲日派、容纳抗日分子、释放上海爱国领袖、释放一切政治犯、保障人民权利、联共抗日等项协议。

周恩来随后面见蒋介石,经历了"午夜惊魂"的蒋介石,表示以人格担保,履行上述协议。25 日下午,张学良护送蒋介石飞离西安。

以此为契机,国共两党再度携手,抗日成为共同的目标,伟大的全民抗战,即将开始。

张学良的私人顾问端纳

青年时代的张学良

西安事变前的杨虎城

孔祥熙主张借助苏联和平解决

# 血红雪白

东北义勇军以迫击炮攻击日军

东北抗日义勇军，不愧是有血性的好男儿。

## 原始的血性

东北人民早期的抗日斗争，是中国人民全面抗战的前奏，光荣与悲壮，与白山黑水融为一体。长白山，是勇士的伟岸身躯；松花江，是勇士的刚劲血脉。

东北抗日义勇军，是从 1931 年九一八事变后到 1933 年东北各地自发的抗日武装力量的总称，包括东北民众救国军、吉林自卫军、中国国民救国军、辽宁民众救国军、东北民众抗日救国军等大小几十支队伍。

九一八事变爆发后，南京国民政府以“不抵抗”应变，日军长驱直入，占领东三省。

国之将破，家已覆亡，无路可走，只有拿起刀枪棍棒，与日军展开殊死斗争。杀一个，打成平手；杀两个，就赚一个。多杀一个，心里的仇恨，就减少一分。想法，就这么简单，作用，却是显而易见。不只是反抗的斗志不灭，更是对日军起到了一定的震慑效果。

东北抗日义勇军以原东北军为基础，又容纳了众多的民间武装和各阶层的抗日群众，一些感愤日军入侵的绿林豪杰、地主武装也加入其中。

东北抗日义勇军长枪队

活跃在辽西一带的抗日义勇军

东北抗日义勇军的马队

兴起之后，义勇军不断发展壮大，全盛于1932年，总兵力达到三四十万人。凡有日军足迹之处，无不有义勇军的身影。

## 纷纷揭竿而起

辽宁省抗日义勇军的活动，分为四部分。辽西主要是黄显声领导的“东北民众自卫义勇军”，此外，还有民团、民众自发组织的东北抗日义勇军，如耿继周部、郑桂林部等，十分活跃。

辽南地区最早出现的武装，有绰号“老北风”的张海天、项青山等，其后，则有以李纯华为司令的“东北民众抗日救国军”。

辽东义勇军中最具代表性的是唐聚伍的“辽宁民众自卫军”，下辖18路，共约10余万人。同期胡匪出身的王凤阁也揭竿而起，与唐部组成“东北抗日义勇军”，在金川、辉南和吉海铁路沿线开展抗日武装斗争。以学生身份参加东北义勇军的代表人物当数苗可秀，他和19位同学到凤凰城一带组织义勇军，专门破坏日军交通线，偷袭日军粮食和辎重，作用不凡。在农民为主秘密结社的抗日队伍中，以邓铁梅创建的第28路义勇军规模最大。他创建了“东北民众抗日救国自卫军”，全盛时期人数达到3万人左右。辽北义勇军则是以蒙边宣抚专员高文彬为首的抗日队伍。

吉林省的抗日义勇军，主要是以驻吉林省境内的东北军为主体，广泛吸收民众组成的抗日武装。规模较大的有以李杜为总司令的“吉林自卫军”，以王德林为领导以及宫长海加盟的“国民救国军”和田霖领导的“吉林人民抗日自卫军”等。1932年1月31日，李杜汇集各路抗日将领联合组成了“吉林自卫

苏炳文

黄显声

李杜

王德林

冯占海

战壕中的东北抗日义勇军

军”，自任联合军总司令。初期在对日作战中，颇有收获，极大地鼓舞了各支队伍的抗日情绪。1932 年 2 月哈尔滨保卫战失利后，李杜率自卫军总部到依兰；冯占海、丁超等部退守通河、方正一带继续作战。但日军集中优势兵力，各个击破，依兰最终失守。随后又将通河、方正占领，截断了各路自卫军的归路，李杜部被迫退到前苏联境内。冯占海部在反攻哈尔滨无望的情况下，只好转向热河。1932 年 2 月，王德林组成了“吉林中国国民救国军”，成为义勇军的又一支劲旅。主要活动在吉林省东部地区，是年夏已发展到 35000 余人。他们克宁安、战东京城、再战敦化。军事上旗开得胜，政治影响也迅速扩大。

黑龙江省的抗日义勇军，主要是马占山和苏炳文两部。时任该省主席的马占山，曾带头打响了抗日第一枪，威名传遍华夏大地。苏炳文所领导的“东北民众救国军”声势甚大，于 1932 年 10 月在海拉尔举行成立和誓师大会，随后通电并宣誓“为国家收复失地，为民族生存，为东北同胞驱逐敌寇”而战。

惨烈，是 1933 年抗日义勇军的写照。上一年 9 月，侵华日军增兵东北，从国内调来第 6 师团、混成第 14 旅团，集中 6

1935 年，东北抗日同盟军第 4 军成立人民自卫队

一首义勇军的《四季游击》歌，检视出他们生活与活动的情况：“春日游击，地利为我用。路湿滑，河水冰，敌人难行动。不贪生，不怕死，奋勇去杀敌。夏日游击，草木来相帮。树叶浓，草深长，到处可隐藏。不要慌，不要忙，瞄准找对象。阳光晒，身出汗，天热风又少。不怕饥，不怕寒，那怕蚊虫咬。秋日游击，精神分外爽。打日帝，杀走狗，计策最优良。整化零，零聚整，神出又鬼没。雪地游击，朔风吹，大雪飞，雪地又冰天。风刺骨，雪打面，手足冻开裂。雪地游击，我们有特长。穿踏板，扶长杆，不用喂草粮。登高岭，走洼甸，步履比马快。”

东北抗日义勇军转战白山黑水间

万多兵力，开始对抗日义勇军进行大规模的“围剿”。10月中旬，首先对辽东唐聚伍领导的辽宁民众自卫军发起进攻。七昼夜的抵抗，终因寡不敌众而溃散；12月初，马占山、苏炳文等部也被日伪击溃，残部退至更寒冷的前苏联境内。同年秋冬，日军在吉林省又开始全力“围剿”吉林自卫军各部，李杜率自卫军余部2000人于1933年1月也退至前苏联境内，吉林自卫军就此瓦解。冯占海、李海青等人也因后援无助，率余部转战热河。王德林率部在东宁孤军奋战，最后还是退入原苏联境内。

面对强敌，抗日义勇军主力相继溃散。其余小部队或化整为零，坚持抗敌；或聚散为整，入关参加热河抗战。

尽管遇到巨大的困难，抗日的火种，并没有熄灭，一场新的抗争风暴，正在酝酿，爆发只待时日。

## 疆场上的热血男儿

在那场波澜壮阔的东北义勇军抗日杀敌的无数血战中，涌现出许多毁家纾难、杀敌报国的风云人物。

黄显声，组织民众抗日义勇军的第一人，他所领导的义勇军为“日军之劲敌”；李杜的名字，一直为人所传颂，他身先士卒，令日军胆寒；冯占海，部队阵容最整，纪律最严，杀敌勇猛，屡挫敌锋；唐聚伍，一位受人尊敬的抗日英雄，所部辽宁民众自卫军，声势浩大，影响颇巨。壮烈殉国后，《新华日报》曾发表专论，称他为“民族英雄”；王德林，抗日义勇军的著名将领，年过半百、疾病缠身，凭着一颗赤诚之心，始终驰骋于抗日疆场。还有，胁诱不屈的苏炳文、大义凛然的邓铁梅、“伊谁复故土？千载论英雄”的耿继周。

力量，源于仇恨；气节，出自大义；勇敢，发之希望。东北抗日义勇军奋起抵抗，划出了一道绚烂，让日军胆寒。

“目下整个满洲境内，日人没有一条绝对安全的马路”。这是日本人自己所说。

像雪一样纯洁，像血一样猩红，这就是抗日义勇军的生命色彩。

# 机不可失

陈济棠、李宗仁举起抗日反蒋的大旗，北上出兵之际，笃信阴阳的陈济棠先让卦师翁半玄卜了一卦。

1934 年 8 月，国民政府派王宠惠为说客抵港，劝说胡汉民北上入京"共商大计"，遭胡拒绝。图为胡汉民(中)与王宠惠(左一)、陆丹合影

## 天赐良机

九一八事变后，蒋介石推行"攘外必先安内"之国策，对日妥协退让，对内实行独裁。胡汉民充分发挥自己的理论特长，对蒋氏的内外政策展开猛烈攻击。除理论宣传外，胡汉民还进行大量的倒蒋活动。他联络西南及海外反蒋人士，组织了"新国民党"，出任该党领袖。他多方奔走，希图形成粤、桂、闽、滇、黔、川、湘"西南七省大联合"的局面。福建事变爆发后，他又尝试借机组建西南联合政府，与南京国民政府公开抗衡。

两广事变之前，两广地方实力派以胡汉民为政治领袖，以国民党中央委员会西南执行部和国民政府西南政务委员会两机关为招牌，与蒋介石中央政权相抗衡，保持一种独立和半独立的状态。尽管两广联合与蒋为敌，但双方并无大的军事行动。蒋虽说一直处心积虑想要消灭两广的割据势力，但囿于多种原因，一直不便轻动干戈。

1936 年 5 月，胡汉民猝死，宁粤关系急转直下。大旗既倒，蒋介石心中不无得意，收拾两广残局，乃天赐良机。

当时，全国上下一致反对内战，要求团结抗日。在中间人士的穿针引线下，蒋介石被迫撤回成命，答应李、白、黄提出的"确定抗日计划"等条件，而李、白则接受蒋的任命，表示服从中央领导。

## 分而击之

蒋介石为了各个击破，再次挑起粤、桂之间的摩擦。广东

白崇禧(左)
黄绍竑与夫人合影(中)
南天王陈济棠(右)

军阀陈济棠闻讯后,焦虑不安。15日,广西方面特派白崇禧等人抵穗为胡汉民吊丧,事后与陈济棠会晤,力劝他趁机反蒋抗日。16日晚,陈济棠约余汉谋等密商反蒋事宜。19日晚,陈又召集20余人开会,以统一思想。

对于两广的动向,蒋介石洞若观火。20日,他派王宠惠、孙科来穗吊丧,向陈济棠提出"宁粤团结"的五项条件。若接受这些条件,无异于将广东军政权力拱手送给南京。陈济棠当即表示拒绝。

同一天,李宗仁由南宁飞广州,与陈济棠会商两广联合抗日反蒋计划,决定以"抗日救国"名义,反对蒋介石对日不抵抗政策,组织西南联军,分兵入湘,出师武汉,转南京倒蒋。

两广实力派为图自存,乃决心举兵反蒋。时值全国抗日救亡运动高涨,便以"抗日救国"为名出兵。6月1日,陈济棠、李宗仁公开举起抗日反蒋的旗帜。同日,成立军事委员会和抗日救国军西南联军,以陈济棠为委员长兼总司令、李宗仁为副总司令。

次日,一则"冬"电,送达国民党中央及国民政府,陈、李以国民政府西南政务委员会和国民党西南执行部名义,吁请准予两广所部出兵北上抗日。并以陈济棠、李宗仁、白崇禧等西南将领数十人名义通电全国,表示誓率所部,"为国家雪频年屈辱之耻,为民族争一线生存之机"。随即进兵湖南,前锋抵达零陵、郴州一线。

陈济棠笃信阴阳命相、堪舆卜算之术,他曾几次遇险,都逢凶化吉,因而更加相信,并以此为准绳。不论大小事,陈济棠在行动之前都要预卜祸福,再行定夺。这一次反蒋,亦不例外。

在军队北上之前,精通此道的陈济棠五哥请了陈家"御用"大术士翁半玄卜了一卦,卦中有"机不可失"四字。翁煞有介事地说:"伯南(陈济棠字伯南)气运当阳,正是代替老蒋地位的最好机会。"陈济棠信以为真,有了底气,于是立即举兵发难。

来而不往非礼也,蒋介石随即迎战。他一面调集军队入湖南防御,一面又施出他惯用的伎俩,收买陈济棠的部属。蒋介石的收买政策立时见效,7月,粤空军司令黄光锐率飞机几十架叛陈投蒋。

眼见开局不妙,陈济棠五哥又急忙命翁半玄再卜一卦,结果还是"机不可失"。这是怎么回事?原来卦中的"机",不是时机成熟的"机",而是飞机的"机"。陈济棠相信迷信,这一回终于吃到了苦头。不久,陈济棠的手下大将、粤军第1军军长余汉谋第一个通电拥蒋,师长李汉魂、邓龙光、缪培南等有的通电辞职,有的不辞而别,蒋介石兵不血刃获捷。

7月13日,国民党五届二中全会通过31名中委的提议,明令撤销西南两机关。同时指

**金陵神学院圣道大楼钟楼**——19世纪末、20世纪初，不同派别、分支的基督教徒纷纷来华办学传教，掀起了基督教在中国的繁荣时代，金陵神学院圣道大楼钟楼，就见证了这一切。

第19路军淞沪抗战阵亡将士纪念碑——九一八事变，中国军队「打不还手」，东三省很快沦于敌手。一二八事变，有血性的第19路军官兵是「该出手时就出手」，让侵略军吃到苦头。虽然中国军队表现优异，但政府最终还是签订了一纸屈辱的《淞沪停战协定》。将士的血不能白流，立碑以示纪念。

定余汉谋为广东绥靖主任,“负责整理全省军事”,免去陈济棠本兼各职。

还未开战,粤军就损兵折将,自毁家门,陈济棠不战自败,黯然神伤地通电下野。24 日,余汉谋由韶关进驻广州接掌了陈济棠原有的军权。

1936 年 8 月 11 日,蒋介石坐镇广州,设置国民政府军事委员会广州行营,任黄慕松为广东省政府主席,曾养甫为广州市长,改组国民党省、市党部。自此,多年来处于半独立军事割据状态的广东,正式统一于南京中央政权。

## 对峙从此不在

蒋介石解决了广东陈济棠后,即腾出手来对付广西。他令白崇禧“出洋考察”,调李宗仁到南京“任职”,由黄绍竑出任广西绥靖主任,处理广西善后。李、白知道这是老蒋玩弄的调虎离山计,拒不接受。蒋介石又改任白崇禧为浙江省政府主席,李宗仁为军事委员会常委,李、白仍然表示难以服从。

李、白二人让蒋介石很无奈,只好动用武力。他调集数十万大军从广东、湖南、贵州、云南四面,把广西围了个水泄不通,准备彻底解除两广军队对中央军的威胁。

生死存亡关头,桂系也不惜背水一战,针锋相对,动员、征集了上 10 万军队把守边关,摆出一副决战的架势,蒋桂战争大有一触即发之势。

当时,全国上下一致反对内战,要求团结抗日。在中间人士的穿针引线下,经过调停,蒋介石被迫撤回成命,答应李、白、黄提出的“确定抗日计划”等条件,而李、白则接受蒋的任命,表示服从中央领导。

9 月 17 日, 李宗仁等桂系将领飞抵广州面见蒋介石,双方言归于好。广西问题遂和平解决,结束了两广与南京蒋氏政权对峙的状态。

西南反蒋,不免夹杂着权位地盘之争,但对逼蒋抗日,还是起到了一定作用。

蒋介石与新粤系之间的矛盾冲突由来已久, 胡汉民因政见与权力之争,个性与手腕差异,长期与蒋若即若离,时而分,时而合,时而争,时而和。

一山难容二虎,蒋、胡二人之间的矛盾愈演愈烈,1931 年 2 月 28 日胡汉民被蒋所囚,导致他们彻底决裂。同年 10 月,胡汉民获释后经上海转赴香港,从此与蒋介石分道扬镳, 公开举起反蒋大旗。

余汉谋通电拥蒋,背离陈济棠而去

"中国第一桥"——钱塘江大桥正在施工

# 凝固的音符

钱塘江大桥的传奇色彩，令人口碑相传。




## 中国人也能做到

钱塘江大桥，是与桥梁大师茅以升的名字联系在一起的。他曾在多年后这样回忆："自1919年12月，我归国为社会服务，在几十年的征程中，我所做的工作最引人注目的就是主持建造钱塘江大桥工程。"

在抗日烽火之中，钱塘江大桥横空出世。但不幸的岁月，注定了它的命运多舛。存世仅仅89天，就因阻击日本军队而"自尽"，谱写了可歌可泣的一页。钱塘江大桥的传奇色彩，令人口碑相传。

上世纪30年代，正在兴建中的浙赣铁路要与沪杭铁路衔接，需在钱塘江上架设一座大桥。1934年，茅以升受命主持。

之前的中国大川大河上，虽已有一些大桥，但都是外国人建造：济南黄河大桥，德国人的作品；蚌埠淮河大桥，美国人的成就；哈尔滨松花江大桥，俄国人留下的业绩……可以想像，茅以升肩上的担子有多重，他必须要用自己的智慧来证明，建造现代化大桥，中国人同样能做到。

钱塘江又称钱江，地处入海口，潮水江流，汹涌澎湃，风波甚为险恶，其潮头壁立的钱江潮与随水流变迁无定的泥沙是建桥的两大难题。茅以升在造桥过程中，克服了许许多多的困难，他曾采用"射水法"、"沉箱法"、"浮运法"等，解决了建桥中的一个个技术难题，保证了大桥工程的进展。

1937年，钱塘江大桥就要竣工之际，上海八一三的枪声骤然响起。大桥还未交付使用，就经受了抗日战火的洗礼。8月14日，随着隆隆的轰鸣声，3架日军飞机肆虐而过，当时茅以升正在6号桥墩水下30米的沉箱里和几个工程师及监工员商量问题，忽然电灯全灭，一片黑暗。后来得知，是因日军飞机轰炸，工地关闭了所有的电路。

工程尚未完工，战火已烧到了钱塘江边。此后的40多天里，建桥的工人们同仇敌忾，以极大的爱国热情，冒着敌人炸弹爆炸的尘烟，夜以继日地加速赶工。

1937 年 9 月 26 日清晨，第一列火车从大桥上通过。大批的军用物资，随着战事的加剧，源源不断地从这里运往前线。钱塘江大桥，与中国军队顽强的抵御同在。

1934 年 11 月 11 日钱塘江大桥举行开工典礼

## 绝不能留给日本人

不幸的是，中国军队节节退却，形势一天比一天吃紧。

11 月 16 日下午，一份南京政府的绝密文件，让茅以升一时目眩。他不敢相信这是事实，但绝对不是幻觉：炸毁钱塘江大桥，绝不留给日本人。

“这是当前严峻局势所致，是不得已而为之。”“所需炸药及爆破器材已运抵这里，就在外面的汽车上。”来人这样说。茅以升没有选择，更没有退路，他默默地接受了。

要亲手炸毁自己集两年半心血建成的大桥，是一件痛苦的事，这等于是扼杀、自残自己的亲骨肉。战争的需要，让他只能勇敢面对。茅以升同工程技术人员商量和慎重考虑后，拟订了炸桥方案。

当晚，所有的炸药都安放就位，连接多个引爆点的 100 多根引线，在南岸的一间房子里汇集成一股，只等一声令下，

茅以升（左五）等与外国工程师检查施工情况

茅以升

1937 年 9 月 26 日，茅以升主持设计建造成中国第一座铁路、公路现代化大桥——钱塘江大桥




大桥的五孔一墩就会全部炸毁。

次日凌晨，茅以升突然接到浙江省政府的命令，因大量难民涌入杭州，渡船无法承受，钱塘江大桥公路部分必须于当天全面通车，以解燃眉之急。

当日，大桥全面通车，这一天，得到消息的人们，从杭州、宁波远道而来，成千上万的百姓来到六和塔下的钱塘江边，甚至连六和塔上也都站满了人。第一辆汽车从大桥上驶过时，两岸数十万人群掌声雷动，场面十分感人。

然而，有谁能知，数百公斤炸药此时就安置在桥身，这座由中国人自己设计施工建造的大桥在落成之日，竟然就面临被毁的命运！

12 月 22 日，日军进攻武康，窥伺富阳，杭州危在旦夕。钱塘江大桥上南渡的行人更多；而铁路方面，上海和南京之间已不能通车，钱塘江大桥成了撤退的唯一通道。据当时铁路局估计，仅当日就有 300 多台机车和超过 2000 节客货车通过大桥。

## 不复原桥不丈夫

12 月 23 日，日军开始攻打杭州，当天下午 1 时多，茅以升终于接到命令：炸桥。3 点，准备工作全部就绪。他站在桥头看着桥上涌过来的黑压压的难民，心头涌起对日军无比的愤怒。傍晚 5 时，日军骑兵扬起的烟尘已隐约可见，茅以升命令关闭大桥，禁止通行，实施爆破。一声巨响，六处截断，1453 米长的卧江长龙，耗资 160 万美元，在历经 925 天夜以继日的紧张施工落成后，在瞬间“骨肉分离”。

当晚，茅以升在书桌前写下了八个字：“抗战必胜，此桥必复”，并赋诗一首，“斗地风云突变色，炸桥挥泪断通途，五行缺火真来火，不复原桥不丈夫。”

大桥炸毁后，茅以升带着在钱塘江大桥建设过程中的所有图表、文卷、相片等 14 箱重要资料撤退，他坚信，大桥还将复建。

整个抗战时期，茅以升一家在躲避战乱的路途中舍弃了许多家什，却将这些珍贵的

当年在全国发行的明信片，记录下了这段空前绝后的历史：开桥第一天桥上放上了炸药，建桥人又成炸桥人

1919年茅以升获美国加理基理工学院博士学位毕业照

建桥资料悉数保存下来。

抗战胜利后，茅以升又受命组织修复大桥，1948年3月，钱塘江大桥重又飞跨在江波之上。

前后14年，这是茅以升主持钱塘江大桥工程的历程；从建桥，到炸桥，再到修桥，这是茅以升主持钱塘江大桥工程的三部曲。

1937年9月26日通车的钱塘江大桥，迎来的却是逃难大军

繁华的南京中华路(摄于30年代)

# 惨淡经营的十年

**抗战前的十年,在经济建设方面,颇多建树。**




## 也算是一个"黄金时期"

中华民国，如果从1912年开始算起,到1949年只有38年,其中,1912年到1927年,是新老军阀混战的动荡时期,1937年到1945年是八年抗战时期，而1945年以后到1949年,则是内战时期。如此说来,也只有1927年到1937年这一时段,是一个相对稳定时期。

当然,从当时的政局变数来看,这一段又并非一帆风顺,言重一点,是一个纷扰不断的"多事之秋"。从宁、汉、沪对峙与合流,到新军阀的中原争霸；从日本发动侵华的九一八事变,到咄咄怪事的国民党"三方""四大"会议，当然还有来自共产党存在的威胁。这一切,令南京国民政府无心、无力,甚至无钱,安于经济建设和社会发展。

不过,如果深究,似乎又是另一番景象。这应是中国社会现代化进程具有特殊地位的时期:表现为相对统一与和平,这种局面,前所未有；具有一个有意图建设中国经济的政府,人才济济,志向高远;经济发展和现代化(或者说西化)的进程有明显进步,基本构建了一个现代国家所应有的完整经济框架,并于1937年上半年达到民国时期的高峰。这一时段，称得上是国民政府经济建设和社会发展的"黄金时代"。作为民国时期市政建设的代表——南京在这10年中,变化很大,它的进步,可以说是社会发展的一个缩影。

这一时期发展的动因是什么？从国民党自身而言，一方面是近代以来中华民族对现代化和民族经济发展的迫切要求;另一方面,国民党虽然已经"变色",但一直以"革命党"自诩,其内部有着对发展非常强烈的要求。至于外部的大环境,在很大程度上,也起到了推动作用。1927年世界经济危机已迫在眉睫,生产的相对过剩需要庞大的海外市场来消化。西方资本主义国家,需要一个可以纳入资本主义体系的中国市场。

当然,还有一个不可忽略的事实,亦相当致命。1928年前,凡涉及现代经济的部门,如海关、金融、通讯、重工、贸易、科技等等,皆操纵于外国人之手。据统计,1926年中国现

30 年代的南京中山东路

代经济中外国份额占航运的 80%，煤产量的 78%，铁矿石的 99%，生铁的 95%。少数发展良好的产业部门，如纺织、面粉等轻工业无不存在对世界市场的依赖。

经济统一的第一步，终于在 1928 年 8 月迈开。国民党二届五中全会通过了《统一财政，确定预算，整理税收，并实行经济建设财政政策，以植财政基础而利民生建议案》，成为南京政府初期的财政经济总方针。它将财政、税收、债务和金融货币的改革视为"根本政略"。其基本内涵就是"统一"，即将财权统一于中央之下。目的是在政治上限制地方军阀，经济上增加中央的控制能力，并解决国民党的统治经费。

## 艰难地迈出第一步

经济统一的具体步骤是一系列的，相应的措施，看上去令人鼓舞，确实有着耳目一新的感觉。

确立了国家、省、县三级财政制度；确立预算决算制度；统一税务机关，裁撤厘金，改设统税；发行内外债，筹措资金；海关自主，基本收回海关自主权；关税、盐税改革和统一盐务；建立"四行二局"为骨干的国家金融系统；颁布一系列银行法令，刺激私营银行的发展；废两改元和法币制度；建立国家资本工业；修筑铁路、公路，发展邮政通讯；设立农村复兴委员会和农本局，统制农产品。

对于国民政府，其实百姓抱有很大期待。自鸦片战争以后，这一路走来，中国人活得很痛苦。民国肇始，人们似乎看到了一点希望。但其后的情况，令人失望。大概直到 1927 年国民政府定都南京，对百姓而言，眼前好像才又一亮。

撇开对外政策不论，完全从国家施政的角度，这一时期的国民政府，在经济建设方面，还是想有一番作为。在政府官员中，技术型官员，不乏其人；海外镀金、学成归来者，也比比皆是。他们有能力，想做出一番事业来。从这个层面上说，我们完全有理由相信，这是一个可以创造业绩的时期。

以上各项重大变革，不只是停留在法规条款上，也付诸

1928 至 1937 年是国民党力量巩固和取得成就的一个时期。外国在中国的特权通过外交途径获得缓解。政府积极进行法制的现代化建设、稳定物价、分期偿还外债、改革银行和货币体系、建设公路和铁路、改善公共卫生设施、增大工农业生产、加强国防建设、普及国语和克服方言差异、广泛分布的通讯设施，使民众增加了统一感和自豪感。这一段时期，因国民政府在经济建设取得的成就而被称为"黄金十年"。

30年代的南京太平路




于具体的行动中。举国的变化，还是实实在在的，白纸黑字，不少都已实施并成为现实。

## 实实在在的成绩

整整10年，南京政府基本上构建了一个现代经济的管理体制，并通过整顿和投资，使中国逐渐向“统一和现代化”的方向转变。

突出的成就，我们可以列举一二，窥一斑可见全豹。作为一国政府，成心不想搞好、不办事的，估计没有。某些政治行为，不可与经济建设混为一谈。

我们首先看到的是，在铁路、公路、轮运、航空、邮电和基础工业方面的逐步发展，如通过实业部、资源委员会等机构的投资，初步确立以采矿、冶金、机械、化工、电气为主体的国营重工业基础，为中国工业现代化奠定了基础构架。一组数据，好像很能说明问题。1927—1937年共修建铁路3795公里，并在全国基本建成公路网，公路总里程达109500公里。1927年成立邮政总局，拓展邮路，发展电报和电话事业。一系列建设，改变了中国的基本面貌。

当然，城市经济、民族工商业和对外贸易，亦获得一定发展。财政、金融的统一，交通通讯的建设使中国原有的国内市场得到恢复并进一步扩大，刺激了工商业的发展。根据农商部公司注册统计，1929年至1935年6月注册工业公司1966家，资本额56039.4万元。有人甚至估计，在1928—1936年间，包括东北在内，中国的现代工业的平均增长率为8.4%。各种私营工厂纷纷建立，涉及化工、纺织、食品、水泥、造纸等诸多行业。中间虽然在1931—1935年受世界经济危机和日本侵略的影响举步维艰，但所涉行业范围之广前所未有，遍及现代经济的各个部门。可惜，这种有序发展的局面没能维持多久，就因日本发动全面侵华战争而告中止。不过，这10年的经济建设成就，还是让中国积蓄了一定的能量，能够与日本侵略者一直周旋相抗，直至将侵略者扫地出门。

# 开辟民族工业之路

永利碱厂

**侯德榜的名字是与中国化学工业的起步连在一起的。**

## 索尔维制碱法被攻克

1775年，法国科学院悬赏10万法郎，征求可以工业化的制碱方法。碱，是许多工业部门的重要原料。古代是从草木灰中提取碱液，或从盐湖水中取得天然碱，这种方法已远远不能满足需求。工业的迅猛发展，要求科学技术同步跟进。

13年后，勒布兰提出了以氯化钠为原料的制碱法，经过4年努力，得到了一套完整的生产流程。勒氏制碱法虽然在推广应用中不断被完善，但因这一方法主要是利用固相反应，又是高温操作，存在许多缺陷。这之后，许多人不断寻求改革方法。将近100年过去了，比利时化学家索尔维终于获得成功，氨碱法的工业化，有着能连续生产、产量大、质量高、成本低诸多优点，它很快就取代了勒布兰法。

为了独享这项技术成果，掌握索尔维制碱法的资本家采取了技术封锁。一些专家千方百计地想解开这谜底，大都以失败告终。不料，这一难题竟被一个中国人攻克，他就是侯德榜。

侯德榜，1890年生于福建闽侯，1911年考入清华留美预备学校，并以优异成绩被保送到美国留学。1921年取得博士学位。

在美留学时，侯德榜遇到了前来考察的陈调甫，他受爱国实业家范旭东委托，为在中国兴办碱业，专门来美物色人

范旭东

侯德榜

永利碱厂

才。具有强烈爱国心的侯德榜当即表示，“可以放弃在美国的舒适生活，立即返回祖国，用自己的知识报效祖国。”

同年10月，侯德榜回到国内，出任范旭东创办的永利碱业公司的技师长（即总工程师）。他脱下白领西服，换上蓝布工作服和胶鞋，同工人们一起操作。哪里出现问题，哪里就有他的身影，经常干得浑身汗臭，衣服中散发出酸味、氨味。他埋头苦干的作风，赢得了工人们、甚至外国技师的赞赏和钦佩。

虽然索尔维制碱法的原理很简单，但生产工艺却为外国公司所垄断，完全要依靠自己摸索，困难多多。

侯德榜全身心地扑到了生产上，从调换碳酸化塔的水管，另行设计分解炉，到多次加强冷却设备，改造过滤机以及处理不断发生的生产故障，他都以探索者的勇气、生产者的细心和科学家的严谨来对待。不畏艰辛，几度寒暑，索尔维制碱法的各项技术要领，终于尽在手中。

1924年8月13日，永利碱厂正式投产。正当大家兴高采烈地等待雪白的纯碱从烘烧干燥炉中出来时，出现在眼前的却是暗红色的纯碱，这无疑给众人急切的心情泼了一盆冰水。侯德榜冷静地去寻找事故的原因，经过分析，他很快发现纯碱变成暗红色，是由于铁锈污染所致。随后他们以少量硫化钠和铁塔接触，致使铁塔内表面结成一层硫化铁保护膜，生产的纯碱，终于晶莹如白。日产180吨纯碱的永利碱厂，终于矗立在中国大地上。

1926年，“红三角”牌纯碱在美国费城举办的万国博览会上荣获金质奖。这一袋袋的纯碱，是中华民族的骄傲，它显示了中国人民的志气和智慧。

素尔维制碱法的奥秘被破解，本可以高价出售专利而大发其财，侯德榜却让全世界分享这一成果。他把制碱法的全部技术和自己的实践经验写成《制碱》一书，于1932年在美国出版。这是世界上第一部制碱工业专著，被后世奉为经典。

## 拼命为之的中国化学工业

三酸二碱是化学工业的基本原料，仅能生产纯碱显然不够。永利公司计划筹建永利硫酸铵厂，这样就可以同时生产氨、硫酸、硝酸和硫酸铵。建厂的重担，又落在侯德榜的肩上。

在采购设备中，侯德榜精打细算。凡是国内能够保证质量的，就自己动手在国内解决。进口外国设备时，他巧妙地利用了各国厂商之间的竞争，选择适用又价廉的设备；对若干关键设备，更是力主择优。

1937 年，在侯德榜、范旭东及全厂员工戮力同心下，硫酸铵厂首次试车成功，侯德榜出色地指挥完成了这项巨大工程。

## 侯氏联合制碱法的发明

日本侵华的战火，已迫近上海、南京。位于南京的硫酸铵厂作为亚洲第一流的化工厂，令日本侵略者垂涎三尺，他们早已看到永利公司的军事价值，年产 1 万吨硝酸，可以制造几万吨烈性炸药，派人企图收买范旭东和侯德榜。范、侯明确表示："宁肯给工厂开追悼会，也决不与侵略者合作。"侵略者加大压力，甚至派飞机对硫酸铵厂进行狂轰滥炸。侯德榜当机立断，将设备拆运西迁。

1938 年，侯德榜率西迁的全部员工在四川岷江岸边的五通桥建设永利川西化工厂。新厂采取什么工艺是首先要考虑的，制碱的主要原料食盐，在川西只能用来源于深井中的盐卤浓缩。盐卤浓度低，产盐的成本很高。加上索尔维法的食盐转化率不高，大大提高了制碱成本。

侯德榜决心开创一条制碱新路，500 多次循环试验，2000 多个样品分析，他终于获得了成功，创造性地设计出联合制碱新工艺。他把氨厂和碱厂建在一起，由氨厂提供碱厂需要的氨和二氧化碳，母液里的氯化铵用加入食盐的办法使它结晶作为化工产品或化肥，而食盐溶液又可循环使用。这一方法把世界制碱技术水平推向了一个新高度，赢得了国际化工界的极高评价。

1943 年，"侯氏联合制碱法"由中国化学工程师学会正式命名。它不仅是侯德榜个人的荣誉，更是中国知识分子孜孜以求、不懈努力的一种精神体现。

1937 年，在侯德榜、范旭东及全厂员工戮力同心下，硫酸铵厂首次试车成功，侯德榜出色地指挥完成了这项巨大工程，正如他自己说的："要当一员称职的化学工程师，至少对机电、建筑要内行。"他在给友人的一封信中曾写道：这些事，"无一不令人烦闷，设非隐忍顺应，将一切办好，万一功亏一篑，使国人从此不敢再谈化学工程，则吾等成为中国之罪人。吾人今日只有前进，赴汤蹈火，亦所弗顾，其实目前一切困难，在事前早已见及，故向来未抱丝毫乐观，只知责任所在，拼命为之而已"。



永利碱厂硝酸部

从这组庞大的建筑群可知商务印书馆的实力

# 出版业的丰碑

**商务印书馆，在中国近现代文化出版发展史上，具有举足轻重的地位。**



## 塞翁失马

“在我幼稚的心中，商务印书馆是一座屹立在上海市的巍峨大厦，里面住着几位传授知识的大师，如张元济、高凤谦……”这是20世纪初，留在少年冰心心中的商务印书馆。

百年“商务”，在中国近现代文化出版发展史上，具有举足轻重的地位。当我们重新审读这段历史时，张元济，就出现在我们面前。

张元济是中国近现代出版业的先驱，他不但与商务印书馆，而且与中国现代文化进程紧密相连。作为一个文化产业的成功实践者，他的名字，是一个生命的符号，更是一个具有特殊意义的文化符号。

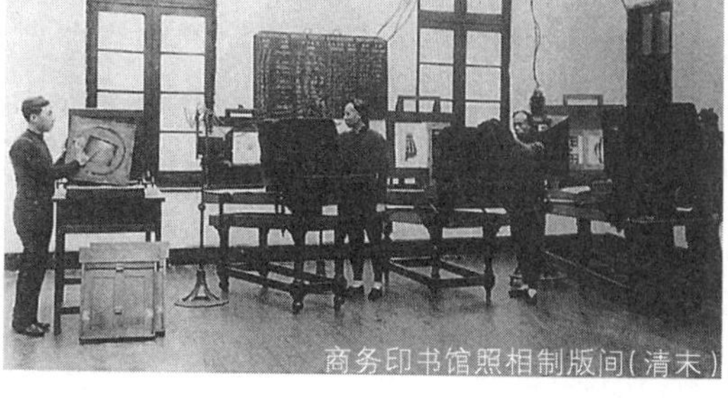
商务印书馆照相制版间(清末)

张元济是浙江海盐人，进士出身，曾参加康有为等人发起的戊戌变法。变法失败后，“革职永不叙用”6个字，断送了他的政治前程，但他的人生之路，却走出了另一番光明。显赫的朝廷命官，不起眼的印书馆经理，张元济所经历的功名落差，我们可以感受到，但潜伏在他内心的心灵落差，我们却无法体验。

不过，又是一个塞翁失马，官场上少了一个或许不一定功成名就的张元济，而文化出版界有幸多了一个成就卓著的大名家。

人一生成败的关键处就在那么一二步，而张元济的这一步却走出了一段历史，造就了一位文化伟人。他认定“盖出版之事，可以提携多数国民，似比教育少数英才尤要”，毅然于1902年献身于商务印书馆。他与夏瑞芳通力合作，开创了商务的一个新时代，一个有文化品位的真正意义上的出版产业。

商务成立之始，只是承印商业广告、账册等印刷品，“商务”之名即源于此。张元济走马上任后，商务全面出击，分设编译、印刷、发行三个所，产、供、销一条龙。张元济历任商务

张元济

印书馆编译所所长、商务印书馆经理、监理、董事长。

## 走出一条属于自己的路

张元济是旧文人，却有新思想，一场革命，悄然在商务兴起。首先，选贤任能，着手编印新式教科书。他聘请了高梦旦、蒋维乔和杜亚泉等一批学者来完成这项工作。此外，还把新的西方科技知识编入教材之中。在不长的时间里，一系列内容新颖的教科书、教授法以及教学参考书脱颖而出，大大提高和扩大了中国学生的视野。

张元济广罗人才，起用了一批有真才实学的编辑，并聘请一批熟悉中西学术的名家如严复、林纾、蔡元培等，介绍西方学术，比较系统地翻译、出版了一批西方学术著作。其中尤以严复翻译的《天演论》、《原富》等学术著作影响最大。国人读着这些书，走进了一个全新的世界中。

在张元济的主持下，商务还编纂出版了《辞源》、《中国人名大辞典》、《中国医学大辞典》、《植物学大辞典》、《动物学大辞典》、《地质矿物大辞典》等一大批工具书，以内容丰富、体例新颖、普及适用，行销全国。

张元济，称得上是一代儒商，但他经营的是文化产业，他把“商务”打造成一个文化产业。或许因为他是浙江人的缘故，有着与生俱来的经商本能。能够驾驭“商务”这条舟楫，承载重荷，在茫茫商海中有条不紊地前行。这一点，恰恰是许多文化人难及项背，甚至是望尘莫及的。翻开商务印书馆的历史，拥有众多的“第一”。它就像出版界的领航员，创造出一个又一个“第一”。

清末商务印书馆印刷所照相制版部员工和美国摄影师施塔福在清朝龙旗和美国星条旗下合影

商务印书馆同仁合影，20世纪30年代于上海福开森路李拔可住宅花园内，前排右三为张元济



1926年后，张元济的编辑工作，侧重于古籍整理。当时，文物遭厄运，珍贵典籍流失严重。张元济认为保存典籍的最好办法是化身千百，商务陆续编印了《四部丛刊》、《续古逸丛书》、《百衲本二十四史》、《丛书集成》等。这些卷帙浩繁的大型古籍的编印和流通，可以说是功德无量。

商务还出版了颇具影响的《东方杂志》、《小说月报》、《妇女杂志》等10多种杂志，一时读者甚众，大家竞相传看，影响遍及全国。叶圣陶的一段回忆，窥一斑可见全豹。他在《我与商务印书馆》一书中说："不管哪行哪业，都可以从'商务'找到自己需要、喜爱的书刊，服务对象如此广泛，出版物的种类如此繁多，在当时以'商务'为最，而'商务'的气魄所以这样大，是跟编译所的奠基人张元济先生分不开的。"

张元济对商务印书馆的卓越功绩，从茅盾在张元济90寿辰时写的祝辞，以及在他的回忆录《我走过的道路》中，可以找到答案。"戊戌以后，菊生先生致力于文化事业，创办商务印书馆，在中国于是始有近代化的出版事业。商务印书馆在介绍西洋的科学、文学，在保存和传播中国古典文学和其他学术著作方面，都有过重大的贡献。将来的历史将记录菊生先生这些对于祖国文化的贡献。"

张元济在诸多领域中都有高深建树，却惟独以出版家的名声最响。出版人可能只是一个平淡而默默无闻的职业称呼，但是，这平淡，是由生命的邈远和坚实的脚步交织而成，而默默无闻，则是用毕生的心血和不懈的追求点石成金。从这个意义上说，它又是一个崇高的称谓。出版家用知识启迪了一代又一代人。

## 文化巨人

商务对学术的贡献是一种成功，从单一的经济行为转化成一种复杂多元的文化行为，则是另一种成功。能同时并举者，惟独张元济。

张元济与学术界的精英保持良好的关系，他与众多文坛大师、学术巨子有着深交，这是一个深层次的心灵沟通。他为官和丰富

商务印书馆创业人鲍咸昌（印书馆经理）、鲍咸恩（印刷所长）、张元济（编译所长）、夏瑞芳（总经理）（从左至右）

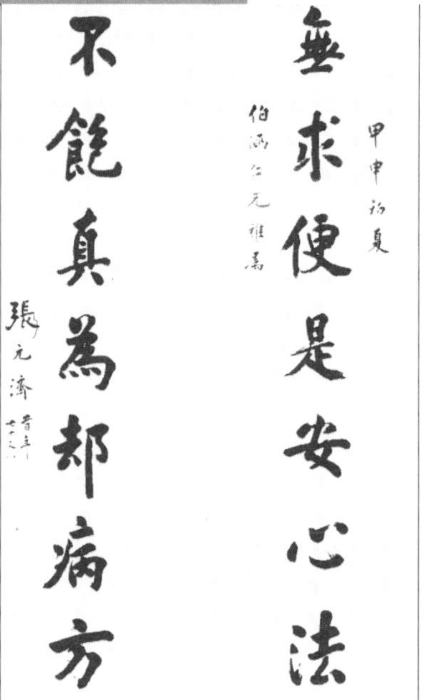


张元济墨宝

的履历，又使他能体察到民众的基本文化需求和价值取向，这是另一个层次的心灵对话。他借助出版这个物质载体，有机地把学界与社会连接起来，使商务成为一个文化沟通的枢纽。

张元济，称得上是一代儒商，但他经营的是文化产业，他把“商务”打造成一个文化产业。翻开商务印书馆的历史，拥有众多的“第一”。1900 年，在我国首次用纸型印书。1903 年，首次使用著作权印花。1904 年，出版我国第一部汉字横排书——严复的《英文汉诂》。1908 年，出版《物理学语汇》、《化学语汇》，为我国最早出版的审定术语汇编。1909 年，出版孙毓修编译的《童话》一、二集，为我国最早出版的童话。出版《汉译日本法律经济辞典》，为我国最早译印的百科辞典。与英国《泰晤士报》社协议印行《万国通史》，为我国出版社对外合作的最初尝试。1912 年，始用电镀铜版。1913 年，首次使用自动铸字机。1915 年，首次引进彩色胶印机，聘请美籍技师指导。创制仿古活字。始用彩色胶版印刷。1917 年，编辑《植物学大词典》，为我国出版的第一部专科词典。1919 年，创制舒震东式华文打字机，这是我国第一部汉字打字机。创制汉字与注音符号结合的铜模。始用机器雕刻字模。试验用宣纸套印十五色成功……它就像出版界的领航员，创造出一个又一个“第一”。它的足迹代表了我国近现代印刷出版事业蹒跚前行的历史轨迹。

商务印书馆营业大楼

**图书在版编目(CIP)数据**

话说民国 / 韩文宁，刘晓宁著．—南京：凤凰出版社，2011.2（2025.1重印）

ISBN 978-7-80729-162-6

Ⅰ．话… Ⅱ．①韩… ②刘… Ⅲ．中国—近代史—民国 Ⅳ．K258

中国版本图书馆 CIP 数据核字(2008)第 094079 号

| | |
|---|---|
| 书　　名 | 话说民国 |
| 著　　者 | 韩文宁　刘晓宁 |
| 责任编辑 | 陈晓清 |
| 美术编辑 | 姜　嵩 |
| 责任监制 | 程明娇 |
| 出版发行 | 凤凰出版社(原江苏古籍出版社)<br>发行部电话025-83223462 |
| 出版社地址 | 江苏省南京市中央路165号，邮编：210009 |
| 制　　版 | 南京紫藤制版印务中心 |
| 印　　刷 | 江苏扬中印刷有限公司<br>江苏省扬中市大全路6号，邮编：212212 |
| 开　　本 | 787毫米×1092毫米　1/16 |
| 印　　张 | 45 |
| 插　　页 | 42 |
| 字　　数 | 600千字 |
| 版　　次 | 2008年7月第1版 |
| 印　　次 | 2025年1月第5次印刷 |
| 标准书号 | ISBN 978-7-80729-162-6 |
| 定　　价 | 178.00元（全二册） |

(本书凡印装错误可向承印厂调换，电话：0511-88420818)

1937–1949

# 话说民国

下册

刘晓宁 编著

凤凰出版传媒集团
凤凰出版社

Tales of The Republic of China

# 目录

# 铁蹄惊醒千年石狮

宛平县长王冷斋

**29 军军部命令前线官兵:"卢沟桥即尔等之坟墓,应与桥共存亡,不得后退。"**

1937 年 7 月 7 日,日军在宛平城郊的卢沟桥挑起事端,中国军队奋起抵抗。震惊中外的七七事变(又称卢沟桥事变)爆发。由此,中国人民开始了长达八年的全面抗战。

## "七七"之夜

1937 年 7 月 7 日下午,北平郊区突降大雨。日本华北驻屯军第 1 联队第 3 大队第 8 中队由大队长清水节郎率领,荷枪实弹地开往卢沟桥中国守军驻地回龙庙到大瓦窑之间的地区。晚 7 时 30 分,日军开始演习。夜 10 时 40 分左右,日军演习地忽然响起一阵枪声,划破了宛平县城寂静的夜空。接着,一小队日军跑到宛平城墙下,喊叫说走失了一名士兵,要求进城搜寻。时任宛平县长的王冷斋立即回答:日军在演习场地丢失士兵与我们无关,不能打开城门。

日军以此为借口,立即包围了宛平县城,并开枪示威。夜 12 时,日本驻北平特务机关长松井久太郎大佐向中国冀察政务委员会外交委员会提出交涉,反诬中方在宛平城开枪十数发,扰乱了日军演习,致使一名日兵失踪。面对日方的挑衅,中国第 29 军副军长兼北平市长秦德纯命令部队立即进入战备状态,又指示王冷斋,要"查明放枪及日军失踪士兵"的原因。

接到命令,王冷斋不敢怠慢,立即打电话通知城内驻军

29 军军长宋哲元

29 军副军长兼北平市长秦德纯

29军官兵誓死保卫北平

查询、搜寻。守军营长金振中亲自组织人员调查，结果根本没有驻军开枪情事。挨家挨户搜寻，也没发现日兵的影子。王冷斋接报后，已心中有数，断定日军定有其他企图。遂通知驻军对城池严加防范，准备应战。

随即，王冷斋奉命以首席代表的身份，赶赴北平城内的东交民巷日本驻北平特务机关部，向机关长松井久太郎交涉。

日方代表是：特务机关长松井久太郎、辅佐官寺平忠辅、通识官（秘书）斋藤栗屋以及冀察政务委员会军事顾问樱井德太郎少佐。此时，已是8日凌晨2时许。

樱井则诡称：城外搜寻不到失踪士兵，必须进城搜索，方可知道究竟。

王冷斋毫不退让，直逼樱井说道：此言差矣！自我在宛平主政，就已下令夜间关闭城门，日兵在城外演习，如何能在城内失踪呢？

由于王冷斋据理力争，态度强硬，日方只好表示，由中日双方各派代表同往宛平城一并调查，待查明情况后再商谈处理办法。

## 日军背约战事扩大

7月8日晨5时左右，日军突然发动炮击，随即大举进攻。第29军军部立即命令前线官兵，要“确保卢沟桥和宛平城”，“卢沟桥即尔等之坟墓，应与桥共存亡，不得后退。”守卫卢沟桥和宛平城的第219团第3营在团长吉星文和营长金振中的指挥下，奋起抵抗。

7月9日晨4时许，王冷斋接到由丰台转来的北平市长秦德纯的电话，称冀察当局已与日方达成三点协议：一、双方立即停战；二、双方各回原防，日军撤退丰台，我军撤向卢沟桥以西地带；三、宛平城防务除留保安队外，由冀北保安队派二三百人协防，于早9时

交涉停战的中日代表（左起：樱井、寺平、王冷斋）

接防，中日双方派员监督撤兵。秦德纯在电话中，特别要求王冷斋和吉星文团长做好交接的准备。

然而，清晨6时，即中日双方达成协议的2小时后，日军突然向宛平城内开炮，一个多小时内落弹百余发。王冷斋紧急向北平当局报告日方背约之事，请马上向日方交涉。

7月10日上午，双方在北平秦德纯官邸召开联席会议。中方代表有秦德纯、冯治安、何基沣、王冷斋等人，日方代表是樱井、中岛、笠井、斋藤。日本驻北平陆军武官今井武夫、特务机关长松井久太郎等均未出席。四个代表中竟无一人能代表日本军部。会上，日方仍对中方的质问再三回避。

谈判为日军赢得了增兵华北的时间。到7月25日，陆续集结平津的日军已达6万人以上。日本华北驻屯军的作战部署基本完成之后，为进一步发动侵华战争寻找新的借口，又在7月25日、26日蓄意制造了廊坊事件和广安门事件。

26日下午，日本华北驻屯军向中国第29军发出最后通牒，要求守军于28日前全部撤出平津地区，否则将采取军事行动。第29军军长宋哲元严辞拒绝，并于27日向全国发表守土抗战宣言。同日，日军参谋部经天皇批准，命令日本华北驻屯军向第29军发动攻击，增调国内5个师约20万人到中国，并向华北驻屯军司令官香月清司下达正式作战任务：“负责讨伐平津地区的中国军队。”中国军队随之奋起抵抗。

7月28日上午，日军向北平发动总攻。当时，香月清司指挥已集结在北平周围的朝鲜军第20师团，关东军独立混成第1、第11旅团，中国驻屯军步兵旅团约1万人，在100余门

在南苑之战中阵亡的132师师长赵登禹

守卫在卢沟桥的中国士兵

日军向北平发起进攻（左）
日军进入北平（右）

毛泽东在延安发表抗战讲话

大炮和装甲车配合、数十架飞机掩护下，向驻守在北平近郊南苑、北苑、西苑的中国第29军第132、37、38师发起全面进攻。第29军将士在各自驻地奋起抵抗。南苑是29军军部的驻地，也是日军攻击的重点。第29军驻南苑部队8000余人（其中包括在南苑受训的军事训练团学生1500余人）浴血奋战，第29军副军长佟麟阁、第132师师长赵登禹壮烈殉国，不少军训团的学生也在战场上献出了年轻的生命。

28日夜，宋哲元撤离北平，29日，北平沦陷。

7月29日，29军第38师在副师长李文田的率领下，发起天津保卫战。第38师向天津火车站、海光寺等处日军发起攻击，获重大战果，但遭日机的猛烈轰炸，伤亡惨重。30日，天津失守。

## 国共发表声明

七七事变的爆发，在全国引起了强烈反响。7月8日，中共中央通电全国，呼吁“全中国的同胞们，平津危急！华北危急！中华民族危急！只有全民族实行抗战，才是我们的出路！”并且提出了“不让日本帝国主义占领中国寸土！”“为保卫国土流尽最后一滴血！”的响亮口号。

国民政府军事委员会委员长蒋介石则提出了“不屈服，不扩大”和“不求战，必抗战”的方针。蒋介石曾致电宋哲元、秦德纯，要求“宛平城应固守勿退”，“卢沟桥、长辛店万不可失守”。7月17日，蒋介石在庐山发表谈话，指出“卢沟桥事变已到了退让的最后关头”，“再没有妥协的机会，如果放弃尺寸土地与主权，便是中华民族的千古罪人。”

守卫卢沟桥的219团团长吉星文

**憩庐**——又称“黄埔路总统官邸”。建于1929年。就在国防部大院内。为蒋介石起居、办公的地方，是真正的权力中心。1931年，蒋介石曾在此以宴请为名，扣押了立法院长胡汉民。

高背靠椅——只有在总统府等最上层的机关才能看得到，也只有几个人能够享用。斗转星移，如今大班桌、老板椅，好像用者不在少数，已不是什么稀有之物了。许多物品，就是时代发展的标志，昨日它还是权力和身份的象征，今日就还原了它的本质，没有值得炫耀之处。在物质发达的今天，实用第一，在其之外的价值则是第二。

# 共赴国难

蒋介石在庐山发表抗战演说

**蒋介石在庐山慷慨陈词：如果放弃尺寸土地与主权，便是中华民族的千古罪人。**

## 各界名流云集庐山

1937年5月下旬，南京的暑期将至。每逢夏天，国民党军政要员都有上庐山避暑度假的习惯。国民党中常会决定，这年夏季，以中政会主席汪精卫和国民政府行政院院长蒋介石的名义，邀请各党派、团体、各界人士来庐山召开"谈话会"，讨论抗日事宜。6月23日，张群又以中政会秘书长名义，向各界名流正式发出请柬。被邀者有200余人。

就在会议召开前，卢沟桥事变爆发。全国上下要求政府立即全面对日作战的呼声日益高涨。7月8日，毛泽东、朱德、周恩来等9人联名致电蒋介石，表示红军将士愿在蒋委员长领导之下为国家效命，与敌周旋，以达保地卫国之目的。各党各派也纷纷致电国民政府，要求立即对日作战。与此同时，参加"庐山谈话会"第一期的代表们克服困难，从全国各地赶赴庐山。

1937年7月16日，"庐山谈话会"在传习学舍楼举行。会议厅里悬挂着两幅巨大的竖联："养天地正气"、"法古今完人。"

出席谈话会的共158人，其中有，浙江大学校长竺可桢、南开大学校长张伯苓、北京大学校长蒋梦麟、北京大学文学

1935年，蒋介石"就预先想定以四川作为国民政府的基础"，他在1935年春夏视察了西南，计划在国防较为安全的内地建立新的工业基地，以作为支持战时经济的战略后方。李宗仁则在1936年提出了"焦土抗战"思想，主张"发动整个民族解放战争，本宁愿全国化为焦土，亦不屈服之决心，用大刀阔斧来答复侵略者"。并在七七事变前对抗日军事战略提出构想："中日战争一经爆发，日本利在速战，而中国则以持久战困之；日本利于主力战，而中国则以游击战扰之；日本利在攻占沿海重要都市，而我则利用内陆及坚壁清野之方法以苦之。"这些意见为卢沟桥事变后国民政府决定全面抗战、并对日采取持久消耗战略奠定了基础。

庐山图书馆及传习学社

1937 年庐山全景

院院长胡适、清华大学校长梅贻琦、广西大学校长马君武、金陵女子大学校长吴贻芳、中央财经委员会委员长马寅初、中央研究院总干事傅斯年、商务印书馆经理王云五、律师张志让、著名学者梁实秋等。中共代表周恩来、秦邦宪、林伯渠等也来到庐山参加会议。

与会的还有国民党军政要人于右任、冯玉祥、李烈钧、戴季陶等，以及青年党代表左舜生、曾琦，国社党代表张君劢等等。

9 时许，张群宣布“谈话会”正式开始。汪精卫代表国民政府致词说：“……自‘九一八’以来，精诚团结、共赴国难，成为全国一致的口号。最近又突发卢沟桥事件，危机情形更加严重。根本方法，乃是精诚团结，将全国人力物力，融成一片，方可以抵抗强敌。对于怎样解除困难，复兴民族，参加谈话会的代表，定有许多高见，还望畅所欲言……”

接着，军事委员会副委员长冯玉祥站起来慷慨陈词：“日寇猖狂，中国危在旦夕。身为军人，唯有以死相拼，战死疆场，死得其所！现在还有人在说些什么‘和必乱，战必败，败而言和，和而后安’。和了几年，安在何处？还有人把希望寄予美国、英国的出面干涉和援助，中国人民的事情为什么不能由中国人民自己做主？以全国之人力物力，难道还怕小小的日本吗？当今之时，唯有速速抗战，宁使人地皆成灰烬，决不任敌寇从容践踏而过！”

代表们发言踊跃，完全拥护精诚团结、一致抗日的方针。整个会场充溢着热烈而悲壮的气氛。

## 蒋介石发表抗战宣言

1937 年 7 月 17 日，是一个永载史册的日子。一身戎装、胸前挂满勋章的蒋介石，精神饱满地发表著名的《抗战宣言》：“各位先生、女士们，中国正在外求和平、内求统一的时候，突然发生了卢沟桥事变……人为刀俎，我为鱼肉，我们已快要面临一个悲惨之境地，稍有人格的民族，都是无法忍受的。我们不能不应战。至于战争既开之后，则因为我们是弱国，再没有妥协的机会，如果放弃尺寸土地与主权，便是中华民族的千古罪人！”

代表们都静静地倾听着。蒋介石越讲声调越高，他猛地举起右手，厉声说道：“我们知道全国应战以后之局势，就只有牺牲到底，无丝毫侥幸求免之理。战端一开，地无分南北、年无分老幼，无论何人，皆有守土抗战之责任，皆应抱定牺牲一切之决心。”说着，蒋介石将手臂猛地往下一劈。会场上响起热烈的掌声。

蒋介石的讲话在全国引起强烈反响。毛泽东在延安指出：蒋介石7月17日在庐山发表的《抗战宣言》，“确定了准备抗战的方针，为国民党多年以来在对外问题上的第一次正确的宣言”。

## 蒋介石与周恩来谈判合作事宜

1937年6月12日，周恩来初上庐山，就国共两党所辖的军队合作抗日问题，与何应钦、顾祝同交换了意见。7月17日下午，周恩来再上庐山后，与秦邦宪、林伯渠等人来到“美庐”别墅，与蒋介石、邵力子、张冲进行正式谈判。刚刚发表了《抗战宣言》的蒋介石心情十分愉快，他握着周恩来的手笑着说：“恩来先生，我们在黄埔、在北伐时期都有过很好的合作，只要贵党有诚意，我们以后还会很好合作的。”周恩来爽朗地说：“抗日救国是我党一贯的主张，也是全国人民的强烈要求。我们赞同蒋委员长在《抗战宣言》中所表明的态度。只要各党各派都能以民族利益为重，服从人民的要求，中国的事情是能够办得好的。”

随后，周恩来将《中共中央为公布国共合作宣言》交给蒋介石，并就其中关于取消苏维埃政府、改编红军为国民革命军等重大问题，作了说明。

蒋介石连连点头说：“很好！很好！贵党愿将红军改编为国民革命军，政府可以颁布3个师的番号，12个团的编制，总人数为45000人。师、团设政训处，直接指挥军队，政训处主任由我党委派李秉中、丁惟汾等人担任。我们还准备任命3个师的参谋长，具体负责军事行动。你们看这样可好？”

周恩来与秦邦宪、林伯渠交换了一下眼色后说：“委员长，我党愿在军事上接受国民政府的统一指挥，但要保证改编后的红军有独立指挥权。如贵党要取消我党对军队的独立指挥权，我党是不能接受的。”

蒋介石接着说：“具体问题可以商量嘛。举国抗战是一件

蒋介石在庐山

1935年1月26日，蒋介石在南京召开全国军事整理会议，布置整军工作。以法肯豪森为首的德国军事顾问团在中国整军备战中发挥了重要作用，他们对中国军队采用德式训练方法，装备德式武器。德国顾问佛采尔将蒋介石嫡系部队第88师训练成教导师，德国顾问又陆续将中央军第87师、第36师、第5军及桂永清的教导总队训练成新式劲旅。全面抗战爆发前，全国接受德国顾问训练并配以德式装备的部队共有19个陆军师，大约30万人。

大事，光有热情和愿望是不够的，必须统一指挥，严肃纪律。贵党的刘伯承、林彪、左权、陈赓都是难得的将才，指挥军队当然没有问题。”

经过几轮磋商，国共合作抗日之事，终于在庐山谈话会期间取得一致意见，国民党承认中共的合法地位，同意中共拥有对改编后的红军的独立指挥权，并向中共独立指挥的军队提供武器给养，停止内战，一致抗日。

## 国防会议召开

庐山谈话会结束后，8 月上旬，国民政府军事委员会决定在南京举行国防会议。周恩来、朱德、叶剑英等中共人士应邀从陕西前往南京参加会议。

在会议上，中共就全国抗战的战略方针和作战原则提出：全国抗战在战略上要实行持久防御，在战术上应采取攻势；一线临战战区适时由阵地战转为运动战，同时在日军之侧翼的后方组织民众开展游击战，破坏敌人的交通运输，牵制和消灭敌人。中共的上述方针、原则及其战法，对国民政府军事委员会制定全国抗战方略产生了积极影响。

1937 年 8 月 18 日，蒋介石正式宣布持久抗战的作战原则。他说：“倭寇要求速战速决，我们就要持久战消耗战。”8 月 20 日，国民政府军事委员会颁布《战争指导方案》，正式确定“以持久战为基本主旨，以空间换时间，逐次消耗敌人，以转变形势，争取胜利”的战略方针。在国共两党取得共识的基础上，中国抗日战争实行持久作战的战略总方针正式形成。

在战略部署上，会议议定以一部兵力于华北各要点重叠配备，多线设防，逐次抵抗；集中兵力于华东，力保淞沪要地，掩护南京；另以少量兵力扼守华南各主要港口。

在会议期间，周恩来、朱德、叶剑英等中共领导人与云南省主席龙云进行了商谈和沟通，龙云受到很大鼓舞，他当即决定派滇军 20 万人出征，开赴抗日前线。与此同时，龙云还与八路军总司令朱德交换了密电码，与延安建立了联络通道。

1937 年 8 月 12 日，国民党中常会决定，撤销国防会议及国防委员会，成立国防最高会议。

蒋介石与冯玉祥在庐山

# 寻求外援

抗战爆发前，财政部长孔祥熙（前中）、海军部长陈绍宽（右三）访德寻求援助

**抗战爆发后，国民政府一面抵抗，一面全方位地寻求友好国家的援助。**

## 争取“国联”及友邦的支持

1937 年 6 月，国民政府曾派出行政院副院长孔祥熙及海军部长陈绍宽等要员，赴德国洽谈军火援助及聘请德国军事技术人员来华事宜。经双方协商，德方同意供给中国的军火均由中国以农、矿产品抵偿，并同意将军事技术人员随时调来中国服务。但此一协议执行时间不长，到 1938 年 5 月德意日结盟后，德国就严禁所有军火运往中国，6 月，德国军事顾问法肯豪森等人全部返国。

全面抗战爆发后，国民政府频频约见各国驻华使节，请他们转告所在国政府主持正义。又先后派出了胡适、蒋百里等人赴德意等国，陈述日军侵华暴行。英美等国对日军侵华暴行均予以了谴责，美国总统罗斯福于 1937 年 10 月 5 日发表了《防疫隔离政策》的演说，猛烈抨击了侵略国家，呼吁各国保卫和平。美国国务院亦发表宣言，斥责日本的侵略行为。

战争爆发之初，法国并不肯援助中国。到了 1938 年 3 月，德军占领奥地利，欧洲战局起了变化。此时，国民政府命令驻法大使顾维钧向法国政府提出合作之事。同时，中国第四战区副司令长官余汉谋，也奉命与法国驻越南人员商讨合作事宜，以防日军侵占海南岛。6 月，顾维钧就法国派遣顾问

杨杰

孙科（左）、王宠惠（左二）等在赴国外的轮船上

来华之事与法国政府进行谈判。但法国政府仍然举棋不定。国民政府又派立法院长孙科赴法；8月，再派驻苏大使杨杰赴法。法国政府终于同意援华，用军火换取中国的原料，并同意中国用现金支付；同意派军事顾问白尔瑞来华。

1937年7月，中美政府签订了《白银黄金互换协定》，以帮助国民政府稳定法币和外汇。

1937年8月30日和9月12日，国民政府向“国联”两次提出声明书，陈述日军侵略的经过，要求采取必要措施，对日本实行制裁。但此时“国联”已经缺乏主持公理的决心和能力，只是给予中国以象征意义的精神支持而已，充其量只是鼓励各会员国自行采取制裁日本和援助中国的办法。





## 《中苏互不侵犯条约》的签订

早在九一八事变后，中国就向苏联提出了签订“互不侵犯条约”的建议。苏联从自身利益考虑，虽然中苏已经复交，但双方始终没有签约。到1936年，情况才起了变化。11月25日，德日两个法西斯国家，在柏林签订了“反共产国际协定”，矛头直指苏联。苏联感到东西方法西斯的威胁已是迫在眉睫，同时又担心中国向日本妥协，自己更加孤立，遂开始积极主动调整中苏关系，向中国提供军援，以借助中国的力量在东方将日本拖住。

1937年3月，苏联人民外交委员李维诺夫向中国驻苏大使蒋廷黻提出签订“太平洋地区公约”的建议，并立即开始就签订“中苏互不侵犯条约”进行谈判。但国民政府对此建议一直犹豫不决，只想签订“中苏互助条约”。

七七事变后，苏联虽然谴责了日本，主张援助中国，但由于美英等国采取了不干涉政策，苏联对签订“中苏互助条约”的态度起了明显变化。苏联大使鲍格莫洛夫接到李维诺夫的电报指示，认为，如签订“中苏互助条约”，双方有一方受到侵略，另一方就有义务出兵，而当时，中国已受到日本入侵，签订条约就是苏联向日本宣战。所以苏联只同意中苏签订“互不侵犯条约”。无奈之下，蒋介石只得同意先就“互不侵犯条约”进行谈判。双方的谈判代表是苏联大使鲍格莫洛夫、中国外交部长王宠惠及陈立夫。双方互换了各自的协议文本。

1937年8月21日，国民政府代表王宠惠、苏联政府代表鲍格莫洛夫在南京正式签订了《中苏互不侵犯条约》。

1937年，中国出席第18届国联大会，寻求支持，前排右五为顾维钧

德国大使陶德曼(左二)与中国前驻意大利全权大使刘文岛(左一)在汉口

条约签订后,苏联开始在军火物资、飞机以及军事技术人员等方面,大量援助国民政府,并与中国签订了信用贷款等协定。与西方大国对侵略持纵容的态度相比,苏联的援助,有力地支持了中国的抗日战争。在抗战的前 4 年,中国得到的援助主要来自苏联,以军火为例:苏联共援助中国飞机 1563 架,坦克 164 辆,各种火炮 1850 门,各种炮弹 280 亿发,各式机枪 20320 挺,机枪弹 2662 亿发,步枪 10 万支,子弹 2748 亿发,各种车辆 1337 辆,飞机炸弹 43451 颗又 1.5 万吨,以及其他战争物资。

## 陶德曼调停失败

1937 年 7 月下旬,蒋介石在会见德国大使陶德曼时,即希望德国出面调停中日争端。日军在上海遭到中国军队的顽强抵抗后,“速战速决”的企图落空,遂改变策略,采取军事进攻和政治施压并重的方针。10 月 21 日,日本外相广田弘毅向德国驻日本大使迪克逊表示,日本准备与中国直接谈判,并要求德国劝说国民政府接受日本的议和条件。

11 月 5 日,陶德曼向蒋介石转达了日方的“条件”,其内容十分苛刻。蒋介石表示可以接受某些条件。南京沦陷后,日本气焰更加嚣张,又提出了更加苛刻的条件,其中包括国民政府放弃亲共、反日、反满政策,联合日满共同反共;中国偿付日本要求的赔款等等,逼蒋就范。蒋介石慑于国内外的压力,没有轻易答应,只是通过陶德曼向日本方面表示:“不能作决定,也不能表示意见。”

1938 年 1 月 15 日,行政院长孔祥熙代表蒋介石约见陶德曼,表示“这个问题对于国家和国际都有重大关系,我们希望寻觅一条可能的和平的途径……”采取了拖延的办法。

日本政府对此极为不满。1938 年 1 月 16 日,日本近卫内阁宣布中止与国民政府的谈判,并声明:“帝国今后不以国民政府为对手。”而准备另外扶植伪政权来“调整邦交正常化”。至此,国民政府与日本的议和宣告中断。

抗战爆发后,国民政府边抵抗边交涉。图为驻日大使许世英(左)与日本驻华大使川樾在南京

朱德

# 请授命为抗日前锋

红军又回归了国民革命军的序列，走上抗日战场。

## 红军主力改编

1937年7月7日，卢沟桥事变爆发。7月8日，毛泽东、朱德等中共领袖致电蒋介石，要求“实行全国总动员，保卫平津，保卫华北，收复失地”，并表示“红军将士，咸愿在委员长领导下，为国效命，与敌周旋，以达保土卫国之目的”。7月9日，彭德怀、贺龙、刘伯承、林彪、徐向前、叶剑英、萧克、左权、徐海东等红军将领率全体指战员致电国民政府主席林森，表示“以抗日救国为职志，枕戈待旦，请缨杀敌”，“愿即改名为国民革命军，并请授命为抗日前锋，与日寇决一死战”。

7月14日，中共中央革命军事委员会命令红军以军为单位改组为国民革命军编制，限“十天准备完毕，待命抗日”。令红军将领到陕西省泾阳县云阳镇集中，研究讨论红军改编问题，并对红军参战、部队编制等重大问题作了严密细致的部署。

8月13日，日军大举进犯上海。15日，国民政府发表《自卫抗战声明书》，表示了“中国决不放弃领土之任何部分”的决心。并下达总动员令，调集精锐部队投入上海战场。由于形势剧变，国共两党很快就红军改编问题达成了协议。

8月22日，国民政府军事委员会正式宣布红军主力改编为国民革命军第八路军，下辖3个师，每师辖两个旅，每旅辖两个团。每师定员为1.5万人。8月25日，在中共洛川会

陕北红军举行改编抗日誓师大会

改编后的八路军骑兵部队

毛泽东

彭德怀

叶剑英

邓小平

议上，以中革军委名义发布红军改编为国民革命军第八路军的命令，将红军前敌总指挥部改为八路军总指挥部，任命朱德为总指挥、彭德怀为副总指挥、叶剑英为参谋长、左权为副参谋长。中革军委总政治部改为八路军政治部，任弼时为主任、邓小平为副主任。同时任命了各师的军官。当日，朱德、彭德怀等高级将领发表通电，并宣告部队已整编完毕，即将东进杀敌。

八路军所属3个师的编制和主要领导干部配备如下：

第115师：由红一方面军第1军团、第15军团和陕南红军第74师编成。师长林彪，副师长聂荣臻。编制1.55万人。

第120师：由红二方面军第2军团、第6军团、第32军和西北红军第27军、第28军，独立第1师、第2师，赤水警卫营及红军总部直属队一部编成。师长贺龙，副师长萧克。编制1.4万人。

第129师：由红四方面军第4军、第31军和西北红军第29军、第30军，独立第1、2、3、4团及第15军团骑兵团编成。师长刘伯承，副师长徐向前。编制1.3万人。

八路军总指挥部及直属部队3000余人。全军约4.6万人。

9月11日，国民政府军事委员会按全国陆海空军战斗序列，将八路军改称第18集团军，八路军总部改称第18集团军总司令部。朱德任总司令，彭德怀任副总司令。9月14日，朱德、彭德怀发布八路军改为第18集团军的通令。但此后仍沿用八路军的番号。

国共合作后，两党在南岳举行军事训练班合影，前左四为叶剑英




红军改编后，115 师、120 师、129 师分别在泾阳县云阳镇、富平县庄里镇、泾阳县石桥镇举行抗日誓师大会，随即开赴山西抗日前线。

## 红军游击队改编

1934 年 10 月红军主力长征后，留下部分红军和游击队在赣、湘、闽、粤、浙、鄂、豫、皖八省十几个地区建立了游击区。

1937 年 9 月下旬，中共中央和八路军驻南京的代表博古、叶剑英等人，与国民党代表何应钦、张冲等人谈判，商定将南方八省的红军游击队改编为一个新的军。

10 月 12 日，国民党江西省主席熊式辉转发了蒋介石 10 月 6 日电令：赣、粤、皖、浙、闽等地的红军游击队，统交国民革命军新编第 4 军（简称新四军）军长叶挺编遣调用。10 月 30 日，中共中央作出决定，将南方各省红军游击队集中五分之三改编为一个军，以叶挺为军长，项英为副军长，陈毅或刘英为参谋长，反对国民党安插任何人。

11 月 3 日，叶挺应邀到达延安，受到中共领导人的热情欢迎。毛泽东紧紧握住叶挺的手说：“欢迎你，希夷将军！我们虽未见过面，可你的大名却如雷贯耳！”并关切地询问道：“你是否愿意恢复党籍？”叶挺回答说：“从心里讲，我离党十年，就像离群孤雁，极度苦闷，我做梦都想投入党的怀抱。但此时，以我这种身份，暂不宜恢复党籍，我作为无党派人士，可以自由地与国民党官员交往，调解国共两党矛盾，为新四军向老蒋要军费。”

12 月 23 日，项英抵达汉口。经过国共双方的反复协商，最后，中共方面在部队编制、

贺龙

刘伯承

关向应

叶挺

薪饷等问题上作出了一些让步，同意新四军不隶属八路军，由所在战区直辖，军以下不设师、旅、纵队，直辖四个支队，部队全部开往抗日前线。国民党也作出了让步，如不安插人员，保持共产党的独立领导权和敌后游击战争等。

1938 年 1 月 6 日，新四军军部从汉口移抵南昌市三眼井高升巷原张勋公馆内挂牌办公。新四军军分会，于 1938 年 1 月 6 日在南昌正式成立，军部亦移驻南昌。到 1938 年 3 月，高度分散，交通、通信联络非常困难的南方八省的红军游击队，终于下山集中，正式改编为新四军。新四军成立之初，编为四个支队，全军 1 万余人。

从 1938 年 2 月至 4 月，新四军第 1、第 2、第 3 支队先后开赴皖南抗日前线。第 4 支队到皖西集中后，开赴皖中抗日前线。4 月 4 日，新四军军部告别南昌进驻皖南岩寺。

八路军第 115 师在平型关战役后，由副师长聂荣臻率领 3000 人，以五台为中心创建抗日根据地。11 月 7 日，成立晋察冀军区，下辖 4 个军分区，4 个军分区共有 4 个支队，每个支队 3 个大队(相当于团)。1938 年 1 月，以山西五台为中心的晋察冀边区抗日根据地形成，这是华北第一个敌后游击根据地。

新四军臂章

八路军臂章

1937 年年底，是中国抗日战争史上最危险也是最关键的时刻。在华北与华东两个方向，中国军队以血肉之躯，苦苦支撑了 5 个多月的全面抗战，打破了日本侵略军妄图 3 个月内灭亡中国的企图。同时，付出了极其沉重的代价，中国北起内蒙的包头，包括太原、北平、天津、济南、青岛，南到上海、南京、杭州等重镇，悉被日军占领。中国政府主要的工业基地与对外经贸的口岸，都被日军攻占，中国主要的财政收入关税与盐税，失去了主要的来源。在军事方面，大部分拥有较为现代化装备的中央军以及地方精锐部队，也都受到严重的损耗，需要进行整补。八路军与新四军在抗日战场上发挥出越来越重要的作用。

八路军在平型关作战

# 初战告捷

平型关会战，八路军首次大显神威。




平型关，位于山西省灵丘县西南与繁峙县东北交界处，距灵丘县城35公里。东连紫荆，西望雁门，系晋东北内长城之险关。历来就是军事交通要隘，兵家必争之地。日军欲统治华北，必先图晋绥；欲图晋绥，必先争太原；欲争太原，必先夺取大同或平型关。

## 阎锡山、周恩来会商作战计划

1937年8月28日，第二战区司令长官阎锡山把行营(前线总指挥部)设于雁门关下的岭口村，并同行营人员及八路军总政委周恩来会商作战计划。

1937年9月11日，日军进犯广灵。第二战区孙楚第33军73师被迫退至平型关南翼，阎锡山急调孟宪吉旅抢守平型关。孟旅于19日赶至平型关，与进攻之日军激战两昼夜，日军攻势受挫，遂转攻团城口。八路军115师于9月20日迅速越过五台山向灵丘急进，22日从平型关南翼潜出，隐伏于灵丘以南的太白山区，24日在平型关以东20里的公路两侧地区部署对敌后进行袭击。

## 平型关大捷

9月14日，八路军115师先头部队进抵大营，派出侦察部队侦察平型关地区地形地貌和日军兵力部署，为平型关歼敌作准备。23日，林彪、聂荣臻在上寨召开干部会议，作出初步作战计划。24日，阎锡山拟派所部71师附新编第2师及独立8旅一部，配合115师向平型关以东的日军出击。

24日晚，林彪命115师25日零时出发，战士们在拂晓前到达了指定地区。全师主力布置在平型关到东河南镇10余里长的公路南侧山地，343旅之686团位于白崖台附近，左侧是685团，右侧是687团，口袋底是阎锡山的第33军之独立8旅，115师第344旅687团断敌退路并打援敌，688团作为预备队。这一部署使得进攻平型关的日军完全处于我军包围圈伏击之中。

9月25日晨5时半左右，日军第一辆汽

车进入伏击圈。聂荣臻下令:沉住气,没有命令不许开火。不一会儿工夫，日军板垣师团第 21 旅团千余人及汽车、大车 300 余辆进入了伏击圈。115 师某团 5 连连长曾贤生率全连首先冲向敌阵,用手榴弹炸毁最后一辆汽车,截断了日军退路。之后又反复争夺公路两侧制高点——老爷庙,并牢牢控制住。日军企图冲破独 8 旅阵地逃命。独 8 旅把一线配备改为纵深配备,进行了极为顽强的抵抗。

激烈的战斗持续到 27 日白天,日军始终未能冲破包围。板垣师团第 21 旅遭歼灭性打击。因为敌人死不缴械,千余日军全部被击毙。八路军伤亡也很重,团营干部 5 人负伤,以下近千人伤亡。第 5 连百名壮士,战斗结束时只剩 30 多人,连长曾贤生牺牲。

平型关大捷获重大战果。除全歼日军 1000 多人外,还击毁敌汽车 100 余辆、马车 200 余辆、缴获轻重机枪 20 多挺、战马 53 匹及一大批武器弹药等军用物资。同时,115 师独立团在灵丘县东驿马岭击溃日军西援平型关之敌,歼敌 300 余人。

平型关大捷,八路军 115 师投入 4 个团的兵力,共 1.2 万多人,占中国投入平型关会战总兵力的八分之一。这是八路军出师抗日的第一仗,也是中国军队自抗日战争全面爆发以来的第一个大胜利。9 月 26 日、28 日,蒋介石连续致电朱德、彭德怀,表彰八路军“一战歼寇如麻,足征官兵用命,指挥得宜”。

## 忻口会战国共再次合作

由于日军突破了中国军队的内长城防线,阎锡山决定在忻口布置兵力,组织一次以保卫太原为目的的会战。第二战区指挥部集中了 6 个集团军,共 31 个师、13 个旅,共 28 万多人,由第二战区副司令长官卫立煌任前敌总指挥。参战的第 18 集团军由总司令朱德指挥。日军参加忻口会战的兵力共约 3 个师团,7 万余人，并配有 350 多门大炮,150 多辆战车和 300 架飞机。10 月 2 日,崞县和原平保卫战拉开了忻口会战

1937 年 10 月 5 日起,进攻山西崞县的日本关东军混成第 2 旅团以占绝对优势的飞机、大炮和坦克掩护其步兵对中国守军发起攻击。中国守军顽强抵抗,阵地被毁殆尽。7 日,日军突入北城，东西城墙的中国守军奋勇冲击，与日军巷战肉搏。入夜，中国守军各高级军官率所部亲自参加堵击，日军仍有增无减。8 日凌晨,王靖国所部与日军血战七昼夜后突围，崞县陷落。原平镇连日遭日军猛攻,守军在 196 旅姜玉贞旅长的指挥下,与敌奋勇厮杀。6 日,日军以飞机、坦克掩护数倍于我之步兵猛扑，中国军队拼死抵抗,屡挫日军锋芒。血战至 11 日下午，第 196 旅仅剩官兵数百人,仍然据守原平城东北角,与敌肉搏巷战，姜玉贞亲自督阵,壮烈牺牲,196 旅几乎伤亡殆尽。原平失守。

周恩来

聂荣臻

林彪

的序幕。中国第34军196旅与兵力和装备占绝对优势的日本关东军混成第15旅团展开激战。10天后，已歼敌1000余人。旅长姜玉贞及4000多官兵阵亡。该战斗延缓了日军进军速度，为中国军队集结部队于忻口，赢得了宝贵的时间。在以后一个多月的战斗中，晋绥军第19军、33军、35军、62军等部，陆续投入战场，战斗场面极为惨烈。中国守军在南怀化高地每天损失一个团，在伤亡1万多人的情形下，保住了阵地。中央兵团兵团长郝梦龄、54师师长刘家骐、独5旅旅长郑廷珍，在战斗中阵亡。

与此同时，在平型关奏凯的八路军主力，则广泛地开展游击作战，有力地配合了忻口正面战场的作战。115师在晋西北破坏日军交通线，收复了广陵、灵丘、平型关等地。120师在同蒲路以西袭击日军，攻克宁武县城，并在雁门关设伏，击毁日军汽车400辆，使日军的补给线遭到沉重打击。陈锡联第769团夜袭阳明堡机场，烧毁日本飞机24架，对忻口我正面守军支援极大。

## 傅作义守太原

忻口会战延续到10月下旬，历时23天，日军遭受重创。11月2日，阎锡山召集高级将领军事会议，提出保卫太原，依城野战的计划。第7集团军总司令傅作义毅然请命。周恩来作为18集团军代表参加了这次会议，对傅作义这种知难而进的精神深表敬佩。当时，傅部主力不过两个旅，虽训练有素，有一定的实战经验，但几个月来的南北转战，伤亡过半。6日，日军第5师团开始进攻太原城郊，驻防城外的军队纷纷溃退，依城野战计划完全落空，傅部陷于独守孤城之境。7日，晋北和晋东的日军会合，在数十架飞机和数百门大炮及坦克掩护下，连续攻城。傅作义下定舍身报国的决心，激励部下英勇杀敌。并给老家亲人写信，表示“只要一息尚存，誓与日寇血战到底，为国捐躯，义无反顾”。

在傅作义誓死如归的精神鼓舞下，全军将士咸报决心，奋勇抗敌。8日敌突入城内，展开激烈巷战。黄昏后，接蒋介石撤退电令，傅作义率部突围，撤至石楼一带。太原守城之战，掩护了卫立煌、孙连仲、王靖国、陈长捷等部安全转移。日军虽侵占了太原，但也死伤惨重，无力继续南犯。

忻口及太原会战，国民党军与八路军密切配合，协同作战，以伤亡10万余人的代价，歼灭日军2万余人，创华北战场歼敌之最新纪录，也打乱了日本侵略者妄图速战速决迅速灭亡中国的阴谋，支援了平汉路中国守军的作战，为平汉路中国守军集结、南撤赢得了时间。

故宫博物院

# 国宝大迁徙

**故宫博物院的珍宝踏上了遥遥南迁之路。**

1931年九一八事件爆发后，平津受到威胁。1933年1月日军进占山海关，热河和长城各口告急。故宫博物院理事会正式决定，从1月31日起，立即将文物分批运往上海。

同时，国民政府行政院长宋子文在南京召开临时中政会议，决定将文物、图书运往上海，文献档案存放在南京国民政府行政院（国民政府东院）大礼堂。3月中旬，装载第一批南迁文物的列车抵达上海，存入了法租界天主堂街仁济医院旧址五楼的仓库里。之后，文物分五批运到，总计13427箱零64包。5月15日，最后一批文物启运，共计6066箱，存放在英租界四川路广州路口业广公司二楼仓库里。

1934年12月，常务理事会根据王世杰提议，经国民政府行政院批准，在南京朝天宫兴建故宫博物院南京分院。分院于1936年3月开始动工，8月竣工。12月8日文物由上海开始启运，17日全部转运南京存放。1937年1月1日，故宫博物院南京分院正式成立。

## 南路：南京—巴县

七七事变爆发后，南京形势危急，故宫博物院南京分院奉行政院令，又将文物迁往大后方。迁移工作分南路、中路、北路先后进行。

1937年8月14日，即淞沪战争爆发后的第二天，首批文

李济曾是哈佛大学第一位来自中国的哲学博士。学成归国后，主持了仰韶文化遗址考察，使现代科学考古进入中国。七七事变后，在南京的中央研究院历史语言研究所和正在规划中的中央博物院向西南迁移。这一艰巨的任务，由李济负责。1132箱文物文献，在他的“押运”下，先到长沙，再由长沙转到昆明，最后迁到四川南溪的李庄。一路颠簸，受尽磨难。途中，两个随他一起迁移的女儿，患病得不到及时治疗，先后去世。

工作人员在整理古籍

故宫博物院院长易培基与张学良(右)



物启运。这批文物是从曾经送到英国参展的文物中挑选出来的，共 80 箱，其中有吴道子的《钟馗打鬼图》、张择端的《清明上河图》、李唐的《万壑松风图》、米芾的书法真迹等，弥足珍贵。

先由南京水路运至汉口，再用火车运到长沙，存放在湖南大学图书馆。因日军对湖北、湖南空袭，12 月，文物转移到贵阳。

1938 年 1 月，文物经广西桂林、柳州转运到贵阳，又于 11 月转移到安顺华岩洞储存，并成立故宫博物院驻安顺办事处。1944 年 12 月 5 日开始运至巴县飞仙岩。 路上历经艰辛，数次遇险。

## 中路：南京—乐山

这一路文物共 9331 箱，由上海装船运到汉口，不久南京沦陷，汉口也随时有被轰炸的危险。12 月，又装船转运到宜昌，然后用小船转运到重庆。由于文物数量太大，直到 1938 年 5 月才全部运抵重庆。之后，故宫博物院院长马衡及办事人员先后到达，成立了故宫博物院重庆办事处。后又因安全原因，将文物转移至乐山。1939 年 9 月以后成立了故宫博物院乐山办事处。

## 北路：南京—峨嵋

这一路运送文物 7287 箱。1937 年 11 月从南京装火车起运，经徐州、郑州至宝鸡，因潼关形势突然紧张，不久又转移到汉中。此时已没有火车可以通行，幸有西安行营协助，才得以穿越秦岭。1938 年 4 月，这一路文物全部运抵汉中。不久日机轰炸汉中机场，文物被迫离开。文物刚离开汉中，汉中遭敌机轰炸，原储存文物的库房，中弹炸毁，行政院又命令故宫文物转运成都。汉中到成都 1100 余里，全靠汽车运输。由于公路路基不好，途中过河没有桥梁，须用木船载运汽车过河，时有敌机空袭，在困难重重的情况下，于 1939 年 2 月才抢运完毕。这时行政院又下令转移至峨眉，并成立故宫博物院峨眉办事处。

抗战结束后，文物陆续运回南京。南京沦陷后未能运出的 2954 箱文物，也被故宫博物

**美龄宫**——又称“小红山官邸”或“基督凯歌堂”。1934 年落成。外形是典型的中国传统式样，但内部设施却是现代化的。整幢建筑掩映在莽莽林海之中。这是蒋介石和宋美龄的别墅，也是蒋宋做礼拜的地方。堪称是南京东郊最美的别墅建筑。

车标——它是汽车的标志，亦是身份的标志。有时，人是靠物质来体现自己的身份与富有的，从别人羡慕的眼神中，得到一种满足。每种车都有一个标志，有的是图案，有的是文字，还有的是模型，体现出厂家的设计思想。20世纪40年代蒋介石的座车劳斯莱斯的车标，就像是离弦之箭，飞速向前。其实汽车要的，就是这样的品质和感觉。

故宫南迁书画在上海晾晒

装载故宫文物的汽车正在长江轮渡上

现藏于台北故宫博物院的重釉三彩骆驼

藏于台北故宫博物院的周代铜鼎

藏于台北故宫博物院的清乾隆粉彩云蝠纹镂空转心瓶

藏于台北故宫博物院的元代青花三顾茅庐罐

院南京分院找回。在清点时，发现箱数与运到四川时的数目相符。

由于历史的原因，南迁文物没能全部返回故宫，其中2973箱在新中国建立前夕被运往台湾。现存台北故宫博物院的部分精品都是南迁文物中的精华，由于当时转运匆忙，致使一些前后连贯或成双成套的文物现在隔海相望。

整个故宫文物南迁是在炮火硝烟中进行的，历时14年，行程数万公里而文物无一件损坏、丢失，堪为世界文物保护史上的奇迹。

## 郑振铎抢救国宝

“八一三”淞沪战争爆发后，郑振铎看到在日军炮火之下，许多藏书家的藏书或毁于战火，或因惧于日军的文化专制政策而烧毁，更有大量善本被出卖给外国人，忧心如焚。当学者名流纷纷西迁之时，郑振铎留在上海孤岛，挑起抢救民族文献的重担。1940年1月，以郑振铎为首的“文献保存同志会”成立了，他们以光华大学、涵芬楼的名义购书，一举收购了江南藏书中数量大、质量精的玉海堂藏书、苏州邓氏群碧楼藏书、邓氏风雨楼、张氏适园、刘氏嘉业堂藏书。郑振铎被日本人列入黑名单，日本密探曾到各书店查访他的行踪，他时时刻刻在敌人魔手的巨影里生活着。现在台湾的“中央图书馆”善本库藏书，几乎全是由他与“文献保存同志会”的同仁们在抗日战争期间抢救下来的，也有相当一部分留在大陆的图书馆。

行驶在长江上的“民生”轮

# 留得青山在

**1937年8月下旬起，以上海为中心，掀起了规模空前的工厂内迁浪潮。**



## 政府部署工业内迁

中国的工业，主要集中在沿海各地，如上海、青岛、天津、杭州、南京等地。1937年7月22日，国民政府军委会秘密设立了“国家总动员设计委员会”，决定立即对粮食、资源、交通器材、医药、燃料等，实行统制。根据这项设计，资源委员会副主任钱昌照向蒋介石呈送了一个立即动员工业内迁的报告，要求政府资助上海民营工厂移至后方生产，以利抗战；紧急拨款抢购积存于青岛等沿海城市的战略物资，如钢材、水泥、木材等，以供战争防御之需。蒋介石立即批准。

7月24日，钱昌照及资源委员会奉命召集实业部、军政部、财政部、经济委员会、交通部、铁道部的主官开会，决定尽快将部分工业迁移，并商定了迁移原则。第一步，先将机械、钢铁、煤气、橡胶、制罐及民营化学工业的主要机器设备迁往内地。并请政府补助迁移费56万元，建设用地500亩。因时间紧迫，行政院在8月10日召开第324次会议，通过首先将上海工厂内迁的计划。

淞沪会战爆发后，许多民族资本家出于爱国热情，纷纷要求将自己的工厂内迁。这一来，内迁的工厂数量大大超过了政府原来定下的计划数，迁移费用只是杯水车薪。9月，上海战事吃紧，行政院又举行会议，将迁移工厂的数量大大增加，又增拨了经费和建厂用地。

钱昌照(左)视察工业企业

# 沿海工业大转移

从8月下旬起，以工业重镇上海为中心，北起青岛、南至广东、香港的广大国土上，掀起了规模空前的工厂内迁浪潮。

1937年8月至1938年初，是工厂内迁的第一个高潮。内迁的兵工厂有15家，如上海炼钢厂（11月迁武汉），金陵兵工厂、军用光学器材厂（10月迁重庆），济南兵工厂（9月迁西安），南京航空兵器技术研究处（11月迁武汉），广东第一兵工厂（12月迁广西融县），中央修械所（12月迁衡阳），广东防毒面具厂（12月迁广西柳州），南京白水桥弹道研究所（12月迁重庆）等等。

首批从上海迁出的民营工厂有148家，其中机器五金业66家，造船业4家，炼钢业1家，电气及无线电业18家，玻璃陶瓷业25家，化学工业19家，文化印刷业14家，纺织印染业27家，食品业6家等等。运达武汉的机器及材料达1.46万吨，技术人员2500多人。

12月南京沦陷后，国民政府又下令将迁到武汉的工厂，以及武汉原有的工厂，全部迁往大后方。

1938年春至1939年冬，是工业内迁的第二个高潮。主要兵工企业有：第50工厂，即广东第二兵工厂（1938年4月迁重庆），第3工厂，即上海炼钢厂（2月迁重庆），第22工厂，即汉阳火药厂（5月迁辰溪），第11工厂，即巩县兵工厂（1938

卢作孚

1937年春，长江上游水位降到几十年来从未有过的低点，中外轮船都被迫停航。时值四川建设方兴未艾，中日战争一触即发，四川作为战略后方，长江断航影响的不仅仅是民生公司的经济利益。卢作孚亲自组织人员反复勘测宜昌至重庆的长江水情，经反复实践，川江历史上第一次实现了枯水航行，这为以后宜昌大撤退及时实现提供了保障。

左图：长江上的内迁轮船
右图：工厂的工人也背起了纤绳

内迁工厂已在大后方投入生产

西迁后的民生机器厂铸铁厂



年迁重庆),第30工厂,即济南兵工厂(4月迁重庆),中央修械所(1938年冬迁贵阳)等等。

民营企业有170多家,沿江西全部迁往四川。武汉的民营工厂也有158家迁出,大部迁川,部分迁湘。

武汉撤退时,从上海、南京、芜湖、九江及武汉溯江西上的机器物资等,达120万吨以上,都在等待运输。还有大量工程技术人员,也集中在宜昌候船西上。一时间,宜昌成了中国工业内迁的中转总站,运输空前紧张,时任国民政府军事委员会第二部副部长兼运输联合办事处主任、交通部次长的卢作孚,慨然将自己旗下民生公司的所有船只投入了抢运。

1938年10月,交通部航政局调集1200多条木船,与民生公司的24艘轮船一道,冒着日机的轰炸昼夜抢运,创造了宜昌撤退的奇迹。史称中国实业界的"敦刻尔克大撤退"。

卢作孚回忆录中说:"24艘扬子江上游的中国轮船中,只有两艘不是民生公司的,外国轮船亦有数艘,且只运商品,不运抗战物资。中国轮船公司为了报效国家,兵工器材每吨只收运费30—37元,其他公物只收40元。民间器材只收60—80元。而外国公司每吨运费高达300—400元。可见民生公司牺牲之多,报效国家之大了。"

沿海沿江工业内迁后,分别在西南、西北建立了6个新工业区:重庆工业区,沱岷工业区,涪(陵)长(寿)万(县)工业区,昆明工业区,西安工业区,沅(陵)、辰(溪)工业区。

## 艰难的行程

"蜀道难,难于上青天",众多企业在西迁的过程中,的确感受到了李白这句诗的分量。

实业家胡厥文等人后来回忆道,木船沿江上行时,船多纤夫少,工人们就下船自己背起纤绳,江岸的石块十分尖利,工人们一不小心,脚就被划得鲜血淋漓。一只船往往要一二百名工人拉纤,顶着寒风,赤着脚,时爬时走,顺利时每小时能前进二三里,更多时则寸步难行。入川的艰辛可见一斑。

一些民族资本家含辛茹苦几十年经营的

纺织厂已投入生产

工厂，在西迁途中遭到了惨重的损失。如胡厥文的新民机器厂，内迁中触礁遇风浪沉船、遭日机追袭轰炸，足足损失了6万元。但胡厥文作为爱国实业家，虽然感到很痛心，但他觉得为了抗战蒙受损失，应该感到自豪。

但并非所有工厂都是迁到大西南的。利用五金厂老板沈鸿，经汉口《新华日报》介绍，与八路军办事处联系后，毅然将工厂的10部机器迁到了陕甘宁边区。后来，这家工厂为边区五金业的发展作出了巨大贡献，为边区政府制造了印刷、纸张、制药、兵工、纺织业的大量设备。毛泽东、林伯渠称赞沈鸿为“边区工业之父”。

内迁工业企业，大部恢复了生产，对大后方经济的发展，对支持抗战，起了很大的作用，同时，也构成了重庆国民政府的经济支柱。

民生公司以“服务社会、便利人群、开发产业、富强国家”为宗旨。在九一八事变两周年纪念会上，公司员工宣誓：“日本夺我四省，杀戮我人民，屈辱我政府，破坏我统一，亡国灭种，大祸已临，不谋自救，何以为人！”并立下四条公约：一、永远不为日本人服务；二、不售予日人任何材料及食品；三、不购买日人货品；四、不与亲日华人为友。民生公司打破甲级船员只能由外国人担任的惯例，实行甲级船员不任用外国人，全部由中国人担任。经验丰富的周海清成为长江上第一个中国籍船长。为在竞争中取胜，公司努力改进设施，改善服务。旅客多的时候，船员就让出铺位，自己睡甲板。许多乘客宁愿多住几天旅馆，也要等民生的船。

西迁中的轮船

蒋介石在沙坪坝视察中央大学

# 文脉的延续

北大、清华、南开，一所所学校，踏上了漫漫迁移之路，历尽千辛万苦，始终弦歌不绝。





## 教育中心大转移

卢沟桥事变后，国民政府教育部命令平津地区的北京大学、清华大学、南开大学南迁长沙。1937年8月，北大、清华、南开在北大校长蒋梦麟和清华校长梅贻琦主持下，在南京成立了国立长沙临时大学筹备处。9月2日，教育部令沿海、沿江各省、市教育厅、局，对于设在各主要城市之公、私立学校，倘已受或易受日军袭击的，要尽量设法在比较安全的内地城乡布置开课，并赶造防空避难设施，以期青年学业不致中辍。

1938年，国民政府成立了全国战时教育协会，负责全国各地学校的迁建事宜，决定将一些重要的国立、省立高校和研究所迁往西南、西北各地，其中以重庆为重点。于是，以上海、北平为主体，以及广州、南京、浙江、天津等地的国立、省立和私立学校开始了大迁移。由此出现了中国教育史上教育重心由东向西的大转移。

至1939年，内迁并陆续复课的大学有52所，迁入上海租界及香港的25所，停办17所。设在平津的学校，除北大、清华、南开3校迁往长沙成立西南联合大学（1938年4月迁昆明）外，其余均迁往陕西、甘肃境内。设于苏、浙、皖3省及上海、南京两市的学校，分别迁至湖南、四川等地，其中迁入四川的最多，达31所。

内迁的女大学生

内迁前的复旦大学

内迁前的金陵女子大学

内迁前的清华大学

## 顶天立地，空前绝后

1937年10月中旬，中央大学的1500多名学生，1000多名教职员工，连同家属共4000多人，全部乘轮船西上重庆。经过40多天的紧张施工，中央大学在松林坡可供上千人教学、住宿的校舍终于突击完工。就是这样一排排低矮的教室和简陋的宿舍，及时地接纳了几千名历尽千辛万苦的青年学子。11月1日，学校正式开学。学校流传着这样几句话："顶天立地"，"空前绝后"。"顶天"就是下雨没伞，光着头淋；"立地"，就是鞋袜湿透，赤脚着地。"空前绝后"，就是前膝或后臀都是通的。吃不饱，穿不暖，住的是黄泥糊的矮房，睡的是"统舱"（四五十人一间）。这就是大学生们生活的真实写照。中央大学尚且如此，其他高校就可想而知了。

在日军的炮火中，同济大学从吴淞出发，先后辗转金华、赣州、吉安、贺县、南宁、昆明、龙川等地，共6次迁校，其艰辛难以想像。最终于1940年10月迁到了李庄。6次迁校中，最短的一处只呆了8个月，而在李庄，一住就是5年。

小小的重庆李庄，一下云集了无数中国的顶尖学者和大师，如梁思成、陶孟和、李济、李方桂等等。李庄的学者、学子，最多时竟达到15000多人。

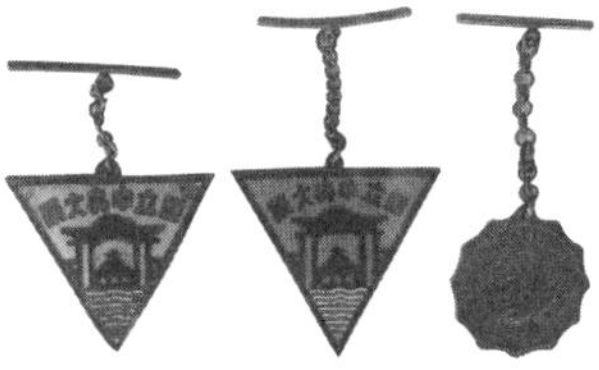

中央大学校章

中央大学校长罗家伦

## 高校大部迁往四川

1940年夏到1943年春，抗战形势剧变，原迁入上海租界、香港以及广西的高校，又被迫再次迁移，其中11所迁四

蒋介石、张伯苓视察内迁的南开中学



川。至1944年国民党军队在豫湘桂溃败后，一批迁至西南的高校又迁往四川。这样，迁川的高校达到48所，其中重庆31所，成都7所，万县、乐山各2所，以及三台、金堂、泸县、南溪、江安等地都有迁川高校。

高校迁川后，在国民政府的救济、安置和扶持下，陆续恢复开课。如中央大学迁至沙坪坝松林坡后，设立了文、理、法、农、医、工、师范7个学院，是内迁学校学生最多、系科最为完备的大学。后因校舍紧张，又将新生院设到磁器口柏溪，医学院、农学院则搬到了成都。中央政治学校迁至南温泉，设立了政治、法律、外交、新闻、经济、地政6大系科。上海复旦大学迁至重庆北碚，设立文、理、商、农4个学院。陆军大学迁至重庆山洞。南京兵工学校迁至磁器口小杨公桥。社会教育学院迁至璧山。国立音乐学院迁青木关。江苏医学院迁北碚。国立艺术专科学校先迁青木关，后迁盘溪。上海医学院、国立药专，均迁歌乐山。朝阳学院迁兴隆场。中央工业专科学校迁沙坪坝。武昌中华大学迁南岸。武昌文华图书馆专科学校先后迁曾家岩和江北相国寺。乡村建设学院迁北碚歇马场等等。

其他迁川的一些院校如女子师范学校，教育部特设的大学先修班，正则艺术专科学校，均设在江津。戏剧专科学校设在江安。中央研究院在南溪李庄落脚。上海法学院设万县。

私立的学校如金陵大学、东吴大学、金陵女子文理学院、齐鲁大学、光华大学、朝阳学院、燕京大学，还有清华大学航空研究所，都设在了成都。

国立武汉大学、江苏省立蚕桑专科学校等，迁往乐山。国立东北大学迁三台。

## 科研文化机构内迁

一些科研文化机关也先后内迁。如中央研究院总办事处,先迁长沙,后迁重庆。其下属的物理所、化学所、工程所、天文所、史语所、社会科学所,则迁至昆明。地质所迁桂林,心理所迁广西三江,动植物所、气象所迁北碚。

国立中央图书馆先后迁白沙,后迁重庆。中央电影制片厂、中国艺术剧社,从南京迁至重庆。中央通讯社、中央广播电台、国际广播电台、《中央日报》、《新华日报》、《国民公报》、《时事新报》等,以及商务印书馆、中华书局、正中书社、生活书店等,则先后迁到重庆。

教育文化机构大内迁的同时,大西南重庆还云集了大批文化界、艺术界的人士。重庆不仅成为战时的政治中心,也成为战时的文化中心。从内地迁往重庆的教育文化机关,构成了重庆国民政府战时文化的主体。

## 永远的精神家园

在内迁的科学文化机构中,最值得一书的是国立西南联合大学。西南联大校政实际由梅贻琦主持。这位提出了"大学者,非有大楼之谓也,有大师之谓也"办学理念的教育家,执掌西南联大时说:"吾从众,无为而治。"

西南联合大学的制度以学分制为主体,具体是"选修课"制和"共同必修课"制。"联大"八年中,共开出了1600多门课,如涓涓细流,哺育了一代优秀青年。那时的学习条件和生活环境极艰苦,但物质条件的艰苦没有侵蚀那一代知识分子的风骨。1941年,国民政府教育部要给兼任行政职务的教授补助一笔"特别办公费",但西南联大的各学院院长、各部门负责人和各系主任一起宣布国难之时,对此补助不便享受,把送上门的钱拒了回去。

1938年12月,西南联大做出了一个引起震荡的决定:聘请36岁的作家沈从文为教授,这种不拘一格激起一些教授的抵触,态度最激烈的是有"国学大师"之誉的著名学者刘文典。刘公开质问:"他沈从文有什么资格当教授?要讲教授嘛,陈寅恪可以一块钱,我刘文典一毛钱,沈从文那教授只能值一分钱。"一贯自称"乡下人"的沈从文心灵敏感,他一言不发,只是认真讲授他的写作课,培养出了被称为"最后一个京派作家"的汪曾祺。钱钟书任西南联大外文系副教授时只有28岁,却已名满学界。他的老师吴宓说,在老一辈学者里最强的是陈寅恪,年轻一辈里的"人之龙"就是钱钟书。联大学生同样"狂徒"多多。物理系学生里有两大才子:杨振宁和黄昆。两人常常高谈阔论,一次,黄昆问:"爱因斯坦最近又发表了一篇文章,你看了没有?"杨振宁很不屑地说:"毫无创新,是老糊涂了吧。"一所大学,若没有一批奇人、狂人、怪人,即使学风再严谨,资金再充裕,其魅力也要减色不少。

湖北各界慰劳第六战区将士

# 统筹指挥 正面战场作战

**国民政府军事委员会先后设立了 14 个战区，指挥军队与日军展开了正面战场的顽强作战。**



1937 年 7 月卢沟桥事变爆发后，至 1945 年日军投降前夕，国民政府军事委员会曾先后设立了 14 个战区。战区设司令长官 1 人，受军事委员会委员长蒋介石直接指挥。以下再设副司令长官、参谋长若干人。战区之下则设若干集团军、军、师等等。

第一战区。1937 年 8 月 20 日成立。国民政府军委会为指挥平汉、津浦两路北段的对日作战，划冀鲁两省为第一战区。由蒋介石兼任总司令。9 月中旬，军委会将津浦路划为第六战区。由程潜接替蒋介石任司令长官。该战区在 1937 年、1938 年进行了平汉路北段沿线作战和黄河两岸作战，1939 年初，辖区为河南省和晋南中条山地区，卫立煌接任司令长官。这一年，战区组织发动了冬季攻势，进行了中条山会战。1941 年 6 月，战区原辖豫东、豫南部分地区划归第五战区。1942 年 1 月初，蒋鼎文接任司令长官。1944 年春，日军发动“一号作战”，战区及所属部队一触即溃，退至豫西山区。7 月，陈诚接任司令长官，1945 年，战区辖区为豫北、豫西、陕南和陇东地区，胡宗南代理司令长官。抗战胜利后，该战区在郑州接受日军投降。

第二战区。1937 年 8 月 20 日，划晋察绥省为第二战区，阎锡山任司令长官。中共红军改编的八路军也编入该战区序列。8 月，战区进行了南口、张家口作战。在八路军配合下，进行了忻口、娘子关、平型关和太原保卫战。1938 年 11 月，辖区调整为山西省和陕北地

抗战期间，蒋介石视察各军事基地

区。1939年3月，朱德任第二战区副司令长官。抗战胜利后，战区在太原接受日军投降。

第三战区。1937年8月20日，划苏沪浙地区为第三战区，以冯玉祥为司令长官，主要负责指挥淞沪会战。后冯调任，蒋介石亲任司令长官。12月，由顾祝同接任。新四军改编组建后，编入该战区指挥，主要在皖南一带进行抗日作战。1941年该战区与九战区共同进行了南昌会战，1942年进行了浙赣会战。抗战胜利后，战区在杭州接受了日军投降。

第四战区。1937年8月20日，划闽粤两省为第四战区，何应钦兼任司令长官(但一直未成立长官部)。次年由蒋介石兼任。再由张发奎代理。曾进行了桂南会战，在昆仑关予日军重创，又参加了桂柳会战。1945年改编为陆军第二方面军。

第五战区。1937年8月20日，划鲁(黄河以南)苏(长江以北)和皖东地区，为第五战区。蒋介石自兼司令长官。后由李宗仁接任。1938年，战区组织了徐州会战，同年夏又进行了武汉会战，后又进行了冬季攻势、随枣会战、豫中会战。李宗仁调任后，由刘峙接任司令长官。抗战胜利后，战区在许昌、漯河接受日军投降。

第六战区。1937年9月成立。所辖区域为冀省津浦路沿线和鲁南地区。冯玉祥为司令长官。曾进行了沧州、德州作战。这一年10月，该地区沦陷，战区撤销。以后，该战区又数次成立、撤销，所辖区域也有较大调整。陈诚、商震、孙连仲、孙蔚如先后出任司令长官。抗战胜利后，战区在武汉接受日军投降。

第七战区。1937年10月下旬，淞沪会战中国军队失利。为保卫首都南京，军委会将苏南、浙北和皖南东部地区划分为第七战区。以刘湘为司令长官。该部在南京外围进行了作战。1938年初撤销。

第八战区。1937年11月，甘宁青和陕西西部地区划为第八战区，司令长官由蒋介石兼任，后由朱绍良接任。1941年6月，辖区扩大为甘宁青绥四省。1943年盛世才归属国民党，辖区又扩大到新疆全省。战区进行了绥远抗战，但大部主力则

冯玉祥

何应钦

阎锡山

薛岳

傅作义

刘峙

胡宗南

余汉谋

孙连仲

商震

顾祝同

蒋鼎文

程潜





用于围困中共领导的陕甘宁边区。后划归第十二战区。1945 年撤销。

第九战区。1938 年，为进行武汉会战，军委会将湖北长江以南、江西鄱阳湖以西、湖南全省划为第九战区，另将武汉卫戍司令部扩编为长官部，陈诚任司令长官。后由薛岳代理。曾进行南昌和第一、二、三次长沙会战。后辖区主要为江西省。抗战胜利后，战区在南昌、九江接受了日军投降。

第十战区。1939 年 1 月初，为围困中共陕甘宁边区，将陕南划为第十战区，蒋鼎文任司令长官。1944 年，将第一、第五战区所辖地区并为第十战区，范围由郑州沿平汉路至长江，再沿长江至宝山海口，北由郑州东北沿黄河故道出海。李品仙为司令长官。抗战胜利后，在徐州、蚌埠等地接受了日军投降。

第十一战区。1945 年 8 月，为接受日军投降，将冀鲁热三省划为该战区。由孙连仲任司令长官。抗战胜利后，在北平接受了日军投降。

第十二战区。1945 年 8 月，为接受日军投降，将绥察两省划为该战区，傅作义任司令长官。抗战胜利后，在张家口接受了日军投降。

鲁苏战区。1937 年 1 月，为加强在敌后作战，将鲁（黄河以南）苏（长江以北）划为该战区。虽为同一战区，但两省互不统属。鲁南在沂蒙山作战，由总司令于学忠指挥。苏北由副总司令韩德勤指挥，受第三战区影响较大。由于身处敌后，受到日伪的联合攻击而无法立足，于 1943 年夏撤销。

冀察战区。1939 年 1 月，国民政府为进行敌后抗战，将河北和察哈尔两省划入该战区。以鹿钟麟为总司令。鹿被撤职后，先后由卫立煌、蒋鼎文、陈诚、高树勋主持。该战区军队曾于 1940 年后大批投敌。1945 年该战区并入第六战区。

蒋介石向前线将领下达作战指令

# 发号施令

**在淞沪抗战的三个月中，蒋介石常常撇开战区指挥官而直接调兵遣将。**

1937年8月9日，日本驻上海海军陆战队第1中队长大山勇夫和一等兵斋藤乘军车冲进上海虹桥机场，向中国军队进行挑衅，被我军击毙。日军遂以此为借口，于8月13日向上海发动进攻，淞沪抗战爆发。

## 丧失战机

8月13日，中国军队正准备向日军发起攻击时，位于前线的第9集团军总司令兼中央军总司令张治中接到了发自南京最高统帅部蒋介石委员长的特急电报："希等候命令，并须避免小部队之冲突。"

张治中事后才知道，上海外交使团为了避免在上海开启战端，竭力建议国民政府将上海变为不设防的城市，也就是成为自由口岸。这一建议在中日两军已经剑拔弩张的情况下，于11日才发至南京外交部。蒋介石因此心存侥幸，不开战端。

8月14日，我军开始发起攻击。中国空军亦开始对日军阵地及停泊在黄浦江上的日海军军舰实施轰炸，炮兵也向敌阵地猛烈炮击。在强大火力的支援下，步兵发起了总攻击。黄昏时分，中国军队已取得了相当的战果。当张治中正准备酝酿发起更加有力的攻势时，突然又接到了统帅部蒋介石的急

蒋介石在淞沪前线

休战间隙中的中国军队



电:“今晚不可进攻。另候后命。”

于是,张治中被迫下令停止进攻。15 日和 16 日两天,中国军队只是在战壕和掩体中作进攻准备,日军则获得了喘息的机会。

16 日,中国陆军第 36 师等主力部队纷纷开抵上海。17 日,张治中见战场态势对我军十分有利,就准备下达再次进攻的命令。就在这个节骨眼上,通讯兵又送上了一份加急电报,又是四个字:停止进攻。这是淞沪开战以来,最高统帅部及蒋介石下达的第三次停止进攻的命令了。

因白白丧失了三次取得战斗胜利的大好时机,态势对中国已明显不利。张治中在提起这三次战机丧失时,连说实在可惜。

## 蒋介石申斥张治中

在淞沪会战中,蒋介石经常撇开战区指挥官而直接调兵遣将。

按照淞沪战场的战斗序列,第 9 集团军总司令有权指挥 18 军、39 军及 87 师、88 师、36 师等部队。8 月 23 日,当淞沪战役正在激烈进行之时,第 9 集团军总司令张治中下令将炮兵第 16 团以及第 67 师移驻嘉定附近,加上第 1 师和第 98 师,一同划归第 18 军军长罗卓英指挥。这本是集团军总司令职权范围内正常的兵力调动。

深夜,张治中到 39 军和 18 军去视察防务,赶到太仓时已是凌晨时分。在与军长刘和鼎研究了对付正面登陆日军之后,又冒着敌机的轰炸驱车赶往嘉定前线。

张治中到达后,还没下车,18 军军长罗卓英就迎了上来,问张治中怎么跑到 18 军的防地来了?张治中想:我是集团军总司令,18 军归我指挥,我到我指挥的防地来视察。罗卓英答道,我的防地现在归 15 集团军陈诚总司令指挥了。原来,蒋介石已任命陈诚为第 15 集团军总司令了。这么大的事,张治中居然不知道。

张治中带着一肚子闷气回到了总司令

部，又赶往苏州前线视察。到了苏州尚未喘息，就接到了蒋介石的电话。就听见蒋介石怒气冲冲地劈头就问："你现在在哪里？在什么位置？" 张治中理所当然地答道："委员长，我现在在苏州啊。"蒋又问道："你为什么跑到苏州去了？我到处找也找不到你人？" 张治中压住火气回答："刚才我到左翼去看了罗卓英的18军阵地，研究一下防御问题啊。回到总司令部后，听说墨三（顾祝同字墨三）来了，我立即赶来同他研究问题啊。"这时，蒋介石的声音更大了："到人家18军的阵地去干什么？" 张治中也火了："18军归我指挥，难道我不能去看看吗？我到现在还没有接到军委会的调防命令。"

蒋介石是容不得别人申辩的，大约顿了几秒钟，蒋介石回过一点神来，嘴里夹着宁波官话中骂人的腔调，有点语无伦次："好，好，你究竟要怎样，你还问我，问我要干什么……"说着，就把电话"咔嚓"给挂上了。

这边，张治中满腹委屈地坐到了椅子上，一句话也说不出来。

## 频繁的电话电报手令

在淞沪战争打响以前，军委会委员长侍从室就命令南京电信局在南京黄埔路官邸至电信局之间专门架设了一条长途

中国军队炮兵在淞沪前线

陈诚

张治中

朱绍良

张发奎

中国守军在淞沪前线

中国军队防化兵在对空射击

电话线路，以沟通蒋介石与上海前线的联系。蒋介石每天都要用这条长话线路与各位将领联系，向前线发号施令。

淞沪前线有四个总司令，分别是张治中、朱绍良、顾祝同、张发奎。

张治中是安徽合肥人，他的话，北方和南方人都还能听得懂。因此，在与蒋介石通话时，蒋介石还算省劲。

顾祝同是江苏涟水人，乡音虽然重，但基本属于北方语系，加上他说话慢条斯理，与蒋介石又交往多年，所以，蒋介石与之交谈也还比较轻松。

最令蒋介石头痛的，要数张发奎和朱绍良了。

张发奎是广东始兴人，操一口道地的粤语。张发奎有个毛病，就是容易走神，加上蒋介石的宁波话，他准保听不懂，因此，蒋介石经常发火。

朱绍良问题就更大了。朱绍良是福建人，语言与蒋介石倒不难沟通，但要命的是耳朵不好，有重听的毛病。遇上下达命令之类的事，朱非得找一位副官来听才行，而蒋介石是不喜欢与副官说话的。一次，蒋介石接通朱绍良后，要他调72军孙元良的一个师到王敬久部的侧翼增援。朱只听清了是要调72军，但调到何处，却没听清。这可怎么办呢？费了好多心思，才想出一个办法。他忙让副官打电话给蒋的一位侍从，找一个话头要他向蒋介石请示。这才算是解了朱绍良的围。自从这次以后，蒋介石就很少直接给朱绍良打电话了，一般的命令，都是先通知顾祝同，再让他转达。这一来，顾祝同成了蒋介石和朱绍良之间的传令兵了。

日军进入上海市区

**原励志社**——建于 1929 年至 1931 年。全部为中式建筑。该社充当蒋介石、宋美龄的"内廷供奉"角色，同时也接待外国军政人员，特别是美军顾问团；兼有军人俱乐部的性质。

励志社壁灯——像一张中世纪武士的脸，上部的穹隆顶，俨然是一顶盔甲帽，可以抵御危险的冷箭。一袭黑色，给人以威严，又立刻会联想到是一位守门的卫兵，纹丝不动在那里站岗。进进出出，白天黑夜，尽在它的眼中。只是崭新的马赛克外墙，还有那现代化的白炽灯，与这不甚相称，形成鲜明对照。

蒋介石用电话手令指挥战事，下达命令，已是司空见惯的事，只要想起来，不管是在吃饭还是在睡觉，不论是白天还是晚上，马上就是一道命令。而且，蒋介石下达命令后，往往军令部门还不知道，然后，再由侍从室通知军令部。蒋介石打电话指挥战事，常常是详细得不能再详细了，其指挥的内容也是包罗万象，在淞沪战争中，几乎每个师都被蒋介石点过名，调动过。

淞沪会战，终以中国军队苦战三月兵败，上海宣告沦陷。但淞沪会战挫败了日军中央突破，速战速胜的战略意图，迫使日军在华北战场上转攻为守，打乱了日军的全盘计划，粉碎了日军3个月灭亡中国的迷梦。它是中国局部抗战转向全面抗战的历史转折点。在国际反法西斯战争中占有极其重要的地位。此役日军伤亡6万多人，被击毁飞机200多架，舰船20多艘。中国军队阵亡10万多人。

1937年9月2日，日军第11师团天谷支队，沿吴淞—月浦—罗店公路攻击罗店方面中国军队侧后。日军以30余辆战车为前导，突破中国军队阵地。中国军队被迫撤守月浦东侧阵地，致使守卫宝山城的第98师第583团第3营陷入重围。日军舰炮、飞机猛烈轰炸，并以战车攻击，守军在营长姚子青率领下，沉着应战。姚子青致电师部：“誓本与敌皆亡之旨，固守城垣，一息尚存，奋斗到底。”全营士兵在日军战车四面冲击、城内一片火海的情况下，坚守不退。日军久攻不下，6日，向城内发射大量硫磺弹，全城房屋尽被大火烧毁，姚营身处危城之中仍然尽力奋战。敌用重炮轰毁城墙，姚子青营长带领余部与敌激烈巷战，全营官兵全部壮烈牺牲。宝山全城毁于炮火，成为一片焦土。

日军占领上海市政府（左）
日本陆海军将领在淞沪前线（右）

谢晋元团长

# 伟哉，八百壮士

**谢晋元率八百孤军抗击日军的事迹，震撼了全国人心。《歌八百壮士》传唱一时。**



1937年8月13日，淞沪会战爆发。至10月底，日军登陆杭州湾，增援兵力已达30万，大上海全部陷于日军的包围之中。国民政府军事委员会决定作战略上之转移，主力撤出淞沪战场。为掩护主力撤退，蒋介石下令第88师留下1个团，死守闸北以牵制日军。

## 谢晋元临危受命，八百壮士奋勇抗击

第524团中校团副谢晋元（团长已牺牲，谢代团长）奉命留下死守。524团在此前已牺牲大半，所剩的部队大部是一周前从湖北保安5团临时抽调的新兵，计1个营的兵力。于是师部决定以该营为基干，组成加强营，共辖有3个步兵连、1个机枪连、1个迫击炮连，450余人，对外仍用第524团的番号，号称800人，由谢晋元率领，固守四行仓库。

四行仓库是大陆、金城、盐业、中南四家银行的仓储货栈，位于苏州河北岸西藏路附近，东面和南面（越过苏州河）是公共租界，其他几面均被日军占领。因此，四行仓库已成为一个“孤岛”。

谢晋元率部进入四行仓库后，迅速加强了防御工事，并用麻包堵住了仓库的大门，封闭了所有的窗户，只留出了射击孔。为了隐蔽部队，还把大楼的电灯全部破坏，同时焚毁了仓库周围的房屋，以增加防御纵深。

1937年10月27日清晨，日军在闸北正向前搜索之际，不料遭到来自四行仓库屋顶机枪的扫射，日军一时人仰马翻，乱成一片。

不久，日军纠集兵力再次扑向四行仓库外围阵地，外围守军在进行抵抗后，退入仓

上海四行仓库

坚守在闸北的中国军队

库。日军占领外围阵地后，立即猛攻仓库大门。日军兵力几倍于守军，但八百壮士沉着应战，全楼火力一齐射击。当日，日军遗尸80余具，四行仓库丝毫无损。随后两天，日军动用飞机、坦克，连续向四行仓库发动猛烈进攻。八百壮士凭借坚固工事，顽强抵抗。

突然，一股日军沿苏州河畔夹攻仓库。这时，在六楼守望的一名战士看见，立即全身缚满手榴弹，从六楼平台对准敌人跃下，随着一声轰然爆炸，日军全部炸成泥灰肉酱。隔岸民众看到这一幕，无不为中国勇士的壮举而动容。

八百孤军抗击日军的事迹，震撼了全国人心。许多群众在苏州河南岸公共租界大楼上观战，每当壮士们击毙一名日军，大家就拍手称快，并挥动着帽子、手巾向他们欢呼致意，有的群众还把日军集结地点、行动情况写在黑板上报告给壮士们。

10月30日，日军再次大举进攻，用小钢炮及机关枪向四行仓库密集射击，并出动飞机数架在上空助战。四行孤军沉着应战，逐一将敌人歼灭。上海公共租界英军少将司令，因见我军英勇作战，深受感动，除了购赠粮食送给八百壮士充饥外，还亲自进入四行仓库拜会谢晋元，以租界安全为由，建议孤军自租界撤出，英国驻上海领事愿给予最大协助。国民政府军委会考虑到524团预定的掩护任务已经完成，乃于31日命令孤军撤退。

张治中(左一)、刘峙(右二)与冒险进入四行仓库送国旗的女童子军杨惠敏

《歌八百壮士》

桂涛声词　夏之秋曲

中国不会亡，中国不会亡，
你看那民族英雄谢团长；
中国不会亡，中国不会亡，
你看那八百壮士孤军奋斗守战场。
四方都是炮火，四方都是豺狼。
宁愿死不退让，宁愿死不投降。
我们的国旗在重围中飘荡，飘荡。
八百壮士一条心，四方强敌不敢当。
我们的行动伟烈，我们的气节豪壮。
同胞们起来，同胞们起来，
快快上战场，把八百壮士做榜样。
中国不会亡，中国不会亡，
中国不会亡，中国不会亡，
不会亡，不会亡，不会亡。

31 日，八百壮士在谢晋元率领下，且战且走，英军司令在苏州河桥头接应。此时，数万上海市民隔岸声援，情绪沸腾。安全抵达英租界的壮士有 370 多人。

从 10 月 27 日至 10 月 31 日，524 团的八百壮士共坚守四行仓库 4 昼夜，炸毁敌坦克 2 辆，重创 1 辆，毙敌 200 多人，伤敌不计其数。而 524 团仅 10 余人牺牲，30 余人负伤，营长杨瑞符重伤身亡。

## 谢晋元壮烈殉国

谢晋元率八百壮士成功地撤出四行仓库，退入了租界，准备从沪西方向归队。但租界当局慑于日军压力，不敢释放孤军归队，同时也拒绝了日方关于引渡孤军的要求。这样，八百壮士被羁留在胶州路孤军营。这里地面坑坑洼洼，垃圾满地，住房十分简陋，营地四周铁丝网高架，由白俄士兵把守，形同一个俘虏营。

1938 年 8 月，时值上海八一三抗战周年纪念日，孤军向租界当局提出要求在孤军营内悬挂国旗，以示纪念。几经交涉，租界当局被迫同意升旗，但要求将旗杆截短，与营内礼堂屋顶相齐，避免日军看到。11 日，孤军举行了庄严的升旗典礼，上海同胞无不激奋流泪。租界当局见状，害怕得罪日本人，派万国商团的白俄队冲入孤军营，欲强行摘下国旗。手无寸铁的孤军奋力抗争，手拉手地筑起人墙，围在旗杆下。白俄士兵开枪射击，孤军为护旗当场牺牲 4 人，负伤 11 人。白俄军队还将谢晋元等部分军官挟持到车上，拉至外滩囚禁起来。为此，孤军全体官兵绝食抗议。上海同胞亦愤慨万分，罢市 3 天，声援孤军，要求将谢晋元等送归孤军营。

8 月 13 日，中国共产党在汉口出版的《群众》周刊上撰文，向羁留在沪坚持奋斗的八百壮士致诚挚慰问之意。

17 日，租界当局迫于各方压力，同意谢晋元等人回到孤军营。

随着上海形势的变化，日伪活动日趋猖獗。1941 年 4 月 24 日清晨，谢晋元率部早操，在巡视伙房时突遭 3 名汉奸持刀刺杀，不幸殉难，年仅 36 岁。

重庆各界追悼谢晋元

追悼会现场

# 长江上的殊死一搏

陈绍宽

**“平海”舰左舷和中后部中弹，第1舰队司令陈季良屹立在甲板上，继续指挥各舰抗敌。**

1937年8月13日淞沪战争爆发后，中国海军配合陆军进行了顽强抵抗。

随着上海战事的失利，处于劣势的中国海军对日作战的主要战场已移到长江航道。首当其冲的就是江阴。

## 江阴布设阻塞线，袭击日军“出云”号

江阴地处长江下游，江面最窄处只有1000多米，南岸山陵起伏，地势险要，可全面控制长江江面，是长江和南京的门户，并扼守苏州、常熟、福山一线要冲，为历代兵家必争之地。

七七事变爆发后，国民政府就决定加强江阴要塞的防守，封锁江阴航道，阻止日军沿江西上，并防止日船东下逃跑。此后，中国海军的第1、第2舰队陆续开入长江，分布在汉口、九江、湖口、南京下关的江面。8月11日，蒋介石下令海军部长陈绍宽实施封江。于是，中国海军在江阴江面自沉了“通济”、“大同”、“自强”、“武胜”等6艘舰艇和2艘鱼雷艇。又征调20多艘国营招商局商船下沉。接着，又将“公平”、“泳吉”等商轮沉入。另强行将一批日本商船沉入。9月，海军又奉命将海军基地的几艘老舰“海圻”、“海容”、“海筹”、“海琛”等海军吨位最大的军舰下沉。沉船总吨位达63800吨。另用185艘民船，装上3000多方石子，陆续沉下，以弥补空隙。

卢沟桥事变发生后，隐藏在国民政府行政院内的日本间谍黄浚等人，加紧了情报搜集工作。7月27日，行政院举行会议，决定对长江江阴航道进行沉船堵塞。参加这次决策会议的，只有蒋介石、汪精卫、陈绍宽等人，担任会议记录的，就是机要秘书黄浚。会议举行的当夜，命令即以特级军事机密下达有关部队，要求立即执行。但在当晚，黄浚就将这中国当时最大的国防机密向日本驻南京使馆作了报告。当中国方面正在部署军事行动之时，次日上午，长江中上游的大批日本舰船、侨民，以最快的速度通过了江阴江面。中国海军舰艇奉命赶到江阴江面拦截日本军舰与商船时，大部分日本舰船已经提前通过，仅俘获了“岳阳”号与“大贞”号两艘日本商船。显然，机密已经泄露。

在江阴被炸沉的中国海军"平海"舰

江阴江面作战的中国海军官兵





整个阻塞工程,历时2个月,俨然形成了一道严密的江底封锁线。

也是在8月11日,中国海军"甘露"、"青天"、"皦日"等舰,奉令破坏长江下游的航行标志。14日,将海军"普安"等舰只,并征调民船10多条,沉塞于黄浦江董家渡等航道;同时布放了一批水雷,以封锁航道、港汊,阻止日军溯江西上包抄我后路,使日军速战速决计划落空。

8月14日夜,江阴江防司令部出动"史可法102"、"文天祥171"号鱼雷艇,从江阴出发,驶往上海黄浦江袭击日海军第3舰队旗舰"出云"号。途中"文天祥171"号出故障,"史可法102"号决定单艇出击。在到达指定位置后,"史可法102"号发出了两枚鱼雷,其中一枚击中了"出云"舰的尾部。

中国鱼雷快艇出击

11月3日,又将日海军第11舰队旗舰"安宅"号击伤。

## 血战江阴

为加强江阴封锁线,海军部派第1舰队司令陈季良率"平海"、"宁海"、"应瑞"、"逸仙"4艘主力舰列阵江阴江面。另派第2舰队司令曾以鼎率第2舰队作为预备队接应。

1937年9月22日上午9时,日本空军第2航空战队和第2联合航空队的首批战斗机和轰炸机40余架携带重型炸弹向江阴袭来,中国海军旗舰"平海"和它的姊妹舰"宁海"是日机的重点攻击目标。霎时,弹如雨下,火光四起。"平海"舰三面受敌,左舷和中后部当即中弹,舰体遭到破坏。陈季良临危不惧,屹立在甲板上,指挥各舰抗敌。全舰队士气高昂,沉着应战。战斗异常惨烈。

经过6个小时的激战,"平海"舰击落击伤日机5架。舰上官兵阵亡11人,负伤23人。"宁海"舰也受到严重损伤。

9月23日晨,敌机70余架蔽空而来,冲

向中国舰队。“平海”、“宁海”两舰再次成为日军疯狂轰炸的目标。

在日机的疯狂袭击下，“宁海”舰沉没，“平海”舰受重伤。日机又被击落 4 架。陈季良毫不气馁，率司令部移到“逸仙”舰指挥战斗。

9 月 25 日上午，日机 16 架又向“逸仙”舰猛扑而来，“逸仙”舰弹药消耗殆尽，反击能力减弱，最后机舱的机柱被炸断，舵舱进水，舰身向右倾斜，搁浅下沉。陈季良再率司令部人员迁驻“定安”号运输舰上，继续坚持战斗。至此，第 1 舰队各主力舰均被击沉。随后，由曾以鼎担任司令的第 2 舰队“楚有”等舰接替防守，继续抗敌，也被炸沉。其他军舰“青天”、“湖鹏”、“湖鹗”、“江宁”、“绥宁”，以及主力舰“应瑞”等舰，均被炸沉，官兵伤亡累累。

## 设防要塞马当

1937 年 12 月南京失陷后，中国海军在位于长江通往江西、湖北的马当要塞设置新防线，布水雷 800 余枚，并投入 40 多艘舰艇参加武汉会战，在鄱阳以东迎战日军，阻击日军溯江向九江集中，并在长江沿线各要点节节抵抗。海军总司令陈绍宽先后以“咸宁”、“永绥”、“江犀”等舰为旗舰，往来于马

海军布雷队

8 月 11 日晚，海军部长陈绍宽亲自督率陈季良的第 1 舰队驶赴江阴进行封江。第一批沉江的是“通济”、“大同”、“自强”、“武胜”、“德胜”、“威胜”军舰和“辰”、“宿”鱼雷艇，以及向国营招商局、各轮船公司征用的 20 艘商船。不久，又征用“公平”、“万宰”、“泳吉”3 艘商船沉江，并将停泊在镇江、芜湖、九江、汉口、沙市的 8 艘日本趸船拖到江阴沉江。9 月，海军再次抽出“海圻”、“海容”、“海筹”、“海琛”4 艘吨位最大的军舰在江阴下沉。沉船总吨位达 63800 吨。此外，还从苏浙皖鄂征用石子 3000 立方米，装入 185 艘民船陆续下沉。构成了严密的江底封锁线。

蒋介石下达的作战手令

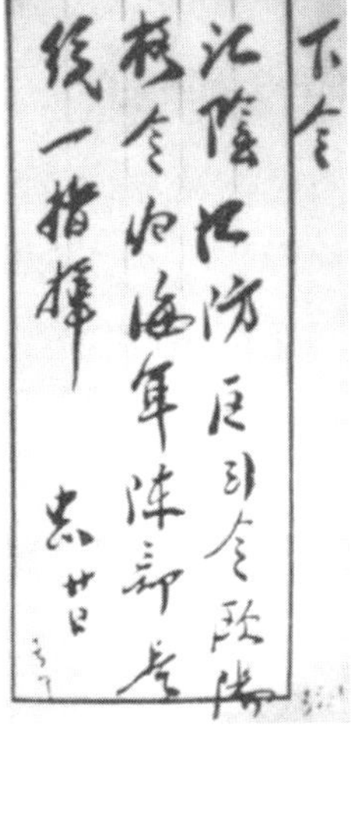
下令
江阴江防司令欧阳格令归海军陈部长统一指挥
中正

海军飘浮水雷

“平海”舰被炸沉后，“逸仙”舰成为中国海军旗舰

当、岳阳、长沙等地指挥。1938 年 3 月 27 日起，日军开始向马当进攻。6 月 21 日，日军舰艇 40 余艘向马当逼近，向中国守军炮台发起进攻。各炮台官兵沉着迎战，当敌迫近时，突发子母弹，击沉日军汽艇 3 艘。6 月 26 日，日军海军陆战队从香口登陆，迂回进攻马当要塞，对中国海军炮台实行陆海军立体夹击，形成包围态势。该日晨，中国海军江防守备队第 2 总队与敌激战，日军伤亡 200 多人。日军恼羞成怒，悍然对中国守军施放毒气。争夺要塞的战斗十分激烈，南岸香山阵地先后 4 次失而复得。要塞海军炮兵和护守的海军陆战队同日军浴血奋战，大批官兵壮烈牺牲。26 日，日军从陆上攻取马当。

## 海军布雷战

进入 1938 年，中国海军主要的作战方式，除利用拆下的舰炮，在江岸抢建炮台进行攻击外，转而进行布雷作战。

由于水雷成本低，制造快，且易于布放，战果显著。

3 月下旬，海军派出游击队在香口、羊山矶等水面施放定雷，很快就炸沉日舰 2 艘，沿江防务得到暂时缓解。

9 月，布雷作战取得了重大战果。为此，海军总司令部组建了布雷别动队，携带大量漂雷前往大通、贵池，专门对日运输舰实施攻击。11 月，在洞庭湖水域施放定雷 400 枚。第 2 舰队司令曾以鼎亲率布雷队，在石首布雷 500 多枚。1940 年，海军在宜昌、石首等地共布雷 2000 多枚。

在湘北会战中，海军配合陆军的攻势，在营田滩、沉沙港布雷 300 枚；在岳阳布放漂雷 40 枚；在鹿角上游加布 390 枚，在湘沅抢布 1000 枚，使日海军不敢长驱直入，攻势被迫收敛。

海军部还组建了长江布雷总队，下设 5 个布雷队，由海军将校任队长。下辖 11 个分队，每队 300 多人，每分队配 1 部电台。将长江中游划为监利—黄陵矶，鄂城—九江，湖口—江阴 3 个布雷游击区。布雷作战已成为打击日军的主要手段。1940 年 6 月，林祥光总队率布雷队炸沉日本“西美丸”号运输舰等多艘日船，在湖口炸沉“凤朝丸”号大型运输舰，击伤“吉阳丸”号运输舰。1940 年一年，刘德浦总队共炸沉日舰 46 艘。

抗战期间，日本海军总共被我海军击沉击伤各类舰艇 321 艘，其中绝大多数是被水雷攻击所致。

# 蓝天上的鹰

在中日空军力量对比悬殊的情况下，中国空军将士勇猛顽强，毫不示弱。

1937年七七事变爆发前，中国空军共有10个飞行大队、6个独立飞行中队、轰炸机137架、驱逐机（即战斗机）121架、攻击机20架、侦察机39架，加上运输、教练等机型，共约600架。飞行人员约3000名。

日本陆军航空兵作战部队有20个战斗机中队、6个轻轰炸机中队、8个重轰炸机中队、15个侦察机中队、3个轰侦混合中队；海军航空兵共有飞机811架。无论是装备，还是飞行员素质都胜过中国空军。在中日空军力量对比悬殊的情况下，中国空军将士勇猛顽强，毫不示弱。

## 高志航首战告捷

8月13日，淞沪战争爆发。中国陆军开始向上海方面大规模集结。8月14日，中国空军第5大队驱逐机17架分别从扬州机场起飞，沿长江向东搜索，于上午9时许在川沙及南通江面，将日海军一艘驱逐舰炸伤。而另一大队的5架侦察机则从笕桥机场起飞，赴上海侦察，并轰炸了公大纱厂的日军仓库。第2大队21架轰炸机从安徽广德起飞，轰炸了泊于吴淞口的日舰及汇山码头等日军据点。

14日下午，第2、第5大队和暂编35中队，出动驱逐机9架、侦察机3架、“克塞”式轰炸机21架，共76架次，集中轰

高志航

刘粹刚

阎海文

乐以琴

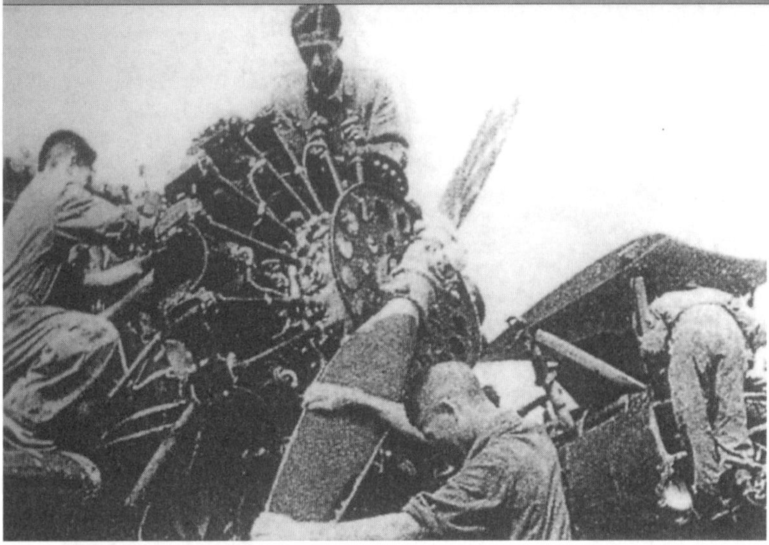

地勤人员日以继夜地工作

炸了上海日军海军陆战队司令部、弹药库、登陆码头等目标，以及停泊在黄浦江上的日舰。于8月7日北上转场至河南周家口机场的中国空军高志航第4大队，也在14日这天接到空军前敌总指挥周至柔下达的两道急令，立即飞返上海准备参战。高志航大队火速飞返杭州笕桥，尚未休整，紧急警报已经响起。在大雨滂沱中，大队长高志航立即率机升空迎战。这是中日空军的第一次交锋。

日本空军的主战机型是96式攻击机，比中国霍克3驱逐机火力强，飞行员空战经验丰富。但中国霍克驱逐机比日机速度快，中国空军飞行员飞行技术虽不及日军，但抗日爱国士气高昂。双方接战后，正在高空搜索的高志航，发现敌机正在杭州湾上空疏散队形。高志航迅速锁定了一架涂着太阳旗机徽的日军轰炸机。日机一边俯冲摆脱，一边准备以机尾炮还击。但高志航的机炮已吐出了火舌，日机右翼上的副油箱着弹，顿时火花四溅，立即像个滚动的火球，一头栽在了钱塘江畔。这是8年抗战中，中国空军打下的第一架日本飞机。

随后，中队长李桂丹又击落1架。紧接着，乐以琴、郑可愚等也传来捷报！空战仅进行了30分钟。日机除了1架逃跑外，其余3架均被高志航大队击落，中国空军无一损失。0比6，高志航大队开创了中国空军对日作战的全胜记录。

1940年，国民政府将8月14日定为空军节。

## 日军再遭重创

日本海军不甘心8月14日在杭州上空的惨败。15日上午10时，日军驻台北松山机场的王牌木更津航空队对杭州笕桥机场实施报复。

这天的杭州空战，日军再次遭到沉重打击。据中国方面的战报记录，共击落日机13架，第4大队分队长乐以琴驾驶2204号战机，先后击落击伤4架敌机，打得日军飞行员心惊胆战。乐以琴愈战愈勇，被日本飞行员称为“空中赵子龙”，他们只要遇到乐以琴驾驶的2204号战机，就主动避战，不敢与之单独交锋。日本方面承认，这次空战损失轰炸机2架、攻击机8架、飞行员20人。中国空军竟将木更津、鹿屋两个闻名于世的日军主力航空队及装备最新的轰炸机消灭过半，在日本引

待命升空的中国空军官兵

起一片震惊。日本空军联队长石井义剖腹自杀。

9月26日,伤势未愈的高志航,又在南京空战中击落号称日本"四大天王"之一的山下七郎大尉,山下被中国军民生擒。高志航被誉为中国空军的"军神",其率领的第4大队更是屡次大败日本木更津航空队。

1937年10月,经过两个多月的激烈空战,中国战机已损失殆尽。中国空军驱逐机司令兼第4大队长高志航挑选20名优秀飞行员到兰州接受苏联援助的飞机。日军趁中国空军主力不在,竟然出动150多架飞机轮番轰炸防守上海大场的中国军队,中国守军损失惨重。高志航在兰州听到这一消息后,向苏方代表提出,把一个月新机训练时间缩短到3天。随后几天,高志航先后两次顶风冒雪驾机独闯六盘山,开辟了从兰州直飞西安的航线。11月25日,高志航率领的14架战机因连日大雨陷在河南周家口机场动弹不得,又因汉奸的告密遭到日机偷袭,高志航在连续3次发动飞机未能成功的情况下,遭轰炸壮烈殉国。

## 中国空军的"四大天王"

在抗战中,中国空军高志航、乐以琴、刘粹刚及梁天成,被誉为"四大天王"。

1937年12月3日,南京危在旦夕。中国空军已无力迎战日军,仅剩乐以琴、董明德二人起飞迎战数十架日机。乐以琴驾驶战机在日机群中左冲右突,施展出高超的飞行技术,致夹攻他的两架日机互撞。但乐以琴的战机被日机包围后很快中弹,乐以琴在跳伞时为防止给日军当靶子打,打开降落伞

在八年抗战中,牺牲的中国空军官兵有6164人,伤残7897人,损失各种飞机2468架。笕桥航空学校也留下了这样的口号:"我们的身体、飞机和炸弹,当与敌人兵舰阵地同归于尽。"

徐焕升胜利归来

较迟，结果触地壮烈殉国。

10月6日，日本海军第2联合航空队，驾驶着新型“96”式舰载战斗机，在空袭南京得手后，竟然在南京上空作起了特技表演，以羞辱因实力受损未能升空迎战的中国空军。中国空军第5大队飞行员刘粹刚怒不可遏，立即单机（机号2401）起飞迎敌，迅速打下1架日机，其他日机当即抱头鼠窜。当时，南京万人空巷，市民们冒着危险为刘粹刚喝彩。10月26日，山西沦陷在即，山西方面向国民政府请求空中支援。国民政府决定派王牌飞行员刘粹刚率3架战机星夜驰援。由于天气恶劣，其他两机相继掉队或返航，刘粹刚仍然单机驰援山西，结果，在一团漆黑中撞到山西高平县的魁星楼，不幸坠机牺牲。

1939年5月，日本空军对重庆实行大轰炸。6月17日，中国空军第4大队23中队分队长梁天成，在空战中飞机不幸中弹，坠毁于涪陵，壮烈殉国。

中国空军的“四大天王”，牺牲时年龄分别是：高志航29岁，梁天成26岁，刘粹刚24岁，乐以琴22岁，乐以琴当初报考空军时年龄不够，遂冒其兄乐以琴之名才考取了中央航校。人称“江南大地之钢盔”。

何应钦（右二）接见徐焕升等飞行员

在八年抗战中，中国空军共出击3717次，侦察279次，拦截日机298次，制空掩护135次，合计出动21597架次，投弹715吨。击落日机599架，击伤110架，炸毁627架，炸伤120架，击沉击伤日舰船8013艘，炸毁炸伤日坦克和军车8456辆。中国空军阵亡6164人，伤残7897人，损失各种飞机2468架。

## 人道远征

1938年初，中国东部沿海的大片土地已经沦陷，中国军队损失也极为惨重。国内外舆论都认为中国的抗战已无胜利的希望，甚至主张放弃抵抗，向日本投降。

鉴于这样的形势，为了打击日本军国主义的嚣张气焰，鼓舞中国军民的抗战斗志，中国核心高层决定组织实施对日本本土的轰炸。当时的中国空军，有9架美制马丁轰炸机，是1936年国民政府以民众募集的资金订购的。中国空军曾为马丁机专门组建了直属空司指挥的第30中队，其飞行员均为中央航校前三期毕业生。由于在作战中损失了4架，至1937年10月马丁轰炸机只剩下5架，第30中队遂被撤销，剩下的马丁机全部划归第14中队。这个中队由英、美、法等国的志愿飞行员组成，由航空委员会秘书长宋美龄的美国顾问陈纳德直接指挥。

在制定轰炸日本本土计划时，徐焕升上尉主动请缨。他是中央航校第一期毕业生，曾被选派到德国实习，并担任过蒋介石的专机驾驶员，是中国空军资深飞行员。

5月初，执行轰炸使命的人员正式确定。

长机徐焕升为正驾驶，苏光华为副驾驶，刘荣光为领航员，吴积冲为通讯员，飞机编号1403；僚机由第19中队副中队长佟彦博为正驾驶，蒋绍禹为副驾驶，雷天春为领航员，陈光斗为通讯员，飞机编号1404。两个机组飞往汉口王家墩机场待命。在待命期间，蒋介石和宋美龄亲自接见了机组成员，以示鼓励。

## "纸弹"轰炸

5月19日15时许，两架马丁轰炸机从汉口起飞，17时降落于浙江衢州机场，加油并装载传单。23时30分，飞机又从衢州起飞，升空至3000米高度后向东飞行，由于云层很厚，无法看清地面，全靠宁波地面电台导航。远离大陆后，就只能凭借仪表进行盲目飞行。由于进行过两个多月的艰苦训练，3个多小时的编队夜航非常顺利。

5月20日凌晨2时40分，机组发现了海岸线，经与航行图对照，确定为日本九州岛，随即开始进行投放传单的准备，然后从熊本向北，沿途经久留米、佐贺、长崎、福冈等城市，将所携带的数百万张传单全部投放完。在日本本土的飞行途中，中国空军的两架马丁轰炸机均未遭到地面高射炮和飞机的拦截，只在飞临福冈上空时，全城一片漆黑，显然日军已经发现有飞机突入其领空，实行了灯火管制。

4时30分，两机掉头沿原路返航。途中两机失散，僚机于8时48分在江西玉山着陆，长机于9时24分在南昌着陆。随后两机在武汉上空会合，然后安全降落在汉口王家墩机场。这就是史称"纸弹"轰炸日本的经过。

1938年春，日机不断空袭武汉，有人主张中国空军轰炸日本本土，以此作为对日机在中国狂轰滥炸的报复。这些意见都集中到了侍从室一处。当时侍从室一处主任为钱大钧。侍一处讨论时，提出我国空军的这次远征，主要是在日本本土散发传单和小册子，以唤起日本民众反战的觉悟。钱大钧口头报告了蒋介石。蒋表示同意。于是，中国空军在抗战期间的一次跨海东征就在侍从室内极其机密地筹划中进行。飞机所携带的宣传文件是中央宣传部副部长方治及其日裔夫人和军委会政治部第三厅厅长郭沫若及日本反战作家鹿地亘撰写和翻译的。

海军卸下舰炮在岸上向日军炮击

# 怒吼的江阴要塞

**江阴要塞的先进大炮，尽显中国炮兵新锐的威力。**





## 要塞配备了德国先进火炮

早在抗战全面爆发之前，国民政府军政部就已在江阴要塞作了一些战略上的准备。因江阴一向以长江的门户而著称，江面仅宽1000多米，是长江下游最狭窄的一段，又称为长江的瓶颈，战略地位十分重要。所以，蒋介石指令军政部兵工署，专门购置了一大批德国先进的火炮。

在八一三淞沪战争之前，德造火炮已经运抵中国。这一批火炮是8.8厘米的高平两用半自动火炮，共20门，弹药和观测、通讯器材齐备。因炮价昂贵，中国的军费有限，所以购买这20门火炮已经勉为其难。对长江的防务来说，只能是杯水车薪。故军政部只能力求使这20门火炮发挥最大作用，将8门设置在江阴要塞，8门设置在南京江宁要塞，另4门配置在武汉外围的白浒山。军政部将这种火炮定名为“甲炮”，又分别确定了各炮排列的番号。江宁要塞为甲1台、甲2台，江阴要塞为甲3台、甲4台，武汉白浒山为甲5台。

高平两用半自动火炮为当时世界上最先进的火炮，甲炮最高射程为6000米，平射最远可达1.5万米。此外，江阴要塞还特为配置了4门一组的德造15厘米加农炮，定名为丙炮，安放在江阴的西山，番号为丙1台。该炮炮弹弹型呈尖型，有穿甲和爆破两种，每颗重达50公斤，射程最远可达2.2万米，在同类型的火炮中也算是最先进的。为了能更好地操纵火炮，江阴要塞的全体官兵，都接受了德国军事教官的军事训练，因此，军事素质较好，战斗力也比较强。加上全国同仇敌忾的抗战形势，官兵们的士气十分高涨。

## 中国炮兵初试锋芒

不多久，中国炮兵就初试牛刀，旗开得胜。

9月下旬，日本空军战斗机每天上午开始进入江阴空域，先是盘旋侦察，不多久，重型轰炸机群就接踵而至。每批三五架至七八架不等。飞机一到，即开始狂轰滥炸，第一批飞机把炸弹投完，第二批飞机又到。就这样，日军轰炸机每日轮番轰炸至天黑，不让中国军队有一点喘息的机会。因中国军队的大炮射程有限，所以日本飞机肆无忌惮地俯冲、投弹、扫射、轰炸，如入无人之境。几天下来，停泊在江阴江面的中国海军“宁海”、“平海”、“应瑞”等4艘军舰，均被日机炸毁。部分江岸阵地也被摧毁。正当日本飞机活动猖獗时，中国炮兵新锐出场了。

10月的一天下午4时许，太阳仍高高地悬在空中，西方的天际浮动着几片薄薄的云彩。一个日本空军小机群又从上海方向贴着江面窜至江阴上空。一架日本最新式的零式战斗轰炸机首先呼啸着向甲3台附近的一个高炮阵地俯冲而来，这时，一直引而未发的甲3台、甲4台两门高射、平射两用火炮一起向这架零式飞机猛烈开火。两支炮管同时吐出了红红的火舌，“咚咚咚”一连串的炮弹炸响声之后，空中出现了十几朵白色的炮弹烟花。忽然，一架飞机在空中猛烈地颤抖了一下。很快，飞机的肚子下面就冒出了一股黑烟。飞机挣扎了几下，就拖着长长的烟尾巴，栽入了长江，一股水柱冲天而起。随着另几声炮弹的轰响，又一架日机的翅膀下冒出了黑烟。只见它挣扎了一会儿，像是醉汉似的摇摇晃晃向上海方向遁去。江阴炮台的阵地上立刻爆发出一片欢呼声。

第一次试炮，新安装的甲炮就在我军炮手的操纵下，显示出强大的威力，取得了意想不到的战果。

11月上旬的一天，已接近中午时分，日本海军的5艘军舰借助太阳强光的掩护，驶到江阴江面航道的中央，立即掉转舰身抛锚，将炮口对准江阴南岸的我军炮兵阵地准备射击。其实，在日舰刚刚进入江阴水域时，就被我炮台的观测哨发觉，待日舰刚刚停下，测距兵就已测出精确的距离，还未等日舰准备完毕，甲3台两门火炮的4发炮弹就窜出了炮膛。只听见“轰隆隆”几声巨响，江面上立时腾起了几个冲天的水柱。忽然，日舰舰桥前方的甲板上不偏不倚落下了一发炮弹，一声剧烈的爆炸声后，军舰腾起了浓烟，日军士兵一片鬼哭狼嚎。另一艘日舰也被击中左舷。甲4台仍不依不饶，又连续发出多枚炮弹。在炮台大炮的一顿猛轰之下，日舰不仅没有

**中日海军军力对比（1937年）**

中国方面

第1舰队12艘舰艇

第2舰队19艘舰艇

第3舰队14艘舰艇

练习舰队2艘

海军总部直辖及巡防舰、测量舰及20多艘

江阴电雷学校、闽粤沿海、长江内河舰艇120艘

总吨位68895吨

日本方面

舰艇总数308艘：

战列舰9艘

练习战列舰1艘

航空母舰6艘

一等巡洋舰12艘

二等巡洋舰25艘

水上飞机母舰5艘

潜水母舰7艘

敷设舰6艘

海防舰7艘

炮舰10艘

一等驱逐舰85艘

二等驱逐舰29艘

一等潜水舰37艘

二等潜水舰25艘

水雷艇12艘

扫雷艇12艘

特务艇20艘

总排水量1204132吨

（另海军航空队飞机1220架）

江阴炮台的中国大炮

抗战初期，中国海军损失惨重





占到一点便宜，却几乎丧失了战斗力。遂掉转舰身，向上海方向逃窜。

## 三次手令

两轮炮战下来，炮台官兵们的士气空前高涨。正当他们准备迎接新的战斗之际，要塞司令部突然接到南京军政部发来的急电："暂守江阴候令撤退。中正。"军官们看到蒋介石的手令，很是不解。

就在大家议论纷纷时，军政部的电报又到。电文是："将新炮准备拆到后方安装，铁驳一到即行起运。应钦。"这是军政部长何应钦的指令，与蒋介石的手令电报要求是一致的。

要塞司令部感到很为难，经反复研究，最后决定，暂时将这两道命令封锁，不向士兵传达，以免影响士气。同时，派人将火炮螺丝悄悄地松动，一旦新的命令到达时，撤退起来不至过于仓促。即便如此，士兵们还是察觉出来，马上质问长官为何要松动火炮螺丝。要塞司令部反复做工作，才把军心重新稳定下来。

可是一连等了几天，军政部的铁驳船仍然不见踪影。

就在要塞官兵焦急等待时，军政部的第三道电令到达，只有六个字："固守江阴。中正。"

要塞司令部的指挥官与参谋们马上着手研究"固守"两个字的含义，是继续备战还是解除警报呢？这时，京沪卫戍司令部的一份代电到了。内容是这样的：由于苏美英法等国对中国抵抗日本的侵略都表示同情，决定支持中国军队的抗战。我军已在平汉线收复保定，目前态势很好，正在向北挺进。津浦线我军也已收复沧州。估计华中日军不敢贸然深入中国腹地进军首都南京。

根据蒋介石的"固守"手令和代电，要塞司令部分析，上海战事即使结束，日军暂时还不会向首都南京发起进攻。于是重又下令将火炮螺丝上紧。既不作撤也不作战的准备。但这一来，备战情绪立即明显地松弛下来。官兵们都松了一口气，士兵们纷纷从炮位上撤下来休整，有的玩牌，有的下棋。要塞的紧张气氛为之一变。

就在这时，军政部的一封加急电报又到，仍是六个字："死守江阴。中正。"

接到电报，指挥官们个个面面相觑，心里已是再明白不过了，但竟不知如何应对。前后两封电报，虽只有一字之差，但大家都已经明显地感到，局势已变得相当严重了，日军大军压境已是指日可待了。

短短一个星期，蒋介石的三道手令虽然

**原中央银行大楼**——雄踞长江南岸的中央银行，是国民政府的国家银行，位居“中”、“中”、“交”、“农”四行之首，一直掌握着中国财政金融的命脉。

江苏邮政管理局穹隆顶——典型的西式建筑屋顶。西方建筑擅长用石料，现在看来确有独到之处，比之中式的木质构建，实在是经久耐用许多。穹隆顶俨然像一座坚实的城堡，矗立在蓝天下；又好似一个巨大的石雕，层层叠叠，在阳光中分外壮观。大理石材质虽然灰暗，但造型优美而物象厚重。

每次只有一字之差，但效果却截然不同。要塞官兵们的情绪和士气也是大起大落，由高到低，又由低到高，经历了几次反复。

## 忍痛毁炮 撤离江阴

果然，几天之后，日舰不断从上海方面西上，日机则更加频繁地飞至江阴上空轰炸。战至11月下旬，上海前线整日退下来成千上万的溃兵，有的从江阴过江，有的由江阴转往南京。

江阴要塞司令部这下又犯难了。局面已是十分危急，是固守还是弃守，已经没有一兵一卒的增援，装备早已拼得差不多了，并且已不会再有补充。与阵地共存亡，只能是无谓的牺牲；弃守，又没有上峰的命令，放弃阵地的罪责难逃。就在大家争论不休时，江阴江防军总司令刘兴接到了南京统帅部来的电话命令，刘即刻向官兵们传达："大家都不要再争了，委员长已同意撤离。现上级来了命令，今晚8时开始撤退。但有一个前提，就是要掩护陆军先行撤走后才能撤离，如果谁先走一步，立即军法从事。撤退之前，炮台全部摧毁，不能留下一枪一弹。"

天色将晚时，陆军已基本撤退完毕，要塞司令部这才下令作撤退的准备。第一步，就是毁炮，不能把一个炮栓留给日本人。面对一门门心爱的火炮，谁忍心亲手炸毁？但也别无良策，只有横下一条心。几十名炮兵先把两架德造6公尺基线的实体视测远机和两架直径2000毫米的军用探照灯从山顶推下去。之后就是破坏火炮。甲炮和丙炮都十分坚固，士兵们用沙土填实炮筒发射试图炸毁炮筒，仍无法彻底毁坏。最后只好将硫酸倒入炮膛进行腐蚀，这才使其成为废炮。

全部装备摧毁以后，已是凌晨时分。这时，江阴已见敌踪，江阴黄山炮台山下的公路已有日军的坦克在行驶。要塞官兵们含着眼泪，一步一回头地离开了心爱的火炮阵地。

1938年10月24日，日机在武汉金口至城陵矶江面对"中山"、"楚谦"等舰进行了猛烈的轰炸。下午3时，6架日机成一字形向"中山"舰进行轮番俯冲。"中山"舰全舰则集中火力对空射击。"中山"舰舰尾和左舷首先中弹，舵机转动不灵，锅炉房爆炸，军舰开始进水。接着，军舰又连续中弹，前舱冒火，水龙设备被毁，舵机失灵，已不能行驶。舰长萨师俊脚被炸断，全身多处负伤，仍坚持在指挥台进行指挥。几名官兵强行将萨师俊抬上一条舢板撤离，一架日机飞来，用机枪疯狂扫射，萨再次中弹，舢板沉没。此时，"中山"舰已倾斜40度，突然又昂起舰首，随即沉没。此役，43岁的舰长萨师俊，以及航海员魏行健、轮机军士长黄孝春等军官以及士兵23人阵亡。

江阴江面上的日军海军编队

国府西迁时的主席林森

# 无奈的迁都

**国民政府迁都重庆的决定做出之时，蒋介石也宣布“倭寇要求速战速决，我们就要持久战消耗战”。**




1937年8月13日，淞沪战争再起。8月15日，首都南京首次遭到日机的轰炸，全城一片混乱。接着，日机又接二连三地轰炸南京，首都的战争气氛日渐浓厚。

其实，国民政府对于南京在对外战争中的安全问题，一直就有所考虑，对非常时期的“迁都”之举，也有所筹划。1936年，国民政府曾有过非常时期将政府迁往湖南株洲的方案。七七事变后，行政院长蒋介石曾亲自下达手令，要求南京国民政府“各院部实施动员演习及准备迁址办公”。行政院根据蒋介石的建议，又有过将首都移驻衡阳的考虑。随着平津的失陷，“迁都”之事更为紧迫。

随着战事的不断扩大，迁址办公之事越来越紧迫。8月4日，军委会举行关于卢沟桥事件的第25次会议，行政院政务处长何廉向蒋介石提出：政府迁都何处？蒋介石不置可否。军政部长何应钦则提出：“是否以迁往武

西迁前的国民政府大门

重庆国民政府大门

国民政府高级军政官员在重庆

汉为宜？”这只是一个试探性的提问。蒋介石仍未作正面回答。

直到上海八一三抗战爆发时，“迁都”之事只是议论议论而已，并没有付诸实施。这时蒋介石的确有点着急了。

就在这时，四川省主席刘湘通过宋子文向国民政府主席林森和行政院长蒋介石呈递了“建议中央迁川，以做长期抗战的准备”的建议书。其实，蒋介石早就打好了迁川的腹稿，见了这份建议书，立即“深表嘉许”。几日后，蒋介石迅速命令何廉做迁都重庆的准备。

11 月 16 日晚，南京下关码头，海军的几艘军舰早已一字排开。时任国民政府主席的林森登上“永绥”号炮舰，其他随行人员则乘“龙兴”号轮船。舰船离开码头时，已是 11 月 17 日的凌晨。

就在 11 月 17 日，四川省主席刘湘发给林森一电：

国民政府主席林森钧鉴：

倾读我政府宣言，知为适应战况，统筹全局，长期抗战起见，移驻重庆。有此坚决之表示，益昭抗敌之精神，复兴既是根据，胜算终自我操。不特可待国际之同情，抑且愈励川民之

1937 年 8 月 18 日，蒋介石正式宣布持久抗战的作战原则。他说：“倭寇要求速战速决，我们就要持久战消耗战。”8 月 20 日，国民政府军事委员会颁布《战争指导方案》，正式确定“以持久战为基本主旨，以空间换时间，逐次消耗敌人，以转变形势，争取胜利”的战略方针。在国共两党取得共识的基础上，中国抗日战争实行持久作战的战略总方针正式形成。在战略部署上，会议议定以一部兵力于华北各要点重叠配备，多线设防，逐次抵抗；集中兵力于华东，力保淞沪要地，掩护南京；另以少量兵力扼守华南各主要港口。

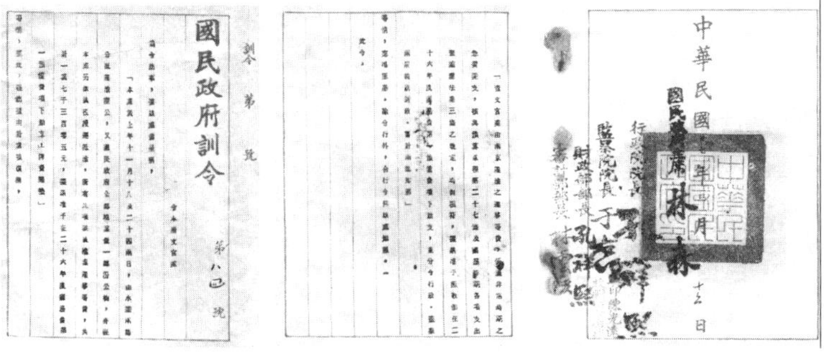
国民政府训令

中華民國

国民政府“迁都”令

重庆国民政府大楼

重庆蒋介石黄山官邸

忠爱。欣涌之余，谨率7000万人，翘首欢迎，伏乞睿鉴。职刘湘叩。

林森出发的当天，国民政府向全国发表宣言，正式宣布国民政府“移驻”重庆。蒋介石也为“迁都”之事通电全国，称“国民政府移驻重庆，我前方军事不但决无牵动，必更坚决奋斗；就整个抗战大计言，实为进一步展开战略之起点”。

11月20日，林森一行抵达汉口，并以国民政府主席的名义发表了《国民政府移驻重庆宣言》。宣言谴责、抨击了日本帝国主义对中国“无止境之侵略”和威逼中国首都的阴谋，赞扬了前方将士“忠勇奋发”、“壮烈牺牲”的精神，明确揭示了国民政府迁都重庆的动机和目的——“适应战况，统筹全局，长期抗战……此后将以最广大之规模，从事更持久之战斗。”26日，林森等抵达重庆。30日，国民党中央执行委员会秘书长叶楚伧、中央监察委员会秘书长王子庄及中央委员吴稚晖、丁惟汾、钮永健等率中央党部职员40余人抵达重庆。12月1日，国民政府也宣布在重庆高级工业学校新址正式办公；12月7日，国民党中央党部也正式在范庄办公。虽然此时国民政府已正式宣告迁都重庆并开始在重庆办公，但这时迁到重庆的只是国民政府、国民党中央的少数部门，多数部门，特别是那些主要职能部门，诸如军政、外交、经济、财政、内政、交通等部暂时迁到了武汉或长沙等地，政府的主要负责人蒋介石、汪精卫、孔祥熙、何应钦、张群、白崇禧、徐永昌、陈诚等均齐集武汉。1938年夏，随着日军侵略的加紧，华中重镇武汉岌岌可危。国民政府军事委员会于7月17日紧急命令国民政府及国民党中央驻武汉各机关，限5天内全部移驻重庆。奉此，先前迁到武汉的各党政首脑机关开始了又一次大规模的西迁：7月18日起，中央各部门纷纷迁往重庆，11月中旬，军事委员会又决定驻南岳各军事机关全部迁往重庆。12月8日，中国国民党总裁、国民政府军事委员会委员长、国防最高会议主席、海陆空军总司令蒋介石也率军事大本营由桂林飞抵重庆。

# 首都沦陷

南京卫戍司令长官唐生智

**在南京保卫战中，许许多多的中国官兵，为了保卫首都，流尽了最后一滴血。**

南京保卫战，中国军队15万疲惫之师在三面被围、背水一战的不利情况下，英勇抗击了日军机械化部队5个半师团10余万人的优势兵力，以伤亡万余人的代价歼敌逾万人，牺牲精神，值得称颂。

## 是守？是弃？

1937年八一三淞沪抗战打响后，南京很快进入了战争状态。11月后，随着上海战事的变化，首都南京也逐渐吃紧。很快，国民政府苦心经营多年的吴福线和锡澄线国防工事，在日军的打击下不堪一击。于是，南京是战是弃，自然就提上了最高统帅部的议事日程。

一天，蒋介石在黄埔路官邸召开了一次秘密军事会议。在南京的高级将领悉数参加。蒋介石开门见山地说："诸位，你们看看南京守不守？"停了一会儿，又说："南京是一定要守的，南京是我们的首都，为国际观瞻所系，又是先总理的陵墓

中国军队高级将领在南京郊区部署作战

一名中国军人在掩体前

中国军队的炮兵

所在，如果放弃南京，我们何以对总理的在天之灵。因此，南京是非守不可。”到会的将领们个个低着头不说话。蒋介石大喝一声：“在座的都是党国的精英，拿着国家的薪俸，为什么都不说话。今天，到会的每一个人都要发表意见，不说就不散会。”说着，不时地向唐生智看几眼。

蒋介石要守南京，而且只嘱意一个人，他就是唐生智。唐生智是湘军宿将，早年反对过蒋介石，还与蒋介石打过仗，后被蒋介石收编，但只谋了个中央训练总监的闲职。这次蒋介石要唐出马，有几层意思。一是看重唐的声望，用他守南京，对嫡系和杂牌都可以说得过去，同时，对杂牌也便于指挥。二是上海主要是嫡系打的，虽战败，但对国人和世人总算有

中国军队在南京外围据守

个交代了。这次让唐生智的杂牌来守一下，至少可以说明我蒋某人有肚量，这么重要的任务都交给了湘军将领。即使败了，首都丢了，也是杂牌打的。

这时，唐生智终于开了口，全场的目光一下子都被唐生智所吸引。“我看，守还要守的，关键是怎么个守法。”蒋介石一听唐生智说话了，马上就说：“孟潇兄，你说下去，由谁来守？”这时，唐生智又把头埋了下去，不再说了。蒋介石只好说：“你们都不愿守，那么，就由我来守吧。过几天，大家全部离开南京。”唐生智又开口了：“委员长亲自守，这怎么行，我看，派个军长或一个总司令，率几个军守一下就行了，南京警备司令谷正伦将军就行。”蒋介石立刻说：“那不行，谷正伦的资历太浅了，一点没有号召力，他怎么能守南京呢？”接着，会场又处于沉寂状态。蒋介石看看会议也开不下去了，只好宣布散会。

## 蒋介石“逼”出个司令长官

第二天，蒋介石亲自找到唐生智，用直截了当但又非常亲切的语调说：“孟潇兄，关于守南京的事嘛，我看，不是我留下，就是你留

下。”唐生智看看实在推不掉了，只好说：“你是国家的统帅，怎么能留下呢。与其是你留下，还不如我留下。我与南京共存亡就是了。”

其时，唐生智正患重病，但在蒋介石的一再催逼下，也不得不答应下来。

第三天，蒋介石又找到唐生智，很是诚恳地说：“孟潇兄，你的身体病成这样，还劳你守南京，我的心里真是很难过。但这也是没有办法的事啊，相信你能以国家社稷为重。”唐生智强打起精神，还是那句话：“军人以服从命令为天职。没有你的命令，我决不撤出南京。”

就在这一天，蒋介石火速下达了一道命令：“任命唐生智为南京卫戍司令长官部司令长官。”

11 月 20 日，唐生智正式到职任事。

这一次，敌我双方力量对比是悬殊的，由于国民政府最高军事当局在是死守还是弃守上久而不决，优柔寡断，终于导致了日军对中国首都南京的包围圈一天天在缩小。南京保卫战从 12 月初开始，中国军队以血肉之躯在苦战着、支撑着，他们的目的，就是不让自己的首都遭到铁蹄的蹂躏。

战至 12 月 12 日，中国守军终于支撑不住了。凌晨 2 时许，南京卫戍长官部下达了紧急命令，所有南京守城将领火速到铁道部唐公馆开会。

蒋介石是中国军队对日作战的最高指挥者，他对自己的军事指挥艺术很自负，他在指挥中国军队正面作战时，过多地采取正规战、消耗战战术。淞沪战役，蒋介石以 70 个精锐师正面抵挡日军，最后仍告溃败，足证中日两国军力悬殊，中国军队难以正规战对抗。到了南京保卫战时，蒋介石并未吸取教训，仍坚持与日军正面对抗，固守城垣。到了武汉会战时，蒋才吸取了教训，在打击日军主力之后，命令部队撤退，以确保战斗力。1941 年的长沙大捷，蒋介石自认为是抗战以来最真实的胜利。之前除了台儿庄战役以外，中国军队几乎每战必败。长沙大捷后，西方世界对中国军队大加推崇，蒋介石也更得到美国总统罗斯福的认可。

中国守军在进行对空观察(右)
保卫南京的炮兵阵地(左)

唐生智宣读了蒋介石的电报手令:“如情势不能久守时,可相机撤退,以图后策。蒋中正。”唐生智刚把蒋介石的电报手令念完,众将领都陷入了不可名状的悲痛之中，有的将领已经在抽泣了。

唐生智强打精神安慰大家说:“战争不是在今天结束,而是在明日继续。请大家记住今天的耻辱……”

南京保卫战失败了,但在保卫战中,许许多多的中国官兵,为了保卫首都、捍卫民族的尊严流尽了最后一滴血。壮烈殉国的中国军队高级军官有:谢承瑞、萧山令、张谊、姚中英、饶国华、朱赤、朱玫嵩、易安华、程智、司徒非、李少霞、罗策群、韩宪元、李杰、华品章等。

日军在国民政府前炫耀武力

日军在国民政府门楼上升起太阳旗

1937 年 12 月 13 日,日军进入南京城

日军华中方面军司令官松井石根率军进入南京

日军占领南京市政府

日军占领南京中华西门

# 南京兽行

日军在中山陵园内搜索扫荡

**持续6个星期的大屠杀，史无前例，惨绝人寰，永远镌刻在中国人民的记忆中。**

## 一部正在开动的野兽机器

1937年12月13日，南京沦陷。之后，便是一场惨绝人寰的大屠杀。

14日，日军山田支队占领了南京守军的最后一个据点——幕府山。日军其他部队则相继切断了南京守军的全部退路。大量放下武器的中国军人云集在燕子矶、下关沿江一带，成为日军的俘虏。日军"上海派遣军"司令官朝香宫鸠彦曾签署了一道"阅后即毁"的机密命令，要求所属部队"杀掉全部俘虏"。日军第16师团（师团长中岛今朝吾）、第6师团（师团长谷寿夫）忠实地执行了这一命令。谷寿夫甚至宣布"解除军纪三天"。

日军进入南京后，首先以集体屠杀的方式杀害中国军队官兵。13日，第6师团枪杀了从水西门至下关俘虏的放下武器的军人1500多人。第114师团刺杀了雨花台俘虏的军人1354人。第16师团在中华门外枪杀俘虏1500多人。国琦支队在浦口和江心洲枪杀俘虏3000多人。17日，山田支队在上元门北岸，将在幕府山、八卦洲一带俘虏的近15000名俘虏，分两个地方一并枪杀。由于这种集体屠杀行动是由日军松井石根授意的、上海派遣军第10军司令官下令执行的，所以占领南京的各部队都犯有类似罪行。

中山陵铜鼎凹坑，是侵华日军炮轰所致

对于手无寸铁的平民，日军也毫无人性地进行了集体屠杀。12月14日，在中山码头枪杀平民及军警7000人。16日，又在这里枪杀难民5000多人。松井石根举行占领南京入城式是17日，就在18日深夜，日军在草鞋峡一次枪杀妇女老幼平民及部分战俘57000多人。日军任意地零星枪杀、强奸、抢劫中国人更是比比皆是。

一名日本随军记者在其写的“见闻录”中，曾详细记录了南京大屠杀的采访见闻，其中有他与日本《读卖新闻》驻上海分社联络员武田和畦的一段对话：

俘虏有10万之多，刚进城的部队问军司令部这些俘虏怎么办？回答是“适当处分”。这个命令是事实，山田旅团长（即在上元门屠杀万余名俘虏的支队长山田）……12月15日，就处理俘虏一事，派本间少尉去师团部，得到“收拾掉”的命令。所谓“适当处分”，就是如无法处理就予以处决。这是军队里一开始就确定了的方针。不仅残杀俘虏，还杀害无数平民百姓。联络员看见路上躺满了百姓的尸体。问究竟杀了多少人？回答是“这个数字既未发表，也无法统计”。总之，是满目尸体。留在市内没有住进难民营的百姓，都被一扫而光。

当时在南京的外国记者都目睹和报道了日军的暴行。美国《纽约时报》驻南京特派记者杜廷在报道中说：“日军占领南京三天内……大规模地抢劫、奸淫妇女，屠杀普通居民，将居民从家中驱出，成批地处决俘虏，抓走成年男子，使南京成为一座恐怖的城市。”

就连倾向于日本的德国驻华武官在给德国政府的报告中也认为，“犯罪的不是这个日本人和那个日本人，而是整个日本皇军……它是一部正在开动的野兽机器。”

日军少尉野田毅与向井敏明，在占领南京后竟然展开了一场杀人比赛，看谁先杀到100人。其行为令人发指。这一事件，日本报纸均有报道。

日军在占领南京后的6个星期内，野蛮屠杀了放下武器的中国俘虏近10万人，平民20多万人，总数在30万人以上。

日军在南京大肆劫掠

日军横行在南京中华门街头

在日军占领南京前夕，许多人离开了南京，当时南京人口还有 60 万。日军大屠杀后，人口骤减至 17 万，南京成了一座万户萧疏的“死城”。

民船在长江中打捞尸体

南京大屠杀中，中国人的尸体堆积在秦淮河边

## 文化掠夺

日军在进行疯狂屠杀的同时，对中国首都南京也进行了疯狂的文化掠夺。

据史料记载，日军占领南京后，上海派遣军动用了 367 名士兵，330 名特工，830 名苦力，对南京的图书文献进行掠夺。遭劫掠的单位有，国民政府、外交部、中央研究院、国立图书馆。据不完全统计，被劫图书文献达 88 万册(卷)，其中有政府各种公报的原稿，中国经济、矿产调查资料等等，十分珍贵。当时，日军动用军用卡车 300 多辆才运完，先放在南京地质调查所，后全部运往日本。

南京中央图书馆馆藏的 15 万册图书，除少量随国民政府西迁时运往重庆外，其余全被日军劫走。南京民间收藏的名贵图书，或被劫，或被焚毁。

文物的损失也是惊人的。仅以南京的国民政府机关为例，日军占领南京后，日军第 16 师团将其占作司令部。该师团长中岛今朝吾中将在他的“阵中日记”中承认，对国民政府

日军占领了国立美术馆

日军侵入国民党中央监察委员会大楼

日军通过中山门攻入城内

全国经济委员会卫生实验处图书室被炸毁

的抢劫是可怕的。从国民政府主席房间开始，凡是看上眼的东西，不管是陈列的古董，还是别的什么东西，全部拿走。他自己带回日本的东西就有30多件，其中就有国宝级的文物。由于东西太多，由陆军省检查时打开，一看全是古董和工艺品。师团长如此，其他人就可想而知了。

1945年抗战胜利后，南京临时参议会公布的数字是，被日军抢劫、焚毁的图书，仅南京地区就达1851箱，2859套，148619册。古文物字画28482件，古玩7321件。这只是当时公布的官方单位被劫的数字，还有大量民间的，暂时无法统计的。

## 对建筑的破坏

对带不走的古建筑，日军则加以大肆破坏。如重建于同治八年的夫子庙大成殿及奇芳阁、六朝居、得月楼等古建筑，均被焚毁。从夫子庙，到龙门街、瞻园路，以至石坝街，则化为一片焦土。

南京的街道和建筑，有1/3化为了灰烬。尤其是城南地区，从中华门到新街口，再到鼓楼，沿马路和主干道两侧，所有的大街小巷，都受到不同程度的破坏。中华门内的繁华商业街道，70%被烧毁。从内桥到三山街，再到中华门，每隔几家就有一片瓦砾场。破坏最为严重的，是太平路到夫子庙这条南京著名的商业街，90%被毁。

白下路商业街，被毁10余处，长乐路，从中华门到武定桥一段全毁。大行宫到新街口，部分被毁，幸存的全被日军占用。

南京大屠杀元凶之一，日军秩父宫殿下(右)在雨花台前线

# 抗战的佳音

蒋介石、李宗仁、白崇禧在台儿庄

**台儿庄，从名不见经传到名扬天下，皆源于那场令国人扬眉吐气的大捷。**

## 临沂保卫战

1937 年 12 月，中国首都南京失守后，日军气焰更为嚣张，企图一举击溃中国军队主力。中国第五战区在司令长官李宗仁的指挥下，与日军展开了一场大规模的主力决战——徐州会战，而在会战前期的台儿庄之战中，中国军队取得了正面战场的又一次胜利。

徐州位于黄河与淮河之间，山峦重叠，河川纵横，居苏鲁豫皖四省要冲，为津浦、陇海两铁路之枢纽。日军战略意图是：以济南、南京为基地，从南北两端沿津浦铁路夹击，最后会师徐州，打通津浦路。为此，日军先后集中 24 万精锐部队，于 1938 年 1 月下旬开始南北进击，合攻徐州。

1938 年 1 月下旬，北上日军遭到中国军队的猛烈阻击。2 月 9 日，日军曾一度越过淮河北岸，但不久即被中国军队击退败回淮河南岸，形成两军隔河对峙的局面。

在北线，1938 年 3 月初，日军分两路进犯台儿庄。台儿庄位于津浦路台(儿庄)枣(庄)支线及台潍公路交叉点，扼运河咽喉，是徐州的门户。3 月 5 日，板垣征四郎率第 5 师团 2 万余人由青岛沿胶济路西进，经潍县抵达临沂以北汤头镇，进攻临沂。14 日，中国守军庞炳勋第 3 军团和前来驰援的张自

1938 年 3 月 14 日起，日军濑谷旅团出动步、骑兵万余人，向台儿庄以北的滕县中国守军阵地疯狂进攻。驻防滕县的是王铭章师，日军多次企图从炸开的城墙缺口处冲进城内，我军战士用成束的手榴弹投向敌群，迫使敌群后退。从 17 日黎明开始，日军集中 50 多门山炮、野炮猛轰，20 多架飞机低空扫射投弹。城内火光冲天，成为一片焦土。日军以坦克为掩护，从轰塌的城墙缺口冲入城内，我军战士在近距离内与日军肉博，直至 18 日中午，全部战死。300 多名伤兵宁死不做俘虏，用手榴弹引爆自尽。滕县守城战，王铭章师 2000 多名守城官兵全部为国捐躯。日军则伤亡达 4000 多人。

徐州会战中的中国军队




忠第59军与日军激战5天，全歼敌3个联队，击毙其第11联队长野裕一郎大佐、弁田中佐和1名大队长，取得临沂保卫战的胜利。日军第5、第10师团会师台儿庄、合攻徐州的企图彻底落空。

## 血战台儿庄

3月20日，日军攻占枣庄、峄县，沿台枣支线向台儿庄突进。

第5战区司令长官李宗仁急命孙连仲第2集团军沿运河设防；令汤恩伯第20军团让开津浦铁路正面诱敌深入，等到日军主力部队到达台儿庄后，就从左翼迂回杀出，配合孙连仲部将日军围歼；令孙震第22集团军固守河防。

3月23日，中国第2集团军第31师在泥沟车站与日军发生遭遇战。台儿庄战役正式打响。日军追击中国军队第11师185团到南洛，被伏兵所阻。24日，敌军进至刘家湖后，突击台儿庄城东北，被守军186团全歼200余人。25日，日军进攻南洛。185团主动出击，三营营长高鸿立率全营士兵与敌拼杀。日军1000余人在20余辆坦克掩护下向高营猛扑。团长王郁彬率1、2两营赶来增援，血战两昼夜，王郁彬、高鸿立负伤。27日，日军攻破台儿庄北门。中国守军第31师与日军在庄内展开拉锯战，双方伤亡惨重。日军不断增加兵力，又从峄县调来4000余人。

28日，日军攻入台儿庄西北角，切断中国第31师师部与庄内的联系。该师师长池峰城指挥所部以强大炮火压制敌人，并组织数十名敢死队员，用大刀拼杀、肉搏。汤恩伯军团关麟征第52军和王仲廉第85军在外线向枣庄、峄县日军侧背攻击。29日，日军濑谷支队再以兵力支援，并占领了台儿庄东半部。31日，中国守军完成了对进入台儿庄地区的濑谷支队的包围。是日，坂本旅团又从临沂转向台儿庄驰援。中国军队第52军和刚赶到的第75军合力围攻坂本支队。激战数日，予日军以重创，使其救援濑谷支队的计划落空。

4月3日，李宗仁下达总攻击令。第52军、85军、75军在台儿庄附近向敌发起猛烈攻势。日军拼命反抗，与中国军队展开街垒战。最后，中国军队夺回被日军占领的市街。6日，第30师收复南洛，断敌后路，27师向台

激战之后的台儿庄车站

李宗仁在台儿庄车站

参加徐州会战的中国飞行员

儿庄以东出击。日军仓皇向西北退却。第 31 师则向庄内日军反击，濑谷支队不支，向峄县溃逃。4 月 7 日，坂本支队仍在庄内顽抗，在孙连仲、汤恩伯两部夹击下，当晚向北溃败。

台儿庄战役，包括外围阻击战在内，前后进行了一个多月，中国投入兵力 20 多个师计 12 万人；日军投入两个师团约 7 万人。中国军队击败日军第 5、第 10 两个精锐师团，以损失 20000 多人的代价，取得毙敌 7000 人、伤敌 1.3 万人、俘 700 人的战果，并缴获了大量武器及其他军用物资。此役是抗战初期继平型关大捷后中国军队取得的又一次重大胜利，也是抗战以来中国正面战场取得的重大胜利。

台儿庄大捷后，日军制定了《徐州地区作战指导要领》，重新部署共计 6 个师团的兵力再次南北推进，包围中国军队。中国军队经过多次激烈的抵抗后，未能阻止日军攻势，至 5 月 15 日，日军完成对徐州地区的包围。中国方面决定放弃徐州，21 日，徐州地区中国守军主动撤离。

日军攻陷徐州

参加徐州会战的中国军队

日军畑俊六大将、寺内寿一大将在徐州机场

韩复榘

# 诛杀韩复榘

韩复榘回了 8 个字给李宗仁:“南京已失,何况泰安? ”

## 数次得罪蒋介石

韩复榘,先后任第三方面军总指挥、山东省政府主席、国民政府委员,陆军二级上将。抗战爆发后,担任第 3 集团军总司令、第五战区副司令长官。韩部属杂牌军,向中央催要军饷,军政部总是拖着不给。韩复榘回老家后,立即给南京中央政府来了一个下马威。他下令将南京中央政府派在山东全省的税收机关和盐务机关统统接管,将全部税收划归省政府,不上交中央一分钱,搞起了独立王国。这令蒋介石极为恼火。

蒋介石派财政部长孔祥熙前往山东调解,向韩复榘作了让步,结果两人商定,山东的军费,在上交国库的税金中扣除。这才化解了一场危机。

西安事变爆发后,主战、主和两派一时相持不下。韩复榘身为原西北军将领,不主张用兵。于是,韩复榘以山东省主席的名义发表了一个通电(又称“马电”),对张杨的行动大加赞扬。韩复榘还专门派参议刘熙众去西安面见张学良,转达韩复榘召开“国是会议”的意见。但刘熙众人还未到西安,张学良已陪蒋介石回了南京。

对韩复榘的这些举动,蒋介石当然都一一记在心里。

## 韩复榘抗命

淞沪战役结束后不久,南京、浦口失陷。第五战区司令长官李宗仁退守徐州一线。韩复榘时任山东省主席,拥兵几十万据守山东。李宗仁奉蒋介石之命,来到济南要求韩在山东与日本人进行长期的游击作战。韩复榘当然不肯,把李宗仁顶了回去:“山东有什么好打的,日本人马上就要打到蚌埠,我们还能退到哪里去?再退下去,我们还不都成了包子馅、盘中餐了。”把李宗仁搞得十分难堪。

李宗仁回到徐州后,拟向国内的各部队征调大批轻重武器装备。韩复榘曾以在黄河一线阻击日军为名,向中央“借调”了两个卜福斯山炮营。当李宗仁向韩复榘索要这两营

**中央饭店**——西式建筑。建于 1929 年。国民政府迁址办公后，中央饭店也随之落成。昔日冠盖云集，高朋满座，在南京极负盛名。张学良、阎锡山来南京，均下榻于此。汪精卫也曾在这里险遭刺杀。

中央饭店阳台雕饰——小小阳台只起到装饰作用，连接它的，只有窗户没有门，想看外面，还只能眺望，真是『名不副实』。白色的阳台，凿以纹饰，十几个大钮，像是铆钉，有了它，阳台顿感稳如泰山。旋转的曲线，不知想表达什么，却充满灵动。

山炮时，韩复榘死活不肯还。

1937 年 12 月，日军北犯山东周村以北黄河渡口。之后，又向胶济铁路进犯。济南亦受到日军威胁。韩复榘顿感紧张，于是向李宗仁要求调于学忠部前往济南增援。李宗仁不但加以拒绝，还命令韩必须节节抵抗，最后撤守兖州。韩复榘在接到李宗仁的电令后，仅命 1 个师在济宁布防，其他人马则全线撤退，泰安等多座城池失守，并造成津浦线徐州北段大块区域的空虚，徐州立即告急。蒋介石得知后异常震怒，声称要严惩韩复榘。

李宗仁去电报责问韩复榘："为什么要放弃泰安城？难道不怕军法从事吗？"

韩复榘回了 8 个字的电文给李："南京已失，何况泰安？"

济南吃紧后，韩复榘立即将第 3 集团军的弹药、给养等物资，擅自用火车运往河南以西地区。火车到达徐州时，被第五战区的人扣住，问为什么将前线的物资运往后方，怀疑韩有临阵逃跑之嫌。请示李宗仁后，李马上来电责问："河南非第 3 集团军后方，为何要将物资运去？前线缺少给养如何作战？"没想到，韩复榘回电说："开封、郑州亦不是五战区的后方，为何有弹药存在此处？"李宗仁气得没法子，只好致电蒋介石，声称无法指挥韩复榘。虽然韩复榘一再接到第五战区

蒋介石（左）与韩复榘

何成濬

鹿钟麟

韩复榘（前右二）与何应钦（前右）

李宗仁的军令，甚至军委会蒋介石的急电，要求韩务必在津浦路沿线的战略要地，进行防御作战，绝对不可不战而退。但是韩复榘竟然完全置之不理，一路的不战而退，让日军喜出望外的一路追赶。

蒋介石深知韩复榘的这种作法，会造成整个中国军队的抗日意志瓦解，于是在1938年1月11日，蒋介石在开封召开第一、五两战区高级军官会议，作了《抗战检讨与必胜要决》的讲话。在总结"挫败原因"时，指出政府军队的12个缺点，其中着重批评了高级将领，认为"军纪荡然为第一大罪恶"，说有些高级将领缺乏牺牲精神，"缺乏敌忾心"，"缺乏坚决自信"以及"命令不能贯彻"等，于当日将韩复榘"免职查办"，送到武汉，以违抗命令、擅自撤退罪，依法处以死刑，1月24日执行。蒋介石这个果决的行动，重振了低迷的军心与士气。对于督促政府军队官兵作战及提高军队的抗战士气起到一定的作用。白崇禧曾说："韩既正法，纲纪树立，各战区官兵为之振奋，全国舆论一致支持，韩之原部第3集团军在孙桐萱指挥下亦奋勇与敌作战。在此之前，黄河以北作战部队轻于进退，军委会之命令，各部队阳奉阴违，经此整肃，无不遵行。"

## 诱杀韩复榘

高级军官会议在开封城南关的袁家花园小礼堂举行，由蒋介石亲自主持。蒋脸色铁青，目光咄咄逼人，劈头便说："我们抗日是全国一致的，这个重大的责任应该说是我们每一个将领义不容辞的责任。可是，竟有一个高级将领放弃山东黄河天险的阵地，违抗命令，连续失陷数座大城市，使日寇顺利地进入山东，影响巨大。今天我问韩主席：你不发一枪，从山东黄河北岸，一再向后撤退，继而放弃济南、泰安，使后方动摇，这个责任应当是由谁负担？"韩复榘顶撞道："山东丢失是我应负的责任，南京丢失该谁负责任呢？"蒋介石打断他："现在我问的是山东，不是问的南京！南京丢失，自有人负责！"第一战区副司令长官刘峙假装打圆场，把韩拉到院子里，那里早预备了一辆小汽车，刘峙说："韩主席，上车吧，这是我的车子，你先去休息休息。"车里早有两个人等着，一边一个把韩夹在中间。其中的一人掏出一张逮捕令，出示给韩看，韩这才恍然大悟。汽车开到开封火车站，韩被推上火车直达汉口车站。1月12日夜晚，韩复榘被交给设在武昌的"军法执行总监部"，软禁在一座二层楼上。到这时韩才清楚，两个押送他的人正是特务头子戴笠和龚仙舫。韩复榘被软禁了7天，1月19日蒋介石组织军法会审。何应钦为审判长，鹿钟麟、何成濬为审判官。21日上午，正式对韩复榘进行审讯。几个陪审的法官一再追问，韩一言不发，审判毫无结果。24日晚上7时左右，有一个特务到楼上来，对韩复榘说："何审判长请你去谈话。"韩复榘从二楼下到一半时，看见院子里布满了全副武装的哨兵。他知道，这一次是死到临头了。他刚想往回躲，站在楼梯边的特务就向他头部开了一枪。最后韩复榘头部中2弹，身上中5弹，仰面向天，眼睛还睁着。这年，韩复榘正好48岁。

# 保卫大武汉

在武汉外围布防的中国军队

**保卫大武汉的4个多月，前方、后方的中国军民，上演了一曲曲同仇敌忾、众志成城的正气歌。**

## 中国集结百万大军

全面抗战开始后，由广州输入、经粤汉铁路北运的各种重要战略物资经武汉中转集散，分头接济各战区。南京失陷后，国民政府宣告迁都重庆。但优越的地理、交通条件和工商业基础使武汉成了战时中国事实上的军事、政治、文化中心。国民政府在南京失守后立即筹划以保卫武汉为中心的军事计划。

1937年12月13日，军事委员会军令部在武昌拟定了《军事委员会第三期作战计划》，决定："国军以确保武汉核心、持久抗战、争取最后胜利为目的，应以各战区为外廓，发动广大游击战，同时新构筑强韧阵地于湘东、鄂西、皖西、豫西各山地，配置新锐兵力，待敌深入，在新阵地与之决战。"1938年1月11日，陈诚受任为武汉卫戍司令，负责筹划武汉防御。从淞沪会战至南京失守，华东战场上的中国军队主力损耗严重，编制混乱，战斗力大减。鉴于南京保卫战的教训，军事委员会认为武汉三镇从地形上并不易守，因而"欲确保武汉而始终保持武汉为我政治经济资源之中枢，则应战于武汉之远方，守武汉而不战于武汉是上策"。武汉卫戍司令部趁徐州会战紧张进行之机，在武汉外围构筑防御工事，整理补充军队，加紧备战。1938年6月14日，以陈诚为司令长官的

武汉市民在看中日空战

蒋介石、宋美龄在武汉接见苏联顾问和苏联飞行员

武汉会战中被击落的日机残骸




第九战区成立。在武汉外围，第五战区负责守御长江以北，第九战区守御长江以南。军事委员会意识到武汉保卫战作战的主要意图是尽可能消耗日军力量，以利长期抗战。

1938年5月，日军攻陷徐州后，以一部兵力攻占安庆，作为进攻武汉的前进基地，然后以主力沿淮河进攻大别山以北地区，准备由武胜关攻取武汉；另一部沿长江西进，攻取武汉。后因国民政府下令炸开花园口黄河大堤，日军遂改变沿淮河主攻武汉的计划，沿长江两岸和大别山北麓西进，合围武汉。

为了保卫武汉，国民政府军委会拟定了保卫武汉的作战计划。以李宗仁第五战区和新组建的第九战区陈诚所辖的4个兵团，总兵力130个师110万人参战。海军参战的有"中山"号、"永绥"号等炮舰和"文天祥"、"史可法"、"岳飞"号快艇，以及布雷艇、运输船40余艘。空军有中国飞机130多架(其中轰炸机36架、驱逐机65架、侦察机27架)，苏联空军航空志愿队飞机90多架，两者相加超过220架。

日军先后投入作战的兵力共9个师团、1个旅团、2个支队和2个野战重炮旅、2个战车团，航空兵3个飞行团各型飞机300余架，海军第3舰队各型舰艇120余艘，约35万人。

7月初，日军在江北占领太湖、望江以东，在江南占领江西湖口以东的长江沿岸地区，形成在长江两岸夹击武汉之势。

## 武汉失守

武汉会战开始后，第五战区第3兵团以第51军和第19军团第77军在安徽六安、霍山地区，第71军在富金山、固始(属河南)地区，第2集团军在河南商城、湖北麻城地区，第27军团第59军在河南潢川地区，第17军团在信阳地区组织防御。

8月下旬，日军第2集团军从合肥分南北两路进攻。南路第13师团于29日突破第77军防线攻占霍山，向叶家集方向进犯。第71军和第2集团军在叶家集附近的富金山至商城一带依托既设阵地顽强抵抗。日军第13师团受挫，得第16师团增援，9月16日攻占商城。守军退守商城以南打船店、沙窝地区，凭借大别山各要隘，顽强抵抗，10月24日，日军逼近麻城。

北路日军第10师团攻占六安后，强渡淠河和史河，9月6日进占固始，继续西进。我军第27军团第59军在春河集(属固始)、潢川一带组织抗击，鏖战10余天，19日潢川失守。21日，日军第10师团突破第17军团第45军阵地，攻占罗山，继续西进，在信阳以东地区遭第17军团反击，被迫撤回罗山。

日军第2集团军以第3师团增援，协同第10师团向信阳进攻。10月6日，一部迂回信阳以南，攻占平汉铁路上的柳林站。12日，日军第2集团军攻占信阳，然后沿平汉铁路南下，协同第11集团军进攻武汉。

……

由于中国军队处处设防，分兵把守，且未准备强有力的预备队，没有充分发动民众破坏日军交通线，因此，未能阻止日军的进攻。武汉会战开始后，由于两广地区部队大量北调，造成广州地区防务空虚。10月21日，日军乘虚攻占广州。鉴于此，蒋介石于10月24日下令中国军队撤离武汉。10月25日，中国军队弃守武汉。日军26日占领武昌、汉口，27日占领汉阳。

武汉会战，是抗日战争中规模最大的一次战役，历时4个多月，大小战斗数万次，日军伤亡20万，中方伤亡40万。中国军队英勇抗击，消耗了日军有生力量(日军承认死亡3万余人)，迟滞了日军行动。中国空军出动10多次，昼夜轰炸日军舰艇，炸沉2艘、炸伤29艘。海军击沉击伤日舰50多艘、击落日机10余架。中国海军著名的“中山”舰、“江贞”舰等被炸沉。苏联援华志愿队航空大队也参加了战斗，表现了高度的国际主义精神。武汉虽然失守，但日军的战略进攻至此已达到顶点。此后，中国抗日战争进入了艰苦的战略相持阶段。

1938年7月7日，纪念“七七”周年献金活动在武汉举行。汉口江汉关献金台的捐献活动，由第五战区司令长官李宗仁的夫人郭德洁主持。上下轮渡的人群，自动地集中到献金台前。中华海员工会送来了300元，江汉关职员共凑集1542元。汉口世界戏院献金台，被围得水泄不通。年老的市民，带来了银链、银镯、银戒指和银币，虔诚地来捐献，还担心主持人不肯接收，恳求着说：“先生，我没有更值钱的东西了，就是这些银器，给你们献了变钱，造枪炮去打鬼子，也算尽了我一份心吧！”汉口孙中山铜像前献金台，《大公报》社的曹谷冰第一个走上台，投入千元一张的支票。

汉口被日军占领

汪伪政府粉墨登场

# 文丑武魅

“正邪自古同冰炭，毁誉于今判伪真”。这是西子湖畔岳飞坟前的一副对子，是爱国还是卖国，自有后人评说。





## 汪精卫降日

日本政府为了实现灭亡中国的目的，对国民政府实行了军事进攻和政治诱降的两手策略。在占领地区，则网罗民族败类及残渣余孽，成立汉奸傀儡政权，作为统治中国的代理人。1937 年 12 月及 1938 年 3 月，日本在沦陷区北平和南京两地，分别扶植了伪中华民国临时政府和伪中华民国维新政府，其头目分别是王克敏和梁鸿志等人。但这些老牌亲日分子在政治上没什么影响。于是，日本政府开始酝酿“起用中国一流人物”，以取代蒋介石，这个人就是汪精卫。汪时任国民党副总裁、中政会主席、国民参政会议长，地位仅次于蒋介石。

1938 年 11 月 20 日，汪精卫的代表高宗武、梅思平与日本代表影佐祯昭、今井武夫在上海举行秘密谈判，签订了《日华协议记录》(即《上海协议》)，接受了日本灭亡中国的全部条件。日本则支持汪精卫成立“新中央政府”。12 月 18 日，汪精卫偕同陈璧君、陈春圃、曾仲鸣、周佛海等人，潜赴河内，随即发表了降敌的“艳电”，公开宣布卖国降日。

1940 年 3 月 30 日，伪中华民国国民政府在南京成立。仍设立五院及军事委员会。汪精卫任代主席（仍以重庆国府主席林森为主席）兼行政院长、中央政治委员会委员长、军事委员会委员长、海军部长，立法院长陈公博，司法院长温宗尧，监察院长梁鸿志，考试院长王揖唐，华北政务委员会委员长王克敏，苏浙皖三省“绥靖”军总司令任援道，华北“绥靖”军总司令齐燮元。周佛海任财政部长兼警政部长，褚民谊任外交部长，林柏生任宣传部长，梅思平任工商部长等等。

汪伪国民政府的“国旗”，仍沿用青天白日满地红的旗帜，另加三角黄布条，上书“和平反共建国”字样。其行政区域，除华北政务委员会外，名义上包括上海、南京、江苏、浙江、安徽、湖北、广东，后来还有江西、淮海等日军占领地区。但除了苏浙皖三省及上海、南京外，湖北、广东、江西等地均由各地日军司令部操纵。所谓淮海省，是日军将以徐州为中心的江苏北部22县划为一个特殊区域，既不属于伪华北政务委员会，也不属于南京伪政府。同时，伪政府的一切人事任命、政令颁布、措施实施、组织机构的设置和撤销，无一例外都得遵照日军的指示行事。汪精卫曾向日方提出，将日军派遣军司令部迁往他处，日军将京沪铁路、南京城门守备权交给伪军警，日军在南京捕人要有伪军警参与等，都被日方断然拒绝。

## 罪恶活动

汪伪政府收编了大量国民党降日部队，并收买流氓地痞建立“和平建国军”和特务组织。至1945年春，伪政府统辖的总兵力达40万以上。伪政府在其辖区内实行法西斯统治，捕杀抗日爱国人士。配合日本对重庆国民政府进行诱降，妄图瓦解抗日阵线。1941年3月，成立“清乡”委员会，纠集大批伪军伙同日军实行反共“清乡”，妄图消灭坚持敌后抗战的新四军和游击队。

在经济上，汪伪政府滥发纸币，圈占土地，“委托经营”某些工矿企业，强征粮棉，实行物资统制，并收取名目繁多的苛捐杂税，还公然开征鸦片捐。成立“中央储备分行”，发行“中储券”，帮助日军疯狂掠夺沦陷区经济资源，为日军支付巨额

伪满洲国：

1932年3月成立。

伪冀东防共自治政府：

1935年12月25日成立。

伪蒙古军政府：

1936年5月成立。

伪中华民国临时政府：

1938年2月成立。

伪中华民国维新政府：

1938年3月28日成立。

伪蒙古联合自治政府：

1939年9月1日成立。

汪精卫与伪军陆海军首脑

军费。

在文化教育上，推行“新国民运动”，将其卖国主张强行向青少年灌输，进行奴化教育，使他们成为卖国的工具；同时配合“清乡”，实行思想上的“清乡”和“新政”。

在外交上，1940年11月30日，汪精卫与日方签订《日本与中国间关于基本关系的条约》，汪、日、满互相承认。1941年上半年，德国要求日本在太平洋发动对英美作战，作为交换，日本则要求德国及其盟国承认汪伪政府。于是，德、意及仆从国罗马尼亚、斯洛伐克、克罗地亚、西班牙、匈牙利、保加利亚相继承认汪伪政府。1941年11月，汪伪政府追随日本参加《国际防共协定》。1943年1月对英、美宣战，号召效忠日本盟邦。同年11月，又伙同伪满洲国和泰国、缅甸、菲律宾、印度等国的伪政府签订《大东亚共同宣言》，为日本建立“大东亚共荣”摇旗呐喊。

1944年11月10日，汪精卫在日本病死，年62岁。11月12日，汪尸由日本运回南京，于21日葬于南京梅花山。11月12日，伪中央政治委员会召开会议，决定由陈公博任行政院长，并代理伪国民政府主席，兼任军事委员会委员长。周佛海接任上海市长等等。伪政府在濒临灭亡之际，还出动大批军队配合日军，对新四军茅山根据地进行了大规模的“围剿”。

1945年8月15日，日本宣布无条件投降，16日下午4时，陈公博、周佛海在南京召开伪中央政治会议临时会议，宣布取消伪国民政府及所有机构，成立所谓“临时政务委员会”和“治安委员会”。汉奸们树倒猢狲散。

伪政权三巨头(左起)：王克敏、汪精卫、梁鸿志

周佛海

陈公博

伪维新政府头目合影

1942年5月，汪精卫等访问伪满洲国

1941年3月，汪精卫与日本中国派遣军总司令畑俊六(右二)在南京

褚民谊(前右二)、林柏生(前右三)与伪军将领

# 七刺汪精卫

下水当汉奸后的汪精卫

**他曾以刺杀清摄政王载沣而名闻天下。当他成为20世纪中国最大的汉奸后,自己也被刺杀多次。**

## 面包投毒

1938年12月20日,作为国民党副总裁的汪精卫,逃离了重庆,在河内发表了卖国投敌的“艳电”,充当了中国头号汉奸。军统行动组根据蒋介石的指令,决定派遣人员对汪精卫实施“制裁”。

汪精卫住在河内哥伦比亚路高郎街27号,这是一幢三层高级公寓。军统行动组买通了公寓内一名越南服务小姐,摸清了汪精卫的起居生活规律。汪精卫每天早餐用的是新鲜面包,均由河内一家面包房送来。行动组就在送面包人前往公寓的必经之路上,连人带面包截下,注入了半个CC的毒剂,然后再让人送去。但却因此耽搁了十几分钟。等面包送到时,汪精卫已吃过了早餐。

汪精卫访问日本

## 浴室放毒气

几天后,服务员的情报又到。原来,汪精卫住的公寓虽然很高级,但浴室却是天天漏水。河内天气热,汪精卫每天有洗澡的习惯。行动组将前往公寓的水管工人绑架,再乔装成工人,以修水管为名进入了公寓的浴室。在修理水管时,将一罐打开盖的毒气,悄悄地放在浴盆底下。

谁知汪精卫进浴室前，一名侍卫先进来放水，马上闻到一股刺鼻的味道，于是就开窗透气。接着，在浴盆下发现了毒气罐。刺汪行动又一次失败。

## 跟踪狙击

1939 年 3 月 20 日，汪精卫一家及随员分乘两辆汽车，前往距河内 40 多公里的三岛风景区游览。行动组则出动了 4 辆汽车，2 辆守候在汪精卫前往三岛的必经之路上，2 辆跟在汪精卫车队后面，准备实施前后夹击。

当车牌是 39 号的汪精卫座车到达预定设伏地点时，行动组准备夹击。但车后一辆安南武装警备车紧跟在后，行动组被迫停止行动，但迫于上司命令，又不敢放弃行动，就跟踪而去，寻机下手。

行驶了一段路后，安南警备车并没有注意到后面的车，但汪精卫却发觉情况不对，当汽车驶到一个路口时，汪精卫突然命令不去三岛，汽车掉头回去。行动组仍不死心，继续跟去。这一来，安南警备车发现了后面的车，遂立即拉响了警笛。行动组依仗人多车多，准备孤注一掷，实施狙击。当驶到了红河大桥口时，红灯亮了，汪的座车和警备车一冲而过，行动组的车却被红灯挡住，眼睁睁地看着汪精卫跑得无影无踪。

## 深夜捣汪巢

几次行动失利后，军统决定立即采取断然行动，直捣汪公馆。

通过内线情报，得知汪精卫的卧室是公寓的 204 房。1939 年 3 月下旬的一天凌晨，军统特工唐英杰、王鲁翘等 7 名先遣队员全副武装，每人配 1 支连发手枪，2 把匕首，1 把利斧，1 把剪刀，1 根皮带，从汪精卫公馆院墙翻越而入，先缴了警卫的枪，王鲁翘等人直冲二楼 204 房间，劈开房门后，立即冲入房间，用电筒一照，床上没人，再一照，只见一人正在爬窗户，马上甩手一梭子，将此人从窗户上打了下来。再借着电筒余光，发现床下有一人在瑟瑟发抖。行动人员认为必是汪妻陈璧君无疑，马上又是 3 枪，将此人击毙。

军统行动组以为汪精卫及老婆已被击毙，任务圆满完成，遂冲出门上了一辆车疾驶

汪精卫(右)与褚民谊

汪精卫与东条英机

汪精卫与板垣征四郎

而去。等安南警察赶来时，早已不见了刺客的人影。行动人员当天就向重庆发报请功。

没想到，第二天拿到早报一看，原来打死的并不是汪精卫，而是汪的秘书曾仲鸣与妻子方君璧。原来，曾仲鸣来河内与汪密谋，谈到深夜，汪让出自己的204房间给曾住，自己住到了隔壁的205房间，听见斧声和枪响后，汪精卫吓得藏到沙发下，才算保住一命。

## 二黄潜南京

1940年3月30日，汪伪国民政府在南京粉墨登场。汪精卫一上台，就对国民党特工进行了大规模的清剿，逮捕军统中统骨干400多人，破获电台40多部。大批国民党特工下水投伪。

军统决定派遣干员黄逸光、黄征夫二人，到南京执行暗杀汪精卫行动。黄逸光曾当过汪的警卫，与汪合过影，不会弄错人。再以特工干将黄征夫为其助手，戴笠对此次行动很有把握。

二黄从重庆出发，几天后到达南京。没想到的是，伪特工多是原军统中统下水的，二黄一出发，伪特工部门就侦知了他们的计划。汪精卫指示不要打草惊蛇，向伪特工南京区长马啸天下达了指令。二黄一到南京，住进了中央饭店。黄逸光出去找熟人联系，只黄征夫一人在店中，结果，被伪特工逮捕。在衣柜中搜获穿甲手枪及达姆弹多发，以及照相机、微型电台、密码本等。之后，就在饭店作了周密布置，专等黄逸光回来。黄昏时分，黄逸光刚跨进饭店，伪特工一拥而上，将其擒获。汪亲自下令将黄逸光处死。黄征夫被周佛海说情保出。

## 施展离间计

戴笠再次制定了计划。此次行动，是先刺杀南京特工头目马啸天，然后嫁祸于与马平起平座的苏成德、万里浪、唐惠

当年，隆裕太后曾送给汪精卫一件宫中珍宝、明代画家唐寅的名画《金山胜迹图》，酷爱古玩的陈璧君将其秘密存放于河北蓟县独乐寺愚山和尚的秘室里。日本文化特务山本四太郎侦知后伺机劫掠。陈璧君闻讯，秘密将名画藏于周佛海家一间有钢骨铁门结构的密室中。1941年1月11日夜，山本四太郎趁汪精卫、周佛海会见日本官员之机，潜入周宅，用切割机打开密室铁门，盗走《金山胜迹图》。名画被运到日本后，却被鉴定为赝品。有人推测，运到日本的《金山胜迹图》的确是真的，这是狡猾的日本人故意使的障眼法。但不管怎样，国宝《金山胜迹图》在日本人手里下落不明了。

曾仲鸣(左二)与汪精卫等人合影

民等特工实力人物，使伪特工系统内部自相残杀，使汪精卫的保卫系统陷于瘫痪。这样，刺杀汪精卫就易如反掌了。

军统干将强一虎奉命只身潜入南京，买通了南京特工区警卫大队分队长刘良，交给刘一包剧毒氰化钾，要他放到马啸天家厨房的味精瓶中。刘良又买通了马家的厨子，成功地将毒药放了进去。但马啸天已得知了刘良的行动，没有吱声，只是在暗中观察。

正在此时，南京夫子庙新亚舞厅发生了一起爆炸案，马啸天在现场起获2枚炸弹和一张纸条，上有一个地址。然后按址索骥，在一家旅馆意外地将强一虎捕获，并查获与夫子庙爆炸案相同的炸弹以及氰化钾。这才将刘良抓获。结果，刘良供出全部真相。

汪精卫得知后，对马啸天大加赞赏，并亲自下令将强一虎处死，刘良判无期徒刑。

## 陈三才谋事

汪精卫当汉奸后，天怨人怒。

爱国实业家陈三才激于爱国义愤，毅然决然地决定为民锄奸。他不吝钱财，不惜重金物色了一名在汪伪特工中做事的白俄人员，要他利用工作之便将汪精卫刺杀。但此人拿了钱之后，竟昧着良心向伪“76号”特工总部告了密，出卖了陈三才。1940年7月，陈三才被伪特工总部逮捕，随之解往南京。

汪精卫连续数次遭暗杀未遂，对谋刺之人恨之如骨，必欲除之而后快。但当他得知此次谋刺之人竟是一名实业人士时，便决定收买陈三才。汪精卫不仅亲自提审，而且允诺，只要他写出一纸悔过书便可放过他。但陈三才宁死不屈，视死如归，大呼“国贼人人得而诛之”。汪精卫恼羞成怒，下令将其枪决。

1940年10月2日，陈三才在南京雨花台被伪特工枪杀，时年38岁。遗体由其胞姐移葬上海静安公墓。蒋介石为他题赠了挽联“烈并常山”，以示褒扬。

大汉奸汪精卫虽然一次次侥幸躲过了暗杀，但却终究未能逃脱其可耻的下场。1944年11月10日，汪精卫因1935年被刺时的枪伤复发，客死在日本东京。他被永远钉在了历史的耻辱柱上。

# 日本总领事馆毒酒案

1939 年的日本大使馆

1939 年 6 月 10 日晚，日本驻南京总领事馆正在举行盛大宴会时，发生了一起毒酒案。

## 突发中毒事件

1939 年 6 月 10 日晚 7 时许，位于南京鼓楼的原日本驻华大使馆内，日本驻南京总领事堀公一在官邸举行盛大宴会，招待赴南京的日外务省次官清水、随员三重以及侵华日军华中派遣军司令部长官铃木、泽田、田中等。另外，伪府行政院长梁鸿志、伪司法院长温宗尧、伪南京市长高冠吾等也应邀参加。

宴会刚刚开始，忽听有人大叫："不好，酒里有毒！"顿时一片惊呼。堀公一即命取酒倒入杯中观察；同时，命令书记官船山、警察署署长内藤对宴会用的老陈酒进行检验。一会，金城、慈惠等几家医院的医务人员赶到，准备抢救。15 分钟后，有人开始感觉身体不适，口齿不清，步履蹒跚。接着有人栽倒，赴宴的人几乎都呕吐不止。内藤入席晚，饮酒偏少，别人东倒西歪时他还清醒，遂下令警署人员封锁官邸，全力警戒并组织抢救。但不久他也倒地。最后，两个贪杯的书记官船山和宫下中毒死亡。其余的人侥幸逃过一劫。

伪行政院长梁鸿志(左)与王克敏

刺刀下的南京老百姓



## 接受任务

出事后，日方立即将目标锁定在日本驻南京总领事馆两个仆役詹氏兄弟的身上。

詹长麟早年从军，1934年，父亲的朋友王先生将詹长麟介绍去日本领事馆当仆役。日本总领事对詹长麟亲自面试后，让他当了仆从，负责打扫房间，端茶送水。詹长麟做事勤快机灵，肯吃苦，很快便取得日本人的信任。

詹长麟进入总领馆工作后不久，首都警察厅外事组组长就向他下达了刺探日本人情报的任务。詹长麟知道，刺探日本人的情报固然危险，但出于爱国，遂立即表示，愿意为抗日出力。从此詹长麟就成了在日本总领事馆"卧底"的特情人员，代号65，化名"袁露"，每月可领得10元薪金。

在日本总领事身边当差，詹长麟有机会接触到日本方面的一些来往信件和绝密文件。每天从总领馆回到家后，詹长麟用明矾水在白纸上记下当日获取的情报。詹家附近的一座关帝庙成为传递情报的秘密联络点，詹长麟每天把写好的情报插到关公像后面的一个小洞里，再从关公像后面取出指令。

1936年2月起，詹长麟的哥哥詹长炳也进了日本总领事馆当仆役，两人一同从事抗日活动。

## 行动

1939年，日本外务省次长清水及随员要在6月9日到南京领事馆视察，6月10日晚，日本公使兼总领事堀公一将在领事馆举行一场大型酒会，欢迎清水次长及随员。日本领事馆已发出不少请柬，出席者几乎包括驻南京的日本"华中派遣军"的首脑以及伪"维新政府"的头目。詹长麟立即上报，并接受了投毒任务。

1939年6月8日，日本总领事馆各色人等开始为这次盛大宴会忙碌起来，詹长麟被派去中华路三山街119号的老万全酒家，买回4坛绍兴老酒。

同时，詹长炳带来了一个手指粗的药瓶，上面有USA字样，里面装着白色粉末。詹长炳告诉弟弟："这是美国货，剧毒，沾上就不能生还。"

10日晚6时左右，宴会将要开始。詹长

麟在开宴前几分钟，才将药粉悄悄取出，全部倒入酒坛，他使劲摇动酒坛，将粉末均匀溶解在酒里。

看到酒桌上的酒杯都已经摆好，詹长麟捧着酒坛，走到桌边，把毒酒一一倒入酒杯。直到看见毒酒已被日伪人士喝下，才借口肚子疼来到更衣室，脱掉领事馆的工作服，推着脚踏车不慌不忙地出了领事馆的门。出门后，又飞一般地向傅厚岗赶去，与哥哥詹长炳会合后，骑车出了玄武门，直奔燕子矶芭斗山江边渡江北上。

当晚，日本宪兵队与伪警察局关闭了南京所有城门，封锁了各交通要道，然后在全城大肆搜捕。最后，他们将注意力集中到了不见踪影的詹长炳、詹长麟兄弟身上。日伪当局在南京的大街小巷与各报刊上遍贴和刊登告示，画影图形，对詹氏兄弟及其全家通缉抓捕。

从 6 月 10 日到 7 月 10 日这 1 个月的时间内，日伪当局出动宪兵、警察、特务达 1000 多人次。日方还派便衣特务到上海租界跟踪追捕。

6 月 25 日，一封以詹氏兄弟名义写的信从上海英、法租界邮寄到南京日本总领事馆公使兼总领事崛公一手里，说明投毒案的真相，表示对此事负责，并表明他们这次采取投毒行动并非出于私怨，而是出于对日本侵华暴行的国仇家恨。还说他们即将从上海前往香港。

堀公一看了信暴跳如雷，立即在上海和香港搜捕詹氏兄弟，但一无所获。

伪司法院长温宗尧

汪伪南京特别市市长周学昌

下水当汉奸的汪伪军官

汪伪南京市政府秘书长陆善炽

# 刀劈大汉奸

傅筱庵

傅筱庵认贼作父当汉奸，等待他的会是什么结果？




## 除奸团二度失手

1937 年 11 月上海沦陷后，日军在上海扶植了一个伪政权“大道市政府”。该政府设在浦东，管辖范围只限于浦东地区。市长叫苏锡文，其工作就是网罗一批人，为日本人送往迎来。

不多久，日本人发现这个政府实在无用，于是就想物色一个既有政治背景和资历，又有工商势力为后盾的人出山，重新组织一个政权。于是，傅筱庵就成为日本人青睐的对象。

当傅筱庵听说日本人要请他出山时，向日本人提出了一个要求：将大道市政府，改为上海市政府。日本人满口答应。其管辖范围，也从过去的浦东，扩大到市区的南市和闸北一带，政府的办公处也迁到了原上海市政府。傅筱庵当上市长后，每天从虹口的公馆乘汽车，在四辆汽车的护卫下到伪府上班，甚是威风。中午，则到九江路东乡饭店用餐。傅一进门，饭店门口就布下武装岗哨。晚上，傅筱庵则常去“六三亭”艺妓馆向日本主子大献殷勤。日本军政界要人每请必到，此时，傅不仅为日本人“治理上海”出谋划策，还取得了日本人的同意，在沪西一带大开烟馆、赌场、妓院，为日本占领当局赚取高额利润。故傅当政后，深得日本人的器重。

傅筱庵一上任，立即就成了国民党特工系统“除奸团”的暗杀对象。一天，傅筱庵上班时下了汽车，走向伪府大楼。突然，大楼拐角处冲出一名刺客，抬手对傅筱庵“呯呯”就是两枪，子弹从傅的耳边“嗖嗖”擦过。傅吓得连忙趴在地上不敢动弹。听见枪响的警卫冲过来，立即将这名刺客击毙。刺客临死前还高呼“打倒大汉奸傅筱庵”。

一个华灯初上的夜晚，国际饭店灯红酒绿，来宾们纷纷落座。这时，傅筱庵出场了。只见他手执酒杯，高呼“为天皇陛下健康干杯，为大东亚圣战的胜利干杯”。这时，一支乌黑的枪管从厕所门的一侧伸了出来。就在刺客扣动扳机的一刹那，一个记者的镁光灯亮了，子弹偏离了目标，从傅筱庵的头顶上飞

**原英国大使馆**——建于 20 世纪 20 年代。英国人设计，典型的英国古典建筑。在南京的西式建筑中别具一格，宛如欧洲的乡村别墅。使馆的功能，一直延续到 1949 年的 4 月。

原英国大使馆廊柱——是南京建造最早的外国大使馆。方、圆两排廊柱，形成了强烈的明暗光影和虚实对比，巨大的反差，产生了强烈的视觉效果。廊柱后设玻璃门多扇，采光通风良好。白色，让人联想起纯洁、清洁和整洁。

位于上海外滩的汪伪中央储备银行。1941年1月6日在上海成立，发行中央储备银行货币，简称“中储券”

过。会场一片混乱，刺客则趁乱逃脱。傅筱庵再次躲过一劫。

## 小和尚舍命一搏

1939年12月，傅筱庵的老婆病死。傅筱庵去一家寺院烧香还愿，还请了和尚做水陆道场，超度亡魂。寺院里香烟缭绕，钟钹齐鸣。傅筱庵伏在蒲草垫上，双手合十，口中念念有词。正在这时，一个小和尚手持杀猪刀，猛然扑向傅筱庵，眼看刀锋就要刺到傅的心脏，一名保镖冲过来，一脚将小和尚手中的杀猪刀踢飞。小和尚被绑后，傅立即在佛堂上严刑逼供。傅筱庵气急败坏地说：“我与秃驴素无怨仇，为何要下此狠手置我于死地”。小和尚则破口大骂道：“你是中国人，却为东洋鬼子效力，我与你不共戴天。谁不想食你肉，啖你血？我为国除奸，死后定能早成正果。”傅筱庵听后，气急败坏地下令，将小和尚在佛堂当场打死。

此后，傅筱庵才知道，要杀死他的，不仅仅是一个除奸团，中国广大的民众都与他不共戴天。

汪伪上海市社会局局长凌宪文

汪伪沪西区特警署署长潘达

日军横行上海街头

# 厨师刀劈大汉奸

几次行动均未得手，蒋介石极为不满，几次下令军统限期将此贼除去，否则拿戴笠问罪。戴笠不敢怠慢，立即将任务交给了上海军统站，要求无论采取何种手段，务必提傅的人头来见。通过几次行动，军统也知道单凭派杀手出马，成功率太低，须另辟途径。

经过一段时间的缜密侦察，军统得知傅筱庵的厨师朱升源，烧得一手好菜，深得傅的信任。但他是光棍一人。军统决定从这里下手，派出了一名女特工，与朱升源建立了联系。

通过交往，二人的感情迅速升温。女特工对朱说，如果你是真心喜欢我，就与我做夫妻，但有一个条件，就是要杀了傅筱庵这个大汉奸。这样，你就成了英雄，我们还可以领取几万元奖金，远走高飞，避走他乡，过上好日子。朱升源经过再三考虑，下定决心干。

一天晚上，傅筱庵与几个狐朋狗友听完了堂会，喝完了酒，心满意足地回到公馆，其时已是凌晨4时许。这时，朱升源躲在暗处，目睹傅筱庵上楼，仆人扶他上床，直至鼾声如雷。朱升源认为下手的时机已到。

约5时光景，朱升源将早已配好的一把傅筱庵卧室的钥匙取出，又到厨房操起一把早已磨得锋利无比的厨刀，还将一把剔骨尖刀插入袜筒，再披上一块大麻布。一切就绪，朱升源蹑手蹑脚地摸上了楼，先用钥匙轻轻打开了房门，嗖地闪身而进。借着室外的余光，只见傅筱庵四仰八叉地横躺在一张大床上，一动不动，睡得正香。朱升源举起厨刀，对着傅筱庵的脑袋重重地劈了下去，顿时，鲜血和脑浆四溅，傅筱庵哼都没有哼出声，就一命呜呼了。

上海沦陷

# 战略相持

随枣会战中的张自忠

**南昌会战失利了。我军武器装备不占优势，战术指挥确实也需要检讨。**

## 南昌失陷

武汉会战后，日军于1939年2月占领海南岛，3月初，又集中4个师团兵力，由第11军司令官冈村宁次指挥，向南昌发起进攻。

1939年2月，国民政府军事委员会三次指令第九战区向日军另一线南浔方向发动进攻以转移敌人的进攻方向，破坏日军的进攻部署。但是第九战区一直以准备不周为由拖延进攻。3月17日，日军抢先发起进攻。中国军队与日军在南昌地区展开了激战。然而，从3月17日到27日，中国守军10日内便丢失了南昌，并受到重创。这既是因为日本占有武器装备的优势，更是因为我方的一系列指挥失误。此后，日军向西追击，于4月2日陷重镇高安。中国军队再次退守。以后，日军由于兵力不足，停止追击，并从南昌地区撤走部分兵力，战场相对稳定下来。

## 反攻南昌失利

中国方面不甘心丢失南昌重镇。4月21日，第三、第九战区发起春季反击战，首先向南昌发动奇袭，一时打乱了日军

1939年3月17日至3月27日，日军仅用了10天时间就占领了南昌，切断了浙赣铁路，使得第三战区与大后方的联络陷于困境。4月上旬，军事委员会命令第三、第九战区协力反攻南昌，蒋介石特地命令各集团军总司令必须亲赴前线督战。5月1日，蒋介石传令攻城部队须于5日前攻占南昌。中国攻城部队合力围攻高垒深池的南昌，但在日军步炮空联合反攻下不断受挫。7日下午，第29军军长陈宝安在前线督战时中弹殉国，第26师师长刘雨卿也身负重伤，中国军队的军心有所动摇，蒋介石只得于5月9日下达了停止进攻的命令。

南昌会战中日军使用“红毒剂”化学武器

沦陷后的南昌城一片火海

日军行进在南昌街头

阵脚，连克南昌外围阵地，直逼南昌城下。日本空军则出动大批飞机，对南昌外围阵地进行猛烈轰炸，并大量施放了毒气，发射毒气弹达 3000 发。

5 月 1 日，蒋介石下令必须于 5 月 5 日攻占南昌。5 月 2 日，中国军队奉命发起第二轮猛烈的攻势，进一步向南昌逼近。由于另一支中国军队未能完成切断日军增援的任务，日军海军陆战队赶赴南昌增援。中日两军展开了将近一周的激烈攻守战。5 月 5 日，中国军队攻占南昌火车站、机场，并突破至城防工事附近，直至展开了白刃战。但日军的增援部队源源不断地到达，进行了疯狂地反扑。此时已失去奇袭效果，只能进行攻坚战。在日军的拼命抵抗下，中国军队伤亡惨重，攻势一再受挫，渐渐不支。

眼看收复南昌无望，蒋介石于 5 月 9 日下达停止进攻南昌的命令，而日军也因伤亡惨重而无力进行反攻。南昌会战结束。

南昌会战是正面战场进入相持阶段后中日军队的首次大战，也是武汉会战的自然延伸和接下来一系列会战的前奏。南昌的失陷，使得第三战区与大后方的联络陷于困境，军事补给只能依赖浙赣两省的公路线，从此东南各省未沦陷地区的处境更加困难。



## 随枣会战

日军攻占南昌后，由冈村宁次率 4 个师团的 10 多万兵力，向湖北北部的随县、枣阳地区发起进攻，以解除中国军队对平汉线和武汉的威胁。守卫随枣一线的是中国第五战区部队。日军利用襄阳—花园公路沿线的广袤平原，充分使用机械化部队作战。中国军队则据壕死守，激战多日，大小战斗达数 10 次。随县首先失陷。在枣阳，中日两军从 1939 年 5 月 1 日激战至 5 月 7 日，中国守军终于坚持不住，枣阳最后也告失守。

国民政府军委会下令第五战区及第一战区会同作战收复随枣地区。15 日，中国军队发起总攻，激战至 19 日，日军退却，中国军队收复枣阳，后又收复随县。双方恢复原先态势。

南昌陷落后，日军组织的游行活动

宋氏三姐妹在防空洞前，从右至左：宋庆龄、宋美龄、宋蔼龄

# 心理防线不垮

**日本空军对战时首都重庆的轰炸，目的很明显：摧垮中国军民的抗日斗志。但中国军民的心理防线是摧不垮的。**

## 五月大轰炸

国民政府迁都重庆后，日本空军对重庆进行了长达5年零6个月的野蛮轰炸，其中以1939年5月3日、4日的轰炸最为惨烈，号称“五月攻势”。

1939年5月3日下午1时，日军45架轰炸机连续对重庆人口密集、商业繁荣的市中区轮番轰炸，投下各种炸弹，包括高爆炸弹、燃烧弹、破甲弹等300多颗。两江会合处的朝天门到中央公园两侧约2公里市区最繁华的街道，成了一片火海，市中心区27条主要街道有19条成为废墟。5月4日下午6时，日机27架再次袭来，投掷爆炸弹78枚、燃烧弹48枚，全市10余处起火，大火延烧2天，都邮街等10余条中心街市被烧毁。国泰电影院被炸，当场炸死观众200余名；全市37家银行有14家被毁；古老的罗汉寺、长安寺也被大火吞噬；同时被炸的还有外国教会及英国、法国等驻华使馆，连挂有纳粹党旗的德国大使馆也未能幸免。

据不完全统计，在“五三”、“五四”大轰炸中，日机共炸死中国平民3991人、伤2323人、摧毁建筑物4889幢，20万人无家可归。5月12日和25日，日军又出动飞机66架，投弹200多颗。重庆许多居民区被炸成一片废墟，全城处在一片悲戚之中。

1940年，林语堂一家在日机狂轰滥炸的高潮中来到重庆。回国的次日，他去面见了蒋介石夫妇。在北碚饱尝了空袭、跑警报、躲防空洞的滋味。1943年秋，林语堂随访美归国的宋子文再次回到重庆，旋即奔走于前线和后方，还在中央大学发表演说，宣传心理建设的重要性，帮助国人树立民族自信心。

林语堂在抗战期间完成了三部著作：《京华烟云》、《风声鹤唳》、《啼笑皆非》，皆闪烁着抗日爱国的烈焰，旨在向外国读者宣传中国人民在抗日战争时期的新风貌，深沉的民族感情涌动在字里行间。他在海外努力地“为国家做宣传”。

遭日军轰炸后的重庆朝天门

重庆各界慰问轰炸中伤残的军人

被日军飞机炸毁的校舍

1940 年 5 月，日军为了打通通往重庆的陆上通道，开始实施“101”号空中作战计划。至 9 月底，日军共出动飞机 2664 架次，投弹 10024 颗，摧毁房屋 6000 多幢，平民死伤达 4000 多人。

1941 年 6 月，日军对重庆又进行了第三次战略轰炸。这一次，日本空军采取的是“疲劳轰炸”战术，一批飞机炸完刚刚飞走，一批飞机又到。使重庆市民长期处在警报的威胁之下。这次轰炸，不仅对重庆市民在物质上造成了巨大损失，更严重的，是在精神上、心理上造成的巨大伤害。

据不完全统计，日机空袭重庆共达 218 次，出动飞机 9513 架次，投弹 21593 枚，炸死市民 11889 人、炸伤 14100 人，30 所大中学校被炸毁。

## 大隧道惨案

1941 年 6 月 5 日，日机对重庆实施空袭时，酿成了震惊中外的“重庆大隧道惨案”。

抗战期间，重庆人口猛增，而防空洞却很有限。重庆防空司令部会同重庆市政府在人烟密集的市中心区，修建了一条长约两公里、离地面约 10 米深的大隧道，可容纳万余人，是重庆最大的防空洞。但防空洞工程比较粗糙，设备也极简陋，通风条件很不好。

6 月 5 日 晚 9 点钟左右，大批日机飞临重庆上空。人们纷纷涌入防空洞。在洞中可以听见隆隆的飞机声，同时也听得见炸弹的爆炸声。由于得不到外面的准确情报，只能凭感觉进行判断。日机不断地飞来又飞走，总有那么几架在空中骚扰。到解除警报时，空袭时间竟长达 10 小时以上。

当时，大隧道内挤满了人，空气不畅，潮湿气闷，有人憋得不行，顾不得挨炸，拼命往洞外挤，希望走出去透透气。可是，洞口的木栅门上了锁，外面有人把守，谁也不准出去。而日机始终在天上盘旋，警报不能解除。结果不少人昏了过去，有的人还拼命往外挤。这样，通道口被堵塞，隧道内的空气更加浑浊，更多的人昏倒，大批人因缺氧窒息而死。

警报解除后，开始清理现场，由洞口往外搬运尸体，直到第二天上午 8 点多 3 个洞口仍在往外搬死尸。有的衣服撕得粉碎，有的满脸泥泞已看不清面目，有的皮肤变成了蓝黑色……真是惨不忍睹。

## 同仇敌忾

对于日军的野蛮暴行，重庆军民进行了顽强的抵抗。重庆早在1937年9月1日就成立了防空指挥部，但没有起到什么作用，5月大轰炸还是使重庆遭到了严重损失。之后，蒋介石遂将防空指挥部扩大为防空司令部，军政部直接调来3个团归该司令部指挥，费用专项拨付，人员一律专职，任命贺国光为防空司令。各区配备防空大队、消防大队、救护大队、工务大队、防护大队等等。此外，还修建了大批防空洞。国民政府除组织有关部门修建大隧道、防空洞外，还鼓励民间修筑洞壕。许多工厂企业都搬进了防空洞继续生产。

为了弥补大轰炸造成的损失，国民政府和四川省政府采取了一系列措施，如增加粮食生产，兵役在大轰炸后缓征2个月，全市市民吃糙米、杂粮，每日吃两餐，省下粮食支援前线。中国空军出版社提出倡议，用义卖捐款所得购买飞机，命名为“义卖号”，以此发动全国广泛的献机运动。重庆市还成立了“献机委员会”。重庆市儿童筹集捐款献机，命名为“中国儿童号”，戏剧界筹款献机命名为“剧人号”，新闻界筹款献机命名为“记者号”，伤兵献机命名为“荣誉号”，新军人献机则命名为“新军人号”。到1941年10月，重庆各界共募得现金150万元，全部用于献机运动。

蒋介石与宋美龄在防空洞前

重庆防空司令贺国光

日军轰炸机投下的航空炸弹

中国战区统帅蒋介石

# 位列四强

**反法西斯的 26 国，在华盛顿签署了《联合国家共同宣言》，中国与美、英、苏并列四大国之列。**

## 中国对德意日宣战

1941 年 12 月 8 日凌晨 1 时(中国时间)，日本海军山本五十六大将指挥日军联合舰队，袭击了美国在太平洋上最大的海军基地珍珠港，炸沉(伤)美国军舰 40 多艘，飞机 300 多架，毙伤美军 3500 多人。美国太平洋舰队几乎全军覆没。12 月 8 日，美、英对日本宣战。

12 月 9 日下午 7 时，中国外交部长郭泰祺特别约见中外记者，以“极其严肃的态度”，宣布了由国民政府主席林森签署、五院院长副署的对日宣战书和对德意宣战文。同日，林森还签署了《国民政府向德意宣告立于战争地位文》。

国民政府向德意宣战文告

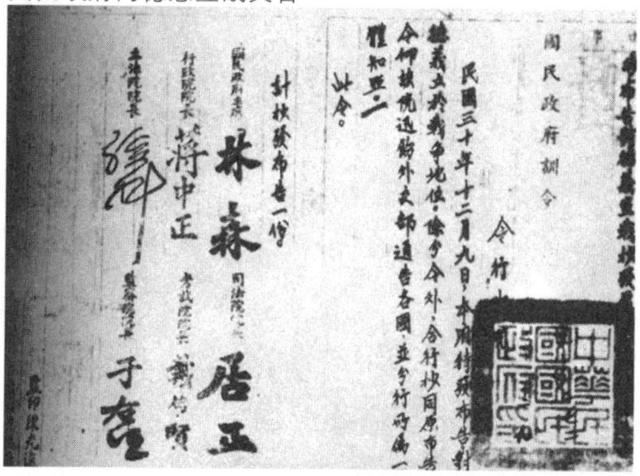


## 中国战区成立

中国对德意日宣战后，中国的抗战就纳入了第二次世界大战的范畴。

中国宣战后，蒋介石在重庆南岸的黄山官邸，邀请苏联大使潘又新、美国大使高斯、英国大使卡尔谈话，建议中、美、英、苏、澳、荷、加、新(新西兰)订立《不单独媾和条约》，以美国为领导，成立军事同盟，进行全面的军事合作。大使们对此极表赞同。

12 月 23 日下午 4 时，中、英、美、澳等国联合军事会议在重庆召开。同时，英美两国也在华盛顿举行了最高级会议，决定采取“先欧后亚”的战略。为了把中国的战争努力与盟国的军事行动结合起来，美国陆军参谋长马歇

1944年10月，东南亚战区统帅蒙巴顿(中)访问重庆，右为何应钦，左为程潜

苏联外长莫洛托夫

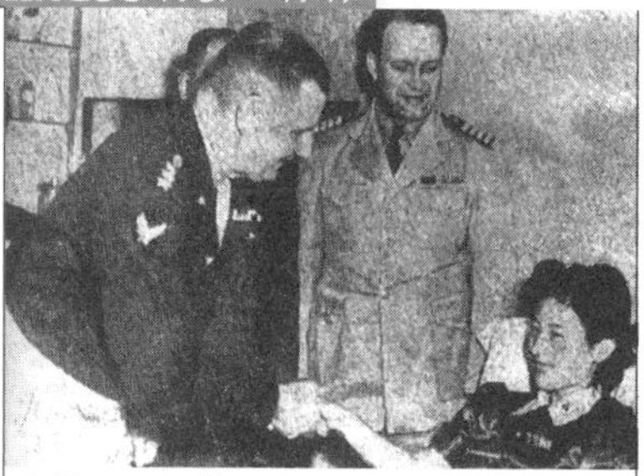

魏德迈看望营救美国飞行员的中国伤员

尔起草了一个备忘录，建议在中国成立一个盟国作战司令部，将亚洲太平洋战场划为4个战区，即中国战区、东南亚战区(英军上将魏菲尔指挥)、太平洋战区(美国上将尼米兹指挥)和西南太平洋战区(美国上将麦克阿瑟指挥)。4个战区中，其战略地位当数中国最为重要。为此，1941年12月31日，罗斯福正式致电蒋介石，建议由蒋组织成立中国战区。1942年1月1日，在华盛顿举行的26国联合宣言签字仪式上，罗斯福正式公开了成立中国战区的决定。1月2日，蒋介石电复罗斯福表示“自当义不容辞”，出任中国战区最高统帅。蒋介石并要求罗斯福总统委派一名熟知中国情况的将领来华担任中国战区统帅部参谋长。罗斯福、马歇尔经过慎重

蒋介石接受美国总统罗斯福授予的“最高统帅勋章”

1932年6月，郭泰祺开始了驻英大使的生涯。在1937年以后的中日战争岁月里，他充分利用与英国公众和传媒见面的机会，发表各种讲演，宣传中国的建设成就和抗战精神。他对英国政府部门及新闻界讲得最多的一句话就是：“我抗战必获最后胜利！”在英国为中国人民树立了顽强抗战的形象。在郭泰祺的不懈努力下，英国政府在太平洋战争前共计给中国政府的实质性援助达1800万英镑，合计约7200万美元，为中国在艰苦的条件下抵抗日本做出了贡献。1938年8月22日，英国牛津大学授予郭泰祺民法学博士学位，郭泰祺是第一位以大使身份获得此殊荣的华人。由于郭泰祺在英国的出色表现，1941年4月2日，国民党五届八中全会通过决议，任命郭泰祺为外交部长。

蒋介石、宋美龄与盟军将领合影，右一为史迪威

蒋介石给中国战区参谋长魏德迈授勋

考虑，决定派曾在中国天津驻军和美国大使馆任职多年的史迪威来华担任该职。3 月 6 日，史迪威飞抵重庆正式就职。

中国战区包括了中国大陆、法属印度支那、泰国、缅甸，以及印度的一部分。统率除中国军队外，还有这一地区的英美军队。

中国战区牵制了日军的绝大多数兵力（1941 年底，日本总兵力为 240 多万，其中 130 万被拖在了中国，占日本整个对外用兵的 65%，相当日军南进兵力的 3 倍）。同时，完全打破了日军北进苏联的战略企图，确保了苏联在欧洲对德作战的胜利。




## 名列“四强”

太平洋战争的爆发和德意日军事协定的签订，使越来越多的国家受到了法西斯的侵略，他们纷纷要求参加国际反法西斯的联盟。

1942 年 1 月 1 日，反法西斯的 26 国，在美国首都华盛顿签署了《联合国家共同宣言》（亦称《二十六国公约》）。在商讨排名时，美国总统罗斯福坚持中国必须与美、英、苏并列四大国行列，而且排在美国之后列第二位。英国起初连将中国列为“四强”都不同意。在美国的坚持下，中国排在美、英、苏之后，列第 4 位。后面则是其余的 22 国，按英文字母顺序排列。在签字仪式上，中国代表、外交部长宋

香港沦陷

日军偷袭珍珠港，太平洋战争爆发

蒋介石接见蒙巴顿

子文在《宣言》上签了字。

《宣言》的主要内容为：签字国保证使用其全部军事和经济资源，共同对抗德意日法西斯侵略；各国保证与本宣言签字国政府合作，不与敌人缔结单独停战协定或和约。

1942 年 10 月 30 日，中国驻苏大使傅秉常、苏联外长莫洛托夫、美国国务卿赫尔、英国外长艾登，分别代表本国政府在《四强宣言》上签字。11 月 1 日，《宣言》正式发表。根据《宣言》的条款，中国政府有权利和责任参与各大国为结束战争的协调行动，筹划组建战后联合国机构。这也为日后中国参与创建联合国并取得安理会常任理事国席位，奠定了基础。

蒋介石、宋美龄出席苏联大使馆国庆招待会

在南京失陷后的 3 个月里，蒋介石政府表明了长期抗战的决心，坚决反对日本提出的任何"和平"倡议。中国民众，特别是敌人后方的民众，开始积极参加抗战。游击队的活动日益扩大，对军事行动的进程产生着越来越大的影响。经过半年的抗战，国民政府最高军事当局已认识到国际干涉及和平谈判短期内均不可能实现，中日战争已形成持久之势，又接受了华北、淞沪、南京作战的教训，开始转变战略指导，由单纯固守阵地、据点进行死拼的战役，改为不强调"一城一地之能否据守"、而以空间换取时间的持久消耗战略。南京失守后，国民政府真正开始实施持久消耗战略。

# 长沙岿然不动

中国军队在长沙会战中

1946年10月10日，美国驻华大使司徒雷登将一枚美国自由勋章授予薛岳。



## 第一次长沙会战，痛击冈村宁次

1939年9月中旬，日军发动了意在打击中国第九战区军队主力并促进汪伪政权出台的对长沙的第一次大规模进攻。开始，蒋介石拟“不守”长沙，他一夜之间连打9次电话，命令第九战区司令长官薛岳退出长沙。薛岳反问：“长沙不守，军人之职何在？”白崇禧以“长期抗战，须保存实力”相劝，薛岳说：“湘省所处地位系国家民族危难甚巨，吾人应发抒良心血性，与湘省共存亡。”

第一次长沙会战，日军共投入兵力18万人，由第11军司令官冈村宁次指挥，在飞机、舰艇支援下，从赣北、鄂南、湘北三个方面向长沙发动进攻。第九战区参战兵力则有52个师。早在9月上旬，薛岳即命令部队在各地修筑、加固工事。为了削弱日军机动性强的优势，参战部队对交通线做了大规模破坏，挖断公路、拆毁铁路，稻田全部灌满水，并坚壁清野，使日军无法得到补给。薛岳采取的这些措施发挥了很大作用，日军的行动受到阻滞，重炮、坦克无法运动。

从9月14日日军发动进攻到26日，薛岳指挥所部官兵，“利用湘北有利地形及既设之数线阵地，逐次消耗敌人”。日军虽然凭借优良的武器装备，突破薛岳部防线，占领了一些城镇，但付出了沉重的代价，兵员、物资消耗过大，不得不停止进攻。26日，薛岳制定了《在长沙以北地区诱敌歼灭之指导方案》。27日，薛岳在株洲设立指挥部同日军决战。到10月5日，日军不支，冈村宁次下令全线撤

日机轰炸长沙，长沙成为一片火海

薛岳

退。薛岳指挥部队追歼。15 日，会战结束。

第一次长沙会战，第九战区部队在薛岳指挥下，采取了灵活战术，不固守城池，而是后退，跳出日军的包围圈，作外线攻击，取得第一次长沙会战的胜利。日军损失惨重，共伤亡 4 万余人，其中包括少佐以上军官 40 多人。会战胜利，蒋介石十分高兴，他在嘉勉电中说："此次湘北战役，歼敌过半……举国振奋，足见指挥有方，将士用命，无任嘉慰。"

## 第三次长沙会战，英美报纸纷纷报道

太平洋战争爆发后，日军为了牵制中国军队主力，策应广九路香港方面的作战，打通粤汉线，在第 11 军司令官阿南惟畿指挥下，发动了对长沙的第三次攻势，投入兵力约 15 万人，企图于 1942 年元旦占领长沙。薛岳根据前两次长沙会战的经验，采取"后退决战"、"争取外翼"的作战方针。为激励将士们英勇杀敌，薛岳在给参战部队师以上指挥官的电文中强调："第三次长沙会战，关系国家存亡，务须英勇杀敌。"并表示"本会战，岳有必死决心，必胜信念"，"岳如战死，即以罗副长官（罗卓英）代行职务，按照计划，围歼敌人"。1 月 4 日，薛岳指挥各部完成了对日军的包围，随即将敌击溃。日军狼狈北窜，溃不成军。此次会战，歼敌 56900 人，俘敌炮兵大尉松野荣吉以下 390 人、军马 780 匹及大量辎重物资。

第三次长沙会战以中国军队的最后胜利而告终，是中国正面战场也是亚太地区盟军方面取得的一次重大胜利。为表彰薛岳的功绩，国民政府特颁给他一枚青天白日勋章。英美舆论对此大加宣传。1942 年 1 月 11 日的《泰晤士报》称："这是 12 月 7 日（指日本偷袭珍珠港）以来，同盟军唯一决定性之胜利。"《伦敦每日电讯报》社评也说："际此远东阴雾密布中，唯长沙上空的云彩，确见光彩夺目。"

准备奔赴抗日战场的中国军队

常德会战中的中国军队

# 虎贲万岁

以写爱情小说见长的作家张恨水，却有一部以抗战中真人真事为题材的战争小说《虎贲万岁》。





## 鄂西会战

1943年3月，日本大本营召集了中国派遣军、关东军及南方各军总参谋长会议，进行新的战略部署。中国派遣军的任务是，以第11军、13军为主力，分别发动鄂西及常德会战，消灭中国军队主力，打通浙赣线，策应滇缅及东南亚战场作战。

1943年5月，日军第11军司令官横山勇指挥第13、40、58师团，在洞庭湖北首先展开攻击。中国方面则以第六战区司令长官陈诚统辖的第10军、26军、29军，冯治安的第33集团军，吴奇伟的长江上游江防军进行阻击。

中国军队采取了交通阻塞战，仍然不与日军正面决战。日军的机械化部队、炮兵及骑兵无法施展。因此，中国军队取得了重大战果。此役日军伤亡4000多人。战后，双方各回原防区。

## 常德会战

1944年的一天，两名军人来到张恨水家中，说他们是常德会战的幸存者，师长余程万派他们来，请张恨水把常德会战写成小说，记录下牺牲者的壮烈事迹。张恨水为常德会战中中国守军的英雄气节所打动，这才写下了他唯一一部记录真人真事的战争小说《虎贲万岁》。

打动作家的，是坚守常德的8000名中国军人的碧血丹心。

1943年的9月28日，日本中国派遣军开始实施常德会战。参战军队有第11军和第13军，以及空军第44战队，飞机130架，共10万多人。由第11军司令官横山勇指挥。

中国军队为第六战区所属第74军、73军等7个军，以及第九战区所属第10军、99军共30多个师，总兵力达20多万，飞机200架。

当时的常德守军，是代号“虎贲”的74军

57 师，师长余程万。

11 月 18 日，日军第 116 师团与第 68 师团逼近常德，守军在常德外围涂家湖打响了保卫常德的第一炮。常德成为会战主战场肯定无疑。中国军队的战略意图便是如何让日军第 11 军出击的主力汇聚于常德城下。然后让两线兵团顺利于常德钳杀日军。所以，常德保卫战的成败是整个会战的关键。

日军在横山勇的亲自督战下疯狂进攻，仅一昼夜就攻下了外围的德山，切断了守军 57 师的后路，常德的形势是那样的险恶。57 师 8000 多人被 5 万多日军所包围。

余程万师长为确保常德城区，将主力全部用于固守城垣。决心死守，尽忠报国。

从 11 月 22 日接下来的两周，是血与火交织的两周。第一天，日军第 109 联队长和其作战参谋就被我守军击毙，日军遭受重挫。横山勇气急败坏，指挥 11 军猛攻。但接下来的战斗依然让日军步履维艰。每一条巷子，每一座房子，中国军人都寸步不让。日军刚刚在炮火和飞机掩护下取得一点进展，往往又被中国军队的反冲锋夺回。30 日，日机轰炸第 57 师设在中央银行的师部。日军从东、北、西门分别向大小高山巷、局北街、中山南路、体育场推进。守军官兵人自为战，全部战死在其散兵作战位置上。12 月 1 日，日机继续轰炸中央银行师部，东、南、北门的阵地已全部失守，只剩下兴街口经中山南路和大西门一隅城区。敌穿墙凿壁，节节紧逼，师长余程万及各级幕僚亲任指挥，尺土之地，誓死必争。就这样一寸土地一寸血，日军在付出惨重代价后，逐渐占领了常德的大部分地区，守军 57 师 8000 多人，伤亡殆尽，全师战至仅剩 300 余人，步枪 40 余支。余程万师长向最高统帅部发出最后一电：“弹尽人亡，城已破，友军观望不前。刻大街小巷混战成一团。职率副师长参谋长死守中央银行，我军高呼七十四军万岁，蒋委员长万岁，中华民国万岁。职余程万谨叩。”

12 月 3 日凌晨 3 点，余程万师长率百余人突围，留下 169 团团长柴意新等近百人坚守，与日军作决死之战，柴意新率手下官兵与敌肉搏 10 余次。清晨，柴团长和部下全体殉国，

常德会战纪念坊

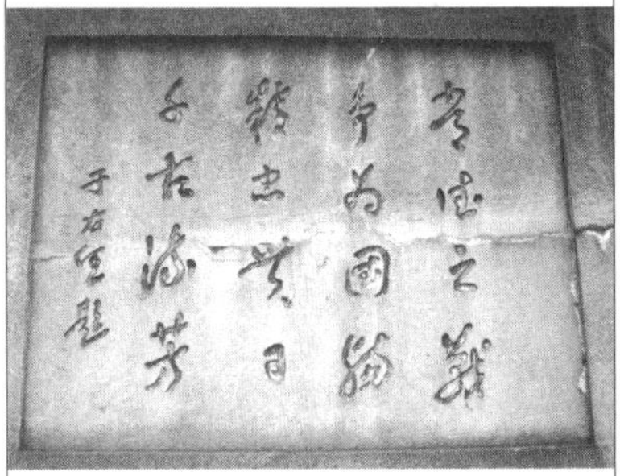
于右任为常德会战阵亡将士题词

长江上游江防司令吴奇伟

74 军军长王耀武在常德会战中

常德城宣告失守。

## 英灵永存

然而，正是57师将士的血战，让中国军队的二线兵团得以形成对囤积常德城下日军4个师团的合击之势。日军仓皇逃离常德，中国军队展开了反击。

1943年12月中，一位第10军的联络参谋因公路过战后常德。这位参谋在路上看到这样惊心动魄的场景，在德山到常德这段路上，横七竖八躺满了国军与日军阵亡官兵，他们都是在近距离的肉搏战中丧命的。有些中国官兵在临死之际，仍以最后力量，将刺刀捅入敌人的腹部，就这么挨着死在一块。这在战场上是难得一见的景象。因为日军一向特别重视遗体，为了宗教信仰，这些遗骨一定要抢回，妥为处理火化。而横山勇撤军时过于匆促，竟连这项最重要的工作都没顾上。在常德丢下了大量日军尸骸，足见日军撤退时的极度慌张。

中国军队经过全面反攻，基本恢复了会战前的态势。常德会战，共毙伤日军2万多人，包括日军第13师团长赤鹿理，39师团长澄田。中国军队也有数万官兵阵亡。

常德会战中中国军人慷慨赴难的英雄气概和惨烈牺牲，深深打动了小说家张恨水。他不但花大量心血写成《虎贲万岁》，而且还改变了自己的写作风格。用张恨水自己的话说："我写小说，向来暴露多于颂扬，这部书却有个例外……这8000人实在已尽了他们可能的力量。一师人守城，战死得只剩下83人，这是中日战争史上难找的一件事。我愿意这书借着57师烈士的英灵，流传下去……"

常德会战，总计毙敌联队长中畑护一、布上照一、和尔基隆等，敌官兵伤亡约4万余人。中国军队亦阵亡第150师师长许国璋、暂编第5师师长彭士量、预备第10师师长孙明瑾，伤亡官兵约5万余人。在会战中，中国军队除少数部队外，均极为努力认真，勇往直前，即使迭经战斗，损失惨重者，亦能斗志旺盛，反复进击。尤其是第57师官兵，在敌飞机狂炸、火炮猛轰、毒气弥布下，与敌血战16昼夜，兵亡官继，弹尽肉搏，宁可战死，决不投降，表现了大无畏的爱国主义精神。

日军渡过汉水进行鄂西作战

常德会战中的日军俘虏

**原国民党中央党史编纂委员会会址**——建于1936年。中国传统宫殿式建筑，设计精妙，造型大方，又称“西宫”。该会藏有大量国民党党史资料，并负责编纂印制。“西宫”与东边的国民党中央监察委员会（称“东宫”）出自同一图纸，只是外形稍大。

原国民党中央党史编纂委员会大门装饰——『一无所有』，门柱就显得过于单调，加上一点修饰就截然不同。中间部分的圆点，像是省略号，想法、看法，乃至寓意，全凭自己去想、去猜。上下部分的莲花纹图饰，让人想起了宋代周敦颐《爱莲说》中对花中君子的赞美：『出淤泥而不染，濯清涟而不妖，中通外直，不蔓不枝，香远益清。』

# 远征印缅

中国远征军司令卫立煌(右)与史迪威在云南保山

**戴安澜在给妻子的遗书中写道:"现在孤军奋斗,决以全部牺牲,以报国家养育!为国战死,事极光荣。"**

## 中国远征军入缅作战

1941年12月,中英两国政府签订了《中英共同防御滇缅路协定》。1942年3月,英国政府根据此协定,请求中国政府派军队赴缅甸援助英军。蒋介石遂调第5军(军长杜聿明)、第6军(军长甘丽初)、第66军(军长张轸)9个师共10万人,组成中国远征军第1路军,装备了当时中国最好的武器,于3月初由云南开赴缅甸。

中国远征军入缅甸作战,原来的任务是协同英军保卫仰

中国军队指挥官在山洞中研究作战方案

### 挽戴安澜将军

毛泽东

外侮需人御,将军赋采薇。
师称机械化,勇夺虎罴威。
浴血东瓜守,驱倭棠吉归。
沙场竟殒命,壮志也无违。

1943年3月

光，但由于英军的溃败和日军的快速进攻，中国军队尚未到达，仰光已经失守。于是，中国军队即将目标转向了曼德勒。此时，蒋介石又派远征军总指挥史迪威赶赴缅甸指挥远征军作战。

## 解救英军

1942 年 3 月 8 日，日军以 6 个师团的兵力，在 15 军司令官饭田祥二郎率领下，分 3 路大举进犯缅甸腹地。中国第 5 军在同古、曼德勒正面狙击日军 55 师团；第 6 军在毛奇、雷列姆一线抗击日军 56 师团、18 师团；66 军在腊戌作机动配备。英军第 1 军团配合远征军在普罗美狙击日军 33 师团。

中国军队在缅甸仁安羌解救了 7000 多名英军

日军出动 30 架飞机轰炸同古，再以战车冲击中国军队阵地，并大量施放毒气。同古守军是远征军戴安澜的第 200 师。他们以集束手榴弹、汽油瓶等原始武器与日坦克展开搏斗，双方伤亡惨重。3 月 29 日，日军在付出重大代价后，占领了同古。

1942 年 3 月，在缅甸与日军作战的英军步兵第 1 师和装甲第 7 旅被日军第 33 师团的两个联队包围在仁安羌地区。英军向中国远征军紧急求援。其时，新 38 师师长孙立人部离仁安羌最近，孙随即调派唯一的装甲 113 团星夜驰往英军被围前线，孙立人亲赴战场指挥战斗。经过两天激战，中国军队攻克了仁安羌，歼灭日军第 33 师团主力 1200 余人，俘虏 500 多人，还救出了被围困的英国英缅军总司令亚历山大上将及 7000 余名英军及被日军俘虏的士兵、美国传教士和新闻记者 500 多人。连同被日军夺去的百余辆辎重汽车、1000 多匹战马及一些武器都交还了英军。这就是著名的仁安羌大捷，孙立人以不满 1000 人的兵力击退数倍于己的敌军，救出近 10 倍于己的友军。这也是中国军队首次在境外作战取得的胜利。中国远征军在仁安羌的英勇战绩轰动英伦三岛，扬威世界，受到中外人士的敬佩。后来英国政府颁给孙立人师长勋章1枚，美国政府颁给孙立人自由勋章1枚。

## 黄埔之英　民族之魂

中国远征军出兵缅甸，历经半年，战功卓著。但中英美战略目标不一，指挥混乱，相互牵制，以至几次战斗均受挫失利，最终以失败告终，部队亦伤亡惨重。

以第5军为例。在交通要道被日军封锁后，第5军被迫穿越缅北丛林的野人山，这里严重缺水，虫豸蛇蝎横行，瘴气毒气弥漫，许多士兵嘴上起泡，咽喉红肿，全身皮肤溃烂，无医药救治而成批地死亡。军长杜聿明途中患病，险些丧生。第5军编制42000人，战斗中死亡7300人，撤退途中死伤竟达14700人。远征军全军10万精锐之师，撤返时仅剩4万人。

1942年5月18日，戴安澜在率领第200师返回祖国途中，在接近腊戍西侧细包至摩谷的公路时，突遭日军伏击，戴安澜胸部腹部连中数弹。虽身负重伤，但仍坚持指挥部队突围北撤。5月26日，200师官兵已行至缅甸北部的茅邦村，此地离国境不过三四十里地了。下午5时40分，戴安澜因伤重殉国，年仅38岁。戴安澜在给妻子的遗书中说："现在孤军奋

远征军乘坐小艇

戴安澜

新38师师长孙立人

宋希濂

远征军第1路司令长官罗卓英

郑洞国

中国远征军在缅北丛林中



斗，决以全部牺牲，以报国家养育！为国战死，事极光荣。”

国民政府为戴安澜举行了隆重的葬礼，10 月 16 日追赠戴安澜为陆军中将。是年 7 月 20 日，美国总统授予戴安澜军团功勋章，以表彰他在缅甸战役中的卓越战绩和为中国陆军建树的崇高声誉。毛泽东、周恩来、朱德、彭德怀均自延安发来唁电，深表哀悼。周恩来称他是“黄埔之英，民族之魂”。朱德、彭德怀的联名挽词是：“将略冠军门，日寇几回遭重创。英魂羁缅境，国人无处不哀思。”

## 昆仑关大捷

此前，戴安澜在昆仑关战役中，赢得了极高的声誉。

昆仑关，位于广西南宁东北 50 公里的昆仑山上，虎踞于曲折的柳州、宾阳至南宁的公路旁，居高临下，地势险要，无论往北往南，均为平坦地势。东面 2 公里处有 653 高地，西面 2 公里处是 445 高地和 441 高地，真可谓一夫当关，万夫莫开。

1939 年 12 月 7 日，中国最高军事当局决定反攻昆仑关、收复南宁。18 日凌晨，中日两军之精锐在昆仑关遭遇。

防守昆仑关的是日军第 5 师团主力第 21 旅团的松本总三郎大队，以炮火和飞机对中国军队进行了猛烈的轰炸。第 5 军的重炮兵团以及各师炮营则以炮火压制，弹着点延伸后，戴安澜指挥第 200 师与荣誉第 1 师开始攻坚，至夜晚，第 1 师攻占了昆仑关附近的几个高地；第 200 师攻占了 653、600 两个高地，并一举攻占昆仑关主阵地。

19 日中午，日军飞机开始对昆仑关狂轰滥炸。日军联队长三木吉之助大佐督饬 21 旅团 21 联队，夺回了昆仑关。

12 月 23 日和 24 日，我军第 5 军正面进攻的两个师，伤亡已达 2000 余人，日军伤亡也在千人以上。但日军依仗昆仑关坚固的工事，构成交叉火力，中国军队一再受阻。戴安澜亲率 2 个团兵力，以大刀、铲刀和血肉之躯，一路斩草开路，破除满山遍野的铁丝网，向昆仑关最后一道大门界首阵地发起猛攻。

12月31日，中国军队肃清了昆仑关残敌。打扫战场时，在21旅团长中村正雄身上搜出了一个日记本，中村正雄在战死前写道："帝国皇军第5师第21旅团之所以在日俄战争中有'钢军'称号，那是因为我的顽强战胜了俄国人的顽强。但是，在昆仑关我应该承认，我遇到了一只比俄国军队更顽强的军队。"

日本战后公布，在昆仑关战役中，日军第5师团第21旅团，包括中村正雄少将旅团长、第42联队长坂田原一大佐、第21联队长三木大佐以及第1、2、3大队的长官，该旅团军官死亡达85%，士兵死亡4000余人。第21旅团已经名存实亡。日军统帅部收到的报告中也称："在昆仑关地带，中国军队比任何方面都空前英勇，值得我军敬意。"战后的日军战史也称，昆仑关战役，是中国事变以来，日本陆军最为暗淡的记录。中国军队攻势规模很大，其战斗意志之旺盛，行动之积极顽强，在历来的攻势中少见。

中国军队伤亡24000余人，但军官基本健全。戴安澜指挥的第200师因战功卓著，全师受国民政府集体嘉奖一次，参战人员提薪饷两级。师长戴安澜因指挥有方，重伤不下火线，荣获四级青天白日宝鼎勋章1枚。

中国远征军在缅甸

昆仑关大捷是抗战以来中国军队一场成功的正面攻坚战，第5军将士骁勇顽强，勇于牺牲。还有一点也很重要，第5军在攻击时，不仅人数占绝对优势，而且获得了战车、炮兵、空军的有力配合。在桂南战场上，日军除空军稍占优势外，在重炮、战车等方面比起中国军队反逊一筹。不过，日军训练有素，官兵深受武士道精神熏陶，斗志相当顽强。中国军队在昆仑关主攻方面属于攻坚战斗，而日军处处死守不退，中国军队每次进攻都得付出很大牺牲。当时的中国军队一般只有持续3-4天的攻击能力，而第5军已在昆仑关连续攻击两周时间，在反攻中有11000人负伤，5500人为国捐躯。

中国军队取得昆仑关大捷

昆仑关要塞

## 中国驻印军组成

1942 年 8 月，中国战区最高统帅蒋介石决定成立中国驻印军指挥部，以史迪威为总指挥，罗卓英副之。驻印军是由退入印度的第 66 军、第 5 军以及新 22 师组建的，全军在印度的兰姆伽接受美式训练，成为中国首屈一指的劲旅。1943 年春，中国驻印军又改编为美式装备的新 1 军，以郑洞国为军长。1944 年，驻印军又扩编为新 1 军和新 6 军。新 1 军军长孙立人，下辖新 38、新 30、50 师。新 6 军军长廖耀湘，下辖新 22 师、14 师。

与此同时，从缅甸撤回云南的远征军经过修整补充后再次集结，以陈诚为司令长官(1943 年冬由卫立煌接任)。下辖宋希濂的第 11 集团军、霍揆章的第 20 集团军等部，共 6 个军 17 个师 20 万人。该军又称“滇西远征军”。

1943 年 10 月，驻印军开始反攻。先头部队新 38 师经过激战，击溃日军第 18 师团大部，击毙 55 联队藤井小五郎大佐及以下 3200 多人。随后，驻印军又猛攻孟拱河谷，摧毁日军纵深达 15 公里的阵地，并解救英军第 3 师一部，打通了孟拱至密支那的铁路。

1944 年，驻印军又攻占八莫，击毙日军联队长原好三大佐及以下 2430 人。中国军队伤亡 1021 人。以后，又在南坎、新维、腊戍等地连连奏捷。

1944 年 5 月，为策应驻印军的反攻，远征军强渡怒江，向据守在高黎贡山和腾冲地区的日军大举进攻，甚至与敌逐街逐巷进行争夺肉搏，战斗十分惨烈。经过两个多月激战，终于攻占日军总司令部，全歼日军 148 联队，收复腾冲。10 月中旬又攻克松山，11 月初攻占龙陵，中旬克芒市。滇西战役，共毙敌达 6000 余人。保证了密支那至腾冲 227 公里的公路立即开工。驻印军在龙陵、松山之战中，以牺牲 18550 人的惨重代价，歼敌近万人。

1945 年 1 月 27 日，中国远征军与驻印军会师，凯旋归国。

# 衡阳战绩永存

衡阳战役忠烈祠

**日军做梦也没想到，人口仅20余万的衡阳小城，竟使他们以数倍的兵力，耗去47天，丧师几万，才勉强攻占。**

## 血战衡阳

1944年6月18日，湖南省会长沙陷落，6月23日，日军集结10多万兵力，对衡阳守军第10军实施了左中右三路包抄。中路由湘潭经衡山，攻衡阳正面；右翼出湘乡趋永丰，攻衡阳西南面；左翼由醴陵出攸县、茶陵，南犯安仁等地，包抄衡阳东南面，企图切断第四战区由韶关北援衡阳的通道。6月24日，日军第68师团在东阳渡以西强渡湘江，从南面围攻衡阳。26日拂晓，衡阳机场为日军占领。28日，日军完成了对衡阳的四面包围，发起了第一次总攻击。中国守军凭借坚固工事和优势炮火，奋力还击，毙敌68师团长久作间为人中将以下官兵2000余人。

日军首攻失利后，于7月11日晨发起第二次进攻。先向衡阳城垣倾泻了大量的炸弹、燃烧弹和各种毒气弹。守军在民众的积极配合下，奋起反击。双方在莲湖台激烈拼杀一天，日军黑徽联队死伤过半，始终无法接近守军的核心阵地。

7月30日，日军发动了第三次进攻。他们以飞机大炮向核心阵地和市区狂轰滥炸。4个半师团的日军，从南北西三面猛攻核心阵地。8月7日，敌机和炮兵继续对守军核心阵地进行轰炸、扫射和施放毒气，步兵则趁机突进。中国守军只能靠空投接济粮草和弹药维持，炮兵已无炮弹发射，全部改成步兵。经过46个昼夜在盛夏酷暑中的激战，食物断绝，药

中国军队，每3人中只有一人背着步枪；中国军队主攻师只有2门大炮，200发炮弹；中国军人试图用步枪和刺刀夺取日军阵地……，所有用血肉之躯能够做到的事，中国士兵都在做……

——美国作家怀特

凌晨，中国军队以掷弹筒和手榴弹袭击山顶……一名中国兵混到我两名大队长身旁，立足大尉发现后刚刚喊出“这是敌人”的刹那间，中国兵的手榴弹爆炸了，二大尉一死一伤。

——日本防卫厅防卫所战史《“24”高地的争夺》

中国军队的炮兵

方先觉



品奇缺，以致痢疾流行，大量非战斗减员，已没有二线补充的兵力。

8月6日，一股日军自城北撕开了城防的缺口，突向市中心，激烈的巷战随即开始。7日，日军第11军司令官横山勇令所有的野战重炮、加农炮、榴弹炮不惜消耗全部弹药轰击，空军亦全力协助。衡阳城内掩体飞散，建筑物全塌。守军的文书、军医、看护，以及周围的百姓，全部拿起了武器，与日军展开了激烈的巷战。第3师9团团长鞠震震壮烈殉国，岳屏山等守军，亦血染阵前，情况万分危急。第10军军长方先觉向重庆国民政府发出最后一份电报称："敌人今晨由北门突入以后，已展开巷战，我官兵伤亡殆尽，再无兵可资堵击。职等誓以一死报党国，勉尽军人天职……"

8月8日拂晓，古城衡阳几乎成为一片废墟。衡阳在外无援兵、内无粮弹的情况下，终于落入敌手。

## "衡阳战绩永存"

衡阳保卫战从1944年6月23日开始，到8月8日结束，历时47天，共击毙日军2万人，击伤日军6万人，彻底打破了日本大本营计划7天之内打通湘桂线直抵滇缅的作战计划。中方守军牺牲1.6万人，最后仅存1200余人。衡阳人民为支援作战，仅挖工事、运弹药，就牺牲了3174人。

衡阳保卫战，给予日军以沉重打击，打出了国威，打出了中华民族誓死不当亡国奴的气节和精神。日军做梦也没有想到，中国南方这么一座人口仅20余万的小城，竟使他们以数倍的兵力，耗去47天，丧师几万，才勉强攻占。

衡阳保卫战是中国抗战史上一次极其重要、极其惨烈的战役，衡阳守军和衡阳人民以鲜血和生命，赢得了中外人士的高度赞誉。毛泽东亲自为延安《解放日报》起草了社论，高度评价"守衡阳的战士们是英勇的"；《大公报》以《感谢衡阳守军》、《衡阳战绩永存》为题连续发表社论，赞扬了衡阳保卫战。国民政府授予古城衡阳"抗战胜利纪念城"的称号，并修建了一座纪念塔。

# 生命线

滇缅公路的咽喉——怒江铁桥

**滇缅公路被中外人士称为"炸不断的公路"。**

## 滇缅公路——中国抗战唯一的国际通道

武汉、广州失陷后，粤汉广九铁路被切断，桂越、滇越铁路成为中国主要的国际交通线。国民政府在加强滇越铁路建设的同时，又拨款给云南省政府赶修滇缅公路，由云南昆明经楚雄、下关、芒市抵达中缅边境的畹町，再通往缅甸的腊戍。该公路于1939年初修成通车，全长959公里，可以直通仰光。在滇越铁路被日军切断后，滇缅公路成了中国抗战唯一的国际运输通道。

滇缅公路的全线通车，其中西段从开工到通车只用了7个月，共完成土方1987万多立方米、石方191万多立方米，石箱涵1400余道、木便涵300余道，大中型桥梁7座、小型桥梁236座。其中有著名的惠通桥（跨径84米，载重10吨）、功果桥（跨径90米，载重7.5吨），而昌淦桥（跨径130米，载重15吨）是滇缅路上最大、工程最艰巨的桥梁工程，也是中国工程技术人员最早设计的公路钢索吊桥。

起初，在滇缅公路上运送物资的只有300辆汽车，以后增加到800辆，最多的时候，这条公路上每天有2000—3000辆车在跑，每1公里就有好几辆车。1940年7月，英国政府曾关闭滇缅路3个月，而9月日军占领印度支那北部，滇越铁路中断，滇缅公路运量直线上升。整个抗战期间，经滇缅公路

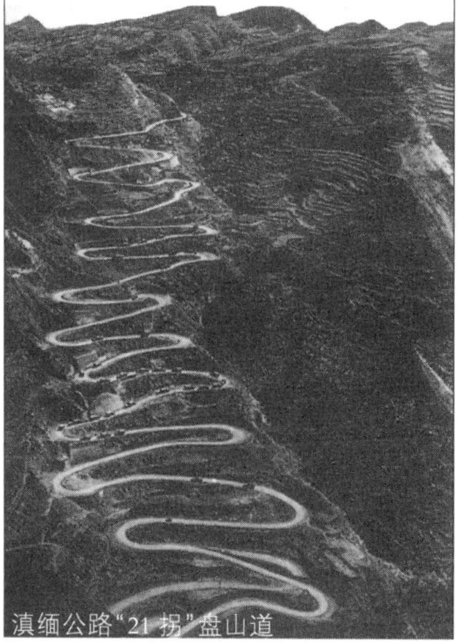
滇缅公路"21拐"盘山道

"驼峰"航线经过喜马拉雅山,与地面的公路运输共同完成运输任务

先后运入中国44万余吨战略物资。

日军为了切断滇缅公路，出动了大批飞机,对公路的主要桥梁和交通枢纽进行轰炸。1940年10月18日开始，日军出动飞机400多架次，重点轰炸滇缅公路澜沧江上的惠通桥。护桥职工们随炸随修，桥从未中断过通行,不少职工也英勇献身。滇缅公路被中外人士称为"炸不断的公路"。




## 20万民众筑成中印公路

1942年日军攻占缅甸，滇缅公路又被切断,国民政府只能靠"驼峰"航线运输物资。1943年，国民政府接受了史迪威的建议,与英美合作,利用租借法案援助的物资,修建中印公路。该公路从印度的雷多往南,穿越野人山区、胡康河谷到缅甸的密支那和八莫,再通到中国云南的保山，与滇缅公路衔接，又称"保密公路"。全长2300多公里,其中正线长1460公里。美英负责印度境内段,中国负责缅北和滇境段。以雷多向南修筑的一段公路为例，驻印军总指挥史迪威派出中国驻印军工兵2个团,美军工兵2个团,还有2个航空工兵营,3个战斗工兵营,再加上英军率领的印度、尼泊尔劳工，又征调大批中国劳工计7000多人。工程由美国工程师皮可少将主

沿滇缅公路附近百姓自动参加筑路工作,支援前线

人员、物资沿着滇缅公路源源不断运往中国

大批骡马队满载军事物资在雷多公路上前进

持，美国工程兵还调来不少先进的筑路设备支援筑路。

整个工程历时两年，历经千辛万苦，付出了巨额资金。更令人感叹的是，为了修建这条公路，前后动用近20万民工和雇工，牺牲了3万多人的生命。中印公路雷多至密支那422.6公里路段终于在1944年8月胜利通车。

1945年1月28日，蒋介石为缓和与美国的关系，将这条公路命名为"史迪威公路"。1945年2月至8月，共有368支车队通过中印公路，向中国运送了8万多吨物资和1万多辆汽车，平均每天就有153辆满载物资的卡车到达昆明。中印公路于1945年1月17日全线通车，继而从八莫连接的滇缅公路即中印公路南线也宣告通车。而史迪威本人这时已被调回美国。

1940年6月，日本向英国提出，要求停止滇缅公路运送武器弹药及燃料、卡车及铁路器材等物资。中国驻英大使郭泰祺亦多次造访英国政要，重申滇缅公路运输对中国抗战和英国自身利益关系重大。7月18日，英国政府接受其驻日大使在雨季关闭滇缅公路三个月的建议，签订《英日关于封闭滇缅公路的协定》。郭泰祺马上以中国政府的名义向英国外长递交了书面抗议。随后的两个多月，郭泰祺在英国首相、外长等人之间展开外交攻势，为重开滇缅公路奔波。10月4日，丘吉尔对郭泰祺承诺：10月8日向国会宣布重开滇缅公路。

军民修建中印公路

重庆邮政业

# 大后方的交通建设

**战时大后方的交通通讯建设，也是一场看不见硝烟的战争。**

## 发展交通运输

国民政府移驻重庆后，采取了一系列战时紧急措施，组织军民进行交通建设，使大后方的交通得到较大发展。

一、新建并改善了国际交通干线

原有4条交通干线，即粤汉—香港、湘桂—越南海防、滇越—越南海防、陕甘新—苏联。抗战爆发后，武汉、广州失陷，主要国际交通线粤港线被切断，其他线路受到严重威胁。国民政府赶修了全长959公里的滇缅公路，成为中国唯一的国际交通线。

但滇缅公路随之被日军切断，国民政府又全力开辟“驼峰”航线。接着，又拨出巨款，在美英协助下，修建了全长2300公里的中印公路（又称“史迪威公路”）。

此外，还抢修了滇缅和渝昆铁路。

在西北，则打通天水—宝鸡公路（总长154公里），其中隧道长22公里；同时，抢修了兰州—新疆公路（其中兰州至星星峡的1179公里为新修）。打通了连接苏联的西北国际通道。

二、修建并连接了西南、西北交通网

在西北，修建了双石铺—天水、汉中—白河、宁夏—归绥、甘肃—成都、安康—敦煌、星星峡—哈密、西宁—玉树、康定—歇武、敦

帆船、大车运输

轮船运输

航空运输

汽车运输车队

煌—若羌的公路。铁路则有咸阳—铜川线。在西南，修建（修复）了贵阳—衡阳、贵阳—常德—长沙、重庆—綦江—黔江—沅陵—长沙、重庆—成都、重庆—贵阳—昆明等公路，其中渝贵昆公路，接通了国际交通线，是中国最为繁忙的公路干线。

三、开辟国内国际航线

1942年4月18日，中印航线（即"驼峰"航线）试航成功。由中美合作经营，美方为主。

1938年12月，中苏航线开通。从重庆飞往莫斯科，4日可到达，每周一班。苏德战争爆发后停航。

国内则维持并扩大了重庆、成都、昆明、贵阳、桂林、哈密、兰州等城市的航线。又增辟了成都—雅安、重庆—乐山等航线。香港沦陷前，国内航线均通过香港中转与欧美航线联结。香港失陷后，改飞仰光；仰光失陷后，又开辟了中印空中走廊。

四、发展水运

国民政府移驻重庆后，对数十条河流水道，进行了较大规模的查勘、测量，计查勘里程13661公里，测量里程10387公里，施工里程2919公里。至1943年底，大西南地区共改善水上航线7741公里，新辟航线5227公里，累计达12968公里。1939年，民生公司在长江上试航，从合川向上延伸228公里到达南充，经广元联结了川陕公路，成为四川、陕西间的一条重要运输线。另外，还实现了重庆—涪陵—龚滩—沅陵—常德之间近1000公里的通航联运，成为陪都重庆联系各地的一条重要交通线。

此外，航运部门还在险滩激流处设立了绞滩站，对轮船实行绞拖。至1941年底，已设站56个，绞拖能力最大可达4000吨。

五、恢复驿运

1938年，行政院召开全国水陆交通会议，决定恢复人力兽力的运输，同时，在各地成立驮运管理所，以及全国总管理处，负责大后方的驮运指导。继1939年4月开辟川昆驮运路线后，又相继开辟了川陕、川黔、甘新、新疆、陕甘、叙昆、黔

胡适在抗战开始不久，也担负起了开辟一条"交通线"的任务。1938年9月17日，国民政府任命胡适为驻美大使，这是蒋介石做出决定并亲自出面敦请的，就是想利用胡适在美国的声誉，打开同美国的关系。胡适于9月24日写信给夫人说："我二十一年做自由的人，不做政府的官，何等自由！但现在国家到这地步，调兵调到我，拉伕拉到我，我没有法子逃。所以不能不去做一年半年的大使。我声明做到战事完结为止，战事一了，我就回来仍旧教我的书。"国民政府特派金融专家陈光甫到美协助胡适办理借款事宜。胡适在送给陈光甫的照片背面题了一首小诗："偶有几茎白发，心情微近中年。做了过河卒子，只能拼命向前。"

协助开辟“驼峰”航线的陈纳德（右）与蒋介石于1942年在重庆合影

中美无线电通信



桂、川鄂、川康等陆路线，以及川陕、川湘水陆联运干线，总长9000公里。其他的支线遍及川、滇、粤、桂、湘、赣、浙、闽、皖、豫、康、青12省，其中主线长2.1万公里，辅线1.3万公里。国际干线则有：康藏印线、新疆叶城—印度列城线，长达1.1万公里，新苏线（星星峡—迪化—霍尔果斯），长2000公里。

## 加强邮电通讯

军邮通讯方面。增加了军事系统通讯兵团的有线、无线通讯设备，对邮电部门实行了军管，在全国设立了13个军邮总视察段，230多个军邮局，100多个军邮派出所，2000多个军邮普通邮所。全国划分了西南、西北、东南三大邮政区，在平汉、津浦、晋察、苏淞、陕甘、鄂豫皖边区设立了邮政专员，专门负责所在区域的军事通讯。

民邮通讯方面。交通部在游击区设立了不固定邮局，在战区设立了区段邮电所，方便官兵的通讯邮政，维持前后方的联系。在大后方区乡开辟了新邮路，设立代办所和信箱。

电信方面。以重庆为中心，形成联系西南、西北及各战区、各盟邦主要城市的电信网。战时新设电报线路42136公里，国统区共达114499公里；长途电话新设37377公里，国统区共达69929公里。

国民政府还在重庆、成都之间装配了先进的载波电话机，并加设了多重电话线路。至1942年，完成载波线18条，1—4路载波电话50部。在大后方还建立了大型无线电报话台12座，与原有的248处小型话台相通。重庆、成都、昆明等地，均可与香港、新加坡、加尔各答、孟买、莫斯科、伦敦、日内瓦、洛杉矶、旧金山等世界重要城市进行无线通话。接着，又开通了中英、中苏，以及与南洋各国的无线电话。

1942年12月7日，中美无线电传真正式开通。这是当时世界上最先进的电讯传输线路。1943年3月，中国与伊朗实行直接通报。从此，中国与中亚也联系起来。

# 同仇敌忾

美国华侨在华盛顿集会支援抗战

**仅仅在 1937 年至 1939 年 4 月，胡文虎就认购救国公债共计 300 万元。**

## 捐款、认购公债

七七事变爆发后，海外侨胞迅速成立了筹款组织，动员各界侨胞捐款捐物，支援祖国抗战。

八年抗战中，美国华侨购买“救国公债”、“月捐”（捐出月收入的 10%）和“航空救国捐”三项，就达 18 亿元。

1937 年 7 月至 1941 年，马来亚华侨捐款和认购公债近 2 亿元。

非洲和美洲的华侨较少，但在 1937 年 7 月至 1938 年，捐款即达 3500 万元；古巴华侨捐款 6880 万元。

海外侨胞的捐款，成为抗战中国民政府财政收入的重要

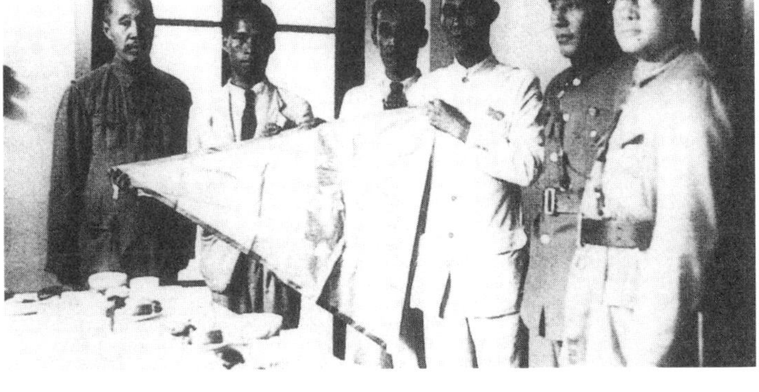

越南华侨向武汉八路军办事处献旗支援抗战

泰国华侨捐赠的飞机“暹逻”号

香港九龙的司机向八路军捐赠救护车和锦旗

补充，也是国家外汇收入的最主要的来源。据军政部统计的数字显示，1939 年军费支出为 18 亿元，而这一年侨胞捐款和侨汇就达 11 亿元。中国向外国购买武器和军需物资，主要是用外汇。

## 物质支援

海外侨胞捐献的物资，大多数是衣物、粮食、药品、医疗器材，也有飞机、坦克、汽车等武器装备。从 1937 年下半年起，这些物资通过各种渠道源源不断地运到国内。

1938 年冬，各地华侨发起了捐募寒衣运动，计捐赠寒衣 1000 多万套、蚊帐 8 万顶、军毯 1 万条。

1938 年初，为了救济灾民，泰国华侨发动捐米运动，一周捐出大米 10 万包。

华侨捐赠的药品，品种多，数量大。美国华侨捐赠的药品，够 50 万伤兵一个月之用。雅加达华侨仅捐赠治疗疟疾的特效药奎宁就有 1 亿多粒。

难能可贵的是，海外华侨多次掀起捐款献机的热潮。1937 年至 1940 年底，美国华侨所捐之款可购飞机 63 架。1941 年，美国加州北部的 20 个华侨社团捐献运输机 8 架。至 1938 年底，菲律宾华侨就献机 50 架。新加坡华侨集资购买滑翔机 100 架。印度华侨先后献机 10 多架。华侨很少的斐济群岛，也献机 4 架。据不完全统计，抗战前 3 年，各地华侨社团和个人，就献机 217 架，可以装备 5 个空军师。此外，华侨们还捐献坦克 23 辆，卡车、救护车及各种汽车 1000 多辆，可装备 5 个运输师和 300 个中型救护队；大米 10000 袋，药品、服装、胶鞋及其他用品计 3.5 亿元。

## 踊跃回国参加抗战

抗战期间，回国参战的广东籍华侨就有 4 万多人。他们中很多人都是抗战急需的人才。美国华侨有 600 多人回国参战，多数为航空技术人员。

新加坡决死队 13 人回国参加了八一三淞沪战役。

1938 年 10 月，武汉、广州沦陷后，在南洋华侨总会的组织下，3000 多名南洋华侨汽车司机和汽车修理技工，回到了祖国，确保了大西南唯一的国际陆路通道——滇缅公路畅通。

**中央大学体育馆**——位于今东南大学校园西北角，1922 年奠基开工。砖木结构，高三层，运动场馆在二楼，殊为特别。入口处门廊采用西方古典柱式，屋面为红色铁皮覆盖，新颖别致。

灯——典型的中国宫灯样式，惟一区别，是用钢质做成，能够『经风雨，见世面』。它不像灯笼那样圆滑，而是有棱有角，个性分明。每一面的四角，又稍加点缀，就像一扇花窗，不用打开，也能尽享它的光亮。毛玻璃，让灯光柔和地发散，顶部是传统的中式双层大屋檐，底部则像是一只强有力的手臂在托举。

国民政府赠给胡文虎的匾额

法国华侨 7 人组织的“回国参战服务团”，英国华侨 40 人组成“汽车工友回国服务团”，德国华侨机工 28 人，非洲罅沙汽车工友回国服务团等，先后回到国内参加抗战。

1937 年 11 月，马来亚华侨“槟城救伤队”50 名队员，回国参战仅数月，就牺牲过半。菲律宾“华侨战地服务团”100 多人，1938 年 10 月参加惠州、广州战役，幸存者仅 2 人。缅甸华侨救护队 80 多人，两个月治疗伤员和难民万余人。

华侨记者、文化工作者在战地采访新闻，他们与国内记者合拍了纪录片《台儿庄战役》、《平型关大捷》、《孙夫人》等。缅甸“华侨救国义勇军”160 人，参加了淞沪抗战和三次长沙会战，大部为国捐躯。新加坡“华侨决死队”16 名队员，在淞沪会战中仅 1 人幸存。

1937 年 8 月 14 日，日机轰炸南京、杭州。华侨飞行员陈瑞钢将 1 架敌机击落在太湖上空，中队长、华侨飞行员黄泮扬连续作战，击落敌机 3 架。9 月 19 日，华侨飞行队长陈其光，在太原击落不可一世的“驱逐之王”三轮宽。在 1940 年秋的运城空袭战中，华侨飞行员满载杀伤弹、烧夷弹，击毁敌机 35 架。

胡文虎(左二)回国劳军

胡文虎因发售“虎标良药”致富，所以他兴办慈善事业，也以捐资于医药方面为最多。1931 年，由胡文虎独自捐献国币 37.5 万元创建了南京中央医院(今南京军区总医院)。这是一幢宏伟的 4 层大楼，至今仍矗立于南京中山东路。1933 年至 1934 年，他又先后捐款 60 万元兴建了汕头医院、厦门中山医院、福建省立医院（三院各 20 万元）。其他在国内外独资或捐助的医院、麻疯病院、接生院(妇产医院)、安老院(养老院)、孤儿院有 40 多所。此外，还捐款办了收容流浪儿童的上海儿童教养所、广州儿童新村等等。

陈嘉庚率团回国慰问抗战将士





## 华侨领袖的贡献

陈嘉庚是著名的南洋华侨领袖。抗日战争爆发后，他每月捐献2000元，还带头认购救国公债10万元；并积极领导和推动南洋华侨的抗日救国运动，成绩卓著，影响极大。

司徒美堂是美国著名华侨领袖。七七事变后，他发动成立了纽约华侨抗日救国筹饷总会，筹募1400万美元。在他的推动下，华侨组织捐款5400多万美元。司徒美堂并非殷商巨贾，但他却是纽约地区捐款最多的17名华侨之一，他几乎献出了所有的财物，成为毁家纾难的带头人。

邝炳舜，美国旧金山华侨商会主席、旅美华侨统一义捐救国总会主席。在他的组织下，各界侨胞按时足额交纳义捐。1938年台儿庄战役时，他捐了10万美元。1941年，又捐出10万法币，赠送救护器材10部。

李清泉，菲律宾中华总商会会长、著名华侨领袖。在他的倡议下，1938年南洋华侨总会成立，陈嘉庚为会长，李任副会长，同时还任菲律宾华侨援助抗敌委员会主席。在募捐活动中，李抱病动员，购买公债40万元。弥留之际，他遗嘱将150万元献给祖国，作为培养难童之用。

胡文虎，是拥有200万会员的华侨总会的主席，南洋华侨领袖。九一八事变后，他第一个捐款2.5万元，支援东北抗日义勇军。一·二八淞沪抗战爆发，19路军浴血奋战。胡文虎闻讯，立即从银行电汇国币1万元给中国红十字会，作为前线救伤之用。2月下旬，又电汇1万元直接给19路军军长蔡廷锴，并捐赠大批“虎标良药”和其他药品。蔡廷锴曾题词曰：“本军在沪抗战，胡君援助最大，急难国仇，令人感奋。”

七七事变后，胡文虎除捐助大批药品、物资外，又出钱组织华侨救护队，直接回国参加抢救伤兵工作。1939年冬捐赠粤北前线将士万金油和八卦丹各1万包。

七七事变前几个月，胡文虎拨款8000元，从英国购置大批纱布，存放于香港永安堂分行。八一三抗战爆发后，即将这批纱布运沪，由宋庆龄转交给何香凝所办的抗日救护队使用。同年9月，他再次从美国购买纱布数万筒，药棉 7000 余磅，绒布 8 大捆，共计 74 件，运至香港，然后转拨给江苏、上海、北平、天津、福建、广东等地救护团体使用。

抗战中，胡文虎把大量虎标良药捐赠给祖国的各个慈善机构和救护团体。1937 年底胡文虎还捐献新式六轮救护车两辆，由中国红十字会转交给长沙救护部门。1938 年春，又捐车两辆给福州卫生处。同年 5 月厦门失陷后，福建缺粮严重，他立即组织在海外购米，将大米 10 万余包运往漳州、泉州平粜。

胡文虎是抗日战争中华侨捐款最多者之一，1937 年至 1939 年 4 月，胡文虎认购救国公债前后三次共计 300 万元。

七七事变后不久，胡文虎先后两次捐款救济华北难民。中国妇女慰劳自卫抗战将士总会在香港和上海各设分会，胡文虎担任总会所属战时儿童保育会的名誉顾问。八一三战事爆发后，他于 11 月捐款 1 万元救济上海难民。

1938 年底，胡文虎任会长的华侨总会建立了救济难民会，一个月就收到捐款 1.3 万元，大米 200 包。1939 年 8 月，星洲客属总会 10 周年纪念时，举行筹赈祖国难民游艺大会，在胡文虎带头以 10 万元购买 1 张名誉游艺券的影响下，募集捐款 30 多万元。1939 年 9 月，他又将准备兴办小学的 200 万元认购为公债；为在国内设立残废军人疗养院和阵亡将士遗孤教养院，他一次就捐献 200 万元。

"伤兵之友"运动开展后，胡文虎、胡文豹捐助国币 8000 元。胡文虎除捐献巨款和认购巨额救国公债外，在"爱国观念不甘后人"的思想支配下，还为救济难民儿童做了许多事。

林森与侨界领袖胡文虎(左)

胡文虎夫妇为抗战捐出了巨资

"皖南事变"中突围的新四军战士

# 相煎何太急

**1940年12月的一天深夜,第32集团军总司令上官云相突然从皖南来到上饶第三战区司令长官顾祝同家里,两人密议了一整夜。**





## 蒋介石发出皓电

1940年10月19日(皓日),蒋介石以参谋总长的名义,发电报给八路军总司令朱德、副总司令彭德怀,新四军军长叶挺,称八路军新四军破坏团结和抗战,并强令长江以南的八路军新四军,一个月之内撤到黄河以北地区;同时,蒋介石又密令汤恩伯、李品仙、韩德勤等部30万军队,加上第三战区顾祝同部,准备在华中和华东地区向八路军及新四军发起进攻。

中共方面则于11月9日(佳日)复了一电给何应钦和白崇禧,驳斥了国民党的污蔑,表示坚决拒绝将武装力量撤出华中。为了顾全大局,中共方面作出了让步,同意将皖南的新四军全部北调。

1940年10月,驻扎在皖南的新四军万余人,除了在正面抗击芜湖、繁昌一带的日军外,其他的三面已被第三战区5万军队"严加防范"。其公开任务美其名曰,是"掩护新四军北撤",但同时却在调兵遣将,将新四军重重包围。其108师、52师、144师、145师,已到达指定位置,随时准备执行阻击新四军所谓南窜的"三山计划"。所谓"三山计划",就是国民党到处散布的新四军拒绝北撤,而要"窜入"黄山、天目山、四明山,以此作为根据地。

## 事变前反常的几件事

与此同时,第三战区司令长官顾祝同为执行上峰消灭新四军的命令,采取了一系列的措施。

第三战区长官部在上饶,距重庆较远,通话要经过赣州、衡阳、桂林、贵阳等地,不仅声音不清晰,而且容易泄密。长期以来,上饶与重庆的联系,是靠一条电话线和无线电进行联络的,从来没有加以改进。但在1940年秋,突然有一批工程人员带着一批当时最先进的

“皖南事变”前，项英（中）、陈毅（右）与张云逸合影

通话设备进驻了上饶，为第三战区与重庆之间架设了先进的载波电话。更令人费解的是，顾祝同曾多次亲临施工现场，督饬限期完工。载波电话工程在12月中旬完工，一直通到顾祝同的家中。后来，顾祝同多次在家中与蒋介石直接通话。

1940年12月的一天夜里，第32集团军总司令上官云相突然从皖南秘密来到上饶第三战区长官部，一反常态地悄悄住入了司令长官顾祝同的家中。二人整整密议了一个晚上，不许任何人进入。第二天清晨，上官云相又悄悄地返回皖南。不多久，第三战区就任命上官云相全权指挥驻在皖南的军队，连军阶、资历均高于上官云相的第三战区副司令长官唐式遵等高级军官都不知道其中的内情。后来顾祝同在电话中对唐式遵说，这次就委屈一下唐副长官了。

上官云相返回皖南后，立即在徽州秘密召开高级军事会议。出席会议的有第23集团军总司令唐式遵、50军军长范子英、25军军长张文清、52师师长刘秉哲、40师师长方日英、79师师长段霖茂、146师师长戴传薪等。另有几个师长在前线未能赶回。第三战区司令长官部参谋长岳星明传达了顾祝同的指示说，根据情报，新四军“北撤”的可能性不大，肯定是“南窜”，南窜必须堵住。唐副长官负责正面，负担已很重。总指挥权由上官总司令总负其责。如果新四军不按路线在年底渡过

皖南的最高指挥官本来是唐式遵。但唐是川军将领，他的部队多次与新四军配合作战，平时还有人员往来。驻皖南的川军第50军军长郭勋祺，因为与新四军合作抗日态度比较积极，1939年冬被蒋介石撤了兵权。让唐式遵去对付新四军，蒋介石和顾祝同都不放心。上官云相则不同，他曾参与过对中共中央苏区的“围剿”。由他充当围歼新四军的角色，比唐式遵合适。

周恩来（右三）与新四军高级将领，右一叶挺，右五粟裕，右六陈毅

周恩来与新四军官兵合影

长江，或仍是按兵不动，我们就用武力坚决将其消灭。

1940 年 12 月，新四军曾多次派人到上饶司令长官部，要求尽快补充粮弹器材，以完成北上任务。战区参谋处将报告呈送顾祝同后，顾对下属说，粮食可以分批发放，器材也可酌情解决，弹药则坚决不予补充，就对他们（新四军）说，不发弹药可以减轻北上负担嘛。其意图不言自明。上官云相曾说，粮秣可以按时发下，这样可以麻痹他们。弹药决不能给，否则不是让他们用我们的子弹来打我们吗？

## 不光彩的“胜利”

徽州军事会议后，上官云相的部署已经完成。其作战要旨是：

皖南云岭一带有新四军万余人，如果在年底前新四军不渡江，就集中优势兵力加以包围和歼灭，迫使他们北开；如新四军大部队渡江，势必被日军袭击消灭；

如新四军按兵不动，则趁日军每季度扫荡一次的间歇时间，就地包围消灭；

总共投入兵力为 7 个师又 1 个旅，计 52500 人。除留一小部分对日军加以监视外，全部兵力都投入与新四军的作战；

全部行动要绝对保密，至最前沿的部队全部着便衣，宜速战速决，不然，舆论极为不利；

围歼行动一结束，立即发布新闻，罗列新四军违抗中央命令，袭击国军，破坏抗战的罪名等等。

1941 年 1 月 12 日前后，皖南茂林一带战场上的枪炮声已经沉寂下来。14 日，新四军军长叶挺及随行人员在鹿角山西侧被 52 师“俘获”，接着被送往上饶第三战区总部。至此，整个作战结束。

此次，上官云相向第三战区汇报了战果：

一、生俘新四军军长叶挺，击毙副军长项英及袁国平、周子昆等高级将领，新四军官兵死伤 2000—3000 人，俘虏官兵 4000 余人；

二、缴获各种枪支 4000—5000 支，以及少量迫击炮，没有山炮等重武器；

三、缴获“新编第四军司令部关防”一颗（已截角），大小电台 4 部等。

1941 年 1 月 17 日，国民政府军事委员会宣布新四军是“抗命叛变”，同时通电取消新四军番号，军长叶挺革职，交军法审判等等。反共高潮，甚嚣尘上。

“皖南事变”后，陈毅（前排中）与新四军将领合影

周恩来为“皖南事变”的题词

战后，顾祝同报请军委会对上官云相进行了特别嘉奖，奖赏32集团军总部法币5万元（当时一个上校的月薪才120元），奖赏作战特别有功的52师法币5万元。对于有功的主官幕僚及战斗人员均论功行赏，并请领了勋章奖章。

在第三战区的庆功宴会上，上官云相得意地说，这次作战非常顺利，似有天助。新四军困在山谷，前有隘路，后是激流，进退不得。在日军扫荡间隙半个月不到的时间里，就完成了一个会战，可谓经典；而且部队是拼凑的，如果是我的基本部队，仗打得还要漂亮。

1942年春，重庆举行参谋长联席会议。第三战区总部准备在会上汇报皖南围歼新四军的作战材料。上官云相得知后赶紧制止说：“在会上一个字也不要说，会上有第18集团军的参谋长参加，还有苏联顾问，这不是自找没趣吗？这是内战，是自相残杀，在整个抗战大局中是理屈的，哪能摆上桌面呢？”

叶挺军长于1月14日下山谈判被扣，不久被押解到第32集团军总部，上官云相这时又以老同学的面目出现了（上官云相与叶挺是保定军官学校第6期同学）。他特地为叶挺设宴压惊，把“皖南事变”的起因说成是新四军“不服从军令政令”，而且责任都在项英身上，劝说叶挺发表这样的声明。还以集团军副总司令的官职相许。叶挺严词拒绝，要求释放新四军被捕官兵。上官云相无奈，只好将叶挺送到第三战区顾祝同那里。后来，他又与顾祝同一起劝降叶挺，并以第三战区副司令长官相许，再次被叶挺拒绝。

# 搏击长空

来华助战的美国飞行员

陈纳德与他组建的“飞虎队”，在中国真是家喻户晓。

## 陈纳德组建“飞虎队”

“飞虎队”，全称为“中国空军美国志愿援华航空队”，1941 年 7 月来中国参加抗日。“飞虎队”创始人是美国飞行教官 K.L.陈纳德。

陈纳德是美国空军中一位热衷于飞行事业并在空战战术上有所建树的军官，他年轻时担任过战斗机的中队长，从美国陆军航空队战术学校毕业后，一直担任飞行教官。他从实践中摸索出一套驱逐机编队配合作战和驱逐机对轰炸机进行远程护航的战术原则，革新了第一次世界大战以来空军作战的陈旧战术。

1937 年 7 月初，陈纳德来华考察中国空军。几天之后，中日战争全面爆发。面对强大的日本空军，国民政府向国际社会发出呼吁，请求支援中国空军。由于美日尚未公开宣战，罗斯福总统不便以美国政府名义提供援助。于是，由中国航空委员会秘书长宋美龄出面，聘请刚刚退休的美国空军中校陈纳德来华负责中国空军的作战训练和建设工作。

陈纳德来到中国，在昆明市郊组建航校，以美军标准训练中国空军。他还积极协助中国空军对日作战，并且亲自驾机投入战斗。

1941 年，陈纳德在罗斯福总统及美国政府的暗中支持下，成立了志愿航空队。这个航空队对外以中国“中央飞机制造公司”的名义为掩护，重金招募了美军飞行员和机械师，均以平民身份参加中国抗战。蒋介石全权委派陈纳德承办此事，并任命他为航空志愿队队长。同时，美国政府卖给了中国 100 架 P40 战斗机。

## 屡立战功

1941 年 7 月和 10 月，美国飞行员 200 多人分两批来华。不久，他们就在一次空战中大显身手，给日本战机予以重创。

1941 年 12 月，日本袭击珍珠港后，在东南亚发动全面攻势，“飞虎队” 便投入了保卫从仰光至昆明的滇缅战略公路的战斗。12 月 20 日，日本轰炸机 10 架袭击昆明。“飞虎队”

以 24 架 P40 战斗机迎击，一举击落 9 架日机。此后，日本飞机再不敢飞临昆明市的上空了。

仰光的空战，“飞虎队”打得更为出色。12 月 23 日，日军以 20 架战斗机掩护 54 架轰炸机，对仰光发动空袭。“飞虎队”升空后一举击落 6 架敌机，自己损失 2 架。12 月 25 日是圣诞节，日军又出动 60 架轰炸机和 30 架战斗机的大机群来袭。“飞虎队”起飞 12 架战斗机冲入敌机群，一连击落敌方 15 架轰炸机和 9 架战斗机，自己损失仅 2 架。在为期两个多月的仰光保卫战中，“飞虎队”共击落日机 217 架，而己方仅损失 14 架。

1942 年 3 月初，仰光陷落。日军趁势向缅北挺进，5 月初攻入中国边境，沿着怒江西岸向中国腹地袭来。云南危急。5 月，日军的一支庞大的地面部队在怒江以西 30 公里长的公路线上准备渡江，“飞虎队”在中国空军的配合下，对暴露在公路线上的日军进行猛烈轰炸和俯冲扫射，炸毁浮桥和全部架桥设备，并沉重打击了簇拥在公路上的坦克、摩托车队、卡车和无处藏身的日军步兵，迫使日军不敢渡江，只得沿着滇缅公路向中国边境撤退。

陈纳德与美军飞行员

美国航空志愿队配带的标志

“飞虎队”队徽

美军携带的“救助证明”

陈纳德与空军总司令周至柔(左)

航空委员会秘书长宋美龄与陈纳德

## 开辟“驼峰”航线





1942 年 5 月缅甸失陷后，美国在华空军组织体制和面临的作战形势发生了重大变化。为加强统一指挥，罗斯福总统决定将“飞虎队”并入美国现役空军。

此后的美驻华空军部队不仅包括了“飞虎队”的大部分人马，而且还增加了 1 个战斗中队和 3 个轰炸机中队。陈纳德被召回现役，任命为准将司令。1943 年 3 月，这支空军扩编为第 14 航空队，负责在中国战区作战，陈纳德晋升为少将司令。

第 14 航空队除了协助组建中国空军、对日作战外，还协助开辟了一条从印度阿萨姆邦汀江，经缅甸到中国昆明、重庆的航线。运输机在飞越青藏高原、云贵高原的山峰时，达不到必需高度，只能在峡谷中穿行，飞行路线起伏，有如驼峰，所以人们称这条航线叫“驼峰”航线。飞机在飞行途中，常遇强烈的气流变化，遇到意外时，便难以找到可以迫降的平地。飞行员即使跳伞，也会落入荒无人烟的丛林中难以生还，日军飞机的空中拦截也给航行形成巨大威胁。航空队共损失 563 架飞机，投入人员 33477 人次，牺牲 1500 多人。但中美双方 3 年来通过这条航线向中国战场运送了 80 万吨战略物资。

美国飞行员登机准备升空

毛泽东、朱德与美军观察组组长包瑞德

# 迪克西使团赴延安

**1944年7月的骄阳下，一架美军C47运输机在延安机场降落。**

## 迪克西使团组成

1944年1月，两名美国驻华大使馆外交官，通过不同渠道向美国国务院递交了内容相似的正式报告，建议向延安派遣常驻军事和外交人员。这两名美国外交官叫谢伟思和戴维斯，都出生在中国四川，是美国传教士的后代。他们不仅能说一口流利的中国话，而且对中国社会有较为深刻的了解。

谢伟思的报告被美国国务院批了"荒谬、可笑"退回。戴维斯的报告则被直接呈递给罗斯福总统的顾问霍普金斯，霍普金斯知道美国政府已经准备同中国共产党直接接触，他立即将戴维斯的报告上交给罗斯福。此时的罗斯福刚刚在开罗与中、英两国首脑进行了会晤，他立即批示马歇尔处理这个问题，并告知蒋介石关于美国政府对这一提议的积极态度。中国战区参谋长约瑟夫·史迪威，对派遣美军延安观察组的建议，给予了高度重视和支持。

1944年5月，罗斯福接见了著名记者埃德加·斯诺，详细询问了中共抗日斗争的状况和他们对美国的态度。斯诺说，共产党军民是全力抗日的，同时他们期待着与美国的合作。这次谈话使罗斯福更加坚定了与中国共产党接触的决心。

6月份，美国副总统华莱士访华，他是美国建国以来访问

国民政府迁到武汉后，一批美国记者聚集武汉。《纽约时报》记者窦登采访周恩来后说："周恩来及其所率领的中共代表团的出现具有特别意义，他们都平易近人，周恩来常常举办外国记者新闻会议。"斯诺曾在战火威胁下的武汉活动了7个星期，与周恩来、叶挺、郭沫若等进行交谈，为《为亚洲而战》一书搜集了大量素材。斯诺还写了《在日军后方的八路军》等文章，介绍八路军的英勇战绩。珍珠港事变后，美国总统罗斯福多次会见斯诺，听取他对中国问题的意见。

朱德、陈毅与谢伟思合影

毛泽东、朱德在延安接见谢伟思(中)

中国的最高在职官员。21日,华莱士在重庆与蒋介石进行第一次正式会谈,向延安派遣美国使团是会谈的主要议题之一。华莱士提出这个使团要尽早成行。经过重庆、延安和美军三方面协调,使团被正式定名为“美军中缅印战区驻延安观察组”,简称“美军延安观察组”,代号“迪克西”。“迪克西”是美国内战时期的战争地带。美国人认为中共根据地有点像当年的“迪克西”。

史迪威提出,组长的人选必须是一个中共能够接受的、能说流利中国话的美国军官。52岁的包瑞德上校成为最佳人选,并得到了最终批准。观察组的另一个重要人物便是谢伟思了,他是美国驻华使馆的二等秘书。

整个美军观察组由18人组成,他们来自美国外交系统和海陆空三军,并代表了军医、情报等部门和许多技术兵种。延安在普通美国人眼中是神秘的,埃德加·斯诺等进步美国记者对毛泽东和中共的深度报道已经影响了许多美国人;而国民政府多年的宣传使有些人误以为中共领导的边区在经济和政治上都是非常落后的,他们把访问延安看作是一次探险。

## 延安敞开了胸怀

1944年7月22日,一架灰色的美军C47运输机,在两架美国陆军第14航空队战斗机护航下,从重庆起飞,在延安机场降落。运输机上的乘客是美军延安观察组的第一批9名成员。中共中央副主席周恩来和18集团军总司令朱德在延安机场为美军观察组举行了热烈的欢迎仪式。延安军民敲锣打鼓,把美国客人们迎进了延安城。一周后观察组第二批9名成员也到达了延安。

毛泽东特意在《解放日报》发表的社论“欢迎美国军事观察员”的标题中加上了“我们的朋友”一行字。

1944年8月23日,毛泽东与谢伟思第一次正式谈话。这一次谈话长达6个小时,毛泽东对谢伟思详细分析了中共对当前国内和世界形势的看法。他说,中共希望知道,美国政府在战后是愿意支持一个独裁的国民党政府还是一个民主的联合政府,但毫无疑问,一个民主与和平发展的中国才符合美国的利益。至于中共对美国的态度,他说美国是战后最

毛泽东送给谢伟思的签名照片

有能力参与中国经济建设的国家，我们欢迎美国战后到中国投资。毛泽东与谢伟思的多次谈话内容，都由谢伟思写成客观的报告，经美国大使馆发回华盛顿。延安对盟军敞开胸怀、全面合作的态度令观察组非常满意。美军观察组到来后的两个月中，18 集团军总部就向他们提供了 120 多条关于日军的重要情报，与此同时，美军观察组在延安还发现了一个直接获取日军情报的重要渠道。中共 18 集团军总部允许美军观察组的所有成员，随时与“日本工农学校”的 150 名日本学员(都是日军战俘)自由接触，以便了解美军需要的、更深层次的日军情报。

刚到延安不久，美军观察组就建起了气象观测台，定时投放探空气球，为来往延安的飞机提供气象保证，并把数据发送到重庆驻华美军总部。从此，驻华美军有了更可靠的气象情报。

观察组另一项使命，就是协调八路军、新四军及其游击队营救在敌占区跳伞的美军飞行员。抗战期间，解放区军民共营救了 120 多名美军机组人员和其他军事人员。

美军观察组在延安几个月来卓有成效的工作，让史迪威非常满意。为表彰观察组特别是包瑞德的成绩，中缅印战区总部决定授予他个人 1 枚荣誉军团勋章，毛泽东、朱德、周恩来和延安各界代表参加了授勋仪式。

美军观察组经过对八路军和陕北根据地半年多的考察，已毫不掩饰自己对解放区军民的好感。经过几个月的相处，

毛泽东与谢伟思

聂荣臻与合众社记者乔治

记者们在陕北拍摄的照片

中外记者在延安拍摄的真实画面

观察组已经与中国同事们结下了深厚的友谊。正如包瑞德在回忆录中说的那样：许多美军成员包括我本人，对延安共产党政权基本上持赞赏态度的原因是，我们在那里看到的一切都是绝大多数美国人愿意赞同的。

## 赫尔利恼羞成怒

但自 1944 年 11 月 17 日赫尔利出任驻华大使以来，情况就起了变化。1945 年 1 月，赫尔利向美国驻华各机构宣布，美国在华政策是阻止国民政府的崩溃，未经他本人批准，任何人不能将对蒋介石不利的报道送往华盛顿。2 月 19 日，赫尔利离开重庆回国述职。这之前，美国外交官戴维斯已经被赫尔利调离中国。谢伟思也得到了赫尔利的警告：如果再发表同情中共的言论，将被调离。

1945 年 2 月下旬，一些美国外交官希望通过自己的呼吁阻止赫尔利和美国当局在错误的轨道上越滑越远。他们认为，赫尔利抛弃中共而一味支持蒋介石的做法是不公正的，也有悖于美国的长远利益。他们认为有责任向华盛顿说明真相。于是，由谢伟思执笔，撰写了一封给美国国务院的正式报告。

4 月 4 日，谢伟思离开延安经重庆回国。当他回到华盛顿后，发现参与“报告”的所有外交官都被召回美国接受审查。这份报告并未引起美国政府太多的注意，但回国述职的赫尔利看到这份报告后，顿时恼羞成怒。6 月初，谢伟思在美国以泄露国家机密罪名被逮捕。

1944 年 7 月 22 日至 1946 年 4 月 11 日，“迪克西”使团的正式名称是“美军延安观察组”。1947 年 3 月 11 日，美军运输机从延安撤走了留守的最后 3 名美军联络员。这一阶段称为“美军延安联络组”。至此，历时 963 天的美军赴延安的使命被画上了句号。

## 中外记者团终于成行

1944 年 2 月，国民政府在重庆举行的每周一次的新闻通报会上，正式否认了对中共解放区封锁的存在。参加会议的外国记者立即写信给蒋介石，要求到陕甘宁边区访问中共武装八路军及解放区。国民政府于 5 月 10 日同意组织中外记者赴延安和陕甘宁边区参观访问。

中外记者西北参观团由 21 人组成。外国记者 6 人是：爱泼斯坦(美国《时代》杂志、《纽约时报》、《同盟劳动新闻》)、福尔曼(合众社、英国《泰晤士报》)、斯坦因(美联社、《曼彻斯特导报》、《基督教科学箴言报》)、武道(路透社、《多伦多明星周刊》、《巴尔的摩太阳报》)、普今科(塔斯社)、夏南汗神甫(美国《天主教信号杂志》、《中国通讯》)。中国记者 9 人是:赵超构(上海《新民报》)、孔昭恺(《大公报》)、赵炳粮(《时事新报》)、金东平(《商务日报》)、周本渊(《国民公报》)、张文伯(《中央日报》)、谢爽秋(《扫荡报》)、徐兆镛、杨嘉秀(中央通讯社)。

6 月 9 日,记者团到达延安。他们先后访问了南泥湾,参观了陕甘宁边区的文化、卫生、教育、生产、行政、物价、贸易等设施,访问了中共领导人,以及知名人士等等,特别到前线进行了战地采访。前后共 43 天。

中外记者除向本国的媒体发回大量新闻电讯稿外,还写出了一批极有分量的文章,如实地反映了延安的真实情况及八路军、新四军的抗战业绩。世界亦为之震动。其中有:斯坦因的《红色中国之挑战》,《中国共产党与解放区》、《8600 万人民随着他的道路前进》等,引起了美国人民和政府对中国解放区的广泛关注。武道写的《我从陕北归来》,赵超构的《延安一月》,孔昭恺的《西北纪行》等文章和书籍,客观而真实,在大后方影响很大。爱泼斯坦给《纽约时报》、《时代》杂志写过大量文章,其中有这样的句子:"我看到了一个未来的、崭新的中国将要诞生了。"

赴陕甘宁采访的爱泼斯坦

1938 年,在日本飞机大规模空袭武汉的日子里,悲观论者认为落后的中国是敌不过日本的,抗战必败。美国著名记者兼作家根室,就此问题采访了军事委员会委员长蒋介石,蒋表示中国决不屈服。根室拍发了长达 3000 多字的电讯,向全世界传播这一信息。斯特朗在武汉时期,采访过蒋介石、宋美龄夫妇,周恩来、邓颖超夫妇,以及其他国共两党领导人,还致函美国总统罗斯福的夫人,强烈要求美国站在中国的一边。她还到山西前线采访过艰苦作战的八路军,在武汉积极发起募捐活动以支援八路军。

《大公报》采访人员

美联社记者汉森、加拿大医生布郎与白求恩(左)

蒋介石、宋美龄在开罗会议上与罗斯福(左二)、丘吉尔(左三)合影

# 历史已有定论

**1943年11月26日,中、美、英三国正式签署了《开罗宣言》。**



1943年6月,美国总统罗斯福发起召开四大国首脑会议。

10月下旬至11月上旬,罗斯福三次致电蒋介石,邀请他参加美、英、苏、中四国首脑会议,地点在埃及,时间大约在11月下旬。

11月18日和19日,蒋介石与夫人宋美龄率领中国代表团一行20多人,分乘两架飞机前往开罗。代表团成员包括:国防最高委员会秘书长王宠惠、军委会办公厅主任商震、侍从室第一处主任林蔚、航空委员会主任周至柔、宣传部副部长董显光、军令部第二厅厅长杨宣城、外交部参事郭斌清、侍卫长俞济时、驻美军事代表团团长蔡文治、军委会战地服务团团长黄仁霖、侍从室组长陈希曾、侍从武官陈平阶、侍从秘书俞国华、医官左维明、宋美龄的英文秘书陈纯廉等。

蒋介石、宋美龄在开罗清真寺上

11月21日上午7时,蒋介石一行飞抵开罗培因机场。当天下午,丘吉尔抵达。22日,罗斯福抵达。

11月23日上午11时,美、英、中三国首脑会议正式开幕。在这次会议上,重庆国民政府提交了一系列有关政治、军事等内容的提案、草案和文件,涉及战后国际秩序、日本战犯审理、归还领土、经济合作等方面。

经过几天的会商,于26日下午通过了《中美英三国开罗宣言》。会后,罗斯福总统立即将宣言文本带到德黑兰征求斯大林的意见。12月1日,《开罗宣言》正式对全世界公布。全文如下:

三国军事方面人员,关于今后对日作战计划,已获得一致意见,我三大盟国决心以不

**原国立中央博物院**——中国传统宫殿式建筑。从 1933 年蔡元培倡议，到 1948 年一期工程主体建筑完成，历经坎坷。中国许多有识之士为此殚精竭虑。日伪统治时期，工程停顿，文物西迁，至 1946 年后陆续迁回，院藏大量的稀世珍宝。

佚名小筑——历史，已将他湮没，设计者是谁，我们已不得而知，但其留下的建筑作品，却堪称经典和完美。多折屋顶设一排老虎窗，阁楼设一阳台，其造型，怎么看都别有一番风味和情趣，个性十足。俗话说，看民国看南京，名副其实，这种特别的建筑样式还很多，各具特色，各显风采。

松弛之压力，从海、陆、空诸方面加诸敌人，此项压力已在增长之中。

我三大盟国此次进行战争之目的，在于制止及惩罚日本之侵略，三国决不为自身图利，亦无拓展领土之意，三国之宗旨，在剥夺日本自1914年第一次世界大战开始以后在太平洋所夺得或占领之一切岛屿，在使日本所窃取于中国之领土，例如满洲、台湾、澎湖列岛等，归还中国。日本亦将被逐出于其以武力或贪欲所攫取之所有土地，我三大盟国轸念朝鲜人民所受之奴隶待遇，决定在相当期间，使朝鲜自由独立。

我三大盟国抱定上述之各项目标，并与其他对日作战之联合国家目标一致，将坚持进行为获得日本无条件投降所必要之重大的长期作战。

这次首脑会议，使中国的国际地位有了很大的提高。更重要的是，以这样一个国际文件，写明将台湾、澎湖列岛、满洲归还中国……确定了台湾是中国领土的法律地位。

蒋介石、宋美龄在开罗参观清真寺

蒋介石、宋美龄游览金字塔

蒋介石、宋美龄访问开罗返回时在印度视察军队

美国大使赫尔利向蒋介石呈递国书

# 赫尔利背信弃义

在延安一孔窑洞门前的石板上，毛泽东和赫尔利先后在协议上签字，并留出一块空白，准备给蒋介石签。



## 赫尔利与毛泽东签字

1944年下半年，由于国民政府在正面战场的溃败，中国的抗战形势一度出现了危机。此时，美国总统罗斯福派遣自己的特使、原陆军部长赫尔利前往重庆，以促成国共两党的“政治合作”，进而实现“军令”和“政令”的统一。

9月6日，赫尔利抵达重庆，在了解了国共双方的立场后，于10月28日提出了国共合作的“五点建议”。但蒋介石对赫尔利的建议极为不满，下令王世杰和张治中进行修改，虽保留了原建议的框架，但内容已面目全非。其核心就是要中共交出军队，称“中国只有一个中央政府和一个军队，中共军队经整编后，薪金和给养与政府军同等对待”等等。

11月7日，赫尔利抵达延安。赫尔利离开重庆飞赴延安前，才拿到这份修改后的协议。11月8日、9日，中共和美方代表在延安的窑洞里举行了正式会谈。中共参加者为：毛泽东、周恩来、朱德。美方为：赫尔利、包瑞德。赫尔利声明，此次赴延安，是受刚获连任的罗斯福总统委托，帮助中国军队统一，与美军合作，促进“民主程序”等等，当然也出示了蒋介石刚修改过的提案。

毛泽东则说，中国当务之急不是解决民主的问题，而是国共与其他政党组织民主联合政府；至于军队，改编的应是腐败的、一打就散的军队，而不是中共军队。毛泽东还风趣地说，国民党军士兵的待遇，每月只够支付一包美国雪茄烟，我们不会要求与“虚弱得走不动路”的军队同样的待遇。

中共方面提出了对协议修改的五点建议，其主要精神是，国共两党地位平等，组织民主联合政府和联合军事委员会。

赫尔利看后认为，建议完全合情合理，感到满意和放心，并要尽一切力量使蒋介石接受。最后，赫尔利主张毛泽东立即赴重庆与蒋介石会见，以美国国格担保毛泽东的安全。

10 日上午，在延安一孔窑洞门前的石板上，毛泽东和赫尔利先后在协议上签了字，并特意留出一块空白，准备给蒋介石签。中午，赫尔利与周恩来、包瑞德，同机离开延安飞往重庆。

11 月 10 日，毛泽东给罗斯福写了一封信，表示这个协议的精神是中共和中国人民在抗日统一战线中所争取的，中共将接受此协议的全部条款，并努力使其付诸实施。

## 赫尔利背信弃义

赫尔利返回重庆后，把协议交给了蒋介石和宋子文。蒋介石阅后明确地告诉赫尔利，只要国民政府未被彻底击败，就决不会同意成立联合政府。坚决不同意改组国民政府、成立民主联合政府等内容。

在蒋介石的一再坚持下，赫尔利于 19 日和 21 日分别约见了蒋介石和国民党代表，表示接受国民党的建议，将成立“联合政府”，改为“让中共参加国民政府和军委会”；同时，由

1944 年，在中国本土，由于日军发动“一号作战”，中国军队连失河南、湖北、湖南等省。美国要求蒋介石任命史迪威为中国军队总司令，指挥所有军队向日军进攻。史迪威要求蒋介石调动部署在陕甘宁边区的 20 个师到广西前线对付日军，并要求指挥共产党的部队对日作战。这一切触怒了蒋介石，他坚决要求美国政府撤换史迪威，即使中断对华援助也在所不惜。1944 年 10 月 19 日，美国召回了史迪威。史迪威在回国前，专程去了保山和密支那前线，看望与他共同战斗的士兵们。10 月 27 日，史迪威登上回国的飞机，他在日记中写道：“别了，中缅印战区。”

美军观察组与中共晋察冀军区将领

赫尔利(中)与蒋介石、蒋纬国(右)

史迪威与赫尔利(左)



美国指挥国共的军队。赫尔利公开背叛了他与毛泽东签字的“五点协议”。

11 月 21 日，赫尔利约见了周恩来，向他公开了国民党的三点反建议，其核心，就是拒绝中共建立联合政府，中共交出军队进行整编，然后才能承认中共的合法地位，再由国民政府遴选中共高级军官参加军事委员会等等。

事情已经完全明朗。中共方面毅然决定立即中断谈判。

12 月 7 日，周恩来、董必武飞离重庆返回延安。

## 周恩来再赴重庆

1945 年 1 月 24 日，周恩来应赫尔利邀请再赴重庆，与国民党、美国举行三方会谈。周恩来此次赴渝，带来了一份《关于党派会议的协议草案》，主张召开国民党、中共、民盟三方参加的党派会议，讨论结束党治、成立联合政府，以及起草共同施政纲领等问题。

但蒋介石却诬称中共“破坏我国家法规与革命制度”，“要联合政府就是要推翻政府，党派会议就是分赃会议”等等。还竟然提出由军事委员会来指定国民党、中共和美国组织三人混合委员会，负责对中共军队进行整编，由委员长指定 1 名美国军官直接指挥中共军队等等。

周恩来当即严正拒绝了这一荒谬的主张。由于国民党方面缺乏诚意，此行，中共代表团未能达到预期目的，民主联合政府的设想又成泡影。2 月 16 日，周恩来返回了延安。

# 印缅战场上的四星战将

蒋介石与史迪威(右)

**史迪威讲话直率,经常与蒋介石当面争论。蒋介石强烈要求罗斯福总统召回史迪威。**

## 在中国的抗日战场上

史迪威于1904年考入美国西点军校,军旅生涯长达42年,因战功卓著而荣升美国陆军四星上将。他军事生涯最富有光彩的一段,是在中国抗日战争的战场上。

1941年12月,日本偷袭珍珠港后,占领新加坡、香港、缅甸等地,此后,中美英等国结成了同盟。美国陆军部长史汀生提名并经罗斯福批准,史迪威担任了中国战区统帅部参谋长(蒋介石为战区统帅),同时,还担任中缅印战区美军司令官、东南亚战区副总司令(总司令为英国海军大将蒙巴顿)。

由于中国沿海城市均被日军占领,中国唯一的国际通道是从仰光到昆明的滇缅公路。为了保卫这条生命线,1942年,中国组织了10万人的远征军入缅作战。由于英方不配合,中国军队又是仓促应战,远征军很快便溃败而退。远征军一部分退入云南,另一部分退入印度。随军入缅的史迪威亦退到了印度。在印缅边界雷多,史迪威将各路退入印度的中国远征军集结起来,经与英国协商,在印度中部的兰姆伽成立了中美训练营地,加以训练、整顿,并撤换了原远征军司令罗卓

8月的印度,骄阳似火。在兰姆伽的训练场上,史迪威在一排排卧倒的中国士兵旁边来回走动,不时耐心地卧倒在某个士兵旁边,或校正瞄准点,或讲解三点成一线的原理。史迪威是士兵的教官和朋友,他严令禁止美国军官体罚中国士兵。在他的训练下,来自中国农村、从未见过枪炮的农民一个星期就能学会使用榴弹炮和驮载炮。经过6个星期的训练,就能学会使用步枪、机枪、迫击炮、火箭炮等各种武器,适应丛林作战。

毛泽东、朱德在延安接见美国第10航空队司令李梅(左二)



英，取消了远征军番号，设立了中国驻印军，由史迪威任总指挥。

1943年11月，中国驻印军新38师及新22师终于打出雷多谷地，进入胡康河谷。从1944年1月到7月，史迪威与部队一起呆在缅北的丛林中。白天，他在司令部里向孙立人或廖耀湘讲述战术，然后步行几小时，到达前沿指挥所，亲自向部队动员，和士兵同战斗，共同生活。他和士兵们一样拿着缸子排队打饭。有时住在帐篷中，有时在两棵树上拉起一个吊床睡觉。他在行军途中，拿出自己的烟分给士兵们。他还要求将每一个负伤的士兵送到后方野战医院，甚至不惜动用飞机将重伤员送走。

史迪威指挥下的中国驻印军，于1943年冬从印度雷多出发入缅北执行打通中印公路的任务。在原始森林和崇山峻岭之中，中美两国战士并肩奋战，史迪威更是身先士卒，经常在第一线鼓舞士气和指挥战斗。中国驻印军终于在1944年8月攻占了缅北日军重兵防守的中心城市密支那，为打通中印公路奠定了基础，也为美国向中国空运抗战物资开辟了捷径。

## 与蒋介石矛盾日深

史迪威是能征善战的将军，不是长于外交辞令的外交官。他讲话直率，经常与蒋介石当面争论，比如分配美国援华军火、中国军队的指挥权、作战意图等。特别是在对中共的态度等问题上，两人的矛盾越来越尖锐，以至不可调和。当然，蒋跟史迪威的矛盾，与美国逼迫蒋介石把军队指挥权交给史迪威有很大关系。蒋在日记中写道：美国“必欲强派史迪威为中国战区之统帅，以统制我国……”对此，蒋异常愤怒。最终，蒋介石强烈要求罗斯福总统召回史迪威。

史迪威非常崇敬孙夫人宋庆龄。当时她在重庆主持着一个国际性的民间组织“保卫中国同盟”，这个组织的任务就是将国际友人资助陕北的物资和捐款设法转送延安。一次，国外捐来一架大型 X 光机，可这架机器体积很大，进不了舱门。宋庆龄派人去找了史迪威的副官，他立即报告了史迪威。史迪威立即下令改造一架军用飞机的舱门，把 X 光机装进去运往延安。

史迪威对八路军、新四军进行的抗日斗争也深为敬佩，他让从印度来的美国军用飞机运送拨给解放区的救济物资。1944 年以后，这些飞机飞往延安时，他曾从自己管理的军用仓库中拨出一些医药物资送去，并派出美国军医梅尔文·卡斯伯格随机前往。

1944 年 10 月 19 日，史迪威被召回国，由魏德迈继任中国战区参谋长。临行前，他亲赴宋庆龄的寓所告别，并给朱德总司令写了一封信：

亲爱的朱德将军：

由于我被解除在中国战区的职务，我谨向您，共产党武装部队首脑，为我们今后不能在对日作战中同您合作深表遗憾。您在对我们共同敌人的作战中发展了卓越的部队，我曾期望与您联合作战，但现在此事已成泡影。

祝您战斗顺利并取得胜利！

我谨向您致意！

真挚的 J.W.史迪威

1944 年 10 月 20 日

美国将军史迪威离开重庆前，退还了蒋介石颁发给他的青天白日勋章。

史迪威返美后仍任军职，不到一年，日本投降。1945 年 9 月 3 日，在东京湾美国“密苏里”号军舰上，日本法西斯侵略者在投降书上签字，史迪威作为美国代表团中的高级军官参加了日本的投降仪式。

1946 年 10 月 12 日，史迪威患肝癌逝世，享年 63 岁。

史迪威的继任者魏德迈

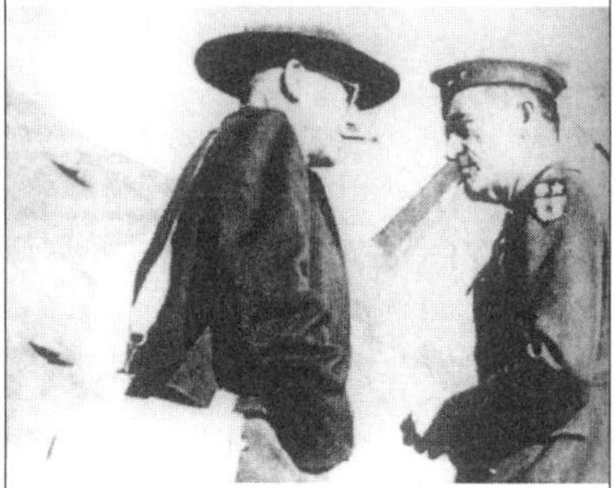

史迪威（左）与陈纳德

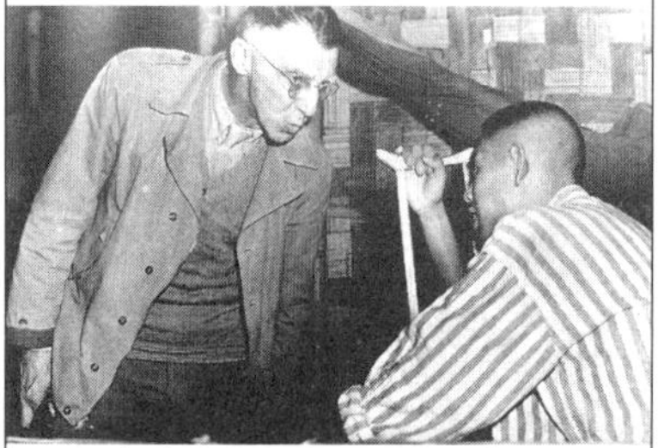

史迪威赴医院看望中国伤员

蒋介石、宋美龄参观美国第7舰队旗舰"艾斯特"号

# 中美、中英"合作所"

**1941年冬天,军统局侦译了日本准备空袭珍珠港的密电。**



抗战中，国民政府与美国和英国进行了一系列的合作。其下属部门也与美英有关部门进行了相应的合作。中美、中英特种技术合作所，是由军委会调查统计局(军统)与美、英海军情报机关协作的成果。其中以中美合作最为突出。

## 中美开始合作

早在1940年，军统局长戴笠就要求军统驻美国站长（公开身份是驻美国大使馆武官助理)肖勃，与美方进行了联络。1941年冬天，军统局侦译了日本准备空袭珍珠港的密电。蒋介石批示立即向美方通报。但美国国防部接报后，并未引起重视。事发后，美国太平洋舰队伤亡惨重，这才对军统另眼看待。美国政府因无法得到日方的情报，遂指示海军部门转向与中国军统局合作。美方与军统直接联系的，是驻中国大使馆武官迪帕斯上校，以及曾任远东舰队舰长的梅乐斯中校。美国海军并拟定了与中国军统局合作项目的具体计划。美国海军部很快就予以批准。

美国海军驻中国情报主管梅乐斯

蒋介石、戴笠与美军海军情报主管梅乐斯等人合影

军统局长戴笠(中)与美国海军情报官

1942 年 6 月，梅乐斯率领 10 多名电讯特工人员来到中国。这一年冬，双方在重庆确定了中方向美国提供情报的具体内容：即日军在中国、太平洋沿岸及中国海岸活动，以及这些地区的天气、水文、气象等方面的情报。军统同时向美方提出接济电讯器材、武器装备、交通工具等军用物资的要求。

1943 年 4 月，美方与中国合作的草稿拟定，戴笠先后送宋子文和蒋介石过目，两人均表示满意。15 日，中美双方在重庆磁器口缫丝厂杨家山军统大礼堂举行了签字仪式。美方代表是海军部长诺克斯以及罗斯福总统的私人代表鲁斯、美军海军情报署的代表梅乐斯、中美合作所参谋长比乐理、秘书史密斯等。中方代表是外交部长宋子文（宋未到场，由外交部次长胡世泽全权代表）以及军统局长戴笠、军统“三巨头”郑介民、唐纵、毛人凤，中美合作所的 8 个处长。

根据双方的合同，中美合作所的任务是：扩大搜集与交换情报，分呈两国最高统帅部参考；布置东南沿海情报网，准备策应美军登陆；布置中国气象网，制定气象预报，提供美国海、空军参考；侦译日方电报，研究敌方动态；情报及时互换，争取时效，制敌先机；开展心理作战；加强秘密破坏，特别是军事设施及物资等。

蒋介石视察中美训练营的新式武器

蒋介石听取中美训练营美军军官汇报

1942 年 3 月 3 日下午，一架美国飞机在缅甸北部边境腊戌机场降落，一位瘦而高的美国陆军中将走下飞机，他就是美国派往中国战区担任蒋介石参谋长的史迪威。蒋介石夫妇、中国远征军第 1 路司令长官部副司令长官、第 5 军军长杜聿明、第 6 军军长甘丽初、参谋团长林蔚、总参谋部外事局局长商震等在腊戌的波特大酒店恭候。蒋介石面带笑容地告诉史迪威：“我正在告诉他们入缅之作战行动，并且告诉他们，在缅的远征军归史迪威将军指挥。”为了表示中美合作的这不平凡的一天，在波特酒店外，宋美龄左手挽着史迪威、右手挽着蒋介石，三人都面带微笑，让记者们摄影。

孔祥熙(右)与英国首相张伯伦。1937 年 5 月,孔祥熙抵达伦敦,希望联络英美支持中国,抵制日本侵略。但英国首相张伯伦执行“绥靖政策”。孔祥熙此行,没有达到目的

蒋介石向广西训练营中国军官训话,旁为何应钦

## 大量培训特工人员

自中美合作所成立,直到 1945 年冬结束,美方共开办了各种各样的特工训练班 22 个,为军统训练了 10 多万特工人员。以军统特训班为例,其中一期就培训了 1200 人。除了在重庆办班外,还在一些前线地区如安徽歙县、临沣,江西修水,湖南南岳,福建漳州、建瓯,浙江瑞安等地,办了许多训练班。

在浙江淳安,美方曾专门成立了中美爆破人员训练班,在湖南东安办了医务人员训练班。还在中国各地建立了 165 座气象站、通讯电台。此外,美方还向军统提供了近万吨爆炸器材等物资。

1942 年 4 月,英国驻华大使卡尔与蒋介石商定,在重庆沙磁红槽房,成立了以军委会别动队司令周伟龙与英国海军情报署负责人为首的“中英特种技术合作所”,专门为中国训练特工人员,进行情报交流。

中美、中英情报机关的合作,对于三方情报交换,训练中国特工情报人员进行抗日作战,起到了一定的作用。

## “美援”到来

1938 年底,国民政府派遣在美国颇有些影响而没有外交经验的胡适为新任驻美大使。胡适等到任后,奔走于美国政府各要人之间,参加各类演讲会,诉说美国对中国抗战之重要。胡适的求援工作有了结果,1939 年 2 月,中美双方签订了《桐油贷款协定》,美方给予中方 2500 万美元的商业贷款。此为七七事变后美国给中国的第一次实际援助。1940 年 9 月德意日同盟成立后,美英等国对日本的态度趋向强硬。10 月 22 日,《中美钨砂借款合同》签字,美国借款 2500 万美元给中国。11 月 30 日,美国宣布将继续承认重庆国民政府,并予中国 1 亿美元的贷款。从此,“美援”不断到来,中美关系走上了密切合作之路。

# 国葬

林森任国民政府主席时的标准像

**林森的别克车重重地撞到了一棵树上。**

1943年10月10日，蒋介石在重庆宣誓就任国民政府主席。这是他自1931年底“下野”后，第二次担任该职。此前的主席一职，是林森担任的。

## 蒋介石“下野”

1931年2月，蒋介石与胡汉民之间发生了“立法之争”，蒋竟下令软禁立法院长胡汉民。5月，广东方面的反蒋势力正式组成了国民党中央执委、中央监察委非常会议，通过决议成立广州国民政府，由汪精卫任主席。南京和广州方面发生了严重的对立。迫于国内各种势力的强大压力，蒋介石于

林森就任国府主席时的合影

林森会见美国大使高思，前排右至左：国务委员王正廷、外交部长王宠惠、林森、高思




1931年11月15日再次宣布“下野”，辞去国民政府主席兼行政院院长职务。也就在同一天，国民党中央批准蒋介石辞职，同时，推举林森为国民政府代理主席，陈铭枢代理行政院长。

由于蒋介石下野，各派合作的障碍已不复存在。于是，1932年1月1日，一个统一的国民政府在南京成立，林森在国民政府礼堂宣誓就任国民政府的第三任主席，孙科任行政院长，张继、伍朝枢、戴季陶、于右任分任立法、司法、考试、监察院长。

## 国家元首的争夺

林森为何能坐上国民政府主席的宝座？

林森，福建闽侯人，1905年加入同盟会。曾任过南京临时参议院议长。北京政府的参议院议长、福建省长、广州非常国会议长、护法军政府外交部长等职。还任过反共的西山会议派的“首领”。国民政府成立后，曾是国民政府的五常委之一。

而国民政府主席一职，国民党早就已经议定，不负任何政治责任。梁寒操曾提出，国民政府主席人选，一定要是“年高德劭”者担任。蒋介石最初属意于右任，汪精卫则倾向于蔡元培，还有人认为孙科最合适。各人有各人的理由。

主张孙科的人认为，他是孙中山先生的儿子，继承民国的大统顺理成章。但此议一出，立即遭到胡汉民不客气的讥讽，他说：“孙科是先总理的儿子，于是，也就有了革命的脾气；而他又是在国外长大的，因此，又有了洋人的脾气；还由于他是孙先生的独生子，所以又有了大少爷的脾气。这三个脾气一发起来，你们谁吃得消。”胡汉民这一说，再没有人提孙科了。而蒋介石最为器重的就是于右任了。于右任是主张宁汉合作最力之人。1928年，在蒋介石的支持下，中央党部由于右任当家。但胡汉民把持了党部事务后，于右任马上就坐了冷板凳。于右任一直对此满腹牢骚。后

这是于右任年轻时的照片

来，于右任充当了蒋介石和汪精卫之间的实际调停人，蒋介石的许多信息，就是通过于传递的。在蒋介石“下野”前，曾约于右任密谈，并对他有过任国民政府主席的承诺。于右任甚至已经准备了就任主席的演说词。

而汪精卫则力主由蔡元培出任主席一职。这是因为在1929年国民党三全大会期间，胡汉民支持蒋介石，准备处分汪精卫等反蒋分子，并开除他们的党籍，但党内元老蔡元培不同意。因此，汪对蔡元培很有好感。当年蒋介石策动四元老张静江、吴稚晖、李石曾、蔡元培将李济深“请”至南京扣押，蔡元培曾起了一定的作用的。

而国民党内的大多数人都认为林森更符合“年高德劭”这四个字的标准。胡汉民在给汪精卫的一封信中说：“今天的国府主席，不负任何政治责任，谁都可以当。不过，还是慎重点好。以我的意思，以林森最合适。”国民党的另一元老级人物陈铭枢也力主林森出任主席。蒋介石、汪精卫虽然各有所属，但不能不尊重胡汉民等党内众多的意见。也正是因为主席不负任何政治责任，蒋介石也认为由林森出任主席，的确比于右任合适，一是符合“年高德劭”，二是国民党内的各方都能接受林森，可以团结党内大多数，进而实现党内的大团结。最后，蒋介石终于决定将林森推上国民政府主席的宝座。

当蒋介石约于右任告知这件事时，这位老先生竟然流下了两行老泪，哽咽着说：不干就不干吧，老同志要服从大局嘛。虽是不负实际责任，但这个主席，对于这些元老们来说，还是有很大吸引力的。

林森出任国民政府主席时，已64岁。

## 重庆遇车祸

一晃，林森已连任国民政府主席长达10多年时间。

1943年5月12日上午，林森前往重庆国民政府出席加拿大新任驻华公使欧德伦递交国书仪式。

当林森的汽车开到小龙坑的三叉路口准备转弯时，一辆

林森的手迹

大卡车高速驶来，林森的别克车立即避让，重重地撞到了一棵树上，又弹了回来。林森坐在后排，从座位上震了下来。到达国民政府时，已是9时45分光景。此时，林森头歪靠在了一边，说话已含糊不清。医生诊断是脑溢血。

8月1日下午7时4分，林森在双河桥官邸病逝，终年76岁。

林森逝世后，国民政府为林森举行了极为隆重的丧礼。

国民政府通知五院及各部、各省市政府，并昭告国民周知；外交部将通知各国驻华使领馆，并转知驻在国政府，并昭告侨胞。8月1日起，所有党政军机关停止娱乐活动1个月。全国各机关下半旗致哀1个月，民间下半旗3天。中央广播电台则反复播放林森在1943年元旦发表的坚持抗战到底演说的广播讲话录音。



大殓的灵堂设在双河桥林园主席官邸。8月2日为公祭日。党政军官员首先进行了公祭。重庆全市停止交通3分钟，民众肃立，鸣礼炮101响。

2日下午4时半，国民党总裁蒋介石亲临林园的灵堂祭奠。以后，各方人士纷纷来到这里进行祭奠。

8月2日，中共中央机关报《新华日报》，为林森的逝世专门发表了社论，题为《为元首逝世致哀》，对林森给予了高度评价。中共中央8月4日亦自延安电唁林森逝世。电文为：“国民政府林主席治丧委员会公鉴：国府主席林公，领导抗战，功在国家，兹闻溘逝，痛悼同深！谨此致唁。中国共产党中央委员会。”美国总统罗斯福、英王乔治六世、法国民族解放委员会主席戴高乐、苏联共产党领导人斯大林、土耳其总统、菲律宾总统、巴西总统、伊朗首相、埃及总理等政界要人，以及世界上的许多党派团体，纷纷发来唁电，对林森的逝世表示了沉痛的悼念。

8月7日上午，公祭林森的典礼分别在重庆的山洞双河桥、市内的新运服务所以及夫子池忠义堂举行。典礼开始后，每隔30秒，即鸣放礼炮一发，直至101响。官方及民间人士络绎不绝地前往吊唁。同时，在重庆以及全国各地都设置灵堂进行吊唁活动。

8月15日下午2时，延安各界数千人在边区大礼堂举行隆重的公祭国民政府主席林森大会。到会的有，陕甘宁边区政府主席林伯渠，第三届国民参政员吴玉章、高岗，晋西北行署主任续范亭，国民政府军委会联络参谋徐佛观、郭仲容，以及边区各机关、学校、部队、团体的代表。各位发言者都高度评价了林森主张团结抗战到底的一贯精神。

国民政府追悼林森

西南联大大门

# 弦歌不辍

**“通才教学”思想，是西南联大留给后人的一笔精神财富。**

西南联大是由北京大学、清华大学和南开大学联合组成。三校始迁湖南，组成了长沙临时大学，后又西迁昆明，改称“西南联大”。1938 年 5 月 4 日开始上课，至 1946 年 5 月 4 日结束。西南联大在云南坚持办学整整八年。

## 艰苦的办学条件

联大的办学条件极为艰难，教室是土墙，屋顶仅盖一层铁皮；学生宿舍是土坯草屋，上下层双人床，室内灯光暗淡。教授的生活也极为清苦，学生们甚至得不到起码的温饱。是什么力量使联大始终朝气蓬勃，弦歌不辍，培养出如此众多的国家栋梁、民族精英呢？根本一点，就是联大发扬光大了“五四”和“一二九”运动民主和科学的爱国传统，在山河破碎、国家遭难的紧要关头，广大师生有一种不甘沦亡的坚强信念，深信在抗战胜利后，国家一定重建，必须有一大批人才。因而教师教书不忘国难，治学谨严，诲人不倦；学生读书不忘救国，救国不忘读书，大家都认识到自己肩负的重大历史使命。

联大的校园，不论是树下、墙角，随处可见学生们孜孜以求、刻苦攻读的身影。教授上课，教室内外都挤满了人，好些

西南联大常委会主席梅贻琦

张伯苓

周培源（左一）、陈省身（左五）、陈岱孙（左三）等人在西南联大合影

人站着记笔记。图书馆藏书少，参考书不足，有些教授为了备好一堂课，往往四处寻觅有关书刊，常常深更半夜赶编讲义，遇到停电，就点亮了蜡烛……

## 学术传统

学术传统的延续，首先要靠相对稳定的教授群体。西南联大的教授群体，恰好是由上世纪30年代前完成中西教育的三代知识分子共同组成的。第一代是出生于19世纪末的那一批人，以陈寅恪、傅斯年、刘文典、闻一多、朱自清等人为代表；第二代是20世纪初出生的那一代人，以1900年前后出生的为代表，如王力、唐兰、浦江清、钱端升、叶公超等；第三代则以钱钟书、费孝通、吴晗等1910年前后出生的人为代表。

这三代学人的共同特点是在抗战前基本上都完成了学者的准备阶段，开始迎来自己学术上的收获期。当钱钟书刚刚学成归来时，当时的文学院长冯友兰和教授吴宓都力邀他回清华执教，陈寅恪也认为钱钟书"人才难得"。前辈学人宽广的学术胸怀，对后辈学人的成长极为有利。西南联大时期，这种前辈学人对后辈学人的鼓励和帮助，也构成西南联大学术传统的一部分。

西南联大的学术传统有丰富的内涵，从教授的自由流动到教授治校，从合理抗议政府到支持学生运动，从视学术自由为生命到为自由而关心政治，在当年的西南联大都有实实在在的体现。尽管生活艰难，还有各种各样的压力，但在精神上，当时的大学教授是自由舒畅的。

西南联大的实际负责人是梅贻琦，他视西南联大的学术传统为自己的生命，他曾说过："对于校局则以为应追随蔡孑民先生兼容并包之态度，以恪尽学术自由之使命，学校应均予以自由探讨之机会。"他的这种信念，使西南联大的学术传统保持了下来。

冯友兰做了八年西南联大的文学院院长，联大的学术传统正是靠他和他的同事们保持和延续的，抗战八年，加上后来的五年时间，他始终坚守着西南联大的学术传统。他极力赞成学术独立，他认为，对于大学，国家社会要持不干涉的态度，国家社会要予他们研究自由，并且要给予他们选择人才的自由。

**原中央体育场**——中国功夫，名扬四海，但竞技体育，技不如人。于是就有了国民政府举办第一届全国运动会的想法，就有了占地 80 多万平方米、可容 6 万多观众的现代体育中心。

爱奥尼柱底座——敦实厚重，力扛千钧，粗犷的柱子才能顶天立地。爱奥尼柱式是古希腊三柱式之一，特点是比较纤细秀美，柱身有24条凹槽，柱头有一对向下的涡卷装饰，爱奥尼柱又被称为女性柱。爱奥尼柱由于其优雅高贵的气质，广泛出现在古希腊的建筑中，如雅典卫城的胜利女神神庙和伊瑞克提翁神庙。

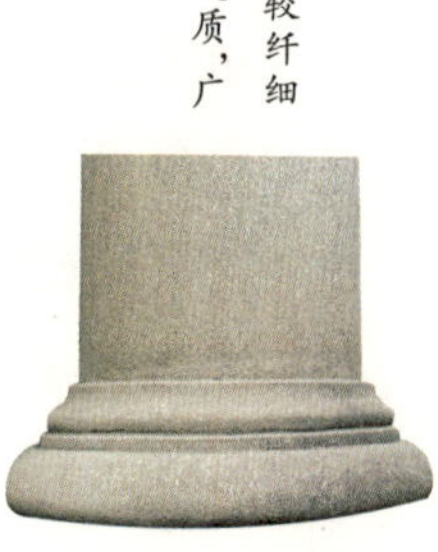

西南联大教授吴宓

西南联大教授朱自清

西南联大教授贺麟在1941年曾写过一篇《学术与政治》的文章。他说:“学术在本质上必然是独立自由的,不能独立自由的学术,根本上不能算是学术。每一门学术都有每一门学术的负荷者或代表人物;保持学术的独立自由和尊严,在必要时,牺牲性命亦在所不惜。”

西南联大所实行的通才教育,“教授治校”,“学术民主”,以及科研与教学并重和精简管理机构等理念,特别是“通才教学”思想,是西南联大留给后人的一笔精神财富。

## 精英辈出

著名爱国教育家张伯苓、蒋梦麟、梅贻琦为首组成的西南联大常委,聚集了原三校著名教授和时代的精英。八年中,曾在联大就读的共8000多人,所属附中也培养出一批杰出人才。联大众多的教师,几乎每一位都有各自突出的长处,但有一个共同特点,这就是求知若渴,勤奋好学,毕生为追求真理而奋斗。如朱自清、陈寅恪、闻一多、王力、张奚若、吴大猷、钱穆、陈省身、任之恭、曾昭抡、牛满江、潘光旦、柳无忌、吴晗、华罗庚、郑天挺、冯友兰、吴宓、查良钊、周培源、费孝通、钱钟书、戴汝为等。他们培养出蜚声国内外的大批杰出的科学家、教育家、哲学家、史学家、文学家。西南联大不仅为中国,也为世界的科学文化和人类进步,做出了重要贡献,在我国教育史上留下了光辉一页。

梅贻琦个人生活素来节俭清苦,在西南联大,身为大学校长和国民党的中央委员,他家却经常吃的是白饭拌辣椒,没有青菜,有时吃上一顿菠菜豆腐汤,全家就很满意了。他同一般教授一样,也住在租用的民房里,阶沿上摆几把椅子就算是“客厅”。他儿子的眼镜丢了也没有钱再为他配一副新的。当时西南联大教授们的月薪,在1938年和1939年仅能维持两三个星期的生活,不足之处,只好由夫人们去想办法。梅夫人只好做米糕卖了贴补家用。她与人合作,用七成大米、三成糯米,加上白糖混合,做成米粉碗糕,取名“定胜糕”,即抗战一定胜利之意。梅夫人每天挎着篮子,步行45分钟到昆明德胜桥“冠生园”寄卖。

1943 年 1 月 11 日，中美在华盛顿签署《中美新约》，左为中国驻美国大使魏道明

# 太平之梦

1943 年，《中英新约》、《中美新约》等相继签署，中国废除了一系列不平等条约。



## “废约”条件成熟

1941 年 4 月，中国外交部长郭泰祺，奉中国政府之命，向美国提出缔结中美平等条约，废除现行条约。经磋商，两国于 5 月下旬先以换文的方式达成协议。美方承诺“在和平状态恢复的时候，能和中国政府以有步骤谈判和订立协定的程度，迅速地做到取消一切有特殊性质的权利”。5 月 25 日，郭泰祺与美国国务卿赫尔在华盛顿非正式互换文件。英国也于 7 月与中国政府互换照会。英国次外相白特勒发表声明，表示愿与中国政府商讨取消治外法权，交还租界，并根据平等互惠原则修改条约。英国驻华大使卡尔又致电中国外交部，表达了相同的意愿。

太平洋战争爆发后，英、美在华特权已被日本夺取，为了对付共同的敌人，美、英在废除对华不平等条约问题上也趋于积极。

## “废约”终于实现

1942 年 10 月 10 日，美、英两国政府同时发表声明，宣布将与中国政府谈判，缔结一项条约，放弃在华治外法权及解决有关问题。10 月下旬，中国政府接到美、英两国的新约草案后，即开始与两国谈判。12 月 18 日，美国政府向中国提交照会，建议于 1943 年元旦在华盛顿正式签署条约和换文，中国立即表示赞同。

1943 年 5 月，宋美龄访美时与罗斯福合影

1943 年 1 月 11 日上午 10 时,《中美新约》在华盛顿签字。下午 4 时,《中英新约》在重庆签字。之后,中国外长宋子文照会英国驻华大全薛穆,声明中国政府对新界租借地“保留日后提出讨论之权”。

两个条约内容基本相同,其主要内容有:废除英、美在华的领事裁判权,两国人民在中国领土内,应依照国际公法和国际惯例,受中国政府管辖;废除 1901 年签订的《辛丑和约》,交还北平使馆区,撤销在北宁路的驻兵权;交还天津、广州的英租界和上海、厦门的公共租界;撤销租界内的特别法庭;废除英、美两国在中国各口岸使用外籍水员的特权;英国放弃由英国人担任中国海关总税务司的特权;废除英、美军舰在中国水域内行驶的特权;废除英、美两国商船在中国沿海贸易和内河航行特权;中国与英、美两国在战争结束后,至迟 6 个月内举行谈判,签订一项友好通商航海设领条约。5 月 20 日,换文批准,条约正式生效。在中美、中英“新约”签订后,中国相继与比利时、挪威、瑞典、荷兰、法国、丹麦、葡萄牙、巴西、加拿大等国签订了相关条约。除香港、澳门尚未解决外,旧的不平等条约全部废除。

1943 年 1 月 11 日,中英在重庆签署《中英新约》,中为宋子文

1942 年 12 月,在中国已与英美等国结盟共同反抗日德意法西斯、外交活动十分频繁之际,吴国桢被任命为国民政府外交部政务次长,兼任蒋介石侍从室秘书。其时,外交部长宋子文常驻美国,吴国桢肩负辅佐宋子文掌理战时外交的重任,曾一度对外暂代部务。其间,他参与主持了中美、中英新约签署、筹组联合国、争取国际军事政治援助等一系列重要的外交活动,参加了接待美国副总统华莱士访问中国等重大外交接待任务。1945 年 8 月,吴国桢奉命以国民政府外交部次长身份,与法国临时政府驻华使馆代办戴立堂在重庆签署《收回广州湾法国租借地专约》,宣告了法国强租广州湾历史的终结。

《中英新约》签字,左为外交部政务次长吴国桢

中英双方签字后合影，前排左至右：驻英大使顾维钧、英方代表驻华大使薛穆、外交部长宋子文、英方代表黎吉生、外交部政务次长吴国桢

## 重庆、延安的庆祝活动

1 月 12 日，罗斯福、丘吉尔分别致电蒋介石，对签约表示热烈祝贺。12 日，国民政府发表文告，宣称新条约的签订，中国已获得了完全独立平等自由地位，与各国“并驾齐驱”了。1943 年 2 月 2 日，国民政府批准两个《新约》。蒋介石于 2 月 4 日发表《告全国军民书》。

国民政府宣布，2 月 5 日重庆全市悬旗 1 天，机关学校放假 3 天，工厂放假 1 天，民间张灯 6 夜。重庆举行了一系列规模空前的庆祝“废约”活动。

1943 年 1 月 25 日，中共中央作出《关于中英中美间废除不平等条约的决定》，肯定了新约签订的积极意义。延安《解放日报》还发表了《中国共产党与废除不平等条约》的社论。2 月 4 日，延安各界举行 2 万多人参加的庆祝废约大会，毛泽东、朱德出席。大会发出致全国通电。朱德发表讲话指出，不平等条约的废除，是国共合作的结果。

1941 年 10 月 28 日，中国外交部长郭泰祺（前右二）、国务委员王正廷（前右一）与澳大利亚大使艾格登爵士（前左二）等合影

# 陈诚、何应钦角逐军政部长

陈诚

何应钦

**何应钦以“军人坐轿指挥作战，成何体统”为由，撤了陈诚的 21 师师长职务。**

## 何应钦主持军政部 18 年

在国民党的党政军机构中，军政部长是一个极有权力的职位，尤其是在抗战时期，军政部掌握了全军的人事编制、军需粮秣分配等大权，从 1927 年到 1944 年，何应钦任军政部长已整整 18 个年头。

国民党军中的一些高级将领，尤其是黄埔系将领，要求改组军政部的呼声越来越强烈。理由是，军政部不能顺应抗战的形势，对军需给养物资，仍是一味刁难，克扣；军委会下辖 6 个直属单位，分别为：军政部、军训部、后方勤务部、铨叙厅、办公厅，后来又增设了运输统制局，而何应钦以军政部长又兼任参谋总长，总长当然有权指挥各部厅局。后来，何应钦又担任了运输统制局长，权力的确是太大了，已形成了尾大不掉之势。

到了 1944 年，军内要求何应钦交权的呼声越来越高，甚至出现了“军政部长不更换，就不足以振奋军心”的口号。蒋介石这才感到，是到了对何应钦下手的时候了。

## 陈诚与何应钦结怨多年

这时，一个人站到了前台，向何应钦发起了强有力的攻击，他就是蒋介石的嫡系将领陈诚。

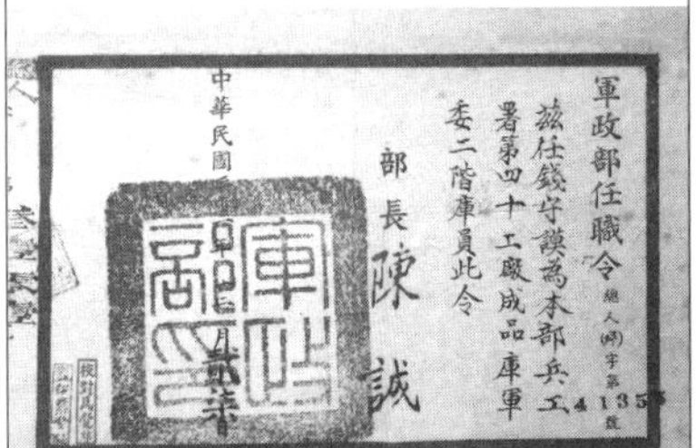
軍政部任職令

茲任錢守謨為本部兵工署第四十工廠成品庫軍委二階庫員此令

部長 陳誠

中華民國

陈诚任部长时签发的任职令

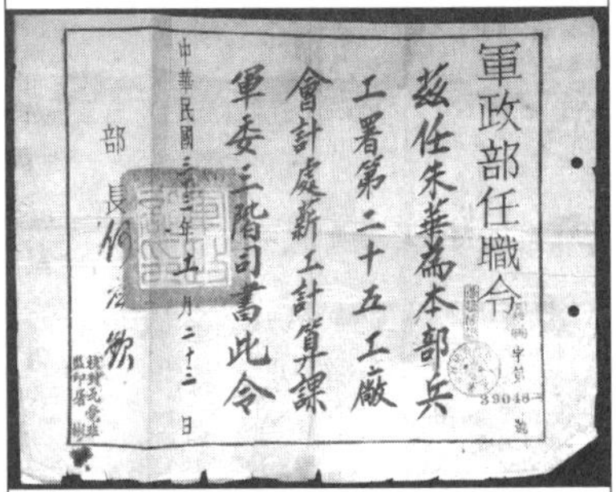
軍政部任職令

茲任朱華為本部兵工署第二十五工廠會計處薪工計算課軍委三階司書此令

部長 何應欽

中華民國三十三年五月二十二日

何应钦任部长时签发的任职令

陈诚接任军政部长

陈诚与何应钦一向不和。1927年，北伐军与北洋军阀在南京龙潭附近展开激战。陈诚率北伐军第21师奉命投入战斗。时值盛夏，陈诚胃病复发，疼痛难忍，只好坐在一顶轿子上指挥战斗。即使如此，也数次晕倒，从轿中跌出。战后论功行赏，有人向何应钦告发说，陈诚坐轿子打仗。何应钦正愁找不到陈诚岔子，于是，不由分说，马上就以"军人坐轿指挥作战，成何体统"为由，撤了陈诚的21师师长的职务。

国民政府成立后不久，何应钦联合李宗仁、白崇禧等人，把蒋介石赶下了台。同时，也把陈诚的第21师师长职务免去。次年3月，蒋介石官复原职。蒋一上台，立即任命陈诚为总司令部中将警卫司令，解除了何应钦的第1路军总指挥职务。

抗战中，第54军军长陈烈病死。陈诚即调自己的亲信第18军军长黄维继任。不久，第9集团军总司令关麟征到来，54军遂划归关指挥。关麟征原为陈的部下，后与陈诚不和，遂投到何应钦的门下。当他接手54军后，就想秉承何应钦的旨意吞并这支部队。于是，立即派出"钦差大臣"到54军查账。

没想到，生性耿直的黄维给军政部发了一封措辞强硬的电报，表示不满。何应钦跑到蒋介石处狠狠告了黄维一状，罪名是"破坏军需独立"，一定要蒋介石将黄维撤职才肯罢休。蒋介石看何应钦动了真格，只好迁就他，将黄维调任本部高参。

黄维被免职后，关麟征立即调亲信张耀明接任54军军长。同时，又调自己的52军25师师长到54军50师任师长职。

时任中国远征军司令长官的陈诚此时来到了昆明。他岂能坐视自己的嫡系部队被他人肢解。于是，急调子弟兵第18军副军长罗广文任54军军长，与何应钦来个竞赛，看谁能先取得蒋介石的同意。没想到，何应钦在蒋介石面前一口咬定，罗广文不是黄埔毕业生，不能当此重任。蒋介石就没有批准罗广文。陈诚急中生智，又向蒋介石推荐了方天。方天是黄埔二期毕业生，陆大十一期，正宗的"土木系"。何应钦这才无话可说。

不久，陈诚胃病复发，只得离开了这官场之争，到重庆养病去了。陈诚刚走，何应钦就免去了陈诚的远征军司令长官的职务。

## 何应钦"另有任用"

陈诚病愈后，处处和何应钦唱起了对台戏。

陈诚对军政部的贪污腐败极其不满，曾在公开场合宣称："前方吃紧，后方尽吃；前方有啥吃啥，后方吃啥有啥。"并用兵役署长程泽润不顾新兵死活，贪污舞弊，结果被蒋介石下令枪毙等事实来攻击何应钦。何应钦面对以陈诚为首的军内高级将领们的攻击，自然是无法招架，只能装聋作哑，"以静制动"。

蒋介石早就有意让陈诚来当军政部长。

钱大钧

黄维

几天后，何应钦虽然把辞呈递了上来，但同时举荐了三个人：第三战区司令长官顾祝同，军政部政务次长钱大钧，中央陆军军官学校教育长陈继承。三人都是上将军衔。唯独没有陈诚。

蒋介石立即提笔在辞呈上写了四个大字：“辞修何如？”辞修是陈诚的字。

转眼到了1944年11月，何应钦仍然按兵不动。而陈诚早已在组织班底，准备走马上任了。与此同时，蒋介石把兵役署撤销，另设了兵役部，由薛笃弼任部长。至此，兵役行政完全脱离了军政部。紧接着，又将军政部的军粮划归粮食部管辖，由部长徐堪直接抓。后方勤务部的车船运输，也划给了军统局。

这样一来，军政部已被蒋介石搞得支离破碎。最后，蒋介石任命何应钦为中国陆军总司令。终于将何应钦拉下了军政部长职位。

陈诚虽然踌躇满志地准备到军政部上任了，但何应钦也有他的如意算盘，他知道，军政部现有两个次长钱大钧和曹浩森。钱是蒋的嫡系，北伐时地位比陈诚还高，现在又同是上将军衔，他怎肯服陈诚。

于是，蒋介石来了一个大换位，调侍从室上将主任林蔚任军政部政务次长，原次长钱大钧调侍从室接林蔚职；军政部原兵工署长俞大维任军政部次长。

林蔚长期担任蒋介石的幕僚，深知蒋介石对陈诚的倚重，加上林蔚是浙江黄岩人，陈诚是浙江青田人，二人是同乡加同事，故配合起来是绝无问题。

而另一次长人选俞大维，蒋介石也是有他的考虑的。国民政府前主席谭延闿的长女是俞大维的夫人。次女谭祥由蒋、宋做媒嫁给了陈诚。这样一来，陈诚与俞大维就成了连襟。于是，一个绝好的三人搭档形成了。

关麟征（中）

1945 年 6 月 27 日，宋子文（右二）、王世杰（右一）抵莫斯科机场，与苏方进行谈判

# 一个相对真实的宋子文

**长期封存于美国斯坦福大学胡佛研究所的“四大家族”秘密档案首次向外界发布。**





## “宋子文档案”解密

2008 年 3 月 28 日下午，离开故土 60 年后重返上海的宋子文长女宋琼颐女士在复旦大学宣布，包括照片、电文、信函等一系列珍贵历史资料在内的“宋子文档案”解密，公之于众。这是长期封存于美国斯坦福大学胡佛研究所的“四大家族”秘密档案首次向外界发布。公布的“宋子文档案”包括 3 本著作：《宋子文及他的时代》、《宋子文驻美时期电报选》、《宋子文与战时中国》，从这些史料中，人们可以看到一个相对真实的宋子文。

## 几次辞职，似乎都与财政有关

宋子文毕业于美国哈佛大学，“观念开放，务实开明”，国民政府的整个财务系统是宋子文一手建立起来的，他还是中国中央银行的创办人，而国民党内部很多官员对经济运作非常陌生，矛盾冲突因此时有发生，为此宋曾多次与蒋介石闹翻，而且他还是国民党高层中极少数敢在蒋面前拍桌子的人。1928 年到 1933 年，宋子文曾经先后四次辞职，几乎都与财政有关。

蒋介石热衷于“攘外必先安内”的政策。宋对此并不赞同，这也许是他在 1933 年选择离开政治舞台的原因之一。1931 年九一八事变后，宋子文就主张和美国联络，引进欧美的力量。宋子文的事业巅峰期是在 20 世纪三四十年代，特别是 1940 年代。1941 年底，太平洋战争爆发后，宋子文被任命为国民政府外交部长，在当时极其困难的情况下，他为中国争取到大量宝贵的国际援助，直至 1945 年抗战胜利前夕再次辞职。1944 年 12 月 18 日，宋子文成为美国《时代》周刊的封面人物。

抗战胜利后，宋子文先后担任国民政府行政院长、广东省主席等职。1949 年 1 月，时任广东省政府主席的宋子文向蒋介石递交了辞呈，这是他在蒋政权中担任的最后一个官方职务。国民党退守台湾后，阎锡山曾经以“行政院长”的名义给宋发去聘书，邀他筹募

公债，但已经对国民党政权不再抱有希望的宋子文始终未予回复。

1949 年 4 月下旬，人民解放军攻占南京，停留在香港的宋子文于 5 月 16 日乘机飞赴法国，同年 6 月赴纽约定居。

## 回应英国首相：中国对西藏拥有主权

1943 年 5 月，在美国首都华盛顿举行过一次重要的国际会议——太平洋会议。出席者有中国、美国、英国、加拿大、澳大利亚的首脑人物。中方代表是时任中华民国外交部长的宋子文，英方代表是丘吉尔首相。

太平洋会议的主题是研究同盟国各成员国在对德、日法西斯交战中的战略使命。可是，会上出现了一个插曲——5 月 21 日的会议上，丘吉尔突然对宋子文说：“听说中国正在向西藏大举增派部队，准备进攻西藏，那个国家现在很恐慌。”宋子文当即回应：“西藏可不是什么独立的国家，中国和英国间所签订的全部条约中，都承认中国对西藏拥有主权。”当天，宋子文即将此事电告重庆的蒋介石，第二天，蒋介石回电明确答复：丘吉尔的说法是对中国内政的干涉，必须坚决反对。

当时电文如下——宋子文 21 日电：“丘相谓，近闻中国有集中队伍进攻西藏之说，致该独立国家大为恐慌，希望中

宋子文与其妻张乐怡在上海其父母墓前

在国民政府中，孔祥熙、宋子文都是理财干将。孔被称为“Yesman”(好的、遵命先生)，宋也会说“Yes”，但他会搞清说“Yes”的原因，如蒋向财政部要钱，他要问一问做什么用。有时不买账，干脆说“No”。而孔祥熙则绝不问长问短，要钱就给。因此，蒋、宋之间常有矛盾，宋子文曾发牢骚说：“做财政部长无异做蒋的狗。”而蒋、孔之间则比较和谐。宋子文自 1928 年起担任财政部长，在以财力支持蒋介石和国民政府方面曾立下汗马功劳。1932 年 4 月，任行政院副院长兼财政部长，成为仅次于蒋介石、汪精卫的显赫人物。但是，1933 年 10 月，宋子文因不满蒋介石的猛增军费、滥发公债，和蒋介石发生冲突，辞去职务，蒋介石改以孔祥熙任行政院副院长兼财政部长。自此，孔日益得到蒋的信任，宋、孔之间的矛盾也日益滋生、展开。

《中苏同盟条约》签字仪式。斯大林(右四)、宋子文等出席,签字者为苏联外长莫洛托夫

国政府保证不致有不幸事件发生……文答并未有此项消息,且西藏并非所谓独立国家,中英间历次所订条约,皆承认西藏为中国主权所有。”

蒋介石22日回电:“丘吉尔称西藏为独立国家,将我领土与主权,完全抹煞,侮辱实甚。西藏为中国领土,藏事为中国内政,今丘相如此出言,无异干涉中国内政。中国对此不能视为普通常事,必坚决反对。”

1943年是反法西斯战争的关键一年,英国作为中国的盟国,为何突然干涉中国的西藏问题呢?这主要是因为中国政府一直没有承认英国提出的所谓“麦克马洪线”。当时,英国的殖民大国地位开始动摇,他们迫切要求加强对印度的控制,而中国在西藏与印度有很长的边界线,英国希望增加在西藏的影响力,保证殖民地的安全。英国的这一做法,遭到中国政府坚决反对。

“宋子文档案”中还有一个地方谈及了“西藏问题”:在滇缅公路被日军占领后,中国抗战的运输大动脉出现了问题,中方曾向同盟国提出要求,修建一条由四川经西藏,再由西藏到印度的公路,重建“生命线”,然而,一些国家出于自己利益的考虑,没有采纳中方的建议,因此,在相当长的时间内,中方的抗战物资只能依赖“驼峰”航线空中运输。

## 晚年的退隐生活

在美国作家斯特林·西格雷夫撰写的《宋家王朝》一书中,称宋家王朝“聚集了这个时代最大财富的一部分”。《不列颠百科全书》亦称:“宋子文是地球上最富有的人”。然而,根据史料的记载,在宋子文所处的那个时代,不要说全球范围,即便在中国,宋子文也谈不上是最富有的人。

依照现在发布的“宋子文档案”,再经有关史料核实,在1940年左右,宋子文的财产为200万美元;至1971年宋子文去世时,加上房产变卖等,他的总资产达800万美元。扣除200多万美元税款后,宋子文遗留给夫人张乐怡的遗产为500多万美元。

晚年的宋子文对医学津津乐道,而且是个股民,他非常关注股票和债券的价格,会仔细抄下股票行情,每逢纽约证交所有新公司上市,就颇为兴奋。到目前为止,无论在中国第二历史档案馆、中国台湾地区的档案机构以及胡佛研究所的“宋子文档案”中,都还没有发现大家所公认的足以证明宋子文“贪污”的证据。

1971年4月25日当地时间下午7时许,宋子文在美国旧金山琼斯大街1250号公寓用晚餐时,因进食导致窒息,突然摔倒,未送到医院抢救便已去世,享年77岁。

"联大"会场

# 大国地位

**中国的英文名"CHINA"排在各发起国之首，在《联合国宪章》签上第一个字、而且是汉字的是中国人。**

## 中国参与发起

随着第二次世界大战欧亚战事的推进，战后的世界安排已被提上了盟国的议事日程。

早在1943年10月，美国、苏联、英国、中国四国在苏联首都莫斯科发表宣言，确定了战后成立新的国际组织的原则。接着，在1944年春，四国又进行磋商，拟尽快成立一个国际组织并制定章程，并商定在美国首都华盛顿郊区的敦巴顿橡树园举行一次会议，商讨具体事宜。

中国国民政府决定任命驻英国大使顾维钧为首席代表，外交部次长胡世泽、中国驻美国大使魏道明、驻美国军事代表团团长商震为代表，出席在华盛顿举行的会议。1944年8

各国代表团

顾维钧是一位职业外交家，他认为，办理外交时，唯一应当考虑的是民族利益，而不是党派和政治利益，更不能考虑个人政治上的得失。将民族利益和政治利益相区别，将外交与党派相区别，以一种超党派的中性立场为国家服务，成了顾维钧的立身之道，立业之本。按照这样一种政治理念，顾维钧努力以超党派的姿态，塑造自己的政治品格并付诸实践，他是确如是言，亦如是行。

"联大"会场

月25日，顾维钧抵达美国。会议于8月21日至9月28日在敦巴顿橡树园举行，故此次会议又称"敦巴顿会议"。会议历时一个多月。

紧接着，又举行了中国、美国和英国代表参加的三方会议。经国民政府的授权，中国首席代表顾维钧、代表魏道明等对前一次会议提出了自己的补充意见。但美英两国对中国的建议不完全同意。中国代表为了世界反法西斯阵营的团结，在基本目的达到的情况下，作了一些妥协。第二次会议于1944年10月7日顺利结束，发布了会议公报。

会议将要结束时，第二次世界大战欧洲战场的形势已经明朗化。但中国战场却出现了不利的局面：中国军队在豫湘桂战场大溃败。中国代表在会上没有了底气，大国地位岌岌可危。局面对中国非常不利。但经过中国代表，尤其是首席代表顾维钧的努力，采取了灵活的策略加以应对，中国总算保住了"四强"的大国地位。

四国商定，联合国制宪大会将于1945年4月25日在美国旧金山举行。是年3月，中国与美、英、苏一道，以联合国发起国的身份，向世界各有关国家发出了邀请。

## 国共"代表之争"

中国代表团成员的组成问题，颇费了一番周折。中国共产党早就向国民政府提出了联合组团参加旧金山会议的建议，遭到蒋介石的拒绝。中国驻英大使顾维钧为了扭转世界上对中国"政治不统一"、社会"四分五裂"的看法，以一名职业外交家的身份向蒋介石提出了共同组团参加大会的建议。他面见蒋介石说，中国代表团应有广泛的基础，包含有不同政治主张的代表，以向世界昭示这是一个代表了全国性的代表团，并且要有一名妇女代表。但蒋介石仍然固执己见。顾维钧又向外交部长宋子文和宣传部长王世杰表达了相同的观点，但同样没有得到响应。顾维钧经过不懈的努力，终于未能改变蒋介石的看法。

眼看会期一天天地临近，事情却突然有

顾维钧签字，后立者为董必武

吴贻芳签字

1945年8月15日，蒋介石在重庆签署《联合国宪章》

了转机。

1945年3月22日，在重庆的国民政府收到美国总统罗斯福致蒋介石的一封电报，称：我愿使阁下知悉，如阁下之代表团容纳共产党或其他政治结合或政党在内，我预料不会有何不利情形……若能容纳此类代表，在会议中必能产生良好印象。罗斯福特意强调，美国两大政党之代表，在参加联大的美国政府代表团中均有其地位。罗斯福的口气颇为婉转，但似乎又不容商量。蒋介石终于改变了主张，他对美国总统罗斯福的建议毕竟不能置之不理。3月26日，蒋介石亲自致电罗斯福，表示中国出席旧金山大会的10名代表，有包括共产党和其他两个反对党的代表各1人。最后，中国国民政府决定了代表团的成员为：外交部长宋子文，驻英国大使顾维钧，国防最高委员会秘书长王宠惠，驻美国大使魏道明，中国青年党领袖李璜，中国民主社会党领袖张君劢，中国共产党人董必武，金陵女子大学校长吴贻芳，著名学者胡适，《大公报》总经理胡政之。顾维钧在任驻法国大使期间与董必武有过一面之交，对他有一定的了解，所以他竭力向蒋介石推荐董必武任中共的代表人选，并最终得到蒋介石的首肯。

## 在宪章上第一个签字的是中国人

由于各个成员的通力合作，在整个联合国会议期间，中国代表团给外界的基本印象，是团结合作、举国一致的。美国

《联合国宪章》签字仪式

美国代表签字

宋子文(左)在“联大”

媒体对中国代表团的表现也给予了很高的评价。中国代表团达到了在联合国中确立“大国、强国”形象的目标。而实际主持代表团日常事务的顾维钧,起到了极其重要的作用。

举世瞩目的联合国大会,于 1945 年 4 月 25 日在美国旧金山开幕。当时的第二次世界大战欧洲战场,德意军已经接近崩溃,亚洲战场的日军还在作困兽斗，中国战区的军事作战还很艰苦。所以中国代表团的策略,是全力支持美国的立场,并与苏联紧密合作,避免一切摩擦。

会议历时整整两个月。6 月 25 日，联合国大会举行全体会议，通过了《联合国宪章》。26 日，大会举行了极为隆重的签字仪式。中国的英文名“CHINA”排在各发起国之首,因此,在《联合国宪章》上签上第一个字、而且是汉字的,是中国人。在签字仪式的前一天,中国代表胡政之(即胡霖)提出,中国代表签字能否用中国传统的书写工具毛笔。此一建议当即得到中国代表们的一致赞同。于是代表团立即派人到唐人街买了毛笔、砚台和墨。结果,在与会国签字时,唯有中国代表团“与众不同”,用的是毛笔。

首先在联合国宪章上签字的，是代替外交部长宋子文出任中国首席代表的顾维钧。宋子文因事先期回国，胡适因出席哈佛大学的讲演会未参加大会。之后，王宠惠、魏道明、李璜、张君劢、董必武、吴贻芳、胡政之,依次在宪章上签了字。

签字结束后,顾维钧致词说:我们一生已两次遭受世界上侵略势力所造成的大流血和大破坏。此次战争,中国是第一个被侵略的国家。联合国制定了奠定世界和平基础之大宪章,实感无限愉快……现欧洲胜利既已完成,对日本之最后胜利不久亦将取得，我深信并深切希望联合国这一世界安全组织，本着各国始终不断的合作精神,使我们的子孙们不致重遭战争的痛苦,而得以享受和平与幸福……

由于中国是最早投入世界反法西斯战争的国家，并且在战争中做出了不可替代的巨大贡献,所以,理所当然地成为了联合国的创始会员国和安理会常任理事国。

1945 年 8 月 15 日上午 8 时,国民政府立法院第 282 次会议在重庆举行。院长孙科、秘书长吴尚鹰及立法委员共 78 人出席。会前,孙科向大会宣布,日本政府已答复四国政府,宣布无条件投降。接着,开始审查外交委员会报告以及《联合国宪章》。外交委员会委员长即《联合国宪章》中文文本起草人吴经熊,报告了审查经过及宪章特点。他说,此次旧金山会议五十国代表，为能以自我批评之精神融洽真诚商讨,乃得完成《联合国宪章》之拟订。他并就联合国安全理事会的否决权问题,托治制度等问题作了说明。最后,由大会秘书处宣读了《联合国宪章》的全文。到会委员全体起立,一致通过。同日,国民政府主席蒋介石亦在联合国宪章上签字。

# 花开花又落

中共参政员秦邦宪

中共参政员陈绍禹

**1938 年 6 月 21 日，国民政府主席林森及五院院长向毛泽东等 7 位中共人士颁发了聘任状，任命他们为国民参政员。**

1937 年 8 月，“国防最高会议参议会”成立，蒋介石聘请共产党、青年党、救国会和各界人士为参政员，这成为国民参政会成立的基础。

1938 年 3 月 1 日，中共提出了“建立民意机关”的主张。鉴于军事形势的危急和外交上的孤立，国民党决定接受中共的主张，结束国防参议会。随后制定了《国民参政会组织条例》，遴选了第一届国民参政员。1938 年 6 月 21 日，国民政府主席林森及五院院长向中共方面的毛泽东、陈绍禹、秦邦宪、林伯渠、吴玉章、董必武、邓颖超等 7 人，颁发了聘任状。1938 年 7 月，国民参政会在武汉成立。

第一届国民参政会在汉口举行

国民政府任命毛泽东为国民参政员的聘任状，上面有国民政府主席林森、行政院院长孔祥熙、立法院院长孙科、司法院院长居正、考试院院长戴传贤、监察院院长于右任的亲笔签名

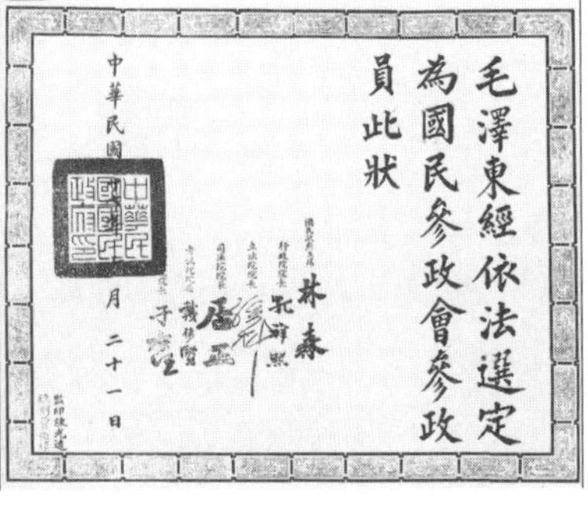

毛澤東經依法選定為國民參政會參政員此狀

林森

中華民國 月 二十一日

国民参政员王云五(左一)出访英国，前排中为丘吉尔、左二为顾维钧，左四为王世杰

## 前期

1938年7月6日，一届一次国民参政会在武汉召开。中共参政员陈绍禹、秦邦宪、林伯渠、吴玉章、董必武、邓颖超出席了会议。中共代表陈绍禹提出了《拥护国民政府实施抗战建国纲领案》，号召全国军民积极帮助政府，为全部实现《纲领》而努力奋斗。

会议结束后，参政会迁往重庆。中共参政员陈绍禹、秦邦宪、林伯渠、吴玉章、董必武、邓颖超遂赶往重庆出席了第二次会议，并在会上提出了《拥护蒋委员长和国民政府，加紧民族团结，坚持持久战，争取最后胜利案》。

在以后举行的三、四、五次会议上，又分别通过了《拥护政府抗战国策决议案》、《声讨汪逆兆铭电》、《声讨汪逆兆铭南京伪组织电》等提案，表示了参政会团结一致的严正立场。

## 中期

国民参政会的中期是1941年3月至1944年9月，即第二、三届会议期间。

第一届参政会后不久，国民党就掀起了第二次反共高潮，发生了“皖南事变”。为了粉饰抗战营垒内的裂痕，国民党希望中共出席二届一次国民参政会。中共提出了解决事变的具体办法和“临时办法”，以此作为出席参政会的条件，但被国民党方面拒绝。中共参政员决定不出席二届一次会议。二届一次参政会结束后，“中国民主政团同盟”即宣告成立。这预示着抗日民族统一战线内部的政治力量进一步朝着有利于进步势力的方向转化。

1944年9月5日，三届三次国民参政会在重庆召开。中共在会上提出了“关于成立联合政府”的主张。对此，国民党表示了消极的态度，而中间党派和无党派知名人士则一致拥护。

## 后期

国民参政会的后期，是1945年7月至1948年3月，即第四届会议的举行和结束。

抗战胜利后，国民党继续推行“一党专政”，抵制成立联合政府，在国民参政会内部进一步排挤进步人士。其做法是修改参政会《组织条例》，使国民参政会几乎为国民党一党独占。与此同时，蒋介石不顾民意，宣布

**原最高法院**——整个建筑设计，可谓匠心独具，主楼呈“山”字型，寓意“执法如山”，楼内有一藻井，屋顶为玻璃天窗，有“明镜高悬”之意；楼前一“碗状”喷泉，以示“一碗水端平”。

挂墙电话——清末民初使用较多，以后逐步被淘汰，今日却被当作宝贝收藏。许是为了不占空间，或者没有摆放之处，于是人们想到将它置于墙壁之上。只是如此接起电话来，需一直站在那里，挺不自在的，所以，这样的电话多半是由那些职务较低的职员使用。不像电话座机，通话时人的身子可以陷在沙发或靠背椅中，十足的官长味。

蒋介石出席国民参政会　　在重庆的国民参政会

青年党领导人左舜生，抗战期间任国民参政会参政员，并曾担任国民参政会主席团主席

1945 年 11 月 12 日召开“制宪”国民大会，并决定提交第四届国民参政会审议通过。

为表示抗议，中共决定不参加 1945 年 7 月召开的此次会议，而通过会外活动揭露国民党的政策。救国会等中间党派和国民党内的爱国人士也反对国民党的举动，迫使参政会没有就国大召开的日期、代表、职权等问题作出决定。

1946 年 1 月政治协商会议的成功举行，是中共和民主党派的一个重大胜利，同时，也是对国民党一党专政的否定。不久，政协决议就被国民党推翻。在四届二次参政会上，国民党参政员攻击“政协不合法”，要“立即撤销政协会议”。国民参政会作为国民党独占的御用工具，彻底失去了它在抗战时期的光彩。1948 年 3 月 28 日，“行宪”国大召开前夕，国民参政会终于退出了历史舞台。

第三届国民参政会会场

自 1933 年 10 月，孔祥熙接替宋子文任行政院副院长兼财政部长后，一直官运亨通。但是孔祥熙政声不佳，国民党中也有人希望宋子文重新上台。1944 年初，时任重庆大学商学院院长的马寅初发表文章，指斥孔祥熙大发国难财，CC 系、政学系（前者为陈果夫、陈立夫兄弟的势力，后者为国民党元老组成的派系）等继起，一时反孔之声甚高。12 月，蒋介石起用宋子文为代行政院长。1945 年 5 月，行政院改组，宋子文正式任行政院长。7 月，孔祥熙退出政界。

宋庆龄协助向解放区输送药品

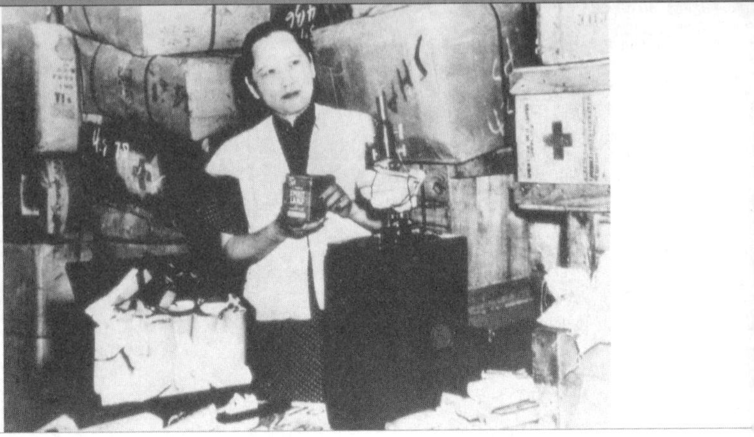

# 一座丰碑

1940年4月18日，宋庆龄向美国民众发表了抗战讲话。





## 不遗余力宣传抗战

上海沦陷前，宋庆龄转移到了香港。临行前，她发表了致国际人士的声明，控诉了日军侵华和屠杀中国人民的罪行，呼吁世界各国"积极拥护中国的抗日斗争"。

1938年7月5日，正值日军由长江南北进攻武汉之际，宋庆龄发表了《抗战的一周年》一文。在文中她"首先向阵亡诸将士及死难同胞致以哀悼的敬礼"，指出："伟大的一年来的奋斗与牺牲，不过是争取我中华民族解放、独立的开始，最后胜利的获取，还需要同志们踏着先烈的血迹继续前进！"对当时的一些失败言论，她说："明知今日全国将士，全国同胞，个个抱有宁为玉碎，毋为瓦全之抗战决心，此项阴谋妥协之幻想，无从实现，而有斯人斯事者，实因我抗战的政治动员，不能与抗战军事并驾齐驱。"日军进攻武汉的同时，又抽调一部分兵力进攻广州，以便切断中国的海上对外联系。宋庆龄积极在广州的外国侨民中活动，争取他们对保卫广州、武汉和中国抗战的援助。当时英国新闻界多次发表宋庆龄致英国政府和团体的函电，在英国民众中引起巨大的反响。宋庆龄还致电美国总工会，呼吁美国工人抵制把军火运往日本。1937年10月20日，她在上海美商广播电台，向美国人民发表了著名的英文演讲《中国走向民主的途中》，指出，日本对中国的侵略，"也包含着对于美国本身的威胁"，疾呼："趁残酷的火

"保卫中国同盟"协助延安成立了"洛杉矶托儿所"

焰未燃烧到全世界之前,将它扑灭。"

1938年6月,正当武汉保卫战进行之际,宋庆龄在香港发起组织了"保卫中国同盟"(简称"保盟"),亲自担任主席,委员有廖承志、克拉克、法朗士、邓文钊、爱泼斯坦等。宋庆龄领导"保盟"大力开展宣传工作,向全世界宣传抗日,介绍共产党领导下的八路军、新四军英勇抗战的事迹;坚持不懈地支持中共领导的抗日斗争;向同情中国抗日战争的外国人士和海外侨胞进行募捐,当时,捐款的人们都希望在捐款的收条上得到她的亲笔签名,宋庆龄曾为此磨破了手指;她又想尽办法冲破日军的层层封锁,把募集来的大量款项、药品、医疗器械、通讯设备、罐头食品等物资,源源不断地送到抗日根据地。著名的白求恩、柯棣华等外国大夫所组织的医疗队,都是通过宋庆龄的介绍到武汉与八路军办事处联系,在周恩来等的直接关心下最后送往抗日根据地工作的。

## 二赴重庆

抗战期间,宋庆龄先后两次到重庆。第一次是1940年3月31日,宋庆龄和宋蔼龄、宋美龄一道,从香港飞抵重庆。这也是三姐妹多年来的第一次聚首。

战时,宋氏三姐妹看望难童

随着日军步步入侵,涌入大后方的难民与日俱增。宋庆龄决定以"保卫中国同盟"的名义,在香港发起"一碗饭运动",救济难民伤兵。1941年8月1日,"一碗饭运动"正式举行。车站、码头、机场、娱乐场所,乃至汽车、电车上,到处可见宣传画,到处可见标语口号,上面写道:"为祖国无家可归的难民请命","多买一碗饭,多救一个难民。"丽山餐室业主温梓明第一个认捐了500碗,乐仙、英京两餐室均认捐了3000碗。8月2日,恰逢星期六,香港市民把参加"一碗饭运动"作为周末最光荣而又留永恒纪念的娱乐。9月1日,"一碗饭运动"告一段落,在英京酒家举行了结束典礼,宋庆龄到会主持。会上公布了"一碗饭运动"收入:扣除各项开支,纯收入港币2.5万元,国币6150元。

宋庆龄与“保卫中国同盟”成员们合影

“保卫中国同盟”在香港成立



4月3日，宋庆龄来到新生活运动妇女指导委员会视察。下午，三姐妹又赴歌乐山战时儿童第一保育会，带去了给500多名难童的礼物。宋庆龄看着这些健康活泼的难童，高兴地说：“这些失去父母的苦孩子，变成了幸福的儿童，真是令人高兴啊。”

宋庆龄在重庆期间，出席了各种集会、欢迎会、茶会，不顾疲劳地到处奔波视察，日程排得满满的。如：前往伤兵之友社总医院——第五陆军医院慰问伤兵；出席国民政府招待苏联大使潘又新的晚宴；视察郊外的中正学校及遗族学校；乘汽车赴成都，沿途到永川、荣昌、隆昌、内江等地视察。

4月18日上午7时，宋庆龄向美国民众发表抗战讲话，郑重宣告中国“抱定了继续抗战的决心，自信必能获得最后胜利”。5月9日，宋庆龄与宋美龄同机返回香港。这一次，宋庆龄在重庆总共停留了40天。

宋庆龄第二次赴重庆，是在太平洋战争爆发后的1941年12月9日。在日军占领启德机场前的几个小时，宋庆龄乘坐最后一架飞机离开香港。

1942年8月中旬，宋庆龄在重庆重新组织“保卫中国同盟”中央委员会，并继续担任“保盟”主席。“保盟”总部办公室设在两路口新村3号宋庆龄寓所底楼会客室。周恩来特意将廖梦醒从澳门调到重庆，协助宋庆龄工作。

宋庆龄领导的“保盟”，组织募捐，赈济灾民、伤兵和难童。对捐赠来的大量款物，除捐赠者指定用途的按捐赠者愿望分配外，对延安医科大学、白求恩医学院、抗日军政大学、鲁迅艺术学院、延安技术学校等单位，提供了长期的援助。宋庆龄还积极介绍和输送外国医生到抗日根据地工作。

## 赈济灾民义卖义演

1943年4月，河南发生特大水灾，百姓流离失所，哀鸿遍野。当局不仅置若罔闻，而且还封锁消息。宋庆龄十分关注此事，在重庆发起赈灾国际足球义赛。5月15日，足球义赛

宋庆龄在足球义赛前募捐

抗战中的宋庆龄

在重庆川东师范学校举行，她亲自主持开幕式并开球。此次义赛为期两天，共筹集法币 12.5 万元，全部捐给了河南灾民，并由“工合”用以工代赈办法救济灾民。

7 月初，为募款赈济广东灾民，宋庆龄又在道门口银行界同人进修社组织举办国际音乐会赈灾义演，共募款 19 万余元。

1944 年 4 月，为救济湖南灾民，宋庆龄举办了书画义卖和歌舞义演。这是宋庆龄在重庆举办的规模最大的一次赈灾义卖活动。

为了加强抗战宣传，宋庆龄还多次为《新华日报》题词。其中有：“发扬抗战国策，争取最后胜利”，“平等自由，声气相通，精诚奋斗，共建大同。”并先后发表《中国妇女争取自由的斗争——给中国在海外朋友的公开信》、《致美国工人》等具有深远影响的文章。1944 年 3 月 12 日，宋庆龄在中央(国际)广播电台发表题为《孙中山与中国民主》的对美广播演说。

1944 年 9 月 18 日，由宋庆龄、孔祥熙、宋蔼龄、李德全等人发起组织的儿童福利工作人员会议，在两路口中央图书馆正式举行，会议着重讨论战后儿童福利设施计划。后又募款 80 万元援助贫病作家。

12 月 12 日，宋庆龄在重庆发表《保卫中国同盟声明》，指出：保卫中国同盟的作用是双重的。她同时强调“中国所遭受的创伤，需要很多时间才能治愈”。并从当日起将“保卫中国同盟”更名为中国福利基金会。年底，宋庆龄离开重庆回到上海。

宋庆龄为捐款盖章的戒指

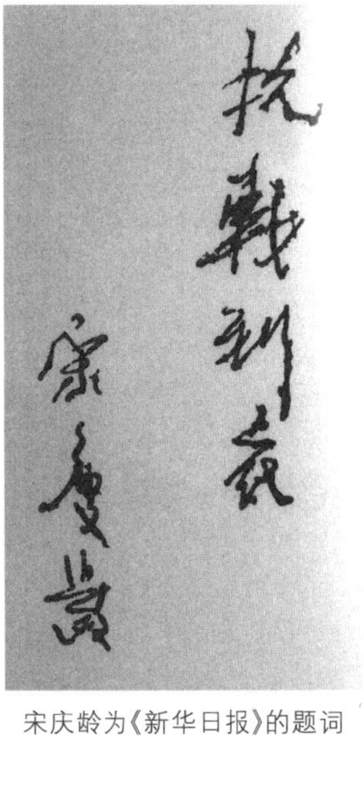

宋庆龄为《新华日报》的题词

宋氏三姐妹与蒋介石在战时首都重庆

# 勇敢的女性

**保育院、伤兵医院、前线阵地、美国国会，到处都有她的身影。宋美龄的坚定果敢，影响着周围的每一个人。**





## 战时儿童保育会

抗战初期，因日军的野蛮烧杀抢掠，南京、上海等许多沦陷地区无数无家可归的儿童成了孤儿，他们到处流浪，其景惨不忍睹。为了救助这些儿童，宋美龄与中共人士邓颖超，以及李德全、郭沫若、沈钧儒、蔡元培等人一起，发起组织了战时儿童保育会。于1938年3月10日在武汉成立，宋美龄为理事长，李德全为副理事长。

八年抗战中，战时儿童保育会先后在全国各地成立了20多个分会、53所战时儿童保育院，收容、保育了3万多名难童。宋美龄还曾在重庆办了一所学校，自任校长，专门接收孤儿。保育会还在汉口设立了武汉第一临时儿童保育院。1938年10月26日武汉沦陷以前，战时儿童保育会共抢救运送28批、1.5万余名儿童到四川。宋美龄还经常带着糖果、饼干到保育院，关心孩子们的吃、穿、住。

据1938年3月10日至4月12日期间的保育会捐款名单显示，宋美龄同时负担着2459名难童的生活费。一次日机轰炸重庆，

宋美龄与妇女界人士

宋美龄与重庆妇女界人士合影

有6000多名儿童急需转移疏散。宋美龄腾出自己的汽车，并亲自站在路当中，要求路过车辆停下转移儿童。

宋美龄还主持成立了“中国妇女慰劳自卫抗战将士总会”，自任总会长，不断奔赴战火纷飞的前线阵地，鼓舞士气，带去前方最急需的武器弹药和补给。她经常出现在后方医院的伤兵病房，在每一位伤兵的床头放上一块毛巾、一听罐头、一包糖，并不时询问伤兵的伤情，甚至亲自替伤兵包扎，叮嘱医院要改进医疗状况。在汉口，她还亲自为抗日将士缝制军衣。

1943年2月，宋美龄访问加拿大

1942年11月18日，宋美龄出访美国。此行的目的，是宣传中国抗战、争取美援和推进亲美关系。1943年2月18日，身着黑色金丝绒旗袍，胸前佩带镶有宝石的中国空军徽章大扣花的宋美龄在美国国会发表演讲。她首先面对举足轻重的参众两院议员们说：“余非演说家，然而并不是毫无勇气，”“因为我幼年时曾来美国，认识贵国的人民并与之相处，度过了我身心长育的时期。现在来到这儿，就如见到家人的感觉。”议员们报以热烈的掌声。接着她指出：“中美之间有160年的传统友谊，现在又为同一目的而战。”“我们不但应有理想，而且应以实际行动实现此种理想！”她的这番话赢得了全体议员起立鼓掌。

宋美龄(前排中)与教育界妇女人士合影

宋美龄访问美国时，在国会演讲



## 国际播音员

国民政府迁都前，宋美龄在南京中央电台以“总播音员”的身份，向全世界揭露日军在中国的暴行，批评西方国家对日本的纵容政策，并表明中国将士的抗战决心。国民政府迁到重庆后，宋美龄下车伊始，就应重庆妇女联合会之请，发表了抗战救国动员演说。在这次讲演中，她以悲怆的语调，控诉了日军在淞沪地区、尤其是在南京的暴行，她说道：那里的天空，充溢着恶魔般的暴怒，地面上喷射着火焰，飞溅着人类的鲜血。千百万妇女儿童在受苦受难，在无情的战火中死里逃生，遭屠杀和凌辱……宋美龄的演讲未完，台下就响起了一阵阵热烈的掌声。

宋美龄的演讲，极富鼓动性，外国记者们纷纷将麦克风放在她的身边。而她直接向全世界听众“直播”，开了中国广播的先河。她的广播，蜚声海内外，受到外国记者的交口称赞，称她是“国际播音员”。

## 几次遇险

1937 年淞沪抗战爆发后，宋美龄与蒋介石一直住在南京黄埔路官邸憩庐，这里一直是日机轰炸的重要目标。一次日机轰炸南京，炸弹就落在距憩庐仅 10 多米的地方，一座平房即刻被炸平。其姐宋蔼龄得知后，要她搬到自己家中去住，被宋美龄拒绝。

10 月中旬的一天，宋美龄与私人顾问端纳一行乘车再次赴上海前线，汽车在泥泞的道路上行驶着，忽然防空警报响起，司机加快速度想尽快驶离，却将汽车开进了一个弹坑，车上的人全部被甩了出去，宋美龄顿时昏迷不醒。经抢救苏醒后，宋美龄又带伤继续赶往前线向官兵发表讲话。此次车祸，宋美龄肋骨骨折，颅骨脑震荡，筋骨严重扭伤。

后来，宋美龄数次在前线遇险。1938 年 6 月，日军进攻河南兰封县。宋美龄头戴钢盔，出现在 71 军阵地慰问官兵，结果突遭日军火炮袭击，险些受伤。

在武昌，日军得到关于蒋介石和宋美龄二人行踪的情报，突然出动机群空袭武昌。日

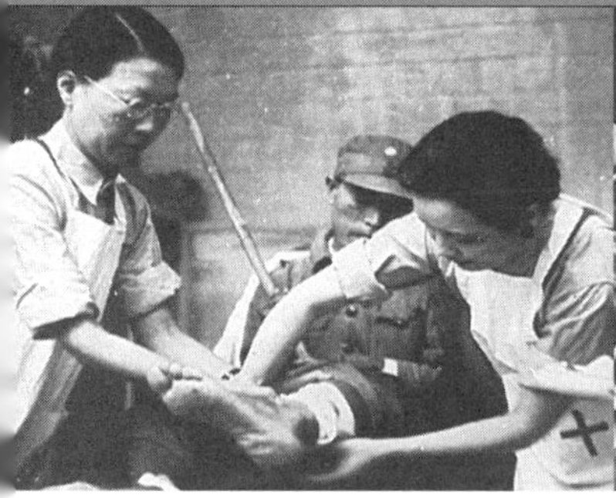

宋美龄为伤兵包扎

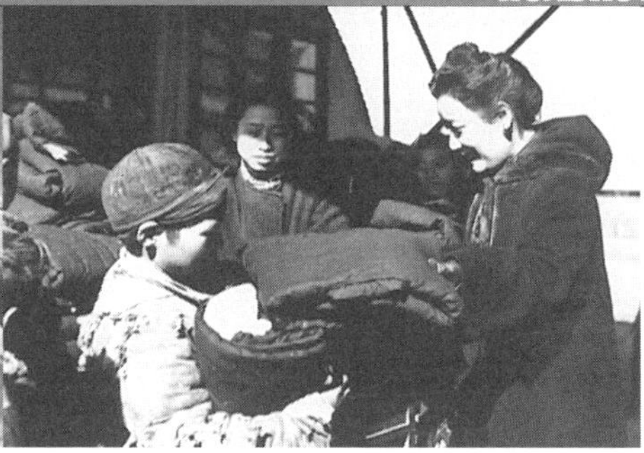

宋美龄看望孤儿

南京沦陷前，蒋介石、宋美龄的住所黄埔路官邸憩庐成了日机轰炸的重要目标

机对着“军委会”大楼大量投弹、扫射，蒋介石夫妇在几个卫士掩护下进入楼下的防空壕。一枚重磅炸弹落在防空壕附近。宋美龄被震昏过去，几分钟后才醒过来。而掩护他们的3名卫士全部牺牲。

1938年7月初，宋美龄在湖北黄梅前线劳军后返回，途中被日军侦察机发现，遭到袭击，汽车被毁，本人受伤。

最危险的一次是在1938年9月下旬至10月初的武汉会战后期，在九江以南的万家岭吴奇伟的第4军阵地前沿，宋美龄与军长夫人前来劳军，日军炸弹落点仅距宋美龄藏身的防弹洞几米远。

## 《时代》周刊的封面人物

1942年11月18日，宋美龄出访美国，她先后在美国国会、纽约市政厅、纽约麦迪逊广场、威斯里安大学、芝加哥运动场、旧金山市政厅、好莱坞等处正式发表7次演讲。宋美龄兼具中国古典气质和西方优雅风度，又带有犀利、精明的作风。1943年2月18日，她用一口美国南方口音的英语在美国国会发表演说，赢得全体议员的起立鼓掌。当年3月1日出版的《时代》周刊几乎成了宋美龄的专号，她是封面人物，身着中式服装，露出来的领口镶嵌着白色花边，背景则是中国花鸟图。盛装的她拥有同样美妙的智慧和勇气。

宋美龄为孤儿缝衣

张善子的抗战画作《怒吼吧中国》

# 万里长城永不倒

**一天，贺绿汀看见一位八路军小战士在击打着军鼓，激起了他的创作欲望，不久，《游击队之歌》诞生了。**



## “抗剧队”与《放下你的鞭子》

1937年八一三淞沪抗战后，中国剧作家协会和上海戏剧联谊社发起组织了上海戏剧界救亡协会，同时成立了“救亡演剧队”。电影和戏剧工作者纷纷参与，共成立了13个演剧队，把戏剧送到前线、乡村和机关工厂。一批著名的文化人士、演员如宋之的、洪深、金山、应云卫、郑君里、瞿白音、李实、左明等人，都活跃在演出第一线。

演剧队兵分十三路，从上海出发，到华南、西北、中原、西南等地，进行了频繁的演出。演出的剧目有《放下你的鞭子》、《三江好》、《最后一计》、《八百壮士》等，当剧目伴随着《义勇军进行曲》、《大刀进行曲》等激昂的乐曲响起时，演出就进入了高潮，台上台下热血沸腾，情绪激昂，经常会发出一片“誓死不当亡国奴”的怒吼。

随着战事的发展，京沪告急。此时的武汉，已成为全国政治、军事、文化的中心。上海救亡演剧队和东北、华北等地的救亡文艺团体齐聚武汉。1937年底，全国戏剧界抗敌协会在武汉成立。

1938年4月，国民政府军事委员会政治部（陈诚、周恩来任正、副部长）第三厅在武汉成立。该厅负责宣传工作，厅长是郭沫若，阳翰笙担任主任秘书。下设3个处，第六处主管文艺宣传，处长是田汉。全厅共300多人，其中有洪深、徐悲鸿、冼星海等国内一流的艺术家。

三厅将聚集在武汉的文艺团体“收编”后，组建了10个抗敌演剧队（简称“抗剧队”），4个抗敌宣传队，4个电影放映队，1个孩子剧团。1938年10月武汉沦陷后，三厅转移到重庆。各文艺团体也陆续会聚到重庆，重庆遂成为全国抗敌文艺宣传新的中心。

这一时期各剧团上演的剧目很多，除了《放下你的鞭子》、《三江好》等一批老的剧目外，又涌现了《东北一角》、《最后一颗手榴弹》、《壮丁》、《屈原》、《大地回春》、《风雪夜

郭沫若

冼星海

《松花江上》作者张寒晖

归人》、《北京人》、《结婚进行曲》等等。重庆时期，规模最大、影响最深远的，当属“雾季公演”，即利用每年10月至次年5月的大雾天、日机轰炸的间隙进行演出。这些剧目，都是雾季公演中演出较多的。

在大量的剧目中，最受欢迎的，就是《放下你的鞭子》。“抗剧队”经常马不停蹄，一日三场，风雨无阻地演出该剧目。它的剧情是：因东北沦陷，父女俩流落到关内，靠卖艺为生。女儿在演出时，不慎失手，老汉举起鞭子要抽她。这时，一个年轻人冲上去，大声喝道：放下你的鞭子。不料女儿却为老者求情：他是我爸爸，他也没办法，我们要吃饭啊。接着，女儿就声声控诉起日军的暴行，唱起了“九一八小调”：“高粱叶子青又青，九月十八来了鬼子兵；先占火车站，又占北大营，杀人放火真是凶，中国军队几十万，恭恭敬敬让出沈阳城……”

每当演到此时，台上台下都激起了强烈的共鸣，人们忘记了这是在演出，愤然喊出了“打倒日本帝国主义”、“打回老家去”等口号。有的人则将钱币扔向台子，场面十分感人。

《放下你的鞭子》的演出，盛况空前，轰动了后方诸多城乡。武汉沦陷前，全国各演剧队在黄鹤楼还举行了一次《放下你的鞭子》的演出大赛，演员们纷纷上阵，凌子风、黎莉莉的

军委会政治部副部长周恩来（前左三）以及郭沫若（前左四）与文化人士在武汉

话剧《放下你的鞭子》在重庆街头演出

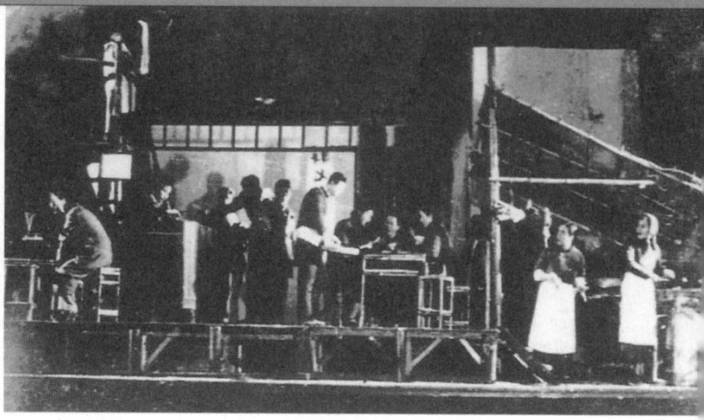

话剧《雾重庆》

表演情感真挚，获得了“武鞭子”的殊荣。此次演出引起了极大的轰动，成为中国剧坛一大盛事。

而有“文鞭子”之称的金山，率领剧团在南洋演出《放下你的鞭子》也获得了极大的成功。受剧情的感染，著名画家司徒乔专门请了金山和王莹做模特儿，以此题材创作了一幅油画。1942 年，金山和王莹应美国总统罗斯福之邀，在白宫演出了该剧，使美国观众也深受感动。罗斯福总统夫人亲上舞台表示祝贺。

## 不朽的旋律

在东北沦陷及艰苦的抗战岁月中，救亡歌曲不断涌现，“有人烟处，就有抗战歌曲”。其中著名的有，1933 年以后聂耳等青年音乐家创作的《义勇军进行曲》、《渔光曲》、《毕业歌》等。一二九运动后，又出现了一批救亡歌曲，如《五月的鲜花》、《救亡进行曲》、《打回老家去》、《松花江上》等等，并很快传遍了全国。

抗战爆发后，音乐家贺绿汀加入了救亡演剧队。面对祖国大好河山的沦丧，他感时伤事，忧国忧民，常用音乐来宣泄心中的悲愤之情。就是在这一时期，贺绿汀创作了一批感染力极强，且脍炙人口、耳熟能详的抗战曲目，最具代表性的，就是著名的《游击队之歌》。

1937 年底，贺绿汀随同救亡演剧队前往山西临汾的八路军总部。一天，他在城郊看见一位八路军小战士在击打着小军鼓，激起了他的创作欲望。正在此时，空袭警报响起，贺绿汀跑进了防空洞，在洞中创作了歌曲的雏形。后来贺绿汀听取了八路军官兵们的意见，又修改了几次，一首游击健儿神出鬼没打鬼子的歌曲终于诞生了。1938 年春，救亡演剧队在山西洪洞县八路军的一次高级干部会议上，合唱了这首歌，受到极其热烈的欢迎。从此以后，《游击队之歌》在华北敌后根据地迅速流传，直至传遍了全中国。

冼星海在指挥《黄河大合唱》

《良友》画报

《战事画刊》画报

《战时画报》

周恩来与郭沫若(中)、阳翰笙合影

1937 年“八一三”后的第 5 天，青年音乐家冼星海就加入了救亡演剧二队，专门负责音乐创作和演出。1938 年 10 月，冼星海在武汉八路军办事处帮助下，冒着敌机的轰炸，到达了延安。在延安期间，他与塞克合作创作了《生产大合唱》。在延安浓烈的抗战氛围中，他受到了极大的感染和震动，激起了强烈的创作欲望。他与诗人光未然合作谱写了著名的《黄河大合唱》。这首载入史册的作品，表现了中华民族的民族精神，也成为中国近代音乐史上的一座里程碑。

张寒晖继创作了催人泪下、震撼人心的《松花江上》的曲子后，又于 1942 年在延安创作了《军民大生产》。抗战前后，还涌现出一批著名的曲目，如张曙创作的《洪波曲》，麦新的《大刀进行曲》，刘雪庵的《长城谣》等等。

七七事变爆发后，在上海的 20 多位作家、艺术家，仅用十几天时间就集体创作了三幕话剧《保卫卢沟桥》。参加第三幕创作的有宋之的、阿英、陈白尘等，由宋之的写出初稿，夏衍进行整理。孙师毅、塞克、罗家伦、冼星海、周巍峙、唐学咏等为该剧创作了歌曲。8 月 7 日，该剧在上海举行公演。每次演出时，剧场内均是群情激奋，每当剧中人喊出“把鬼子兵赶出去”、“保卫卢沟桥”、“我们要收复失地，打回老家去”等口号时，观众席上总是全场响应，呼声震耳欲聋。公演期满后，应多方强烈要求，又延长演期。

《大地》剧照

# 两座里程碑

**1947年10月《一江春水向东流》公演后，上海出现了成千上万人踏进影院大门的壮观场面。**



## 电影界的抗日民族统一战线

抗战爆发后，国民政府无暇顾及电影拍摄，全国最大的电影基地上海，已是一片战火。中国电影界和电影人受到了日军的直接威胁。电影界未能忘记自己的责任，他们怀着一腔热血，创作了一批抗战题材的电影。电影剧作家夏衍、阿英、于伶等合作编写的电影剧本《华北的黎明》交给了联华公司，田汉创作的《船娘曲》交给了明星公司，阳翰笙则写了《塞上风云》交给了新华公司。但这些抗战题材的剧本都未能投拍。电影人的抗战热情未能在银幕上有所反映。

于是，艺术家们只好将精力投入到话剧中。由上海电影戏剧界人士阿英、于伶等执笔，洪深、应云卫、史东山等导演的大型三幕话剧《保卫卢沟桥》，在七七事变一个月之后，就在上海蓬莱大戏院隆重上演。演出盛况空前，各界反映极其热烈。

受到该剧的影响，上海的艺术家们又组织了13个救亡演出队，前往前线进行抗日宣传。大批进步的电影艺术家参加了这些活动，如金山、应云卫、袁牧之、顾而已、赵丹、郑君里、冼星海、贺绿汀、周巍峙等。

随着上海和南京的沦陷，国民政府西迁，武汉成为全国政治文化的中心和国共合作的基地。1938年，军委会政治部成立，周恩来出任政治部副部长，三厅厅长是郭沫若，欧阳笙任秘书，田汉任三厅负责艺术宣传的处长。许多艺术界进步人士都在政治部三厅担任了工作。武汉的抗战文艺活动空前活跃，呈现出一派生机勃勃的景象。

1938年1月29日，中华全国电影界抗敌

影星胡蝶新片上映

陶金

洪深

赵丹

蔡楚生

协会在武汉成立。这是中国电影界在抗日爱国旗帜下的大联合，也标志着电影界抗日民族统一战线的形成。此后，抗战电影开始起步。

## 一批优秀影片涌现

最为典型的片子就是1938年由阳翰笙编剧、应云卫执导、王士珍摄影的《八百壮士》。该片仅在淞沪抗战中的真实事件发生后3个月就搬上了银幕。由袁牧之演谢晋元，陈波儿饰杨惠敏。影片放映后，无数观众热泪盈眶，反映极其热烈，极大地鼓舞了抗日士气。

此外，阳翰笙在1940年创作了《青年中国》和《日本间谍》，均为纪实性的故事片，真实地宣传了抗日游击队的活动。贺绿汀专门为《青年中国》谱写了著名的《游击队之歌》，影片上映后，歌曲立即传遍了全国。

1940年，田汉创作了一部纪实片《胜利进行曲》，由史东山执导，陶金、洪深等主演。影片的背景，就是不久前爆发的长沙会战。不少镜头是现场拍摄的，真实而感人。

此外，还有《好丈夫》，宣传了农民抗战；《保卫我们的土地》描述了东北沦陷后日军的暴行和人民的反抗。《还我家乡》、《火的洗礼》、《中华儿女》、《升空万里》、《铁血忠魂》、《风雪太行山》、《气壮山河》等等，都是富有抗战特色的片子。

太平洋战争爆发后，国民党政策的重点从抗日联共转为限制中共，文艺界自然受到波及。国民党“中央图书杂志审查委员会”于1943年10月颁布取缔剧本一览表，明文规定了116种剧目禁止上演，连歌曲《渔光曲》也被冠以“有鼓吹怠工、反抗租税之嫌”，《孤岛天堂》有“强调阶级意识之嫌”等

抗战胜利后短短几个月的社会现实，使人们再次感到无比的伤痛，促使艺术家们创作出了《八千里路云和月》这部揭露时弊的影片。影片中的江玲玉在战后怒斥周家荣说：“你们这样无法无天，时局怎么会不乱！你们再这样搞下去，祖宗传给我们几千年的基业就要被葬送了！许多人抗战八年的苦是白吃的了，千百万人的性命是冤枉牺牲的了。”这实际是对当权者的控诉，反映了人民的心声。

《一江春水向东流》剧照

《八千里路云和月》剧照

等。甚至取消了一些抗日题材电影的拍摄，如史东山编导的《中国万岁》，孙瑜编导的《少年先锋》，应云卫编导的《三勇士》等。大后方电影出现了前所未有的大萧条，以至1942年至1943年两年间，大后方未拍出一部电影。一些进步电影人就将精力转向了戏剧，出现了一批优秀的话剧，如郭沫若创作的历史剧《屈原》、《虎符》，阳翰笙的《天国春秋》，陈白尘的《石达开》，夏衍的《法西斯细菌》等等。誉满陪都的"四大名旦"白杨、张瑞芳、舒绣文、秦怡都走上了话剧舞台，受到民众的欢迎。

## 两座"里程碑"

抗战胜利后，电影工作者先后回到了上海。艺术家蔡楚生、史东山、郑君里等人于1946年6月，成立了"联华影艺社"，并拍摄了第一部影片《八千里路云和月》。紧接着，"联华"拍摄了《一江春水向东流》的上集《八年离乱》。这两部影片，具有里程碑意义，为进步电影争得了一块宝贵的阵地。

《木兰从军》剧照

《桃李劫》剧照

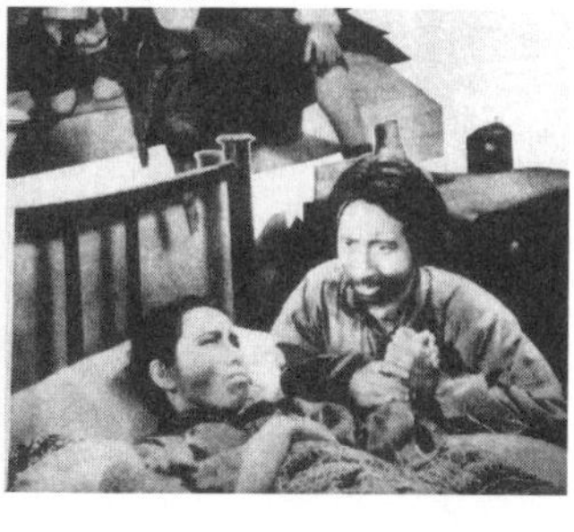

《八千里路云和月》描写了一对青年人北上参加抗日救亡宣传中的曲折经历，反映了部分国民党军人抗战不力，却在接收中大发国难财，使百姓美好愿望都化为泡影的事实。两名主演陶金与白杨，都是抗战宣传活动的亲身参与者，因此演来真切感人。观众反映极其强烈，受到热烈地欢迎。该片的出现，"使战后现实主义电影一开始就立于较高水准之上"。为"战后中国电影艺术奠下了一块基石"。

《一江春水向东流》的下集《天亮前后》，描述了一个家庭在抗战前后的悲惨命运。妻子送丈夫上前线，自己在家含辛茹苦地养育孩子，孝敬老人，丈夫抗战胜利回来后却大发接收财，不仅抛弃了妻子，而且自己过上了豪华的生活。妻子在彻底绝望之下悲愤地投江自尽。这部影片具有极其鲜明的时代特色和对社会批判的意义。《一江春水向东流》的突出成就，不仅在思想性方面，其艺术水准也是空前的。主演白杨、陶金、上官云珠、舒绣文、吴茵、周伯勋，个个表演出色，人物形象逼真。

**原国民政府参谋本部大楼**——曾是国民政府最高军事机关，实际受军事委员会领导。抗战胜利后改组为军令部，其职能不变。1946 年以后，这幢楼成为总统府的图书馆，藏有全套总统府（国民政府）公报和蒋介石的手令。

磁石电话机——随身携带，用于作战最为适合，但在机关大院中却不管用。虽然只是在两个距离很近的房间之间通话，但电话这一发明，却足以让人兴奋不已。如今千里之外，距离不再是问题，从有线，再到无线，让人惊叹这神奇。

上官云珠剧照

《小城之春》剧照

就在于这批艺术家都是抗战的“过来之人”，有着丰厚的生活底子，对剧中人的境遇都有切身的体验。

影片历尽磨难，终于大功告成。但政府检查官百般刁难，不予通过。后来郑君里等人想出了一个办法，给检查官送去一束花。花里放上几只金表。果然奏效，不多久，影片竟被通过了。

1947 年 10 月影片公映后，出现了“成千上万人踩进了影院大门”的壮观场面。在上海连映 3 个多月，场场客满。进步作家为此撰文，称该片“是插在战后中国电影发展途程上的一支指路标”。

白杨在《一江春水向东流》中扮演主人公素芬，这是一个温良贤淑的女性，在丈夫出走后的八年中，她独自挑起抚养公婆和孩子的沉重负担，最后苦苦盼来的丈夫却是一个抛弃妻儿的“劫收”大员。她悲愤交加，终于跳江自杀。陶金饰演的男主人公张忠良，原先是个纯朴的爱国青年，来到重庆后，在混浊的环境里，最后变成一个玩弄女性、逼死爱妻、抛弃老母和幼儿的坏蛋。舒绣文扮演“抗战夫人”王丽珍。这个泼辣、自私、尖刻的高级交际花，与白杨扮演的素芬相得益彰。上官云珠则扮演了汉奸商人温经理的姨太太。

影星金焰与王人美

中国西部科学院

# 待到山花烂漫时

抗战期间，许多科学家在不得温饱下始终坚持科研，大后方科技直接支援了抗战。





## 科研机构高度集中

抗战中，沿海地区的重要科研机关，如中央研究院、北平研究院、中央工业试验所、中央农业试验所、私立黄海化工研究社、中科院生物研究所，以及一批大学，纷纷迁往西南地区。同时，成立了研究所，如经济部矿冶研究所、国立中医药研究所，西南西北等省的地质或地质矿产调查所，广西的工业试验所和民办的西北研究社、海洋研究社等科研机构。

考古学家在四川

重庆北部偏远小镇北碚，就集中了18个重要的科研和高教机关。昆明则有中央研究院的化学、工程、天文、数学所，北平科学院的化学、物理、地质、生理、动物等所，后来镭学和药物两研究所也迁昆，加上北大、清华、南开联合组建的西南联大，经济部矿冶研究所、国立医药研究所，以及本地原有的高校、科研机构，总数近20个等等。

## 不懈的努力

抗战初，中央研究院每年的经费只有130万元，整个官方的科研经费才200多万元。民营科研机构的则更少，全年才30万元，国民政府的财政总支出每年达16亿元，整个大后方的科研经费尚不到财政支出的千分之二。许多专家教授不得温饱，甚至靠变卖衣物图书度日。工作条件艰苦，设备简陋，资料不全，资金匮乏，还经常遭受敌机轰炸。在如此条件下，广大科研工作者进行了不懈的努力。

中央研究院拥有国内一流的专家教授，如张钰哲、李四光、竺可桢、涂长望、王家楫、姜立夫、丁燮林等，北平研究院的严济慈、赵承嘏、经利彬、李书华等，以及李约瑟、斯丁赫文等外国通信研究员。中研院充当了大后方科技开发的主力军。

中央研究院承担并完成了国家许多重大科研项目，如金属方面的镍钢、铬钒钢、高速工具钢、低锰钢、特种铸铁、合金钢等的冶炼研制，还有玻璃、纺织、木材、耐火材料等工程技术的研究等等。

基础理论研究方面。以数学研究最为突出。发表数学论文 104 篇，其中主要是在抗战中发表的，且大多在西欧学术刊物上刊载。华罗庚一人完成了 20 多篇论文和一部专著《堆垒素数论》。陈省身在微分几何学方面也取得了杰出成就，使“微分几何学进入了新时代”。

物理学方面。吴大猷先后完成了 17 篇论文和专著《多原分子之结构及其振动光谱》，获得中央研究院丁文江奖和教育部一等科学奖。张宗燧对理论物理学的研究，已达到国际先进水平。

北平研究院物理所完成了显微镜、玻璃水平管的研制，

三峡大坝设计图

西南联合大学荟萃了当时中国许多的优秀人才，是大后方的教育、科研的中坚。1938 年 4 月，梅贻琦到昆明主持西南联大工作。他常用孔子“饱受波折，东奔西跑，恓恓惶惶，被困于蔡，绝粮于陈，但对教育事业始终如一”的事迹，自勉和勉励他人爱岗敬业，为抗战教育、科研事业尽心出力。当时西南联大规定，不论教职员工，除学校规定的假期外，一般不得请假，如必须请假，要自己找人代职，报酬自付。当时绝大多数的系都不设办公室，处理事务通常采取碰头的方式解决，联大日常校务更是梅贻琦一人处理。1943 年，美国陆军大规模装备和训练中国军队，需要大批翻译，学校的应届毕业生都被征调去做翻译工作。梅贻琦的独生子梅祖彦才 19 岁，也报名去军队做了翻译，直接为抗战贡献力量。在抗战八年间，西南联大从军学生前后一共有 834 人。

科研人员在实验室

科研人员在做实验



中心磨圆机之改良，微小温度系数石英振荡片研究等项目。化学所、动物所也都完成了一批研究项目。

为冲破日军封锁，解决汽油困难，许多厂商和科技人员纷纷制造石油代用品。有的用无水酒精代替汽油，因而发明了干酒分馏去水法，循环连续式氯化钙法、抽取式酒精脱水掺合汽油法、竹制酒精法等多种制造无水酒精的方法。有的用植物油制造汽油，因而又发明了用桐油、菜油、木油、茶油、蓖麻油等原料裂解制造汽油、煤油、柴油和润滑油的技术和方法等。

## 支援了抗战

科技开发推动了大后方社会经济的发展。到 1942 年，大后方的企业已增至 2758 家，增长了 7 倍。大后方的发电量，从 1938 年的 7362 万度，增加到 1945 年的 19669 万多度，达 1.5 倍以上。煤从 1938 年的 470 万吨增至 1943 年的 662 万吨，增长了 40%，汽油、煤油、柴油则完全是从无到有，1944 年已能生产汽油 404.6 万加仑，煤油 216 万加仑，柴油 15.5 万加仑。生铁和钢分别从 1938 年的 5000 吨和 900 吨，逐年增加到 1942 年的 96000 吨和 18234 吨，分别增长了 18 倍和 19 倍以上。

科技开发直接支援了抗日前线。1938 年至 1939 年间，大后方每天可以制造 30 万枚手榴弹、7 万枚迫击炮弹、7 万枚各式炮弹、炸弹的引信、6000 余枚飞机炸弹、1000 套机枪零件、1000 多个水雷引信，以及陆军测量仪、军用炮表、子弹机等，缓解了前方军事物资的紧张状况。

中外科学家考察三峡

全副新式装备的中国军队

# 最后的鏖战

**湘西雪峰山是湘黔线的门户，中日两军均将主力投放于此。**

1944 年冬，国民政府军事委员会在昆明成立中国陆军总司令部（简称“陆总”），由参谋总长何应钦出任总司令，卫立煌任副总司令。“陆总”辖卢汉、张发奎、汤恩伯、王耀武指挥的 4 个方面军，总共 36 个师，全部美械装备，以发动一系列反攻作战。

## 湘西雪峰山会战

1945 年三四月间，日军为确保粤汉湘桂运输线的安全，消除空中威胁，集结了 4 个师团近 8 万兵力，由 20 军司令官坂西一良指挥，采取“分进合击”的战术，对中国军队实施包围歼灭，然后一举攻占湘西的中国空军基地芷江机场。

湘西会战中的中国将士

王耀武参加湘西会战时之照，时任陆军第 4 方面军司令长官

湘鄂西反攻作战前集结的中国军队

反攻作战中的中国炮兵



中国方面部署的军队是：第3方面军第27集团军李玉堂的3个军、第4方面军王耀武的4个军、第10集团军王敬久的2个军，总兵力达11万人。作战方式是层层设防阻击。

湘西山高险峻，沟壑纵横，林深茂密，易守难攻。雪峰山是湘黔线的重要门户，中日两军均将主力投放在此。从4月9日到5月3日，战事进行了25天，2万日军始终未能突破防线。之后，中方在中美空军的掩护下，展开全线反攻，并逐步将日军进行了分割歼灭。日军大本营只得下令全线撤退。

湘西会战，历时55天。不仅芷江机场得以巩固，且取得较大战果。日军伤亡28174人，被俘247人。缴获火炮54门、机枪100挺、步枪1333支及其他战利品22吨。

## 桂柳反攻

湘西会战后，盟军已攻占琉璜、琉球诸岛，日本本土告急。此时，日军已无力继续占领中国的广大地区，转而采取收缩战略，将主力集中于重要据点，以防备中国军队反攻。而中国“陆总”迅速集结了第2、3方面军，准备反攻桂林、柳州，收复广西全境，以为进一步反攻广州作准备。

自攻击作战发动以来，中国军队各路均获得进展。1945年4月，第46军攻占都安；5月26日，64军攻克邕宁，再克乐思、江明、南宁、龙州、凭祥等地，将该一线布防的日军全部逐出国境。中国另一路之29军等部，集中优势兵力在宜山发起全面攻击，于6月14日占领之；继又与46军会攻柳州，并于6月29日克复。

此后，中国军队兵分三路，向桂林攻击前进。经数十日激战，中国军队已打通桂林门户，扫清外围，兵临桂林城郊，并已全面控制桂林周边地区的铁路、公路交通线。日军为保住桂林这一重要据点，又抽调第13师团前来增援。经过激烈战斗，被全部击溃。日军残部向湘境退却，又遭追歼大部。7月28日，中国军队攻占桂林。至此，桂柳反攻作战全面告捷。此一战，中国军队推进了750公里，收复了大片国土。

与此同时，中国方面在华东的闽浙赣地区发动了反攻追击战，从5月初至6月下旬，

中国军队誓师出征

反攻部队登机待发

收复福州、乐清、黄岩、海门、赣州、南康、泰和、吉安等地。日军大量有生力量被歼。在此基础之上，会攻广州的时机已经成熟。

## 反攻广州计划

1945 年 6 月，轴心国德意法西斯在欧洲战场先后战败。美军在太平洋战场的反攻也节节胜利。中国正面战场各部队已经开始实施逐步反攻。在此形势下，"陆总"奉军委会之命令，制定了反攻广州的作战计划。

该计划代号为"冰人及白塔"。拟投入兵力为：第 1、2、3、4 方面军共 19 个军 58 个师，约 35 万人（不包括特种兵和其他助攻的部队）。中国军队的作战方针是：打通广东海口，夺取雷州半岛，再分别攻击桂林、衡阳、曲江等地，以主力沿西江流域攻打广州和香港。预定于 8 月初攻击全面展开。

正当中方积极准备实施攻击广州的计划之时，日本政府于 8 月 10 日通过中立国瑞士、瑞典，照会中美英苏各国，表示接受《波茨坦宣言》的条款，向盟国无条件投降。15 日，日本天皇宣布无条件投降。于是，反攻广州的作战计划中止。

1938 年 12 月，以杜聿明为军长、郑洞国为副军长的第 5 军正式扩编而成，这是抗日战争时期中国军队的第一个机械化新军，下辖第 200 师、荣誉第 1 师、新编第 22 师。军直属队有两个步兵补充团、两个战车团、装甲车搜索团、重炮兵团、汽车兵团、工兵团、辎重兵团，并有苏联顾问帮助训练。军部驻广西全州，杜聿明提出了"操场就是战场"的口号，日日夜夜身在部队，督率部队进行射击、投弹、近战、夜战等训练。他亲自做示范，同士兵进行射击比赛。发现训练中有创造发明的，当场讲评表扬，并传令各师派军官观摩。1939 年秋，第 5 军在广西界首举行大规模各种兵种联合攻、防、追、退演习，历时 1 月之久。军训部长白崇禧、训练总监徐庭瑶亲自前来参观。演习大获成功。

“一六四四”部队的大本营

# 践踏国际公约的罪恶行径

**1939年4月底，中国军队向南昌发动奇袭。日军出动大批飞机，向中国军队投下了3000发罪恶的毒气弹。**




抗日战争中，日军的细菌部队，除了设在东北的“七三一”部队外，还有设在南京的“荣字一六四四”部队等等。

## 机构设置

1937年12月中国首都南京沦陷后，战事进一步扩大。1939年，日军在南京扩建了细菌部队“登”部队，也称“桧”部队，秘密代号叫“荣字一六四四”部队。部队下设12个支队，第一任部队长是石井四郎。以下设立了人事、教育等部门。另有防疫、材料、理化、供水、水质调查等专门机构。本部设在南京中央医院(今南京军区总医院)。其建筑很多。其中A楼是培养霍乱、斑疹、伤寒、赤痢和鼠疫的；B楼是饲养动物的；C楼是办公楼；D楼是军属及工作人员宿舍；E楼是锅炉房；F楼是教学楼等等。

此外，在本部北面的太平门城墙一带，是收埋无主尸首的义冢地和军队打靶场。附近，就是“血清疫苗制造所”，也就是生产细菌的工厂。

## 用活人进行细菌试验

“一六四四”部队的一项重要活动，就是研究和繁殖各种致人于死的细菌，专门用于细菌战争。该部队生产了大量细菌，如霍乱、伤寒等等。开始，用动物进行试验。一次就送进天竺鼠2000多只。当时，工厂里运来了大量的设备，有仪器、试管、平板、温箱、冰箱、培养箱等等。培养基有琼脂、鱼肉精膏等。每公斤琼脂能制造出10CC的细菌液。仅战后剩余的一批培养基，就能生产出细菌武器3亿CC。

“一六四四”部队各种设备齐全，并调来了各种细菌专家，内部设立了训练部，每年可培养300多名细菌学干部(准专家)，为制造细菌武器创造了全部的条件。

该部队与“七三一”部队一样，除了拿动物做试验外，还用活人进行试验。1942年，日军在俘虏营中挑选了100多名强壮的中国战

"七三一"部队的锅炉房

俘，押到中央医院的四楼，交给了"多摩"部队（即"一六四四部队"）。然后将各种细菌注射到战俘身体内。之后，就观测其变化。有的战俘在几十秒钟后就出现痉挛，全身哆嗦，抽搐，心脏很快就停止了跳动。另外一些人在数天后全部死亡。这一年 10 月，在老虎桥江苏省第一监狱，日军又挑选了数百名战俘，送到"多摩"部队进行试验。结果全部死亡，无一生还。

A 楼的四层，是秘密关押战俘的地方，最多时关了 100 多人，有时也有妇女儿童。需要进行试验时，就从里面提人出来。

## 细菌战

1940 年、1941 年、1942 年，日军"一六四四"部队与"七三一"部队，在宁波、常德一带对中国军队联合作战时，均大量使用过细菌武器。"七三一"部队远征队到达南京时，就驻扎在"一六四四"部队的营房内。"一六四四"部队成了"七三一"部队的基地，并向他们供应相当数量的跳蚤进行细菌战。

1940 年 9 月至 12 月，日军在宁波、衢县、金华等地进行了大规模的细菌攻击战。其方式，就是将染上鼠疫的跳蚤，放在玻璃试管中，再安放到飞机机身下，然后飞至作战区域进行抛撒。有时则将染上鼠疫的小麦、粟米、面粉投到居民区中。不久，这一带就发生了鼠疫。当时的华美医院对死者进行检验后，认定是鼠疫杆菌。宁波地区患疫者有 99 人，其中死亡 97 人；一条街 30 户，有 12 家染上鼠疫，9 户全家死亡。在衢县，死于鼠疫杆菌的有 200 多人，金华死亡 1600 多人。在常德，"七三一"部队在常德城及洞庭湖上空，散播大量鼠疫跳蚤，在当地引起鼠疫大流行。

据日军"七三一"部队生产部分部长柄泽供认，在宁波的细菌战中，他奉命制造了伤寒菌 70 公斤，霍乱菌 50 公斤。另"七三一"部队自己还带来了 5 公斤鼠疫跳蚤。

日军细菌部队战犯石井四郎

1942 年，日军以第 13 军等部为主力，对浙赣地区的中国军队和轰炸日本后降落在中国机场的美国飞机进行报复。日军“七三一”和“一六四四”部队则配合进行了最大规模的细菌战。其方法是，将细菌投入水井、沼泽和民房，还“遗漏”了几百块染有鼠疫的饼干。此次攻击，除军队外，还造成中国大批平民死亡，光义乌县崇山村，全村 380 户，死亡就达 320 人，30 多户全家死光。

## 毒气战

日军还在对中国军队的作战中，大量使用过毒气。

1937 年 7 月 27 日，日空军在对卢沟桥的轰炸中，向中国第 29 军投掷了毒气弹；1938 年 11 月和 1939 年 1 月，日军在对八路军冀中根据地的围攻中，大量使用窒息性毒气弹、毒气炮弹，造成中国军队大量伤亡，120 师师长贺龙、旅长王震及师司令部 20 多人中毒；1940 年秋，日军在榆辽公路榆社据点作战时，对八路军 129 师 386 旅陈赓部大量施放毒气，造成陈赓及参谋长周希汉等 200 多人中毒；1940 年 8 月，在百团大战中，日军在平定以西地区向八路军 129 师 385、386 旅等部进攻时，大量投掷毒气手榴弹、毒气筒及施放毒瓦斯。在整个作战中，八路军不同程度中毒者达 4880 多人，旅级指挥官中毒 8 人。

据不完全统计，从 1937 年 9 月至 1940 年 5 月，仅八路军中毒官兵死伤就达 10475 名。

1939 年 3 月 17 日，日军抢先发起进攻。中国军队与日军在南昌地区展开了激战。然而，从 3 月 17 日到 27 日，中国守军 10 日内便丢失了南昌，并受到重创。这是因为日本占有武器装备的优势。此后，日军向西追击，于 4 月 2 日陷重镇高安。中国军队再次退守。

中国方面决心夺回南昌。4 月 21 日，第三、第九战区发起春季反击战，首先向南昌发动奇袭，一时打乱了日军阵脚，连克南昌外围阵地，直逼南昌城下。日本空军则出动大批飞机，对南昌外围阵地进行猛烈轰炸，并且大量施放了毒气，发射毒气弹达 3000 发，使中国军队的攻势严重受挫。

日本在二战期间共生产了大量化学武器，其中毒气达 9455 吨，包括芥子气、路易氏气、二苯氰胂、氢氢酸、苯氯乙酮、光气、氯化苦等，以及糜烂性毒气、血液性毒气、催泪性毒气、毒气炮弹（1931 年至 1945 年共生产毒气炮弹 700 余万发）等等。

日军在战争中大量使用毒气

# 侵略者的末日

美国在日本投放原子弹

**1945 年 8 月 14 日，美国空军出动 800 架“空中堡垒”的超大机群，对东京、大阪、九州等地进行轰炸。**

## 《波茨坦公告》及苏联出兵

1945 年 5 月 7 日，德国法西斯宣布无条件投降。7 月 27 日至 8 月 2 日，美国、英国、苏联三国首脑在德国首都柏林郊区小镇波茨坦举行了会议。以中、美、英三国政府的名义，正式发布《中美英三国政府促令日本投降之波茨坦公告》。其中心内容是：日本政府应立即下令其武装部队无条件投降，解除一切武装；日本必须放弃自 1841 年以来所攫取的一切土地，包括满洲、朝鲜、台湾（包括澎湖列岛等），对日本本土实行占领，对战争罪犯将处以法律制裁，不准日本保存和发展可使其重新武装作战之工业，彻底毁灭发动战争的力量等等。

苏联在正式对日宣战后，立即在公告上补行签字。

在《波茨坦公告》发布后，日本军部持强烈反对态度。在军部的压力下，铃木首相于 28 日举行记者招待会时公然宣称：《波茨坦公告》内容，系出于威吓，日本政府拒绝接受。

与此同时，日本大本营主战派还秘密制定了一个周密的“总决战”计划，坚决顽抗到底。

但是，就在短短的几天中，远东战场的军事形势发生了重大变化：日军在中国大陆战场上连续遭到重创；8 月 6 日，

日本投降前夕，在重庆的国民政府军令部和军训部就想利用日本战犯来办一个研究机构，以研究战后反共反苏的战略。军训部参事王御之曾对陆军总部特别参谋黄瀛表示：白崇禧在军训方面想征用日本战犯，并重编各兵科典范令以及各种有关书籍。何应钦也曾多次对冈村宁次说过：日本已完全废除了军队，一些优秀的军事技术家也不需要了，这太可惜。我想招聘他们，连同所需要的器材。1946 年初，一个利用特别人员组成的特别组织——国防部第三研究组正式在南京建邺路 168 号成立。

美国在日本广岛投下了第一颗原子弹，伤亡达 49 万人之多。

8 月 8 日，苏联正式对日本宣战。

8 月 9 日零时，苏联红军元帅华西列夫斯基，率 150 万重兵在夜幕的掩护下，在中苏边境全面展开。同时，苏联太平洋舰队海军陆战队在朝鲜北部、南库页岛、千岛群岛登陆成功。不到一周时间，日本关东军主力被苏军彻底击溃。8 月 19 日，关东军总司令山田乙三大将终于向苏军提出了停战谈判的请求，被迫交出了象征指挥权的军刀，成为苏军的俘虏。此战，关东军被击毙 8.3 万，59.4 万人投降。日本法西斯失去了负隅顽抗的资本。

8 月 9 日上午 10 时，美国空军又在日本长崎投下了第二颗原子弹。

由此，日本在中国内地战场、中国东北战场及日本本土，遭到三重打击，已到了山穷水尽的地步。

## 日本发出请降照会

10 日 19 时，日本政府正式向中、美、英、苏四国发出了《日本请降照会》，全文如下：

日本天皇切望促进世界和平，早日停止战争，俾天下生灵得免于因战争之持续而陷于浩劫。日本政府为服从天皇陛下之圣旨起见，已于数星期前请当时仍处中立地位之苏联政府出面斡旋，俾对诸敌国得以恢复和平，不幸此等为促致和平之努力业已失败。日本政府为遵从天皇陛下恢复全面和平之旨意，希望因战争而造成之不可言状的痛苦能尽速终结计，乃作出下列之决定：日本政府准备接受中、美、英三国政府领袖于 1945 年 7 月 26 日在波茨坦发表、其后经苏联政府之赞成的联合宣言所列举之条款，而附以一项谅解曰：上述宣言，并不包含任何要求有损于天皇陛下为至高统制者之皇权，是日本政府之竭诚希望。

8 月 13 日，美国国务卿贝尔纳斯代表同盟国政府复电日本政府，必须倾听盟国最高统帅的命令；天皇必须授权并保证日本政府及日本帝国大本营能签字于必须之投降条款，俾《波茨坦公告》之规定能获实施，且须对日本一切陆海空军当局以及彼等控制之一切部队（不论其何处）发号施令，交出武器。此外，并须发布盟国最高统帅在实施受降时所

天皇裕仁宣布投降诏书

日本关东军与苏军谈判投降事宜

需之其他命令。盟军将对日本实行军事占领。直至《波茨坦公告》规定之目的达到为止等等。

铃木首相接到电报后，立即召开内阁会议进行讨论。在到会的 15 个阁僚中，有 12 人表示接受，另有 3 人仍竭力主张继续进行战争。当天下午，盟国向日本政府施压的消息传出后，东京发生了骚乱，一批陆军军官企图进行武装暴动。陆相阿南只得出面制止。政变失败后，失意者纷纷切腹自杀。

8 月 14 日，美空军出动 800 架“空中堡垒”的超大机群，对东京、大阪、九州等地进行轰炸。当晚 7 时半，铃木首相再次召开内阁紧急会议，请天皇裕仁亲临。裕仁百般无奈之下，只得下令起草停战诏书，并录音完毕，即刻送日本电台广播。

8 月 15 日，日本天皇裕仁通过广播发表《终战诏书》，正式宣布无条件投降。8 月 16 日，日本中国派遣军收到了来自日本大本营“立即终止战斗行动”的指令。

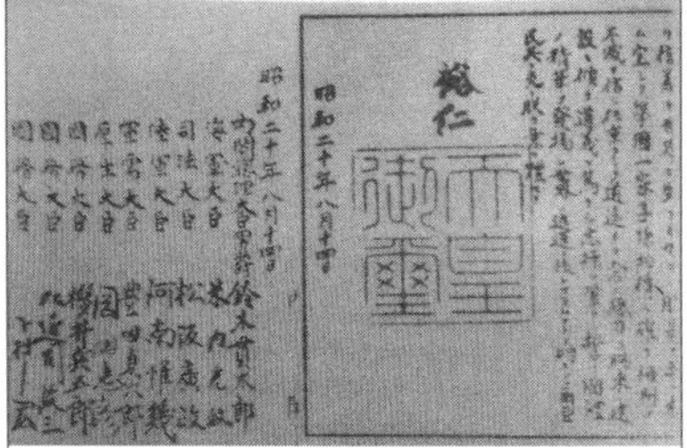

日本《投降诏书》

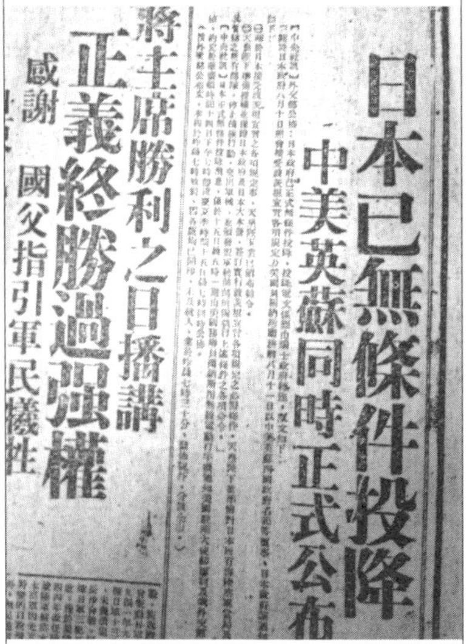

日本已無條件投降
中美英蘇同時正式公布
蔣主席勝利之日播講
正義終勝過強權
感謝國父指引軍民犧牲

日本投降的报道

天皇裕仁宣布日本投降

日本首相近卫文磨

日本外相广田弘毅

伪满洲国首脑溥仪被逮捕

重庆街头一片欢腾

# 度尽劫波

日本投降了，中国欢腾了。



## "陪都"重庆

1945年8月10日19时许，重庆正是酷热难耐的时候，突然，美军总部的工作人员冲出了驻地，开着吉普车上了街，一面开，一面用英语狂呼"VICTORY"(胜利)。很快，重庆全城都传开了日本即将投降的消息。短短十几分钟，重庆市民就冲上了街头。开始，大家都漫无目标地在街道上走着，狂欢着，每个人都是大汗淋漓，素不相识的人，都互相打着招呼，互致庆贺；有一点认识的人，则互相拥抱。后来，有的人爬上路边的大卡车、吉普车，用手作出"V"字胜利标志。车辆载着欢庆的市民从上清寺开到小什字，就这样在市区来回地转，来回地开。有的商家干脆向市民赠送鞭炮，顷刻间，鞭炮声响成一片。人潮几乎吞没了重庆的街道。

忽然间，广播中断了，接着，一个操北平国语的播音员，以中央广播事业管理处的名义，广播了合众社、中央社的新闻。之后，这位播音员情不自禁地脱稿说起来："中国苦战八年，终于赢得胜利，赢得和平，现在，重庆大街小巷，百万市民已在狂欢中。"这一广播无疑是"火上加油"，市民再一次沸腾了：电影院里，报道日本投降的幻灯片播放出来，人们一起起立唱起了《义勇军进行曲》；歌舞厅也停放了舞曲，纷纷播放起日本即将投降

国民政府举行庆祝抗战胜利宴会，右三为行政院副院长翁文灏

宋美龄阅读载有日本投降消息的报纸

1945年8月15日，蒋介石向全国军民发表抗战胜利的讲话

的消息。

22时半，狂欢持续升温。人们沿着中一路进行火炬大游行；民生路上，出现了一个巨大的“V”形灯笼。夜深了，街上仍是人潮汹涌，人们久久不愿散去。

各家报纸纷纷抢印了日本即将投降的“号外”，报纸一出来，马上就被争抢一空。从中一路到新街口，从公共汽车到商店橱窗，到处都张贴了“号外”。

8月15日，国民政府主席蒋中正在重庆对全国发表广播讲话，庆祝抗战胜利。8月15日夜，“陪都”重庆的市民收听到日本正式投降的消息后，再一次沸腾了。人们又涌上街头，敲锣打鼓、载歌载舞地游行和狂欢，浩浩荡荡的队伍蜿蜒了十多里，整个山城都处在极度的亢奋之中。中央研究院的历史学家傅斯年走在人群中，左手举着一瓶酒，右手执着一根手杖，用手杖挑着帽子，在大街上舞着。后来，帽子舞掉了，手杖也甩没了，嗓子也叫哑了。累得实在走不动了，就坐在地上休息一会儿，再起来与大家一道狂欢。这一天的夜晚，人们尽情地发泄着憋在胸中八年之久的苦闷、屈辱和愤郁。山城通宵未眠。

9月3日，国民政府在重庆举行了极为隆重的庆祝活动，全城一派节日气氛，交通要道口都竖起了松柏牌楼，机关商铺遍悬中华民国国旗和同盟国旗帜。上午9时许，101响礼炮响起，整个城市欢腾一片。

## 延安

日本无条件投降的消息传到延安后，一时间，万众欢腾。全城所有的黑板，都书写了大字标题：日本投降啦！晚上，无数火炬照亮了山岭河畔，欢呼声从全城各个地方发出，鼓乐喧天，机关与群众的秧歌队纷纷出发游行。实验工厂、联政宣传队、大众剧院、延安大学、完小，十多个秧歌队在新市场十字路口会合，大家高呼着：中华民族解放万岁！红军万岁！动员进来，支援前线！口号声声震山谷。新市场路口，竖立着毛

抗战胜利勋章

南京街头挂起了战胜国元首的照片

泽东、朱德、斯大林的巨幅画像，人群中，一名拄着拐棍的荣誉军人高喊：八年了，我们的血没有白流，我们终于胜利了。原来，他是参加过平型关大战的老战士。一个卖水果的小贩，把筐里的桃子李子一个个地抛向空中，高喊着，兄弟们，不要钱的胜利果，请大家自由地吃呀。立即引来一片欢笑声。欢庆的人们不断涌来，秧歌队伍越跳越长，人越聚越多，每个人都笑着跳着喊着。在延安的美军观察组成员也开着吉普车来凑热闹，加入到狂欢的队伍中来。

晚上，朱德总司令设宴招待在延安的盟国友人，庆祝反抗日本法西斯战争的胜利。8月15日，延安整夜未眠。

## 南京

8月10日20时，南京伪中央广播电台照例要播放东京广播电台“大东亚联播”的华语节目。之前，电台技术员谭保林和苏荷先两人收听到了重庆电台的广播，得知了日本即将投降的信息，顿时热血沸腾。两人按捺不住心中的狂喜，立即联系江东门发射台。得知日本主管不在值班，他俩立即要求发射台改播重庆广播电台“日本即将投降”的电讯。发射台立即将这一振奋人心的消息发了出去，不少南京市民听到了这则消息，一传十，十传百，南京城顿时一片沸腾，鞭炮声立即不绝于耳。而日军方面还没有弄清是怎么回事。

## 昆明

1945年8月10日深夜，日本政府发出“请降照会”的电讯传到昆明后，各家报纸连夜印出特大字的“号外”，在街头免费赠送。一时间，市民们争相传阅，奔走相告，喜讯瞬间就传遍了全城。群情振奋，昆明城成了欢乐的海洋，庆祝胜利的鞭炮声响彻通宵。昆明市的物价立即下跌，20支棉纱从5万元跌到3.5万元，金饰品由20万元跌到17万元。各商家都举行了胜利大减价活动。

## 上海

8月10日19时，伪上海市政府电台照例开始播音。但此次却一反常态，没有先播放《大东亚进行曲》，而是播放了《中华民国国歌》。收听广播的市民非常奇怪，正当他们百思不得其解时，突然听到了“日本接受波茨坦公告”的消息。刚开始，市民还不敢相信，窃窃议论。也就一个小时左右，消息就被证实。这一来，引发了狂欢的浪潮，鞭炮声立即响起来，满城都是欢庆的民众。

**原首都卫戍总司令部**——新民族建筑。一直是重要的军政机关，先为国民政府主计处，后又成为参谋本部、军令部。1948 年在此设立了该司令部，总负南京城防之责。由于与总统府只一墙之隔，故责任更显重大。

吊灯——奇特的造型，昏暗的灯光，伴随着总统府度过了多少个不眠之夜。它默默地奉献着自己的光辉，不知疲倦地工作，用自己发出的亮光，照亮别人。这里发生的一切，包括关乎存亡生死的最高机密，它都是亲历者，只是它无言，或守口如瓶。不过，看到它，就能想起许多历史往事，人去也，灯依旧。

延安军民庆祝胜利大会

# 各地狂欢

8月10日21时，日本即将投降的消息传到西安后，全城欢腾。物价立即全线下跌，黄金跌去将近一半，洋布跌去3/5，颜料跌了1/2，香烟跌了3/5。

日本即将投降的消息传到武汉，全城骚动，火花绽放，如同白昼。欢笑声与锣鼓声响彻云霄，人们纷纷走出家门，互相贺喜拥抱。

在皖南，各县均举行了火炬游行，物价以黄金价格下降最多，一路由46万元一两跌到10万元一两。木材、砖瓦、瓷器、茶叶等生活用品销售趋旺。

宝岛台湾的同胞在日本殖民者的铁蹄下生活了半个世纪，在得知日本投降的消息后，台北等地的市民纷纷涌上街头，庆祝重见天日，摆脱桎梏。人们一见面，纷纷说起了被禁用多年的国语，并用国语尽情欢呼。

七七事变爆发后，重庆各界数万人在王家沱日租界附近举行抗日集会，要求国民政府收回日租界。租界内的日本人惊恐万状，因为他们不能像在上海、天津日租界那样得到日军的保护。日本海军在重庆长江江面仅有1艘排水量仅305吨的“比良”号小型炮舰。重庆日本领事馆领事糟谷在28日接到日本外务省的训令：尽快撤出重庆日本侨民。8月1日，在“比良”号炮舰护卫下，糟谷及领事馆全体人员及日侨，乘商船狼狈逃离。中国政府随即接管了王家沱日租界。当日本人撤离日租界的消息传来，重庆人民欢呼雀跃。据当时的报纸记载，重庆市各商店的鞭炮几乎被欢呼的市民抢购一空。

8月15日，蒋介石与重庆市民在街头欢庆胜利

日方投降代表向何应钦呈交降书

# 中国战区受降

**冈村宁次匆匆阅过降书，随即在降书上签字，低着头送呈给中国战区受降主官何应钦。**



## 芷江洽降

1945 年 9 月 2 日，在停泊于日本东京湾的美国“密苏里”号战列舰上，举行了日本向盟国的投降签字仪式。

在此之前的 1945 年 8 月 17 日，日本中国派遣军司令官冈村宁次致电蒋介石，将派副参谋长今井武夫、参谋桥岛等人，于8 月 18 日飞赴浙江玉山，与中方商洽投降事宜。后由于连日大雨，玉山机场跑道被损坏无法起降，蒋介石电告冈村，洽降地改在湖南芷江。

湖南芷江洽降会场

8 月 20 日，何应钦已率中国陆军参谋长萧毅肃以及政府各部门人员约 30 人先期飞抵芷江，进驻中国陆军前进指挥所。8 月 21 日，日方洽降使节今井武夫一行 8 人至芷江。当天下午，中国战区日军洽降会议正式举行。何应钦将中国陆军总司令部的一份备忘录第 1—5 号，交给今井武夫转冈村宁次，就日军投降的区域、武器装备、物资的交接对象、盟军战俘的安置、维持治安、机构设立等事项，作了明确的规定。

之后，何应钦根据蒋介石的命令，在芷江召集了战区司令长官、方面军总司令，以及陆海空军主官等，对受降区域进行了详细的划分，并进行了各部队进入受降地区的部署。接着，何应钦又紧急飞往恩施、安康、西安等地，与胡宗南、刘峙、孙连仲等战区司令长官，密商接受投降的事宜，进行了周密的布置。

一切妥当后，何应钦才于 9 月 8 日飞赴南京。

1945 年 9 月 9 日,南京受降典礼

1945 年 9 月 9 日上午 8 时 51 分,中国战区受降主官何应钦率领 4 位中国受降官首先进入会场。9 时整,受降仪式开始。何应钦命令将两份分别以中、日两国文字印制的日军投降书交付冈村宁次阅读签字。冈村宁次光着脑袋,神色沮丧,再也没有了往日的骄横之色。在无数目光的逼视下,冈村宁次匆匆阅过降书,随即在降书上签字。当日晚 8 时,冈村宁次向全体驻华日军下达投降命令。

# 南京受降仪式

1945 年 9 月 9 日 9 时整,中国战区受降仪式在中国陆军总司令部(原南京中央陆军军官学校)大礼堂隆重举行。美国、英国、苏联、法国、加拿大、荷兰、澳大利亚等国军事代表和武官,中外记者 400 多人,见证了这一历史时刻。

受降仪式的大礼堂,中日双方面对而坐。右方是来宾席。会场主席台上悬挂巨型 V 形英文字母。四周悬挂四国领袖的巨幅照片。

中国政府出席受降仪式的,是中国战区最高统帅的特派代表、中国陆军总司令何应钦上将、第三战区司令长官顾祝同上将、海军总司令陈绍宽上将、陆军参谋长萧毅肃上将、空军第 1 路司令张廷孟上校。

日本投降代表是:中国派遣军总司令冈村宁次、日军总参谋长小林浅三郎、日军陆军副参谋长今井武夫、中国海面舰队司令福田良三、台湾军参谋长谏山春树、陆军大佐三泽吕雄、参谋小笠源清。冈村宁次等在投降书上签字后,由小林浅三郎向何应钦呈递了降书:

日本帝国政府及日本大本营,已向联合国最高统帅无条件投降。

中华民国(东三省除外)、台湾与越南北纬 16 度以北地区内之日军全部陆海空军部队及将领等,应向蒋委员长投降……

冷欣将日本降书呈蒋介石

受降仪式会场场景。右边大桌后为中国代表，左边桌后为日方代表。正面长桌后为盟国代表



9月10日，中国陆军副参谋长冷欣护送降书，乘专机到达重庆，向蒋介石呈交。

## 受降区域划分

根据盟军最高统帅部的第1号命令，中国战区的受降范围为：中国境内（满洲除外）、台湾及北纬16度以北法属印度支那境内。

该地区内的日军总兵力约为128万，包括中国派遣军总司令部及3个方面军、10个军、36个师团（含1个战车师团，3个飞行师团）、41个独立旅团、19个独立警备队、6个海军陆战队。其中华北方面军32万多人，华中第6方面军近30万人，京沪第6、13方面军33万人，广东第23军近14万人，台湾第10方面军17万人，越南北部第38军3万人。

中国战区在全国（东北除外）及越南北部共设立了16个受降区域，任命的受降主官如下：

越北地区：第1方面军总司令卢汉；

广州海南地区：第2方面军总司令张发奎；

潮汕地区：第七战区司令长官余汉谋；

长沙衡阳地区：第4方面军总司令王耀武；

冈村宁次等在南京受降典礼上

日军投降代表阅读降书

南浔地区：第九战区司令长官薛岳；

杭厦地区：第三战区司令长官顾祝同；

京沪地区：第3方面军总司令汤恩伯；

武汉地区：第六战区司令长官孙蔚如；

徐海地区：第十战区司令长官李品仙；

平津地区：第十一战区司令长官孙良诚；

山西地区：第二战区司令长官阎锡山；

新汴地区：第一战区司令长官胡宗南；

郾城地区：第五战区司令长官刘峙；

青济地区：第十一战区副司令长官李延年；

包绥地区：第十二战区司令长官傅作义；

台湾地区：台湾行政长官陈仪。

自9月11日至10中旬，除苏北、山东以及华北方面的部分日军，由于国共两党在受降问题上的分歧，未能完成投降仪式外，其他地区的日军均已缴械投降，并被集中到战俘营中等候遣返回国。

日本投降签字仪式在美军“密苏里”舰上举行

何应钦与盟国代表步出受降仪式礼堂

冈村宁次等日本签降代表垂头丧气走出会场

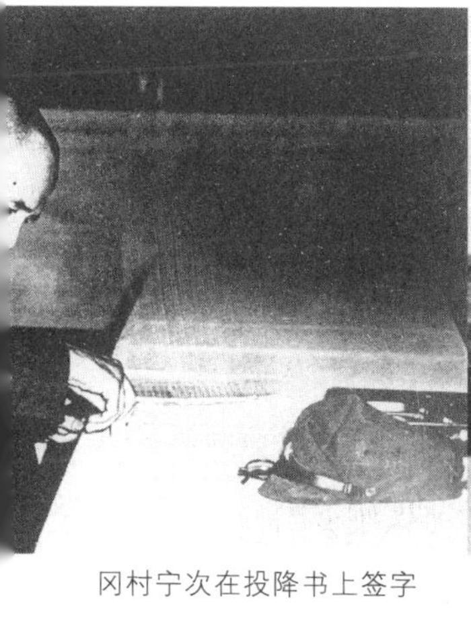

冈村宁次在投降书上签字

南京受降仪式现场

新 6 军进入南京

# 班师南京

新 6 军官兵身着美式茄克，腰系白皮带，头戴锃亮的新钢盔，配备美式卡宾枪。



## 第一支进入南京的中国军队

日本投降后，国民政府立即准备接管南京。关于派遣中国陆军中的哪支部队正式进入南京接管，国民政府内部意见尚不统一。起初，参谋总长顾祝同和冷欣向何应钦提出建议，将陆军总司令部推进到上绕，并由第三战区接管南京、上海和杭州地区。何应钦表示首肯。但蒋介石一时拿不定主意，就向美国军方的魏德迈征询意见。魏分析了形势，认为以新 6 军最为合适，因为新 6 军在缅甸打败过日军精锐的第 18 师团，在日军中影响很大，虽然南京的日军很傲慢，但新 6 军对日军有较大的震慑作用。另以第 3 方面军空运上海，第 2 方面军接收广州，第 4 方面军接收长沙和武汉。蒋介石立即决定由新 6 军接管南京。不知是巧合还是有意所为，驻防南京的日军番号也是第 6 军。

在冷欣所部到达南京之前，第十战区司令长官李品仙下属徐启明部一个团已先期抵达浦口，并于 8 月 24 日凌晨渡过长江进入下关。其时，日军尚未解除武装，大方巷原国民政府外交部大楼，即冈村宁次中国派遣军司令部的屋顶上，仍筑有工事，高炮、机枪荷枪实弹，门口的岗哨还持着上了刺刀的三八步枪。看着中国军队全副武装地进入南京，日军官兵均垂头丧气。中国军队在日军的“夹道”注视下，一直开到城东的原中央军校营房接防。这是自 1937 年 12 月南京保卫战后，中日两军第一次在南京正面相遇，也是抗战胜利后第一支进入南京的中国军队。

## “前进指挥所”进驻南京

8 月 25 日晚，何应钦在芷江总部收到冈村宁次发自南京的电报，内称冷欣中将及南京前进指挥所的住宿、办公地点及交通工具已安排妥当；大校场机场的布防也已移交中国军队孙桐岗上校的伞兵 1 营，指挥塔已被孙上校直接控制等等。

新6军在南京街头

前进指挥所

8月27日晨6时，汤恩伯所部与美军伞兵，在上海机场空降着陆。

8月27日下午2时，来自湖南芷江的第一架C46美式军用运输机，降落在南京光华门外大校场机场的跑道上。机上载有新6军前进指挥所吴传薪上校等5名军官，以及通信兵等。

10分钟后，第2架飞机降落，机上载有陈应庄上校和部分宪兵部队，另有2辆吉普车。之后，每隔十多分钟，就有一架军用飞机降落，不一会功夫，就降下6架飞机，每架载有新6军官兵52名，前进指挥所官员32名，以及宪兵30名。

下午2时40分，中国陆军总司令部副参谋长兼南京前进指挥所主任冷欣中将乘坐的第7架飞机，降落在机场跑道上。同机随行的有主任参谋陈倬，参谋宫其光等人，以及参议顾毓琇、邵毓麟，设计委员龚德柏等人，还有新6军副军长舒适存、新6军14师师长龙天武、海军少将陈容泰等人。随冷欣抵达南京的官兵共159人。

冷欣一行下机后，今井武夫等日军军官列队走向飞机，在机舱门口恭候。冷欣在机场上向中国军队官兵作了简短的讲话，将带来的国旗插上吉普车扬长而去，显示出战胜者的姿态。车队直驱位于城西北的铁道部1号官舍孙科公馆(今解放军政治学院)。冷欣及先期赴南京的先遣人员均下榻于此。休息10多分钟后，又赴东郊中山陵晋谒国父孙中山。这是国民党军政要员返回南京后通常的程序。随即，设在华侨招待所的南京前进指挥所即告成立。

8月27日黄昏时分，又有5架中国飞机降落在南京大校场机场。这次主要运载的是军用吉普车和一些军用物资，同

中国军队进入武汉

时带来了何应钦给冈村宁次的8号至13号备忘录。

## 新6军开始全面接防

从8月30日起，全副美械装备的新6军，从芷江陆续空运南京，到达后即分批进驻各自的营房。其第一梯队是该军14师40团，由师长龙天武率领。部队在大校场机场降落后，即往“陆总”前进指挥所报到。9月5日，“陆总”立即电令日军冈村宁次转知南京日军第6军十川次郎所属部队，按计划克日交出南京城防的警备任务，次日(6日)必须交接完毕。

新6军的另一个师新编22师，是从印缅前线归国的美械部队，师长李涛，也于近日空运南京以加强警备力量。9月5日，新6军举行了盛大的入城式。这支部队是乘军用卡车进入中华东门的，这座城门在八年前曾经被日军炮火摧毁，一直没有修复，仍弹痕累累。这一天，南京全城洋溢着狂欢的气氛，市民举家而出，冒着酷暑争相一睹久别了的中国军队的风采，以致将道路完全堵塞。不少市民将家中的鸡蛋、馒头、老酒堆放在汽车头上，犒劳中国军队。沿途的商家纷纷打出了“欢迎国军凯旋”的横幅。

新6军官兵身着美式茄克，腰系白皮带，头戴锃亮的新钢盔，配备美式卡宾枪，全部用手作出V字手势，以回应市民的欢迎。大喇叭中播放着进行曲，场面极为热烈。车队行进缓慢，一度在市民的围堵下动弹不得。

有趣的是，一支徒步行进的新6军部队，在南京中山路街头与一支日军部队不期而遇。日军汽车上堆满了面粉，日军士兵们一个个衣衫不整，无精打采地低着头坐在面粉堆上，不敢正视中国军队和路边的老百姓，昔日的威风荡然无存，真如丧家之犬。与新6军崭新的军装和全副的美械装备，形成了鲜明的对照。当新6军到达新街口时，鞭炮铺天盖地响起来，军队走过之后，地上留下了厚厚的一层纸屑。

新6军进驻南京后的部署是，14师一个团驻浦口，另以一个加强营推进到六合，一个团进驻马鞍山一线；22师一部驻镇江、常州、扬州地区。直至9月5日，新6军全部空运完毕，廖耀湘等新6军主官，于9月5日午后1时飞抵南京。

新6军进驻后，又重新进行布防。军部设

新6军与日军擦肩而过

在黄埔路原中央学校内，军直属部队则分驻马标和炮标。14师师部先驻江苏路，后移驻中山北路华侨招待所。40团驻岔路口，41团驻防南京城。新22师驻镇江，以一个团控制栖霞山至镇江的铁路沿线，另向扬州和常州派出必要的防守部队。

何總司令：日本政府已於本月十四日接受我盟國投降條款，其在我國最高指揮官岡村寧次亦來電願遵令執行受投降條款中之義務，我軍在即停止對日本軍隊之攻勢，但各地日軍為確保我軍本身之安全及必需之作戰行動，則不在此限，并希嚴加防範為要。蔣中正

蒋介石下达给何应钦加强防范的手令

新6军接管南京的警备任务后，南京的大街小巷已不允许日军携带武器单独外出。由于南京驻防的是全副美械装备的新6军，以后又由74军接防，也是美械部队，中国军队用枪全是自动枪，而日军却还是“三八大盖”，中国军队在装备上明显胜出日军一筹。日本军人还没有全部缴械，持械上街恐引起冲突。不少日本侨民躲在家中不敢出来，怕遭当地的老百姓报复，即使上街买菜，也多是些老年妇女。所以新6军命令日军总部，自9月7日起，日军官兵一律不准上街，不准佩带军刀公出，公出必须佩带“公出证”。中国军人即日起亦不得无故外出，下班后不准进入公共场所，不准与敌伪人员私自交往等等。

1945年9月8日正午12时，中国陆军总司令何应钦，在蔡文治、钮先铭、张廷孟等人陪同下，由芷江飞抵南京。同机到达的还有谷正纲、李惟果、丁惟汾、贺衷寒、葛敬恩等政府要员。接着，美军少将麦克鲁，参谋长柏德尔等也相继飞抵南京。当何应钦的专机降落时，先期到达南京的军政要员萧毅肃、冷欣、汤恩伯、李明扬、郑洞国、廖耀湘、王懋功、彭孟缉等及各界代表100多人，齐集大校场机场迎候，其场面之隆重，仅次于蒋介石到达南京时的情景。



之后，“陆总”参谋长萧毅肃即宣布，“陆总”前进指挥所已完成使命，即日起正式结束归还原建制，同时撤销机构，驻防南京的新6军，与原“陆总”前进指挥所并称为“陆军总司令前方司令部”。

新6军在检查出入南京的日军

9月9日，中国方面接受日军投降的仪式结束后不久，南京城防改由74军接防。随后，南京正式成立了警备司令部，由74军51师师长邱维达任警备司令。10月初，邱维达率该军51师进驻南京，正式全面负责南京地区的卫戍任务。

新6军进城

台湾行政长官陈仪宣布台湾光复

# 台湾回归祖国

1945年10月25日，台湾、澎湖地区日军投降仪式在台北公会堂举行。





台湾是中国的宝岛，位于大陆以东，扼东南沿海各省门户，也是西太平洋的重要砥柱。南北长394公里，东西最宽为144公里，周围有数10个岛屿，总面积为35759平方公里。

1894年中国的清政府在甲午战争中战败，李鸿章代表清政府与日本政府签订了丧权辱国的《马关条约》，台湾与澎湖列岛被割让给了日本。直至1945年日本投降，台湾被日本统治了50年。

抗战胜利后，中国政府根据《开罗宣言》和《波茨坦公告》台湾回归中国的条文，准备收复台湾。9月9日，南京受降仪式后，台湾、澎湖列岛被划为第16受降区，受降主官为陈仪。

台湾光复后蒋介石、宋美龄赴台

台湾行政长官公署军政长官

陈仪、张群在台湾

日本投降书

8 月 27 日，国民政府主席蒋介石手令：特任陈仪为台湾行政长官，葛敬恩为台湾行政长官公署秘书长。陈仪曾历任国民政府军事委员会委员、军政部兵工署署长、福建省主席兼保安司令等。他在担任福建省主席期间，由于福建与台湾一衣带水，对台湾情况比较了解。蒋介石派陈仪接收台湾的目的，是想让他将台湾创建成“模范省”。

由于台湾战略地理位置重要。日本驻台军队人数众多，为第 10 方面军司令官安藤利吉所部，总数达 20 多万。为此，1945 年 9 月，国民政府又成立了台湾省警备总司令部，以陈仪为总司令，设立了台湾前进指挥所，做好了接收台湾的准备。9 月 14 日，空军第 1 路司令张廷孟携国旗一面飞往台北，面见了日本台湾总督安藤利吉，要求他立即放下武器，降下日本国旗，改悬中国国旗。10 月 17 日，中国第 70 军军长陈孔达率部在基隆登陆，第 62 军军长黄涛所部在高雄、左营登陆。同一天，台湾行政长官公署及警备总司令部官员飞抵台北。

台湾光复仪式

日军投降代表安藤利吉向陈仪（右）呈递降书

日本台湾末任总督安藤利吉在降书上签字

中国陆军部队进驻台湾



当中国军队从基隆开向台北时，台湾民众群情振奋，沿途夹道欢迎，以致 30 公里的车程，足足走了 4 个小时。

1945 年 10 月 25 日上午 10 时，台湾、澎湖地区日军投降仪式在台北公会堂举行。

出席受降仪式的有，中国受降主官陈仪及海陆空军代表 16 人、盟军代表古德里上校、柏克上校等人。台湾人民代表林献堂等 30 多人，日本代表 5 人，加上记者，参加仪式的共 180 人。中国和盟军代表首先进入受降席。然后，日本代表、台湾总督兼第 10 方面军司令官安藤利吉大将、台湾军参谋长谏山春树中将，总务长官司令官、代理农商局长须田、高雄海军警备府参谋长中泽佑少将，由中方人员引导入场。他们向受降人员脱帽鞠躬，然后解下军刀，双手呈上。中方这才命令他们坐下。

10 时整，鸣炮，受降典礼开始。陈仪命令日本投降。安藤利吉接过“降书”细细阅读后，提起毛笔签字加盖私章，然后由谏山春树呈上。陈仪审阅后，再签字盖章。随后，中方命令日本代表退席。典礼宣告结束。

同日，陈仪向中国全体同胞和全世界发表广播讲话，宣布台湾、澎湖列岛已正式重入中国版图，所有一切土地、人民、政事皆已置于中国政府主权之下。

10 月 25 日，被定为台湾“光复节”。

1946 年 1 月 12 日，中国政府正式宣布：“台湾人民原系我国国民，由于敌人侵略致丧失国籍，兹国土重光，其原有中国国籍之人民自民国三十四年十月二十五日起，应即一律恢复我国国籍。”从此，台湾同胞在事实上和法律上都恢复了中国国籍，回到了祖国怀抱。

# 1945：收回香港、澳门未果

**1945年8月20日，由蒋介石“委派”的英国将军夏悫，率领海军特遣舰队进驻了香港。**

沦陷后的澳门

## 中国准备接收香港

1945年8月15日日本投降后，中国军队准备利用接受香港日军投降的机会，从日军手中收回香港。远东盟军统帅麦克阿瑟发布了第1号受降令，凡中华民国北纬16度以北地区，应由中国军队受降。根据该命令的划分，香港理应由中国军队接受日军投降。而在战时，香港就属于中国第2方面军辖区的范围内，此时，中国完全可以以受降名义，派兵进驻香港，造成既成事实，再与英国方面进行交涉。于是，蒋介石命令第2方面军司令官张发奎所属的新1军和13军向香港附近的宝安集结，随时准备进驻香港。

但英国方面却拒绝接受麦克阿瑟的受降命令。1945年8月18日，英国首相艾德礼致函美国总统杜鲁门，要求重新发布命令，让驻港日军向英军投降。其实，早在日本投降前，英国海军就派遣海军少将夏悫率领一支特遣舰队开赴香港。英方另派了一个陆军师配合海军的行动。一旦时机成熟，马上占领香港。同时，英方也向美国游说，要求美国支持英国。

此时，杜鲁门为了拉拢英国与苏联争夺欧洲，改变了当年罗斯福的承诺，转而又支持英国了。于是，向麦克阿瑟下令，将香港从中国战区的受降范围中划出来，让英国来受降。

蒋介石气愤至极，但也只能忍气吞声，表示：“愿授权给

日军开进香港

1941年12月13日，日军第23军参谋长多田通过九龙进入香港

驻港英军将领访问澳门

香港市民庆祝抗战胜利



英国军官去接受香港日军投降，同时派1名中国军官和1名美国军官赴香港参加日军的投降仪式”。

蒋介石一再让步，英国则得寸进尺，他们骄横地表示：英国接受日本投降，无须中国政府授权。蒋介石感到太屈辱了，这如何向部下和国人交代？于是便“强硬”地向杜鲁门表示，不管英方接受与否，我都将以中国战区最高统帅的名义，任命英国将军夏悫代表他去受降，如必要，将动用武力抵制英国方面接收。

英方顾虑到中国有两个军驻在宝安地区，万一蒋介石动了武，还真不好收拾，同时也怕美国会插手驻军（美国曾提出过香港由中美共同驻军的主张）。于是，只好同意由蒋介石来“委派”了。

1945年8月20日，由蒋介石“委派”的英国将军夏悫，率领海军特遣舰队进驻了香港，香港同胞眼睁睁地看着英国人趾高气扬地再次登陆。9月1日，港英当局成立了军政府。同一天，蒋介石也宣布：国民政府同意英军占领香港。次年5月1日，香港沦陷时被日军囚禁的港督杨慕琦，也返港再次就任总督。

## 收回澳门的反复

中国政府收回澳门，也经历了一些反复。1945年8月31日，国民政府外交部就正式提出了《关于收回澳门的方案》，并向葡萄牙政府表示了这一意愿。9月，中国新任外交部长王世杰，赴伦敦出席苏美英法中五强外长会议，王世杰打算在会上再次提出这一要求，但因国民政府信心不足而未能提出。

在广东方面，8月底，蒋介石命令张发奎率第2方面军开进了广州，并屯兵珠海，准备一举接收澳门。同时，澳门内部也准备里应外合，举行了一系列的游行集会，抗议葡萄牙当局的占领。葡萄牙当局则采取了压制的办法，以治安为由，封锁了关口，禁止内地居民进入。

这时，中国广东当局以进入澳门搜寻日本人和汉奸为由，要求进入澳门；否则，葡萄牙当局予以引渡。同时，调集中国军队在前山进行军事演习，炮声隆隆，子弹横飞。由于中国军队对澳门实行了封锁，一时间，澳门人心惶惶，物价飞涨。澳门居民纷纷回到内地避难。

葡萄牙当局看到中国军队剑拔弩张，十分恐慌。只得向广州行营道歉，表示愿意妥

1945 年，英军夏悫上将向日军代表宣读投降书

协，立即将日本人和汉奸交出。并允许中国人自由出入，允许游行和集会等等。这时，收回的时机对中国方面十分有利。但在 12 月 22 日，国民政府及蒋介石却向军令部长和外交部长下达指令，认为收回的时机尚不成熟，立即取消武装封锁。就这样，中国丧失了一次绝好的机会。

到了 1947 年，中国政府内部收回澳门的希望再次燃起。国民参政会提出了收回澳门的提案。广东省参议会和民间组织了一个《收回澳门运动促进会》，并发了通电。不少省议会纷纷响应。但此时葡萄牙政府已经摸透了中国的底牌，根本就不予理睬。加上蒋介石的主要精力都投入了内战上，哪里还有心思去管收回澳门的事呢!

张发奎

第 115 任澳门总督戴思尔

1938 年和 1939 年，澳门先后组织了两次大规模的抗日献金活动，许多市民当场献出了项链、戒指。仅 1938 年那一次，其所得就超过 10 万元。1938 年 9 月，澳门开展了历时 40 余天的义卖活动，各茶楼、饭店、冰室争相参加，连一些理发店、报摊也参与其中。1938 年 7 月，全澳门饮食业于七七事变一周年之际，举行“素食募捐”，出售印有“毋忘国耻”四字的素包及素食，停售荤食。《朝阳日报》、《新声日报》等澳门进步刊物，不但在澳门进行抗日宣传，还派出剧团、宣传队前往内地，演唱《义勇军进行曲》、《八百壮士》、《松花江上》等进步歌曲，演出《血洒卢沟桥》等剧目。太平洋战争爆发后，澳门艺术家勇敢地将欧阳予倩的《忠王李秀成》、阳翰笙的《天国春秋》、郭沫若的《虎符》、于伶的《大明英烈传》等宣传爱国的作品搬上舞台。

被接收的吉林丰满电厂

# 五子登科

**军委会以接收为名纷纷捷足而登，每人都带了一大把盖了大印的封条，看到好的房子，就抢先贴上封条。**

## 名目繁多的接收机构

抗战胜利后，蒋介石迅速派出接收大员驰往各地进行接收，其分工是：日伪的行政管理机构，由国民政府同一性质的机构接收；经济单位和企业机构，由国民政府同一性质的机构接收并立即恢复生产经营；银行、金融部门，由国民政府中央银行接收清理。

接收委员会设在南京中央军校陆军总司令部内，何应钦任主任委员。但在1945年9月以后，国民政府各个部门及党务、军事系统都迫不及待地成立了名目繁多的接收机构，有中央军系统，有地方军系统，军委会还专门成立了一个接收“设营队”。

地方上有行政院接收计划委员会、行政院敌伪财产接收委员会、行政院收复区全国性事业接收委员会等。各城市的警备司令部也自行成立接收机关，军统局则利用先进城的有利条件，独往独来地进行强行接收；更有自称是奉了最高当局命令进行接收的机构。此外，各省市政府也相应设立了各色各样的接收机构，如上海成立了军政合一的敌伪资产处理局等机构；同时，进驻上海的汤恩伯第3方面军总司令部也不闲着。各机关各系统争先恐后涌到南京、上海等大城市，惟恐慢了一步。整个沦陷区的接收工作，处于一片混乱中。

于是，南京和上海曾流传有这样的民谣：“胜利惊天动地，接收昏天黑地，汉奸欢天喜地，百姓怨天恨地。”

被接收的日本油轮

**原国防部大礼堂**——建于 1929 年。受法国文艺复兴的影响，为西式古典宫殿建筑式样。曾作为中央军校大礼堂。1946 年 6 月军政部等机构改组成立国防部，即作为机关大礼堂。蒋介石多次在这里召开重要的军事会议。1945 年 9 月 9 日 9 时，全世界瞩目的日本投降仪式就在这里举行。

台式电话——连接上下级、各院部会署之间的、不可缺少的通讯工具，但须有一个总机转接。今日社会，电话已相当普及，可在当时，绝对是身份的标志。办公桌上摆放一部，档次大不一样。叮铃铃的声响，可能是上级指令，可能是下级请示；会让你忐忑不安，亦可能欣喜若狂。

# 军事单位捷足先登

新6军进入南京后，接收人员立即占领了伪中央储备银行，起出黄金50万两、白银764万两、银元37万枚，以及大量美金、日元、票据等等。

当74军51师邱维达部于1945年10月从新6军手中接防南京时，先期到达南京的军官们，早已将贵重物资瓜分完毕，不少人都有了自己的小汽车、洋房和小老婆。1946年5月13日的纪念周上，何应钦曾对接收工作作过一个总结报告，只公布了武器弹药、军舰飞机、汽油马匹的数字，而对小汽车、洋房、布匹、食品、医疗器材等，却没有提及一个字。

日本投降后，军委会以接收为名纷纷"捷足先登"，满街看房子，而且每人都带了一大把盖了大印的封条，看到好的房子，就抢先贴上封条。抢房子的也不是军委会一家，其他军事机关到南京的第一件事，也是占房子，也带了大把的封条。有时，这个单位刚贴上去，后来的人将其撕去再贴上自己的封条。以至于南京的街头"封条满天飞"。

上海的接收，也是一片混乱。蒋介石为了阻止新四军接收上海，任命了一大批汉奸如周佛海、丁默邨、罗君强、任援道等充任司令、委员、总队长等职务，在上海与日伪军一道维持治安。由于沦陷区附近有一批军统系的忠义救国军活动，日本刚一宣布投降，戴笠就命令大批特务火速进入上海，领导这些新任命的伪方人员，越过接收委员会，唱起了接收的独角戏。

汤恩伯的第3方面军总司令部及所属部队，是8月下旬进入上海的。而钱大钧领导的上海市政府和淞沪警备司令部，行政系统刘攻芸的敌伪产业处理局等等，也不甘落后。短短十几天，汤部从日军手中夺走了大批珍贵的古玩字画，有250多箱。他们还逼迫其他接收机构，从已经接收到手的财产中，吐出了四五百幢洋房。中央信托局曾多次向汤索要理应归还该局的房屋，汤恩伯均置之不理。结果信托局将事情告到蒋介石那里。汤恩伯这才极不情愿地退出部分洋房。

影片《八千里路云和月》于1947年2月公映，是抗战胜利后完成的一部电影作品。影片中的江玲玉与高礼彬是许许多多参加抗战的热血青年命运的写照。当年他们满怀激情地走上战场，企望着打败日寇，实现民族独立与国家富强。可是他们付出的血汗并没有得到应有的结果。抗战当中，不少像影片中周家荣这样的人置民族危机于不顾，大发国难财。抗战胜利后，仍然是贪官污吏当道，所谓"接收"实际成了掠夺式的"劫收"，加之物价飞涨，普通百姓的美好希望都化为泡影。

伪军事参议院被军方接收

蒋经国(右二)赴东北接收

翁文灏(中)赴东北接收

上海警备副总司令李及兰,用7500两黄金在极司菲尔路购置了一幢硕大的花园洋房,其中的设施一应俱全。他手上掌握的敌产,仅房屋就有10多幢,均以警备司令名义加以封存,时间一长,就改头换面地化为私有。他还拥有新式保险汽车4部,其他物品简直不计其数。

## 政府部门不甘示弱

经济部到南京接收的敌产中,有很多是中国的公私企业。日本人千方百计地想摸清接收人员的企图,以及个人嗜好,然后投其所好。之后,再在接收清单、账目上做文章。只要不在清单上将资产注明,其他的未注明的物资,接收人员可以自行处理。即使清单上有的,日方人员还可将原始单据销毁,再造一假清册。这样一来,通过双方的默契,一个设施齐备、运行正常、物资充裕的企业,几个接收回合下来,新机器就变成了旧机器,大的变成了小的,好的变成了坏的,有的变成了无的,几乎成了一个空躯壳、烂摊子。最后,宋子文成立了一个“敌伪产业处理局”,来一个彻底的大拍卖。不知多少接收大员通过这么一倒腾,发了一笔横财。

## 倒买倒卖大发横财

日本投降后不久,法币在南京、上海的购买力是重庆的10倍以上。军委会接收人员一

小洋房

何应钦公馆

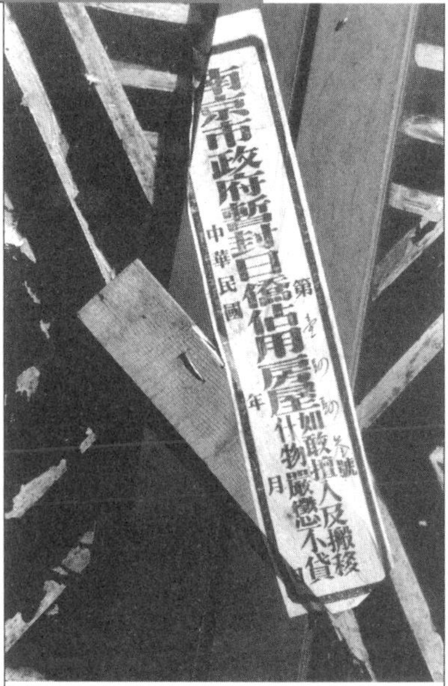


南京市政府在接收的房屋上贴上封条

到南京，法币马上大显神通。军人们个个都添置了许多家具物件，还有很多高档消费品，如沙发、收音机之类的东西。后来，一些先回到南京的还都人员，就与重庆方面的家属联系，要他们将棉花胎等物品在重庆卖了，换成法币到南京来用，同样的钱能买好几床棉花胎，不仅减轻了行李，还能赚钱，旧的还换成了新的。这一既以旧换新又赚钱的路子，很快就被接收大员们成功地运用起来。后回南京的人，纷纷在重庆抛售大量物品，变成现钱到南京来花，几下一倒手，都赚了一笔。而重庆接收大员们在南京的疯狂抢购，又造成南京市场的虚假繁荣，物价飞涨，本地百姓的生活水平则急剧下降。

来南京接收的军官们，还有一条发财捷径，就是向南京一些急需钱用又苦无门路的商家放高利贷，这是无本的买卖，用他人之钱，按月坐收暴利。有一名上校军官，动用接收来的公款，向夫子庙升州路聚和、泰和帽庄及开罗酒店贷款，总额达到2000多万法币，当时折合黄金300多两，所收月息高达35%，刨去一些人情费，一转手至少净得20%，相当一名校级军官工资的20倍以上。尝到甜头后，又通过南京珠江路一个专放印子钱的老板放高利贷1000多万元，月息30%到40%不等，短短几个月，又赚了100多万元。以至于一些公务员和军人，根本就不去上班了，专门坐在家中放高利贷，每月坐收200万法币，相当于1000美元，其收入要比工资高出几十倍。

小洋房

接收的小洋房

## 接收官员中饱私囊

行政院敌伪财产接收委员会是一个临时性机构，接收专员的分工很明确，如有的专门接管敌伪金融机构如银行、钱庄，有的接管敌伪的进出口部门和交易所。他们都是接收方面的专家，因此，“捞”起来得心应手。如专员陈实在上海二马路金山饭店常设了一个办事处，在南京中华路附近开有银号，在南京朱雀路复兴商场开办了一个产销合作社，专门用于囤积居奇，操纵市场，对小商贩也放高利贷进行盘剥。“陆总”副主任谌志远在新住宅区和玄武湖各占了一幢洋房，屋子里堆满了封存的家具、字画、瓷器等贵重物品，其中有从伪政权的一个“委员长”那里“调”来的一座巨型的“康熙”青瓷花瓶。据他自己说，南京的日军一投降，伪官们一哄而散，我们派了几个勤务兵就将他们赶了出去，然后一起搬了回来。房子太大了，不仅自己和亲戚住，还对外出租赚钱。

日本驻上海的宪兵部队有4000多人，司令部设在北四川路，司令是山崎大佐。此人在上海一向无恶不作，市民十分痛恨。接收上海时，警备总司令部接到无数的控诉信。但不知何故，总司令部将信件全部束之高阁，山崎大佐竟以一个普通投降者的身份逍遥法外。接收宪兵司令部时，日方先提供了一份中文清册。由于日军奉国民政府之命，还担负了上海市区的部分治安任务，尚未被完全缴械，所以中国军队在接收时，尤其是清点武器时还是比较含蓄的。日军的武器装备精良，尤其是战刀很多，山崎交出的一柄百年战刀，吹毛可断，他用这把刀不知屠杀了多少中国人。宪兵队上缴了大量物资，光高档家庭用品就有2000多件，其中有沙发、弹簧床、高级桌椅板凳、羊毛地毯、电冰箱、保险柜、电炉、收音机、电风扇等等，形形色色，应有尽有。接收人员挑选了其中最好的也是最稀罕的东西如冰箱、弹簧床、电炉等物，送去孝敬警备司令部头头钱大钧、李及兰等人了，其他的东西，则由警备总司令部的军官们私分。

全部接收工作，一直到1946年5月国民政府还都南京时才基本“结束”。所“遗留事务”，又划归行政院敌伪资产处理局接管。

由于接收使百姓生活直接受到影响，对政府的不满和失望情绪日益强烈，以致“民怨沸腾”。人们称大接收为“大劫收”。京沪杭一带的老百姓戏称这些接收大员是“五子登科”(即金子、房子、票子、车子、女子)。民间也曾广泛流传着这样的民谣：“想中央，盼中央，中央来了更遭殃。”

# 多行不义必自毙

远东国际军事法庭的律师们讨论案情

**绞机起动，绳索拉紧，甲级战犯东条英机两脚踏空，一命呜呼。**

继1945年11月20日欧洲国际军事法庭在纽伦堡开始对以希特勒为首的纳粹集团战犯进行审判后，另一场审判则在亚洲的日本东京进行。

## 东条英机自杀未遂

日本投降后，根据中美英三国签订的《开罗宣言》和《波茨坦公告》的精神，开始审判战争罪犯。1945年9月，远东盟军最高统帅麦克阿瑟签署了逮捕日本战犯的命令，同时宣布东条英机等33人为甲级战犯。之后，日本前陆军大臣荒木贞、前首相近卫文麿、前宫内大臣木户幸一等108人，又被定为甲级战犯嫌疑人，并被逮捕归案。

9月11日下午4时许，美军少校卡拉斯奉命前往东京都世田谷区玉川用贺街，逮捕东条英机。

东条家的大门紧闭，门外早已聚集了大批新闻记者。卡拉斯少校喊话后，东条英机伸出半个头，问道："我就是东条英机，是否来逮捕我？"

少校答道："是的，马上把你带往横滨。请跟我们走吧。"

东条听毕，又缩了回去，将门窗紧紧关闭。美国军人只好在外面等候。

过了约15分钟，从屋内传出一声沉闷的枪声。卡拉斯情知不妙，立即命令一名中尉砸开门锁冲了进去。只见一个房

审判现场——东京原日本陆军省大厦

中国外交部长王世杰(中)与法官们合影,前排左五为大法官梅汝璈,左三为商震

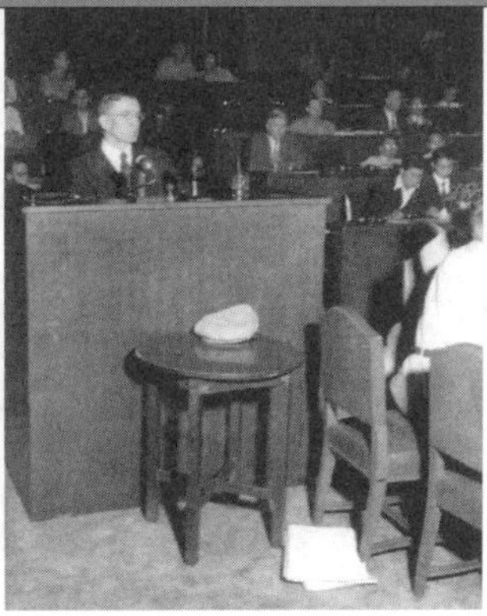

贝德士在法庭上作证

庭长韦勃(左)

间的门紧紧关着,打开一看,东条英机躺在椅子上,脑袋歪在一边,左手握着一把美制柯尔德自动手枪,左胸正流着血,一副痛苦的样子。东条英机自杀了。

卡拉斯赶紧上前检查,发现还有气,连忙叫宪兵将东条英机抬上汽车,急送美军陆军第98医院抢救。经诊断,一粒子弹穿胸而过,距心脏只有不到1英寸。经救治东条英机活了过来。

## 审判

1946年1月19日,远东国际军事法庭成立。2月16日,盟军最高统帅麦克阿瑟任命中、美、英、苏、法、加、新、澳、荷等国代表为法官,后增补了印度和菲律宾两国法官。中国出任法官的是立法院外交委员会代理主席梅汝璈。辅助首席检察官工作的是上海第一特区地方高等法院首席检察官向哲濬。由于中国是受害国中损失最为惨重的国家,所以检察官的工作也特别繁重。向哲濬在顾问倪征燠、裘劭恒等人的协助下,经过艰苦的工作,终于掌握了大量的证据。

经过几个月的调查取证,侦讯工作于1946年4月基本完成。4月29日,检察官向法庭提出了对东条英机等甲级战犯的书面公诉,列举了55条罪状,其中有:谋求东亚、太平洋、印度洋霸权;发动九一八事变,攫取中国东北;发动七七事变,阴谋控制中国;实施违反国际公法的屠杀,实施违反战争法规的行为;实施违反人道的犯罪等等。在审判期间,来自中国南京的一名大屠杀幸存者伍长德到庭作证,控诉了日军在南京的暴行。

1946年5月3日,东京时间11时30分,远东国际军事法庭在东京前陆军省大厦会堂首次开庭。美国宪兵将战犯从巢鸭监狱中提出,押往法庭。具有讽刺意味的是,这座大厅,就是当年日本战争狂人们策划侵略战争的地方。

裘劭恒(右)在东京向溥仪(左)取证

一扇侧门打开了,28 名日本甲级战犯按英文字母的顺序排列,被依次押上被告席,东条是第 27 个。首批审判的战犯,有东条英机,日本首相、外相、陆相、海相,以及战区最高指挥官等,共 28 人。但这批战犯并不包括一些日本重要的战犯,如前中国派遣军总司令冈村宁次,前华北派遣军司令喜多诚一等。

全场的目光,都集中到战犯们的身上。这时,昔日不可一世的战犯们,一个个都显得惶恐不安,低着头不敢正视会场中的人们。东条英机光着头,仍然留着一撮小胡子,戴副眼镜,着一身黄呢军便服。

检察官宣读了对 28 名战犯的起诉书,长达数十万字,共 55 条罪状。

在 1947 年 12 月 26 日的一次庭审中,东条通过他的英国律师勃鲁德,宣读了他长达 20 万字的口供,只是轻描淡写地对"杀害了 200 万以上的中国人","深表不幸"。但仍极力否认自己是战争的主要决策者,辩称战争是"自卫"等等。

1946 年 5 月,远东国际军事法庭从正式开庭审理,至 1948 年 11 月 12 日审理完毕,持续进行了 2 年又 7 个月,共开庭 818 次,出庭作证 1198 人,提供证据约 4300 件,记录达 48000 页。

法庭现场

作为中国派遣军总司令,冈村宁次在 1945 年 8 月 14 日还表示要继续作战,"全军玉碎",但日本天皇宣布投降后就转而要"与国民政府紧密结成一体,断然对付中共"了。蒋介石也赞扬冈村在维持南京治安、协助接收及受降工作上成绩显著,采取利用冈村对付共产党的方针。国民党要员回南京后,与冈村频繁接触。当时,冈村已被列入东京战犯名单,盟军又一再传他到远东国际法庭作证。蒋介石为保护他,让他担任遣返日本军民的总联络班长,留在中国。但是,冈村作为侵华日军总司令,若不予审判,将引起全国人民反对和产生不良的国际影响,不得不做一些形式上的审判。

法庭审判日本战犯

1948年11月12日上午，庭长韦勃宣读了长达1800页的判决书。下午1时30分，法庭对首批甲级战犯进行宣判：东条英机、土肥原贤二、广田弘毅、板垣征四郎、木村兵太郎、松井石根、武藤章等7人处以绞刑；荒木贞夫、桥本次五郎等16名处以无期徒刑，东乡茂德20年徒刑，重光葵7年徒刑。前外交大臣松冈洋右和前海军大将永野修身病死，为日本侵略炮制理论根据的大川周明，因发狂被诊断为精神病而中止受审。法庭最后只判决了25人。宣判后，盟军远东最高统帅麦克阿瑟核准了这一判决。

宣判后，东条英机被押回监狱，单独关在一室，受到严密监管，以防他再次自杀。东条英机这个杀人不眨眼的恶魔，饭量锐减，体重下降，性情乖戾，惶惶不可终日。

11月22日，麦克阿瑟在东京召集对日理事会各国驻东京使节会议。会上，各国代表一致要求对甲级战犯执行法庭的判决。麦克阿瑟听取了意见，采取了严正立场，于24日下达了驳回战犯上诉、维持绞刑判决的命令。同时，军事法庭在巢鸭监狱中新建了4座绞刑台，专门等候绞决这批甲级战犯。

## 战犯走上绞刑架

1948年12月22日深夜，昔日不可一世的战犯们从巢鸭监狱中被提出。绞刑是秘密进行的，记者一律不许采访，只有中、美、英、苏四国代表在场进行监督。

23日凌晨零时许，总行刑官下达了行刑令。首先走上绞架的是东条英机。此时的他，面色苍白，神情沮丧。1名盟军军人将一个黑头套给他罩上去，将绳索套在他的头上。零时30秒，绞机启动，绳索拉紧，东条英机两脚踏空，一命呜呼。

接着，土肥原贤二（前日本第12方面军司令官，陆军大将）、武藤章（前日本第14方面军参谋长，参与指挥南京大屠杀）、松井石根（前日本华中方面军司令官，陆军大将，南京大屠杀的指挥者）、板垣征四郎（前日本陆军大臣，中国派遣军总参谋长，陆军大将）、广田弘毅（前日本外务大臣、首相，侵华战争的主谋之一），一个个走上绞刑架，结束了罪恶的一生。最后一个处死的是木村兵太郎（前日本关东军参谋长、缅甸方面军司令官、陆军大将），时间是23日零时35分。

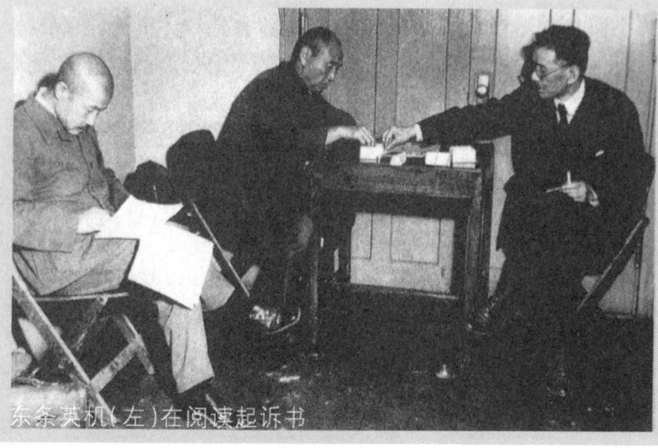
东条英机（左）在阅读起诉书

二级战犯畑俊六（右）与大东亚相青木一男

石美瑜在法庭前

# 中国审判战犯

**1947年4月26日，谷寿夫被押至雨花台刑场，随着两声枪响，恶魔毙命。顿时，全场欢声雷动。**

## 审判战犯军事法庭成立

抗日战争胜利后，中国审判日本战犯，是根据《波茨坦公告》和中国的法律进行的。这在中国的审判史上还是第一次。根据国民政府和战犯处理委员会的规定，1945年12月以后，先后在南京、上海、北平、武汉、广州、沈阳、徐州、济南、太原、台北等10个城市成立了“审判战犯军事法庭”，分属各地区的最高军事机构。之后，国民政府军事委员会委员长蒋介石下令加快审判的进度，并颁布了一系列规定，如《战争罪犯审判办法》等等。

1946年2月15日，南京审判战犯军事法庭成立。法庭庭长先后由江苏省高等法院刑事庭长刘世铸和推事石美瑜担任。6月1日，中国国防部成立，法庭便由“中国陆军总司令审判战犯军事法庭”，更名为“国防部审判战犯军事法庭”（以下简称“南京军事法庭”）。

## 战争狂人被押上被告席

南京军事法庭先后审理了大量战争罪犯案，其中有谷寿夫、酒井隆、矶谷廉介等高级将领，也有中下级军官或士兵。

司法部长谢冠生和陆军总司令何应钦认为，审判战犯是国际性的大事，军法官恐怕难以独当一面，提出在全国司法界选择绩优司法官担任军事法庭庭长，并订出选拔标准：年纪在40岁以下、担任推事10年以上、现任高等法院庭长一职。时任江苏高等法院庭长、37岁的石美瑜最符合条件。1947年4月14日，蒋介石任命石美瑜为国防部审判战犯军事法庭庭长。于是，1947年到1948年间，石身兼江苏高等法院庭长和国防部军事法庭庭长之职，奔忙于沪宁线之间，这边身着少将军装审判战犯，那边换上法袍审判汉奸。

日本战犯松本洁被押赴刑场

谷寿夫曾任侵华日军第6师团师团长，是实施南京大屠杀的主要指挥官。日军进攻南京时，负责攻打中华门，破城后，他指使和怂恿部下进行了大规模的野蛮杀戮，罪行累累。他于1946年8月1日从日本引渡回中国。酒井隆曾任日本天津驻屯军参谋长，第23军司令官，他先后策划了“济南惨案”，一手炮制了《何梅协定》等条约，并率军攻占香港，杀害了大批无辜平民。矶谷廉介曾任日驻华使馆武官，第10师团师团长，关东军参谋长等职，参加了攻占香港之战。高桥坦曾任日军南方军副总参谋长，华北方面军参谋长。均犯有大量战争罪行。

松本洁与三岛光义是日本宪兵，二人在江苏、浙江等地犯有屠杀中国人的暴行；下级军官向井敏明和野田毅，曾在南京以杀人竞赛取乐，谁先杀满100人即为优胜者；田中军吉则屠杀了300多名中国人。他们均被引渡回中国接受审判。

至1949年1月，中国的审判战犯军事法庭共审理案件2200多例，判处死刑145人，无期或有期徒刑约400人。

日本战犯被押赴刑场

日本战犯被绑赴刑场

# 战犯的可耻下场

各地军事法庭成立后，战犯纷纷被押解、引渡到位。同时，也成立了“敌人罪行调查委员会”，开始了大规模的、艰难的调查取证。

1947 年 2 月 6 日，南京军事法庭在励志社大礼堂对战犯谷寿夫进行公审。审判长石美瑜出示了罪证——一具头颅，放映了纪录片，几十名受害者或家属先后到庭作证。但这个杀人恶魔仍是百般抵赖。3 月 10 日，法庭庭长石美瑜宣布：谷寿夫以战争罪和违反人道罪，处以死刑。

4 月 26 日上午，南京万人空巷，沿中华门的街道两侧，人如潮涌，刑场周围的山坡上，漫山遍野全是人，人们争相一睹这个杀人魔王的下场。12 时 45 分，谷寿夫被押至雨花台刑场。随着两声枪响，恶魔毙命。顿时，全场欢声雷动。

1947 年 12 月 18 日，南京审判战犯军事法庭对参加杀人竞赛的向井敏明和野田毅以及田中军吉进行了宣判，均处以死刑。次年 1 月 28 日，三战犯被绑赴刑场执行了枪决。

1946 年 8 月 27 日，南京军事法庭判处原日军第 23 军司令官酒井隆死刑，并于 9 月 13 日执行枪决。

上海(第一绥靖区)审判战犯军事法庭，审理案件 250 多起。1946 年 5 月 15 日，判处制造“江阴屠杀案”的刽子手、日本江阴宪兵队队长下田次郎死刑。6 月 1 日，又判处日本常熟宪

处决日本战犯向井敏明、野田毅、田中军吉

日本战犯鹤丸光吉被处决

兵队长米村春喜死刑等等。

日本台湾总督、陆军大将安藤利吉，在战后被中国军事法庭收审，拘押在上海监狱。但他自知罪孽深重，于 1946 年 4 月 19 日服毒自杀，逃过了法庭的审判。

广州审判战犯军事法庭也审理了一批战犯。1947 年 5 月，判处日本南支那派遣军司令官、香港总督田中久一死刑，在广州游街示众后执行了枪决。

1947 年 10 月 21 日，日本第 130 师团长、陆军中将近藤新八，曾在广东屠杀中国人而犯下滔天罪行，在广州被处决。

1947 年 8 月 9 日，在广东犯有血腥暴行的日军华南派遣军宪兵队长重藤宪文，被广州军事法庭判处死刑，在广州执行枪决。

从 1946 年 4 月至 1948 年 3 月，广州军事法庭审理并判处日本战犯死刑 46 人，无期徒刑 16 人，有期徒刑 39 人。在香港，判处死刑 21 人，有期徒刑 86 人。

武汉、保定、沈阳、济南、太原、徐州、台北等地的军事法庭，也对日本战犯进行了一系列的审判。

## 冈村宁次无罪释放

在战犯纷纷伏法之际，却有一个罪孽深重的日本战犯被无罪释放了，他就是日本中国派遣军总司令冈村宁次。

在抗日战争中，冈村宁次曾任第 11 军军长、华北方面军、第 6 方面军司令官等职。在他指挥下，日军在中国实行了野蛮的“三光”政策，屠杀平民，无恶不作，并以其军功晋升陆军大将。抗战胜利后，被中共列为头号战犯。但国民政府却任命冈村宁次为“日本官兵善后总联络部长官”(后改称联络班班长)，协助处理代管日军日俘遣返事宜。而冈村宁次在协助国民党军受降和接收中，完全秉承蒋介石的意图办事，深得蒋介石的赏识。

随着内战的爆发，蒋介石更需要日本方面的“人才”来协助作战，因此对冈村宁次既没有通缉，更没有逮捕，不仅如此，对他一直采取保护措施，不准引渡回日本东京审判，冈村宁次在中国一直过着悠闲自由的生活。

在国内外舆论的强大压力下，国民政府被迫将冈村宁次收押，并于 1948 年 4 月和

审判谷寿夫

南京大屠杀主犯谷寿夫(左)在被处决前

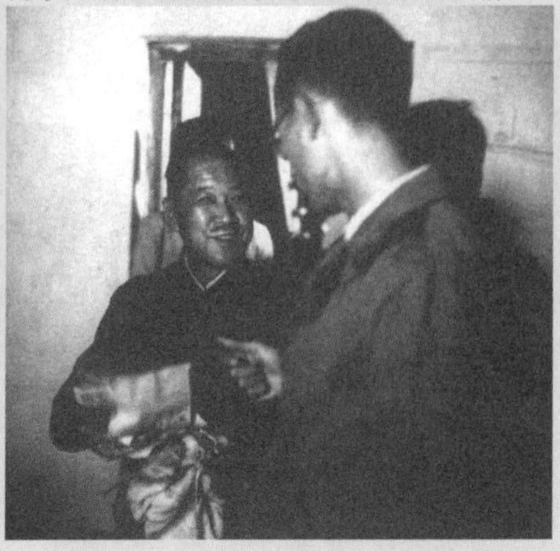

中国军事法庭开始审判日本战犯

南京市民出庭作证

1949 年 1 月对其进行了两次审判。最后的审判结果竟然是：所有南京大屠杀、长沙、徐州各大会战，以及港澳等地的日军暴行，均发生在冈村宁次任派遣军总司令之前，与被告无涉。而任职期间的零星暴行，应由行为人及各辖区直接监督长官负责等。应予无罪释放。国民党当局竟冒天下之大不韪，将冈村宁次释放。宣判后的次日，冈村宁次即乘遣返战俘的美国轮船回国。

为此，中共发表声明，强烈要求国民政府立即将冈村宁次逮捕监禁。以后，代总统李宗仁也曾要求将其引渡回中国重新审判，但都没有成功。1950 年，冈村宁次被台湾当局聘为“革命实践研究院高级教官”。



日本华南最高指挥官田中久一被押赴刑场

田中久一被处决前

日本战犯冈村宁次被无罪释放

汉奸被绑赴刑场

# 审判汉奸

**抗战胜利后，国民政府陆续逮捕并公审了一批国人皆曰可杀的大汉奸。**

## 汉奸纷纷落网

1945 年 9 月 26 日起，南京宪兵司令部和警察厅开始逮捕汉奸。先后捕获伪南京市长周学昌、伪军委会参谋长胡毓坤、伪海军部长高凌霄、伪教育部长李圣五、伪实业部长梅思平等 23 名大汉奸。还捕获了伪空军头目陈昌祖、姚锡九等人。

陆军第 3 方面军在上海逮捕了伪湖北省长杨揆一、伪浙江省长项致庄、伪立法院长温宗尧、伪司法院长张国元、伪最高法院院长张韬、伪宣传部长赵叔雍、伪建设部长傅式说、伪司法行政部长吴颂皋、伪清乡事务局长汪曼云、伪中央储备银行行长钱大魁等一批“部级”汉奸。

武汉方面，于 10 月 1 日起展开抓捕行动，逮捕了伪武汉“绥靖”主任叶逢等 100 多名汉奸。

南京伪政府垮台后，伪政府的一号人物、伪府主席陈公博潜逃日本。在国民政府和国际舆论的压力下，日本政府被迫同意将陈公博引渡回中国。10 月 3 日，押解陈公博回国的飞机降落在南京，陈立即被逮捕，关押在夫子庙宪兵学校。

伪政府 2 号人物周佛海，自以为接受军统的任务和蒋介石的指令而不会被捕，军统头目戴笠也向他打了保票。在舆论的压力下，周佛海还是被军统诱至重庆加以逮捕。与他

傅式说

罗君强

林柏生

汪曼云

汪伪国民政府成立时，周佛海在伪国民政府大楼前留影

一道被抓的还有伪政权的要员罗君强、丁默邨、杨惺华、马骥良等人。

汪精卫之妻陈璧君，还有7月份刚刚上任的伪广东省长褚民谊，被军统从家中诱出关押起来。10月14日，陈璧君、褚民谊，以及汪精卫的女儿汪文惺、汪文悌等，被押上飞机解到南京，关押在宁海路25号看守所。

伪立法院长梁鸿志，似乎有些先见之明，在日本投降前一个月，就跑到上海法租界毕勋路的私邸中躲藏起来。日本投降后，他又潜赴苏州藏匿。结果，被其老部下、已是蒋介石大红人的任援道侦知抓获，关押在名为"楚园"的一处优待所，后又被转押上海提篮桥监狱。

在北平，军统以戴笠的名义，于12月5日将10多个大汉奸请往兵马司胡同赴宴，在宴会上将这批"特任"级汉奸一网打尽。这些人是：伪华北政委会委员长王克敏、王揖唐、王荫泰，伪北平市长刘玉书，伪北平宪兵司令黄南鹏，伪中国联合银行总裁汪时璟，以及著名的汉奸齐燮元、周作人及伪天津市长、伪北平商会会长等等。随后，全部送往炮局胡同监狱。几天后，殷汝耕等一批汉奸也先后落网。

## 审判处决汉奸

1946年初，陈公博等一批关押在南京夫子庙宪兵司令部的汉奸，被移往宁海路25号看守所。审判汉奸的工作也随之启动。2月17日，陈公博、陈璧君、褚民谊等人，被押至苏州监狱，准备接受江苏高等法院的审判。在北平抓获的一批汉

王揖唐

江亢虎

齐燮元

汪精卫之妻陈璧君

奸，也被送往南京。

1946年5月21日，汉奸缪斌第一个被枪决。

4月16日，陈公博以“通谋敌国，图谋反抗本国”罪，被江苏高等法院判处死刑。6月3日，在苏州监狱刑场被枪决。

4月22日，陈璧君以同样的罪行，被判处无期徒刑。1959年3月病死于上海狱中。

4月22日，褚民谊被判处死刑。8月23日，在苏州狮子口第三监狱刑场被枪决。

6月21日，梁鸿志在上海被判处死刑。11月9日，在上海被执行枪决。

10月8日，伪安徽省长林柏生，在南京老虎桥监狱刑场被枪决。

10月31日，首都高等法院判处华北大汉奸殷汝耕死刑。12月1日在南京老虎桥监狱被枪决。

11月7日，首都高等法院在南京朝天宫判处周佛海死刑。后国民政府于1947年3月27日明令减为无期徒刑。1948年2月28日，周因心脏病发作死于南京老虎桥监狱。

1947年3月6日，罗君强被判处无期徒刑。1970年病死上海。

1946年9月10日，王揖唐在北平姚家井第一监狱被枪决。

1946年11月30日，温宗尧被首都高等法院判处无期徒刑。次年11月病死狱中。

1947年6月16日，首都高等法院驳回伪考试院长江亢虎被判无期徒刑的抗告。江于1954年病死上海。

周作人是在南京受审的。结果被从轻判处有期徒刑15年，于1949年1月提前释放。

据不完全统计，至1945年年底，共获捕汉奸4692人，送交审判机关审理4291人，送军法机关334人等等。

其中在南京一地，首都高等法院审理汉奸案530件，审结381件，判处死刑14人，无期徒刑24人，有期徒刑265人。

其他地区判处死刑342人，其中上海10人，江苏13人，浙江48人，湖北32人，广东50人，广西23人，山西23人。绥远19人，河南12人。判处无期徒刑847人。判处有期徒刑10066人。

以上数据，不包括解放区的审判。经军法机关审理的，对伪军的审理，也不在此列。

周作人受审

褚民谊受审

**原国民大会堂**——建于 1935 年。新民族建筑的代表作。专门为召开国民大会所建。1946 年的"制宪"国大和 1948 年的"行宪"国大，都是在这里举行的。现为人民大会堂。

地窗——西式建筑上的地窗。有些建筑过道，因为有墙遮挡，感觉较暗，走路时不太方便。加上了地窗，将自然光线引入，于是就变得明亮许多，走起路来也就不用那么小心翼翼了。一个小小的创意和细节，就给生活带来便利。亮了，可以让它变得暗些；暗了，又可以通过某种方式改变它。

# 陈公博的末日

1940 年 3 月，汪伪国民政府在日本扶植下成立。1940 年 5 月，陈公博率访日答礼团访问日本。图为陈公博访日归国时情景

**每天下午倒马桶的时候，陈公博与众囚犯挤在一起，他感到有失体面。**

## 逃往日本　引渡回国

1945 年 8 月 15 日，日本宣布无条件投降后，南京伪政府乱作一团。8 月 24 日，伪政府一号人物陈公博准备逃往日本。第二天，一架日本 MC 型飞机在晨曦中从南京明故宫机场悄然起飞，机上载着陈公博及妻子李励庄、秘书兼情妇莫国康等人。

飞机在日本本州鸟取县西郊的米子机场降落。为避人耳目，陈一行东躲西藏，刚开始住在一个叫“水交馆”的小旅馆里。这家旅馆十分简陋，房间里连一把椅子都没有。陈公博只好在草席上安身。堂堂“国民政府”主席，如今连乞丐都不如，陈公博的心里不是个滋味。

第二天，日本外务省派人将他们用飞机接到京都，准备把他们送到已安排好的京都旅馆。陈公博认为京都旅馆人来人往，过于引人注目，不敢入住，最后他们来到了比较僻静的出町寺田别庄。没住几天，又搬到了更为隐蔽的金阁寺里住了下来。

8 月 29 日晚上，日本同盟社突然发了一条消息，称陈公博 8 月 28 日自杀受伤，送医院抢救不治身亡。这条消息经过路透社转播，国内外各报刊均予刊登。

中国政府经过调查，发现陈公博之死纯属子虚乌有。

陈公博

9月3日，国民党中央通讯社宣布，陈公博夫妇及其女秘书一行，受日本外交部及军事当局保护，出逃日本，行前陈曾交日方一大笔匿住日本时的生活费。当日方得知中国政府将向日本当局究办此叛国汉奸，同盟社便别有用心播发了此假消息，意在掩护陈公博隐匿日本的事实。

陈公博"自杀"的真相，国内早已尽人皆知，要求日本政府尽快交出汉奸陈公博的呼声越来越高。9月9日，南京受降仪式结束时，中方代表何应钦即向日方代表冈村宁次提出引渡陈公博等人回国的正式要求。9月18日、19日，何应钦再次向日方提出上述要求。经中国陆军总司令部向日本政府一再交涉，日方不得不交出陈公博等人。

## 囚徒生活

10月3日，陈公博在日本度过了战战兢兢的1个月零8天后，被押送回南京。一下飞机，陈即被逮捕，送往位于南京城南的宪兵司令部看守所。没过几天，陈又被转押至宁海路23号军统局临时看守所，开始了他的囚徒生活。

陈公博独自关押一室，吃饭有人送，刚去的时候，伙食还可以。只是有一点陈颇感不便，就是每天下午倒马桶的时候，陈与众囚犯挤在一起，他感到有失体面，就向看守请求，说他曾任"国府代主席"，希望给他一点面子，准许他每天提前或延后单独倒马桶。此要求得到了批准，此后，陈得到了每天提前倒马桶的优待。

后来，看守所的伙食越来越差，一度用黑面粉做成面疙瘩当囚粮，嚼在口里如同木屑，难以下咽，关在这里的汉奸们称作"原子弹"。陈又提出改善伙食的要求。这次没有人理会他。

在看守所的几个月里，陈没有被提审过。他不甘寂寞，要来纸笔，每天伏案书写《八年来的回忆》，文章长达3万字。在这篇文章里，他竭力为自己的汉奸行为辩护。一天上午，陈正在写他的文章，军统局长戴笠突然来看守所看望他。戴把陈公博叫到办公室，与他密谈了两个多小时，戴要陈安下心来，答应用政治手段来解决他的问题。

与戴谈话后，陈公博似乎看到了一线生机，在囚室里喜形于色。平时一言不发的他，这时也无话找话地与看守聊上几句，高兴之情溢于言表。

可是没过多久，戴笠乘飞机失事身亡，陈公博的幻想破灭了。得知消息后，陈垂头丧气。这时他已与陈璧君、褚民谊等3人，被转押到苏州高等法院看守所。

陈公博被从监狱中提出

赴日答礼团成员在轮船上合影。右起：汪伪政府宣传部长林柏生、内务部长陈群、陈公博、行政院副院长褚民谊、行政院参事厅厅长陈君慧

## 可耻下场

1946 年 4 月 6 日下午 2 时，法庭开庭，公开审判陈公博。

这天，陈公博身穿深灰色布面夹衫，灰色呢西装裤，头戴黑呢船形帽，脚穿一双黑皮鞋。他手持两本卷宗，见记者前来拍照，连忙强打精神，故作镇定。

审判长宣布开庭后，由首席检查官宣读起诉书。

陈公博听完起诉书后，一副不服气的样子，问法官能不能当庭宣读他在看守所写好的《八年来的回忆》。审判长同意了他的要求。陈连忙打开卷宗，朗读起来。

在这份自白书里，陈极力为汪精卫的叛国行为辩护，为自己当汉奸推卸罪责。最后，陈对起诉书提出了抗辩理由，即所谓“沦陷区人民创痛巨深，经汪陈政府予以‘抢救’，国家元气得以保存；日本投降后，本人维护南京治安以待国军接收”等等。

1 小时 55 分钟，陈才把这份自白书读完。

随后，审判长按起诉书询问犯罪事实，陈公博供认不讳。接着，又由法庭指定律师为陈辩护。

对陈的抗辩理由，法庭一一予以驳斥，铁的事实，使陈公博哑口无言。退庭时，已是晚上 8 时 20 分。

4 月 12 日下午，江苏高等法院再次开庭，对陈公博进行宣判。当审判长宣读判决书主文：“陈公博通谋敌国，图谋反

陈公博接受审判

行刑前的陈公博

抗本国,处死刑……”时,陈的双腿不停地抖动,神情紧张。审判长继续宣读:“褫夺公权终身,全部财产除酌留家属必须之生活费外,没收。”

这时,陈回过神来,回头向左右旁听席上四望,态度似不耐烦。当法官询问陈是否上诉时,陈回答道:“我上次审判时已说明过,无论如何决不上诉。审判长能在上次让我朗读自白书全文,我心事已了,应对审判长及各位表示感谢。”

陈公博知道,自己的案子是蒋介石铁定了的,申请复判只是徒劳。

可是,陈公博的老婆李励庄不死心,向南京最高法院递交了《申请复判状》,请求重审重判。最高法院特种刑事法庭很快驳回了李励庄的上诉,核准了江苏高等法院对陈公博的死刑判决。6月1日,司法行政部也核准了对陈公博的死刑判决。次日,陈公博被移往苏州狮子口江苏第三监狱,等待执行死刑。

6月3日上午6时30分,最高法院派人从南京赶到苏州,送来了对陈公博立即执行死刑的各种文书。法院院长立刻通知典狱长迅速安排临时法庭,布置刑场、警备等。

随后,几名法警来到牢房提人。陈公博见这阵势,知道死期已到。他整了整衣冠,取了一把自己用的茶壶,来到隔壁陈璧君的囚室,送给她留作纪念,对陈说:“我随汪先生去了。”陈闻言失声痛哭。

陈公博去刑场前,提笔给家属写了遗书。又给蒋介石写信,信写到一半时,陈突然决定不写了。于是,历史上就留下了一封陈公博未完成的致蒋信。

大约在8时半,陈被带到监狱设置的临时法庭上。法官循例问了问陈公博的姓名、年龄、籍贯等,接着宣读死刑执行书:“最高法院特种刑事判决35年度京特复第1229号……依惩治汉奸条例第2条第1项第1款……判处死刑,剥夺公权终身……”

宣读完毕,法官问:“你有什么话要说?”

陈答:“我给蒋主席的信,只写了三分之一。”

“可否在1小时内续成?”

“不必了!”

“你有多少动产不动产?”

“你们可以调查。”

“你还有什么要求?”

“我有茶杯一只,是兆铭兄所赠;有一枚一等旭日大绶章,是日本天皇所赠。此两物都在我床上,要求随葬……”

陈又要求和汪精卫的老婆陈璧君及褚民谊告别。

法警带着陈来到褚民谊处,两人紧握双手,默默无语。又至陈璧君处,陈璧君掩面痛哭:“我们曾经共患难,岂知你先我而去。”

随后,陈公博向刑场走去。走着,走着,他忽然停住了脚步,回头对行刑的法警说:“请多帮忙,为我做干净点。”

陈走到指定的位置上,面东而立,双手整理了一下蓝色士林布长衫,然后左转面北,双手插入裤内,紧闭双目,连声叫道:“快开枪!快开枪!”

“砰!”枪声响了,陈公博应声倒地,浑身痉挛,一股污血从右眼流出。几分钟后,法医检查,陈已气绝。

1940年3月30日，汪伪政权粉墨登场

# 缪斌被杀之谜

此案审判经过扑朔迷离，蒋介石也直接插手了这件案子。

## 汉奸纷纷落网　缪斌逍遥法外

缪斌，字丕成，江苏无锡人。他是1924年黄埔军校初创时的第一期学员。日后，蒋介石一直对黄埔军校的毕业生宠爱有加。不久，缪斌先后担任了国民党的诸多军政要职：黄埔军校教官，中央执行委员，国民革命军第1军党代表，江苏省政府委员兼省民政厅长等。抗战时期，投靠日本人当了汉奸。在不遗余力为汪精卫卖力的同时，又于1944年正式加入了军统，与蒋介石、戴笠保持着密切的联系。以至于被伪"76号"特工头子李士群向汪精卫告发。于是，汪精卫就给了他一个闲得不能再闲的官位：考试院副院长。在日军卵翼下才得以生存的汪精卫政权，哪还有精力去搞什么考试呢？

1945年8月，日本无条件投降。伪考试院副院长缪斌自恃有军统甚至蒋介石、戴笠做后台，居然"居功自傲"起来。在其他大大小小的汉奸先后落网后，他却悄悄地离开南京，跑到上海绍兴路80号的私宅里，优哉游哉地做起了寓公。

缪斌的清闲日子一直过到1946年初。随着国内要求审判汉奸的呼声日益强烈，缪斌感到有点不妙了。先是在脑子

缪斌

里犯嘀咕，继而成天坐立不安，生怕有一天会大祸临头。于是，号称“军师”的他，开始思考对策。经过一段时间的冥思苦想，终于想出了上下两策。这上策就是远走高飞，一脱干系，但跑到何处？缪斌一直在考虑。跑到国内的任何地方都不安全，到日本，也不行。到美国、欧洲，更不行。上策行不通。这下策，就是搜肠刮肚地写了一份材料，名为《我的对日工作》，详细叙述了加入军统后为国民党、蒋介石工作的经过，特别是奉蒋介石之命，赴日本谋和的行动。他幻想，一旦被捕，蒋介石会念及旧情放自己一马。

## 索要“手令” 赴日谋和

事情要追溯到1945年初。

当时，德国在欧洲战败，日本在东方的败局也已显露无遗，在中国战场的态势是欲战不能胜，欲使国民党投降也已不可能，只有一条路：和。于是，日本首相小矶国昭千方百计想与重庆国民政府讲和。要“和”，就要谈。由谁来谈？日本人想到了缪斌这个“日本通”。

日方人员奉命避开汪精卫，直接找到缪斌并与之洽谈，告知了用意，要他直接与蒋介石接触，以求停战谋和。这时，蒋介石从战场上和外交上的种种迹象中，也察觉到了日本谋和的企图。于是指令军统物色人选直接去日本洽谈谋和事宜。军统自然也想到了在汪伪政府任考试院副院长的军统秘密成员缪斌。日方、蒋方都想到了同一个人。

一天，缪斌在南京接到军统发来的秘密指令，称：“戴先生奉委座命令，命你立即去东京与日方洽谈，并将情形随时具报；返回后，即去沪详细禀报。”

缪斌为人狡诈，在官场上的几个阵营混了多年，深知其中的险恶。在他接到重庆军统局的指令后，迟迟按兵不动。戴笠见缪斌总是没有动静，就一再去电催促缪斌尽快赴日本。缪斌跟随蒋介石多年，深知蒋介石的反复无常。他想，我就这么空手去日本，将来万一日本完蛋了，老蒋又翻脸不认账，那我就是有千张嘴也说不清了。

于是，缪斌就多长了一个心眼。他给在重庆的戴笠去了一电，要戴为他向“委座”要一纸派他到日本去和谈的手令，否则，就很难办了。戴笠正心急如火，只想尽快催促缪斌赴日本，就忙不迭地写了份报告，并找到蒋介石，告知了缪斌的要求。蒋介石犹豫了一会儿，知道此手令一出，就是个证据，于是问戴笠的意见如何？戴笠诡秘地一笑，胸有成竹地说：“委座尽可放心，日后的一切事宜，全由学生一手处理，管保天衣无缝。”蒋介石这才点头

缪斌（右）访日时与日本皇族成员在防空洞前合影

首都高等法院，抗战胜利后曾审理汉奸案530件

首肯，写了一纸手令交给了戴笠。

戴笠火速将手令送到缪斌的手中。缪展开手令一看，一行字赫然在目："兹派缪斌为代表与日本政府协商和谈之事。"缪斌以往经常看到蒋介石的手迹，这次与以往不同的是，没有"中正"的落款。但缪斌一看就知是蒋的亲笔，也就十分放心了。看毕，满意地往怀中一揣，打点行装去了。

1945年3月15日，缪斌从南京赶赴上海，16日乘飞机径直飞往日本东京。

在日本，缪斌秘密活动了40多天，与日本政府高层人员进行了多次秘密会谈。最后，代表重庆国民政府方面与日方达成了秘密的"中日全面和平方案"。主要内容有：取消南京"国民政府"和"满洲国政府"，由重庆国民政府方面收复华东和华北的失地，同时新成立南京留守政府；日方在南京留守政府成立时，立即与重庆国民政府商谈停战、撤军等事宜；停战协定一发表，重庆国民政府即还都南京；日本在中国仍享有经济上的特殊利益等。

这次密谈及协议，是重庆方面瞒着盟国英国和美国、日本方面瞒着汪伪政府进行的。

协议达成后，缪斌立即返回上海，向军统局及戴笠汇报了日本之行的全部经过以及协议的具体内容。戴笠对缪斌慰勉有加，并立即报告了蒋介石。缪斌对此次奉"委座"之命赴日本洽谈之事，得意非凡，自认为做了一件非常大、令蒋介石非常满意的事，非等闲之辈所能胜任。果然，没过多久，缪斌就接到了戴笠的一封电报，内称："王佐同志(军统给缪斌的代号)，东行一事，总店十分满意。"缪斌还曾得意地把这封电报向朋友炫耀过。

之后，蒋介石一直在等待日本方面的下一步行动。

但不久，日本政府内的一批强硬分子认为，战争还应打下去，并有可能取得胜利，因此，强烈反对这一"议和"方案。由于意见不一致，方案就没有付诸实施。

1941年，汪精卫对伪中央陆军军官学校军官演讲。左起：刘郁芬、陈春圃、陈群、林柏生、缪斌

## 蒋介石亲自催捕缪斌

几个月后，日本投降。迫于全国舆论的压力，国民政府在京沪一带开始搜捕汉奸，伪政府的院部级汉奸一一落网，而唯独缪斌一人逍遥法外。是何原因，只有缪斌心中有数，况且他与军政部长何应钦的关系也非同一般。

时隔不久，进驻日本的美国占领军军官在日本内阁的档案中发现了一份绝密文件，名为“佐藤文件”(缪斌在日本活动期间曾化名为“佐藤”)。内容是佐藤代表国民政府与日本政府的东久迩宫谈判的情况。美军统帅部麦克阿瑟得知后十分恼火，随即质询蒋介石究竟是怎么回事。蒋介石急忙召见戴笠问缪斌现在何处？有没有被逮捕？戴笠只得如实报告说，没有逮捕，现在大概住在上海。蒋介石恐此事败露，后患无穷，遂当面下令要戴笠及时处置，先行拘捕，看看情况再说。

戴笠念及与缪斌的旧情，派人向缪斌打了一个招呼，说委员长要将你法办，我个人力量太小，可能没有力量帮助你，但我会尽力设法的。你自己可以先找找人，如何应钦部长。缪斌心领神会，立即就找了老长官何应钦。何应钦也向蒋介石为缪斌讲了情。蒋介石只是点头，没有明确表态。

以后，在日本东京远东国际军事法庭审判战犯时，一些供词也不断透露出有关“佐藤文件”的内容。蒋介石听说后，再催戴笠速捕缪斌。

1946 年 2 月初的一个清晨，缪斌正在上海绍兴路的家中写字。忽然听到有人敲门，缪忙差人去开。门开后，冲进几个便装打扮的汉子，口称：南京方面有要事，请缪先生与我们一同前往。话音未落，缪斌就被铐上双手，押上一辆汽车，即刻开往南京，关押在军统局宁海路看守所。几天后，又被“陆总”押解到苏州，关押在江苏省高等法院的狮子口监狱。

## 蒋介石再下手令“按律办理”

此时，担任省高院主审的庭长石美瑜，接到了从南京专程送达的一份蒋介石手谕。石展开一看，上书“着即将缪斌汉奸案按律办理。中正”。石美瑜立时掂出了分量，马上开始了审判的准备工作。

不知是巧合或是其他什么原因，就在缪斌 2 月份被捕到审判之间的这段日子里，知道缪斌赴日本和谈内幕详情的两人中的一人戴笠，却于 1946 年 3 月 18 日在南京郊区因飞机失事身亡。

一段时期以来，陈公博、陈璧君、褚民谊等大汉奸，均已押解到苏州狮子口监狱，等待接受审判。全国各地的报社记者纷纷云集苏州，争相采访首审一号汉奸陈公博的情况。而出乎记者们预料的是，江苏高等法院首先开庭审判的却是缪斌。

1946 年 4 月 3 日，缪斌汉奸案正式开庭审判。

担任主审的是第一刑事庭庭长石美瑜。审判开始后，审判长按惯例，询问了缪斌的年龄、籍贯，并宣布了他的叛国罪。接着，缪斌以其犀利的口才，大谈自己十多年来为“党国”从事对日策反工作的功绩。他想，凭自己对日策反的功绩，那点汉奸罪何足为奇。

缪斌受审

当他谈到“为军统工作并得到戴笠的多次嘉奖记功”，“多次奉戴笠之命进行秘密工作”时，庭长立即出示了军统局“请求法庭依法惩治汉奸缪斌”的电报，并称“戴笠已于3月18日坠机身亡”。缪斌一听，顿时愣住了。正在他发呆时，法官打断了他的思绪：“缪斌回答问题。”缪斌的最后一张王牌，就是奉蒋介石的手令赴日本秘密和谈之事，事到如今，也只有把这张王牌打出去了。

于是，缪斌正色说：“1945年3月，我奉中央之密令，赴日本商谈……”他故意没有说出蒋介石的名字，打算看看审判官的反应。

这时，庭长立即打断缪斌的话：“不须申辩了。”

缪斌力争要说，并举出证人数人要求法庭调查。

庭长干脆说：“无此必要。”

缪斌心里觉得蹊跷，情绪一下子紧张起来，欲奋力抗辩。

这时，庭长石美瑜取出一张纸，高声说道：“现在我宣布领袖手谕：‘着将汉奸缪斌按律办理。’”

缪斌一听到“按律办理”后，顿时浑身战栗，脸色也由红变白，由白变青，自知保命无望。

也正是在缪斌案审判的当天，梁鸿志等70多名大小汉奸，才被从上海提篮桥监狱中提出，押解至苏州关押。一号汉奸陈公博案到6月份才审结。缪斌被押回监房后，对辩护律师解树强说：“如此审判，前后矛盾得太厉害，我要求调查证人证据，当众辩解，又不允许，真是太冤枉了。”

5天后的4月8日，江苏高等法院刚刚开庭，即宣布判处缪斌死刑。缪斌在庭下大叫不服，要求其妻和律师上诉。但有关上诉的所有一切，都被法庭毫不留情地一一驳回。

5月21日，缪斌被处决。临刑前，缪斌还写了一首诗来为自己辩白，颇为耐人寻味。诗文是：“浩气归太真，丹心照万民。平生慕孔孟，死作和平神。”

从逮捕缪斌，到审判处决，只有短短三个月。最后一个逮捕，却第一个被枪决，如此之快，在审判汉奸案中是没有先例的。

褚民谊曾任汪伪政府外交部长。当褚民谊还被押在苏州狮子口监狱时，缪斌已被枪决

毛泽东飞抵重庆

# 应邀赴渝

毛泽东笑容满面地挥动着考克帽出现在机舱口。连赫尔利都伸出大拇指说："毛，简直是好莱坞。"



## 毛泽东亮相重庆机场

1945年8月14日、20日、23日，蒋介石连发三电，邀请毛泽东到重庆谈判。中共中央认真分析了形势，决定接受蒋介石的邀请。8月28日下午3时37分，在国民政府军委会政治部长张治中、美国驻华大使赫尔利的陪同下，毛泽东、周恩来、王若飞等，从延安乘专机飞抵重庆。

毛泽东以何种形象出现在重庆呢？周恩来经过精心考虑，建议毛泽东戴考克帽。该帽拿破仑戴过，孙中山也爱戴。毛泽东欣然接受建议。在延安机场，毛泽东在机舱口挥动着考克帽，向延安军民告别。当飞机降落在重庆时，毛泽东一身中山装走出机舱，面对各界人士和中外记者，毛泽东笑容满面地挥动着考克帽。中外记者的镜头全部对准了毛泽东。连赫尔利都伸出大拇指说："毛，简直是好莱坞。"

毛泽东与张澜（左一）、邵力子（左二）、张治中（右二）等人合影

毛泽东在重庆九龙坡机场

当晚，蒋介石在林园官邸设宴款待毛泽东、周恩来一行。蒋介石与毛泽东的见面，还是在第一次国共合作时的广州。20年了，两人在重庆相见，两双手紧紧地握在了一起。蒋介石致词说："今天，国共两党又走到了一起，政府高度评价毛先生莅渝，这是一个崇高的举动。我代表国民党中央和国民政府，热烈欢迎毛先生和中共代表团。"

## 《双十协定》签订

由于蒋介石本来就没有和谈的诚意，因此也没作谈判的任何准备，谈判的程序、议案均由共产党方面提出。双方代表就一般性问题交换意见后，9月3日，中共代表提出关于两党商谈的主要问题11项提要交国民政府代表，主要内容包括：确定和平建国方针，承认各党派的合法平等地位，承认解放区政权及抗日武装，结束国民党党治，拥护蒋介石的领导地位等等。

9月8日，国民政府代表根据4日蒋介石亲拟的《对中共谈判要点》，对中共的11项提要提出了书面答复。蒋介石对这次谈判的方针是，准备在政治上作出一些关于开放民主自由的许诺，但一定要在"政令军令统一"的名义下取消解放区和人民武装。因此，他在表面上承认了中国共产党和各民主

毛泽东与国民党要人张镇(右)握手

毛泽东、周恩来、王若飞等到达重庆后，立即去看望一直为民主奔走呼号的冯玉祥。8月30日下午，冯玉祥去毛泽东等的临时住所——重庆桂园国民政府军事委员会政治部部长张治中公馆回拜，不想毛泽东等三人因事外出，但特地给冯玉祥留下各自的名片。毛泽东的名片是他亲自用毛笔书写的。冯玉祥在毛泽东、周恩来的名片背后分别写上"卅日下午四时住张部长公馆"，将其珍藏起来。当晚，吴铁城、张群、王世杰三人在吴铁城家作东，宴请毛、周、王等，冯玉祥、甘乃光作陪。散席后，天黑路滑，毛泽东他们坐的那辆车掉到路边沟里卡住了，冯玉祥及随员、司机帮着去推，却怎么也推不上来。冯玉祥不由分说，将毛泽东等拉到自己的车上，一直把他们送到桂园门口。

中共方面的谈判代表王若飞

毛泽东与赫尔利

毛泽东与蒋介石



党派的地位，以及和平团结的方针，并允诺召开政治协商会议；但对于解放区政权和人民军队的地位，却不予承认。这些问题因此成为谈判争论的焦点。

10 月 10 日，国共双方代表终于签署了《国民政府与中共代表会谈纪要》(即《双十协定》)。《纪要》就和平建国的基本方针、政治民主化、国民大会、党派合作、军队国家化、解放区地方政府等 12 个问题，阐明了双方的立场。但在人民军队和解放区政权问题以及接受日军投降等问题上，双方仍存在着尖锐的分歧。次日，毛泽东在飞返延安前，与蒋介石又进行了一次交谈。蒋介石仍在解放区问题上纠缠不清。结果只能是不欢而散。这也是两人之间的最后一次晤面。

10 月 11 日，毛泽东在张治中的陪同下飞回延安。在重庆机场，毛泽东发表了简短的讲话："中国的问题，是可以乐观的，困难是有的，但是可以克服。"周恩来、王若飞等人则留在重庆与国民党方面继续商谈。

毛泽东在重庆接见美国第 14 航空队飞行员

# 一抹曙光

毛泽东、朱德、周恩来在延安机场

**1946 年 1 月 10 日，中共代表同国民政府代表签订了停战协定。**

在重庆谈判期间，中共军队从日伪军手中收复失地，对国民党军的进犯予以自卫反击，解放区进一步扩大。至 1946 年 1 月，解放区的面积已有近 240 万平方公里，人口近 1.5 亿，城市 506 座。



在解放区军民进行自卫反击的同时，国统区人民反内战运动也蓬勃开展。11 月，民盟发言人发表谈话，指出：“谁要发动内战，谁就是全国的公敌。”成都各大学 21 个团体联名发表《制止内战宣言》。重庆许多群众团体和杂志社纷纷呼吁制止内战，并成立“陪都各界反内战联合会”。在昆明，11 月 25 日，西南联合大学等校师生及市民 6000 余人举行反内战时事晚会。26 日，昆明大、中学校学生罢课抗议，并发表《为反对内战及抗议武装干涉集会告全国同胞书》。12 月 1 日，国民党军警、特务、暴徒围攻云南大学和西南联大等校，酿成震惊全国的“一二·一”惨案。

张氏三兄弟合影。后张嘉铸，右张嘉璈（银行家）。左张君劢，1946 年 1 月曾作为民盟代表出席政治协商会议

与此同时，民主党派空前活跃。1945 年 10 月，民盟召开临时全国代表大会，通过民盟纲领、政治报告、宣言和章程。同月，谭平山等成立三民主义同志联合会(简称“民联”)。12 月，黄炎培、胡厥文、章乃器、施复亮等成立中国民主建国会(简称“民建”)。马叙伦、王绍鏊、周建人等成立中国民主促进

中共代表在政协会议上

中共代表与友好人士见面

会(简称"民进")。全国各界救国联合会改称中国人民救国会。1946年1月,洪门致公党发表宣言,呼吁国内停止内战,各党各派团结一致共图建设。

1946年4月至5月，中国国民党民主促进会和九三学社相继成立。领导人分别为李济深、蔡廷锴、何香凝、褚辅成、许德珩等。

1945年12月,苏、美、英三国外长举行莫斯科会议,表示"同意在国民政府下有一统一与民主之中国",国民政府各级机构要有"民主党派之广泛参与"，内部冲突必须停止等等。

1946年1月7日,由国民政府代表张群、中共代表周恩来、美国政府代表马歇尔组成了"三人小组",会商解决军事冲突及有关事项。1月10日,中共代表同国民政府代表签订了停战协定。

正是在这样的国际国内背景下，政协会议于1946年1月10日在重庆开幕了。

此次政治协商会议又称“旧政协会议”，参加会议的代表共38名，其中国民党8名，中共7名,中国民主同盟9名,无党派9名，中国青年党5名。与会代表代表了三种政治力量。国民党代表坚持一党专政和蒋介石个人独裁,青年党则追随国民党。民主同盟代表中间力量,主张实行资产阶级民主制度,社会贤达(无党派人士)中也以中间派居多。中共主张建立新民主主义的共和国。在反对国民党一党专政、反对内战、要求和平民主这些基本问题上，中共与中间势力基本上取得了一

周恩来向送行者告别

中共参加政协会议的代表

中共代表们

周恩来在政协会议上祝酒

致意见。

会议通过的《和平建国纲领》作为政府的施政纲领，确定了建设统一、自由、民主的新中国，保持国家和平发展的方针。纲领明确确定，改组后的政府应是从结束国民党的“训政”到实施宪政的过渡时期的政府，它负有召集国民大会以制订宪法的任务等。

会议经过多次讨论，最后确定了军党分立、军民分治的整军原则和实行以政治军的办法，并决定由军事三人小组(中共代表周恩来、国民党代表张治中以及以美国顾问身份参加的马歇尔组成)商定中共军队的整编办法并进行整编，同时按照国民政府军令部的计划整编国民党军队。

政协会议历时22天，在通过了政府组织案、国民大会案、和平建国纲领、军事问题案、宪法草案等五项协议后，于1946年1月31日闭幕。

黄炎培等发起成立中国民主建国会

马叙伦等发起成立中国民主促进会

还都时的国府大门

# 国民政府还都

**国民政府文官长吴鼎昌手捧着“中华民国之玺”的大印，款款走下了飞机。**



1946 年 4 月 30 日，国民政府在重庆正式下达“还都令”，决定于 5 月 5 日凯旋南京。

## 蒋介石返回南京

1946 年 5 月 3 日，国民政府文官长吴鼎昌乘坐的飞机，由重庆直飞南京，于下午 2 时许降落在南京明故宫机场。吴鼎昌手捧着“中华民国之玺”的大印，款款走下了飞机。由于“国玺”的返回具有一种象征意义，所以，在机场上还举行了一个简短而隆重的迎玺仪式，各院、部、会、署代表簇拥着吴文官长，纷纷与之合影。之后，吴鼎昌即在一群警卫的严密护卫下，驱车直开国民政府办公楼“子超楼”。

5 月 4 日上午 11 时许，一架从汉口方向飞来的美制双引擎中型飞机，徐徐降落在机场一端的跑道上，人们看清了飞机机舱下方，有硕大的两个汉字“美龄”。这就是美国政府送给蒋介石夫妇使用的著名的“美龄”号专机。

机舱门打开了。蒋介石身着薄呢军便服，

蒋介石走下飞机，踏上南京的土地

蒋介石等军政要人在还都大会上

**总统府大门**——这座总统府的标志性建筑，已经有了 80 年的历史。它见证了太多的风风雨雨，从北洋军阀到国民政府，从两次“还都”到日伪的张狂，从“还都”后短暂的狂欢，到人民的胜利……这一座巴洛克门廊建筑，给人们留下了数不清的记忆。

升旗台——日日夜夜，风风雨雨，旗幡在这里升起降下，变幻莫测，惟有旗杆和平台依旧。1949年4月23日，人民解放军占领总统府，几十名战士登上门楼，青天白日旗降落，取而代之的是一面徐徐升起的红旗。那激动人心的场景，已深深地印刻在国人的心中。不过，那一张感人的照片，是后来补拍的。

蒋介石、宋美龄等晋谒中山陵

光着头，虽是满脸倦容，但显得极其兴奋。紧接着，身穿一身丝绒旗袍的宋美龄也出现在舷梯旁。蒋介石和宋美龄立即坐进汽车，直向城内开去。

## 还都大典

5 月 5 日，国民政府还都大典在中山陵举行。国民政府的 5000 名军政官员和中外使节、记者云集中山陵，从牌坊前及陵前台阶上，一直排列蜿蜒至陵园大道上，场面空前壮观。

9 时整，典礼正式开始。国民政府主席蒋介石与夫人宋美龄率军政官员拾级而上，登上了中山祭堂。蒋介石身着特级上将陆军礼服，宋美龄身着黑色外套，频频向众人答礼。大典

1946 年 4 月 30 日，中共代表团在重庆举行最后一次记者招待会，周恩来发表讲话，通报了东北战场的情况。之后，中共代表团即于 5 月 3 日由重庆移驻南京，办公处就设在国民政府以东的梅园新村。5 月 3 日下午 5 时，周恩来率中共代表团的邓颖超，秘书长齐燕铭，中共中央南方局负责人廖承志、钱瑛等人，以及电台机要组人员十多人，搭乘美国总统特使马歇尔的专机，抵达南京。几天后，中共代表团的其他成员董必武、陆定一、李维汉，以及全体工作人员和他们的家属 100 多人，陆续抵达南京。

蒋介石在还都典礼上发表讲话

宋美龄在还都庆祝大会上接受献花

蒋介石在国民政府检阅仪仗队




开始，军乐队高奏军乐，礼炮101响轰鸣。这时，蒋介石与宋美龄就位，然后，唱国歌，率众人向孙中山像行礼如仪，全体人员向总理遗像、抗战阵亡将士、盟军官兵以及死难同胞默哀3分钟。之后，由张道藩致告文。这时，中央常委、国府委员、各部会首长等，以及参政会主席团代表，鱼贯进入祭堂，绕行陵寝一周。典礼至此宣告完成。蒋介石步出祭堂，向参加人员致词。

蒋介石、宋美龄走下中山陵后，随即登车前往国民大会堂。这里将要举行"首都各界庆祝还都大会"。10时半光景，蒋介石夫妇出现在主席台上，蒋再次向民众发表讲话。

下午4时，国民政府举行了隆重的庆祝还都中外宾客招待会。出席茶会的，有各国驻华使馆人员、盟军军官，各院部会长官。中共代表团成员邓颖超等人也出席了茶会。与会者共有400多人。4时30分，身着黄呢军服的蒋介石，与夫人宋美龄手挽着手，从国民政府办公楼款款而出。在大礼堂，宋美龄陪同马歇尔夫人、彼得罗夫夫人、何部长夫人王文湘、邓颖超女士等，在礼堂右侧沙发间交谈。一会儿，蒋介石亦亲自来到这里与各位夫人

宋子文、陈诚检阅仪仗队

握手寒暄。5 时 30 分，蒋氏夫妇先行离去，整个茶会到 6 时多才曲终人散。喧闹了一天的南京这才安静下来。

晚 8 时，蒋介石亲往中央广播电台，向全国广播了在还都大会上的训词。

还都牌坊

还都时的南京新街口

荣德生

# 荣德生绑票案

**光天化日之下，在上海闹市区，实业巨子荣德生被绑架。**





## 实业巨子突遭绑架

1946 年 4 月 25 日上午 10 时左右，中国实业界巨子、广新银公司董事长荣德生乘车离家至总公司。刚出家门，在弄堂口转角处突然驶来一辆汽车，上面下来几名匪徒将荣德生绑架，劫上另一辆车后直驶中山路转入一条小路，接着将他送入一小船，关在卧舱内。晚 8 时后，匪徒挟荣上岸，上了一辆汽车，直驶至南车站货栈旁下车，又换乘三轮车，直至一石库门屋内。然后，将荣德生藏于一小屋。室内漆黑，有一名看守者。

事发前，荣德生心情极好，正准备回无锡老家赶“八庙朝圣帝”的迎神赛会，不料却突发意外。

大白天在上海闹市绑架实业巨子，消息马上就震惊了全国。上海各报纷纷以显著版面发表消息，全国舆论一片大哗。蒋介石得知后亦极为震怒，亲自下令限时破案。淞沪警备司令李及兰引咎辞职，上海市警察局长宣铁吾接任了淞沪警备司令一职。

在蒋介石的严令下，上海军、警、宪、特全部出动。各交通路口军警密布，另出动便衣暗探近千人，到处进行严密搜索。甚至连与嵊县帮匪徒及本市惯匪素有联络的伪军头目丁锡三、许嘉才等也被警局动员来协同破案。与荣家有关系的 60 余部电话，也被 24 小时监控。整个上海城郊，撒下了天罗地网。

荣家人得知消息后，虽然焦急万分，但却不肯向警方提供任何线索。因为过去他们经历过两起绑票案。一次是在 1940 年夏。那天早晨，荣尔仁乘自备汽车去申新二厂，途中被一伙匪徒绑架，结果花去法币 50 万元，荣尔仁被绑 58 天后脱险。

还有一次是 1941 年 7 月 27 日夜半，申新九厂经理吴昆生和儿子，被日本宪兵队便衣 4 人，及法租界卢湾捕房捕探带走，两星期后引渡到北四川路日本宪兵队。最后是通过丽都花园大流氓高兴保走了“76 号”魔窟头目吴世宝的门路，花了 3000 多件棉纱才赎出来的。

荣宗敬

# 荣氏破财消灾

绑匪开口就向荣家索要100万美金赎金。当时的100万美元，约折合黄金20000两，或折合法币32亿元，简直是天文数字。

绑案发生后一星期，申新九厂总经理吴昆生与绑匪谈“生意”。 经双方讨价还价，赎金降到了50万。

荣德生得知后，在匪窟中写信对筹款赎票的金额作了布置：申一5万，申二10万，申三10万，申六5万，申九20万。共计美金50万元。不足之数，申九解决，以股票作抵也可。写信时间是5月16日。最后约定于5月25日送至指定地点交款。

27日下午，一辆警备司令部副官处的轿车开进了申新二厂，来人将装有50万美金的两只皮箱抬上了汽车，轿车随即离开了工厂。第二天晚上，荣德生被一辆三轮车送回家中，此时他已身陷匪窟34天。

荣德生被放回后，在社会舆论的压力下，警方继续进行侦查。两个月后终于破获此案。原来，主犯骆文庆、张少卿等人蓄谋已久，为行动方便，他们又拉淞沪警备司令部吴志刚和第一绥靖区第二处黄绍寅入伙，并通过吴、黄搞到了毛森签发的逮捕令和汽车。而骆文庆、吴志刚的旧交申新二厂厂长詹荣培则是内线。50万美金到手后，绑匪们立即坐地分赃，黄绍寅分得大量美金后，立即大肆挥霍，由此引起了特工二处的注意，将其逮捕。警方顺藤摸瓜，共逮捕匪徒15人，其中8人被处以死刑。

警备司令部将其缉获的赃款大约13万美金发还给荣家，其间却多次向荣家领取破案赏金达20余万美金。所以荣德生这次绑票案共被勒索美金达60多万。

荣氏企业的商标

荣氏企业的商标

蒋介石与高级将领们

# 将官哭灵

**1947年3月的一个上午，300多名身穿将官呢制服的编余军官，在中山灵堂前放声大哭。**





## 编余军官入中训团

抗日战争胜利后，国民政府开始整编军队，撤销了各战区司令长官部、集团军司令部，军改为整编师，师改为整编旅，团以下补充兵额，配备新式武器。编余下来的军官，无论将级、校级，分别编入全国成立的12个军官总队，分驻西安、重庆、南昌、芜湖、武汉、杭州等大城市等候安置。

蒋介石兼任团长的国民党中央训练团，是抗战时期成立的特殊训练机构。如今，中训团又负起甄别、遣散非嫡系或者信仰不坚定将领的任务。1946年6月以后，各战区陆续集中的将官300多人到南京报到，被国防部委为中训团中、少将团员。他们之中绝大多数参加过北伐战争和抗战。

中训团的待遇，是按级发薪，一名少将月薪是40万法币，可当时理一次发就要15000元。后来，对这些编余将官给予了优待，每月发120斤大米、200斤柴火、2斤食油。团员们为了有个好前程，都期望能得到一官半职。结果，大批将领等到的却是退役、除役。

## 将官哭灵

国民政府此举，是认为这批编余军官，已年老无用，有的脑筋复杂，一旦有事，就不能绝对效忠。遂决定除出身保定军校的老将军外，其余一律清除。对此，将领们极度不满，有人提议到蒋介石官邸去请愿，有人主张拦蒋介石的汽车告状，也有主张散传单的。

黄埔一期生陈天民，任过军、师长，此次也在清除之列。此次整编，他携妻及三个子女来到中训团。由于长期生病，医药、调养所费很大，贫病交加之余，又遭退役打击，于1947年2月中旬撒手西归，遗下孤儿寡妇，景况凄凉。安葬前夕，生前友好们看到陈身后如此凄惨，莫不感到悲痛。于是有人提议说：彼此即将分手，各奔前程，我们都是中山先生信徒，临别何不齐往中山先生灵前，举行告别。

1947年3月19日晨9时，陆续前往参加

中训团将官班

中训团军官总队

谒陵的将官有300余人，全部穿清一色将官呢制服，胸前挂着勋章，肩上扛着将官领章，金光闪闪。10时整，将官们齐集中山灵堂前。由黄埔一期同学、原34集团军副总司令丁德隆主祭，一期黄埔生张际鹏、贺光谦、张君嵩、李模、谢运灏、钟焕全等站在第一排陪祭。其余按期别、年龄依次排列。瞻仰中山先生大理石塑像以及灵柩卧像后，又回到灵堂前石坪。主祭人丁德隆发言后，是几位将官发言，纷纷对现状表示不满，谓同是中山信徒，有的人高官厚禄、锦衣玉食，有的人却衣食不周。尤可恨者，对曾经参加北伐、抗日流血流汗的未死者，招之即来挥之即去的手段，过于残酷等等，大家相对唏嘘。这时，陈天民的妻子，领着孩子向众将领叩头，感谢大家为死者帮忙。说到动情时，不由得放声大哭。这一哭，在场的许多人也跟着痛哭失声。于是，庄严肃穆的谒陵，竟发展成为震惊中外的“哭灵”。在场的中外新闻记者，纷纷将此场景摄下。

## 善后事宜

事件发生后，《救国日报》在头版登出新闻，《中央日报》也相继登载消息，各小报也大做文章。街谈巷议，满城风雨。

蒋介石得知后大发雷霆，大骂谒陵将领“目无法纪”，非严惩不可；又说是共产党的策动。随即把陈诚叫去申斥，责成即速处理，以平舆论。陈诚当即召集了黄杰、陈立夫、何应钦、顾祝同等共商对策。最后决定几项办法：一、凡在抗战期间没有离开部队的将级人员，年龄在50岁以下的改为文职，派到地方上任职；二、40岁到45岁的，转业到交通、工商、警察等部门任职。三、40岁以下的，进陆军大学深造。四、年老体衰不能任职的，多发遣散费还乡，沿途照应。

不到两个月的时间，中训团将官遣散完毕。这些高级将领们退役后，大多无一技之长，抗战时任过中将炮兵旅长的蔡忠笏穷困而死，曾任集团军副总司令的丁德隆声言要出家做和尚等等。面对此一现象，即使是现役将级军官，也对政府当局失去了信心。

国民大会牌楼

# “制宪”后“行宪”

**蒋介石在无竞争对手的情况下，以 2430 票的“高票”当选为中华民国总统。**



## “制宪”国大

1946 年 6 月，国民政府开始对中共解放区实施全面进攻。国民党在未征求各党派意见的情况下，单方面宣布将于 11 月 12 日召开国民大会。对此，中共和民盟表示强烈反对，并拒绝提供代表名单。

1946 年 11 月 15 日上午 10 时，国民党单方面召开的国民大会在南京揭幕。蒋介石召开“国大”，其目的就是在政治上孤立中共，在军事上消灭中共；改善自身的形象，争取美援。

11 月 25 日，大会制定并通过了《中华民国宪法》共 14 章 175 条，并将 1947 年 12 月 25 日定为宪法施行日。对国体、国民资格、疆域、民族、国旗等作了具体的规定；确立了议会和责任内阁制，规定了行政院为国家最高行政机关，对立法院负责；总统依法公布法律，发布命令，须经行政院长副署；总统在发布命令一个月内提交立法院，立法院可以否决该命令等等。

此次大会，理所当然地遭到中共和民盟的反对。周恩来发表声明表示中共方面决不承认。民盟和民进、民建、九三学社等 11 个人

孙科投票

张群(中)投票

于右任在“国大”

民团体也发表联合声明表示一致反对。

因此次会议制定了《中华民国宪法》，故又称“制宪”国大。

## “行宪”国大——选举大战

“制宪”国大召开后，蒋介石为使其一党专制合法化，于1948年3月29日在南京召开了“行宪”国大，5月1日结束，历时34天。此次大会的一项重要议程，就是选举总统。

会议进行到4月底，选举总统和副总统进入了白热化阶段。蒋介石为了标榜民主，还拉来了国民党元老居正为总统候选人。结果，总统当然非蒋莫属。可副总统的选举却突起波澜。蒋介石嘱意让孙科当选，可李宗仁偏不买账，桂系集团则全力拥戴李宗仁。第一轮选举下来，李宗仁先声夺人，以754票位居首位，孙科559票，程潜522票，于右任493票，莫德惠218票，徐傅霖214票。第二轮只投前3人的票，李宗仁的票数又是遥遥领先。蒋介石眼看孙科要败下阵来，就私下约见程潜，要他将己方的票转投孙科。但程不为所动，决定退出选举以示抗议。同时，蒋介石再施手段，到处散布谣言，大揭隐私，试图搞臭李宗仁。此时，李宗仁干脆以退为进，宣布放

总统候选人居正

副总统候选人程潜

蒋介石、李宗仁宣誓就任正、副总统

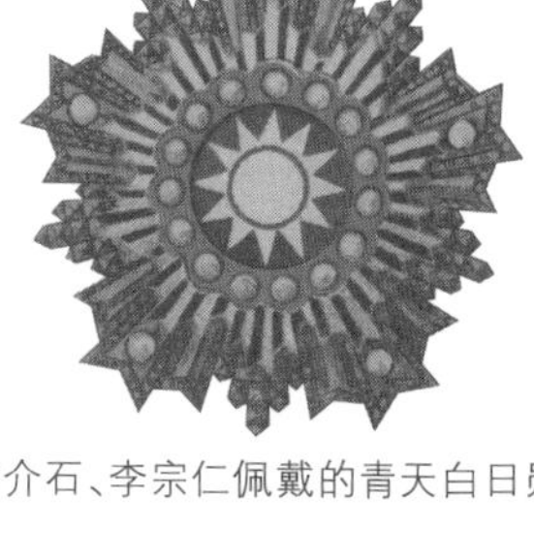

蒋介石、李宗仁佩戴的青天白日勋章

总统就职典礼上的“全家福”

弃竞选。

副总统候选人竟有两人弃选，一下引起了轩然大波。大会被迫休会。蒋介石不得不作出让步，重申“自由选举”。李宗仁见目的达到，遂不再坚持退出。结果，李宗仁得 1156 票，孙科得 1040 票，程潜得 515 票。之后，再由李宗仁和孙科进行第三轮对决。结果，李宗仁得 1438 票，孙科得 1295 票，李宗仁战胜孙科当选副总统。蒋介石只得接受这一事实。

## 就职典礼趣闻

“行宪”国大结束后，5 月 20 日，总统、副总统的就职典礼在国民大会堂和总统府举行。就职前，李宗仁向蒋介石请示，典礼上应穿什么服装。蒋对此早有打算，就说穿西装大礼服。于是，李宗仁当天就去找了上海著名的西装裁剪师，赶制了一套硬领西装大礼服。可就在典礼举行的前一天，李宗仁又接到典礼局的通知：典礼一律着常用军服。

李宗仁喜不自禁

就职典礼开始了。在 21 响礼炮声之后，监选人吴稚晖首先出场。接着，是一文一武两官员，文的是洪兰友，武的是黄镇球。在全场的瞩目下，蒋介石在文武官员的陪同下，首先出现在讲台上。几秒钟后，李宗仁也出来了。只见蒋介石光着脑袋，穿一身青色长袍马褂，前胸佩一枚青天白日勋章，显得斯文庄重。而李宗仁呢，穿了一套笔挺的军便服，胸前的勋章挂了好几排，头发也梳得油光发亮。站在蒋介石的身边，真像一个大副官。接着，原考试院副院长周钟岳、大主教于斌分别向蒋介石和李宗仁授予当选证书。之后，蒋介石与宋美龄、李宗仁与郭德洁两对夫妇，在记者们的一片闪光灯下，做出了亲密无间、晤谈甚欢的姿态。

就职仪式结束后，与会者来到总统府的“子超楼”前合影。除了在前线作战未能回南京的高级将领外，所有的党政军要员无一缺席。这也是国民党高层在大陆的最后一张“全家福”。

主席变总统后，大门上原有的“国民政府”4 个大字，要改换“总统府”3 字。为此，著

国民大会在国民大会堂召开

名书法家、总统府资政周钟岳专门书写了“总统府”3个字。因时间仓促，只得用木头锯了“总统府”三个大字，再贴上金箔，匆匆钉上了门楼。

## 抬棺大游行

国民政府公布的《国大代表选举法》规定，凡“国大”代表，以得票最多者当选。但民社党和青年党这两个小党根本就不可能有什么选票，所以竭力反对这一选举法。蒋介石为了拉拢这两个小党，又临时更改已经正式公布的选举法，删去了“多数当选”的办法，而改为“国大代表候选人，须经政党提名方可当选，否则无效”。

新规定一颁布，马上就像是炸开了锅。大量靠“选票”当选的“代表”不答应了。那些花了大把钞票眼看就要当选的“代表”，一个个充满怨气。不知是谁想出了一个主意：抬棺大游行。

于是，在“国大”开幕前一天，因“政党提名”的原因，已经当选“国大”代表而又落选的200多人，齐集南京，表示要誓死力争。几名代表到南京的一家木材商店买了一口巨大的黑漆棺材，雇了4名挑夫抬到“国大”会场上。棺材一到，会场上一片骚动，有喊好的，有表示惊奇的。不知在谁的一声号令之下，几十名代表一哄而上，抬起大棺材就上了街。

刚出会场的大门，前面的人就打出了标语，上书“誓死保卫民主权利，国大代表坚决反对指派”等口号。这时，又不知从哪里来了几个人，给每人发了一面绿色小旗。接着，就有人带头喊起了口号。标语打头，棺材在后，下面就是手持小旗的人，再加上看热闹的，队伍足足拉了几里路长，好不热闹。到了闹市区新街口一带，围观者竟达数万人。中外记者也不放过这个难得的抢新闻的好机会，纷纷抢拍镜头。

游行队伍在闹市区转了一大圈，又特地在国民政府和国民大会堂的门前停留了好一会儿。军警们都没有应付过这样的场面，一时也不知如何是好。只好在路边看热闹。

直到下午1时许，游行者才回到住地。经商量，准备在"国大"开幕那一天再举行一次更大规模的抬棺大游行。

抬棺大游行的消息当天就传到了蒋介石那里。一阵气恼之后，蒋下了一道手谕，令南京卫戍司令部予以彻查。即刻采取有效措施加以平息，否则严惩不贷。

这项指令，当然地落到了"国大"秘书长洪兰友的头上。洪兰友知道，风波是因为更改了选举办法后才引起的。于是，马上与国民党中央党部联系，决定在当天晚上采取行动。

晚上约10时光景，大批宪警来到这批"国代"落选者的下榻处，悄悄抬走了大黑棺材。然后，又将"国代"们叫醒，说委员长关照了，你们远道而来，这地方的住宿条件太差，现在就给你们调个地方，车子已在外面等候，请诸位上车。

落选"国代"们不知其中有诈，但一出门，就发现棺材不在了，纷纷大叫起来。这时，军警们不由分说，将他们一古脑塞进了车。汽车直开到市郊一片民房，早有军警在此等候。几百人一下车，就被强行赶进几间破屋中。门一锁，岗一加，里面的人叫天天不应，叫地地不灵。

大会秘书长洪兰友一向八面玲珑，他在仔细揣摩了蒋介石的意图后，立即起草了几条应急办法交蒋介石审定：这批将名额让出来的"落选者"，一律不得出席本届大会，但出席费、交通费以及伙食补助费照样发给；大会闭幕后，再补发会议代表的当选证书、出席证以及大会的证章；下次开大会时，优先考虑这批人作为代表出席。蒋介石也希望将风波尽快平息，马上在报告上批了几个字："如拟。中正。"

就这样，这批落选"国代"直到"国大"闭幕后，才被放了出来。这时，他们没有一个人再敢闹了。何况，"国大"也开完了，蒋介石也不怕他们闹了。

## "国大"之花

"国民大会"开幕后，代表们整天沉浸在吃喝和应酬之中。会议期间，大会秘书处收到的宴请请帖像雪片般地飞来，秘书长洪兰友有点招架不住了。

代表们每天都要光顾南京市的大小餐馆，中午吃了晚上接着吃。不仅代表有吃有喝，就连秘书处工作人员每天也能有一次白吃的机会。南京大大小小的餐馆整日宾客满座，生意好得出奇。

在会外，代表们一个个吃得满嘴流油。就是在会上，思想也集中不起来，注意力都集中到一名"国大之花"的身上。

"国大"开幕后，秘书长洪兰友发现一个

张群（右）在"国大"上接见外国记者

蒋介石与宋美龄

秘密，每当一名女代表出现在会场上，代表中就会出现一阵骚动。这名仪态万方、笑靥迎人的代表，叫唐舜君。

这个唐舜君，是某省妇女界的代表，身着一袭深色紧身旗袍，脚蹬高跟鞋，头发高高地盘在头上，张口一笑，立时就能引来一片赞叹声。不几天，唐舜君就被代表们命名为“国大之花”。这些代表，到了开会时间，就盼着“国大之花”入场。唐舜君也意识到自己已经引起注意，于是，俨然以“国大之花”自居。一进入会场，马上就给全场几个飞吻，全场立即就会发出一片惊叹声。等到唐舜君落座后，有的代表为她画素描，有的则为她写打油诗。如果唐舜君哪天开会未到，大家就会觉得索然无味。

4 月 20 日，大会开始选举总统。这一天，蒋介石、宋美龄夫妇早早地就坐在了第一排。当洪兰友宣布选举开始后，蒋、宋夫妇第一个走上主席台各自投下一票。接着，各位代表依次上台投票。当唐舜君离座投票时，台下发出一片赞叹声。只见这个唐代表，笑容满面，款款走上了主席台，双手捏着一张选票，轻轻地投入票箱，接着又向全场莞尔一笑。这时，全场爆发出一阵热烈的掌声，继而竟有人像看京戏似地喊起“好”来。大会主席还以为是她投了蒋介石一票而得到的喝彩呢，后来才发现，代表们是为唐舜君喝彩。

“国大之花”

大会主席团成员，前排左四着浅色西装者为何应钦，左三为薛岳

副总统候选人莫德惠

励志社

# 励志社揭秘

励志社被人们称作"尖卡斌"组织，即不小不大，不上不下，不文不武。



## 何谓"尖卡斌"

励志社的前身是黄埔同学会励志社，社长是蒋介石，是蒋模仿日本军队中的"偕行社"组织亲手创办的。

励志社被人们称作是"尖卡斌"组织，即不小不大，不上不下，不文不武。说它不大，是因为它比不上国民党其他党政机关；说它不小，它在全国都有分支机构，在南京、南昌、成都还分别修建了三座宫殿式建筑，专门作为蒋介石的"行宫"。说它不上，是因为它仅是一个服务性机构；说它不下，社长却是蒋介石；说它不文，其工作人员都可以穿军装，总干事黄仁霖还有中将军衔，但主管文官升降的考试院，对它的官职从不认账；说它不武，专门负责武官铨叙的国防部第一厅，也不把励志社的人当做武官看待。

但正是这个"四不像"组织，却为蒋介石、宋美龄所倚重。抗战胜利后，励志社的主要任务，一是继续充当蒋介石的内廷供奉机构，二是专门接待外国来华军政人员，特别是美军顾问团。

## 黄仁霖——嫡系中的嫡系

蒋介石在励志社成立时，为入会的社员制定了"十戒"，即不贪财，不怕死，不招摇，不骄傲，不贪懒，不嫖赌，不吸烟，不饮酒，不借钱，不说谎。留学美国的黄仁霖长期担任总干事一职，他身体力行，为大家做出表率。但真正能做到这"十戒"的却不多，有的社员做事，有令不行，偷偷地吃喝嫖赌。黄仁霖之弟黄仁泉，就因不遵守"十戒"而被撤职。

总干事黄仁霖，曾留学美国，是一名虔诚的基督教徒。留学归国后，在上海基督教青年会做事。其岳父余日章是著名的牧师，当年蒋介石与宋美龄结婚，证婚人先

黄仁霖

找了江长川牧师，江认为蒋介石是再婚，有违基督精神而加以拒绝。后来余日章担任蒋宋的证婚人，救了蒋介石的急。余日章后来介绍女婿黄仁霖去励志社。黄英语娴熟，为人机警，善于揣摩主人的意图，又善于开展文体活动，宋美龄对他自然另眼看待。有一次，蒋介石和宋美龄去励志社视察，正好看到黄仁霖带头搞卫生，黄亲自在刷洗一个搪瓷马桶。这种作风很令蒋宋感动。后来，宋美龄干脆把家务事都交给黄仁霖去办了。

余日章曾担任蒋宋的证婚人

黄仁霖自进了蒋、宋的官邸后，充分施展了才能。他与蒋介石的亲信副官孟浩然拉上了关系。孟原是上海一家西餐馆的侍者，蒋介石潦倒时，孟常常资助蒋，蒋、孟二人是患难之交。通过孟，黄仁霖介绍理发师桂金山进入官邸，专为蒋、宋理发。宋美龄有一个贴身女仆蔡妈，黄仁霖则经常送上大炮台、白锡包香烟孝敬蔡妈。由此，蒋、宋官邸的上上下下，都与黄仁霖相熟。时间不长，黄仁霖对蒋、宋的情况，包括起居时间，出行习惯，个人爱好，饮食嗜好，会客时的特点，情绪的变化，以及对部下的亲疏程度等等，摸得一清二楚。

励志社实际负起了“第一家庭”的日常事务，包括饮食起居，外出游览，休息娱乐等等，黄仁霖将蒋介石和宋美龄照顾得体贴入微，深得“第一夫人”青睐。有一次，蒋介石和宋美龄上中山陵，快登到祭堂时，宋美龄突然口渴，想喝水，山上哪

蒋介石、宋美龄与黄仁霖等励志社同仁合影

委任状

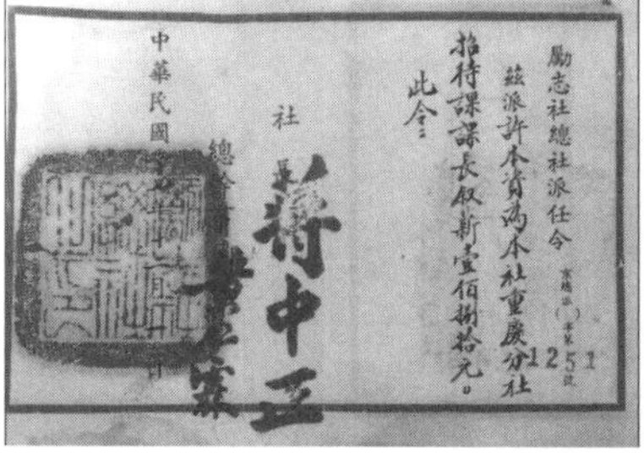

勵志社總社社派任令
1251
茲派許本資為本社重慶分社
招待課課長敘薪壹佰捌拾元。
此令
社
蔣中正
總
中華民國

蒋介石、宋美龄与励志社同仁合影，前排右二为黄仁霖



里有水？此时，黄仁霖拖着肥胖的身子，毫不犹豫地跑下台阶，买了汽水，又登上几百级台阶，将汽水送到宋美龄的面前。这令宋美龄大为感动。

国民政府要员每年暑期都有上庐山避暑的习惯。一年夏季，蒋介石、宋美龄又上庐山。从山下到牯岭，蒋、宋都是乘轿子，而轿夫是奉化带来的，登起山来健步如飞。而抬黄仁霖的轿夫，因黄的体重如牛，八个人抬他还是跟不上蒋介石和宋美龄的轿子。黄仁霖为了及时侍奉左右，就下轿跟着空轿跑。到了山上，黄仁霖已是大汗淋漓。看着黄仁霖如此模样，宋美龄哈哈大笑，连声夸奖。

励志社自成立起即开始为蒋氏夫妇提供各种特勤服务。蒋介石的行踪极为隐秘，侍从室和军统尚未接到通知，黄仁霖却已秘密派励志社的人前往目的地进行布置了。直到蒋介石出发前，侍从室和军统才能接到通知。可见蒋氏夫妇对黄仁霖作为“家庭中的一分子”的信任和依赖。黄仁霖也自称是蒋氏的“忠仆”和“家奴”。蒋介石曾亲书“忠诚精勤”横幅相赠。

## 为蒋介石、宋美龄做礼拜

励志社还有一项重要的任务，就是为蒋介石、宋美龄每周到南京东郊小红山官邸做礼拜作安排。蒋介石与宋美龄结婚后，皈依了基督教。每周六下午，国民政府的要人们，纷纷前往上海度周末。而蒋介石和宋美龄，则要去小红山官邸做礼拜。久而久之，官邸就被称之为“基督凯歌堂”。黄仁霖在蒋、宋行前的下午，先去布置，然后再赶回励志社。黄昏时分，再随蒋、宋一道去“凯歌堂”。

小红山官邸是一幢精致的中西合璧式建筑，二楼正厅，是一个小礼拜堂，正中墙上，挂着一幅彩色的耶稣全身油画像。地上铺着羊

蒋介石在励志社会见美国大使，中为黄仁霖

**总统府大门爱奥尼亚柱**——八根古希腊的爱奥尼亚巨柱，典型的西式建筑风格；而大门的许多不起眼的地方，却包含了许许多多的中国元素，如外圆内方的门、顶部的女墙等等，都是设计师的杰作。

巴洛克纹饰——类似的图案，在西方建筑中比比皆是，充满了地中海的气息。它飘洋过海，来到了这东方古国扎根。中国传统建筑的威严，加上西方建筑的浪漫，成就了新民族主义建筑样式。我们曾经闭关自守，尤其在思想上拦起了一道围墙，但中国的建筑师们却开启了一扇门，让我们看到了外部的另一种精彩。

蒋介石与宋美龄在励志社合影

毛地毯，正中是吊灯，四周墙上是西画。蒋介石、宋美龄到达后，先做礼拜，之后，享用黄仁霖精心准备的晚餐。用毕，黄陪同蒋、宋到小红山散步，或在官邸的阳台上休息，吃水果。官邸四周景色绝佳，可远眺中山陵。晚上，蒋、宋就在这里过夜，第二天上午再返回黄埔路官邸。黄仁霖将每次礼拜活动都安排得井井有条，令蒋、宋二人很是舒服。

一次，蒋介石和宋美龄在小红山官邸设家宴招待他们的私人顾问、同是基督徒的澳大利亚人端纳。宴会全部按照基督教的程式进行。但在宴会开始前，突然听到英文广播的新闻，内容都是欢迎端纳的。蒋介石、宋美龄和端纳听了都很惊奇。后来才知道是黄仁霖搞的名堂。端纳当即邀请黄仁霖入席作陪，给足了黄仁霖面子。

黄仁霖为励志社网罗了各方面的人才，为蒋介石、宋美龄实施全方位的服务。蒋、宋外出时，拍电影，拍照片，由电影科负责；蒋、宋的画像，全部由励志社美术科负责绘制；演出的剧目，则由励志社音乐科和戏剧科负责。黄仁霖经常亲自上台。一次圣诞节，他装扮成一位圣诞老人，很得蒋介石、宋美龄的欢心。宋美龄高兴之余，赏了黄仁霖一张 3000 美元的支票。

## 招待美军有功

抗战爆发后，黄仁霖兼任军委会战地服务团团长，励志社则频繁到前线为部队放电影，发放慰问品。如海外华侨捐献的几百万粒奎宁，国内民众捐献的袜子、毛巾等日用品，都由战地服务团负责一一发放。

励志社此时的工作任务，还增加了犒赏伤兵一项。由于抗战初期国民党军投入兵力多，因此伤兵也多。各地伤兵机构都把战地服务团伤兵慰问组看成是财神爷，非常欢迎他们的到来。到了抗战后期，国民党抗战开始走向消极，法币也疯狂贬值，谁都不在乎这几个小钱赏金了，军委会伤兵慰问组也就名存实亡了。

励志社的流动服务车

1947年7月，美国特使魏德迈（中）抵达明故宫机场。左为国防部长白崇禧，行政院副院长翁文灏。魏得迈一行由黄仁霖负责接待

宋美龄在励志社




招待美军，接待外国援华抗战的军事人员，亦是励志社的一项重要工作。1941年美国陆军和空军人员大批来华，服务团的美军招待所激增，各地共有100多个，服务团员工有上万人。招待费用相当大，仅次于军政部、航空委员会和资源委员会。励志社不遗余力地为美军采购食品，标准之高令人吃惊，如每人每天一磅肉，五只鸡蛋，二斤菜，二两油，四两白糖等等。而大后方军民当时经常吃不饱肚子。

黄仁霖把招待美军的物资和经费，制成各种表格，向美国总统特使威尔基，以及赫尔利、魏德迈等人上报，获得了美方的极大好感，美军方人士形成一种印象，即中国军方腐败，惟有黄仁霖还是洁身自好的。所以美方向蒋介石竭力推荐黄仁霖。后来，黄仁霖终于当上了联勤总部副总司令，奉命赴美国考察军事后勤供给，并全权负责接收“美援”物资。

1943年，蒋介石飞赴开罗参加中美英三巨头会议。作为蒋介石、宋美龄的随从，黄仁霖全程照料蒋氏夫妇的饮食起居，并奉蒋介石之命，直接与美英两方商谈会议日程的安排。黄仁霖虽然不参加正式会谈，却是台前幕后最忙碌的人。

抗战胜利前后，黄仁霖与盟军高级将领史迪威、陈纳德、魏德迈、蒙巴顿、艾森豪威尔等都有过直接接触，曾负责接待来华的美国总统特使马歇尔。黄仁霖因接待美军来华作战人员的工作卓有成效，曾获得美国总统杜鲁门的褒奖，称他“有杰出之表现，著有功勋”。

宋美龄在励志社参加野餐会

# 中统局的最后瓦解

陈立夫

陈果夫

**1944 年的某一天，重庆国民党中央党部的墙上出现了一张标语："总裁独裁，中正不正。"**

## 中统的历史

中统，其前身为国民党中央组织部调查科，成立于 1928 年。办公地点最初在南京丁家桥国民党中央党部。1932 年在其内部秘密成立了"特工总部"后，迁至道署街（瞻园）办公。1935 年，调查科扩大为国民党中央组织部党务调查处。抗战爆发后，国民党以加强对日力量为由，于 1938 年 8 月在武汉将调查处撤销，扩建为"中国国民党中央执行委员会调查统计局"（简称"中统局"），局本部先设武汉黄陂路，后移驻重庆两路口。隶属中央秘书处。主要负责全国各级党部和行政机关人事及工作效能的调查统计，全国党员监察网的建立与管理，全国各法团、各党派活动的调查与应付事项，全国财政、税收、金融机关的调查、全国国营事业的调查统计，日伪组织及汉奸的检举与制裁，国民党全国秘密交通网的建立与管理等。同时，在全国各省、市、公路、铁路设置调查统计室，并以各种借口发展组织，全国的特工人员达到 20 万人。

抗战结束后，中统局迁回南京道署街（瞻园）与内政部合署办公。1947 年改组为"中央党员通讯局"，但其基本力量和职能没有任何变化。1949 年改组为"内政部调查局"。

徐恩曾

中统的死对头,军统头子戴笠

中统最后的继承人叶秀峰



## 徐恩曾初试锋芒

说到中统局,不能不提中统局副局长(后任局长)徐恩曾。他整整统治了中统15年。

徐恩曾是陈立夫、陈果夫的表弟。20年代毕业于上海交通大学电机系,后去美国留学。20年代末回国,在南京交通技术学校任教。1928年秋,国民政府将交通学校改为中央军校第6期通讯兵科。陈立夫知道这个小表弟不谙军事,就介绍他去国民党中央组织部任总务科主任。从此,徐恩曾踏上了仕途。

在总务科主任的位子上,徐恩曾干了几件事,深得"二陈"的赏识。

徐恩曾办事一向颇有条理,讲究效率。他当上主任后,把科里的文书工作搞得井井有条,并建立了一系列规章制度。又为国民党中央党部装了一套全新的电话总机。再就是为中央党部编制了一套密电码。这几件事,好像在中央党部死气沉沉的空气中吹进了一股清新的风。

1929年12月,调查科主任叶秀峰赴杭州公干一段时间,科里出现了暂时的"真空"。这时,陈立夫力荐徐恩曾以总务科主任职到调查科代理工作。这一来,徐恩曾一下子就当上了两个科的主任。徐恩曾极会笼络人心,在叶秀峰不在时,对科里的同仁极其友好,不是请这位下馆子,就是请那位看戏。适逢叶染病在杭州休养,徐怕叶对自己不放心,专门差人带了厚礼赶到杭州探望叶,让他放心休养。不久,叶秀峰被蒋介石另有他用,徐恩曾自恃有"二陈"为后台,加上手下人又一致拥戴,1934年春天,徐恩曾正式坐上了调查科主任的位子。

1931年,中统破获了"顾顺章案",得到蒋介石的高度信任。顾顺章原是中共中央政治局候补委员、中共特科负责人。他被捕后立即叛变,中共上海地下组织遭到极大的破坏。为此,蒋介石亲自召见徐恩曾以示慰勉。

## 中统急剧膨胀

此后,有"二陈"的提携,再加上蒋介石的高度信任,中统特务势力急剧膨胀。首先,徐恩曾在南京道署街的瞻园成立了特工总部,之后,又是办特工培训班,又是在各省市成立特务室。通过"顾顺章案"的血腥侦破,徐恩曾以副局长身份,牢牢确立了在中统的统治地位。但中统与军统的争斗始终没有停息。

顾顺章叛变后,徐恩曾对其并不放心,常派人对他进行暗中监视。而军统则通过蒋介石的关系，将顾顺章调到南京，担任军统局训练班的教官，并给予高薪待遇。顾因在中统得不到信任，一下就与军统热火起来。对此，徐恩曾当然不能容忍。1935 年，在一次会议上，徐恩曾指示特工总部科长顾建中，以顾顺章“不服从命令，企图别树一帜”为由，将顾顺章射杀。

1938 年 8 月，中统局成立，徐恩曾先任副局长，后升任局长。

吴铁城

翁文灏

## 开罪蒋介石

1942 年春，徐恩曾又被任命为交通部政务次长。蒋介石的目的，是想让徐恩曾利用中统和交通部的职务之便，在全国范围内建立一个更大的、极其完整的调查网络，以便更有效地遏制共产党的活动。但徐恩曾并没有领会蒋介石的意图。

徐恩曾兼任交通部次长后，立即调亲信顾建中替他主持局务，牢牢把持着中统，不让他人插手。一面则与国民党中央党部秘书长吴铁城一道，去搞什么控制物价的事去了。

一次，中统特工侦查到经济部的人员有投机倒把行为，中统重庆区行动科科长张文农率人冲进经济部强行抓人，结果与经济部的人发生了冲突。中统特工依仗人多势众，又是以执法为名，遂大打出手，不仅打伤了人，抓了人，还把经济部砸得一塌糊涂。结果，经济部部长翁文灏亲自找到蒋介石告了中统一状。

翁文灏是蒋介石倚重的专家型学者，中统胆敢冲砸经济部，蒋介石当然怒火中烧，叫来陈氏兄弟大发了一通雷霆，对徐恩曾更是恨之入骨。

蒋介石亲自给中统局和徐恩曾下了一道手令：“捕人之事，应由有权机关办理，该局是党务机关，不得捕人。”

此事刚过没多久，又出了一桩怪事。1944 年的某一天，重庆国民党中央党部机关的墙上居然出现了一张这样的标语，上书“总裁独裁，中正不正”8 个大字。蒋介石命令徐恩曾予以彻查。徐恩曾想方设法侦破，但几个月下来毫无结果。案子破不了，他再也不敢去见蒋介石了。这件事后，蒋介石对徐恩曾完全丧失了信任。并且，中统在与军统的争斗中，渐渐地处于下风。

1944年，徐恩曾当上交通部次长。他的妻子王素卿打着徐的旗号，动用交通部的车辆，在中印缅边境大肆进行走私活动。结果被军统检查站查获，戴笠将此事上报蒋介石。

于是，蒋介石毫不客气地下了“免去本兼各职，永不录用”的手令。

这个手令，是通过军委会侍从室交给中央党部秘书长吴铁城和中央组织部部长陈立夫去执行的，时间是1945年2月。之后，仍由叶秀峰代理中统局长。

1947年，在全国各界人士的强烈要求下，国民党当局被迫将中统局撤销，改设中央党员通讯局，由叶秀峰任局长。至1949年5月，中央党员通讯局划归内政部，称内政部调查局，由老牌特务季源溥任局长。不久，季逃台湾，副局长张益民率部分人员迁驻重庆。11月下旬，解放军逼近重庆，调查局残部又逃往成都，至1949年12月成都解放，内政部调查局随即瓦解。

## 军统暗杀杨杰

1932年4月1日，蒋介石命令戴笠组建中华复兴社特务处。同年，又成立了国民政府军事委员会调查统计局，由戴笠兼任该局第二处（特务处）处长。

1938年8月，统计局二处扩充为军事委员会调查统计局，正式隶属军委会，同时并入军统局。由此，军统局正式成立。贺耀组任局长，副局长戴笠负实际责任。军统也负责对行政机关、交通、金融等要害部门的监控，以及敌后的情报工作，与中统的权限发生重叠。

抗战胜利后，军统势力迅速膨胀，并开始染指军事机构和军兵种，如海军。1946年3月戴笠坠机死亡。6月，蒋介石对该局进行改组，由军事委员会第二厅与军统局合并组成国防部二厅，厅长郑介民，原军统局核心组织改组为以毛人凤为首的国防部保密局。

就是这个保密局，一手制造了暗杀杨杰的血案。杨杰早年曾与蒋介石就读于同一所日本陆军士官预备学校，后曾任陆军大学校长多年，是国民党内的军事理论家与军事教育家，陆军中将（上将衔）。杨杰于1938年5月担任驻苏大使，驻苏期间，经历了思想转化的重要阶段。1948年1月，中国国民党革命委员会成立，杨杰当选为中央执行委员，他在国民党军政界上层人士中进行策反工作，发动他们投入反内战的活动。因杨杰曾任陆大校长多年，在国民党中、上级军官中有很大影响。他的反蒋活动令蒋介石震惊。蒋下令毛人凤采取行动。1949年9月19日下午，台湾保密局行动处长叶翔之等，奉毛人凤令，在香港杨杰住处暗杀了杨杰。

# 黄金风潮案

行政院长宋子文

在“空方”的疯狂抢购之下，上海库存的黄金几近抛完，宋子文下令从重庆金库空运应急。

## 明配与暗售

“黄金风潮案”，源于黄金市场的开放。

1946年宋子文实行的“新经济政策”，是在外汇市场开放后，政府抑制外汇市场的重要手段，以此达到回笼货币、收缩通货、稳定物价的目的。战后初期，国民政府有600多万两黄金的巨额储备，这也是宋敢于开放黄金市场的初衷所在。

黄金市场开放日，定在1946年3月8日。这一天，由中央银行在上海抛售黄金，配售价格随市价变动，抛售方式，分“明配”与“暗售”两种。明配是由各金银楼向中央银行申请购买，中央银行规定金价，配给黄金；暗售则是中央银行暗中委托几家金号随时抛售。这次黄金抛售活动，由宋指定中央银行总裁贝祖诒具体负责，每天黄金买卖情形，必须在当天用英文向宋报告，即使是财政部长俞鸿钧也不能过问。显然，不是一个符合市场规范的运作方法。

果然，3月间黄金价格为每条(10两)156万元，7月涨至183万元，上升了20%。8月17日，外汇市场首先感受到巨大的压力，宋子文不得已下令第一次提高外汇汇率比例，由1美元比2020元，跳涨到3350元，陡升65%，由此拉动黄金价格跳涨，每条跳高到286万元。中央银行两天抛出黄金1万两，但有如泥牛入海，杳无声息。在汇价、金价的互动下，万物

1947年3月2日，监察委员对宋子文、贝祖贻提出弹劾。弹劾书尖锐指出：“宋子文的财政政策无一不与民争利，无一不在培植官僚资本，无一不为洋货张目，人们讥为买办政权。”而3月1日，宋子文已主动辞去行政院长职务。这不能不使人认为监察院对于宋子文这样的高官显贵，只有打打“马后炮”的勇气。宋子文丢掉行政院长位置后，忽然滑稽地跻身军界，当上广州绥靖公署主任，成了胡宗南、汤恩伯、朱绍良、程潜等一批陆军上将的同僚。

挤兑黄金风潮，军人也加入其中(左)

上海造币厂技工赶铸金条(右)

齐涨，黄金外汇库存日少，局势几乎无法控制。

1947年1月，黄金价格已经逼近每条400万元。仅在1月30日一天之中，中央银行抛出黄金就达1.9万条，收回法币750亿元，多空双方的厮杀，已到了刀刀见血的境地。但人人心里都有数，"多头"气魄虽大，实际上已是山穷水尽了，正所谓"秋后的蚂蚱，蹦跶不了几天"了。不过，问题并不在于"多头"能支撑多久，而在于"空方"的实力究竟有多大？一天之中，能调动750亿元的资金入场，可见操纵"空方"的，绝不是一个小角色！况且，"多方"抛出了那么多黄金，以求收缩通货，为什么货币总是不见其少，反见其多？这不能不说是一个奇怪的现象。

## 重庆黄金应急

在"空方"的疯狂抢购之下，上海库存的黄金几近抛完，宋子文下令从重庆金库空运应急。当重庆造币厂熔铸的金条在上海市场一露面，更引发新一轮的争购狂潮。1947年2月初，金价跳涨，达到顶点；由几天一跳，到一天一跳；由一天一跳，到一天几跳，最多的一天，竟跳涨9次。2月10日，金价冲高到每条609.8万元的天价。就在这一天，宋不得不下令停止"暗售"，2月15日下令停止黄金"明售"，宣告黄金市场关闭。2月16日，行政院通过经济紧急措施，禁止黄金、美钞自由买卖。此时，黄金市价已飙升到每条900万元，为黄金市场开放之初的6倍多。

据统计，从1946年3月8日到1947年2月15日，中央银行共售出黄金350余万两，约为600万两黄金储备的60%。可是，这么多的黄金抛出后，不但没有达到稳定法币的目的，反造成金、汇、物价相互刺激、攀升，以致带动万物狂涨，整个市场陷入极度混乱状态。2月10日及11日，上海市场物价上涨80%至200%，许多粮店惜售待涨，造成连续几天大米市场有价无市。许多市民无以为生，迁怒于米店、银楼，不少城市发生民众捣毁米店、银楼的暴力事件。

## 傅斯年撰文抨击宋子文

宋子文的黄金政策宣告失败，一场声势浩大的政潮从此引发，宋本人亦受到朝野各派系及舆论界的一致指责。在一片讨伐声中，以国民参政会参政员傅斯年的一篇炮打宋子文的文章最为著名。傅文的题目是《这个样子的宋子文非走开不可》。发表在2月15日的《世纪评论》杂志上。文章开篇就说："古今中外有一个公例，凡是一个朝代，一个政权，要垮台，并不是由于革命的势力而由于他自己的崩溃！有时是自身的矛盾、分裂，有时是有些人专心致力，加速自蚀运动，唯恐其不乱，如秦朝‘指鹿为马’的赵高，明朝的魏忠贤，真好比一个人身体中的寄生虫，加紧繁殖，使这个人的身体迅速垮掉。”傅的这番话，潜台词就是：今日之孔祥熙、宋子文，就是当年之赵高、魏忠贤！

随后，傅续写《宋子文的失败》、《论豪门资本之必须铲除》两篇文章，继续对宋、孔之流口诛笔伐，产生了广泛的社会影响。

2 月 16 日，监察院举行全体监委紧急会议，决议派员彻查“黄金风潮案”的责任者。会上，有监察委员慷慨陈词：“这次的查案，监察院必须下决心打老虎，不要只拍苍蝇，必须派几个精明的干练的委员，才能完成任务，莫使各方失望。”无疑，监察院眼中的“老虎”，就是宋子文了。而且，监察院的动作很快，监察院长于右任当天就指派何汉文等 4 名“监察大臣”，于当天赶赴上海“彻查”。

监察院之后，第二个开会讨伐宋子文的，是国民参政会驻会委员。会上作出决议：此次黄金风潮，行政院长及有关当局未能预为防止，贻误国计民生至巨，应请国防最高委员会查明责任所属，认真处分。国民参政会的决议，直接点明“行政院长”为责任人，比之监察院的决议，更进了一步。

随后，监察院及审计部、财政部及中央银行监事会、中央银行稽查处、国防部、上海市政府、淞沪警备司令部、上海经济监察团等，都分别开会，对黄金风潮案进行“彻查”。

2 月下旬，宋子文辞去行政院长职。

傅斯年

于右任 1931 年起任监察院长，长达 30 余年

宋子文与夫人张乐怡访美

财政部长王云五提出发行金圆券的方案

# 金圆券的崩溃

孔令侃掏出手枪说："你们去告诉蒋经国，如再胡来，小心他的脑袋。"





## 强制收购黄金

1948年，国民政府不仅在军事上一败涂地，财政经济也濒临崩溃的边缘。巨大的财政赤字，造成了通货膨胀，物价飞涨。据有关数据统计，1947年全国财政总收入为138300亿元，而财政支出为409100元，其中军费开支达213100亿元，占总支出的52%，赤字竟达270800亿元。1948年下半年的财政预算，7、8两个月就用完了。为了摆脱困境，国民政府除了向百姓加大盘剥力度外，就是狂印钞票。1948年8月，政府当局已发行法币6636946亿元，结果，贬值了40万倍。

为了挽救财政经济危机，1948年8月19日，国民党召开中央政治会议，通过了由行政院长翁文灏、财政部长王云五提出的货币改革方案。当晚即由蒋介石以总统名义发布"财政经济紧急处分令"，向全国发表广播讲话，并公布"金圆券发行法"，其最主要的两条是：禁止私人持有黄金、白银、外汇，凡私人持有者，限于9月30日前收兑成金圆券，违者没收；全国物价冻结在8月19日水平。

在政府的高压政策之下，上海等地的工商业者和老百姓，被迫将手中的黄金、白银、外币，兑成了金圆券。而一些官僚显贵、权势人物，则无动于衷，甚至藏匿黄金。

到1948年10月，政府当局共收兑黄金价值2亿美元，其中上海就达1.7亿。

至于物价，由于政府强制压价，商家无利可图，纷纷抛售商品。但不多久，商家纷纷停业囤积商品。有的豪门利用雄厚资金，囤积居奇。如孔祥熙之子孔令侃，囤积汽车就达上百辆，进口呢绒500箱，西药200箱等等。由此，又造成物价飞涨，仅北平一个月就涨了3倍。

终于，上海首先发生了抢购商品的风潮。很快就波及到全国。最明显的就是抢米。仅南京一地，一天被抢米就达2500石，米店被洗劫22家。

## 蒋经国上海"打老虎"

与此同时，蒋介石派出经济督导员到各

大城市监督金圆券的发行。“皇太子”蒋经国受父命，担任了京沪区经济副督导员，率领在“建设新赣南”时培植的少壮派骨干6000人，又在上海罗致6000—7000名青年，经过7天的强化集训，成立了“大上海青年服务总队”。

1948年8月29日，蒋经国在上海兆丰公园举行“十万青年大检阅”。为造声势，蒋经国把驻上海的青年军201师和驻苏州的青年军202师，一起调到上海接受检阅。会后，在100多辆摩托车、几十部“飞行堡垒”和上千匹战马的引导、助阵下，举行了声势浩大的游行。

上海进行经济管制，打击投机奸商，时称“打老虎”。蒋经国为表决心，甚至明言“只打老虎，不拍苍蝇”，并设宴请上海闻人杜月笙、王晓籁等人。蒋经国说，今后如有触犯诸位叔叔伯伯之处，务请看在家父面子上多多包涵。

蒋经国在上海的“打老虎”行动，刚开始时确实收到一些成效。他在财政部首先下手，将部秘书陶启明，以泄露经济情报、串通商人抛售永纱股票为由，将其逮捕入狱。接着，又将上海警备司令部第6稽查大队长戚再玉以勒索罪枪毙；与孙科有关系的林王公司大老板王春哲，也因逃汇罪判了死刑。据统计，上海的富商大贾，有64人被蒋经国关进了监狱，其中有著名的米商万墨林、纸商詹沛霖、申新纱厂大老板荣鸿元、中国水泥公司董事胡国梁、美丰证券公司总经理韦伯祥等等。为了杀一儆百，杜月笙之子杜维屏亦因囤积罪被捕入狱。蒋经国还查封了大财阀扬子公司的几个仓库。

蒋经国

金圆券面值节节攀升

发行金圆券，强制收购黄金

堆积如山的金圆券

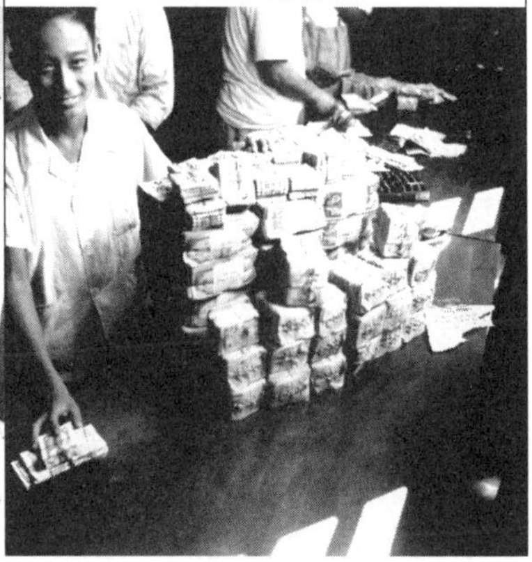
金圆券开始发行

9月，蒋经国将攻击重点对准了商业银行。蒋介石在南京也声援蒋经国，在中央党部总理纪念周上，蒋介石公开指责商业银行蓄意隐匿黄金、白银和外汇，直接破坏了政府的“戡乱建国”国策。

9月10日，蒋经国将上海银行业公会理事长李馥荪、金城银行董事长周作民，上海联合银行总经理戴笠庵请到梵皇渡路的乐义饭店，逼他们一个个觅保具结，勒令上海银行界将所存黄金、白银和外币、外汇资产等等，全部列表报中央银行；不经允许不得离沪。只有周作民趁机搭陈纳德的飞机前往香港，得以脱逃。

蒋经国还在浦东大楼召开工商业人士大会，他说：谁手中有多少黄金、白银和美钞，我都清清楚楚。谁不交，就按军法从事。到场的几百名老板经理面面相觑，心惊胆战。

12日，蒋经国发表了“上海何处去”的演讲，下了最后通牒。蒋经国义正辞严地说：“为了压倒奸商的力量，为了安定全市人民的生活，就必须要有打击奸商的勇气。投机家不打倒，冒险家不赶走，暴发户不消灭，上海人民就不得安定。”

一家鞋帽公司的商品超过了限价，被服务总队罚了1000元。老板托人向蒋经国讲情，蒋经国对来人说：“好吧，就看你的面子，罚款2000元。”蒋经国集中了6000人，组成了1600个检查组，在上海全市实施了物资总检查，以防止奸商兴风作浪。

一天，扬子公司的大总管孔令侃，乘汽车驶出国际饭店，被青年服务队拦下检查。孔令侃大怒，掏出手枪冲了出来，破口大骂道：“什么东西，竟敢拦我的车，你们去告诉蒋经国，如再胡来，小心他的脑袋。”说罢，冲关而去。蒋经国的心腹王升听说孔少爷的嚣张后，曾建议蒋经国将孔令侃干掉。

青年服务队在扬子公司的仓库中，查到了大批未申报的进口货、土特产、百货用品，以及钢管、大米等战略物资。建议蒋经国进行查处，蒋均未置可否。

四面树敌的蒋经国，开始遇到了强大的反击。进入10月份，商人们开始囤积居奇，市场上立即出现了抢购风潮，一发而不可收拾，最后，市民连大米都买不到了。

金圆券发行后，黄金黑市盛行

人们在黑市交易银元

而孔令侃则去找了宋美龄，宋又找到蒋介石。蒋拗不过夫人，只好去训斥儿子。蒋经国眼看老虎打不下去了，只得偃旗息鼓。11 月初，上海电台广播了蒋经国“告别上海父老兄弟姐妹书”，宣布经济管制的失败。

有意思的是，金圆券崩溃的前夕，财政部长王云五正在美国访问，他还向美国同行大谈金圆券的成功。当他回国时，金圆券已一落千丈。

上街购物，要用自行车驮金圆券

## 发行总数 1303046 亿

至此，政府又宣布取消限价，允许持有黄金外币。金圆券随后应声贬值 10 倍以上。这一来，又发生挤兑黄金风潮。上海中央银行门前人如潮涌，纷纷要求兑换黄金，连军人也加入了其中。昆明竟发生了捣毁、抢劫中央银行的事件。

政府再次反复，宣布停止兑换黄金。翁文灏内阁因此在 11 月 3 日宣布倒台。政府发行金圆券的速度是惊人的。1 月，仅发行 208 亿。之后，中央银行的印钞厂昼夜不停地运转，到了 6 月，发行数竟达到了 1303046 亿元。以至市民买东西要用板车拉金圆券。

用金圆券发工资，要人抬车拉

金圆券滥发成灾，发行使用 10 个月左右，币值就狂贬超过 2 万倍，一些地方纷纷拒绝使用。受金圆券风暴影响最大的是市民阶层，在恶性通胀中损失惨重，许多人变得一贫如洗。至此，国民政府的币制改革彻底失败，国民党在半壁江山内仅余的民心、士气亦丧失殆尽。

国防部高级会议在这里举行

# 哀鸿之鸣

**1948年7月下旬,蒋介石在南京召开了最后一次军事会议。**

1948年7月下旬至8月上旬,蒋介石在南京黄埔路的国防部大礼堂召开了一次军事会议。军界要人悉数到会。如何应钦、顾祝同、白崇禧、林蔚、刘斐、萧毅肃、关麟征、周至柔、王叔铭、桂永清、郭忏、汤恩伯、杜聿明、宋希濂、黄维、孙立人、霍揆璋、黄百韬等等。未能到会的刘峙、胡宗南也派代表前来。国防部主要厅、署长也都到会。100多名将军济济一堂,几百颗金星不时闪着光亮,很是耀眼。

会议由蒋介石、何应钦、顾祝同3人轮流主持。中心议题,就是检讨近来作战失败的原因,并为下一步的作战进行部署。蒋介石把这次会议看得很重,想以这次会议为契机,遏止连续失败的势头。因此每天必到,俨然成了会议的第一主角。

## 蒋介石训示

会议的前两天,主要检讨1948年上半年几个较大战役的失败,尤其是西北战场的宜川战役(此役胡宗南部5个师3万多人被全歼),以及中原战场豫东战役(区寿年兵团6个师及黄百韬兵团一部计9万人被全歼)。

会议一开始,气氛十分活跃。蒋介石一看不对劲,如此形势下,将领们还有说有笑,于是马上板起了面孔,开始了声色俱厉的训话:我们掌握了制空、制海权,兵力比共军多数10倍,比当年"剿共"时有利得多。但在接收时,许多高级军官发了接收财,骄奢淫逸,纪律败坏,军无斗志。失败,就败在接收。蒋介石最后郑重地警告说,目前共军日益强大,大家请醒悟,再不努力,明年就不能在这里开会了。共产党一旦控制了中国,吾辈恐将死无葬身之地。说到这里,蒋介石开始哽咽起来,再也说不下去了。

参谋总长顾祝同一看这架势,赶紧出来圆场:"下面,大家各自检讨作战失败的原因。"将军们看见蒋介石发了大火,好一阵子不敢出声。只有一个人在鼻子里哼了哼,冷笑了几声。这人就是何应钦，刚刚出任国防部长不久。

国防部长何应钦(中)与首都卫戍总司令孙连仲(右)

## 何应钦泄愤

会议的第3天，由国防部长何应钦作全国军事形势报告。他毫不隐讳地公开了两年来的损失情况：兵员损失300多万(包括死、伤、失踪)、步枪100万支、轻重机枪7万挺、山炮野炮重炮1000多门、迫击炮小炮15000门。还有战车、装甲车、坦克、汽车等等，以及大批军事器材，弹药则不计其数。说完这一大堆数字，何应钦就坐了下来。

陈诚，因军事失利，备受指责

何应钦之所以要这么说，就是向大家表明，蒋介石要我交出军政部长职务，军事大权全由陈诚掌握，我无权就不负任何责任。此举，是向蒋介石和陈诚泄愤和表示不满。经他这么一说，就像是往池塘里扔进了一块石头，在会场上引起了一阵不小的骚动，绝大多数都是附和声。有的说："这不是把武器白白送给共军来打我们吗！"有的说："得好好追究一下责任。"有的说："责任在谁？再清楚不过了？"这一提醒，有人站出来说话了："参谋总长陈辞修应负全部责任。"这一来，又有几个人鼓噪起来："对，陈诚这个人太可恶了，参谋总长不干了，也不能脱得干系。几百万军队都败在他一人的手中……"

何应钦一听有这么多人响应，认为目的也达到了，他瞟了蒋介石一眼，也就心安理得地一声不吭了。蒋介石听听会议不对味了，矛头竟然指向了自己最信赖的爱将陈诚，但此时又不好马上制止，只得忍住不发，且听他们到底打算怎样。会议第4天，蒋介石又莅会了。他滔滔不绝地说道，我自黄埔建军20多年以来，渡过了种种难关。今天，面对共军作战两年来，军事遭受严重挫折，这是事实。但最重要的，是大家要同心同德，共济时艰，不要互相埋怨，互相倾轧。很显然，这是针对何应钦说的。但何应钦坐在台下毫无表情。

蒋介石继续说了一大通话，无非是鼓鼓士气：军事上我们还占优势，陆军有几百万人。还有海空军，经济上，我们拥

解放军渡江前夕，顾祝同与何应钦等军政要员离开南京。1949年7月，蒋介石在广州组织国民党非常委员会，重新委任顾祝同为陆军总司令，组织粤桂防线。12月，蒋介石特任顾祝同为西南军政长官，指挥国民党在四川、云南、贵州、广西等省的残余部队。在解放军的强大攻势下，顾祝同指挥的西南军队最后也土崩瓦解了。

有9亿美金，长江流域物产丰富，我们没有任何悲观的理由。我们要牢记曾国藩、胡林翼、左宗棠、李鸿章，扫平太平天国和捻军的历史，一心一德、矢智矢勇……

## 会议如此结束

何应钦与陈诚早就结有宿怨，最令何恼火的是，早在1944年，陈诚在蒋介石的支持下，硬是从何应钦手中夺去了军政部长的职务。后何又被赶到美国充当了中国驻联合国军事参谋代表团团长，直到1948年才担任了国防部长。对此，何一直耿耿于怀，但一直没有机会发泄。这一次，何应钦总算向蒋介石和陈诚出了一口恶气。

在何应钦的主导下，会议不是检讨失败原因、研究对策了，而是把矛头一下都指向了陈诚。顾祝同又出来圆场，总算煞住了势头。

接下来的几天会议，天天都是蒋介石给大家讲“传统”，讲当年追随孙中山“革命”的历史，讲黄埔建军的艰辛，讲到动情处，经常淌下几滴眼泪，搞得到会的人悲悲切切的。

然后，就是各位高级将领叹苦经，要装备，要兵员，要粮饷，与国防部讨价还价，搞得蒋介石一点办法都没有。

第7天是会议的最后一天。参谋总长顾祝同提出了一个战略方案，大意是，为巩固长江以南地区，也防止共军渡江，应该暂停战略性进攻，而立即在长江以北、黄河以南地区，组建几个强大的机动兵团，位置于徐蚌、信阳、襄樊等地区，长江以南迅速编练第二线兵团。顾祝同的发言，立即得到一致赞同。会议总算有了一点实质性的成果。

当晚，蒋介石、宋美龄在励志社宴请参加会议的将领们。蒋介石又是一通打气的话，并在宴会后，让每人带走了一大捆题目为《为什么要“剿共”》的宣传品，要大家回去后向官兵认真讲解。

其实，在会议的中途，蒋介石已经单独召见了一些高级将领，如杜聿明、黄维、范汉杰等人，向他们“面授机宜”，部署了下一个阶段在徐州、东北的军事策略。这才是这次会议的真正目的所在。也就在这次会议后，国共两党的最后大决战才真正开始。

蒋介石乘坐的“美龄”号专机

**总统府大堂**——总统府的主体建筑。是清朝两江总督曾国藩剿灭太平天国后重建的。清代的议事，孙中山就任临时大总统的就职典礼，都在大堂举行。民国时期，已失去了原有功能，只是作为一个礼仪场所。

喷泉——与总统府办公楼同时修建，二者浑然一体。和谐是美，点缀有道。任何一个建筑，都不是单一的，孤立的，在考虑到它实用性的同时，美观与整体的效果，也一并纳入其中。加上一个简单的喷泉，时而水花喷射四溅，无形中就凸现了主体建筑的韵味。

# 两军相遇勇者胜

74 师坦克部队

**国民党的五大王牌军是：整编 74 师、新 1 军、新 6 军、第 5 军以及第 18 军，在内战战场上，全部覆灭。**

## 张灵甫殒命孟良崮

整编 74 师，号称“御林军”。原建制为第 74 军，七七事变后在汉口组建，由蒋介石的嫡系、亲戚俞济时出任军长。下辖王耀武的第 51 师和俞济时自兼师长的第 58 师及 57 师。其成分主要是浙江省保安团与中央军的部分正规军。建制共 8 个团 21000 人。后任军长有王耀武、施中诚、邱维达、张灵甫。

该军成立后不久，就奉调参加淞沪会战和南京保卫战。以后，又先后参加了徐州会战、兰封会战、武汉会战、南昌会战等战役。在常德会战中，日军以坦克、飞机、大炮、毒气实施立体进攻，战况空前惨烈，第 57 师官兵死战不退，直至伤亡殆尽。湘西雪峰山会战，几乎全歼日军 116 师团。日军对这支部队也深为敬畏，称之为“三五部队”(即 51 师、57 师、58 师)。

张灵甫

74 军因战功显赫，两次获得军委会最高荣誉——飞虎旗，及国民政府第一号武功状。抗战胜利后，曾接替新 6 军，作为拱卫南京的首都警卫军。

1947 年，国民党军对中共解放区实施的全面进攻屡战屡败，蒋介石决定收缩兵力，再实施重点进攻。

全副美式装备的 74 师

此时，第 74 军已被改编为整编 74 师(相当一个加强军)，全师 3 万余人，全副美械装备。下辖 3 个整编旅。蒋介石特意

解放军围歼整编第 74 师

被缴获的 74 师重装备

74 师成建制地成为俘虏

遴选心腹将领张灵甫为师长。张灵甫（长安人，曾就读北京大学，黄埔军校第 4 期、陆军大学将官班甲级第 2 期毕业）还兼任南京警备司令。由于该师装备精良，官兵中知识分子多，军校毕业生多，故战斗力极强，被蒋介石倚为主力中的主力，号称陆军五大王牌军之首。蒋介石调 74 师到山东战场，就是寻机与解放军进行决战。其余 20 万兵力，都是围绕着整编 74 师来部署。

74 师在进攻中共苏北解放区中，连克淮安、淮阴、涟水、宿迁等战略要地，给解放军造成了很大的损失，10 纵司令员谢祥军在战斗中阵亡。这是中共在解放战争中阵亡的职务最高的将领。

1947 年 5 月，华东野战军在山东发起孟良崮战役。5 月 13 日，74 师在孟良崮被华野 5 个主力纵队团团包围，经过 5 天的激烈战斗，解放军的炮火越来越猛，包围圈越来越小。74 师全师部队，只得退守孟良崮 600 高地一隅，弹丸之地竟龟缩了上万人，落一发炮弹就能炸死几十人。这时，解放军的喊杀声已响彻了整个山谷。

很快，解放军就攻克孟良崮 600 高地。6 纵特务团一直冲到距张灵甫指挥部 200 米的地方。张灵甫还在做梦天上能掉下来一支友军增援部队呢。作战参谋进来报告说："方圆几十里之内，友军的电台呼号都听不见了。"原来，友军得知 74 师即将崩溃，早就撤得远远的了。这时，张灵甫已清楚地知道厄运将至，他决心负隅顽抗，但被冲进来的解放军一举击毙。

## 新 1 军、新 6 军兵败辽沈

国民党的另两支王牌新 1 军和新 6 军，都曾经是中国远征军部队。

新 6 军的前身为新 22 师，在编入新 6 军建制之前，是第 5 军的主力师。1942 年，新 22 师曾在第 5 军的建制内参加了远征印缅作战、昆仑关等战役。年底，第 5 军回国，但新

郑洞国（中）投诚后与解放军高级将领

22 师留在了印度，隶属于新 1 军建制。1943 年 10 月与新 38 师一起参加了第二次缅甸战役。以后，驻印军扩编为两个军，54 军的第 14 师、第 50 师，加上新 22 师，组建成新 6 军。1945 年 5 月抵达芷江，参加了对日受降签字仪式。日军投降后的 1945 年 8 月下旬，新 6 军被空运到南京，并参加了南京日军投降仪式。1945 年 9 月，蒋介石调新 6 军赴东北参加内战，其先锋是新 22 师。

新 1 军于 1943 年 1 月，以驻印军之新 22 师、新 38 师(该师的老底子是宋子文的财政部税警总团)组成。郑洞国任军长。后第 25 补训处编成新 30 师加入该军建制。1944 年 5 月，孙立人接任军长，参加了打通中印公路作战。抗战胜利后被调往东北参加内战。1947 年 8 月，潘裕昆接任军长。以后，该两支王牌军一道参加了辽沈战役，并一同被歼。人们戏称两军为“连体婴儿”。

锦州被解放军解放后，廖耀湘兵团还保存有大量精锐部队，如新 1 军(军长潘裕昆)、新 6 军(军长李涛)等 5 个军，兵力达 10 多万人。1948 年 10 月 20 日，东北野战军开始围歼廖耀湘兵团。廖耀湘自己拟定了一个方案——攻占营口，夺取港口从海上撤退。而中共中央指示，绝对不能让国民党的这支王牌军渡海南逃。

21 日拂晓，廖兵团第 71 军向黑山解放军阵地发起攻击，一天打下来毫无进展。22 日，廖耀湘命令新 1 军将所属重炮交给 71 军，继续强攻黑山。由于廖耀湘的轻敌，又耽误了两天时间，当廖耀湘命令新 1 军投入战斗时，解放军 10 纵司令员梁兴初率 10 纵和 1 个独立师已进入黑山、大虎山阵地严阵以待。

23 日拂晓，新 1 军军长潘裕昆指挥 4 个师的兵力，向黑山 10 纵阵地发起猛烈攻击，被解放军打得一败涂地。25 日拂晓，新 6 军军长李涛督饬所部猛攻黑山 101 高地等据点。新 6 军 169 师 1 个团 1000 多人向 101 高地蜂拥而上，结果，解放军从山背后猛虎般冲出，一顿铺天盖地的手榴弹砸下来，新 6 军的攻势被迅速瓦解。

廖耀湘

郑洞国

解放军在黑山地区缴获的大批汽车

廖耀湘兵团8万人成了俘虏

此后，新6军又采取波浪式的战术发起连续冲锋，军长李涛悬赏每人20万元，组成了一支300人的敢死队。炮兵则再次猛轰101高地。几天下来，101高地已经被削去了2米。全部由军官和国民党员以及“志愿”者组成的先锋队终于冲上了101高地。惨烈的白刃肉搏战随即展开，坚守101高地的解放军全部牺牲。但不多久，梁兴初派出增援部队又一举夺回了101高地。

25日，新6军猛攻黑山时，解放军6纵、3纵也投入了战斗。3纵是东北解放军最精锐的韩先楚“旋风纵队”。3纵以迅雷不及掩耳之势，楔入廖耀湘兵团腹地，突进新6军炮兵阵地，生俘新6军副军长刘建章以下100余人。

同时，3纵3营主力对廖耀湘指挥所发起突然袭击，几十名“高参”还在睡梦中就被一顿手榴弹送上了西天，指挥所的所有通讯设施被摧毁。廖耀湘知道兵团指挥所和新6军军部遭到奇袭，连忙向新1军30师的司令部方向逃去。

26日下午4时，廖耀湘前往新22师。该师是新6军的主力，是廖的发家部队，他和李涛先后都曾担任过新22师师长。廖耀湘想倚仗他的子弟兵保驾冲出重围。正在这时，廖耀湘接到卫立煌十万火急电报，要其“迅速退回沈阳”。廖耀湘决定由陈家窝棚经老达房撤退。26日夜，廖耀湘亲率新22师64团由陈家窝棚向老达房进发。27日拂晓，64团遭到解放军阻击，廖耀湘命令不惜一切代价冲过去。结果，在解放军6纵的有力打击下，64团团长被击毙。廖退守沈阳的路也被堵死。

廖耀湘兵团指挥系统早被打乱，解放军则穷追猛打。向沈阳溃逃的廖兵团则以师、团为单位，轮番冲击解放军5纵、6纵阵地，企图撕开一个口子逃出包围圈。解放军各纵队则全线出击，田野、村庄，到处都是新6军的溃兵。廖耀湘在混战中和部队失散，跟随的只有新6军军长李涛、新22师副师长周璞和一个高参。11月6日黄昏，廖耀湘和周璞在黑山附近被抓获。

27日，新1军的精锐第50师，在孙家窝棚战斗中负隅顽抗，结果被解放军全歼。军长潘裕昆只带了一名熟悉地形的少将高参逃回了沈阳。至此，国民党的两支王牌军新1军（新1军另一主力新38师在长春投诚）和新6军全部被歼。

辽沈战役历时52天，歼敌47.2万人。人民解放军从此在数量上对国民党军队形成了优势。

蒋介石与杜聿明

# 第5军折戟淮海战场

第5军原来的班底，是1936年3月在南京成立的陆军交辎学校。在学校的基础上又扩编为陆军装甲兵团，杜聿明任团长。抗战爆发后，杜聿明率装甲兵团参加了淞沪会战。1938年，装甲兵团撤至湖南湘潭整训，扩编为第200师。冬季又改编为新编第11军。1939年2月，改编为第5军，杜聿明任军长，下辖第200师（师长戴安澜）、荣誉1师（师长郑洞国）和新22师（师长邱清泉）。后荣1师调走，第96师划归第5军建制。第5军是抗战初期中国唯一的机械化军，1939年11月，第5军在昆仑关战役中，重创日军王牌板垣征四郎第5师团第12旅团，歼敌6000余人，取得重大战果。以后，又参加中国远征军，开赴缅甸对日作战。

抗战胜利后，第5军投入内战，主要作战区域在华中战场。该军先后参加了进攻苏北解放区，徐州以西扫荡，以及打通平汉线作战，占领了邯郸、濮阳等重要城市，给中共解放区根据地和人民武装造成了重大损失。

1948年6月，蒋介石在华东战场组建了精锐的第2兵团，杜聿明和邱清泉先后任兵团司令。第5军与第12军、第70军、第74军和新44师等部，统归该兵团指挥，总兵力达12万人。

1948年11月，国共两军的战略大决战——淮海战役（国民党方面称“徐蚌会战”）打响。徐州“剿总”总司令刘峙急调

杜聿明部的载重汽车

杜聿明成了解放军的俘虏

黄维(左一)成了阶下囚

邱清泉的第2兵团、李弥的第13兵团、孙元良的第16兵团向徐州靠拢。解放军"华野"于11月22日歼灭了黄百韬兵团后,"中野"又于11月25日将黄维兵团包围于双堆集地区。蒋介石为救黄维,命"剿总"副司令杜聿明率邱清泉、李弥、孙元良3个兵团放弃徐州,绕道萧县、永城南下,以解黄维之围。当11月30日杜聿明率部从徐州出动时,"华野"以10个纵队的强大兵力,分数路发起猛烈进攻,在12月4日将杜聿明集团合围于永城陈官庄地区。邱清泉率第5军等部多次突围,均被解放军击退。孙元良兵团在突围中,被解放军全歼。杜聿明、邱清泉、李弥等人见解放军的包围圈越压越紧,只得放弃突围念头,固守待援。

1949年1月6日,"华野"对杜聿明集团发动了总攻。经一天的激战,邱清泉、李弥两兵团被歼13个团。此一战,解放军打得国民党军将领心惊胆战,连平时不可一世的邱清泉也是垂头丧气。1月8日,李弥兵团的3个军和邱清泉兵团的两个军基本被歼。9日晚,邱兵团主力第5军45师师长崔贤文率领师部和两个团投降,46师被缴械。10日,解放军直插邱清泉的兵团司令部。此时,邱见部队已无法掌握,便要求各部队自行突围,自己则命令看家的王牌军第5军的两个师和第74军的两个师担任突围攻击部队,在飞机的掩护下,向陈官庄西南疾进。在解放军的有力合围下,200师被歼,邱清泉及特务营被打散,邱被解放军的火力击中,身中6弹,当场毙命。杜聿明被俘,包括第5军在内的第2兵团10余万人被全歼。

## 第18军双堆集被歼

提到18军,就要提到陈诚。因为18军是陈诚一手培植的骨干部队。

1930年8月中原大战爆发后,陈诚升任18军军长。所部只有罗卓英的第11师和周至柔的第14师。后来,18军被陈诚扩充为5个师。由于陈诚深受蒋介石的宠爱,18军也成为蒋介石的嫡系。

1935年9月,陈诚他调,罗卓英升任军长。抗战爆发前,18军辖有3个师,即11师(师长彭善)、60师(师长陈沛)、67师(师长黄维)。1937年8月,18军调往上海参加淞沪会战,与日军松井石根指挥的第3师团血战罗店,伤亡惨重。1938年5月,黄埔一期生黄维升任军长,18军参加了武汉会战,仍下辖11师、16师、60师。后开入湖南,将几个保安团编为198、199两个师。这样,18军建制就有了5个师。1939年,方天升任军长。1942年,18军参加夏季攻势作战以及鄂西会战。战略要地石牌,是重庆的门户,在石牌要塞保卫战中,18军11师连日苦战,伤亡15000人。最终,18军为"鄂西大捷"立下头功,使日军占领重庆进入四川的计划破产。1943年以后,罗广文、胡琏、杨伯涛先后担任军长。

1946年5月，18军被改编为整编11师参加内战。1948年11月至12月，淮海战役进入第二阶段。11月下旬，解放军歼灭黄百韬兵团后，集结“中野”7个纵队、“华野”两个纵队，将黄维兵团引进了一个“口袋”。11月25日，“中野”将黄维兵团重重围困在宿县以双堆集为中心、纵横约7.5公里的一块地区。26日，蒋介石命令黄维全力突围。黄维遵命立即以第18军11师、118师、第10军18师、第85军11师，在坦克飞机支援下，向中野6纵等部阵地猛攻，但均被击退。突围中，廖运周率110师起义。眼看突围无望，黄维只得根据蒋介石“固守待援”的指令，以18军守平谷堆、尖谷堆，作为纵深防御，以85军、14军、10军作东西南北防御，修筑地堡、战壕等坚固工事来进行抵抗，以待援军。解放军则采取攻坚战法，紧缩包围圈，逐村攻击，稳扎稳打。

战至12月初，蒋介石眼看黄维兵团不保，立即严令李延年、刘汝明两兵团再次增援，并派刘峙到蚌埠督战。

此时，黄维兵团的防区越来越小，能够机动作战的部队只剩下7、8两个团，完全陷入弹尽粮绝的境地。12月5日，“中野”4纵司令员陈赓指挥东集团，3纵司令员陈锡联指挥西集团，6纵司令员王近山指挥南集团，以及“华野”部队联合向双堆集发起猛烈攻击。战斗空前激烈。解放军要求黄维放下武器投降，但被黄维拒绝。于是，中共两大野战军及地方部队发起总攻。至15日黄昏，包括18军在内的12兵团4个军11个师12万人被全歼。兵团司令官黄维、副司令官吴绍周、18军军长杨伯涛、10军军长覃道善被生俘，14军军长熊绶春被击毙。只有兵团副司令胡琏化装后，侥幸脱逃。

黄百韬及其胸牌

李弥

黄维的12兵团全面崩溃

解放军包围了黄维的兵团总部

起义的"重庆"舰舰长邓兆祥(右)和"灵甫"舰舰长郑天杰

# 海军两大将的倾轧

桂永清挤走陈绍宽到海军履新后,仍穿着陆军中将的军服。





## 蒋介石设海军处

抗日战争中,中国海军几乎全军覆没,蒋介石在 1938 年下令撤销海军部,降格为军政部下属的海军总司令部(简称"海总")。

1945 年抗战胜利后,蒋介石于 9 月 1 日又命令在军政部之下另设海军处。军政部部长陈诚兼任处长,蒋介石选中了远在英国留学的周宪章任副处长,负实际责任。

海军处的工作,就是专门审批"海总"的全部公文,办理海军的一切有关事宜。一个处,居然凌驾于"总司令部"之上。此时中国海军,没有一艘军舰,为什么要设两个海军部门?说穿了,就是蒋介石要牵制海军总司令陈绍宽。

## 陆军"接管"海军

海军处刚刚成立,陈诚就趁陈绍宽出国访问之际,将海军陆战队第 1 独立旅划为陆军建制,原海军官兵全部遣散回家。陈绍宽回国后得知了这个情况,又听了官兵们的哭诉,极为愤慨。但实在是无可奈何,兵符已经牢牢地操在了人家的手中。

中国海军赴英国接舰

陈绍宽(左二)任海军总司令时出访外军

1945 年 12 月，蒋介石正式下达手令，撤销海军总司令部；同时，将军政部海军处扩大为海军署，由军政部长陈诚兼任署长，并令周宪章立即接管"海总"。

周宪章在接到蒋介石手令的同时，立即率领一个连的陆军部队，包围了位于南京挹江门内的海军总司令部。四周的制高点立即就被周宪章的属下占领，并架起了机枪。接着，荷枪实弹、头戴钢盔的士兵，冲进了"海总"大门，将"海总"警卫连强行缴械，并将校尉级军官全部隔离软禁。

当陈绍宽乘车回到"海总"时，往日高大的门楼，整洁的院落，已面目全非。制高点上的机枪手虎视眈眈，大院的四周岗哨林立，海军将校们一个个耷拉着脑袋，排成了长龙蹲在地上。

陈绍宽愤然无语，在几名老随从的陪同下，到办公室兼卧室整理了行装，然后搬出了"海总"，来到挹江门城墙根的一家小饭店住下，在寂寞和寒风中，度过了 1946 年的元旦。

然而，1946 年 6 月 1 日国防部成立后，蒋介石又下令重新成立了海军总司令部，其名称竟与几个月前的"海总"一字不差。陈诚以参谋总长名义挂名海军总司令，副总司令是桂永清。

## 桂永清"整肃"海军

1946 年 10 月 16 日，国民政府正式任命桂永清为海军副总司令，代理总司令职。

桂永清，字率真，江西贵溪人。黄埔军校第 1 期步兵队毕业，后又被陈诚保送到陆军大学第 9 期深造。桂永清在国民政府发布任命之前，就已到海军任职。他带进了一大批陆军官佐，分别在政工、人事、财务、后勤、行政等各个要害部门任职，准备大刀阔斧地整治海军。

桂永清到海军履新后，仍穿着陆军中将的军服。按国民政府《陆海空军军官服制条例》的规定，兵科未变者只能着原来军种的服装。故在一些外事活动中，桂永清仍然穿着陆军

陈绍宽性情耿直，对官场腐败十分厌恶。抗战胜利后，蒋介石命令陈绍宽率"长治"等舰封锁渤海湾，堵截从山东渡海去东北的八路军。陈绍宽深为不满，拒不执行命令。他借口军舰需要修理，并请拨油费。他去了厦门，然后率"长治"舰前往台湾左营军港视察。蒋介石于是决意去陈。

桂永清

“重庆”号巡洋舰

“重庆”号巡洋舰宣布起义

将官服。当时，南京下关的江面上，常泊有英、美、法等外国兵舰，多是抗战胜利后来中国访问的舰队司令级的旗舰，由于相互之间的应酬往来频繁，外军将领对于中方老是由这位陆军中将出面表示不解和不满，认为这位二星中将对海军一窍不通，是不是中国海军无人？因此，在一些场合常常对桂永清很不客气，令桂永清下不了台。

而桂永清的怨气就撒向了海军的官兵们。桂永清上任后第一次到上海海军基地，就给海军官兵们来了一个下马威。他召集海军官兵在上海江南造船厂训话，有意将时间拖了将近4个小时。在这次疲劳式的训话中，上千名海军官兵在烈日下暴晒几个小时，有身体弱者，经受不住桂永清的“黄埔精神”式的训话，竟栽倒在地上。等桂永清训话完毕，操场上已倒下了一片人。桂永清看到这个情景，越发得意起来。

因整治海军有功，1948年，蒋介石正式任命桂永清为海军总司令。

## “伏波”号惨案

由于海军被陆军“接管”，终于酿成了一起重大海难。

1947年3月19日深夜，海军刚从英国接回的炮舰“伏波”号，在厦门外海被招商局的一艘货轮“海闽”号拦腰撞沉。“伏波”号军舰只有轮机长焦德孝上尉一人获救幸免，其余100多名官兵全部葬身海底。同时遇难的还有海军学校派舰见习的士官生18人。

上海各大报纸竞相报道这一事件，国内各主要报纸记者也都蜂拥而至上海。海军上海基地司令部门前成天是人声鼎沸，幸存者焦德孝上尉和基地司令方莹少将成了新闻人物。

在新闻记者的一再追问下，方莹长期以来对陆军及桂永清的不满迸发了出来，并道出了一些惊人的内幕。

“伏波”号军舰舰长原来叫柳鹤图，率舰回国后即被桂永清解职。解职原因，那就是柳是福建人，马尾海军学校毕业，是正宗的闽系“余孽”。“伏波”号全舰官兵，也被调换将近三分之二。新任舰长姜瑜，电雷学校第一期毕业生，桂永清嫡系。柳调走后，姜一下就由副舰长升任了“一把手”的舰长。

陆军与海军不同。陆军的团长阵亡或调任，副团长马上就能接上来。副营长升正营长、副团长升正团长，是陆军中的规矩。而海军的舰长与副舰长之间有一大段的距离，按海军惯例，舰长要由次一级军舰的舰长调升，而由副舰长升任本舰舰长的，世界各国海军

国民党海军第2舰队起义的军舰

都极为罕见。唯独舰长姜瑜的这次拔升，是个例外。一船新手，再加上个没有经验的舰长，焉有不出事的道理。在出航前，海军中多位将领曾向桂永清提出此行恐会发生不测，但桂永清以陆军中的一贯做法，根本就不听劝说，以致造成这次遭到国际耻笑的海难事故。

国内各报将方莹的这番话，一字不漏地予以刊登。这也为桂永清铲除异己下了决心。身材魁梧但心胸狭窄的桂永清，在此次事件以后的数月中，来了个斩草除根，将海军中闽侯籍将校，一一整肃干净，该冻结的冻结，该拉下的拉下，可谓片甲不留。对闽系海军的人，也一一予以甄别，搞得海军全军人心惶惶，怨声载道。

但这一“恶果”，最后还是被桂永清吞下了。国民党在大陆覆亡之前，几千名海军官兵，连同几十艘先进的战舰，一起投向了中共。

## 海军大起义

1949年2月25日凌晨，“重庆”号巡洋舰在吴淞口起义，驶向中共解放区的烟台港。

1949年2月12日，海军护卫舰“黄安”号于青岛海军基地举行起义，次日凌晨4时抵达中共连云港解放区。

2月14日，海军“201”号扫雷艇，在渤海长岛海面起义。

4月13日，海军“中字102”号登陆艇，满载着伞兵3团

第2舰队起义的“永绥”号炮舰

海军起义将领们

1000 多名官兵，在团长刘农畯率领下，从上海黄浦码头出发，在吴淞口外起义，北上到达连云港解放区。

4 月 23 日凌晨 1 时，海军第 3 机动巡防艇队的 28 艘艇只，在镇江江面宣布起义。起义后，大部分艇只参加了接运解放军过江的战斗，大大加快了渡江战役的进程。

4 月 23 日上午，海军海防第 2 舰队 30 艘舰艇，在舰队司令林遵率领下，冲破重重阻力，于南京东北笆斗山江面起义。

5 月 21 日，海军驱逐舰“灵甫”号官兵 73 人，脱离军舰离开香港，分三路到达中共天津解放区。

5 月 24 日，海军汉口巡防处 5 艘艇只，在岳阳至武汉江面起义。

9 月 20 日，海军“英豪”号炮艇及 9、83、107 号巡逻艇，在芜湖附近大通江面起义。

9 月 19 日凌晨 2 时，海军海防第 1 舰队旗舰“长治”号护卫舰官兵，于长江口外大戢山海面举行武装起义，并胜利驶达已经解放的上海。

10 月 22 日，海军第 4 军区炮舰“舞凤”号，巡逻艇 38、40 号，于广东江门起义。

11 月 9 日，海军汕头巡防处所辖“光国”号炮艇，于广东南澳海面起义。

11 月 26 日，海军“联荣”号中型登陆舰在澳门起义。

11 月 29 日，海军江防舰队炮艇“永安”号、“郝穴”号在四川忠县江面起义；30 日，该舰队炮艇“民权”号、“常德”号、“英山”号、“英德”号，在重庆江面起义。

12 月 7 日，海军“同心”号运输舰，在四川云阳江面起义。

自 1949 年 2 月至 12 月，国民党海军起义投诚舰艇共达 83 艘，官兵 4000 多人。

海军总司令部

傅作义(前右)与李宗仁步出机场

# 兵不血刃

**北平和平解放,历史文化古都终于免于战火。**

## 三次谈判·古都新生

1945年8月11日,傅作义宣布就任第十二战区司令长官。1947年1月,十二战区改组为张垣绥靖公署,傅作义任主任,所部以35军为基干扩编成3个军。12月2日,国民政府撤销北平行辕,及张垣、保定两个绥靖公署,成立华北"剿匪"总司令部,任傅作义为总司令。这时解放军已由战略防御转为战略反攻,傅对是否接任有所犹豫,但想到自己实力的增大,还是接受新职,将总部移往北平,统一指挥晋、察、冀、热、绥五省军事,成为拥有60余万兵力的五大军事集团之一。

傅就任华北"剿总"后,采用分区防御方针,集中主要兵力维护各战略要点,以确保平津保三角地区。是年底,晋察冀野战军为配合东北民主联军的冬季攻势,达到逐步击破傅军

从东北入关的解放军装甲部队开往平津

1938年12月,国民政府任命傅作义为第八战区副司令长官兼第二战区北路军总司令。傅作义设长官部于绥远五原。1940年春,日军3万余人、汽车千余辆,由黑田重德师团长指挥,于2月3日侵占五原。傅作义于3月20日夜率部对盘踞五原之敌发起猛攻,血战两昼夜,收复五原。此役击毙水川一夫中将、大桥少佐等日军300余人,全歼以桑原为首的特务机关,歼灭王英伪军两个师,获战利品甚多。血战中,傅部也遭到重大牺牲。五原大捷创国民党战区收复失地之先例。各党派团体纷纷发电祝贺,各大报刊发表文章,交相称赞。4月17日,国民政府将一枚"青天白日勋章"授予傅作义。

国共双方代表签订北平和平解放协议

国共和谈现场

平津保三角地区的防御，以部分兵力攻涞水。傅令35军主力南下增援，1948年1月中旬，新编第32师在涞水以东山地被我歼灭7000余人，新32师师长李铭鼎被击毙，军长鲁英麟在高碑店自杀。35军是傅作义多年经营的嫡系，鲁英麟是他在保定军校五期的同学，抗战时期的参谋长。鲁自杀消息传来，傅作义失声痛哭，他开始思索，抗日战场上战绩赫赫的35年，何以在内战战场上损兵折将，连遭败绩？素以勇敢善战的35军，如今何以士气低落？现实使他意识到人心向背，是军事胜败的重要因素。

1948年11月，辽沈战役结束，东北全境解放。同月，解放军发起淮海战役，徐州"剿总"刘峙集团告急。华北"剿总"傅作义面对东北和华北解放军的大军压境，处于进退维谷境地。

蒋介石的基本战略是：弃守北平，全军南撤，以加强淮海战场及长江防御。而中共中央对平津的作战方针则是，将傅作义集团挤压在华北，分割包围，就地歼灭，坚决不让其南撤或西退。为此，中共果断发起了平津战役。

陈长捷

12月中旬，平津战役打响，解放军将傅作义部全部分割在张家口、新保安、北平、天津、塘沽5个孤立的据点。11月底，解放军包围张家口、新保安等地，但却是"围而不打"。同时，东北野战军主力包围了北平，对平津塘三地是"隔而不围"。

傅作义感到事态严重，遂派崔载之等人

解放军炮兵向天津推进

天津解放，解放军会师金河桥

解放军攻克新保安城

解放军与北平城防部队交接

平津战役后，解放军将领检阅部队

庆祝华北解放

平津总前委

出城到三河县平津前线司令部所在地，与东北野战军参谋长刘亚楼进行谈判，提出建立华北联合政府的主张。双方交换意见后，崔回平向傅作义报告；同时，将电台和报务员、译电员留下，以便联系。

第二次谈判是在1949年1月6日至10日。时解放军已攻占新保安，全歼傅部精锐的35军2个师16000人，击毙军长郭景云。接着，解放军又向张家口发起攻击，全歼国民党军54000人，105军军长被俘。张家口解放，平津战役大局已定。此时，傅作义派周北峰、张东荪到河北蓟县八里庄，同平津前线司令部林彪、聂荣臻、罗荣桓和刘亚楼等进行谈判。中共提出了改编国民党军的方案，对傅部起义人员一律既往不咎。双方草签了《会谈纪要》。但傅作义并没有及时实施。

此时，天津国民党守军仍拒绝放下武器。解放军于1月14日向天津发起总攻。只一天时间，天津就被攻占，全歼守军15万人，天津警备司令陈长捷、第62军军长林伟俦、第86军军长刘云瀚、天津市市长杜建时等被俘。17日，塘沽守军5万人从海上南逃。

第三次谈判是在1月14日至17日。1月14日，毛泽东发表《关于时局的声明》，敦促傅作义当机立断。当日，傅作义派邓宝珊、周北峰作为全权代表，到通县西五里桥平津前线司令部，与林彪、聂荣臻、罗荣桓和刘亚楼进行谈判。谈判取得了成功，16日双方签署了《关于北平和平解决的初步协议》14条。22日，傅作义在《协议》上签字，并发表广播讲话。同时，城内国民党守军开始移到城外指定地点接受和平改编。1月31日，解放军举行了入城式。北平宣告和平解放。

傅作义的代表邓宝珊

北平解放庆祝大会



平津战役，自1948年12月下旬至1949年1月上旬，历时64天，共歼灭和改编国民党军52万人。华北地区基本解放。平津战役与辽沈和淮海战役并称“三大战役”。北平和平解放，创造了解放国民党军队的“北平方式”，成为后来解放湖南、四川、新疆、云南的范例；它使驰名世界的历史文化古都北平免于战火，完整地保存下来，为新中国的定都奠定了基础。

## 绥远和平解放

平津战役中创造的“北平方式”，对傅作义的根据地——绥远，也产生了重大影响。

在北平和平解放的同一天，华北“剿总”绥远指挥所主任、绥远省政府主席董其武就飞抵北平，表示愿走和平的道路。中共中央遂提出了解决绥远问题的特殊政策——绥远方式。3月，双方指定了谈判代表，在北平起草了《绥远和平协议》(草案)。4月，协议文本被送到绥远。

董其武召集军政人员和地方代表征求意见。结果，大多数人表示赞同。1949年6月上旬，双方在《绥远和平协议》上签字，协议生效。在以后的几个月中，绥远各方排除了国民党方面的种种干扰，于1949年9月19日，由董其武领衔发表起义通电，顺利实现了绥远的和平解放。

**总统府摄影处**——这里只是国民政府会客室的一个台阶，中轴线的一个过道，但却成了元首、政要们与外国来宾合影频率最高的地方，蒋介石、林森、汪精卫、宋子文、孔祥熙、李宗仁……都曾是这里的常客。

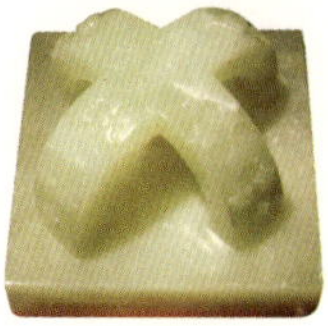

玉玺——中华民国之玺。藏于国民政府文官处，为镇府之宝、国之重器。它是权力的象征，国民政府迁到哪，它就跟随到哪。抗战胜利后，国民政府从陪都重庆还都南京，玉玺由文官长吴鼎昌先期带回。虽然国府政要尚未到达，还都仪式尚未进行，但玉玺的『驾到』，象征着国民政府重新回来了。

# 相见时难别亦难

1917 年 5 月，在美国完成博士论文答辩、即将归国的胡适

**专机飞上蓝天，胡适回望大地，与北平这座古城，和他倾注了许多心血的北大惜别。**

## 面临巨变

临近 1948 年年末，北平的天空是那样的阴沉。11 月 2 日，辽沈战役结束，人民解放军的炮声已越来越近，北平、天津和张家口等城市已经被解放军分割包围。除了北平机场，这唯一与外界的通道，北平已然是一座孤城。

在此剧变之际，胡适的心情是复杂的。

前些天，文人从政的翁文灏终于在 11 月 24 日提出了辞职。而美国对蒋介石政府的专制一直颇有微辞，对自由主义的代表人物胡适却极为欣赏。蒋介石因此想借用胡适的名声，改变美国人的看法，特派陶希圣飞往北平力邀胡适出山。胡适坚辞了这一邀请，但是，胡适托陶希圣把父亲的遗稿和自己的《水经注》考证文稿带交傅斯年暂存，并对陶希圣说：“在国家危难的时候，我一定与总统蒋先生站在一起。”

1948 年 11 月 22 日，北大校务会议在胡适主持下进行。经过两小时的激烈辩论，最后做出的决定是：不迁校。24 日，举行教授会议，正式通过了不迁校的决定。

远在南京的蒋介石在做什么呢？他正在进行“双抢”：一是“抢救”黄金，将国库中的黄金白银美钞运往台湾；二就是

胡适将这张“全家福”题赠给他的老师杜威

胡适与中央研究院院士合影（前排右起：萨本栋、陈达、茅以升、竺可桢、张元济、朱家骅、王宠惠、胡适、李书华、饶毓泰、庄长恭）

“抢救人才”。胡适作为新文化运动的主将之一、国际瞩目的著名学者，当然是“抢救”的首批人才了。

## 惜别北大

蒋介石派出了“抢救”小组的陈雪屏飞抵北平，劝说胡适尽快离开北平：“北平的城防一天一天地崩溃，还是早点离开。”

胡适还是坚持：“我不能丢下北大不管。”

后来，蒋介石亲自出面，两次给胡适打电报，催促胡适南飞，并说已派出专机到北平来接他和清华校长梅贻琦，还有著名教授陈寅恪等人，终于胡适不再坚持，决定南下。

可是，当他与陈寅恪夫妇乘车出城去机场时，却在宣武门被傅作义的守军拦阻，胡适想和傅作义联系，可是又联系不上，只好返回东厂胡同胡宅。

当晚，胡适表示：如果明天走不成，就干脆不走了。不料深夜 1 点半，傅作义亲自打来电话：“总统已有电话，要你南飞，飞机早上 8 点可到。”

12 月 15 日下午，胡适夫妇和陈寅恪夫妇一同来到中南海勤政殿——这里现在是傅作义的总部，随后在部队的护送下，来到南苑机场，登上了飞机，同机的还有 25 位教授。

当专机飞上蓝天，胡适回望大地，和北平这座古城，和他倾注了许多心血的北大惜别。

1948年4月1日,胡适在国民大会上

# 凄然赴美

到达南京后,胡适受到了蒋介石特别的礼遇。

12月17日,是胡适的57周岁生日。当晚蒋介石夫妇在黄埔路官邸设寿筵宴请胡适。蒋介石在推行新生活运动以后,就只喝白开水了,茶烟酒一律不沾。可是,那天却特地为胡适备下了酒,可谓礼贤下士。然而,在这样的形势下,恐怕是有酒无欢。

胡适对蒋介石这样的特殊礼遇,当然是感激涕零。

1949年元月8日,蒋介石又邀请胡适到黄埔路官邸吃饭。席中,他提起了让胡适再去美国的想法:“我不要你去做大使,也不要你负什么使命,如争取美援,我只要你出去看看。”

胡适没有表态,他还在犹豫徘徊中。

3个月后,蒋介石已经宣称引退,从溪口打电话给陶希圣,带信请胡适方便时去溪口一趟。胡适在这个时候,下了决心去美国:“我就是这样一直往美国去,能不能替国家出一点的力?总是尽心去看看做。”

4月初,胡适在上海会见了一些老朋友,如昔日的红颜知己曹佩声。4月6日,胡适登上了“克里夫兰总统”号前往美国,开始了晚年的飘零。

1932年5月,胡适与地质学家翁文灏等创办《独立评论》,发表对时局的见解,主张加快国家工业化建设。1934年春节后,翁文灏为调查浙江长兴的石油矿苗,在浙江武康附近发生车祸,几乎丧命。蒋介石闻讯,亲命调集名医为其诊治。此后,翁视蒋有救命之恩,遂竭力追随。蒋介石也借翁文灏的关系,打开了一条与知识界沟通的渠道,胡适就是通过这一渠道与蒋介石建立起直接对话关系的。

中研院评议会二届三次年会合影,前排右至左:翁文灏、陈立夫、胡适、白崇禧、于右任、朱家骅

国民党空军起义的 AT-19 飞机

# 向着太阳飞去

**530 号飞机在刘善本指挥下，凭着一张旧地图，在延安机场降落。**





## 刘善本——空军起义第一人

1946 年 6 月，空军 8 大队接到任务，要将美军在昆明移交给国民政府的物资全部空运成都，共需出动 7 架 P24 式飞机。

空军 8 大队作战训练科上尉飞行参谋刘善本，曾于 1943 年赴美国接受飞行训练，1945 年回到国内。回国后，他看到的不是和平，而是内战的烽火，而且不久，自己也将被投入内战战场。他阅读了一些进步书籍，已经暗下决心驾机起义。此次担负运输任务，刘善本认为正是起义的好时机。

1946 年 6 月 22 日，7 架飞机从上海起飞，目的地是昆明。刘善本驾驶的是 1 架机号为 530 的飞机。飞机在昆明降落后，装上了物资，于 24 日直飞成都。两天后，飞机再飞昆明，继续装运物资。26 日，飞机再次起飞。

完成运输任务后，飞机按计划返回昆明。在途中，刘善本对后舱乘机的 6 个人说，机组人员反对打内战，要飞往延安，到达后你们去留自便。之后，刘又到前舱对驾驶员等人说，后面全是共产党，他们有手榴弹，不同意飞延安就同归于尽。

就这样，530 号飞机在刘善本的指挥下，凭着一张旧地图，在延安机场降落。除了 4 人领了路费离开外，其他 7 人起义。他们是：刘善本、张受益、唐世耀、唐玉文、李荣琛、何辉庭、江焕章。

6 月 29 日，毛泽东、朱德接见了刘善本机组 7 人，并出席了欢迎刘善本起义机组人员大会。7 月 9 日，刘善本在延安广播电台向全国发表讲话，号召国民党空军官兵反对内战。

514 号轰炸机在南京大校场机场起义

# 大校场机场轰炸机起义

抗战后期，国民政府军事委员会开始着手重建在抗战初期几乎损失殆尽的空军。蒋介石指示要将新招募的空军年轻飞行员全部送往美国深造。1946年秋天，这批留美士官生分批回国。

青年军官俞渤所在的空军8大队，先后进驻北平南苑和上海大场机场，任务就是配合内战前线的国民党军作战。鉴于解放战争形势的发展，中共地下党决定在空军中开展工作，发动起义，实施多架飞机"北飞"的计划，为人民空军的建立输送力量。俞渤接受了这项任务。

就在俞渤准备执行起义任务时，情况突起变化。驻扎在上海大场基地的空军8大队，突然接到命令，调驻南京大校场基地待命。蒋介石在徐蚌战场投入了大批精锐兵团，调空军到南京来，是为了与中共部队决战淮海。不仅8大队被调防了，各支空军部队都接到了蒋介石的电令，整个国民党空军的4/5都集结到了南京周围。蒋介石为这场决战，投入了几乎全部的空军主力。

但不多久，8大队又接到命令，基地即日迁往台湾新竹机场。起义计划再次被打乱。于是，中共地下党立即决定单机起义。参加这次行动的共有5个人，他们是：俞渤、郝桂桥、周作舟、陈九英、张祖礼。分工是：2人驾驶，1人投弹，2人火力警戒。

1948年12月16日晚，南京大校场空军俱乐部正在举行一场晚会。与此同时，俞渤等5名飞行员悄悄离开了俱乐部，摸到一架编号为"514"的轰炸机旁。很快，"514"缓缓地向跑道滑去，离地、爬高、腾空……地面的哨兵看着它起飞，根本就没有多加注意。

飞机升空后，瞬间就到了南京上空。俞渤打算在南京上空轰炸目标后，再飞回机场轰炸机群。第一颗炸弹的轰炸目标，就是总统府。

负责投弹的周作舟，是一位老轰炸员，技术相当熟练，对

刘善本

1945年8月19日，汪伪政府的空军少校周致和接到送伪湖北省主席叶蓬从南京回武汉的命令，飞机是汪伪政府的两架专机之一的"建国"号。这是一架日本产双发动机的运输机，装油多，续航时间长，能够远距离飞行。早在6月底，一心想弃暗投明的周致和和另一名少尉飞行员黄哲夫已经赴浙江长兴与新四军苏浙军区司令员粟裕商妥了驾机起义事宜。大家当即决定，利用这次机会起义。周致和完成送叶蓬的任务后，当日即从武汉返航扬州，8月20日天刚亮，黄哲夫、周致和等6人驾机从扬州向西北方向飞去，下午2时，飞机在延安机场着陆。8月28日，毛泽东等飞去重庆谈判，登机前，在机场接见了机组成员。

石家庄驻军领导与起义人员

大校场起义机组人员

南京的地形也了如指掌。可这次轰炸却把握不住瞄准系统。到了目标上空，炸弹却投不下去。原来，轰炸系统已被反内战的飞行员破坏了。经大家紧急磋商后，在南京西北郊一处无人烟灯火的地方，把炸弹投了下去。在炸弹的爆炸声中，514 号向北飞去。

17 日，美联社报道：昨天，中国首都南京发生了一起炸弹爆炸事件。据悉，是一架轰炸机在执行任务时，不慎掉落炸弹引起。南京和上海的大小报纸都作了相同内容的报道。

514 号轰炸机原准备降落沈阳或安东机场，但时值东北下大雪，只好转飞最近的石家庄。经过反复盘旋，终于看到地面的两堆熊熊大火。这是在指示跑道的位置。原来，中共方面的石家庄城防司令曾涌泉将情况向上级汇报后，判断这是架国民党空军起义的飞机，遂立即下令配合降落。

12 月 17 日凌晨 1 时许，飞机终于在石家庄机场安全降落。

当天，中共中央调查部长罗青长奉毛泽东、周恩来之命，专程赶赴石家庄，向驾机起义的 5 位国民党空军飞行员表示亲切的慰问。

## 其他空军起义

从 1946 年至 1949 年底不到 4 年的时间里，国民党空军共有 50 多人，驾驶各型飞机 22 架举行了战场起义，其中驱逐机 5 架、驱逐轰炸机 1 架、轰炸机 4 架、运输机 7 架、教练机 4 架、联络机 1 架。

1949 年 1 月 30 日，李筠等 5 人驾驶 C47 型运输机从上海起义，飞往济南。

2 月 2 日，李愚、刁家平驾驶 L5 联络机从上海起义。不幸坠毁。

8 月 25 日，李福遇驾驶 C47 客机从广州白云机场起义，在南京降落。

11 月，中国航空公司和中央航空公司员工驾驶 7 架 C47 型、3 架 C46 型、1 架 DC3 型、1 架“空中行宫”型飞机，从香港飞往北京和天津。

1949 年 4 月 22 日，南京大校场机场指挥塔台、431 电台举行起义。起义人员有：张荣甫、罗贤朴、李基厚、傅秉一、徐佩新等。

1949 年 6 月至 7 月间，空军长沙航空站，在空军第二军区少校参谋蔡晋年策动下起义。起义人员有：韩宪章、李克诚、樊忠义、周会友等。

1949 年 12 月 10 日，空军昆明机场航空总站站长蒋绍禹乘坐 1 架 C46 型飞机脱离国民党。12 月 12 日，昆明机场起义司令部成立。

1949 年 9 月 25 日，在新疆警备总司令陶峙岳领导的起义中，新疆迪化机场的空军第 259 供应中队 300 多官兵起义。

# 蒋介石"捉放"龙云

抗战前，龙云（右二）与何应钦等人合影。左一为褚民谊

云南省主席龙云，成了蒋介石的心腹之患。

## 龙云"升任"军参院长

抗战爆发后，国土沦陷，大批进步人士纷纷涌入云南，一时间，这里爱国民主人士云集。由于云南远离"陪都"重庆，又是龙云当政，所以，整个云南的政治空气比较开明，报纸可以较为自由地出版，文艺方面也比重庆开放得多。各界人士要求取消国民党的一党专政、建立民主联合政府的呼声也十分强烈。龙云本人的思想本来就比较进步，加上他为人正直，所以他对民主运动采取了一种默许的态度。作为一省主席，他也经常发表一些谈话拥护成立联合政府。于是，龙云就成了蒋介石的心腹之患。

1945年9月底，蒋介石的长子、总政治部主任蒋经国飞赴昆明，向杜聿明口授了蒋介石对云南的处置办法，并出示了蒋介石的手令一份。手令的内容是，免除龙云在云南军事政治本兼各职，调为军事委员会参议院院长。

第二天，昆明全城谣言四起，说大批共产党已秘密潜来昆明活动，龙主席已与中共接洽，准备与四川刘文辉联合筹划搞大西南独立，抗拒中央。10月2日，杜聿明的第5军就开始军事调动，名目是举行一次大规模的军事演习。演习科目，全是夜战和巷战。演习开始没几天，就完全变了味。第5军的"巷战"一点一点地打向云南省政府的所在地五华山，教练弹也变成了真枪实弹了。当演习部队逼近云南省府时，突然一

彝族将领龙云，曾统治云南达18年之久。他年轻时武功甚好，身体健壮，双目炯炯有神。然而，中年以后，却戴了一副眼镜，眼睛无神。原来，在龙云43岁的1927年，在省内的混战中，他被对手胡若愚、张汝骥所擒，致使左眼失明，成了民国年间著名的"独眼将军"。

龙云早年与蒋介石、陈布雷等人合影

声呐喊，士兵直向省府大院冲去。驻扎在省府周围的滇军独立旅措手不及，瞬间就被缴了械。

这时，第5军向杜聿明报告了占领云南省政府的消息。蒋经国立即给在重庆的父亲蒋介石挂了一个电话，说已顺利完成任务。蒋介石立即说："你告诉杜长官，务必绝对保证龙主席的安全，不得出一点偏差。"杜聿明立即下令对五华山省政府实行严密警戒，并派了一名中级军官前往龙云的办公室，向他出示了蒋介石的亲笔手令，全文只有几个字：委任龙云为军事参议院院长。龙云接过来看了看，仍是毫无表情。

第二天，昆明大小报纸都刊登了同样的消息："云南省政府改组，龙主席调任军事参议院院长。国民政府任命卢汉为云南省政府主席。"

龙云(中)与陈纳德(右)

龙云(左四)与蒋介石等人合影

## 重庆、南京遭软禁

1945年10月6日，龙云在何应钦、宋子文、卫立煌等军政要员的陪同下，乘飞机离开昆明。下午，抵达重庆珊瑚坝机场。

龙云在重庆就任军事参议院院长后，基本上处于被软禁的状态。即便如此，蒋介石还是不太放心，仍然从军统局调派了一个名叫裴存藩的人，到军事参议院担任总务厅长，其实就是监视龙云。

1946年5月"还都"在即。蒋介石特地拨了一架专机给龙云，让龙立即飞到南京。龙云推说坐飞机不适，蒋介石立即又为他调来了一艘军舰。龙云无法，只好登舰，于5月21日从重庆启程，29日到达了南京。

在南京，龙云这个"上将院长"没干几天，蒋介石就将军事参议院撤销，另外成立了一个战略委员会，由何应钦任主任，龙云是副主任。这个委员会本来就是一个空架子，没有实权，龙云这个副主任只能听任蒋介石摆布了。

随着国民党军在战场上的节节失利，蒋介石也变得更加喜怒无常。龙云感到，必须尽快脱离南京，否则会遭致杀身之祸。一天，龙云向蒋介石提出去钱塘江观潮。蒋介石正逢兴致较好，就一口答应了下来。龙夫人顾映秋也从昆明赶到了上海，部下们在上海国际饭店预订了房间，云南同乡会也准备了盛大的欢迎仪式。

当他准备出发时，却被住宅四周的特务们所阻拦。双方一时僵持不下。白崇禧赶来对龙云说："蒋先生已赴庐山牯岭，龙将军最好先打个电话给蒋先生，或者龙将军自己去庐山一趟。"龙云发怒说："杭州、庐山都不去了。"

1947 年夏，龙云的爱女龙国璧要赴美国留学，龙云打算送她到上海乘船。事先，龙云托国民政府文官长吴鼎昌转告了蒋介石。临行时，龙云送女儿到南京下关火车站。哪知刚一进站，一名宪兵军官很有礼貌地对龙云说："蒋委员长有手谕，龙院长不能离南京，请回吧。"不管龙云怎么解释，但宪兵们非要龙云回去。结果，龙云愤愤地离开了车站。

## 陈纳德鼎力相助

龙云感到，明走肯定是不行了，只有暗走，而且必须尽快走。要离开南京，只有三条路可走，一是公路，二是铁路，三是空中。公路和铁路，蒋介石的人盘查很严，根本就无隙可钻。唯一可能的只有空中了。想来想去，只有求助陈纳德。

在抗战中，龙云与陈纳德交往颇多，交情不错，于是，龙云派英文秘书刘宗岳，找到了原美军飞虎队的陈纳德。这时，陈已离开了军界，开办了一家民航公司，手中有好几架飞机。陈纳德同意帮龙云这个忙。刘宗岳问及费用。陈纳德说："我与龙将军是老朋友了，不是做生意。我只收点汽油费就行了，就六千美元吧。"

1948 年 12 月，龙家开始操办起年货来了，买羊宰羊，还有不少人专门上街去采购木炭、调料，专为云南昭通风味的全羊席作准备，上上下下忙得不亦乐乎。特务们看在眼里，也惦记着自己要回家过年呢，监视的事难免松懈了下来。

12 月 8 日上午，龙家的大门打开了，一辆旧吉普车停在院前，已经发动。这时，从龙宅侧门出来一个左眼绑了绷带的人，走到汽车旁，拉开车门坐了进去。汽车一发动，出了大门，

抗战中的龙云

1927 年国民政府成立后，在云南四镇守使中，胡若愚与龙云的力量最强，互相对立。胡若愚利用省务委员会主席的职权，先发制人。6 月 13 日夜，他派人包围了龙云在昆明翠湖边的住宅，并命令炮兵向龙云住宅连续发射了两颗炮弹，均命中。一块弹片打在玻璃窗上，玻璃片溅向四方，龙云的左眼球被四散飞舞的玻璃碎片击伤，顿时血流如注。龙云成了胡若愚的阶下囚后，被关了一个多月，受伤的左眼未得到及时治疗，最后完全失明。

龙云（三排中）在“总统”就职典礼上

还故意按了几声喇叭。特务们看得真切，没引起注意，因为平时龙云出行，总是前后陪同多人，而且西装笔挺，精神抖擞，气宇轩昂。上的也是那辆高级美制福特汽车。因此，根本就没有派车跟上去。吉普车一出门，就直向北开去。驶到城郊结合部的一处僻静处时，汽车停了下来。这时，一辆美国牌照的黑色别克轿车悄然驶至。两车并排停了几分钟后，两车的车门都打开了，吉普车上下来几个人，迅速登上了黑色轿车。两车又是同时发动，向不同的方向开去。

黑色美国轿车向城东的大校场军用机场飞驰而去，路上碰到几个检查站，卫兵一看是美国牌照，立即放行。直驶至机场大门口时，才被空军总司令部的宪兵拦了下来。驾车的美国人叫魏罗伯，是陈纳德的亲信。他机警地探出了头，一声“哈罗”，宪兵见是美国牌照美国人，马上举旗放行。

## 龙云远走高飞

汽车一直开到停机坪上，在一架涂有美国标志的 C47 型飞机前停住。车上下来一行人，鱼贯登上了飞机。飞机驾驶员仍然是魏罗伯。只听见引擎发出一阵巨大的轰鸣，在地面宪兵们的注视下，飞机昂首向东南方向飞去。这时的时间是 10 时 50 分。

一个多小时后，飞机抵达上海。陈纳德早在机场迎候了。稍事休息后，飞机又继续飞广州。而广州方面早已订好了去香港的车船票。这架飞机的主要乘客，就是龙云一行。

龙云在离开南京前，曾写了两封信。他关照儿子龙绳祖，一定要等收到他到达香港的电报后才能把信交给总统府秘书长吴鼎昌。信有两封，一封是给蒋介石的，信中痛斥蒋介石祸国殃民发动内战，必将受到历史的惩罚。另一封是给战略委员会各委员的。

蒋介石既震惊又恼怒，立即找来何应钦、张群、吴鼎昌等人，商讨善后办法。最后，由中央社发了一则消息：龙云院长因病请假去香港疗养，中央准予在香港养病三月。

但蒋介石仍不相信龙云已到了香港，在中央社发布消息的同时，还秘密发布了全国戒严令；同时命令京沪杭一带的宪警一起出动，进行突击搜捕。

直至 12 日以后，香港各大报纸都发布了新闻。《华侨日报》称：前云南省主席龙云将军于民主人士的热烈欢迎下，自己从南京脱险，于 9 日安抵香港……此次龙氏得能逃出虎口，不但在东北之滇籍解放军为之雀跃，我全国民主力量亦深庆也。

蒋介石在见到香港的报道后，确信搜捕已无济于事，只得下了一张手令，将监视龙云的全部有关人员予以监禁，以追究失职之罪。

# 陈布雷、戴季陶之死

陈布雷与戴季陶

国民党“文胆”陈布雷与元老戴季陶相继选择了不归路。

## 陈布雷突然死亡

1948年11月13日早晨8时许，陈布雷的贴身卫士胡宏猷按照以往的习惯，来到陈布雷的房间开门。但门被反扣上，无法推开，反复叫喊也没有人答应。胡遂立即喊人强行将房门打开。进入屋内一看，陈布雷已僵卧在床上，身穿着糙米色卫生衫，两肘有碗口大的洞，内裤裤管塞在袜子里。双手举起与头并齐，嘴巴微张，左脚伸直，右脚弯曲。床头柜上有4只盛安眠药的空瓶，地上两只竹壳热水瓶全部倒空，写字台上放着几份遗书。

陈布雷（右四）1928年8月就任浙江省政府委员与教育厅长时，与省长张静江（右五）等合影

淮海战役的隆隆炮声，使陈布雷的心绪更加沉郁繁乱。1948年11月11日，陈布雷起床后，头晕心跳，自叹病躯如此，对“非常时期”决难有所贡献。10时许，他勉强出席了蒋介石主持的“中政会临时会议”。散会后回寓，精神恍惚，觉得“百无一用”是对书生的准确评价。“此树婆娑，生意尽矣！”当天，陈布雷写下了一篇充满内心矛盾和痛苦的“杂记”，觉得心力体力不支，决定作二三天的休息。

陈布雷(前右十)与"国大"代表

陈布雷的公馆在南京湖南路508号,是一幢小楼。他当时的职务是总统府国策顾问、侍从室二处主任,办公地点在总统府政务局。但陈布雷大部分时间都在公馆办公,主要是为蒋介石起草文稿。副官陶永标就住在公馆的马路对面,此时还没上班。与陶副官住在一起的还有两名司机,平时如有召唤,只要一按汽车喇叭,即闻声而来。这时,胡宏猷急急跑向车库,连续猛按喇叭。很快,陶副官与司机飞也似的从马路对面跑过来。胡说,主任已服了大量安眠药,快去总统府请医生。陶当即驱车去了总统府。

接着,住在附近的陈布雷秘书蒋君章也

1929年6月,陈布雷与蒋介石等人合影。前排左一为孔祥熙、左三为宋蔼龄。后排左一为赵戴文、左二为蒋介石、左四为陈布雷、左五为周佛海

来了。不一会儿,张治中带着副官来见陈布雷,被胡拦住,胡答,主任今天不见客。张治中并不知道陈布雷已经自尽,就亲自上前递上名片说,要见你们主任。胡还是拒绝。张治中很是诧异,只好与副官驱车离去。

总统府医官陈广煜很快就赶到了。经检查,陈布雷的心脏已于2小时前停止跳动,但医生还是打了几针强心针。最后诊断是,服用大量安眠药死亡。

下午1时许,蒋介石驱车来到陈公馆,亲临陈布雷自杀的房间。他站在陈布雷遗体面前,状极哀戚,当看了在场的陶希圣递上的陈布雷致他的遗书后,流下了眼泪。当时只说了一句话:"将布雷先生的遗体送往殡仪馆吧。"接着,宋美龄也来了。宋的情绪显得十分激动,下车时站立不稳,差点摔倒。总统府警卫室主任石祖德急忙上前扶住,一直把她扶到楼上。来到房间,她的眼泪簌簌直掉。

## 自杀前的几件事

陈布雷是蒋介石的秘书,曾为蒋介石写过不少著名的文章,如《庐山讲话》、《西安半

月记》等。1948年初，毛泽东发表了《目前的形势与我们的任务》一文。蒋介石看后，将陈布雷叫来说："看人家写得多好。"陈布雷已看过这篇文章，马上回了一句："人家是自己写的。"蒋介石被陈布雷抢白了几句，不禁怒火中烧，但也不好发作，只得拂袖而去。

1948年9月，解放军攻克济南，形势对国民党越来越不利。国民党内主和派张治中、邵力子等人力主先停战再与中共进行和平谈判。张、邵等人把和谈的希望寄托在陈布雷的身上，想请他对蒋介石多吹吹"和平之风"。而10月10日，蒋介石要发表《政府能战能和》的演说，要陈布雷赶出这篇文稿。此时，张治中更是频繁地来找陈布雷，请他无论如何向蒋介石进言。这样，陈布雷白天听的是"和平"言论，夜里要构思蒋介石"能战"的演说。几天后，文章赶出来了。蒋介石极为欣赏。陈布雷就是在这样的心态下完成了这篇文稿。茶饭不思，彻夜失眠，只能靠香烟和安眠药度日。

一日，军统局向陈布雷送来了一个报告，说有确凿证据陈布雷的女儿陈琏和女婿袁永熙是共产党员，陈公馆范围内有秘密电台活动。陈布雷既不知情，也无从解释。其实，周恩来已带话给陈布雷，希望他的笔不要为一人服务，而要为四万万人服务。陈布雷也曾表达了对周恩来的敬佩。但蒋介石对他有知遇之恩，他终究未能醒悟。

陈布雷(左)与陈诚

陈布雷(右)自杀前在寓所留影

## 灵柩运往杭州

陈布雷去世时，夫人王允默和七子二女都不在身边。当日，王允默就从上海赶回，两个儿子也从北京赶回，小女儿陈琏和丈夫袁永熙也来了。

南京公祭后，陈布雷的灵柩准备送往故乡浙江。陈布雷的灵柩离开南京殡仪馆时，共有8辆汽车组成了一个车队。第一辆是红色警车，由南京首都警察厅开道；第二辆是大卡车，前面打着蒋介石为陈布雷手书的"当代完人"横幅，车中有军乐队吹奏哀乐，周围放着花圈；第三辆是小车，后座是陈

陈布雷（后左二）在“总统”就职典礼上

戴季陶（中）与后任院长张伯苓（左）

布雷的两个儿子，手捧陈的遗像，以及数名警卫；第四辆是小车，坐的是手捧神位牌的陈布雷小女婿袁永熙，司机旁边是警卫王权；第五辆是大卡车，运载陈布雷的灵柩；第六辆小车上是陈布雷的小女儿陈琏和副官陶永标、秘书蒋君章；最后两辆大客车坐着送殡的官员。

运送陈布雷灵柩的车队从鼓楼殡仪馆出发，直驶下关火车站上了火车。总统府警卫团派了六名卫兵随车保卫，蒋介石特派总统府政务局长陈方负责随柩照应。火车经过镇江、无锡、苏州、上海等车站时均有路祭。

灵柩在杭州艮山门车站下车。在车站迎灵的有蒋经国和浙江省主席陈仪等高级官员。出站后，直驶杭州四明公所。以后，陈布雷遗骨葬于杭州风景秀丽的九溪。墓碑正中题“陈布雷先生墓”六个大字。

## 戴季陶之死

抗战结束后，戴季陶曾代表国民政府出访印度，拜访了印度政治、文化名人尼赫鲁、泰戈尔、甘地等人。“甘地”的中文名字，就是由戴季陶翻译的。戴季陶向蒋介石汇报了出访的情况，并向蒋建议，不要急于出兵东北。但蒋介石非但听不进去，反而讥笑他“目光短浅”。结果，东北局势一再失控。

1948 年 7 月，戴季陶不顾蒋介石的一再挽留，毅然决定辞去考试院长一职。但为了给蒋介石一个面子，还是勉强担任了国史馆馆长。

陈布雷死后，戴季陶还曾对他的轻生表示过“看不起”。没想到，仅仅几个月后，自己也走上了这条不归路。

1949 年初，国共内战如火如荼。戴季陶从南京来到广州“养病”，并等候去台湾。但他在这里也不得安宁。2 月 1 日，国民党中央党部迁到了广州。就在这一天，停泊在二沙头军用码头的一艘油轮发生大爆炸，大火整整烧了 3 天；粤汉铁路工人举行了大罢工，广州物价一日数涨，民怨沸腾。

戴季陶在青年时代就有阿芙蓉癖，当上考试院长后，就改服了烟丸。以后一直没有间断过。戴季陶在广州期间，在医生的医治下，病情一度还算稳定，但时而忧郁，时而亢奋。薛岳在广州中山堂举行欢迎会，戴季陶还发表了讲话。在离开纪念堂时，戴季陶看到台阶上有一个烟头，还俯身拾起扔进了垃圾箱。回到住处后不久，戴季陶特意将随身携带的 11

尊铜观音像全部赠送给了广州六榕寺，还在寺中与佛教会的同仁聊起佛事，戴说，我不久将离开这一恶世。听者并没有引起太多的注意。

行政院院长孙科来到广州后，看中了戴季陶在东园的住所29号楼。未经戴的同意，就将戴的行李移走，自己住了进去。戴为此极为不快，对人说这是“奇耻大辱”，“孙科怎么这样看不起我呢”？想起此事就又气又闷。行政院开会，戴季陶只是出席而已，但总是一言不发。监察院长于右任赴上海，行前去看望戴季陶。当他握住戴的手时，感觉竟是冰凉的，似已气息奄奄。于右任不禁潸然泪下。

于右任离开广州的当日，即1949年2月11日。入夜，戴季陶像往常一样，吃了几粒安眠药后微微睡去。时至半夜，他又醒来，老毛病神经痛又发作了。他辗转反侧无法入睡，2时许，他曾来到妻子赵文淑的内室。本来，赵文淑一直陪伴着他，照顾他的起居饮食和服药。但那天赵文淑身体不舒服，就到内室独自睡去了，只有戴季陶一个人在卧房。天亮时，赵推开戴季陶卧室的门，只见他呈侧卧状，面色赤红，尚有微气。赵急忙喊来中山大学医院的医生进行抢救。10时许，戴已气绝。医生诊断是，服用过量安眠药身亡。随后，广州军政界要人纷纷赶来吊唁。

戴季陶是国民党元老，1920年代曾写过《孙文主义基础》和《国民革命与中国国民党》，反对中共与工农革命运动，是国民党的理论家。他与蒋介石是金兰兄弟。据说，戴季陶信佛，对自己的大限之日是有感觉的。所以，他在死前曾有过一些预感。据戴妻赵文淑说，戴季陶不想去台湾，他真正魂牵梦萦的地方，是他的家乡成都。

戴季陶在办公

1931年国民政府举行第一届高等文官考试，阅卷结束后，发现应考者普遍成绩不甚理想。戴季陶请示国民政府同意，将总平均得分在55分以上的考生由他亲自复审，视学识相对较好者，加至60分予以录取。一个名叫刘锡长的考生，他的56分让考官错看成51分而被排除在外。当发现这一错误后，戴季陶自感责任攸关，便向国民政府委员会请求处分。他在报告中说，承担人员忙中有错，情有可原，处分不妨从宽，而他本人急于放榜，督促过迫，领导无方，应受严厉处分。结果，主考官戴季陶罚俸三个月，秘书长陈大齐罚俸一个月，事故直接责任人仅记过一次。陈大齐多年后回忆说：旧日官场积习，长官有过，诿诸僚属，只有僚属代长官受过，从没有长官代僚属受过。

毛泽东在北平阅读解放军占领南京的新闻

# 钟山风雨起苍黄

**顾祝同发去电报后，蒋介石拍桌大骂道："文白无能，丧权辱国。"**

## 双方部署兵力

1949 年 1 月 21 日，蒋介石宣布"引退"，由李宗仁任"代总统"，与中共进行和平谈判，但同时仍以国民党总裁身份总揽军政大权，在长江以南进行军事部署。

蒋介石成立并扩大了京沪杭警备总司令部，以汤恩伯为总司令，会同华中"剿总"总司令白崇禧，指挥组织长江防御。到 1949 年 4 月，国民党军在宜昌至上海间 1800 余公里的长江沿线进行了部署。陆军：共计 115 个师约 70 万人的兵力，其中汤恩伯集团 75 个师约 45 万人，部署于江西湖口至上海间的 800 余公里长江沿线，白崇禧集团 40 个师约 25 万人，布防在湖口至宜昌间近 1000 公里地段。海军：第 2 舰队和江防舰队一部军舰 26 艘、炮艇 56 艘，分驻长江下游江面，江防舰队舰艇 40 余艘，驻防中游江面。空军：4 个大队飞机 300 余架，部署于武汉、南京、上海等重要城市，随时支援陆海军作战。此外，美、英等国也各有军舰数艘虎视眈眈地泊于长江边。

解放军做渡江前的准备

老百姓为解放军摆渡

**总统府礼堂**——民国历史上经过三次重大的改建，亦中亦西，中西合璧。总理纪念周，新年团拜会，重要的活动和会议，多在此举行。

华生电扇——全铜质地，民族品牌。在没有空调的年代，民国机关中也不多见。盛夏时节，即便是坐在办公室内，也难挡热浪的侵袭。能用上电扇，是一件相当惬意的事。当时，家用电器绝对是奢侈品，一般人只能摇上一把芭蕉扇驱热，或在室外纳凉，享受自然风。

渡江总前委领导

1949年2月，中共中央军委依据向长江以南进军的方针，调集第二、三野战军和中原、华东军区部队共约100万人，准备在5月汛期到来之前，由安庆至江阴之线发起渡江作战，歼灭汤恩伯集团，夺取国民党政府的政治经济中心南京、上海以及苏、皖、浙广大地区。

参加渡江作战的解放军3路集团，于3月初至4月初先后进抵长江北岸，开展渡江的各项准备工作。到渡江战役前夕，共征调各型木船近1万条，随军参战的船工1万多人，支前民工300万人。此时的解放军，装备得到大大增强，作战经验更加丰富，加上得到广大人民的支持，双方力量对比已发生了逆转。

## 北平和谈

就在国共双方在长江两岸积极进行军事部署之时，北平和谈于4月1日开始举行。国民党方面的代表是：张治中（首席代表）、邵力子、黄绍竑、章士钊、李蒸、刘斐。中共代表是：周恩来（首席代表）、林伯渠、林彪、叶剑英、李维汉、聂荣臻。

4月13日，中共首席代表周恩来将《国内和平协定草案》送交国民党代表团。当晚，双方在中南海勤政殿举行会议，周恩来表示对于“战犯”问题，不限任何人，只要能认清是非，幡然悔过，就可以取消战犯罪名。对其他一些原则问题，则坚决

国民党北平和谈代表在北平

蒋介石下野后，为组新内阁，李代总统属意何应钦出任行政院长。何担心此举有“趁乱勾结桂系”之嫌，赶紧跟着蒋介石去了杭州，以示与老蒋共进退。蒋介石深受感动，特题“安危同仗，甘苦共尝”八个字祝贺何应钦的60岁生日，并请何应钦出任行政院长。蒋介石思虑：李宗仁上台后一直设法和中共方面接触，中共“和谈”势在必然。只有派出何应钦主持行政院，才能干扰李宗仁的“和谈”部署，以实现自己的“拒和”计划。何应钦有了蒋的支持，于3月15日赴南京就任行政院长。关于“和谈”问题，何院长完全秉承蒋介石的旨意，提出“和谈必须先订停战协定，以便利用停战协定，依托长江天堑，隔江而治。”

解放军坦克行进在南京市中心广场新街口

不能让步。

国民党代表经过反复研究，对《草案》提出了40多条修改意见。中共方面根据国民党的意见，作了许多让步，并进行了修改。但对于军队改编和渡江接收政权等问题，周恩来表示决不能让步。若让步，就失去了毛泽东提出的八项条款的基本精神。

国民党代表团在散会后连夜进行了研究，一致认为，中共已经作出重大让步，可以接受《国内和平协定》。并决定推黄绍竑和屈武携"协定"文本回南京请示。

突破长江天堑后，解放军乘胜追歼残敌

4月16日，黄、屈二人回到南京，立即向李宗仁、何应钦汇报。李、何不能做主，只得请示在溪口的蒋介石。顾祝同发去电报后，蒋介石拍桌大骂道："文白无能，丧权辱国。"

20日上午，何应钦主持召开会议，李宗仁、白崇禧、阎锡山、顾祝同、黄少谷等国民党在南京的要员们全部参加了会议。行政院长何应钦宣布，决不接受和平条款。这一天，张治中等人在北平接到了南京政府拒绝签字的电报。于是，毛泽东、朱德向人民解放军发布《向全国进军的命令》。

## 突破长江天堑

4月20日深夜，解放军中路突击集团第1梯队在强大炮火掩护下，突破国民党军舰和江防炮火的拦截，在芜湖以西100余公里的长江正面，首先渡江登岸，迅速攻占了鲫鱼洲。接着，突破鲁港(芜湖西南)至铜陵段国民党军江防阵地，巩固了滩头阵地后，立即向纵深发展，至21日，占领铜陵、繁昌等地。中路集团首战告捷。

21日，解放军东路突击集团第一梯队在天生港(泰兴南)等地突破守军防御后，于22日进抵南闸(江阴以南)、百丈镇(申港以西)之线，建立了东西50余公里、南北10余公里的滩头阵地。同时，争取了国民党军江阴要塞守军7000余人起义，控制了江阴炮台，封锁了江面。第20军由泰兴西北龙窝口至永安洲段起渡，22日攻占扬中。西路突击集团也于21日晚在马当江面全线突破守军江防阵地，又控制了100余公里、纵深5至10公里的滩头阵地，于22日占领彭泽、东流等地，并解放安庆。

23日，解放军东路突击集团主力解放丹阳、常州、无锡等城市，切断了沪宁铁路，国民党海军海防第2舰队司令林遵率25艘舰艇在南京江面起义，另一机动艇队在镇江江面起义。第34军攻占镇江，第35军于23日晚占领国民党首都南京。

第四野战军先遣兵团于5月14日开始举行汉浔间渡江作战，从武汉至九江间横渡长江。15日，争取了国民党华中军政副长官兼第19兵团司令官张轸率2万余人在贺胜桥起义，17日解放华中经济中心武汉。6月2日，第三野战军一部解放崇明岛，至此，渡江战役结束。

渡江战役历时42天，此役，人民解放军伤亡6万余人，歼灭国民党军11个军、46个师共43万余人，解放了南京、上海、武汉等大城市，以及江苏、安徽两省全境和浙江省大部及江西、湖北、福建等省各一部，为尔后解放华东全境和向华南、西南地区进军创造了重要条件。

国民党和谈代表飞抵北平

白崇禧

北平和谈国民党方面代表章士钊

国民党和谈代表黄绍竑

泊于长江上的英军军舰

# 汤恩伯与长江江防

**蒋介石单独向汤恩伯面授了作战机密，并交给他一张手令，叮嘱他不到万不得已时，不得向人出示。**





## 蒋介石密授机宜

1949年1月21日蒋介石下野后，在奉化溪口召集了高级将领何应钦、顾祝同、汤恩伯等人，专门研究在京沪杭地区的作战问题。经过几天的秘密会商，确定了在长江布防的大致战略：江西湖口以西由华中军政长官白崇禧指挥，总兵力为25万人；湖口以东归京沪杭警备总司令汤恩伯统属，总兵力45万人。关于东线的防卫计划，蒋介石指示不要向白崇禧透露一个字。

参加渡江战役的渔船

蒋介石又单独向汤恩伯面授了作战机密。蒋介石指示说："京沪杭作战，必须以上海为核心，即最后必须坚守淞沪，与台湾相呼应，以优势海空军力量支持淞沪，然后进行反攻。"临别时，蒋介石当面交给他一张手令，并说："不到万不得已时，不得向人出示。"汤恩伯随即返回南京。

汤恩伯回到南京后，代总统李宗仁正在大张旗鼓地修筑城防工事，作固守南京的打算。汤恩伯瞒着李宗仁和国防部，秘密下令将江宁要塞的大炮拆了运往上海，还在南京的总部私下扣住几百辆美式十轮大卡车，随时准备运送物资前往上海。

## 汤恩伯秘而不宣

1949年4月上旬的一天，参谋总长顾祝

同在南京主持召开了一次关于京沪杭地区的作战会议。

其时，与会的高级将领们都知道了蒋介石在长江下游的作战方针，但长江毕竟太长了，就这么 70 万军队，无疑是杯水车薪。决策层究竟将防守的重点放在哪一段？会前，大家都心中无数。

会前，气氛很活跃。装甲兵司令徐庭瑶中将打趣说：“听说共军在安徽收集了许多尿壶，准备装满了火油在晚上渡江时点灯照明用呢。”话刚落音，顿时引起一片哄堂大笑。众将领们对不久前国军在东北、平津、徐蚌诸战役中的惨败，好像都忘得一干二净。

海军总司令桂永清上将接着说：“共军照着亮渡江我倒不怕，就怕他们偷偷摸摸地干，要知道，摸黑干是共军的老把戏啊。”又是一片笑声。

这时，国防部上将次长秦德纯又吹将起来：“滔滔长江，几千年来，就以天堑而著称，三国的曹操和晋朝的苻坚，都被长江吞没，今天共军就那么几杆破枪，几条破船，还能冲过长江来吗？我倒要领教领教呢。”

陆军总司令的代表汤尧上将又发表了一通高论：“国军在重点方面，要采取间接配备，同时，必须控制强大的预备队，在共军半渡长江时同时出击，将共军歼灭在江心。这样，共军的陆战长处就无从发挥。”

顾祝同听了诸将军的议论，觉得都没谈到点子上，这才以主持人的身份大声说：“现在的关键，是要弄清共军主力在哪里渡江，这样，我们的兵力才好配置。不然的话，长江这么长，谁知道把主力放在什么地方。”

国防部第二厅（分管情报）中将厅长侯腾马上说：“根据我们厅的情报看，共军主攻方向是在瓜州古渡和扬中一线。”。

顾祝同问：“何以见得？”

侯腾只得说：“我们是根据情报综合分析的。”

顾祝同马上说：“不足为证。”

这时，国防部第三厅中将厅长蔡文治开始发言。蔡曾留学日本士官学校，后于陆军大学 13 期毕业，专攻军事学。这

参谋总长顾祝同

汤恩伯

国防部次长秦德纯

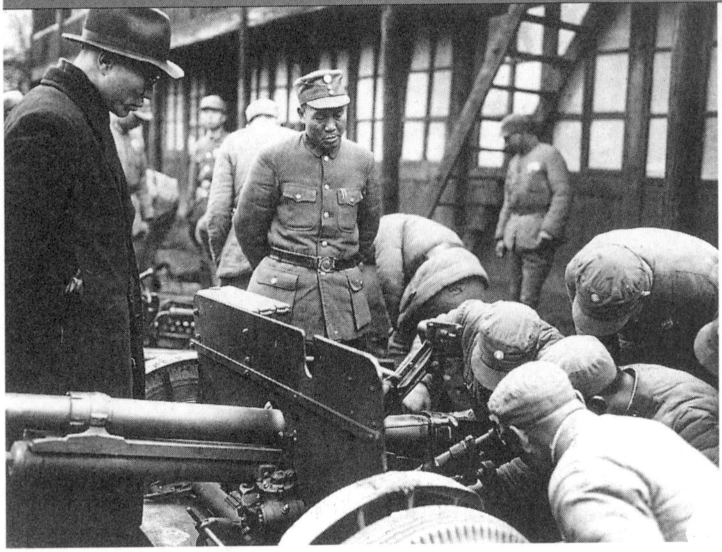

汤恩伯(中)视察军务

一年才37岁，头发梳得乌黑发亮，一副儒将派头，是国民党军队中的学院派代表。其所在的第三厅分管作战。他滔滔不绝地说："从军事学原理的角度来看，共军主力渡江点应该在皖南的荻港一线。因为此处江面不宽，登岸点平坦，南岸没有什么险要的屏障；如果渡江成功，立即可以南下席卷常州、嘉兴、上海三角地带，直接对南京构成钳形包围，进而使南京及镇江的国军成为瓮中之鳖。如此战法，对国军来说正是十分痛苦的事。第三厅的意见是，将主力控制在长江南岸的芜湖、宣城一线，与共军在南京上游一线展开决战。可是汤总司令的情报正好与我们第三厅的相反，他把主力放在京沪铁路沿线，无疑是自取灭亡。"

蔡文治的一席话，把整个会场说得鸦雀无声。只有汤恩伯一副怒不可遏的样子。只见他霍地站起来，准备反驳蔡文治。

这时，顾祝同开口了："蔡厅长的意见是有一定道理的，汤总司令可以作为参考嘛。"汤恩伯藐视地看了顾祝同一眼，又狠狠地瞪了蔡文治几眼，鼻子里哼了几声，忍住没有发作。

顾祝同说了一个折衷的意见："三厅把这个意见抄一份交给京沪杭总司令部，供汤司令参考。"说毕，宣布散会。

## 汤恩伯亮出“尚方宝剑”

4月20日晚，解放军发起渡江战役。其主力24军、25军、27军精锐部队，正是在荻港北岸的太阳洲、黑沙洲、白马洲一线强渡长江，国民党守军第7绥靖区张世希部和第8兵团的几个军独力难支，与解放军主力一接触就垮了下来。解放军在4月21日清晨一举登陆成功，遂立即向南猛插。随之，国民党军江阴、南京等地江防失守。这时，汤恩伯把主力都集中在京沪铁路一线，长江防线崩溃后，汤恩伯并没有夺回江防的任何打算，而是下令将全部军队收缩至上海外围，好像要在上海固守长期抵抗。

于是，在蒋介石的授意下，参谋总长顾祝同在上海主持召开了一次作战会议。不少将领已不能前来参加会议，有的阵亡，有的被俘。会场上再也没有了昔日轻松的气氛。

顾祝同首先作渡江作战总结，只字不提

战略指挥的失误。其实,顾祝同何尝不知道这是汤恩伯的从中作祟,只是不好说罢了。

这时，一名肩扛中将金星的中年将军忍不住跳了起来，不等顾祝同说完,就慷慨激昂地大谈特谈起来:“我是分管作战的,但我不知道这个仗是怎么打的？上次在南京的军事会议上,我就提出,共军主力是在皖南荻港一线渡江,可有的人就是不把主力派上去,去守什么京沪铁路。守铁路干什么?到时怎么个退,退到哪里去？只能退到大海里去喂鱼了。好了,现在首都也沦陷了,长江的屏障也完蛋了,下面这个仗还怎么打？真是令人痛心。”

说着说着，他更加激动了:“我这个作战厅长还怎么干,说话没有一个人听,真是愧对自己,愧对先总理,愧对总裁啊！”说到此处时,他一时控制不住情绪,用手解开将官军服的衣扣,用力一扯,只听见哗啦啦一声,衣扣一个不剩地全被扯了下来。接着,他竟然大声哭了起来:“我不干了,我再也不当这个作战厅长了。”

这人就是国防部第三厅厅长蔡文治。

到会的人都被蔡文治的举动惊呆了,一个个面面相觑。

顾祝同则慢条斯里地对蔡说:“蔡将军，有话慢慢地说嘛,不要动肝火,冷静一点。”

这时,一个人啪的站了起来。此人乃京沪杭警备总司令汤恩伯上将。

长江北岸的解放军重炮

蔡文治

下野回溪口的蒋介石，十分担心失去上海,1949 年 4 月 25 日,他突然命令“太康”号军舰起航赴上海。26 日,军舰进入吴淞口，下午停泊于复兴岛江面，当天即召汤恩伯至舰上谈话,先后被召见的还有顾祝同、周至柔、桂永清、谷正纲、毛人凤等。蒋介石在沪 11 天,对上海军务、党务、特务等均作了精心策划,5 月 7 日乘“江静”轮离沪赴定海。

汤恩伯以一种极其傲慢的口吻说："姓蔡的，你不要发狂，我在军校当大队长时，你还不知在哪里玩泥巴呢。今天，你当了中将，就了不起啦，就不认我这个老师啦，你懂什么！"说到这里，汤恩伯不说了，用眼睛斜着蔡文治。

蔡文治也忍不住了，大声嚷起来："汤恩伯，你摆什么臭架子，谁还认你这个老师？我看你连个军人都不配当。"

汤恩伯被蔡文治骂火了："你小子太不识抬举，什么军人不军人的，告诉你，军人也要服从命令。"

蔡文治立即回击道："我一个小厅长算不了什么，可顾总长的命令总是要听的吧。我以总长名义下达命令，你为什么不执行？"

汤恩伯停了一会儿，想说又停住了。蔡文治和顾祝同等将领的目光一起看着汤恩伯。这时，汤恩伯感到不说不行了，就把手伸向了皮包。全场的目光都盯在了汤恩伯的手上。

只见汤恩伯从皮包里取出一张纸，在大家眼前晃了几晃："我可是奉命行事啊。"大家一时愣住了。

这时，汤恩伯得意地说："我是奉总裁手令行事啊。我集结主力退守上海，是老头子要我干的，总裁手令，总长就不要服从吗？"说着，用眼瞟瞟顾祝同。顾没有说一句话。

汤恩伯更加得意了，他把手中的纸甩得哗哗响，又说起来："大家听着，这是总裁手令，我念一下，你们听着：'上海存有约值3亿多银元的黄金白银。上海市长吴国桢请假，由陈良任上海市政府秘书长兼代理市长，负责用大批轮船将全部金银抢运台湾。在未运完前，汤恩伯应集中全部兵力死守上海，直到金银全部运完后，汤部方可向舟山群岛方面转进，并阻止共军海上追击。如该项金银不能安全运抵台湾，则唯汤恩伯、陈良是问。中正手启。'"

汤恩伯念完蒋介石的手令后，全场静悄悄的，没一人说话。汤恩伯又说起来："前几个星期，我们已经开始装船运台，有一条太平号轮船装得太多，在舟山沉没了，老头子要追究责任。这个责任谁负得起啊？我和陈良直到现在还是心惊肉跳呢。蔡文治，依你的计划，把部队都集中到长江皖南段和浙赣沿线，上海守不到规定的时间，你我的脑袋还要不要了。"

全场仍是鸦雀无声。

这时的汤恩伯，完全显示出一种战胜者的姿态，他夹起了皮包，小心翼翼地收起了手令，站起来要离开。

顾祝同说："汤总司令，会还没开完。"

汤恩伯说："好吧，诸位还有什么高论尽管说，我还有公务在身。老实说，总裁是要我保守秘密的，如不是蔡文治发疯，我是不会拿出来的。各位仁兄，请问手上还有多少军队？都差不多了吧！请不要碍手碍脚的，没有事的，可先到广东去，总裁也无意死守上海。等到上海大撤退时，还要我来保护诸位呢！"说罢，夹起皮包离开了会场。

这时，在场的高级将领们一个个都呆若木鸡。就连在国民党军政官员中最有修养的顾祝同，也窘得面红耳赤。

应征入伍的青年军

# 青年军被歼

蒋介石特地指令儿子蒋经国、蒋纬国报名参军。

## 组建青年军的背景

抗战后期，美国的先进武器大量装备了中国军队。太平洋战争爆发后，美英等国盟军来华参战，各部队急需大量翻译人员。因此，国民政府军的各个军兵种部队，都迫切需要受过较高级教育的知识青年来充实。

知识青年一直是国统区日益高涨的爱国民主运动的积极参与者，特别是抗战中，大批知识青年纷纷背弃国民党前往中共控制的解放区。国民党已经意识到青年人的政治向背，直接影响到统治的基础。为了转移青年们的视线，国民政府也以入伍当兵走上抗日前线来进行号召。

蒋介石出席青年军政工会议

1944年日军发动打通大陆交通线战役，中国军队连连溃败。8月24日，蒋介石给国民党中央党部秘书长吴铁城和三青团中央书记长张治中下手谕，要求发动十万名党、团员从军。10月11日至14日，军委会、军政部、军令部、军训部、政治部、国民参政会等单位，联合举行发动知识青年从军会议。会场内高悬“一寸山河一寸血，十万青年十万军”的大幅标语。蒋介石到会提出“军事第一、军人第一”的口号，当场指定蒋经国、蒋纬国二人首先从军。年龄在四五十岁的国民党中央宣传部部长梁寒操、副部长马超俊也当场签名志愿从军。

蒋介石接见青年军将校

在豫湘桂溃败中，国军损兵折将30万，丧失国土100多万平方公里。国内国际舆论对国民政府表示了强烈不满。史迪威和美国总统也要求蒋介石彻底改造中国军队。

## 全方位的宣传动员

早在1942年10月，蒋介石就以军事委员会委员长的名义，向全国发出通电，号召青年学生入伍参加抗日。1943年3月，开始实施《修正兵役法》，改变了以往不在学生中征兵的规定，而改为“学生服役期间，仍保留学籍”等等。

蒋介石在1943年出版的《中国之命运》一书中，要求“全国青年，战时必立于前线，做一个尽忠国家，尽孝民族的国民……”

国民党中宣部、军委会总政治部、三民主义青年团更是广为宣传，全力策动。但一直到1943年11月，仍没有出现学生应征入伍的情况。

于是，国民政府要员们纷纷发表讲话，鼓励学生入伍。军政部决定，除了法制方面进行推进外，另以行政命令正式公布学生志愿服役办法。教育部更是邀集有关机关，组织一个共同的委员会，办理学生服役生活辅导，政治训练、军中文化以及家属联系、权益保障等事项。兵役署长程泽润还亲往重庆沙磁区作题为“学生服役”的报告。教育部并且召集重庆各大学校长进行座谈。

1943年10月，国民政府召集中央有关部会及各省市政府党团各级正式人员和教育界人士，举行发动知识青年从军大会。蒋介石两次到会讲话，提出“一寸山河一寸血，十万青年十万军”的口号。会议具体制定了征兵方法、编练办法、优待办法等措施。其中有一些强制性措施，如凡受过中等教育以上或相当程度者，年龄18岁至35岁以下者，体格合格的，均须志愿参军。征兵名额为10万人。

10月14日，全国知识青年志愿从军指导委员会正式成立。何应钦、吴铁城、陈果夫、张治中、白崇禧、陈立夫、康泽等任常委。29日，行政院通令各级政府，青年公务员应率先从军。蒋介石特地作出表率，指令儿子蒋经国、蒋纬国报名参军。一些高官的子弟也报了名。为此，宣传部门则大力渲染。

为了方便青年学生从军，兵役署于1943年12月21日专门设立了登记处。教育部则邀请航委会、卫生部、中组部、政治部、交通部、兵役署、军训部、中宣部、三青团等机构，组织了学生志愿服役指导委员会。

## 十万青年十万军

在近似于铺天盖地的宣传动员下，1943年11月起，始有青年学生报名参军。最早的是四川绵阳中学的15名学生。12月重庆学生开始响应。各地的青年学生们，出于一腔爱国热情，纷纷报告参军。重庆、浙江、福建、江西、湖南、广西、陕西、贵州、云南、甘肃等地，出现了中国历史上空前的知识青年报名从军的热潮。

到 1944 年年底，全国各地报名参军的人数达到了 12.5 万人，大大超过了预征的 10 万人。仅重庆一地报名合格者就达到了 3000 人以上。

青年学生入伍后，经训练后被编成了 9 个青年军师，为 201 至 209 师，分属远征军第 6、9、31 军。师长大都是黄埔军校前期的毕业生，由蒋介石亲自选定。师设政治部，主任由蒋经国亲自遴选后任命。蒋经国在各种场合必对青年们大力灌输“必须绝对效忠最高领袖蒋委员长”的中心思想，其口号是“青年军是实现三民主义的先锋队”、“青年军的胸膛就是祖国的国防”等等。

蒋介石对青年军也是青睐有加。新兵入伍后，蒋总是亲自训话，“你们都是本委员长的部下，亦就是我的子弟”，这句话是每场必讲。在物质待遇上青年军也大大高于其他部队。

## 内战中被歼

青年军组建后，大都没有在抗日战场上作过战。抗战胜利后，共复员 70640 人。内战爆发后，1947 年 7 月，蒋介石决定再次招募青年军，仍以 9 个师的番号组建，并将其中的 6 个师调往台湾整训，接受美式装备。然后，全部投入内战。但这支被最高当局誉为“青年劲旅”的御林军，同样不能挽救国民党在战场上的失败。

202、204、209 师，1949 年在上海浦东地区被解放军全歼。203 师在陕西新津被歼。205 师在平津战役中被歼一部，其余被解放军改编。206 师在洛阳战场被解放军全歼。207 师在辽沈战役中损失惨重。208 师在平津战役中遭重创后，逃往东南沿海岛屿。

1944 年 10 月，蒋介石于青年远征军成立时留影

蒋氏父子，左为蒋经国，右为蒋纬国

李宗仁与美国驻华大使司徒雷登(左)

# 李宗仁"谋和"

**李宗仁在总统府会客室接见了邵力子等，邵力子向李宗仁面交了毛泽东的亲笔信。**



1949年1月21日，蒋介石宣布"引退"，由副总统李宗仁代理总统一职。李宗仁上台后，立即开始了一系列的谋和活动。

1月22日，李宗仁发表文告，宣布同意与中共进行和平谈判，并派张群、邵力子、甘介侯赴上海，请宋庆龄、张澜、黄炎培、罗隆基等民主人士出面斡旋和谈；李宗仁还同邵力子两次往上海商议和谈事宜。

1月27日，李宗仁致电毛泽东，表示愿以中共所提8项主张为基础进行谈判。之后，李宗仁立即准备组织江浙沪的各界头面人物和社会贤达，组成"南京人民和平代表团"，北上与中共谈判。2月6日，代表团以私人资格赴北平。尽管这个代表团的知名度不高，代表性也不够，但中共方面还是热情接待了代表团，将他们安排住在最好的六国饭店，叶剑英并设宴款待。

李宗仁任代总统后，蒋介石仍在溪口遥控指挥

由于这个代表团对国内形势和中共的主张缺乏了解，而且是站在国民党桂系和美国的立场上向中共进行试探，中共方面只对他们的一些有利于和平的善意主张，表示了欢迎的态度，未作进一步的表态。

2月11日，代表团离开北平回到南京。

2月13日上午，由颜惠庆、章士钊、江庸、邵力子4名老人为首的"上海人民和平代表团"乘专机于14日下午抵达北平，仍然下榻在六国饭店。这个代表团，实则是为国共正式和谈打前站。随同前往的还有国民党通邮、通航代表。

代表团到北平后，北平市长兼军管会主任叶剑英，以及董必武、林彪、聂荣臻、薄一波等人，先后与代表团进行了多次集体会谈和个别谈话，并数次设宴招待代表团。叶剑英代表中共中央明确表示，建立和平、民主和统一的新中国，有两种方式，即北平方式和天津方式。希望李宗仁真正以人民利益为重，认清形势，以中共8条主张为基础，与蒋介石真正决裂。代表团也向中共传达了李宗仁对和谈的意见。

2月17日，中共在北平举行大会，欢迎上海人民和平代表团。20日，中共北平市委在北平饭店举行了盛大的宴会，在北平的爱国人士400多人出席。邵力子在会上表示：我们宁愿选择北平方式，而不愿选择天津方式。

22日，代表团由北平飞往石家庄，晚上7时，到达中共中央所在地西柏坡。毛泽东和周恩来接见了代表团全体成员。毛泽东对邵力子等人说："你们来了就好，如果是想真正的和平，我们也可以派正式代表组团进行谈判……"

周恩来与代表团进行了会谈，并就国共正式和谈的时间、地点、恢复国共地区交通、开辟停战途径等问题，与代表团交换了意见。最后达成了8条秘密协议，为国共正式和谈铺平了道路。

2月24日，代表团携带了毛泽东带给李宗仁的一封信飞返北平，并于27日下午2时经西安飞返南京。在南京明故宫机场，代表团秘书张丰胄代表"四老"宣读了一份书面讲话：虽然完成了任务，但还有很多困难，和谈还是很有希望的。话音刚落，全场掌声雷动。代表团部分成员回到上海后，张丰胄又向上海各界宣读了同样的讲话。

1949年2月27日，李宗仁在总统府会客室接见了邵力子等代表团成员，邵力子向李宗仁面交了毛泽东的亲笔信。

李宗仁在总统府接见邵力子等人

副总统李宗仁

副總統用箋

孫夫人勛鑒蔣先生遽然
引退仁以基於個人對國
家之責任不得不出而勉
維現局內戰頻年人民
痛苦萬狀弭戰謀和已
成為全國一致之呼聲仁
決遵循民意盡其最大
之努力推致和平尤賴

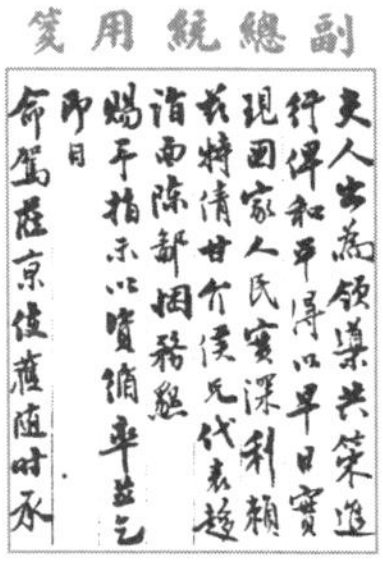
副總統用箋

夫人出為領導共策進
行俾和平得以早日實
現國家人民實深利賴
茲特請甘介侯先生代表趨
謁面陳鄙悃務懇
賜予指示以資循率並乞
即日
命駕蒞京俾獲隨時承

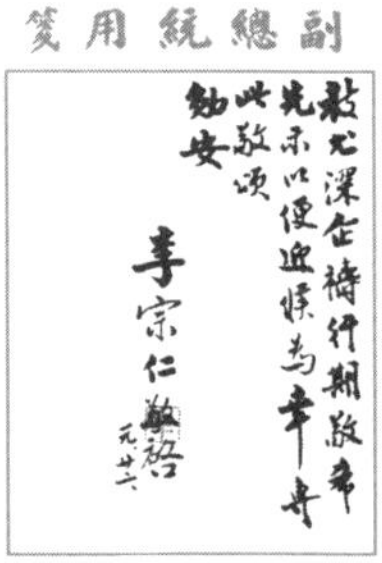
副總統用箋

教尤深企禱佇期敬希
先示以便迎候為幸專
此敬頌
勛安
李宗仁敬啓
元廿六

李代总统给宋庆龄的信

行政院长孙科(左)与翁文灏

# 府院之争

**1949 年 2 月,孙科擅自将行政院迁往广州,与总统府唱起了对台戏。**





## 孙科将行政院迁往广州

1948 年冬,国共两党在淮海地区展开大决战,国民党的败局已定;解放军即将饮马长江。1949 年初,蒋介石发表了元旦文告,宣布即将“引退”。随即于 1 月 21 日下午黯然离开南京,退居浙江奉化溪口老家。1 月 22 日,副总统李宗仁立即“代理”了总统一职。

由于全国各界要求和平的呼声日益强烈,李宗仁上台后,就在 1 月 27 日发表声明,表示愿意在中共提出的 8 项和平条件的基础上,进行和平谈判。但这件事并没有交国民党中常委和中政会讨论,而蒋介石仍是国民党总裁。行政院长孙科自然也不知情。一气之下,未经李代总统同意,孙科就决定 1 月 28 日将行政院迁往广州办公。

孙科之所以将行政院迁往广州,主要理由是,解放军大炮的射程已覆盖南京,扬州已经失守,如南下占领镇江,南京岂不成了“瓮中之鳖”;再加上 1948 年选举副总统时李宗仁、孙科两人之间有了深深的“过结”。孙科此举,明显就是不予合作的态度。实质上,这是蒋介石对李宗仁的“求和”姿态不满。

1949 年 2 月 4 日,孙科在副院长吴铁城等陪同下,由上海飞往广州,5 日即宣布在广州办公。在孙科的鼓动下,2 月 7 日,行政院所属的外交、内政、财政、粮食、水利、教育、卫生、工商、司法行政等部,以及侨务委员会,也一起迁到了广州。9 日,孙科在广州主持召开了迁址后的第一次院务会议。17 日、23 日,又举行了两次院务会议。

李代总统在南京接见外宾

这样，就形成了总统府在南京、行政院在广州的奇特局面。

## 李宗仁屈尊赴广州

对于孙科单方面的行动，李代总统又气又恼。只好直接打电话到溪口找蒋介石商量；同时，又打电话给广州的孙科，请他顾全大局，回南京办公。但孙科根本不予理睬。李宗仁看孙科没有反应，就打算在南京召集立法院开会，提出不信任内阁案，宣布行政院迁广州是非法行为。

就在行政院迁广州之际，国民党中常会也于1月30日迁往广州，与孙科一起与李宗仁唱起对台戏。

但李宗仁仍不甘心，又请监察院长于右任、立法院长童冠贤赴广州，试图说服孙科回心转意，但仍不得要领。李宗仁只得以代总统名义，下令行政院回南京办公。但孙科却病了。

李宗仁再请张群出马赴广州，仍然无效。

万般无奈之下，李宗仁只得使出最后一招，屈尊亲赴广州劝说。2月20日，李宗仁与程思远等专程飞往广州，力劝孙科。孙科迫于各方的压力，只得同意将行政院迁回南京。2月28日，孙科飞回了南京。

没想到，孙科刚回南京不久，就在3月8日向李宗仁提出了辞职。李宗仁只好任命何应钦为行政院长。此时，一场“府院之争”才算结束。

行政院名义上是迁回了南京，但大部分办事人员却留在了广州，南京只是一个空架子。何应钦面临的第一个问题，就是文件的处理。所属机构的文件源源不断地送到南京，而南京无人可用。何应钦只得将大部急件打包空运到广州的行政院办事处拟办，由副院长批示意见后，再运回南京，加盖院印、编发文号后发出去。

但这种状况只维持了一个多月。1949年4月23日解放军渡江前夕，行政院再一次迁到了广州。

蒋介石离开南京时向官员们辞行

李宗仁纡尊南去，表面是劝行政院返京，实际是向孙科施加压力，要把原来支持孙科的广东军政领袖拉到自己一方。素有“南天王”之称的陈济棠做寿，李宗仁手书“如冈如陵”寿屏一幅，前往贺寿。又对粤将一一封官许愿，这一手果然厉害，粤方舆论很快变得对孙科不利。在粤籍大员纷纷劝孙返京的陈辞包围下，孙科不得不向李低头，答应把行政院搬回京城。孙科因失粤人支持，返京后又受到立法、监察两院的群起责难，于3月8日向李宗仁提出辞呈。

解放军在总统府门楼上欢庆胜利

# 占领总统府

**蒋介石的总统办公室中，有一对曾国藩的鸡血石章，一对翡翠石章，两串清代的朝珠，一套线装雕刻版《曾文正公全集》。**



## 4月24日凌晨：占领总统府

1949年4月23日清晨，代总统李宗仁及总统府、所属各院部仓促撤离南京。这一天的上午10时，总统府和机场卫兵正式撤岗。

23日晚，解放军在南京江面渡江成功，于子夜12时前开始进入南京城。24日凌晨，“三野”第35军104师312团官兵在师参谋长张绍安率领下，进入南京挹江门，直插总统府。

这时的总统府，三扇大铁门紧闭，巨大的院落空空荡荡，早已人走楼空，院子里到处飘着纸张文件，不时冒出缕缕青烟。张绍安参谋长、褚宝兴营长等率部抵达总统府后，6名战士用力推开了沉重的镂花大铁门，大队人马直冲总统府办公楼“子超楼”二楼蒋介石和李宗仁的办公室，“总统办公室”的木牌还赫然挂着，硕大的办公桌上，放着一套《曾文正公家书》，台钟、文具依旧，台历则永远定格在：

中华民国卅八年4月23日　星期六　农历己丑年三月大代电：梗

张绍安在文书局一堆零乱的文件中，顺手捡出几张纸，一看，居然是蒋介石为庆祝“徐蚌会战”大捷的嘉奖令。战士们发出了一阵哄笑。

## 发现大批珍贵物品

24日，解放军占领总统府后，立即对总统府中的物品进行清理。在总统府前院西侧的车库中，停放着崭新的雪佛来、福特、别克轿车各一辆。后院车库中，发现美式中吉普一辆，基姆西卡车一辆，汽油170加仑。官兵们立即将汽油紧急转移出总统府大院。

接着，又在后院清理出旧汽车4辆，旧轿车6辆。“子超楼”地下室仓库里，还存放有大量药品，以及医疗所用的牙科椅、紫外线灯等器材，还有一批电器、防毒面具等军需物资。

在总统府图书馆中，还清点出全套的《国

民政府公报》和《总统府公报》。在餐厅中，还发现了大量珍贵的景德镇青瓷餐具。这就是 1930 年代国民政府主席林森专门在江西景德镇订制的那批瓷器，人称“国府御瓷”。

在“子超楼”蒋介石的总统办公室中，居然发现了一对曾国藩的鸡血石章，一对翡翠石章，两串清代的朝珠，一套线装雕刻版《曾文正公全集》。

在“子超楼”中，还遗留有一大批极其珍贵的古玩瓷器，如玉扳指一只，黄地绿龙瓷盘一对，景泰蓝铜瓶一对，五彩花瓷瓶、花瓷盘各一只，嵌石屏风一座……这些珍贵的物品，都是中国文物中的极品，价值连城。由于南京出现的真空时间较短，估计只有不到一天的时间，加上总统府的大门关得比较紧，还有几个老仆役守着院子，所以没有遭到抢劫。25 日，总统府的一些职员主动来到总统府，向解放军移交了物品清册。但总统府西院的首都卫戍总司令部，在 23 日却遭到了哄抢洗劫，一直到解放军进驻总统府，清点物品时才发现。经再三宣传动员，一个多星期后，总统府周围居住的一些市民才将部分物品送回，但仍有一些物品不知去向。

“青天白日旗”落下来

总统府内的木牌

## 邓小平发火

在接管总统府的过程中，还出现了一些小插曲。当 4 月 24 日凌晨，解放军官兵进入总统府后，全体官兵根据上级指示，没有在各幢建筑中休息，而是席地而卧。许多战士是第一次进大城市，没有见过世面，有的战士就将总统府走廊和办公室中的红地毯，剪成小块做垫子睡觉。天亮后，有的战士将战马赶进西花园的水池中洗刷，有的战士跑到办公室拿来花瓶甚至痰盂来盛水，还有的战士，居然在水池中捞鱼改善伙食。一时间，西花园留下了许多马粪。

有的战士出于阶级仇恨，看到总统办公室中的蒋介石绣像，就朝其眼部和胸部各刺了一刀。那是一幅高 3 米、宽 2 米，用金银丝线刺绣成的精品，是浙江省主席陈仪在蒋介石 60 寿辰时送的。

蒋介石的办公桌

解放军冲向总统府办公楼



“二野”政委邓小平得知后十分生气。他很严肃地对部队领导说：“总统府是文物，我们怎么能做这样的蠢事呢！不能以感情代替政策啊。全军同志都要保护好文物。我们可不能做李闯王啊。从现在起，总统府中全部人马立即撤出，不留一兵一卒。”后来，为总统府之事，刘伯承、邓小平专门批示通报全军，加强纪律和政策教育。

## 陈毅坐在蒋介石的皮椅上与毛泽东通电话

4 月 27 日，渡江总前委首长邓小平、刘伯承、陈毅三人来到了总统府。汽车在大堂前停住，下车后即直趋“子超楼”，走进了蒋介石和李宗仁的办公室。

目睹此情此景，邓小平诙谐地说：“蒋委员长，我们来了，缉拿我们多年，今天我们上门了，看他还吹什么牛。”

刘伯承指着台历说：“瞧，蒋先生、李先生的台历还是 23 号哩，转移真不慢啊。”

陈毅坐在蒋介石办公桌前的皮椅上，拨通了一个长途电话，直通毛泽东在北京西郊双清别墅的办公室。陈毅风趣地说：“主席，我是陈毅啊，我这是坐在蒋总统的椅子上向您汇报呢。”

5 月 1 日，在总统府“子超楼”的三楼国务会议厅，已任南京市长的刘伯承，在华东海军司令员张爱萍陪同下，接见了起义的国民党海军第 2 舰队司令林遵及各位舰长。在这里，刘伯承的一番话颇为意味深长：

你们晓得我是谁吗？我就是国民党报纸上说的被打死过好几回的刘匪刘伯承啊。你们看，我不仅没死，现在是不是还在同你们说话啊(全场大笑)。

你们知道这是啥地方吗？是“子超楼”，“子超”是国府主席林森的大号。蒋介石和四大家族以及一窝子战犯们议事，就在这里。你们哪个来过？我也是第一次来，今天，我们一起来见识见识。就在这里，蒋介石挑起了内战，今天，第 2 舰队官兵们起义了，就是人民军队的一员，让我们一起为建设人民的海军而努力吧。

# 政权架构

**国民政府虽然实行了“五院制”，但权力最终还是集中到一个人手中。**

中华民国国民政府的“五院”，即行政院、立法院、司法院、监察院、考试院。

孙中山创建民国以后，通过对西方国家政治体制的长期考察，并结合中国的历史和实际，提出了由“五院”分掌权力的五权分立制度(区别于西方国家“三权分立”的制度)。南京国民政府成立后，逐步开始实行“五院”制。

蒋介石在监察院会议上讲话

行政院办公楼

抗战胜利后，蒋介石出于维护其统治地位的政治需求，授意立法院继续修改宪法草案，并用“政协宪草”名义，在国民党一手包办的制宪国民大会上通过。孙科因制宪有功，在国民党内影响大增，于是在1947年4月，被国民党中央常委会与国防最高委员会联席会议提名为国民政府副主席，仍兼立法院长。自1925年国民政府成立以来，从来没有设立副主席的职位，孙科是第一人。国民政府立法院于1948年5月由于“行宪”政府成立而告结束。国民党的“行宪”，与其说是办喜事，不如说是办丧事。一年后，这个政府就仓皇流徙于广州、重庆、成都之间。

戴季陶(右)与张伯苓交接考试院大印

居正(左)与后任院长王宠惠交接司法院大印

## 行政院

行政院为国民政府最高行政机关，位于“五院”之首。成立于1928年10月25日。

行政院设正副院长各1人。下辖内政、外交、国防、财政、教育、司法、行政、农林、工商、交通、社会、水利、地政、卫生、粮食、主计等部，以及资源、蒙藏、侨务委员会，由这些部、委员会分别掌理各自的行政职权。历任院长为：谭延闿、宋子文、蒋介石(三任)、孙科(两任)、汪精卫、孔祥熙、张群、翁文灏、何应钦、阎锡山。

1937年前，行政院院址在南京东箭道。1937年11月迁往重庆中四路办公。1946年5月国民政府“还都”后，则以南京萨家湾原铁道部大楼为办公处。1937年12月13日，南京沦陷前，这里曾经一度成为首都卫戍司令长官部，司令长官为唐生智，副司令长官为罗卓英、刘兴，参谋长为余念慈。唐生智就是在这里指挥南京保卫战的。1949年4月迁往广州。

## 立法院

立法院为国民政府最高立法机关。成立于1928年12月5日。职掌议决法律案、预算案、大赦案、宣战案、媾和案、条约案，以及其他重要事项。

该院初设5个委员会。1948年5月以后，则设立了民法、刑法、商事法、内政、地方自治、国防、外交、经济与资源、法制、预算、教育文化、农林水利、交通、社会、地政、边政、侨务、劳工、卫生、海事、粮政等21个委员会。立法委员由各省市、蒙古各旗、西藏、边疆地区各民族、侨居国外的侨民、职业团体选出的代表担任。1946年以后，立法院在南京中山北路办公(与监察院同为一处)。

立法院设正副院长各1人。胡汉民、林森、张继、孙科、童冠贤先后任立法院长。代理院长有邵元冲、覃振。

## 司法院

司法院为国民政府最高司法机关。1928年11月16日成立。职掌司法审判、司法行政、官吏惩戒及行政审判等职权。1948年5月国民政府“行宪”后，该院掌理民事、刑事、行政诉讼之审判，以及公务员惩戒；有解释宪法、法律及命令之权。直辖机关有：最高法院、行政法院、中央特种刑事法庭、中央公务员惩戒委员会，以及大法官会议、法规研究委

**总统府国务会议厅**——一张国父照片，两面旗子，一块汉白玉匾，就构成一个国家举行最高级会议场所的背景。每月或每周，院、部、会署的主官必然到场，决定近期大事。匾中的文字"忠孝仁爱信义和平"是 1936 年 9 月林森为祝贺国民议会厅启用专门题写的。

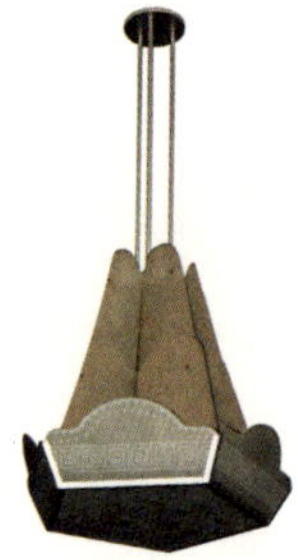

吊灯——西式的外形，配上中式的回纹，又一个中西合璧。中西装饰，在不同的文化背景下，各显魅力。19世纪末、20世纪初，西风东渐，是全盘西化，还是坚持传统？中国新一代建筑师没有囫囵吞枣，还是理智的面对，民族元素加上外来风格，大到一幢建筑，小到一个装饰，走出一条属于自己的道路。

员会等。1946 年以后，司法院办公地址在南京中山路。

王宠惠、伍朝枢、居正先后担任司法院长。

## 监察院

监察院为国民政府最高监察机关。成立于 1931 年 2 月。监察院工作通过监察委员来完成。委员由监察院长提名报国民政府主席任命。委员人数初为 19—29 人，1948 年增至 74 人。委员不得兼任其他公职。

该院具有对国家各级行政机关行使同意、弹劾、纠举及审计的权力。监察院设下属机构有：审计部、各区监察使署等。院内设内政、地政、外交、侨务等 10 个委员会。

监察院长由国民党中央执行委员会选任，任期 6 年。院长先后由蔡元培、赵戴文、于右任担任，副院长有陈果夫、许崇智等人。1946 年以后，与立法院同在一处办公。

于右任任职期间，曾想在整顿吏治方面有所作为。他说："一个蚊虫，一个苍蝇，一个老虎，只要它有害于人，监察院都要过问，并不是专打小的而忘记大的，也不是专管大的而不管小的。"可是，事与愿违。1933 年 6 月，监察委员刘侯武弹劾铁道部部长顾孟余在向国外采购铁路器材中，有丧权违法舞弊的行为。此案刚刚调查公布，就引起蒋介石和汪精卫的不满，最后不了了之。于右任非常气愤，但于事无补。监察院实际上成为国民政府装潢门面的招牌。于右任书法造诣很高，

考试院成立后，门口有一副对联："入此门来，莫作升官发财思想；出此门去，要有修己安人工夫。"戴季陶从 1929 年 10 月起担任考试院长，他在这个职位上是奋斗过的，他主持制定的各种考试，铨叙法律规章多达 150 余种，著名的有《考试法》、《典试法》等。他原想通过一系列考试铨叙制度的推行，维护国民党的统治。但严厉实行的考试制度触犯了国民党内的一些利益复杂集团，这就决定了考试制度必然虎头蛇尾，不少具体法规甚至形同虚设。当蒋介石在 1948 年 5 月打算继续任命戴季陶为"行宪"政府的考试院长时，戴向前来充当说客的蒋经国明确表示拒绝。



司法院办公楼

立法院办公楼

司法院长居正

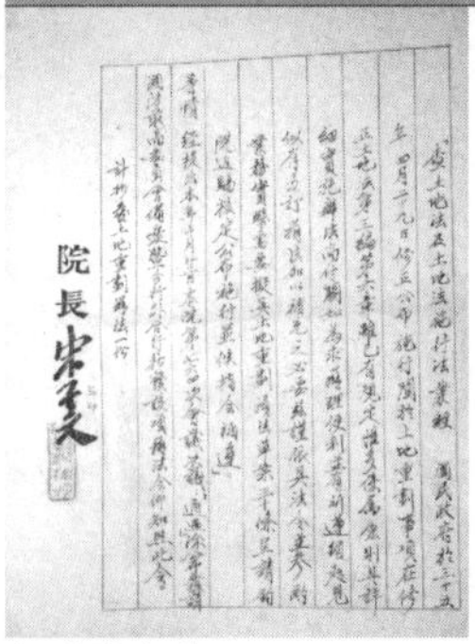
行政院文件

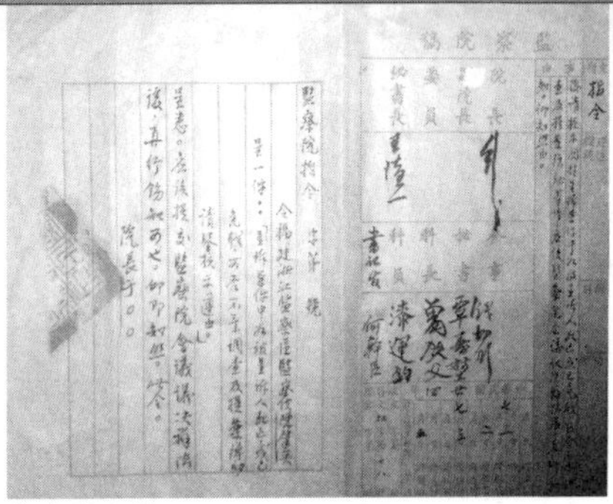
监察院文件

普通考試及格證書

丁松銓年貳拾肆歲男性浙江省新昌縣人應叁拾陸年司法人員普通考試統計人員考試經典試委員會評定中等及格依考試法第十六條之規定合行發給及格證書此證

考試院院長 張伯苓
考選委員會委員長 田炯錦
典試委員長 謝冠生

中華民國　　年　　月　　日

考试院及格证书

求墨宝者甚众，他曾不无解嘲地说：“我这里是闲衙门，就是写字的生意挺兴隆。”

## 考试院

考试院是国民政府最高考试机关。1928年10月开始筹备，1930年1月成立。该院掌管国家机关人员的考试、任用、铨叙、考核、级俸、升迁、保障、褒奖、抚恤、退休、养老等事宜。考试院的具体业务由考选委员会(1948年后改为考选部)和铨叙部承担。考选委员会负责全国文职公务人员、专门职业及技术人员等考试事项；铨叙部负责全国文职人员和考取人员的登记铨叙，各机关人事机构的管理等。

从1931年至1939年，考试院举行了5届高等文官考试。以后，每年举行1次。考试的种类有普通行政、财务行政、教育行政、警察行政、司法官、外交官、领事官、经济建设行政、卫生行政、会计行政、土木工程、电机工程、化学工程等。考试分为三试，第一试为一般科目，即国文、公文、总理遗教、宪法、中国历史、中国地理、政治学、经济学等；第二试为专业，即行政法、民法、刑法、地方自治概要、国际法等；第三试为口试。参加高等考试的对象主要是本国、留学海外的大学毕业生和研究生。至1949年，考试院共录取考生5000人。

考试院长是戴季陶，任职长达20多年。1948年，由张伯苓继任。

考试院院址在南京鸡鸣寺，抗战中迁至重庆中四路。1946年“还都”后又迁回原址。

抗战期间，考试院西迁。考试院院址成为汪伪国民政府所在地。1940年3月30日上午，汪伪集团在考试院明志楼（汪伪国府礼堂）上演了一幕傀儡登场的丑剧，宣布国民政府“还都”南京。汪精卫及各院、部、委员会的汉奸头子70余人宣誓就职，并发布宣言和政治纲领。汪精卫代理主席（仍以国民政府主席林森为主席）兼行政院院长、中央政治委员会委员长、军事委员会委员长及海军部长，陈公博任立法院院长，梁鸿志任监察院院长，温宗尧任司法院院长，王揖唐任考试院院长，周佛海任财政部长兼警政部长，褚民谊任外交部长，林柏生任宣传部长，梅思平任工商部长。会后，全体与会人员合影。据参加典礼的西方记者哈罗德称：“那个主角（指汪精卫）脸色像死人一样苍白，虽然实际上他可能没什么病。”

南京国民政府虽然实行了“五院制”，但蒋介石逐步把权力集中于个人之手，致使“五院制”未能有效地实行，其本质是以“五权”之名，行独裁之实。

# 中研院院士的诞生

紫金山天文台

**1948 年中央研究院院士的产生，是中国科学发展史上的一个里程碑。**

## 中研院的成立

国立中央研究院，是中华民国时期的中国国家最高学术机关，1928 年 6 月 9 日在南京成立，直属国民政府。院址先在成贤街，后迁往北极阁南麓鸡鸣寺 1 号。其任务是：实行科学研究，指导、联络、奖励学术研究。第一任院长(特任级)是蔡元培，后由朱家骅接任。院设立总办事处，主管全国行政事务，杨铨、丁文江、朱家骅、任鸿隽、傅斯年、叶企孙、李书华、萨本栋、钱临照、周鸿经先后出任总干事。院设立院务会议、人事管理委员会、设计考核委员会等机构。蔡元培主持中央研究院达 12 年之久。

中央研究院以下成立了数学、天文、物理、化学、地质、动物、植物、气象、历史语言、社会、医学、工学、心理学 13 个研究所，以从事各学科的研究。另设评议会，作为全国最高科学评议机关，负责决定中央研究院的学术方针，促进国内外学术研究的合作与互助，推举院长，选举中央研究院名誉会员，受政府委托的学术研究事项等。

蔡元培

抗战期间，中研院内迁，各研究所分设重庆、北碚、李庄、昆明四地。国民政府“还都”后，将数学、物理、化学、动物、植

中央研究院大门

中研院办公楼



物、医学、工学、心理学8个研究所设于上海，总办事处及天文、地质、气象、历史语言、社会科学5个研究所设在南京。1948年，开始设立院士，在全国学术界中有特殊著作、发明或贡献者中遴选。

## 院士的产生

国民政府于1946年5月5日“还都”南京，中央研究院行政机关总办事处亦于这一年的7月1日迁返南京办公。10月20日，中研院评议会在南京鸡鸣寺举行二届三次年会。在会上，由吴有训、翁文灏、傅斯年、李书华、胡适、萨本栋、周鲠生、秉志、陈垣九名评议员组成了第一议案审查委员会，本次会议提出了名称设置、选举等有关事项。关于名称问题，傅斯年提议，“会员”一词太俗气，称“院士”为妥。于是，会议一致同意决定采用“院士”称谓。会议通过的组织法，还规定了院士的选举资格、名额、提名、职权和学科分类等事项。会议还授权评议会秘书翁文灏、总干事萨本栋负责起草中研院规程，并广泛征求评议员的意见。

1947年4月，中研院评议会以通信投票的方式，选举了第一次中央研究院院士选举筹备委员会委员为：数理组5人，为吴有训、茅以升、吴学周、谢家荣、凌鸿勋；生物组5人，为王家楫、罗宗洛、林可胜、汪敬熙、秉志；人文组5人，为胡适、傅斯年、王世杰、陶孟和、李济。共15人。

5月9日，在南京鸡鸣寺中研院本部举行了第一次院士选举全体筹备委员第一次会议。会议对各组科目作出了具体规定。数理组：数学、物理(包括地理物理)、化学、地质(包括古生物学)、自然地理、天文、气象、工程(包括土木、机械、电机、化工、矿冶)；生物组：动物、植物、体质人类学、心理学、生理学、医学(包括病理科学、生理科学、药物学、医疗学、兽医学)；人文组：哲学、中国文学、史学、语言学、考古学、艺术史、民族学、人文地理、法律学、政治学、经济学、社会学。

胡适在中研院院士会议上

中央工业试验所

此后，筹备委员会进行了一系列工作，即推举各科目院士候选人名单，在南京、汉口、广州、重庆、上海、天津、北平、成都等地报纸刊登公告，商定各科目院士名额的分配，院士资格的条件，对大学、独立学院、研究机构、专门学会以及个人提名的候选人资格进行严格的审查等等。最后，将候选人提名的最后期限定在了 1947 年 8 月 20 日。

1947 年 10 月 15 日，中研院评议会召开第四次年会，通过 150 人为第一次院士候选人。一个月后的 11 月 15 日，中研院在政府公报和南京、上海等大报上发布院士候选人名单公告，时间 4 个月。之后，于 1948 年 3 月举行第二届评议会第五次年会，采取无记名投票的方式，进行院士的选举。经过五轮运作，最终选出了院士 81 名。

这 81 名院士是：姜立夫、陈省身、华罗庚、吴大猷、吴有训、李书华、叶企孙、严济慈、饶毓泰、吴宪、吴学周、庄长恭、朱家骅、李四光、翁文灏、黄汲清、杨钟健、谢家荣、竺可桢、周仁、侯德榜、茅以升、凌鸿勋、萨本栋、王家楫、伍献文、秉志、陈桢、胡先骕、殷章、张景钺、钱崇澍、戴芳澜、罗宗洛、李宗恩、袁贻瑾、张孝骞、陈克恢、吴定良、汪敬熙、林可胜、汤佩松、冯德培、蔡翘、邓叔群、金岳霖、汤用彤、冯友兰、胡适、张元济、杨树达、陈垣、陈寅恪、傅斯年、李方桂、赵元任、李济、梁思永、董作宾、梁思成、王世杰、王宠惠、周鲠生、钱端升、马寅初、陈达、陶孟和、许宝騄、苏步青、赵忠尧、曾昭抡、贝时璋、童第周、李先闻、俞大绂、柳诒征、郭沫若、萧公权、顾颉刚、余嘉锡、吴敬恒。

1948 年 9 月 23 日，中央研究院举行第一次院士会议，共

中国近代地质事业，是从丁文江和翁文灏开始的。翁文灏在 1937 年莫斯科举行的第 17 届国际地质学大会上，被选为大会副主席和煤田地质组主席，这是 1949 年前中国科学家在国际科学组织中担任过的最高职务。1938 年初，翁文灏任经济部长，主管全国经济行政，并兼任主管工矿事业的资源委员会主任委员，又兼战时生产局长等要职。他实际上是抗战期间中国大后方工矿建设事业的最高主持人，对西南工业基地的建设、西北玉门油矿的开发，都做出了贡献，不仅为支持抗战发挥了巨大作用，而且为我国能源建设和原材料生产打下了初步基础。

抗战期间，朱家骅代理中央研究院院长，此为朱家骅夫妇合影

孔祥熙(右四)、吴稚晖(右六)、于右任(右七)、陈立夫(右一)、戴季陶(右三)等与院士合影

中研院部分院士合影



到会院士51人。蒋介石莅会讲话。翁文灏代表院士发言。同时,也选出了第三届评议会,议长为朱家骅,秘书长为翁文灏,聘任评议员32人,当选评议员15人,还成立了论文委员会、学术演讲委员会和名誉院士选举细则起草委员会。

位于南京鸡鸣寺路1号的是中央研究院总办事处以及地质研究所、历史语言研究所、社会科学研究所所在地。

总办事处大楼坐北朝南，是一座仿明清宫殿式的建筑。大门大楼建于1947年,由基泰工程司杨廷宝建筑师设计，钢筋混凝土结构,单檐歇山顶,屋面覆盖绿色琉璃筒瓦,梁枋和檐口部分均仿木结构,漆以彩绘,清水砖墙,花格门窗,建筑外形具有浓郁的民族风格。

大楼建筑平面呈“T”字形,入口处建有二层门廊及装饰门套，经过穿堂来到后面突出部分,便是一座三层书库;前楼西侧建有小型演讲厅,为学术活动场所;前楼中间部分采用内廊式布置,内廊南北两侧为办公、科研用房。

## 中研院结束

1948年12月,中央研究院开始向台湾搬迁,除总办事处和数学、历史语言所完整地迁往台湾外，大部分研究所都留在了南京和上海,于1949年10月被中国科学院接收。这批中国知识界的81名精英,也已天各一方。迁往台湾的有7人,他们是：凌鸿勋、林可胜、傅斯年、董作宾、李济、王世杰、吴稚晖。在美国的有：陈省身、李书华、赵元任、汪敬熙、胡适、吴大猷等12人。其余50多人则留在了大陆。今天,他们已经作古,但他们为中国乃至世界科学做出的不朽贡献,却永久载入了史册。

1948年中央研究院院士的产生，是中国科学发展史上的一个里程碑，在中国现代科学史和学术史上具有重要的意义和影响。

中研院院士朱家骅

中研院院士吴有训

# 民国时期的
# 7 届全国运动会

民国第 7 届全运会在上海江湾体育场举行

**杨秀琼囊括了 50 米、100 米自由泳、100 米仰泳、200 米俯泳全部冠军，人称“美人鱼”而轰动一时。**

1930 年，自杭州第 4 届全国运动大会召开之后，蒋介石提出要在南京兴建一座大规模的中央体育场，作为以后召开全国运动大会的基地。同年 4 月，国民政府为筹备 1931 年 10 月召开的全国运动大会，组织了筹备委员会，指派林森、何应钦、朱培德、宋子文、王正廷、蒋梦麟、刘瑞恒、吴铁城、魏道明 9 人为筹备委员，并公推林森为常务委员，主持会务；以陵园管理委员会总务处长夏光宇为主任干事，负责具体事务。筹委会拟建造一座体育场，经国务会议指定，以中山陵园界内、灵谷寺南部 1200 亩土地为全运会体育场场址，这就是后来的中央体育场。

## 前三届由外国人主持

第 1 届全运会于 1910 年 10 月 18 日至 22 日在南京举行。这是中国最早的博览会“南洋劝业会”的一个附加集会，是基督教青年会西籍传教士马克斯纳(Maxesner)通过上海青年会发起的，当时称之为“全国学校区分队第一次体育同盟会”，简称全国学界运动会。辛亥革命后，称这次运动会为第 1 届全国运动会。参加单位为华南、华北、武汉、吴宁(苏州、南京)、上海 5 区，运动员 150 名。全运会文件均用英文，量度用英制，带有浓厚的殖民色彩。竞赛项目只有男子田径、足球、篮球和网球 4 项。比赛结果，上海得高级组田径和网球冠军，获总分第一；上海圣约翰大学获学校组第一名。这在当时，确实称得上是一个新事物，人们逐步开始对体育运动重视起来。

第 2 届全运会于 1914 年 5 月 21 日至 22 日在北京天坛体育馆举行。这届全运会由 1912 年成立的北京体育竞进会主办，基督教北京青年会干事侯格兰德任大会秘书长，负实际责任。分东、西、南、北 4 部参赛，运动员则分别佩带黄、红、白、绿色标带。因时局动荡，参赛运动员仅有 96 人。北京天坛

南京中央体育场游泳池

南京中央体育场

体育馆设备十分简陋，项目只有男子田径、篮球、棒球、网球、足球、排球6项。开幕及闭幕式有南苑航空学校的飞艇绕场助兴，袁世凯还派人讲话。第一天的观众有1.5万人，次日大量减少。比赛结果，以北部成绩最好，获田径、篮球、棒球、排球(称“队球”)和网球双打冠军，总分第一。东部获足球冠军，南部获网球单打冠军。

第3届全运会于1924年5月22日至24日在武昌练马场举行。这届全运会由熊希龄、张伯苓等9人组成筹备委员会，中国业余体育会秘书长葛雷(Gray)任技术顾问。运动队分华东、华南、华西、华北、华中5区进行，共有13个省参加，此外马尼拉华侨篮球队也来参赛。运动员有500余人，开幕时观众达到50000余人。这一次，各区组织了预选赛30余次。男子项目设置有田径、足球、篮球、网球、排球、棒球和游泳，女子项目有篮球、排球和垒球，另加国术一项。这届全运会，在全国反帝浪潮的推动下，改变了全部由外国人包办的局面。此届全运会首开女子参赛之先河，并增加了国术比赛，量度也由英制改为公制，还增设了童子军团队比赛和团体操表演。比赛结果，华北获总分第一，华东第二，华中第三。

台湾省代表队

## 中国开始单独主办

第4届全运会于1930年4月1日至10日在杭州梅东高桥举行。这是南京国民政府举办的第一次全运会，故又称第一届全国运动会。运动会规模较大，林森、何应钦等高官专程赴杭出席，戴季陶担任大会会长，蒋介石莅会发表演说。运动会第一次以省、市组队参赛，有14个省、7个特别市和华侨共22个单位的1500余名运动员参加。男子项目有田径、全能、游泳、足球、篮球、排球、网球、棒球8项，女子项目有田径、篮球、排球、网球4

国民政府主席林森与杨秀琼姐妹合影

项。结果，上海、广东、香港分获总锦标前三名。其中上海得足球、全能锦标，广东得男排、男网、女田、女排锦标，香港得男子游泳、棒球锦标。南开大学为主的天津队夺得男篮锦标，北平女篮以 1 分优势战胜上海夺得锦标。

## 刘长春、杨秀琼轰动一时

第 5 届全运会于 1933 年 10 月 10 日在南京中央体育场举行。这是中央体育场建成后首次举办的运动会。运动会原定于 1931 年 10 月 10 日召开，但因 17 省水灾闹得民不聊生，国民政府有意借此盛会冲冲“晦气”，故特选了双十节作为开幕日。不料，爆发了九一八事变，大会只得推迟。

这届全运会由国民政府教育部主持。大会总干事张信孚，副总干事吴蕴瑞，参赛单位 33 个，运动员 2697 人，可谓盛况空前。尤为感人的一幕是，曾代表中国参加奥运会的著名短跑名将刘长春等人，历经艰辛，从日寇铁蹄下的东北沦陷区赶来南京。开幕式上他们致誓词说，我们心目中共同竞争的锦标，就是恢复东北各省的地图颜色。与会观众群情激奋，林森也老泪纵横。

项目增加了女子游泳及垒球。比赛结果，打破了 21 项田径、4 项游泳全国纪录，上海获总锦标。比赛创造了一批好成绩，如刘长春以 10 秒 7 的成绩，平远东运动会 100 米纪录；上海郝春德创造了男子跳远 6.9 米的成绩。香港杨秀琼囊括

夺得锦标的运动员

中国女子国术队员

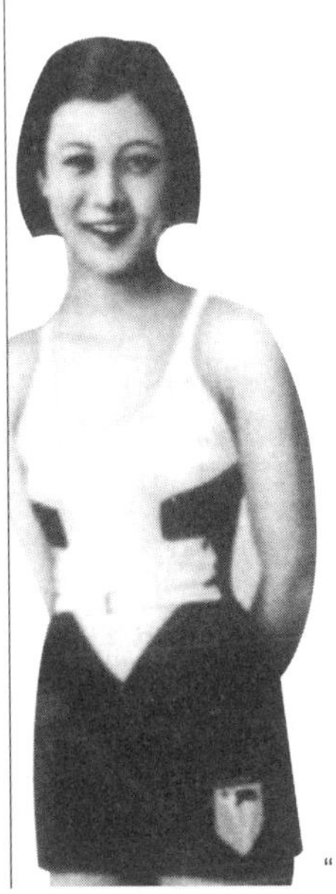

“美人鱼”杨秀琼

中国奥运会代表团抵达柏林

参加奥运会的中国足球队

50米、100米自由泳、100米仰泳、200米俯泳全部冠军，人称“美人鱼”而轰动一时。

第6届全运会于1935年10月10日至22日在新落成的上海江湾体育场举行。这届全运会第一次按国民政府教育部颁布的《全国运动大会举行办法》执行，参加办法、比赛规则、录取办法均较为规范。参加单位有38个，运动员2286人，包括许多华侨。观众人数每天都在50000人以上，创历届全运会纪录。开幕式上，东北三省选手均穿黑色服装，举黑白各半的旗帜，以示国人不忘东北的白山黑水，令人感慨。

国术开始设立锦标。本届全运会共打破11项田径、8项游泳全国纪录。上海获总锦标第一。

## 最后一届：组织混乱成绩下滑

第7届全运会于1948年5月5日至16日在上海江湾体育场举行。这届全运会原定于1937年举行，因抗日战争中断了10多年。此时，内战正酣，国民党在战场上节节失利。

大会组织混乱，运动员打裁判员的情况时有发生，很多项目的成绩落后于前两届。

参加单位58个，运动员2670人，台湾光复后首次组团赴大陆参赛，并取得了男子1600米接力冠军，男子田径总分第1名的好成绩。项目增加了乒乓球、举重、摔跤、拳击和羽毛球，国术为表演项目。很多项目成绩下滑，只有8项田径、4项游泳、2项举重成绩打破全国纪录。内地选手成绩一蹶不振，获得团体总分名次的几乎全是华侨团体。团体总分男子前3名是：香港、马来亚华侨、菲律宾华侨，女子前3名是：香港、台湾、马来亚华侨。

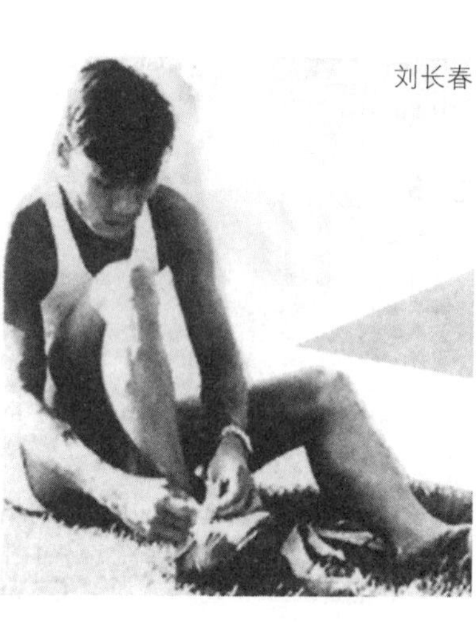

刘长春

# 蒋介石在大陆最后的日子

蒋介石与蒋经国

**在蒋介石及全体官兵的注目下，青天白日旗徐徐升上旗杆。突然“嘣”的一声响，旗子竟从半空中落到了地上。**

1949年1月21日下午，蒋介石完成了“总统”引退的一系列“法律程序”，在陈诚、陈仪、汤恩伯、蒋经国、俞济时等人的陪同下，乘车前往南京明故宫机场，登上“美龄”号座机，径直飞往杭州，黄昏时分在笕桥机场降落。第二天，蒋介石一行抵达老家奉化溪口镇。

## 黯然告别家乡

4月21日晚上，蒋介石、蒋经国等正在溪口镇上的武岭学校礼堂，观看一出京剧。正在兴头上，一名侍从悄悄走进了礼堂，走到蒋经国身边，俯下身子低声说：“南京长途电话。”蒋经国急忙抽身而出。约摸10多分钟光景，蒋经国返回，在蒋介石耳边说了几句话：“江防告急，南京已危在旦夕。”蒋介石听罢，立即与儿子匆匆退场。

4月24日清晨，蒋介石用毕早餐。几名轿夫早已等在蒋家老宅“丰镐房”门口。蒋介石上了轿，心情沉重地径直前往母亲王氏的墓地告别。回来后，又与蒋经国在家门口的剡溪小码头乘上竹筏，慢慢地在剡溪上漂游。蒋介石遥看武岭对岸的祖居“丰镐房”，默默无语。

1937年4月，蒋经国由苏联回国，纯粹一介平民。抗战初期，他担任江西省一地区专员，该级及其以上的官员，在当时国民党政、军、团机关中，可谓千万。如果正常升迁，蒋经国到1947年充其量也只能当上政府部长一级。由于蒋经国在当时并不掌握实际政治权力的三青团内任职，不显山，不露水，得以稳坐三青团中央常务干事兼组训处处长的位子。1947年党团合并，三青团中央干事全部转成国民党中央执行委员，蒋经国随后又被蒋介石指定为国民党中央常务执行委员。十年间，由一介平民跃升为国民党中央最高决策机构成员。

蒋介石在杭州举行军事会议

午饭后，蒋介石乘车上路。下午2时光景，蒋介石一行人到达与奉化县相邻的宁海县西店乡村。这里有一条河叫铁江，已有几只竹筏一字排开。“太康”号军舰，也早已等候在那里。

蒋介石下了轿，踉跄地上了竹筏。蒋经国立即吩咐撑船。总统府军务局长俞济时坐在船尾，蒋经国站在蒋介石身后，两侧立着两名穿黑衣的侍卫。竹筏缓缓地下行了1公里多，水面渐渐开阔了。一艘汽艇早已在那里等候。蒋介石临下竹筏时，特地关照赏给每个撑排人一块银元，然后才登上汽艇，向军舰驶去。

蒋介石登上“太康”号之后，军舰升火起锚，向外海驶去。这时，蒋介石向大陆，向家乡最后看了几眼，才恋恋不舍地转身入舱。

## 又一次踏上大陆

光阴似箭，转眼到了9月。

长江中下游、东南、华南大部已经解放。国民党只剩下西南一隅。蒋介石梦想能重演抗战八年坚守大西南的一幕。

1949年9月12日，蒋介石以国民党总裁身份，从台湾几经辗转飞到成都。上午11时40分，“中美”号专机在成都北郊的凤凰山机场降落，蒋介石走下舷梯，终于再一次踏上了大陆的土地。

蒋介石此行十分机密，所以，赴成都根本就没有通知四川省政府当局，也没有告诉中央军校的人，仅在飞机起飞前给空军司令王叔铭打了一个简短的电报：今日抵蓉，务希注意警戒。

蒋介石这次在成都停留了五天，扫墓、重大的人事安排、接见官兵、抚慰遗属、出席茶会、演说……活动一个接着一个。有时刚刚把眼泪汪汪的阵亡将士家属送走，又赶紧脱下马褂，穿上军服振作起精神赶到某个会场作鼓动宣传，会后又要赶去施舍民众。

## 假牙落地　炮车熄火

9月14日，蒋介石来到中央军校（即黄埔军校）检阅。蒋介石看着台下精神饱满的6000名官佐，情绪异常亢奋。他大声地说：“国军全面反攻已指日可待，区区共匪何足畏惧，要消灭它，不过如秋风扫落叶……”一阵激动之后，他忽然又伤感起来：“我很伤心，伤心的是有的学生背叛了我……”接着哽咽起来。正在这时，语无伦次的蒋介石嘴一张，口中的假牙竟掉落在地。

蒋介石是拾也不好，不拾也不好。这时，蒋经国顾不上台下众目睽睽，手一挥，两个侍卫飞步上前拾起了假牙……中央军校校长张耀明急中生智，马上宣布：“阅兵开始！”这才解了蒋介石的围。

军校官佐的步兵方队走过来了。接着，炮兵方队轰隆隆地开过来。蒋介石好像什么事也没有发生，又抖擞起精神。就在这时，一台加农炮车在“中正”台前停住不动了。蒋介石顿时出了一身冷汗。马上，10 多名卫士手提长短枪冲向炮车，几名贴身警卫靠向蒋介石的两侧。

原来，炮车开到蒋介石面前时，确确实实是抛锚了。一名军校少校中队长正在满头大汗地排除故障，可熄了火的炮车怎么也发动不起来。阅兵指挥官只好下令把这台炮车推到一边去，后面的炮车，因前面受阻，都挤到了一起。蒋介石嘴里喃喃地说：“我一生阅兵上百次，从没遇到这样的事啊！”

就这样，军校官佐们忙了好几天的阅兵式，不到半小时就草草收场了。

## 落旗事件

12 月 3 日，蒋介石又向黄埔军校校长张耀明提出要检阅黄埔军校全体师生。

检阅地点仍是军校大操场。“中正台”四周，彩旗飘飘。这天，正赶上四川的大雾天，故阅兵式的时间一推再推。蒋介石一早起来，几次抬腕看表，仰头看天，雾就是不散。直至 9 时半，蒋介石等不及了，遂下令阅兵开始。张群陪蒋介石登上“中正台”。“三民主义，吾党所宗……”的“国歌”奏起，一名军官打开一面青天白日旗，手拉绳索，在蒋介石及全体官佐的注目下，徐徐升上旗杆。就在旗子升到旗杆的一半时，突然间，“嘣”的一声响，紧接着，“呼啦啦”几声，旗子竟从半空中落到了地上。全场的人都惊呆了！蒋介石脑门上沁出了豆大的汗珠，手心手背前胸后心直冒冷汗……他呆站着，一动不动，也没有说一句话。

原来，是旗绳断了。说来也怪，军校升旗升了几十年，成百上千次，可从来没有断过绳，可今天偏偏就……

全场的空气足足凝固了几十秒钟。这时，两名升旗官才缓过神来，以最快的速度放倒了旗杆，换了一根绳子，总算把污染了的青天白日旗升上了旗杆的顶端。

蒋介石访问菲律宾

1950 年，蒋介石离开大陆后在台湾“复职”

蒋介石、宋美龄在台湾阿里山区

“落旗”,使蒋介石原本亢奋的情绪,一下子落到了最低点。他仅仅用嘶哑的喉咙哽咽着说了几分钟,就再也说不下去了。阅兵式再一次不欢而散。

这是蒋介石在大陆最后一次检阅黄埔学生。

## 蒋介石下达紧急迁台令

1949年12月7日午饭后,蒋介石正要休息。蒋经国手持一封电报匆匆登上了黄埔楼。蒋介石打开一看,上面写着“解放军已向成都逼近”几个大字。当晚,蒋介石决定离开成都,并亲自签发了手谕:“命令政府迁至台北,并在西昌设大本营,统率陆海空军在大陆指挥作战。此令。中正。民国三十八年十二月七日。”

当晚,蒋介石吩咐四川省政府主席王陵基前来听命,密嘱在共军攻击成都之前,将狱中政治犯全部枪决。王陵基面有难色。蒋介石从侧面引导他说:“你既然全权负责成都防御作战,到时一打起来,家里一闹,我们都不在成都,谁来帮你。共产党在成都是很猖獗的啊。”

蒋介石的迁台手令一下,顿时,成都的两个机场凤凰山和新津机场乱成了一团,机场的候机室、走廊,甚至厕所、停机坪上,到处都坐了人。一架飞机刚降落,立刻就有成百人涌上去挤占座位,更有为抢座位而大打出手的。

12月8日下午,蒋介石要到市区去转一转,散散心。深知其父的蒋经国知道这是他要与成都诀别了。当年在南京、重庆时,蒋介石在临走时,也总要出去转一下。1月21日离开南京时,还乘飞机在南京上空绕了一圈。他担心父亲的安全,但又不好违背。为了不惹人注意,只好轻车简从,只有俞济时、自己,加上两名卫士、一名司机,共6个人,上街绕了几圈。

刚回到黄埔楼,侍从送来两份报告。蒋介石实在不想阅读了,可眼睛却不由自主地盯住了其中的一份。原来在几个小时前,军校人事科长在办公室服毒自杀了,尸体还停在那里。蒋介石凄楚的目光,不由自主地转向了几十米外的校部办公楼。

另一份是成都市卫戍总部请示“成都自明日起开始疏散”的报告。蒋介石用颤抖的右手,在上面签了4个字:“如拟。中正。”

蒋经国则与顾祝同、张耀明等人商议,为了安定人心,把蒋介石的两架座机“中美”号和“美龄”号,分别停放在城南的新津机场和城北的凤凰山机场。官员们看到蒋介石的座机还在,也就放心了。同时,顾祝同又密令:飞行人员一律不得离机。因天寒地冻,整日都用炭火在机身机翼下烘烤以保持温度,以便飞机随时起飞。

就在一切布置妥当后,蒋介石又接到两个极为震惊的消息:张群等人在昆明被卢汉扣押。卢汉已发出起义通电;刘文辉、邓锡侯等四川籍主要将领不知去向。蒋介石这才意识到,在川西北建立反共基地的如意算盘彻底落空了。

## 捉蒋敢死队受挫

就在蒋介石忙着“迁台”事宜之时,中共

地下党"留蓉工作部"也在紧锣密鼓地筹划"捉蒋"行动。国民党第95军副军长杨晒轩被策反后，自告奋勇地要求承担这一任务。中共地下党决定可以由杨担当此任，并决定由另两支已经争取过来的国民党军队在城内策应。

12月10日，捉蒋敢死队正式组成。200名队员埋伏在蒋介石可能居住的中央军校、励志社两处大门口，密切注视着大门进出的情况，一俟蒋介石的车队驶出，他们就发出出击信号。但一直未发现蒋的车队出来。

正在大家疑惑之际，《成都晚报》的通栏大字标题刊出了这样的消息："蒋总裁昨已离蓉飞台。"鉴于这样的情况，地下党只好决定放弃"捉蒋"计划。

更令人费解的是，敢死队刚刚撤下来，12月10日的当天下午，又传来消息：蒋介石又在成都市区露了面。报纸也刊出消息："蒋总裁下午轻车简从巡视市区。"

地下党方面经过分析后认为，很可能蒋介石已于两日前就离开了成都，报上的消息以及市面上的传言，可能是当局耍的花招，为的是掩人耳目。因此，正式决定放弃捉蒋计划。

为什么成都报纸在同一天竟刊出截然不同的消息？是失误还是预谋策划，致使捉蒋行动一再受挫，至今仍然是个谜。

蒋介石与李宗仁在广州再度见面

谷正纲

## 蒋介石梦断大陆

其实，蒋介石真正离开成都的时间是1949年12月13日。

为了确保蒋介石离蓉的安全，成都方面进行了极为周密的筹划。当时，蒋介石几次往返成都与重庆之间，起降飞机的机场都是成都以北5公里的凤凰山机场。这里，时刻停放着一架蒋介石的座机，人们一般认为，蒋介石肯定会从这里起飞。而另一处是成都以南30多公里的新津机场。这个机场，虽然设备好，跑道长，但距城区较远，路上不够安全，故一般蒋介石不在那里起降。但在12月初，胡宗南的20万大军已经集结在新津机场一线。因此，蒋经国与侍从人员决定，由新津机场起飞。

蒋介石向军校师生们训话

胡宗南为了确保蒋介石的安全，调动了10辆坦克和装甲车，在12月初就停放在军校的操场上。还调集了6个团的精锐部队，专门对付通往新津机场公路旁驻扎的刘文辉已经起义的一个团。

中共地下党此时也已经得知蒋介石将从新津机场起飞，但胡宗南的大军已经集结，坦克装甲车也已荷枪实弹，“活捉”已不可能。遂决定由刘文辉的一个团2000多人在武侯祠一线实施狙击。

13日晚，天气晴好。饭后，蒋介石已经意识到，这次离蓉，可能就是与大陆的诀别，故心里无限地感慨。他把蒋经国叫到身边，二人齐声唱起《中华民国国歌》，边唱边流泪。

歌没唱完，侍从卫士来报告，军校门口发现可疑的人，宜马上出发。并请示说：“正门不安全，可否走后门或东门出校。”蒋介石厉声说道：“余从军校正门而入，必由正门而出，不必多言。”

夜11时光景，蒋介石、蒋经国、陶希圣、谷正纲、俞济时一行人，同留守的参谋总长顾祝同告别。蒋介石钻入一辆汽车，前后均有装甲车和坦克护卫。一阵震天动地的轰鸣声之后，铁甲车队浩浩荡荡地开出了中央军校的正门。在军校23期总队一个全副武装支队的护送下，乘着夜色直驶新津机场。

车队经过武侯祠时，担负掩护任务的胡宗南所部，用装甲车和坦克向刘文辉部展开猛烈的攻击。同时，铁甲车队径直朝新津机场冲去。而胡宗南部的攻击到14日凌晨3时才结束。

铁甲车队驶到机场附近时，又遭到中共地下党武装的截击。担任警戒的胡宗南部和军校官兵立即猛烈还击。车队也边打边冲，一直冲到机场跑道上，停在了“中美”号专机旁。

这时，“中美”号专机的引擎已经发动，蒋介石匆忙走下汽车，回头看了看他的“黄埔精神”培养出来的军校师生们，又挥了挥手，就低着头登上了“中美”号专机。在舱门口，与胡宗南握手告别，只说了一句话：“台湾见。”掩护蒋介石离开大陆的军校生们，都被蒋介石留下来充当了大西南作战的炮灰。耐人寻味的是，他们当中的大部分人，后来都起义加入了人民解放军。

“中美”号座机徐徐驶入了跑道，加速，起飞，很快消失在夜空中。1949年12月13日，蒋介石别离成都，直至1975年4月5日在台北病逝，再也没有踏上大陆一步。